AF562021

B
V
72

Jerzy Konikowski
Uwe Bekemann

Réti-Eröffnung – richtig gespielt

Joachim Beyer Verlag

ISBN 978-3-95920-176-6

2. überarbeitete und ergänzte Auflage 2023

Ein Imprint des Schachverlag Ullrich, Zur Wallfahrtskirche 5, 97483 Eltmann

Herausgeber: Robert Ullrich

Inhaltsverzeichnis
(zugleich Variantenverzeichnis)

Zeichenerklärung

!	ein sehr guter Zug
!!	ein ausgezeichneter Zug
?	ein schwacher Zug
??	ein grober Fehler
!?	ein beachtenswerter Zug
?!	ein Zug von zweifelhaftem Wert
+ –	Weiß hat entscheidenden Vorteil
– +	Schwarz hat entscheidenden Vorteil
±	Weiß steht besser
∓	Schwarz steht besser
⩲	Weiß steht etwas besser
⩱	Schwarz steht etwas besser
=	ausgeglichen
∞	unklar, mit beiderseitigen Chancen
≂	mit Kompensation für den materiellen Nachteil
↑	mit Initiative
→	mit Angriff
⇄	mit Gegenspiel
Δ	mit der Idee
⌓	besser ist
x	schlägt
+	Schach
#	Matt

Vorwort

Als wir die Arbeit an unserem vorliegenden Werk aufgenommen haben, stand für uns eine zu beantwortende Frage ganz oben auf der Liste: Für wen schreiben wir dieses Buch? So wie wir sie uns beantwortet haben, richtet es sich in erster Linie an den Amateurspieler, der ein System mit den folgenden Vorzügen sucht:

1. Es soll dadurch leicht erlernbar sein, dass der Spieler sich an zentralen Ideen und allgemeinen Aufbauplänen orientieren kann und keine Variantenketten auswendig lernen muss.
2. Unter dieser Vorgabe soll es ihm dennoch möglich sein, sich auf bestimmte Fortsetzungen zu konzentrieren und in diesen ein Spezialwissen aufzubauen.
3. Die Eröffnung soll ihm ein solides Stellungsspiel ab der Mittelspielphase vermitteln und ihn vor scharfen taktischen Überraschungen schützen.
4. Das System soll nach Möglichkeit auf neue und noch nicht ausgetretene Zugpfade setzen, sodass der Spieler auch einem erfahrenen Gegner gegenüber im Wissen Chancengleichheit erreicht und neue Ideen erproben kann.

Und nun ist eines wichtig herauszustellen: Diese Anforderungen an das System sollen für den Spieler mit den schwarzen ebenso wie für jenen mit den weißen Steinen gelten! Wer also als Nachziehender von seinem Kontrahenten mit der Réti-Eröffnung konfrontiert wird, kann auf unser Buch gestützt in gleicher Qualität die besten Wege ins Mittelspiel finden.

Die Réti-Eröffnung ist ein ruhiges und solides System, über das beide Seiten zumeist mit etwa gleichen Chancen ins Mittelspiel eintreten. Es führt regelmäßig in ein interessantes Positionsspiel, in dem Spieler die Gelegenheit haben, den Beweis für ein dem Gegner überlegenes Können zu erbringen und dabei ihre eigenen Ideen zu testen. Forcierte taktische Schläge kennt diese Eröffnung kaum. Sie ist damit ideal für den Spieler, der sich auf das Positionsspiel versteht.

Unsere theoretischen Ausführungen haben wir um zahlreiche Partien aus der Praxis ergänzt, um die Réti-Eröffnung „im Einsatz“ zu veranschaulichen. In diesen werden Sie nicht nur natürliche Partieentwicklungen vorfinden, sondern auch feine Ideen ebenso wie kleinere und größere Fehler. Diese können bisweilen dazu führen, dass das Ruder in der Partie plötzlich in eine andere Richtung gerissen wird. Alle diese Beispiele aus der Praxis haben wir sehr bewusst aus einer großen Zahl in Betracht kommender Spiele ausgewählt, um Ihnen das Vorgehen in unserer Thema-Eröffnung zu veranschaulichen und Sie dabei auch aus guten und aus schlechten Einfällen lernen zu lassen. Eines aber dürfen wir zu den Partien nicht zu erwähnen vergessen: Die

„Arbeit“ mit unserem Buch soll Ihnen Spaß machen. Die von uns ausgewählten Partien haben die zusätzliche Aufgabe, mit ihrem Unterhaltungswert genau dazu beizutragen.

Noch ein Wort zu einer besonderen Schwierigkeit, die wir zu überwinden hatten: Die im Buch behandelten Systeme und Varianten liegen teilweise äußerst eng beieinander. So kann das Spiel schnell mit einem einzigen Zug in einen anderen Bereich geraten, sehr zur Freude des Zugumstellungsteufels. Wir hoffen, dass wir alle Zugumstellungen erkannt haben. Sollte uns trotz aller Sorgfalt doch mal einer durchgegangen sein, dann bitten wir Sie um Ihre Nachsicht! Für einen Hinweis darauf wären wir Ihnen dann sehr dankbar!

Haben Sie Spaß mit unserem Werk und erringen Sie mit den von uns vorgestellten Ideen und Plänen viele schöne Erfolge!

Jerzy Konikowski, Uwe Bekemann im November 2015

Wie man „Réti“ spielt ...

Um Ihnen ein paar generelle Hinweise zur Orientierung zu geben, wie man die Réti-Eröffnung spielt, wollen wir uns ein paar wichtige Situationen anschauen, die allesamt einen typischen Charakter zeigen. Also ...

Beispielstellung Nr. 1:

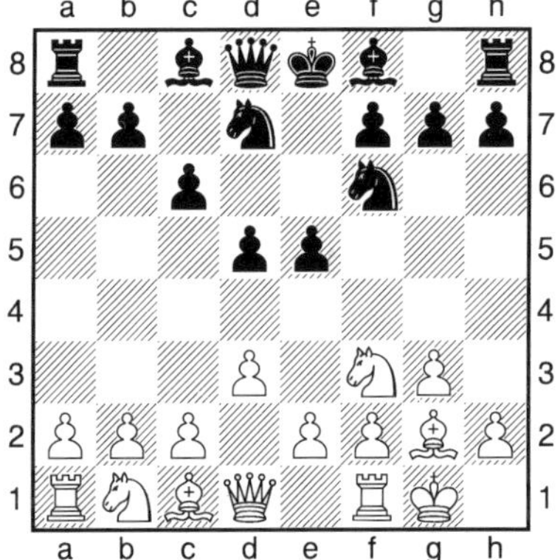

Schwarz hat ein starkes Bauernzentrum etabliert, Weiß richtet sein Spiel dagegen ein. Der Bauernvorstoß e2-e4 ist die Methode, das gegnerische Zentrum zu destabilisieren.

Beispielstellung Nr. 2:

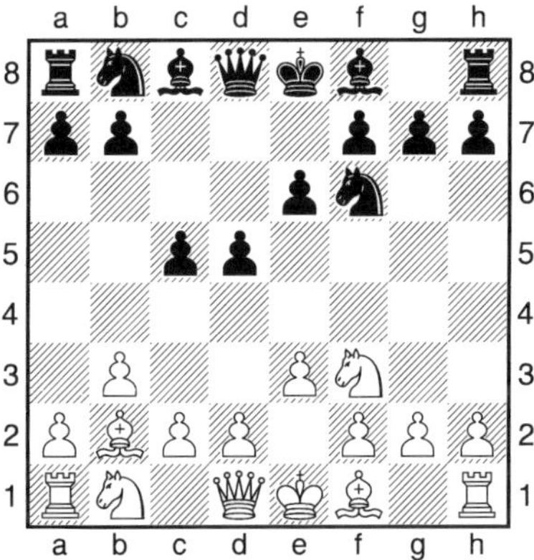

Auch hier ist das schwarze starke Bauernzentrum früh in der Partie geschaffen, allerdings ist nun der c-Bauer ein Feld weiter nach vorne gerückt, um direkt in den Kampf um die Mitte einzugreifen, während der e-Bauer von hinten stützt. Der weiße „Aufrollzug“ ist c2-c4.

Beispielstellung Nr. 3:

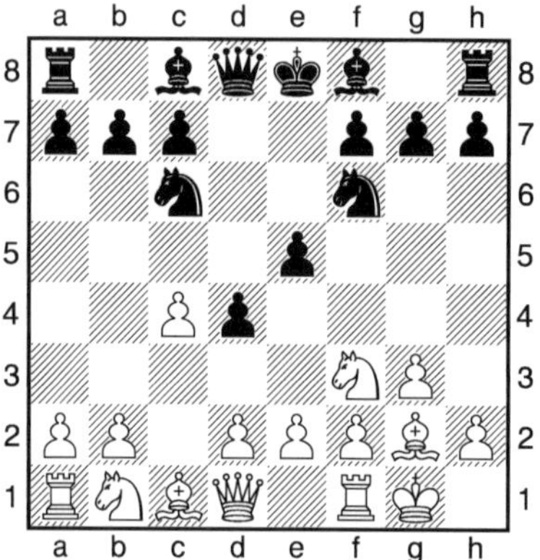

Für den Spieler mit Schwarz ist es eine der Hauptmethoden, seinen d-Bauern durchzuziehen, so wie in diesem Beispiel zu erkennen. Hier kann Weiß nach der Festlegung d2–d3 den Angriff mittels e2–e3 einleiten.

Eine Möglichkeit für den Anziehenden liegt auch darin, den Schritt mit seinem e-Bauern zu unternehmen, sobald der Nachziehende d5 betreten hat, also bereits im Vorfeld der hier abgebildeten Situation.

Beispielstellung Nr. 4:

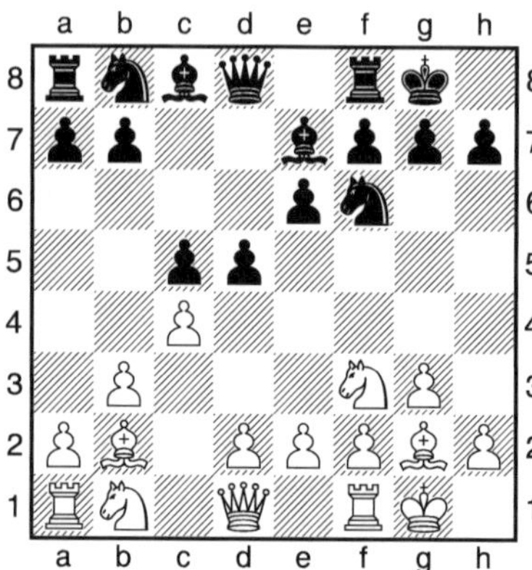

Für den weißen Aufbau ist die Kenntnis des Doppelfianchettos wichtig, für das hier ein Beispiel vorliegt.

Die weiße Stellung ist durch die auf b2 und g2 stehenden Läufer gekennzeichnet, ergänzt um die auf b3, g3 und oft bald auch auf d3 postierten Bauern. Weiß will Zentrumseinfluss über die Wirkung besonders auch seiner Läufer erhalten. Zu den bemerkenswerten Ideen in der Réti-Eröffnung zählt dabei auch ein Vorgehen, das sich mit einer Bildung einer Batterie aus dem schwarzfeldrigen Läufer und der hinter ihm auf der Diagonale in Stellung gebrachten Dame verknüpft. Dabei ist es kein ungewohntes Bild, wenn die Dame sogar das Feld a1 einnimmt, sich also in die Ecke des Brettes begibt.

Zu den weiteren weißen Aufbauressourcen zählen je nach Variante e2–e3 (so wie in der konkreten Diagrammstellung) und Figurenspiel „von hinten heraus“ und auch die Durchsetzung von e2–e4, womit das schwarze Zentrum erschüttert und der Einfluss der eignen Figuren gesteigert wird. Auch Aktionen am

Damenflügel, besonders unter Rückgriff auf a2–a3 und b3–b4, können sich anbieten.

Beispielstellung Nr. 5:

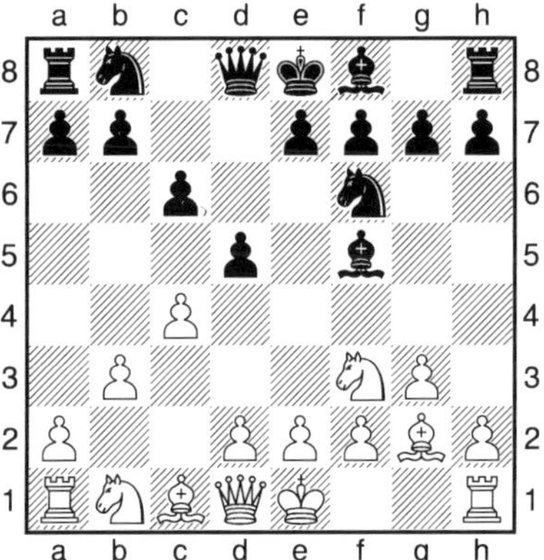

Die Diagrammstellung zeigt eine beispielhafte Situation, in der Weiß das Doppelfianchetto vorbereitet und Schwarz seinen Damenläufer nach f5 entwickelt hat, was aber nicht dessen einzige Möglichkeit war. So könnte er hier durchaus auch etwa auf g4 stehen.

Der schwarze Aufbau kann von vornherein auf verschiedene Optionen zurückgreifen. Diese sind insbesondere danach zu unterscheiden, ob der Königsläufer fianchettiert wird und wohin sich der Damenläufer entwickelt. Unabhängig vom hier zugrundegelegten weißen Doppelfianchetto kommt er in manchen Varianten auf b7 gut zum Einsatz, vor allem aber sind die Felder f5 und g4 gute Adressen für ihn. Ausnahms-weise kann sogar eine Stellung vor seinem e-Bauern auf e6 die beste Wahl sein.

Zum schwarzen Standardaufbau über die Varianten hinweg gehört die Springerentwicklung ♘b8–d7 mit einer späteren Entscheidung, wohin er weitergeführt werden soll. Ferner ist eine Entscheidung zur Entwicklung des e-Bauern erforderlich. Je nach Variante kann der Vorstoß e7–e5 als wichtiger Befreiungszug fungieren oder aber e7–e6 die bessere Wahl sein, sodass er das Zentrum stützt und in der einen oder anderen Linie sogar das Feld f7 gegen weiße Versuche auf der Diagonale a2/g8 blockt.

Beispielstellung Nr. 6:

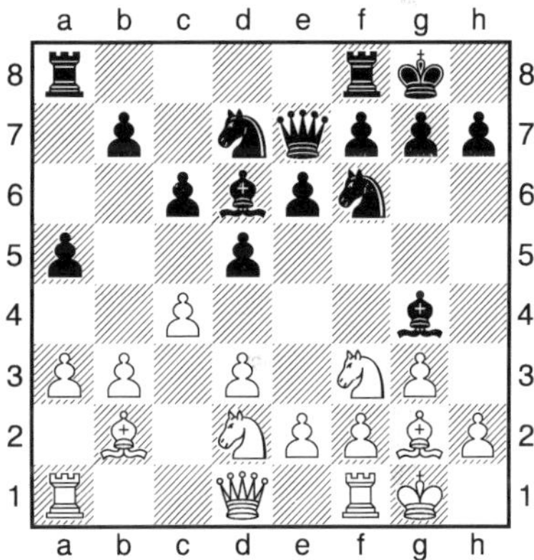

Diese Beispielstellung baut auf der vorhergehenden auf und zeigt ein weiteres typisches Merkmal. Schwarz braucht Gegenspiel und sucht seine Chancen gezielt auch auf dem Damenflügel. Er spielt seinen a-Bauern wie hier nach a5 vor und beabsichtigt bisweilen sogar, ihn noch weiter nach vorne zu treiben. Auf diese Weise versucht er das weiße Spiel zu stören und für sich Freiräume zu schaffen.

Weiß reagiert darauf mit einer Fortsetzung seiner Bemühungen gegen die schwarze Zentralstellung und kann sein Spiel zudem ebenfalls auf dem Königsflügel intensivieren, beispielsweise über ♕d1–c2, die Beorderung eines und ggf. beider Türme in diese Richtung und ebenfalls über die Errichtung einer Batterie aus Dame und Läufer auf der langen Diagonale a1/h8 wie oben beschrieben.

Die Darstellungen unter der Überschrift „Wie man Réti spielt“ sollen auf typische wesentliche Möglichkeiten hinweisen, wie sie auch häufig in den Partien zur Umsetzung gelangen. Die ausgewählten Brettstellungen sind nur als Beispiele zur Veranschaulichung zu verstehen. Welches Manöver exakt die größten Chancen einräumt, hängt natürlich von den ganz konkreten Umständen der jeweiligen Stellung ab. In den einzelnen Kapiteln unseres Buches werden Sie besonders auch die an dieser Stelle beschriebenen Vorgehensweisen wiedererkennen, dann immer auf die Anforderungen der aktuellen Stellung ausgerichtet.

Einführung

1.♘f3

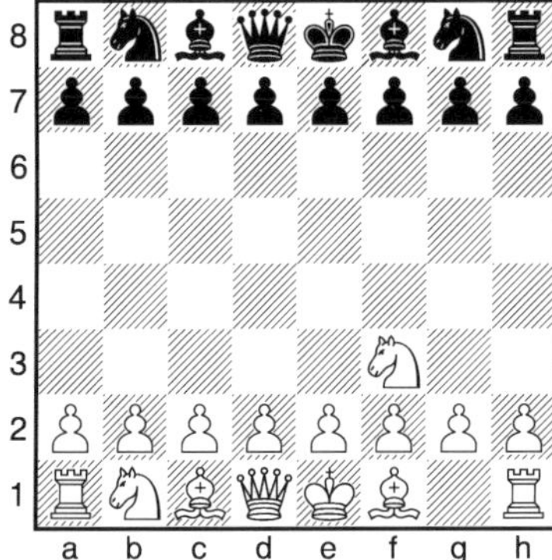

Dieser Spielbeginn wurde in den 20er Jahren des vergangenen Jahrhunderts von Richard Réti in die Turnierpraxis eingeführt. Wie Sie schon in unserer Vorstellung dieses außergewöhnlichen Großmeisters lesen konnten, war Réti einer der Vorreiter der so genannten Hypermodernen Schule. Zu deren revolutionären Ideen, die sie konsequent verfolgte, zählte ein anderer Umgang mit dem Zentrum des Schachbretts. Neu an dessen Betrachtung war die Einschätzung, dass es sich auch dann kontrollieren lässt, wenn man es nicht in klassischer Manier mit Bauern besetzt (d2-d4). Stattdessen favorisierte man die Flankenentwicklung oft beider Läufer, um mit ihrer Hilfe vor allem einen Figurendruck auf die Brettmitte zu organisieren. Dabei bilden der c-Bauer, aber auch der e-Bauer und gelegentlich auch der f-Bauer die Spitzen der weißen Stellung. Weiß räumt seinem Gegner mit Schwarz die Chance ein, das Zentrum mit Bauern zu besetzen, um es dann, gestützt auf die bessere eigene Entwicklung, anzugreifen. Eine Spezifik der Réti-Eröffnung liegt darin, dass sie sich auch mit anderen Eröffnungen verbindet. Sehr viele Stellungen, die nach 1.♘f3 entstehen, korrespondieren mit Ideen der Königsindischen Verteidigung und sogar mit der Englischen Eröffnung.

1...d5

Die populärste Erwiderung in der modernen Turnierpraxis. Andere Möglichkeiten für Schwarz, z.B. 1... ♘f6, können unter Zugumstellung zur Hauptvariante führen, aber natürlich auch in Spielweisen, die wir in den nachfolgenden Kapiteln betrachten, sofern das Gebiet der Réti-Eröffnung nicht verlassen wird.

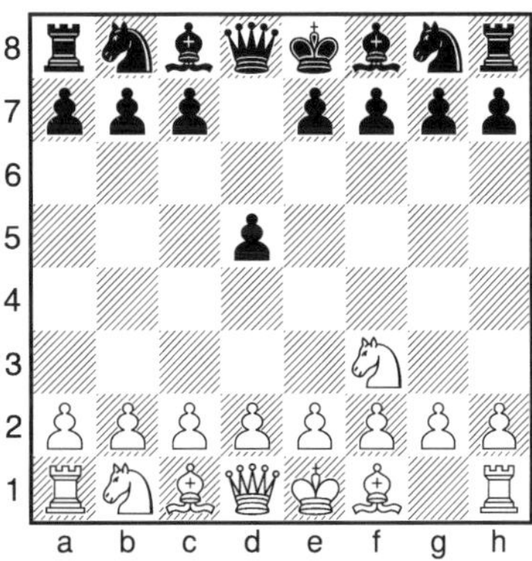

2.c4

Dies ist die ursprüngliche Gestalt der Réti-Eröffnung: Weiß greift den schwarzen Vorposten d5 an. Es geht dabei um die standardmäßige Sprengung des Zentrums. Andere Möglichkeiten für Weiß, die das Spiel im Bereich unseres Eröffnungsthemas halten, sind die beiden Fianchettierungszüge 2.g3 und 2.b3. Wir behandeln sie wie folgt:

I. 2.g3 (**Kapitel 1**).

II. 2.b3 (**Kapitel 2**).

Diese beiden Züge können aber auch über Zugumstellungen in Réti-Varianten führen, die wir in weiteren Kapiteln des Buches untersuchen. Zugumstellungen gehören zur Réti-Eröffnung wie der Sand zur Sahara. Wenn der Anziehende an dieser Stelle 2.d4 spielt, steuert er die Partie in die Richtung des Damengambits, das wir in unserem Buch nicht behandeln.

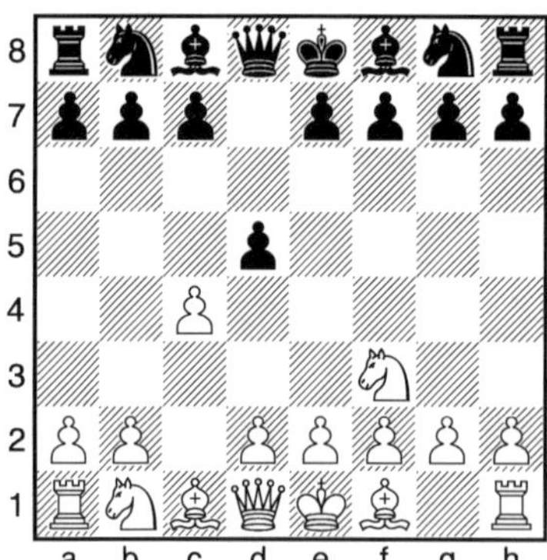

2...c6

Hierauf basiert eine der besten Verteidigungsmöglichkeiten für Schwarz. Er stärkt den Bauern d5 und hält die Diagonale c8-h3 für seinen Damenläufer frei. Schwarz stehen hier aber auch andere Pläne zur Verfügung, und dies beginnend mit:

I. 2...d4 (**Kapitel 3**).

II. 2...e6 (**Kapitel 4**).

III. 2...dxc4 (**Kapitel 5**).

3.g3

Weiß will schnell seinen Königsflügel entwickeln und sich um seinen Bauern erst im Falle von d5xc4 kümmern. Es gibt hier auch andere Fortsetzungen für ihn:

I. 3.b3 (**Kapitel 6**)

II. 3.e3 (**Kapitel 7**).

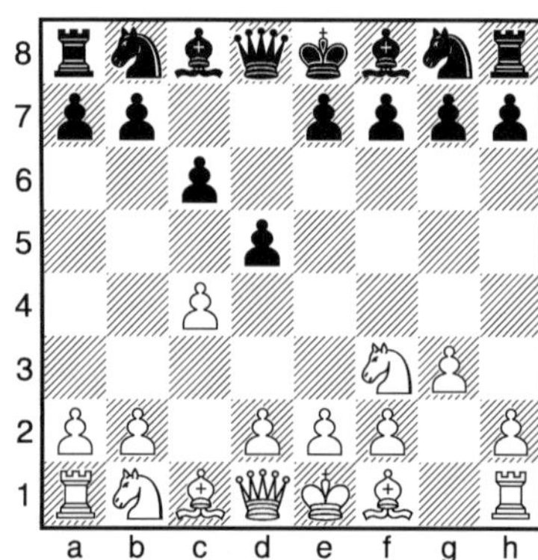

3...♘f6

Ein ganz normaler Entwicklungszug. Er erlaubt es Schwarz, die Entscheidung, wohin er seinen Damenläufer entwickelt, noch etwas zurückzustellen. Anstelle des Springerzuges ist auch das Schlagen des weißen Bauern möglich. Da diese Alternative von einer erheblichen praktischen Relevanz ist, gehen wir etwas näher auf sie ein. Also: 3...dxc4 4.♗g2 ...

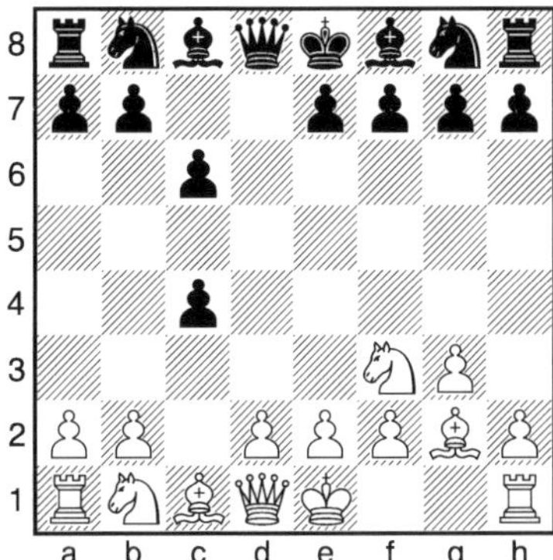

und nun 4... ♘f6 führt zur Hauptvariante, die damit im Zusammenhang stehenden Konsequenzen schauen wir uns deshalb weiter unten an. Hier gilt unsere Aufmerksamkeit den Zügen 4... ♗f5, 4... ♘d7 und 4...b5.

A) 4...♘d7 Diese Springeraktivierung ist ein Standardvorgehen für den Nachziehenden, dem wir noch sehr häufig in unserem Buch begegnen werden. 5.0-0 (5.♘a3!? ist eine beachtenswerte Alternative. Mit diesem Zug verknüpfte Ideen finden Sie gleich im Anschluss sowie in anderem Zusammenhang beispielsweise im **Kapitel 5** und dort im **Abspiel 3**.)

A1) Alternativ kann sich Schwarz auch für ein frühes Fianchetto seines Königsläufers entscheiden und mit 5...g6 sofort zur Tat schreiten. 6.♘a3 ♘b6 7.♕c2 ♗g7 (Interessant ist auch die Frage, ob Schwarz auf ein Halten des Mehrbauern spielen kann. Mittels 7...♕d5!? kann er dies versuchen, beispielsweise mit der Folge 8.b3 cxb3 9.axb3 ♗g7 10.e4 ♕h5 11.d4 ♗h3 12.♘c4 Schwarz hat den Mehrbauern behalten, Weiß aber hat sich dafür eine aktive Aufstellung verschafft.) 8.♘xc4 ♘xc4 9.♕xc4 ♘f6 10.d3 (Den Bauernvorstoß 10.b4 kontert Schwarz mit 10...a5 und nach 11.b5 ♕d5 hat er keine Probleme.) 10...0-0 11.♗d2 (In der Partie Wen – Shulman, Ningbo 2013, fand eine andere Strategie die Gunst des Anziehenden. Er ließ seine Dame mit 11.♕h4 einen Schwenk zum Königsflügel machen. Zunächst versuchte Schwarz mit 11...♕b6 und dann in der Folge 12.♖b1 ♗e6 13.b3 ♕a5 14.a4 Kapital am Damenflügel daraus zu schlagen, dass die weiße Dame dort nicht mehr präsent war. 14...♗g4 leitete dann die Klärung der Situation am Königsflügel ein. Nach den weiteren Zügen 15.♗d2 ♕h5 16.♕xh5 ♗xh5 17.h3 ♗xf3 18.♗xf3 ♖fd8 19.b4 a6 20.♖fc1 ♘d5 21.h4 h5 22.♔f1 ♖ac8 23.b5 hatte sich Weiß einen Vorteil verschafft, den er dann zum späteren Gewinn ausbaute. Auch wenn Schwarz nach 11.Dh4 noch die eine oder andere Verbesserung gegenüber der genannten Zugfolge haben sollte, ist diese Idee weitere Praxistests wert.) 11...♘d5 12.♖ab1 a5 13.♗c3 Damit gibt Weiß das Läuferpaar auf, was er – zumindest hier – vielleicht vermeiden sollte. (Zu überlegen ist deshalb 13.a3!? mit der Idee e2-e4 und dann erst ♗d2-c3 usw.) 13...♘xc3 14.bxc3. In der Partie Dominguez Perez – Vallejo Pons, Melilla 2011, ging es nun wie folgt weiter: 14...a4 15.♕b4 a3 16.♖fc1 ♖a6 17.♘d2 ♕c7 18.♖b3 ♕d6 19.♖c2 ♖d8 20.♕xd6 exd6. Nun hätte der Anziehende 21.♘b1!? spielen sollen mit Eroberung des Bauern auf a3, im Fall von 21...b5 mittels 22. ♖xa3. Stattdessen aber wählte er 21. ♘c4, kam über 21...b5 22. ♘xa3 ♗e6 unter Druck und musste letztlich über ein schwer erkämpftes Remis glücklich sein.

A2) 5...♘gf6 Wir setzen nun unsere Betrachtung nach 4... ♘d7 5.0-0 ♘gf6 fort: 6.♘a3 (Spielbar ist auch 6.♕c2!?, was unter Zugumstellung in Varianten führen kann, die wir im Folgenden besprechen.) 6...♘b6 7.♘e5 ♕d4 (Etwas gekünstelt erscheint ein Vorgehen mit 7...♗e6!?, es eröffnet Schwarz aber gute Ausgleichschancen. Ein Beispiel aus der Praxis dazu: 8.♕c2 g6 9.♘axc4 ♘xc4 10.♘xc4 ♗g7 11.d3 0-0=, Maletin - Lintchevski, St. Petersburg 2015. Die beiderseitigen Aussichten halten sich die Waage.) 8.♘exc4!? Hier nun biegen wir vollends in die Linie des eben noch als „etwas gekünstelt wirkenden" Läuferzugs ein, da er uns in seinen Wirkungen überzeugt. Also: 8...♗e6 (Die Alternative ist 8...♘xc4. Anhand eines etwas längeren, in sich aber inhaltlich nachvollziehbaren Partiefragments wollen wir uns anschauen, welche Richtung das Spiel dann nehmen kann. 9.♕a4 ♗d7 10.♕xc4 ♕xc4 11.♘xc4 g6 12.b4 ♗g7 13.♗b2 0-0 14.♘a5 ♗c8 15.a4 ♖d8 16.♖fd1 ♘d5 17.♗xg7 ♔xg7 18.b5 cxb5 19.axb5 a6. Hier nun hätte Weiß in unserer Referenzpartie Vachier-Lagrave - Giri, Peking 2013, 20.bxa6 spielen und sich damit einen zumindest kleinen Vorteil sichern sollen.) 9.♘a5 ♗d5 10.♘b3 (Ein böser Fehlgriff wäre jetzt der Versuch, mit 10.♘xb7?? auf einen materiellen Vorteil zu spielen, denn nach 10...♗xg2 11.♔xg2 ♕d7 12.♘a5 ♕d5+ würde der gefräßige Springer verloren gehen.) 10...♕g4 11.f3 ♕b4 12.♘c2 Eine solide und auch sichere Wahl. (Interessante Perspektiven eröffnet auch der Bauernvorstoß 12.d4!?, der damit zumindest eine ernsthafte Prüfung wert sein sollte. Beispielhaft könnte es wie folgt weitergehen: 12...♗xb3 13.axb3 e5 14.dxe5 ♕c5+ 15.♔h1 ♕xe5 16.e4. Hier könnte Weiß sein Spiel auf der Basis des aktiven Plans ♕d1-c2 und f3-f4 weiter organisieren.) 12...♗xb3 13.♘xb4 ♗xd1 14.♖xd1 e5±. In der Begegnung Ponomarjow - Drejew, Chanty-Mansijsk 2013, ging es mit 15.♘d3 ♘fd7 16.b3 f6 17.♗b2 ♘c5 18.♘f2 ♘e6 19.e3 ♗e7 20.f4 exf4 21.gxf4 ♖d8 22.♗h3 ♔f7 23.♔f1 weiter, die weißen Aussichten sind weiterhin als etwas besser als die schwarzen einzuschätzen, wobei sich dieses Urteil nicht zuletzt auf die Möglichkeiten des Läuferpaars stützt. Die Partie endete allerdings nach einem langen und zähen Ringen mit einem Remisschluss im 87. Zug.

B) 4...b5 Schwarz spielt auf ein Halten des Mehrbauern, zumindest aber will er dem Anziehenden dessen Rückeroberung so schwer wie möglich machen. Dieses Vorhaben ist mit erheblichen Risiken verbunden. Ein paar Varianten zum Beleg: 5.0-0 Weiß hat genügend Zeit, um zunächst die Entwicklung seines Königsflügels unter Herstellung der Königssicherheit abzuschließen. 5...e6 6.a4. Dies ist der erste Stich zur Destabilisierung der schwarzen Bauernstruktur in diesem Bereich. 6...♗b7 (Nach 6...a6 7.axb5 cxb5 8.♘d4! ♖a7 9.♘xb5 ♖d7 10.♘5a3 steht Schwarz wegen seines schwachen c-Bauern und des unentwickelten Königsflügels sehr kritisch.) 7.b3! Die Fortsetzung des typischen Verfahrens zur Zerstörung der schwarzen Bauernstruktur am Damenflügel. 7...cxb3 8.♕xb3 a6 9.d4 ♘f6 10.♖d1

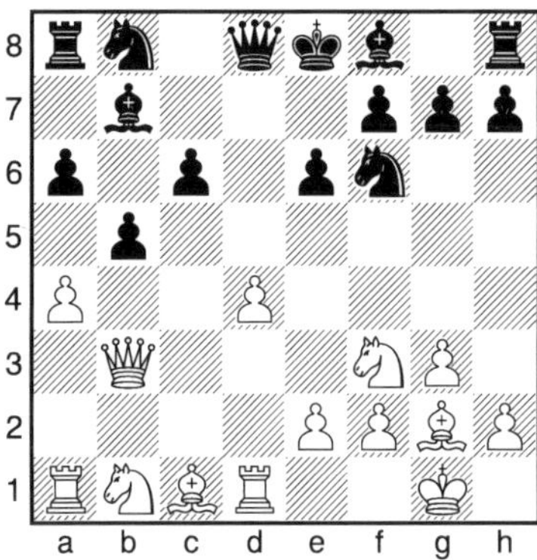

B1) Wenn Schwarz den Plan verfolgt, zunächst seinen Königsflügel weiter zu aktivieren und die Rochade zu erreichen, kann sich eine Entwicklung der folgenden Art ergeben: 10...♗e7 11.♘e5 0-0 (Auf 11...b4 ist 12.a5!? interessant oder auch einfach 12. ♗b2 mit dem Plan ♘b1-d2-c4 und Kompensation für den Bauern.) 12.♘a3 (Unklar und deshalb wohl weniger ratsam ist 12.axb5 axb5 13.♖xa8 ♗xa8 usw.) 12...b4 (Oder 12...♘d5 13.♗d2 ♘d7 14.e4 ♘5b6 15.♗a5 ♕c8 16.♘xd7 ♘xd7 17.♖ac1 und Weiß hat die Initiative als Ersatz für den Bauern.) 13.a5 ♕xa5 14.♗d2 ♕c7 15.♗xb4 ♗xb4 16.♕xb4 a5 17.♕a4 mit weißem Druck für den geopferten Bauern.

B2) 10...♘bd7 11.♘e5 ♘xe5 12.dxe5 ♘d7 13.♘c3 ♕b8 (Nach 13...♗e7 14.♘e4 0-0 15.♗a3 herrscht Weiß auf den schwarzen Feldern.) 14.♘e4 ♘b6 (Der Bauer auf e5 ist tabu. Wenn der Nachziehende dies nicht anerkennen will, wird es ihm wie folgt bewiesen: 14...♘xe5 15.♗f4 ♗e7 16.♖ac1 oder 14...♕xe5 15.♗f4 ♕f5 16.♖xd7! ♔xd7 17.♖d1+ ♔e8 18.♕d3 ♕d5 19.♘d6+ ♗xd6 20.♗xd5 ♗xf4 21.♗xe6 und in beiden Fällen steht Weiß auf Gewinn.) 15.♗a3! ♘c4 (Die Stellung nach 15...♗xa3 16.♕xa3 ♘c4 17.♕c5! wäre für Schwarz nicht zu halten.) 16.♗xf8 ♖xf8 (16...♔xf8 17.♕b4+ ♔g8 18.♕e7 ♘xe5 19.♘d6+-) 17.♖ac1 ♘xe5 18.♘d6+ ♔e7 19.♕b4 a5 20.♘f5+ (Noch schneller wäre 20.♘c8+! ♔f6 21.♕f4+ ♔g6 22.♘e7+ ♔h5 23.♕h4#.) 20...♔f6 21.♕h4+ g5 22.♕h6+ ♘g6 23.♕g7+ ♔xf5 24.e4+ und hier endete unsere Referenzpartie mit einem frühen Sieg für den Anziehenden, Mladenow – Tschetkow, Plowdiw 2008.

C) 4...♗f5 Setzen wir nun unsere Betrachtung der mit 3...dxc4 4. ♗g2 ♗f5 eingeleiteten Variante fort: 5.♘a3 e5 (Nicht gut ist 5...b5? wegen 6.♘xb5! cxb5 7.♘h4 mit weißem Vorteil.) 6.♘xc4 e4 7.♘h4 ♗e6 8.♘e3 ♘f6 9.0-0 ♘a6

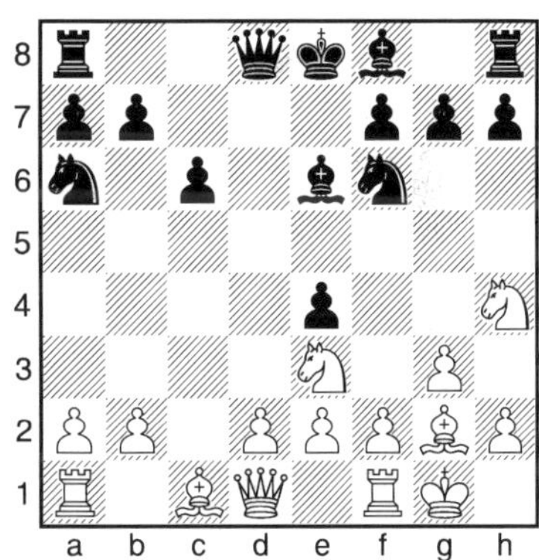

C1) 10.b3 ♕d4 11.♘c2 (Infrage kommt auch 11.♖b1 und nach 11...0-0-0 kann Weiß mittels a2-a3, b3-b4-b5 aktiv am Damenflügel vorgehen.) 11...♕d7 12.♗b2. Wir stimmen hier mit Houdini überein, der von einer weitgehend ausgeglichenen Stellung ausgeht. Zu einem hitzigen Schlagabtausch könnte es nun kommen, wenn Schwarz seine Pläne auf der langen Rochade fußen lässt. Also: 12...0-0-0 13.♗xf6 gxf6 14.♗xe4 ♕xd2 15.e3 ♕xd1 16.♖fxd1 ♖xd1+ 17.♖xd1 ♘b4 18.♘xb4 ♗xb4 19.♘f5 und nun wäre die Lage von Weiß etwas vorzuziehen, was sich besonders mit den schwarzen Bauernschwächen auf dem rechten Flügel begründet.

C2) 10.d3 exd3 11.exd3 ♗e7 12.♘hf5 0-0. Im Duell Andriasian – Riazantsew, Dubai 2014, folgte nun 13.d4 ♘c7 14.♘xe7+ ♕xe7 15.♖e1 ♕d7 16.b3 ♖fe8 17.♗b2 ♗h3 18.♗f3 h6 19.♕c2 ♗e6 20.♗g2 ♖ad8 21.♖ad1 ♘cd5 22.♘c4 ♗f5 23.♕d2 ♖xe1+ 24.♖xe1 ♖e8 25.♘e5 und Weiß stand mit seinem Läuferpaar etwas besser. Mit dem 40. Zug stellte er den Sieg in der Partie sicher.

4.♗g2

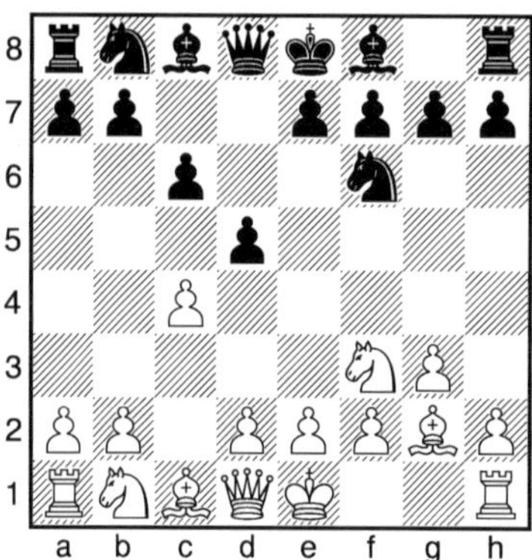

4...dxc4

Eine konsequente Fortsetzung. Weiß hat nun einen Bauern weniger und muss beweisen, dass er ausreichend Kompensation dafür erreicht. Die an dieser Stelle weiteren zu beachtenden Antworten behandeln wir in verschiedenen Kapiteln. Diese sind:

I. 4...♗f5 (**Kapitel 8**).

II. 4...♗g4 (**Kapitel 9**).

III. 4...e6 (**Kapitel 10**).

IV. 4...g6 (**Kapitel 11**).

5.0-0

Die Rochade ist elastisch und hat den folgenden weiteren Vorteil: Erst sichert Weiß seinen König, bevor er sich für einen weiteren Spielplan entscheidet, und zwar in Reaktion auf die Wahl von Schwarz. Es gibt aber auch einen Nachteil dieses Vorgehens, der darin liegt, dass Schwarz noch mehr Zeit erhält, um seinen Mehrbauern zu konsolidieren. Wir sehen zwei zu beachtende Alternativen, 5.a4 und 5.♘a3. Wir legen uns hinsichtlich unserer Empfehlung allerdings auf 5.0-0 fest, weshalb wir uns bei der Darstellung der genannten Alternativen – auch aus Platzgründen – auf wenig kommentierte Varianten beschränken. Also:

I. 5.a4 ♗e6 6.0-0 (Auf 6.♘a3 folgt 6...♘a6 7.♘e5 ♗d5 8.f3 ♘b4 9.♘axc4 ♗xc4 10.♘xc4 ♕d4 11.d3 ♘fd5 mit großen Verwicklungen.)

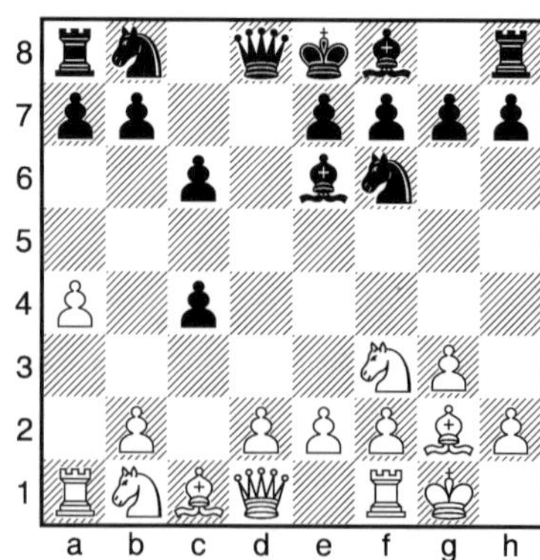

A) 6...♘bd7 7.♘g5 ♗f5 8.♘a3 h6 9.♘f3 e5 10.♘xc4 e4 11.♘d4 ♗g6 12.b3 (12.a5 ♘c5 13.♘b3 ♗h5 14.♘xc5 ♗xc5∞; 12.d3 exd3 13.exd3 ♗e7∞) 12...♗c5 13.♗b2 0-0 mit zweischneidigem Spiel.

B) 6...♗d5 7.♘c3 e6 (7...♘a6 beantwortet Weiß gut mit 8.b3!. In der Partie Miroschnitschenko – Kuzmin, Dubai 2004, kam Weiß daraufhin zu einem klaren Vorteil, und zwar auf dem folgenden Weg: 8...cxb3 9.d3 ♗xf3 10.♗xf3 e6 11.♕xb3 ♖b8 12.♖b1 ♘b4 13.♗f4 ♖c8 14.a5! ♕xa5 15.♖a1 ♕b6 16.♗e3 ♕c7 17.♖xa7 ♗e7 18.♘a2 ♘fd5 19.♘xb4 ♘xb4 20.♖b1 0-0 21.♕c4 c5 22.♖xb7±) 8.♕c2 ♗xf3 9.♗xf3 ♘bd7 10.a5 a6 11.♕a4 ♗d6 12.♗g2 ♗c7 13.♕xc4 ♗xa5 14.d4 0-0 15.♖d1 ♗c7 16.♕b3 ♖b8 17.e4. Weiß steht aktiv und hat ausreichend Kompensation für den Bauern.

II. 5.♘a3 b5 (5...♗e6 kann Weiß gut mit 6.♘g5 ausnutzen. In der sich anschließenden natürlichen Zugfolge 6...♗d5 7.e4 h6 8.exd5 hxg5 9.dxc6 ♘xc6 10.♘xc4 e6 11.0-0 ♗e7 12.d4 ♘d5 13.♘e3± kam er in der Begegnung Mista – Hnydiuk, Polen 2013, zu einem positionellen Vorteil in der Form der besseren Bauernstellung und des Läuferpaars.) 6.♘e5

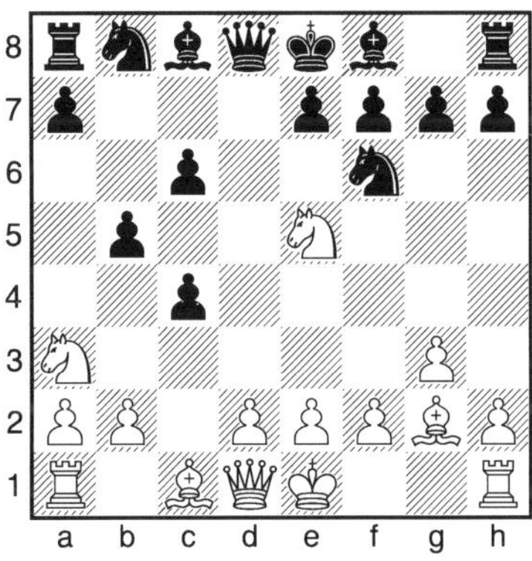

A) 6...♘d5 7.d3 (Unklar sind die Folgen von 7.b3∞.) 7...cxd3 (7...♕a5+ versuchte Schwarz in der Partie Sweschnikow – Tukmakow, Taschkent 1980. Anhand eines langen Auszugs der Partie schauen wir uns beispielhaft an, wie sich das Spiel daraufhin entwickeln kann: 8.♕d2 c3 9.bxc3 e6 10.♘b1 ♗d6 11.♘f3 0-0 12.0-0 ♕a4 13.♗b2 ♘d7 14.♖c1 ♘7b6 15.e4 ♘e7 16.♕e2 e5 17.c4 bxc4 18.♘xe5 ♗xe5 19.♗xe5 ♗a6 20.♕b2 f6 21.♘c3 ♕a5 22.♗d6 ♘bc8 23.♗b4 ♖b8 24.♖ab1 ♕c7 25.♕a3. Weiß hat sich die klar besseren Aussichten verschafft.) 8.♕xd3 e6 9.e4 ♕a5+ 10.♗d2 ♘b4 11.♕e2 ♕c7 12.♘f3 ♗e7 13.0-0 0-0 14.♖fc1 a6 15.♘b1 a5 16.a3 ♘4a6 17.♘d4 e5 18.♘f5 ♘c5 19.♕e3 ♘e6. Schwarz verfügt über eine feste Stellung, Portisch – Donner, Bled 1961.

B) 6...♕c7 7.d4 ♗b7 8.0-0 e6 9.b3 c3 10.♕d3 ♘bd7 11.♘c2 (Oder 11.♘xd7 ♕xd7 12.♘c2 b4 13.a3 a5 14.axb4 axb4 15.♖xa8+ ♗xa8 16.♗g5 ♗e7 17.♕c4 ♕b7 18.♗xf6 gxf6 19.♖a1 0-0 und Schwarz behält einen Mehrbauern, Doncea – Van Wely, Frankreich 2010.) 11...♘xe5 12.dxe5 ♕xe5 13.♗f4 ♕c5 14.♗e3 ♕e7 15.♕xc3 ♘d5 16.♕d3 ♘xe3 17.♘xe3 ♖d8 18.♕c2 ♕c7 19.a4 b4 20.a5 ♗e7 21.a6 ♗a8 22.♖fc1 ♖c8 23.♖d1 0-0 24.♖d2 ♖cd8 25.♖ad1 ♖xd2 26.♖xd2 g6 mit Ausgleich in der Fernpartie Mehaux – Hinz, BdF-Schachserver 2014.

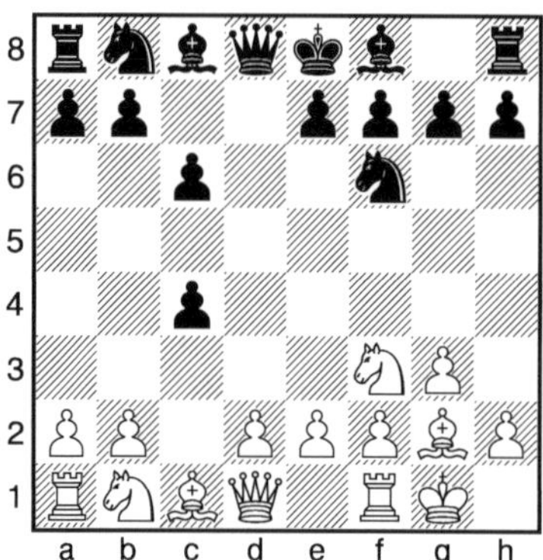

5...♘bd7

Dieser im Spiel gegen die Réti-Eröffnung typische Zug zur Springerentwicklung hat hier grundsätzlich ein besonderes Ziel; der Rappe soll durch sein Weiterziehen mit ♘d7-b6 den Bauern auf c4 zu verteidigen helfen. Anstelle von 5...♘bd7 eröffnen sich dem Nachziehenden mehrere Alternativen, die wir uns nachfolgend genauer ansehen werden.

I. 5...♗f5 6.♘a3

A) 6...b5 beantwortet Weiß im typischen Verfahren mit 7.b3!. Nach 7...cxb3 8.♕xb3 muss Weiß besonders mit 8...♗e4, 8...e6 und 8...a6 als gegnerische Erwiderungen rechnen. Ein paar Varianten mit Überlegungen dazu:

A1) 8...e6 9.d3 ♗c5 (In der Partie Ibrahimow - Abdulow, Baku 2006, spielte Schwarz zurückhaltender 9...♗e7 und bekam im Anschluss Probleme, ohne dass hierfür diese Methode der Läuferentwicklung verantwortlich zu machen war. Sie bleibt deshalb zumindest grundsätzlich als Alternative erhalten. Das langsame Abdriften der Stellung in die, aus schwarzer Sicht, Schieflage ist ein lehrreiches Beispiel, das wir uns deshalb über einen längeren Verlauf anschauen wollen. 10.♘e5 ♕d6 An hauptsächlich diesem Zug ist das folgende schwarze Dilemma festzumachen. 10...a6 wäre jedenfalls besser gewesen. 11.♗b2 a6 12.e4 ♘g4 13.d4 f6 14.exf5 fxe5 15.dxe5 ♘xe5 16.♖ad1 ♕b4 17.♕xb4 ♗xb4 18.♘c2 ♘c4 19.♗xg7 ♖g8 20.♘xb4 ♖xg7 21.♘xc6+- Die weiße Stellung ist gewonnen.) 10.♘e5 0-0 11.♘xb5 Damit hat Weiß seinen Bauern zurück. Der Springer darf natürlich nicht mit c6xb5 geschlagen werden, da sonst der Ta8 dem weißen Läufer zum Opfer fällt. 11...♘fd7 12.d4 ♘xe5 13.dxc5 ♘bd7 14.♘d4 ♘xc5 An diesem Bauern hat der Nachziehende nicht allzu lange Freude. 15.♕e3 ♘cd7 16.♗a3 ♘c4 17.♕c1 ♘xa3 18.♘xc6 ♕f6 19.♕xa3 ♖ae8 20.♕xa7 Nun ist es Weiß, der einen Mehrbauern sein Eigen nennt, Mitel - Laffranchise, ICCF 2010.

A2) 8...a6 9.d3 (Der Springerausfall 9.♘e5!? ist auch zu beachten.) 9...e6 10.♗b2 ♗e7 11.♘c2 0-0 Schwarz scheint zufrieden sein zu können, denn er hat die Entwicklung seines Königsflügels abschließen können und es sieht so aus, als ob er seinen Mehrbauern konsolidiert habe. Die weiße Stellung aber ist aktiver und mit einem feinen Manöver, bei dem der Anziehende den ♗f5 und den ♗c6 aufs Korn nimmt, stellt er diesen Vorteil heraus. 12.♘cd4 ♗g4 13.♘e5 ♗c5 14.♘dxc6 ♘xc6 15.♘xc6 ♕b6 16.a4 Weiß nutzt seine Initiative und stellt seinem Gegner immer neue Probleme, die er zu den ohnehin bestehenden nicht mehr ohne nachteilige Effekte lösen kann. 16...♘d5 (Wenn Schwarz der Versuchung erliegen sollte, mittels 16...♖ac8?? zwei Fliegen mit einer Klappe schlagen zu wollen (Aufhebung der Ferndrohung des weißen Läufers auf g2 unter Angriff auf den lästigen Springer auf c6, dessen Abzug diese Ferndrohung zu einer akuten machen würde), macht er einen schweren Fehler. Den praktischen Beweis trat der Anziehende in einer Fernpartie an. Dort folgte: 17.a5 ♕b7 18.♗xf6 gxf6 19.♖ac1 ♗h3 20.♗xh3 ♖xc6 21.d4 ♗xd4 22.♗g2 ♗xf2+ 23.♔xf2 ♕a7+ 24.♕e3 ♕xe3+ 25.♔xe3+-, Rawlings – Gerard, ICCF Email 2011.) 17.♗xd5 exd5 18.♕xd5 Das Blatt hat sich gewendet, nun ist Weiß im Besitz eines Mehrbauern. Diesen gilt es nun abzusichern und damit den Vorteil zu manifestieren. 18...♖ac8 19.♕g5 f6 20.♕xg4 ♖xc6 21.axb5 axb5 22.d4 ♗b4 23.♖fc1 Weiß hat einen gesunden Mehrbauern und damit die eindeutig besseren Aussichten.

A3) 8...♗e4 Nach 8. ♕xb3 ♗e4 kann es wie folgt weitergehen: 9.d3 ♗xf3 10.♗xf3 a6. Wegen der Fesselung des schwarzen Bauern auf c6 drohte ♘a3xb5. 11.♘c2! e6 12.a4 ♖a7 13.axb5 cxb5 14.♘b4 ♗xb4 15.♕xb4 ♕e7 16.♕b3 ♕d7 17.♗a3 ♘d5 18.♗xd5 ♕xd5 19.♕c3 ♖g8 20.♕c8+ ♕d8 21.♖fc1 (21.♕c5!?) 21...♖d7 22.♕c5 Schwarz hat zwar einen Bauern mehr, Weiß aber die bessere Entwicklung. Zudem muss sich Schwarz Sorgen um seine Königssicherheit machen. Im Endeffekt überwiegen die weißen Vorteile, Weiß steht daher besser. Wir sind hier der Partie Romanischin – Sweschnikow, Minsk 1979, gefolgt, die mit einem Remis im 36. Zug endete.

B) 6...e5 Sehen wir uns nun weiter an, in welcher Richtung sich das Spiel nach 5... ♗f5 6. ♘a3 e5 bewegen kann: 7.♘xc4 (7.♘xe5?? wäre wegen 7...♗xa3 8.bxa3 und nun des Doppelangriffs auf Turm und Springer mit 8...♕d4-+ ein fataler Fehler.) 7...e4

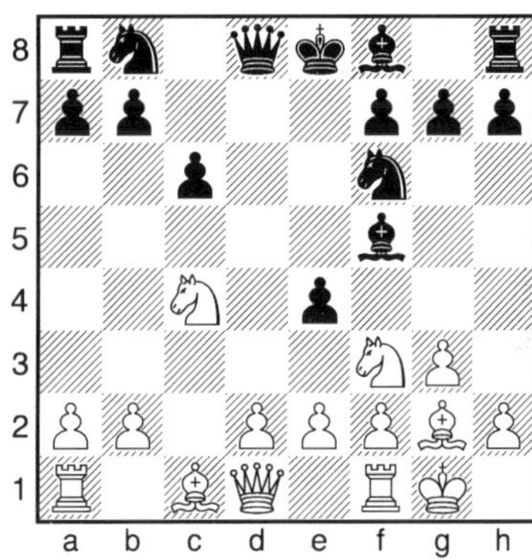

B1) 8.♘g5 h6 9.♘xf7. Damit folgen wir der weißen Wahl in der Begegnung Pantsulaia – Gunina, Konya 2012. (Der Anziehende kann hier aber auch ohne Komplikationen einfach 9.♘e3!? ziehen.) 9...♔xf7 10.♕b3 ♕d5 (Nach 10...♔e8 kam es im Duell Salow – Piket, Amsterdam 1996, zur folgenden interessanten und ohne eine besondere Kommentierung gut nachvollziehbaren Entwicklung: 11.♕xb7 ♘bd7 12.♕xc6 ♖c8 13.♕a4 ♗e6 14.b3 ♗xc4 15.bxc4 ♕b6 16.d3 ♗c5 17.♗a3 ♗xa3 18.♕xa3 ♔f7 19.♖ab1 ♕c5 20.♕a4 ♖c7. Die Situation ist unklar. Weiß hat aber ausreichend Kompensation für die schwarze Mehrfigur. Das Spiel endete mit einem Remis nach 41 Zügen.) 11.♕xb7+ ♘bd7 12.♘e3 ♖b8 13.♕xb8 ♘xb8 14.♘xd5 cxd5 15.d3 exd3 16.exd3 ♗c5 17.♗e3 d4 18.b4 dxe3

(18...♗b6!? könnte sich für Schwarz als besser erweisen.) 19.bxc5 ♗xd3 Die Stellung befindet sich im Gleichgewicht. Die genannte Partie ging schließlich remis aus.

B2) 8.♘fe5 ♘bd7 9.d4 exd3 10.♘xd3 ♗e7 (Zu einem leichten weißen Vorteil führt die Zugfolge 10...♗e6 11.♕c2 ♗e7 12.♘f4 ♗xc4 13.♕xc4 0-0 14.♖d1 ♘e5 15.♕a4 ♕b6 16.♗d2 ♖fd8 17.♗c3±, Georgiew – Huerga Leache, Pamplona 2009.) 11.♕b3 ♘b6 12.♘a5 ♗xd3 (Ruhiger ist 12...♕c8 mit der möglichen Folge 13.♘f4 0-0 14.♖e1 ♖e8 15.e4 ♗f8 16.f3±, Kiarner – Polugajewski, Tallinn 1973.) 13.♖d1 ♘bd7 14.♘xb7 ♕c8 15.♗f4 ♗e4 16.♗d6 Hier hätte Schwarz in der Begegnung Movsesian – Tregubow, Loo 2013, 16...c5!? spielen sollen, verbunden mit guten Chancen. (Zur Ausführung gelangte aber 16...♗xg2 mit der Konsequenz eines Vorteils für Weiß nach 17.♗xe7 ♔xe7 18.♘d6.)

II. 5...b5 6.a4

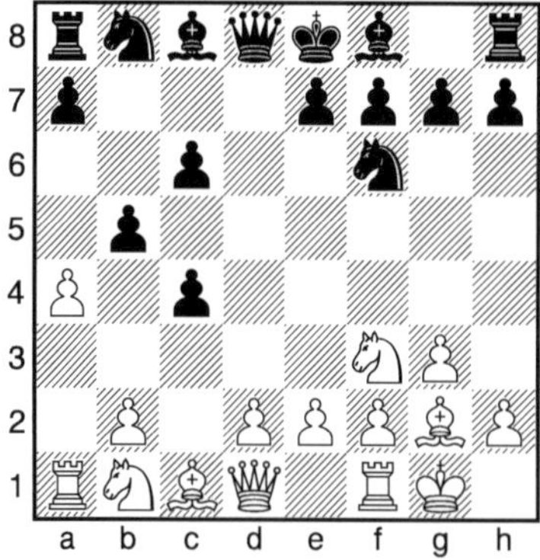

A) Häufiger kommt 6...♗b7 auf das Brett, allerdings mit insgesamt für Schwarz wenig verheißungsvollen statistischen Ergebnissen. Ein paar Varianten dazu: 7.b3 Dies ist wieder das typische Verfahren für Weiß, um die gegnerische Bauernformation zu sprengen.

A1) Der Anziehende muss natürlich damit rechnen, dass Schwarz den Bauern mit 7...cxb3 schlägt, fürchten aber muss er diese Entscheidung nicht. Es kann folgen: 8.♕xb3 a6 9.♗a3. Hier steht der Läufer lästig für Schwarz, da er ihn in der harmonischen Entwicklung seines Königsflügels stört. 9...♘bd7 (Keine Verbesserung kann sich der Nachziehende von der sofortigen Konfrontation der schwarzfeldrigen Läufer erhoffen. Schauen wir uns dazu ein Beispiel von der Turnierbühne an: 9...e6 10.♗xf8 ♖xf8 11.d4 ♘bd7 12.♘c3 ♖b8 13.♖fd1. Schwarz hat immer noch seinen Mehrbauern, aber Weiß diktiert das Geschehen. Schwarz hat große Probleme, die Entwicklung abzuschließen und dabei seinen König in Sicherheit zu bringen und dann auch noch gleichzeitig Aussichten auf Gegenspiel zu erlangen. 13...♕e7 14.♘e5 ♕d6 15.♘xd7 ♘xd7 16.♘e4 ♕e7 Der weiße Vorteil ist offensichtlich. In der Partie Arsovic – Sapar, Porto Carras 2013, ging es mit den Zügen 17.♕e3 f6 18.♕f4 ♔f7 19.axb5 axb5 20.♘d6+ ♔g8 21.♘xb7 ♖xb7 22.♗xc6 weiter und die Verhältnisse hatten sich dann weiter zu Gunsten des Anziehenden geklärt.) 10.♖c1 e6 Damit wird das Gelände zwischen den beiden Läufern frei. (Auch hier könnte Schwarz sich einen Vorteil davon versprechen, den Aufzug des e-Bauern mindestens hinauszuzögern. Dass ihm dieses Vorhaben wenig einbringen wird, mag das folgende Partiefragment zeigen.

10...♖c8 11.axb5 axb5 12.♘c3 e6 13.♗xf8 ♖xf8 14.d4 ♕b6 15.e4 Das ausgezeichnete Spiel von Weiß ist deutlich mehr als nur ein Ausgleich für den kleinen materiellen Nachteil. Im Duell Maletin – Krutko, Nizhnij Tagil 2008, ließ er seinem Gegner keine Zeit zum Durchatmen und nutzte seine Chancen wie folgt: 15...♔e7 16.e5 ♘d5 17.♘xd5+ cxd5 18.♕b4+ ♔d8 19.♖xc8+ ♔xc8 20.♕e7 ♗c6 21.♘d2 ♕d8 22.♕a3 ♕b6 23.♕e7 mit der Idee ♘d2-b3 und entscheidendem Vorteil.) 11.♗xf8 ♔xf8 12.♘d4 ♕b6 13.♘xc6 g6 14.a5 ♕c7 15.♕b2 ♔g7 16.d3 ♖ac8 17.♘d2 ♗xc6 18.♖xc6 ♕a7 19.♖ac1 ♖xc6 20.♖xc6 e5 21.♕c3. Der Anziehende hat in dieser Stellung mit reduziertem, aber ausgeglichenem Material die c-Linie erobert und steht klar besser, Harika – Danielian, Peking 2011.

A2) 7...b4 8.bxc4 c5 9.a5 e6 (Die Variante 9...a6 10.♗b2 e6 11.d3 ♗e7 12.♘bd2 0-0 13.♘b3 ♘bd7 14.e4 führt zu mehr Raum für Weiß im Zentrum.) 10.a6!? (Hier wird auch 10.d3 gespielt, z.B. mit der Folge 10...a6 11.♘bd2 ♘bd7 12.♗b2 usw.) 10...♗c6 (Keine gute Idee für Schwarz wäre 10...♘xa6?, denn dann würde er von 11.♖xa6! überrascht. Die Entwicklung 11...♗xa6 12.♕a4+ wäre materiell günstig für Weiß.) 11.d3 ♗d6 12.♘bd2 ♕b6 13.♘b3 0-0 14.♘a5 ♘fd7 (Auch hier wieder sollte der Nachziehende die Finger vom weißen a-Bauern lassen, denn nach 14...♕xa6 würde er mit 15.♗f4! ♗xf4 16.♘xc6 ♕xc6 17.♘d2 ♕c7 18.♗xa8± austaktiert.) 15.♗b2 ♗e7 16.e3 ♗f6 17.♗xf6 ♘xf6 In der Fernpartie Karlsen – Rudykh, ICCF Email 2010, kam Weiß nun mit 18.e4 h6 19.♕e2 ♘fd7 20.♘h4 ♖e8 21.f4 zu aktivem Spiel am Königsflügel.

B) 6...a6 führt zu keinen guten Ergebnissen für Schwarz. Zum Beleg: 7.axb5 cxb5 8.♘d4 ♖a7 (8...♕xd4 9.♗xa8±) 9.♘xb5 ♖d7 10.♘5c3. Der schwarze Aufbauversuch kann als gescheitert angesehen werden. Schauen wir uns die möglichen Folgen an einem Beispiel aus der Praxis noch ein Stückchen weiter an: 10...♖c7 (10...e5 11.b3±) 11.d4 cxd3 12.♗f4 e5 13.♗xe5 ♗d6 14.♗xf6 gxf6 15.♕xd3 ♗e6 16.♘d5 ♖d7 17.♘bc3 ♗e5 18.♖fd1 f5 19.♕e3 ♗g7 20.♘f4 ♕e7 21.♘h5 0-0 22.♖xd7 ♘xd7 23.♘d5 ♕d8 24.♘xg7 ♔xg7 25.♖xa6 mit einem klaren Übergewicht, Kirow – Pytel, Metz 1991.

III. 5...♗e6 6.♘a3 (6.♕c2!? mit der Idee ♘b1-a3 ist auch spielbar.)

A) 6...♗d5 7.♕c2 (7.b3!? ist eine Alternative, z.B. 7...cxb3 8.axb3 g6 9.d3 ♗g7 10.♗b2 usw.) 7...b5 8.b3 cxb3 9.axb3. Nun folgte in der Fernpartie Moreira – Krueger, ICCF Email 2010, 9...g6 10.♗b2 ♗g7 11.d3 0-0 12.e4 ♗e6 13.♘d4 und der Anziehende übte Druck auf die gegnerische Stellung aus. Das Spiel entwickelte sich dann weiter mit 13...♕d7 14.♘xe6 ♕xe6 15.♖fc1 ♖d8 16.d4 a6 17.♘b1 ♘e8 18.e5 ♘c7 19.♘d2 ♗h6 20.♗c3 ♘d5 21.♗a5 ♖c8 22.♖e1 ♘d7 23.♘e4 ♘f8 24.♕d1 ♖e8 25.♖e2 ♖eb8 26.♘c5 ♕c8 27.♖c2 mit einem klaren positionellen Vorteil von Weiß.

B) 6...♕d5 7.d3 cxd3 8.♘g5 dxe2 (Keine gute Erfahrung machte Schwarz mit 8...♕d7 9.♘xe6 ♕xe6 10.♕xd3 und dann 10...♘bd7 11.♘c4. Er steht schlecht entwickelt und eingeengt. 11...g6 12.♘a5 ♗g7 13.♘xb7 0-0 14.♘a5 ♘e5 15.♕b3 ♕d6 16.♗f4±, Hausrath – Nyback, Deutschland 2006.) 9.♕xe2 ♕d7 10.♘xe6 ♕xe6 11.♕xe6 fxe6 12.♘b5 ♘a6 13.♘d4 ♔f7 14.♗h3 g6 15.♘xe6 ♗g7 16.♖e1 ♘d5 Weiß hat ohne Zweifel ausreichend Ersatz für seinen Minusbauern, aber wohl nicht mehr. Die Stellung ist etwa ausgeglichen.

6.♕c2

Die Dame greift den Bauern sofort an und zwingt Schwarz zu einer Erklärung seiner Absichten. Es geht auch 6.♘a3, wenn Weiß auf a2-a4 verzichten will.

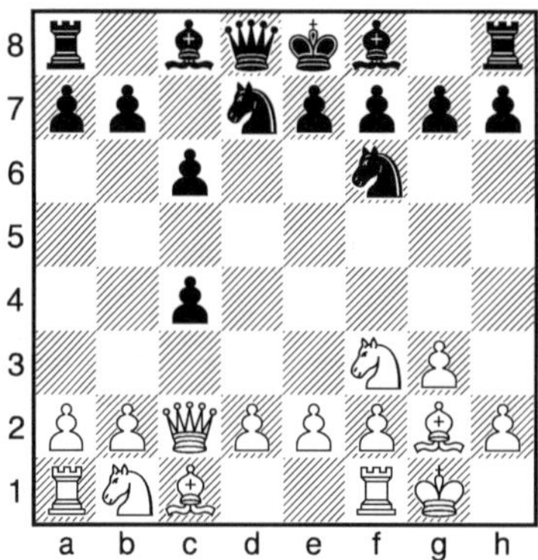

6...♘b6

Schwarz ist natürlich nicht gezwungen, sein Spiel in die Richtung einer Verteidigung seines Bauern auf c4 zu lenken. Schauen wir uns kurz über ein paar Varianten an, welches die wichtigsten Alternativen zu 6...Sb6 sind und welchen Konsequenzen eine abweichende Wahl jeweils für die beiden Kontrahenten haben wird.

Also:

I. 6...e5 Eine auch im Spitzenschach einige Male zur Anwendung gekommene Vorgehensweise, deren Statistik aber deutlich für Weiß spricht, wenn auch auf einer nur recht schmalen Datenbasis. 7.♕xc4 ♗d6 Die Überdeckung des Bauern ist eine folgerichtige Entscheidung zu dessen Vorstoß im Zug zuvor. (In der Partie Miroschitzenko – Grigorow, Bukarest 2008, verzichtete der Nachziehende darauf, seinen Bauern frühzeitig zu stützen. Über die Zugfolge 7...♗e7 8.b3 0-0 9.♗b2 ♕c7 und dann 10.♕c2 ♖e8 11.d3 ♗f8 12.♘bd2 ♘d5 13.♖ac1 a5 14.a3 g6 15.♕b1 ♗g7 16.♕a1 gelang es Weiß, Druck gegen die gegnerische Stellung aufzubauen, was ihm die besseren Perspektiven verschaffte.) 8.d3 0-0 (Es sieht verlockend aus, die weiße Dame mit 8...♘b6 aus ihrer Stellung zu vertreiben. Bei einem noch weniger erfahrenen Gegenüber wird Weiß vermutlich sogar damit rechnen können, dass es dazu kommen wird. Zwingend ist dieses Vorgehen natürlich nicht, zumal die Dame ohnehin bald eine bessere Position für sich suchen wird. Einen ins Auge stechenden Grund für Schwarz, im 6. Zug auf ♘d7-b6 zu verzichten und diese Entwicklung nun nachzuziehen, erkennen wir nicht. Ein Beispiel aus der Praxis dazu: 9.♕c2 ♗g4 10.b3 0-0 11.♗b2 ♖e8 12.♘bd2 ♕d7 13.♖fe1 ♕f5 14.♖ac1. Weiß hat sich über mehrere Züge natürlich entwickelt und keinen nachteiligen Effekt aus der Vertreibung seiner Dame von c4 erlitten. 14...♖ad8 15.e4 ♕h5 16.a3 c5 17.♘h4±, Reiser – Bildt, Deutschland

2002. Der weiße Vorteil ist nur minimal und basiert darauf, dass er etwas mehr Zugriff auf das Spiel hat, somit etwas mehr Einfluss auf das aktive Geschehen nehmen kann.) 9.♘bd2 (9.b3 ♕e7 10.♗b2 ist auch gut möglich.) 9...a5 (In der Partie Fridman - Spoelman, Niederlande 2013, stellte Schwarz den typischen Vorstoß seines a-Bauern zurück und setzte mit 9...♖e8 fort. Es schloss sich ein interessantes und auch lehrreiches positionelles Ringen an, bei dem Schwarz eine ausgeglichene Partie erreichte. Dies geschah wie folgt: 10.♘g5 ♕e7 11.♘de4 ♗c7 12.♗e3 ♘d5 13.♗d2 a5 14.a3 h6 15.♘f3 ♘7b6 16.♕c2 a4 17.♘c5 ♗d6 18.♖ac1 ♘c7 19.♘e4 ♘b5 20.♘xd6 ♕xd6 21.♕c5 ♕d8. Die beiderseitigen Chancen halten sich die Waage. Das Duell endete mit einem frühen Remis im 24. Zug.) 10.♕c2 a4 11.♘c4 ♗c7 12.e4 Weiß hat den wichtigen Schritt d3-d4 vorbereitet und verfügt über mehr Spielraum als sein Gegner.

II. 6...e6 7.♕xc4 ♗e7 (Auf 7...♗d6 kann ebenfalls 8.d4 folgen.) 8.d4 c5 9.♖d1 0-0 10.♘c3 a6 Beide Parteien stehen dicht vor dem Abschluss ihrer Entwicklung. In der Partie Baron Rodriguez - Navarro Alonso, Ortigueira 2004, versuchten sie nun wie folgt ihre Positionen zu verbessern: 11.a4 b5 12.♕b3 bxa4 13.♘xa4 ♖b8 14.♕c2 ♖b5 15.e4 ♗b7 16.♘c3 ♖a5 17.♖xa5 ♕xa5 18.d5 mit einem Stellungsvorteil für Weiß, den Stockfish sogar als erheblich einschätzt. Das aktive Spiel im zentralen Brettbereich ist viel versprechend.

III. Schwarz kann sich auch zum Fianchetto seines Königsläufers entschließen. Das Geschehen nimmt dann einen eher etwas ruhigen Verlauf. Die Alternative wurde in der Fernpartie Svoboda - Macs, ICCF 2008, getestet. Wir nutzen einen Auszug daraus, um beispielhaft zu veranschaulichen, wie sich die Partie nach dieser schwarzen Weichenstellung entwickeln kann. 6...g6 7.♕xc4 ♗g7 8.♕c2 0-0 9.d4 ♕a5 10.♘c3 e5 11.♖d1 exd4 12.♘xd4 ♘b6 13.e4 ♕h5 14.♘ce2 ♖d8 15.b4 a5 16.♗f4 ♖e8 17.♗c7 ♘bd7 18.♘f4 ♕h6 19.bxa5 ♘e5 20.♖ab1 Weiß steht aktiver. Er gewann dann schnell mit dem 22. Zug, allerdings unter einer unvorsichtigen Mithilfe seines Gegners.

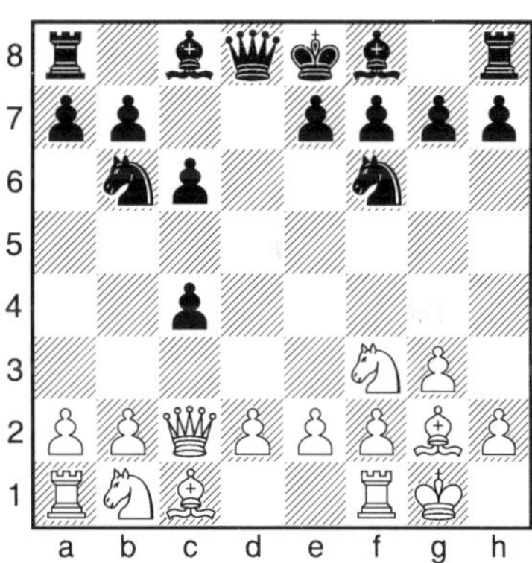

7.a4

Weiß rückt seinen a-Bauern mit der Idee vor, a4-a5 anzuschließen. Wenn er den gegnerischen Springer vom Feld b6 vertrieben hat, will er den Bauern auf c4 schlagen. Mit seiner ganzen Aktion beabsichtigt er, einen Raumvorteil am Damenflügel zu erlangen.

Es geht auch 7.♘a3, woraufhin unter Zugumstellung Positionen der Art auf das Brett kommen, wie wir sie schon zuvor behandelt haben. Ein Beispiel hierfür: 7...♗e6 8.♘g5 ♗g4 9.f3 ♗h5 10.♘xc4 ♕d4+ 11.♘e3 e6 12.♔h1 ♗e7 13.d3 ♘fd5 14.♘d1 0-0 15.a3 ♗g6 16.♘e4 ♘d7 17.♖b1 a5 18.b3 ♕b6 mit zweischneidigem Spiel, Howell - Lupulescu, Jerusalem 2015.

7...a5

Damit verhindert der schwarze Bauer den weiteren Vormarsch seines Opponenten. 7...g6 ignoriert das Vorhaben des Anziehenden und ist deshalb unangebracht. Der Anziehende bleibt natürlich bei seinem Plan und attackiert den schwarzen Springer mit 8.a5. Nach dem Intermezzo 8...♗f5 9.♕c3 ♘bd5 biegt er wieder in seinen Weg ein, worauf es für Schwarz ziemlich ungemütlich wird. Es kann - wie in unserer Referenzpartie tatsächlich - folgen: 10.♕xc4 ♗e6 11.a6 (Stark ist auch 11.♘d4!? ♗d7 12.♘c3 usw.) 11...♘e3 12.♕c5 ♘xf1 13.axb7 ♖b8 14.♘d4 ♕d6 15.♕xa7 1-0, Baeckstroem - Aannevik, ICCF Email 2008.

8.♘a3

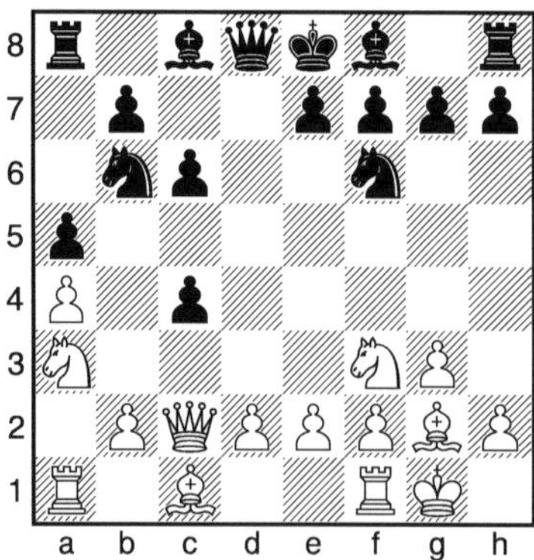

8...♗e6

Damit bleibt Schwarz konsequent bei seinem Vorhaben, seinen Mehrbauern zu verteidigen. Schauen wir uns auch die wichtigsten Alternativen an, die ihm unter Berücksichtigung der Erkenntnisse aus der Praxis hier eröffnet sind. Also:

I. 8...♘fd5. Der Springer strebt nach b4. Der Nachziehende schielt auf die Möglichkeit, Profit aus der angreifbaren Lage der weißen Dame schlagen zu können. 9.♘xc4 ♘b4 10.♕c3 ♘xc4 11.♕xc4 ♗e6 12.♕c3 ♘d5 13.♕e5 ♕c7 14.d3 ♗g4 15.♕d4 (15.♕xc7!? ♘xc7 16.♗d2± ist eine gute Alternative.) 15...♗xf3 16.♗xf3 e6 17.♗xd5 exd5 18.e4 Die Rechnung des Nachziehenden ist nicht so ganz aufgegangen. Er ist es, der seine Entwicklung noch nicht hat abschließen können, sodass Weiß hier etwas besser steht. Wir sind damit der Partie Matlakow - Schomojew, Chanty-Mansijsk 2013, gefolgt. Sie ging nach dem 55. Zug des Anziehenden mit dessen Sieg zu Ende.

II. 8...g6 räumt Weiß viel Zeit ein, sich vorteilhaft zu entwickeln. 9.♘xc4 ♘xc4 (9...♗g7 beantwortet Weiß gut mit 10.e4. Damit wird die folgende Variante aus natürlichen Zügen möglich: 10...♘xc4 11.♕xc4 0-0 12.d3 ♗e6 13.♕c2. Auf der weißen Agenda steht nun d3-d4, womit der Anziehende unterstreicht, dass er über mehr Raum für sein Spiel verfügt, Goganow - Drejew, Loo 2014.) 10.♕xc4 ♗e6 11.♕c2 ♗g7 12.e4 ♕b6 13.d3 (Als aktivere Alternative steht hier 13.d4!? bereit.) 13...c5 14.♗e3 ♘d7 15.♕d2 ♗g4 16.♘g5 0-0 17.h3 ♗e6 Die weißen Kräfte sind aktiv und harmonisch aufgestellt. Wie es weitergehen kann, zeigt uns ein Beispiel von der Turnierbühne. 18.f4 ♗b3 19.e5 f6 20.exf6 exf6 21.♘f3 ♗d5 22.d4 c4 23.f5 ♕c6 24.fxg6 hxg6 25.♘h4 Dem Anziehenden eröffnen sich gute Aussichten am Königsflügel, Goganow – Almasi, Jerewan 2014.

III. 8...♕d5 9.♘e1

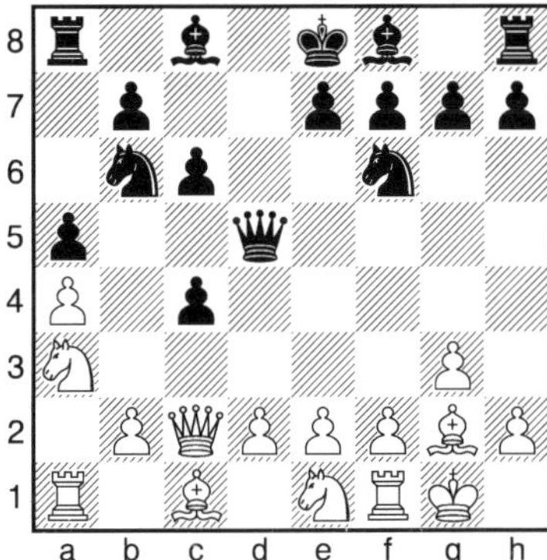

Die schwarze Dame kann nun weichen oder sich quasi im Tausch gegen ihre weiße Kontrahentin opfern. Schauen wir uns die Konsequenzen beider Entscheidungsalternativen an:

A) 9...♕f5 10.e4 ♕h5 11.d3 (Einen Test wert sind 11.♘xc4!? mit der beispielhaften Folge 11...♘xc4 12.♕xc4 ♗h3 13.f3 ♗xg2 14.♔xg2 e5 15.d4 exd4 16.♘d3 und auch sogar 11.d4!?) 11...e5 (11...cxd3 12.♘xd3 e5 13.f4 wäre gut für Weiß.) 12.dxc4 ♘bd7 13.f3 ♘c5 14.♗e3 ♗e7 15.♘d3 ♘fd7 Das Verhältnis der beiderseitigen Chancen zueinander ist unklar. Allerdings können wir für keine Partei irgendeinen Wertzuwachs erkennen, dem die andere nichts entgegenzusetzen hätte. In unserer Referenzpartie nahm das Spiel den folgenden Verlauf: 16.♘f2 0-0 17.f4 f6 18.f5 ♘a6 19.g4 ♕f7 20.♕e2 ♗c5 21.♘c2 ♗xe3 22.♘xe3 ♘dc5 23.♖a3 g5 mit einer weiterhin komplizierten Lage auf dem Brett, Miroschnitschenko – Majorow, Cappelle la Grande 2009. Gewonnen hat schließlich Weiß mit seinem 50. Zug.

B) 9...♗f5 lädt zum „Generalabtausch" inklusive der Damen ein. 10.♗xd5 ♗xc2 11.♗xc6+ bxc6 12.♘axc2 Nun ist es die Aufgabe beider Seiten, schnell zum Abschluss der Entwicklung zu kommen. Dies kann beispielhaft wie folgt geschehen: 12...g6 13.d3 cxd3 (13...♗g7 wäre in der Variante 14.dxc4 ♘xc4 15.♘d3 0-0 16.b3 ♘d6 17.♗b2 ♘de4 18.♖fc1 ♘d2 19.♖a3 ♘d5 20.♗xg7 ♔xg7 21.♘d4 eher günstig für Weiß, Bofill Mas – Baron Isanta, Spanien 2014.) 14.♘xd3 ♗g7 15.♗e3 ♘fd5 16.♗d4 0-0 17.♗xg7 ♔xg7 18.♖fc1 Wegen des schwachen schwarzen Bauern auf c6 bekam Weiß in unserer Referenzpartie bessere Aussichten und gewann die Partie später dann auch tatsächlich, Miroschnitchenko – Guramishvili, Nakhchivan 2011.

C) 9...♕h5 10.♘xc4

C1) 10...♘xc4 ist nun vorteilhaft für Weiß, z.B. 11.♕xc4 ♖b8 (In der Partie Miroshnishenko – Husak, Kusadasi 2006, erkannte Schwarz die Gefahr nicht, versuchte 11...♗e6 und kam dann über 12.♗xc6+ ♘d7 13.♕b5 ♕xb5 14.♗xb5 ♗h3 15.♘g2 unter die Räder.) 12.d4 ♗e6 13.♕c2±.

C2) 10...♘bd5 11.e4 ♘b4 12.♕c3 ♗h3 13.f3 Schwarz hat Probleme, die Entwicklung seines Königsflügels abzuschließen und Königssicherheit herzustellen. Weitergehen kann es beispielsweise wie folgt: 13...e6 14.d4 ♘d7 15.♗f4 ♗xg2 16.♘xg2 ♗e7 17.♘d6+ ♗xd6 18.♗xd6 ♕g5 19.♘e3. Nun ist der schwarze König im Zentrum steckengeblieben, Weiß steht besser, Witiugow – Tomaschewski, Dagomys 2009.

9.♘g5

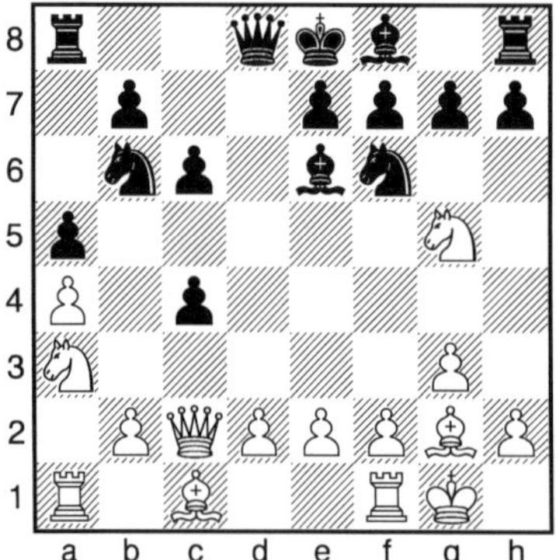

9...♗g4

Schwarz will seinen Läufer behalten. Gespielt wird auch 9...♕d7, worauf Weiß mit unserem Favoriten 10.e4 oder auch mit 10.♖b1 und 10.♘xe6 antworten kann. Wir wollen die drei Alternativen kurz beleuchten:

A) 10.♖b1 Nun kann sich die folgende plausible Zugfolge anschließen: 10...♗f5 11.e4 ♗g6 12.♘xc4 ♘xc4 13.♕xc4 h6 14.♘h3 ♗xe4 15.♗xe4 ♘xe4 16.♕xe4 ♕xh3. Inzwischen hat sich der erste Pulverrauch verzogen. 17.b4 axb4 (Es geht auch 17...♕d7, das aber nach 18.bxa5 nur zu einer Zugumstellung führt.) 18.♕xb4 (18.♖xb4!? mit der möglichen Folge 18...♕d7 19.♗b2 e6 20.♖b3 sieht verheißungsvoll aus.) 18...♕d7 19.♕xb7 ♕xb7 20.♖xb7 ♖xa4 Die beiderseitigen Chancen sind einan-der in etwa entsprechend. Schwarz hat einen Bauern mehr, aber Probleme auf dem Königsflügel inklusive mit seinem König selbst. In der Partie Schimanow – Krejci, Moskau 2013, versuchten die Kontrahenten noch 21.♖b8+ ♔d7 22.♗b2 f6 23.♗c3 g5 24.♖fb1 ♖a7 25.g4 ♖a4 26.h3 h5 27.f3 hxg4 28.hxg4 ♖a7 29.♔g2 ♔e6 30.♖c8 ♗g7 31.♖xc6+ ♔f7, bis sie sich auf eine Remis einigten.

B) 10.♘xe6 Dies ist der Zug, dem der Nachziehende mit 9... ♗g4 in der Hauptvariante sicher ausweicht. Fürchten aber müsste er ihn zumindest in dieser Form nicht, wie das folgende Praxisbeispiel veranschaulichen mag: 10...♕xe6 11.d3 (11.e4 ♘fd7 12.♖b1 ♕d6 13.♘xc4 ♘xc4 14.♕xc4 e5=, Altounian – Vojinovic, USA 2011) 11...cxd3 12.♕xd3 g6 13.♗e3 ♘bd5 14.♗d4 ♘b4 15.♕c3 ♗g7 16.e4 0-0 17.♖ad1 ♖fd8 und Schwarz hat gute Aussichten, Gagare – Burmakin, Abu Dhabi 2014.

C) 10.e4 g6 11.♘xe6 ♕xe6 12.♖b1 ♗g7 13.b3 cxb3 14.♖xb3 und die besseren Aussichten kann Weiß für sich reklamieren.

10.♘xc4 ♗xe2

Dies ist wohl stärker als 10...♘xc4 11.♕xc4 e6 12.e4 ♗h5 13.d4, worüber Weiß Übergewicht erlangt. Um einen beispielhaften Eindruck zu vermitteln, wie es weitergehen kann, schauen wir uns den Verlauf unserer Referenzpartie ein Stückchen weiter an. 13...h6 14.♘h3 ♗g6 15.♘f4 ♗xe4 16.♗xe4 ♘xe4 17.♘xe6! ♕d7 (17...fxe6 führt in den Abgrund, mindestens aber an dessen Rand. Und zwar so: 18.♕xe6+ ♕e7 19.♕g6+ ♔d7 20.♖e1 ♖e8 21.f3 ♕f6

22.♕g4+ ♔c7 23.♖xe4±.) 18.♘c5 ♘xc5 19.dxc5 ♗e7 20.♖e1 ♔f8 21.♗f4 ♗f6 22.♖ad1 Der Anziehende hat seinen Vorteil nicht nur konserviert, sondern deutlich weiter ausgebaut, Matamoros Franco – Xu, Sevilla 2003. Das Duell ging mit einem Sieg von Weiß im 37. Zug aus.

11.♘e5 ♗h5 12.b4 ♘bd7

Diese Fortsetzung ist die allgemeine Empfehlung der Theorie. Schwarz bereitet den Abtausch des aktiven gegnerischen Springers auf e5 vor. 12...e6 sollte Weiß am besten mit 13.b5 beantworten, z.B. mit der Folge 13...♗d6 14.♗b2.

A) Schwächer ist 14...0-0 wegen 15.bxc6 ♖c8 (15...bxc6 16.♘xc6 ♗g6 17.♘xd8 ♗xc2 18.♘dxf7+- führt in eine Verluststellung.) 16.♕b1 ♗xe5 17.cxb7 ♖c5 18.d4 und Schwarz ist in große Schwierigkeiten geraten, Stefanowa – Sebag, Chanty-Mansijsk 2012.

B) 14...♗xe5!? 15.♗xe5 ♗g6 16.♕b3 ♖c8 mit einem zweischneidigen Spiel, in dem aber Weiß die aktivere Rolle spielt.

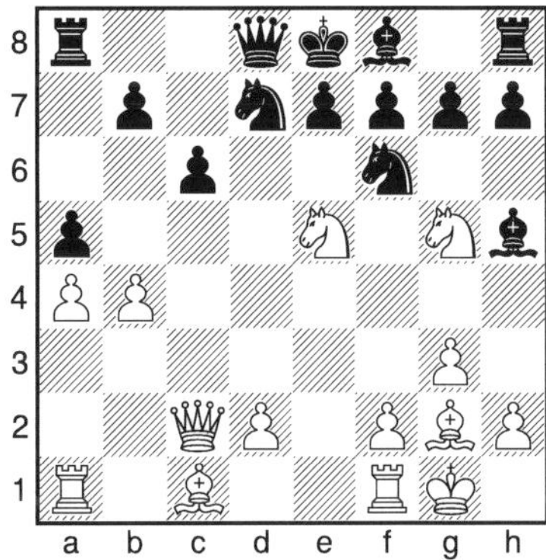

13.d4

Es ist die richtige Entscheidung von Weiß, hier seinem Springer den Rücken zu stärken. Auf 13.♗b2 ist der Abtausch 13...♘xe5 14.♗xe5 eine sichere Sache für Schwarz. Es kann beispielsweise folgen: 14...♘d7 15.♖fe1 ♗g6 16.♕b2 ♘xe5 17.♕xe5 f6 18.♕c3 fxg5 19.♗xc6+ bxc6 20.♕xc6+ ♔f7 21.♕c4+ ♔e8 22.♕c6+ mit Remis durch Dauerschach. 13.♘xd7 muss Schwarz ebenfalls nicht fürchten. Zur Veranschaulichung werfen wir einen schnellen Blick auf ein praktisches Beispiel aus dem Bereich des Fernschachspiels: 13...♕xd7 14.bxa5 e6 15.♗b2 ♗g6 16.♘e4 ♗e7 17.♗xf6 gxf6 18.♕c3 0-0 19.♖ab1 (19.♘xf6+ ♗xf6 20.♕xf6 ♖xa5=) 19...♖fb8 20.♖b3 f5 21.♘f6+ ♗xf6 22.♕xf6 ♖xa5. Die Chancen sind ausgeglichen, Aguirre – Tyutyunnik, Lechenicher SchachServer 2011.

13...e6 14.bxa5 ♘xe5 15.dxe5 ♘d5

Auch als Antwort auf 15...♘d7 ist 16.♖b1!? gut.

16.♖b1 ♗g6 17.♘e4 ♗b4 18.♗d2 ♗xd2 19.♕xd2 0-0 20.♖xb7 ♖xa5 21.♘d6 ♖xa4 22.♖c1 ♖a6 23.♕d4 ♕g5 24.f4 ♕d8 25.♗f1 ♖a2 26.♖xc6 ♕a8

Die Stellung befindet sich in einem dynamischen Gleichgewicht, unsere Referenzpartie endete bald friedlich mit einer Punkteteilung, Tienhoven – Gunkel, Fernpartie ICCF 2012.

Zusammenfassung: Mit dieser Einführung geben wir einen ersten Einblick in die Spielweise der Réti-Eröffnung sowie einen Überblick darüber, wie wir unsere weiteren Ausführungen thematisch gegliedert haben. In insgesamt 11 Theorie-Kapiteln und 28 lehrreichen Beispielpartien (Kapitel 12) stellen wir mit der Réti-Eröffnung eine in der Turnierpraxis populäre und damit auch sehr moderne Eröffnung vor und analysieren sie in ihren wichtigen Zweigen. Wir haben versucht, die Réti-Eröffnung so objektiv zu behandeln und jeweils einzuschätzen, wie uns dies möglich war. Nach dem Studium dieses Buches sollte der Leser ein allgemeines Verständnis dafür gewonnen haben, wie die Réti-Eröffnung mit Weiß und Schwarz gespielt wird und was dabei alles passieren kann. Wir raten Ihnen, alle Varianten gründlich zu studieren und auch die Beispielpartien nachzuspielen, um die taktischen und strategischen Probleme kennen zu lernen und zu verstehen.

Kapitel 1
Fortsetzung 2.g3

1.♘f3 d5 2.g3

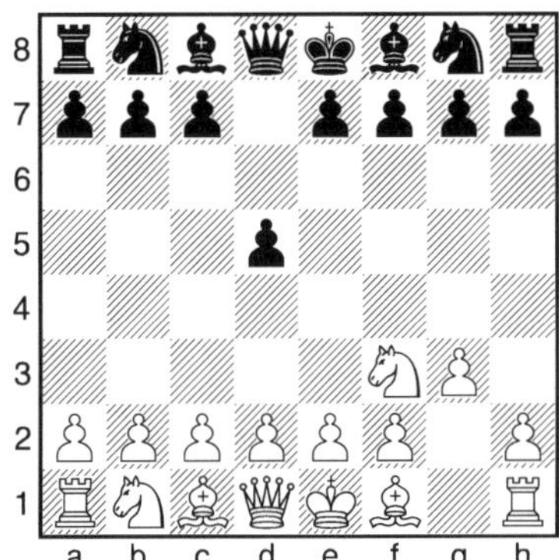

2...c6

Nach 2...♘f6 kann sich das Spiel unter Zugumstellung in weiter unten analysierte Varianten entwickeln. Allerdings kann Schwarz auch ganz auf den Zug c7-c6 verzichten. Das Spiel bekommt dann ein deutlich anderes Gesicht. Schauen wir uns mal eine plausible Entwicklung etwas genauer an: 3.♗g2 ♗f5 4.0-0 e6 5.d3 h6 6.♘bd2 ♗e7 7.♕e1 (7.b3 0-0 8.♗b2 nebst c2-c4 geleitet uns ins **Kapitel 8.**) 7...0-0 8.e4 ♗h7

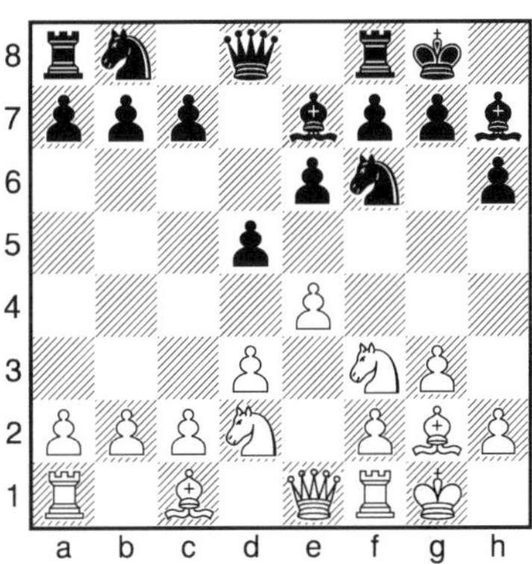

Mehr als ein halbes Dutzend verschiedener Fortsetzungen hat die Schar der Weißspieler an dieser Stelle schon ausprobiert. Wir konzentrieren uns auf 9.e5 und 9.♕e2, die zu den häufigsten Gästen auf der Turnierbühne zählen.

A) 9.e5 ♘fd7 10.♕e2 c5 11.♖e1 (Der Anziehende plant ein aktives Vorgehen auf dem rechten Flügel mittels h2-h4 und ♘d2-f1-h2-g4. Diese Aktion ist in der Schachtheorie als „Königsindischer Angriff" bekannt.) 11...♘c6 12.♘f1 ♔h8!? (Scharf wird das Spiel nach 12...b5 13.h4 a5∞. Dies könnte ein Vorgehen nach Maß für den findigen Angriffsspieler mit guten Nerven sein.) 13.h4 f6 (Möglich ist auch 13...♖c8!? 14.h5 f6 15.exf6 ♗xf6 16.♕xe6 ♘b4 17.♖e2 c4 mit Gegenspiel, Stepak - Chandler, London 1985.) 14.exf6 ♗xf6 15.c3 (15.♕xe6 ♘b4 16.♕e2 c4⇄) 15...e5 16.♘e3 ♘b6 mit zweischneidigem Spiel, Nalbandian - Böhm, Dortmund 2014.

B) 9.♕e2 c5 (Zu beachten ist auch 9...a5, das in der Begegnung Appel - Meier, Deutschland 2010, über die sich anschließende Zugfolge 10.♖e1 ♘c6 11.e5 ♘d7 12.♘f1 b5 13.h4 b4 14.♗f4 a4 zu schwarzem Gegenspiel und guten Chancen für den Nachziehenden führte. Das Vorgehen von Schwarz in dieser Partie kann ein gutes generelles Beispiel für die geeignete Partieführung im Anschluss an die Idee a7-a5 sein.) 10.e5 (10.♘e5 Der Springerzug wird am häufigsten von Weiß gewählt. 10...♘bd7 Auch nach der Statistik die für den Nachziehenden aussichtsreichste Antwortalternative. 11.♘xd7 ♕xd7 12.b3 Dieser Zug ist noch wenig erforscht, sollte dem Anziehenden aber ordentliche Chancen vermitteln. Ein Beispiel dazu: 12...♖ad8 13.♗b2 dxe4 14.♘xe4 ♘xe4 15.♗xe4 ♗xe4 16.♕xe4 ♕d5=. Beiden Parteien sind in etwa gleich gute Perspektiven zu attestieren. In Akopian - Gelfand, Cap d'Agde 1996, kam es nun zu 17.♕a4 a6 und einer späteren Punkteteilung.) 10...♘fd7 11.♖e1 ♘c6 12.♘f1 b5 13.h4 ♖c8 14.a3 ♕c7 15.♘1h2 a5 16.h5 b4 17.axb4 axb4 18.♘g4 ♘d4 Schwarz verfügt über gutes Spiel, Smeets - Van Wely, playchess.com INT 2011. Während er seine Angriffsbemühungen auf den Damenflügel konzentriert, sucht der Anziehende sein Glück auf dem Königsflügel. Die genannte Partie nahm im Anschluss einen sehr packenden Verlauf. Den Sieg trug letztendlich Schwarz davon.

2...c5 als weitere Alternative zu 2...c6 kann unter Zugumstellung in unser **Kapitel 4** führen.

2...g6 lässt Varianten entstehen, die in andere Eröffnungen führen können, beispielsweise in die Königsindische Verteidigung. Daneben kann sich das Spiel auch in Richtung unseres **Kapitels 11** entwickeln.

2...♘c6 ist hier nur selten anzutreffen. 3.♗g2 Dies ist die natürlichste Fortsetzung. (In der Partie Kramnik - Fressinet, Paris / St. Petersburg 2013, überraschte Weiß mit der Idee, zumindest zunächst auf das Fianchetto seines Königsläufers zu verzichten. Stattdessen spielte er 3.d4. Es folgte 3...♗g4 4.♘bd2 ♕d7 5.h3 ♗f5 6.c3 e5!? 7.dxe5 0-0-0 8.e3 ♘ge7 9.g4 ♗g6 10.b4 h5 und der Nachziehende hatte sich ein aktives Spiel erarbeitet.) 3...e5 4.d3 (4.0-0 lässt 4...e4 zu, woraufhin Schwarz über 5.♘e1 ♘f6 6.d3 ♗f5 7.c3 ♕d7 nebst 0-0-0 gutes Spiel erhält.) 4...♘ge7 (Interessant und deshalb ein Kandidat für weitere Untersuchungen ist 4...f6!?. Einen guten schwarzen Aufbau zeigt die folgende Variante: 5.c3 ♗e6 6.♕b3 ♕c8 7.0-0 ♘ge7 8.♕a4 g5 mit der Idee ♘e7-g6, ♗f8-e7 usw.)

5.0-0 g6 6.c4 ♗g7 (Zum Ausgleich führt 6...dxc4 7.dxc4 ♕xd1 8.♖xd1 ♗e6=.) 7.cxd5 ♘xd5 8.♘c3 ♘de7∞. Es ist nicht ganz klar, ob die beiderseitigen Aussichten einander entsprechen oder doch einer Partei der Vorrang eingeräumt werden kann. In der Partie Almasi - Bartel, Budapest 2014, ging es wie folgt weiter: 9.♖b1 a5 10.a3 0-0 11.b4 axb4 12.axb4 ♘d4 13.♘d2 c6 14.e3 ♘e6 15.♕c2 ♘d5∞. Klarer ist die Situation unseres Erachtens aber nicht geworden.

2...b6 fehlt noch in unserer Betrachtung der Alternativen zu 2...c6.

Kommt er auf das Brett, kann sich das Spiel auf Rétis Spuren weiter entwickeln. Eine kleine und ausschließlich auf natürlichen Zügen basierende Beispielvariante dazu: 3.♗g2 ♗b7 4.0-0 ♘f6 5.b3 g6 6.♗b2 ♗g7 7.c4 0-0 8.♘c3 d4 9.♘b1 c5 10.d3 ♘c6. Der Nachziehende, der mit seinem 2. Zug die Weichen für diese Stellung bereitet hat, kann nun mit dem Plan ♕d8-c7 und e7-e5 weiterarbeiten.

3.♗g2

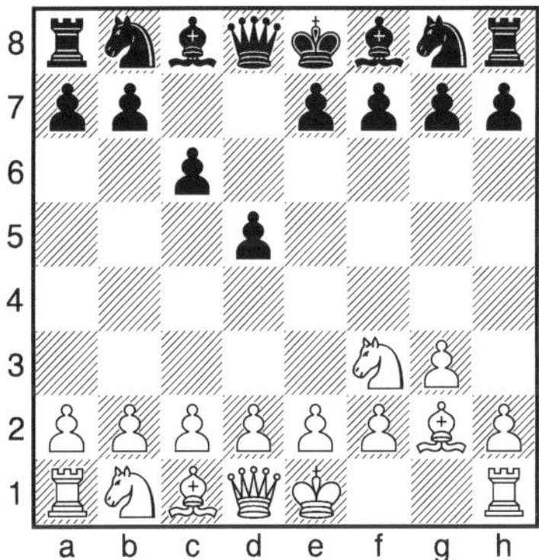

3...♘f6

Die Hauptfortsetzung. Schwarz hat danach weiter freie Hand, wo er seinen Läufer postieren will. Es ist aber durchaus gut möglich, den Damenläufer sofort ins Spiel zu bringen. Wir schauen uns beide realen Alternativen an, zunächst 3... ♗f5 und dann auch 3... ♗g4. Also:

I. 3...♗f5 4.0-0 e6 (Die Zugumstellung 4...♘f6 5.c4 e6 katapultiert das Spiel in unser **Kapitel 8**.) 5.d3 ♘f6 6.c4 [Sehr gute statistische Werte bringt der Springerzug 6.♘h4 mit. 6...♗g6 7.♘xg6 hxg6 8.♘d2 So wird zumeist gespielt. 8...♘bd7 9.e4 ♕c7 (Weniger gute Erfahrung hat Schwarz hier sowohl mit 9...dxe4 als auch 9... ♗d6 gemacht.) 10.♕e2 ♗e7 11.f4 dxe4 12.dxe4 e5∞, Karjakin – Jakowenko, Moskau 2012. Die Lage auf dem Brett ist unübersichtlich. Gewonnen hat die Partie schließlich Weiß, und dies schon recht bald, nämlich mit seinem 30. Zug.] 6...dxc4 7.dxc4 Schwarz stellt sich die Entscheidung, ob er die Damen tauschen soll oder nicht.

A) 7...♕xd1 8.♖xd1 ♘bd7 9.♘c3 h6 10.b3 (Nach 10.♗e3 ♘g4 muss der Läufer praktisch nach d2 ziehen. Deshalb ist es besser, ihn nach b2 zu entwickeln.) 10...♗b4 11.♗b2 ♖d8 Beide Seiten stehen vor dem Abschluss der Entwicklung und haben sich miteinander vergleichbare Aussichten gesichert. Die Partie Gdanski – Kulaots, Schweden 2005, ging wie folgt weiter: 12.♘a4 0-0 13.♘d4 ♗e4 14.f3 ♗g6 15.e4 ♘c5 16.♘c3 ♗a5. Die Begegnung ist voll ins Mittelspiel übergegangen, an der Situation der in etwa gleichen Aussichten auf den Erfolg hat sich aber nichts geändert.

B) 7...♘bd7 Der Nachziehende rechnet sich hier mehr aus, wenn die Damen auf dem Brett bleiben. Es schließt sich die übliche Phase der Entwicklung an, zum Beispiel etwa so: 8.♘c3 h6 9.♗f4 ♗e7 10.♕c1 ♕b6 11.h3 0-0. Wer komplizierte Stellungen mag, die deshalb von beiden Seiten schwer einzuschätzen sind, kann hier mit 12.g4 in die Fußstapfen von Aronian treten. 12...♗h7 Nun baute der armenische Super-Großmeister seine Position wie folgt weiter aus: 13.♘d2 ♖fd8 14.a3 a5 15.♗e3 ♕a6 16.b3 ♗c5 17.♗xc5 ♘xc5 18.b4 ♘cd7 19.♕b2 ♘b6. Die Stellung ist im Vergleich zu eben nicht minder kompliziert, Aronian – Rodshtein, Eppingen 2014. Nach zähem Kampf entschied Weiß das Duell schließlich für sich.

II. 3...♗g4 4.0-0

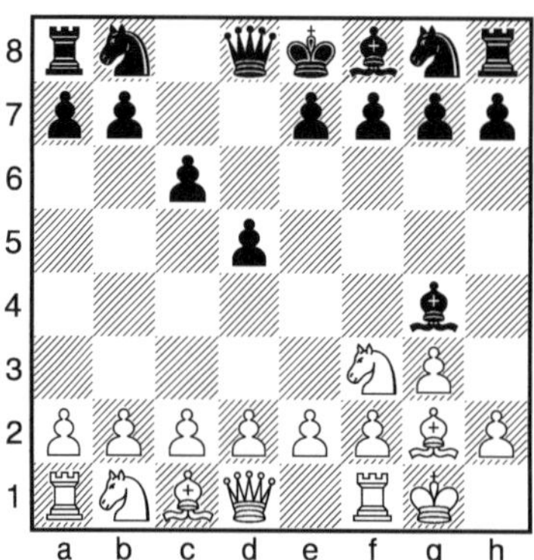

A) 4...♘d7 In der Praxis der nach 4.0-0 am häufigsten von Schwarz gespielte Zug. Allerdings ist in Turnieren die Stellung nach 4...Sf6, die wir uns im Anschluss an diese Betrachtung anschauen werden, deutlich öfter aufgetreten, was auf Zugumstellungen zurückzuführen ist. 5.d3 ♘gf6 6.♘bd2 e5 Unsere Empfehlung ist hier 7.h3 mit der Idee, im Anschluss sofort den g-Bauern nach vorne zu treiben. (Allerdings kann der Anziehende auch über den Bauernvorstoß 7.e4 nachdenken, der erst möglich wird, weil der Springer im vorhergehenden Zug nach d2 geführt worden ist. Es kann folgen: 7...dxe4 8.dxe4 ♗c5 9.h3 ♗h5 10.♕e1 0-0 11.♘c4 ♖e8 12.a4 ♕c7∞. Engines wie Stockfish kennen keine unklare Stellung und kommen hier zum Ergebnis, dass Weiß etwas besser steht. Wir sind uns da nicht so sicher, wir kennen das Urteil „unklar“ und sehen einen Anwendungsfall in der aktuellen Stellung.) 7...♗h5 8.g4 ♗g6 9.♘h4 ♗d6 10.e3 ♘f8 Diese Idee stammt aus der Partie Caruana – Movsesian, Dubai 2014. Die hinter ihr stehende Absicht wird erst in den beiden Folgezügen deutlich. Der Springer räumt das Feld für seinen noch auf f6 stehenden Kollegen, damit dieser den Weg für den f-Bauern freimachen kann. Die genannte Begegnung wurde als Blitzpartie gespielt. (Vermutlich fährt Schwarz mit 10...0-0 besser. In Anlehnung an eine Erfahrung aus der Praxis könnte die Partie dann den folgenden weiteren Verlauf nehmen: 11.♘xg6 hxg6 12.c4 ♘c5 13.g5 ♘h5 14.cxd5 cxd5 und hier hätte in der Begegnung Smirin – Hracek, Sibenik 2006, eine weiße Fortsetzung mit 15.Dg4 oder auch mit 15.Lxd5 eine für beide Seiten gleichwertige Stellung entstehen lassen.) Weiter nach Caruana – Movsesian: 11.f4 ♘6d7 12.♕e1 f6 13.e4 d4 14.♘c4 ♗c7 15.♘f5 ♗xf5 16.exf5 ♕e7 17.a4. Weiß steht klar besser. Er ist aktiv und initiativ aufgestellt, während der Nachziehende aus einer doch etwas gedrückten Stellung heraus operieren muss.

B) 4...♘f6 5.d3 (5.c4 ist die Hauptalternative, führt aber regelmäßig nur unter Zugumstellung in Abspiele, die wir in Folgekapiteln unseres Buches betrachten.) 5...e6 (5...♘bd7 lässt die Stellung nach 5...Sgf6 in der vorhergehenden Variante nach 4...Sd7 entstehen.) 6.h3 ♗h5 7.♘bd2 ♗e7 8.g4 ♗g6 9.♘h4 Die erreichte Stellung war in den letzten Jahren im Spitzenschach zwei Mal auf dem Brett, in beiden Fällen konnte Weiß den Sieg erringen. Sie verspricht beiden Seiten Chancen auf ein aktives Spiel. Am Beispiel der Partie Nakamura – Adams, London 2014, wollen wir veranschaulichen, wie ein plausibler Fortgang des Spiels aussehen kann. Also: 9...a5 10.e3 ♘a6 11.a3 ♘d7 12.♘xg6 fxg6 (12...hxg6!? sieht natürlicher aus.) 13.d4 0-0 14.c4 ♘c7 15.b3 ♗f6 16.♗b2 ♔h8 17.♕c2 ♖c8 18.b4 e5 19.dxe5 ♗xe5 20.bxa5 ♘a6 21.♗xe5 ♘xe5 22.cxd5 cxd5 23.♕b2 ♘d3 24.♕xb7 ♘ac5 25.♕xd5 mit Vorteil für Weiß.

4.0-0

Oft wird hier erst 4.c4 gespielt. Unter Zugumstellung führt dies in Varianten, die wir dann an anderer Stelle des Buches analysieren.

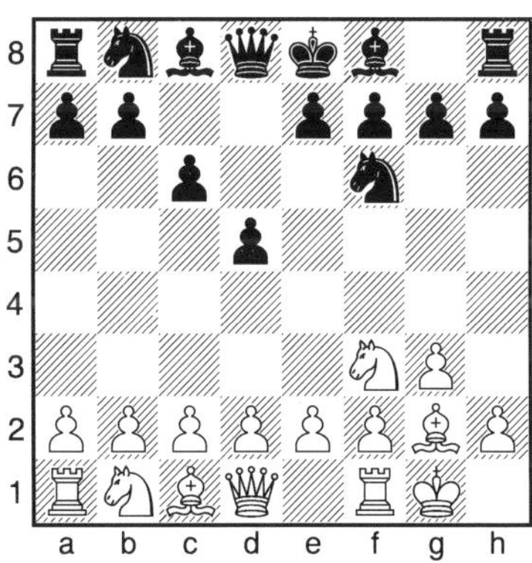

4...♘bd7

Andere Antworten lassen unter Zugumstellung Abspiele aus weiteren Kapiteln des Buches entstehen oder können dies zumindest, und zwar wie folgt:

Zu 4...♗g4 siehe **Kapitel 9**, zu 4...♗f5 **Kapitel 8**, zu 4...g6 **Kapitel 11** und zu 4...e6 **Kapitel 10.**

5.d3 e5

So nimmt Schwarz wichtige Zentralfelder unter Kontrolle. Es wird auch 5...e6 gespielt, was unter Zugumstellung zu später besprochenen Varianten führen kann. Das Spiel kann aber auch einen eigenständigen Charakter entwickeln, z.B. mit 6.c4 ♗d6. An dieser Stelle gabelt sich unsere Betrachtung in zwei Abspiele. Sie kann aber nur exemplarisch einen Eindruck vermitteln, die beiden Spielweisen können zudem auch in eine Art „Hybridvariante" übergehen.

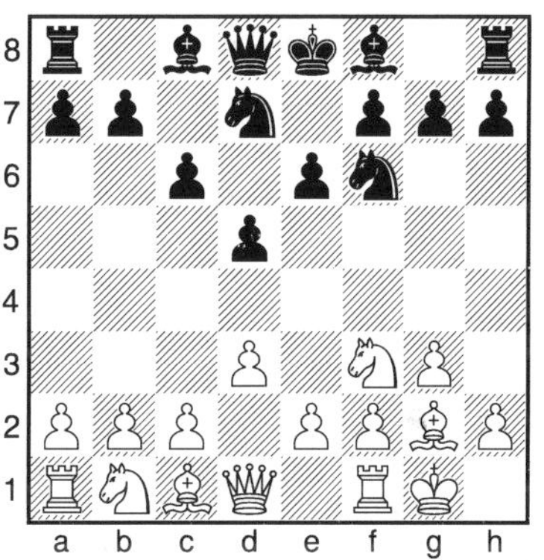

A) 7.♘c3 0-0 8.e4 ♖e8 9.♕e2 ♘e5 10.♘h4 Der Anziehende macht den Weg für den f-Bauern frei. (Auf das ebenfalls aggressive 10.d4 ist das Gehacke 10...♘xf3+ 11.♕xf3 dxe4 12.♘xe4 ♘xe4 13.♕xe4 möglich, worauf 13...e5 14.d5 f5 15.♕c2 e4∞ in eine nicht abschließend einschätzbare Stellung führt. Auf jeden Fall dürfte Schwarz mehr von der Abweichung seines Gegners als dieser selbst haben.) 10...♗b4 11.f4 ♘g6 12.♘xg6 hxg6 13.e5 ♘d7 Die weiße Stellung ist sichtbar freier als die schwarze und damit vorteilhaft. Die Partie Eriksson – Andersson,

Schweden 2006, ging wie folgt weiter: 14.♘d1 a6 15.♘f2 b5 16.cxd5 cxd5 17.d4 ♗b7 18.♗e3 ♖c8 19.h4 ♘b6 20.♘d3 ♗e7 21.b3. Weiß hat die Voraussetzungen für einen aussichtsreichen Angriff am Königsflügel geschaffen. Dabei ist der Schritt des h-Bauern nach h5 ein wichtiges Element zur Öffnung der Stellung in diesem Sektor des Brettes.

B) 7.e4 dxe4 8.dxe4 ♕c7 (Volle Kompensation für die Investition eines Bauern erhält Weiß, wenn der Nachziehende auf e4 nimmt, etwa in der Variante 8...♘xe4 9.♘g5 ♘xg5 10.♕xd6. Logisch könnte sich das Spiel dann etwa so weiter entwickeln: 10...e5 11.♘c3 f5 12.b3 ♖f8 13.♗a3 ♖f6 14.♕d2 ♘e6 15.♖ad1. Die Schwächen in der schwarzen Stellung, allen voran das Feld d6, sowie die Königssicherheit werden dem Nachziehenden mindestens noch eine ganze Weile Sorgen machen. Augenscheinlich vermitteln besonders die d-Linie und die offenen Diagonalen für das weiße Läuferpaar dem Anziehenden sehr gute dynamische Chancen.) 9.♘c3 0-0 10.♕e2 e5 11.♖d1 Im Bereich des Übergangs zum Mittelspiel hat sich Weiß seinen Anzugsvorteil bewahrt, die weiteren Aussichten sind aber als in etwa gleich einzuschätzen. Überprüft wurde dies in einer interessanten Fernpartie, in der Weiß letztendlich einen Sieg einfuhr. Die nächstfolgenden Züge waren 11...a5 12.♘h4 a4 13.♘f5 ♗c5 14.♗g5 h6 15.♗e3 ♕b6 16.♖d2 ♗xe3 17.♕xe3 ♕xe3 18.♘xe3 ♘c5 19.f3 ♖e8 20.♖ad1 ♗e6 21.♗f1. Weiß verfügt über ein aktives Spiel, Saglione - Giaccio, ICCF Email 2007.

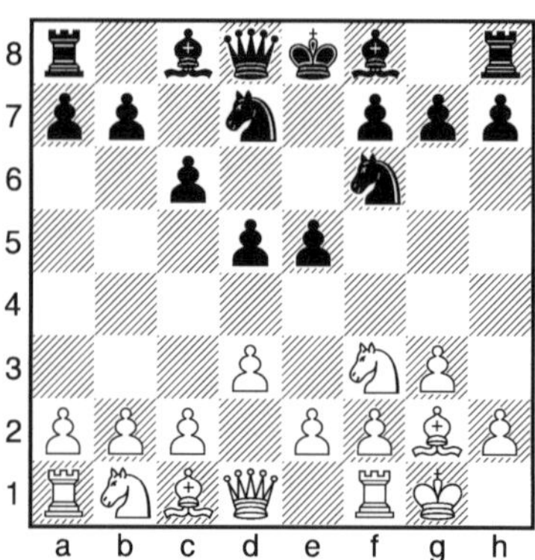

6.e4

Über die lange Variante 6.♘c3 ♗e7 7.e4 dxe4 8.dxe4 0-0 9.♘h4 (9.♕e2 ♕c7 10.♖d1 b5⇄) 9...g6 10.♕e2 ♖e8 11.b3 ♗f8 12.♘a4 ♕c7 13.♗e3 b5 14.♘b2 ♘c5 entstand eine Stellung mit gleichen Chancen in der Partie Nevednichy - Ankit, Kavala 2013.

6...dxe4 7.dxe4 ♗c5 8.♘bd2 0-0 9.♘b3 ♗e7 10.♕e2 ♖e8 11.♖d1 ♕c7 12.♘e1 a5 13.a4 ♘c5 14.♘xc5 ♗xc5 15.♘d3 ♗g4 16.♗f3 ♗xf3 17.♕xf3 ♗b6 18.b3 ♗d4 19.♖b1 ♘d7 20.♗e3 ♗xe3 21.♕xe3 ♖ad8

Die beiderseitigen weiteren Aussichten sind in etwa ausgeglichen, Aleksejew - Inarkiew, Irkutsk 2010.

Zusammenfassung: Der in diesem Kapitel vorgestellte weiße Entwicklungsplan ist ungefährlich für Schwarz. Der Nachziehende kann problemlos ausgleichen. Immer zu beachten ist, dass das Spiel unter Zugumstellung in Abspiele führen kann, die wir in weiteren Teilen des Buches untersuchen. Auf der Basis der vorstehenden Überlegungen empfehlen wir Weiß die Wahl des aktiven Zentrumszuges c2-c4 und eine Entwicklung seiner Figuren auf andere Weise. Hierzu verweisen wir auf die folgenden Kapitel.

Kapitel 2
Fortsetzung 2.b3

1.♘f3 d5 2.b3

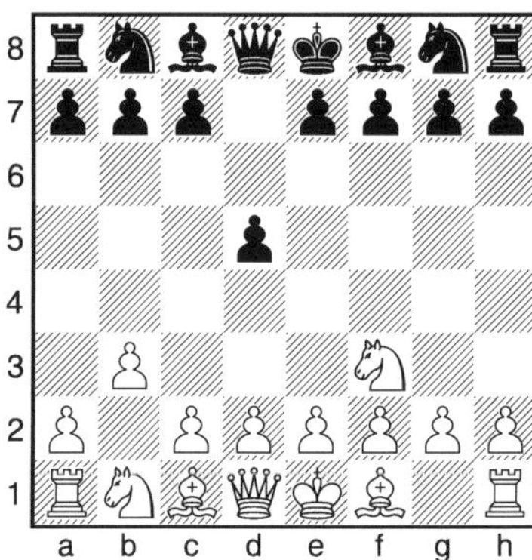

In diesem Kapitel untersuchen wir die Varianten ohne den Zug g2-g3. Zur Diagrammstellung analysieren wir die drei Hauptzüge wie folgt:

I. 2...♘f6 (**Abspiel 1**).

II. 2...c5 (**Abspiel 2**).

III. 2...♗g4 (**Abspiel 3**).

Abspiel 1
Fortsetzung 2...♘f6

1.♘f3 d5 2.b3 ♘f6

Damit plant Schwarz eine schnelle Entwicklung seines Königsflügels unter Einbeziehung der kurzen Rochade.

3.♗b2 e6

Wem es mit den schwarzen Steinen nicht behagt, den weißfeldrigen Läufer auf diese Weise zu verstellen, der kann ihn auch erst ins Spiel bringen. 3... ♗f5 und 3... ♗g4 führen normalerweise zu Varianten, die wir in den **Kapiteln 8** und **9** behandeln.

4.e3

Ein anderer Weg führt über 4.c4. In diesem Abspiel aber analysieren wir die Varianten, in denen der Anziehende auf den frühen Doppelschritt seines c–Bauern verzichtet. Den Bereich mit c2-c4 betrachten wir in **Kapitel 4**.

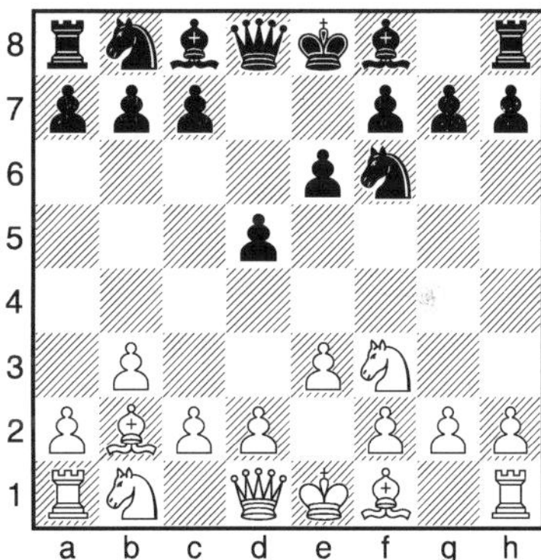

4...♗e7

Eine gut spielbare Alternative ist hier 4...♗d6, worauf Weiß, natürlich neben c2-c4 (siehe aber oben), zwei beachtenswerte Möglichkeiten für eine Antwort hat.

A) 5.♗e2 Diese Läuferentwicklung ist vor dem Hintergrund, dass sie in etlichen Systemen unserer Themaeröffnung eine Rolle spielt, als Universalzug zu betrachten. Weiß behält die Möglichkeit, in andere Bereiche der Réti–Eröffnung zu wechseln, fest im Auge. 5...♘bd7 6.0-0 ♕e7 7.d3 mit Übergang in Varianten, die wir in verschiedenen weiteren Teilen unseres Buches behandeln. Beispielsweise kann Weiß nach Sb1-d2 auf die Zentrumsvorstöße c2-c4 oder e2-e4 spielen.

B) Weitgehend „standorttreu" ist hingegen das für unser Thema eher untypische 5.d4. Tendenziell kommt es dann zu einer massiveren Besetzung des Zentrums. Schwarz wird einen Bauernhebel von c5 aus ansetzen, unter Umständen auch von e5 aus. Der Stellungstyp ist speziell etwas für die Freunde komplexer Strukturen. Besonders als Antworten in Betracht kommen die natürliche Entwicklung mit der Rochade und das verlockende ♘f6-e4. Ein paar kurze Gedanken dazu: 5...0-0 (5...♘e4 6.♘bd2 f5 Der schwarze Springer wird nur mit f2-f3 zu vertreiben sein, was Weiß mit einer gewissen Schwächung seines Königsflügels bezahlen muss. 7.♗d3 0-0 8.0-0 ♗d7 9.♘e5 ♗e8 10.f3 ♘xd2 11.♕xd2 ♗xe5 12.dxe5 c5 Weiß ist etwas besser entwickelt und er hat das Läuferpaar. In der Begegnung Tschernyschow - Pacher, Pardubice 2011, folgte nun 13.♖ad1 ♘c6 14.c4 d4 15.exd4 ♘xd4 16.♗b1 ♖f7 17.♕f2 ♖d7 mit dann allerdings annäherndem Gleichstand. Die Suche nach einer Verbesserung im Spiel des Anziehenden könnte ein besonderes Augenmerk auf 16.♗b1 richten.) 6.♗d3 ♕e7 (Das schwarze Spiel setzt auf den schon angesprochenen, von c5 ausgeübten Bauernhebel. Der Vorstoß 6...c5 kann auch sofort erfolgen, z.B. 7.0-0 ♘c6 8.a3 ♕e7 9.♘e5 ♘d7 10.♘xd7 ♗xd7 11.♘d2 e5=, Anton Guijarro - Candela Perez, Madrid 2013.) 7.0-0 c5 Damit hat Schwarz in seinem Streben nach Gegenspiel den Fuß in der Tür. In unserer Referenzpartie Uschenina - Gunina, Peking 2014, ging es nun wie folgt weiter: 8.a3 b6 9.♘bd2 ♗b7 10.♘e5 ♘bd7 11.f4 ♘e4 12.♘xe4 dxe4 13.♗c4 ♘f6=. Aus der eben betrachteten Position heraus haben beide Seiten ihre Stellungen natürlich weiter entwickelt und nun jeweils genügend aktives Potenzial. Es ist von weitgehend gleichen Chancen auszugehen.

5.♗e2 0-0

Schwarz kann hier auch ohne Weiteres 5...♘bd7 ziehen und später rochieren.

6.0-0 c5

Den Wunsch auf Ausgleich kann sich Schwarz auch ohne diesen aktiven Zug erfüllen. Ebenfalls eine gute Wahl ist 6...c6 mit der sich beispielsweise anschließenden Variante 7.d3 ♘bd7 8.♘bd2 ♖e8 9.♘e5 ♘xe5 10.♗xe5 ♗d6 11.♘f3 ♗xe5 12.♘xe5 ♘d7 13.♘xd7 ♗xd7 mit ausgeglichenen Verhältnissen auf dem Brett, Lewenko - Kochura, Kiew 2003.

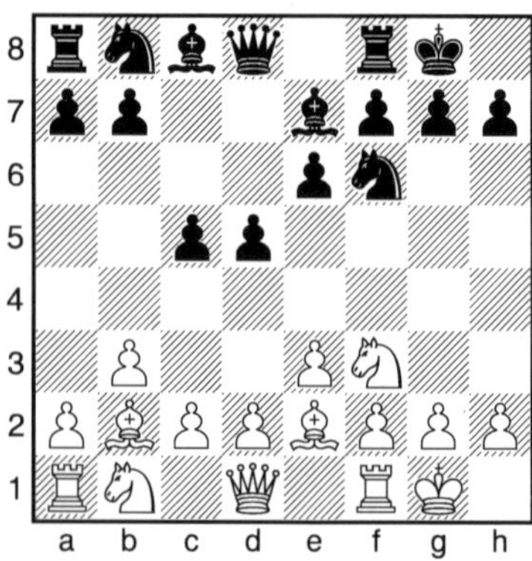

7.d3

Dieser Zug trägt voll und ganz den „Geist der Réti-Eröffnung“ in sich. Anzutreffen ist hier aber auch 7.d4. Eine logische rote Linie für den weiteren schwarzen Aufbau beinhaltet das Fianchetto des Damenläufers, ohne dass sie einen Alleinstellungscharakter hat. Wir schauen uns deshalb als Alternative zu 7...b6 auch die Möglichkeiten von 7...Sc6 an. Also:

A) 7...♘c6 8.♘bd2 (Ein weißes Hinausschlagen aus dem Zentrum mit 8.dxc5 führt in der Zugfolge 8...♗xc5 9.c4 ♕e7 10.♘c3 ♖d8 11.cxd5 ♘xd5= zum Stellungsausgleich, Cruz – Ramirez Garcia, Barcelona 2012.) 8...cxd4 9.♘xd4 ♗d7 Beide Kontrahenten stehen kurz vor dem abschließenden Bewältigen ihrer Eröffnungsaufgaben und gehen mit ähnlichen Perspektiven in die nächste Phase der Partie. Das Duell Mak – Kulaots, Peking 2008, nahm nun einen Fortgang mit 10.♖c1 ♖c8 11.a4 ♖e8 12.♘2f3 ♗d6 13.♘xc6 bxc6 14.c3 ♖b8 15.b4 ♕c7 16.♕c2 e5. Schwarz erfreut sich eines aktiven Spiels. Er gewann die Partie denn auch, und zwar im 27. Zug.

B) 7...b6 8.♘bd2 ♗b7 9.♘e5 (9.c4 würde uns auch hier wieder aus unserem Abspiel führen. Die Stellung könnte sich zudem auch aus anderen Eröffnungssystemen ergeben, beispielsweise aus dem Damengambit.) 9...♘bd7 Die aktuelle Stellung ist noch nicht oft auf dem Brett ausgekämpft worden, soweit Partien bekannt geworden sind. Eine gute Möglichkeit für Weiß sehen wir hier in dem schon lange bekannten Vorstoß 10.f4, der den auf e5 stehenden Springer weiter befestigt. 10...♖c8 11.♖c1= Die Perspektiven beider Spieler sind gleich. Um einen Eindruck davon zu gewinnen, wie beide Seiten weiter vorgehen können, schauen wir uns exemplarisch Erfahrungen aus der Turnierszene an. Ausnahmsweise erlauben wir uns dabei einen langschrittigen Blick in die Zukunft der Partie, weil das positionelle Ringen hier nur sehr langsam Veränderungen bewirkte. Also:

B1) 11...cxd4 12.exd4 ♘e4 13.♘xe4 dxe4 14.♘xd7 (14.c4!?) 14...♕xd7 15.c4 f5=, Winz – Najdorf, Mar del Plata 1941.

B2) Oder 11...♘xe5 12.fxe5 ♘d7 13.♗d3 ♗g5 14.♕e2 ♗h6 15.♖ce1 f6 16.exf6 ♘xf6 17.♘f3 ♘g4 18.♗c1 ♕c7 19.h3 ♘f6 20.♘e5 ♘d7 21.♕h5 ♘xe5 22.dxe5 c4 23.♗e2 b5. Wir sind der Partie Kozabekow – Batchuluun, St. Petersburg 2014, gefolgt. Hier ist die schwarze Stellung vorzuziehen, das aktive Spiel des Nachziehenden am Damenflügel sichert diesem gute Chancen in der Partie. Das Duell endete mit einem Sieg des Nachziehenden. Auf dem Weg hierher gibt es allerdings mehrere Stellen im Spiel von Weiß, wo sich die Suche nach einer Verbesserung lohnen könnte, beispielsweise anstelle von 21. ♕h5.

7...♘c6 8.♘bd2 b6 9.♘e5

Anzutreffen ist hier auch 9.c4, allerdings ist diese Wahl mit einer sehr schlechten Statistik verbunden. Die Stellung kann auch aus der Englischen Partie (Symmetrievariante) entstehen.

9...♘xe5 10.♗xe5

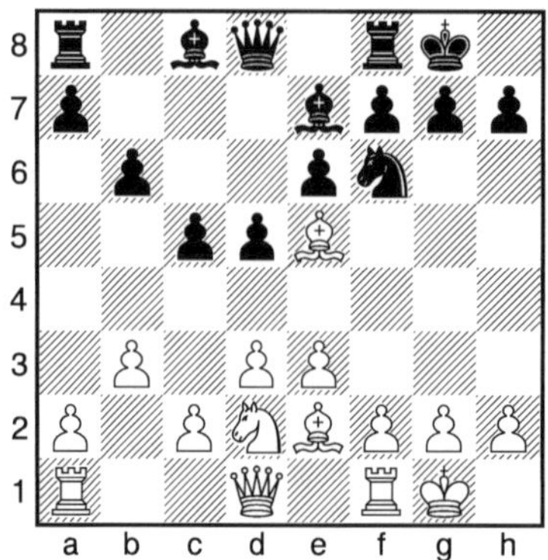

10...♗b7

Im Duell Eckard – Hagenbach, Deutschland 1991, stellte Schwarz seinen Läufer mit 10...♗d6 dem gegnerischen gegenüber. Dies nutzte Weiß wie folgt, um sich einen Vorteil zu verschaffen: 11.f4 ♗xe5 12.fxe5 ♘d7 13.d4 f6 14.exf6 ♖xf6 15.♖xf6 ♕xf6 16.♕f1 ♕xf1+ 17.♖xf1 ♘f6 18.♖f4 ♗d7. Schwarz hat sich eine Schwäche auf e6 eingehandelt und sein Läufer ist weniger aktiv als jener des Anziehenden.

11.♗b2 ♘d7 12.e4

Auf 12.c4 folgt ebenfalls 12...♗f6.

12...♗f6 13.♗xf6 ♕xf6 14.♖e1 ♖ad8 15.♗f1 ♘e5 16.♕e2

Keine gute Idee wäre nun 16.g3?, denn nach 16...dxe4 bekäme Weiß Schwierigkeiten.

16...♕f4 17.♖ad1 dxe4 18.dxe4 ♕g5

Schwarz kann mit seiner Stellung mehr als zufrieden sein, Bohorquez Trivino – Benitez Chiriboga, Quito 1997.

Zusammenfassung: Diese Variante, in der Weiß auf den Angriff des schwarzen Zentrums mittels c2-c4 verzichtet, ist ungefährlich für Schwarz. Er bringt seine Kräfte problemlos ins Spiel und sichert sich Ausgleich oder sogar mehr. Anstelle von 3...e6 kann Schwarz auch seinen Läufer nach f5 bzw. g4 entwickeln. Beides führt in andere Kapitel unseres Buches (vor allem 8 und 9). Zusammen mit dem Vorstoß c2-c4 ist die Entwicklung des Läufers nach b2 hingegen stark. Damit befassen wir uns in **Kapitel 4**.

Abspiel 2

Fortsetzung 2...c5

1.♘f3 d5 2.b3 c5

Mit diesem aktiven Zug will sich Schwarz eine Überlegenheit im Zentrum verschaffen. Er hat nun die Kontrolle über die Felder b4, c4, d4 und e4.

3.♗b2

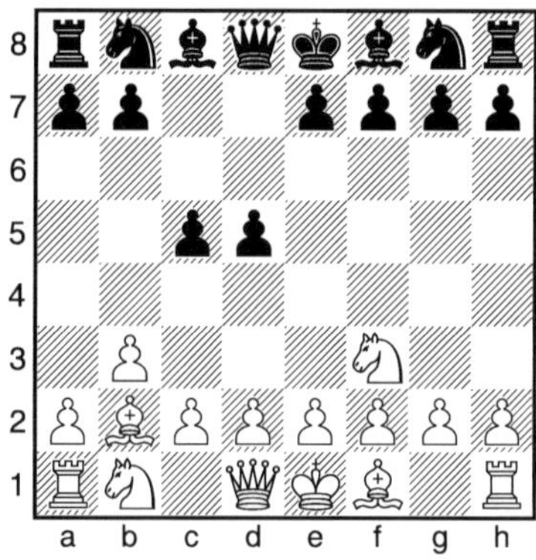

3...♘f6

Es gibt auch gänzlich andere Entwicklungspläne für den Nachziehenden. Zwei interessante Ideen, die mit 3...f6 und mit 3... ♘c6 eingeleitet werden, wollen wir etwas genauer betrachten.

I. 3...f6 Die hinter diesem Bauernzug stehende Absicht liegt auf der Hand – Schwarz will mittels 4...e5 ein starkes Bauernzentrum errichten. 4.e3 e5 Hier ist es nun verwirklicht, das zentrale Thema dieser Spielweise. Weiß kann auf verschiedene Erwiderungen zurückgreifen. Aus der Palette der Möglichkeiten konzentrieren wir uns auf den Vorstoß des d-Bauern und den Läuferausfall nach b5. Also:

A) 5.d4 Weiß will sofort klare Verhältnisse im Zentrum schaffen. 5...cxd4 6.exd4 e4 7.♘fd2 f5 8.c4 ♘f6 9.♘c3 ♗e6 10.cxd5 ♘xd5 11.♗c4 ♗b4 (Auf 11...♘c6? folgt stark 12.♘dxe4! mit weißem Vorteil.) 12.♘xd5 ♗xd5 13.♕h5+ g6 14.♕h6 Die Stellung steckt voller Ungleichgewichte. Sie ist kompliziert, keine der beiden Seiten hat einen eindeutigen Vorteil für sich herausgearbeitet. In der Partie Granda Zuniga – Bolado Saez, Madrid 2015, ging es nun wie folgt weiter: 14...♘c6 15. 0-0-0 ♕a5 16.♔b1 ♗xd2 17.♖xd2 0-0-0 18.♖c1 ♔b8 19.a3 ♕c7 20.b4 ♕f7. Es ist nichts vorentschieden, die Chancen beider Seiten befinden sich weitgehend im Gleichgewicht.

B) 5.♗b5+ Diese einige Male in der Praxis überprüfte Fortsetzung verspricht Weiß zu wenig. 5...♗d7. Die prinzipiellste Erwiderung für Schwarz. 6.♗xd7+ ♕xd7 7.0-0 ♘c6 8.d3. In der Begegnung Genov – Guerra Bastida, Linares 2014, setzte Schwarz nun auf die lange Rochade und die damit verbundenen Chancen auf eine Verschärfung des Spiels. Es folgte: 8...0-0-0 9.♕e2 ♘ge7 10.a3 g5 11.b4 g4 12.♘fd2 ♘g6 13.bxc5 ♗xc5 mit gutem Spiel für Schwarz. Mit dessen 30. Zug einigten sich die beiden Kontrahenten dann allerdings auf ein Remis.

II. 3...♘c6. Der Nachziehende verzichtet zumindest vorerst darauf, mit seinem e-Bauern einen weiteren Fußsoldaten ins Zentrum zu spielen, und lässt seine kurze Rochadestellung intakt. 4.e3

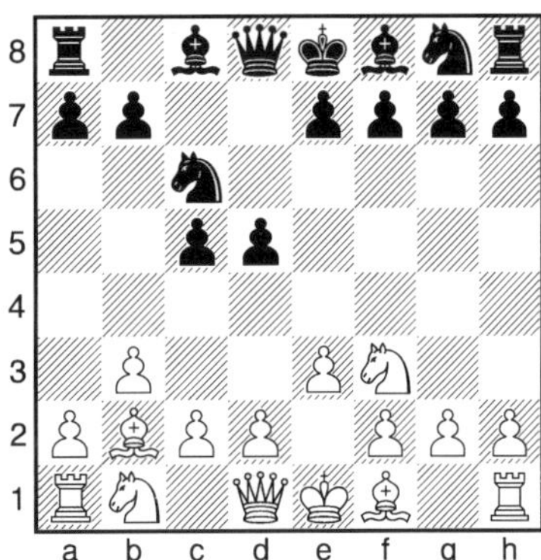

A) 4...♘f6 5.♗b5 An dieser Stelle muss Weiß mit mehreren gegnerischen Antworten rechnen. Wir wollen uns die vier unseres Erachtens bedeutendsten Alternativen etwas genauer anschauen. Also:

A1) 5...♗g4 Zur Darstellung der Entwicklungen nach dieser Wahl haben wir die **Partie Nr. 1**, Rapport – Gutman, Deizisau 2014, ins Buch aufgenommen.

A2) 5...♕c7 Eine aktuell vergleichsweise gerne angewendete Spielweise. 6.♘e5 ♗d7 7.♗xc6 (Es geht auch 7.♘xd7!? ♕xd7 8.f4 nebst 0-0, d2-d3, ♘b1-d2 usw.) 7...♗xc6 8.d3 e6 9.♘d2 ♗d6 10.♘xc6 (Eine weitere Prüfung wert ist 10.f4!?.) 10...♕xc6 11.♕e2 0-0 Beide Parteien stehen vor dem Abschluss ihrer Entwicklung, die weiteren Aussichten sind in etwa gleich. Die Partie Nakamura – Johannessen, Oslo 2009, veranschaulicht, mit welchen Ideen das Spiel weiter angegangen werden kann. 12.e4 ♗e7 13.0-0 ♖ad8 14.♖fe1 ♖fe8 15.♘f3 d4 (Infrage kam 15...♘d7!?, um bei passender Gelegenheit ♗e7-f6! auszuführen und Weiß die lange Diagonale a1/h8 streitig zu machen.) 16.a4 ♗f8 17.♘e5 ♕c7 18.♘c4 e5 19.♗c1 h6 20.g3 g6 21.f4 exf4 22.♗xf4 ♕c6 23.♖f1 Inzwischen hat sich der Anziehende gute Angriffsaussichten auf dem Königsflügel erarbeitet.

A3) 5...♗d7 Eine logische und auch aktuell beliebte Spielweise. Schwarz unterbricht den Röntgenblick des weißen Läufers in Richtung seines Königs und löst damit die Springerfesselung auf. Das älteste uns bekannte Partiebeispiel stammt aus dem Jahre 1923, ausgetragen zwischen Nimzowitsch und Wolf. 6.c4 (Zumeist wird hier 6.0-0 gespielt und je nach den schwarzen Antworten über kurz oder lang der Läufer gegen den Springer auf c6 abgetauscht. Regelmäßig kommt der Anziehende zu einem soliden Spiel, was in gleicher Weise auch für seinen Gegner gilt.) 6...a6 7.♗xc6 ♗xc6 An dieser Stelle ist 8.♘e5 unsere Empfehlung, die einer eventuellen schwarzen Dominanz auf den weißen Feldern durch Abtausch des schwarzen Läufers vorbeugt. 8...♖c8 9.♘xc6 ♖xc6 10.♗xf6 ♖xf6 11.0-0 d4 In einer Begegnung Dizdarevic – Doric, Bol 2014, griff der Anziehende nun zu 12.e4. (Natürlich ist auch mit 12.exd4 ♕xd4 13.♘c3 zu rechnen, was für unseren Geschmack allerdings dem Nachziehenden zu große Entfaltungsmöglichkeiten gibt.) 12...e5 13.d3 Das Zentrum ist festgelegt. Beiden Parteien ist die Aufgabe gestellt, ihre Entwicklung abzuschließen und sich dabei genügend Einfluss zu sichern. 13...♗e7 14.♘d2 0-0 15.g3 ♕c7 16.♕e2 b6 Schwarz hält die Kontrolle über das Feld f4 mit gleichen Chancen.

A4) 5...e6 Auf die „alte“ schwarze Entgegnung 5...e6 möchten wir Ihre Aufmerksamkeit auf die jüngst neu belebte Alternative 6.c4 richten, die hier am meisten weiße Dynamik ins Spiel bringt. 6...♗d6 7.cxd5 exd5 8.d4 Dies ist die vom Anziehenden mit seinem 6. Zug angestrebte Stellung.

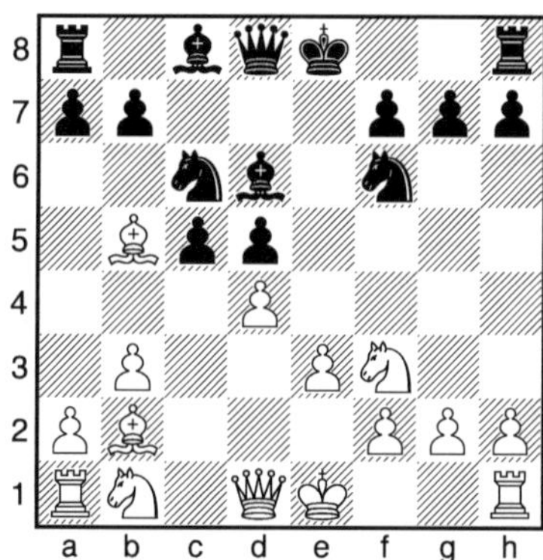

A4a) Im Duell Swidler – Jakowenko, Moskau 2009, sah der Nachziehende die Möglichkeit, die ungedeckte Situation des weißen Läufers auf b5 und die Angreifbarkeit des Königs auf der Diagonale a5/e1 für den Aufbau eines Druckspiels zu nutzen, hatte aber keinen Erfolg damit. Wir erlauben uns einen kurzen Blick auf die Geschehnisse:

8...♕a5+ 9.♘c3 ♘e4 10.♖c1 0-0 11.♗xc6 bxc6 12.0-0 ♗g4 13.dxc5 ♗xc5 14.♘a4. Die Situation ist bereinigt. Es folgte weiter: 14...f6 15.♘xc5 ♘xc5 16.♕c2 ♘e4 (16...♗xf3 17.♕xc5 ♕xc5 18.♖xc5 führt den Nachziehenden erst recht auf die Verliererstraße.) 17.♕xc6 ♖ac8 18.♕b7 ♖b8 19.♕e7 ♖f7 20.♕a3±. Weiß hat sich bei einem materiellen Übergewicht und einer mit Problemen verbundenen schwarzen Bauernstellung einen deutlichen Vorteil verschafft.

A4b) 8...0-0. Diese solide Fortsetzung ist die wohl beste schwarze Wahl an dieser Stelle. 9.dxc5 ♗xc5 Der isolierte schwarze d-Bauer wird sich nicht als dauerhafte Schwäche erweisen, wie die Zukunft zeigen wird. 10.0-0 ♗g4 11.♘bd2 (In der Partie Topalow - Karjakin, Stavanger 2013, entwickelte der Anziehende seinen Springer nach c3, ohne dass dies zu tiefen Gräben im Vergleich zu 11.Sbd2 führte. Nebeneinander betrachtet sind beide Versuche ohne Weiteres auch als Hybridvarianten vorstellbar. Nach 11.♘c3 ergab sich die folgende Variante: 11...♖c8 12.♖c1 a6 13.♗e2 ♗a7 14.h3 ♗h5 15.♘h4 ♗g6 16.♘xg6 hxg6 17.♗f3 d4 18.exd4 ♗xd4=. Die Aussichten beider Seiten dürften gleich sein.) 11...♖c8 12.h3 ♗h5 13.a3 a6 14.♗e2 d4 15.♘xd4 ♗xd4 16.exd4 ♗xe2 17.♕xe2 ♘xd4 18.♕d1 ♖e8 Schwarz steht aktiv, auch hier sind die weiteren Aussichten für beide Spieler als in etwa gleichwertig einzuschätzen, Riazantzew - Froljanow, Chanty-Mansijsk 2013.

B) 4...e6 5.c4

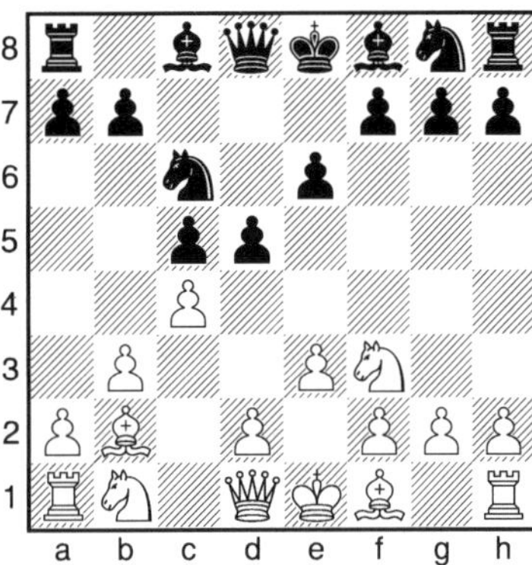

B1) 5...♘f6 6.cxd5 exd5 7.♗b5 Dies ist die häufigste von Weiß gewählte Alternative. Er hofft darauf, sich unter einem gleichzeitigen Aufbau von Druck gegen die schwarze Stellung entwickeln zu können. 7...♗e7 [7...♗d7 geht auch und würde den weißen Vorstellungen am direktesten die Luft unter den Flügeln nehmen. Eine natürliche weitere Entwicklung sieht dann beispielsweise wie folgt aus: 8.0-0 ♗d6 9.♗xf6 ♕xf6 10.♘c3 ♕e6 11.d4 cxd4 12.♗xc6 bxc6 13.♕xd4. Wir sind hier der Partie Mikaelyan - Grigorjan, Erewan 2015, gefolgt. In dieser hätte der Nachziehende nun ganz einfach 13...0-0 spielen sollen, was ihm in etwa gleiche Chancen vermittelt hätte.

7...♗d6 kommt in der Praxis ebenfalls oft vor. 8.d4 ist eine gute Antwort darauf, z.B. 8...0-0 (8... ♕a5+ 9. ♘c3 ♘e4 10. ♕c2 etc. mit gutem Spiel.) 9.dxc5 ♗xc5 10.0-0 gefolgt von ♘b1-c3 und ♖a1-c1 und einem harmonischen Spiel.] 8.♘e5 ♕b6 9.♘xc6 bxc6 10.♗e2 ♗a6 11.♘c3 ♗xe2 12.♘xe2 0-0 13.♕c2 a5 14.0-0 a4 15.♖fc1 ♖fb8 Sein am Damenflügel erreichtes Gegenspiel sichert Schwarz ein ausgeglichenes Spiel, Palit - Lomasow, Moskau 2015.

B2) 5...d4 Einer von mehreren Weiß offenstehenden Wegen besteht nun darin, den vorgerückten Bauern zu schlagen und dann den natürlichen Zug d2-d3 folgen zu lassen. Es kann sich dann eine ruhige Phase anschließen, in der beide Seiten ihre Kräfte weiter aktivieren. Exemplarisch kann dies wie folgt passieren: 6.exd4 cxd4 7.d3 ♘f6 8.♗e2 ♗c5 9.a3 a5 10.0-0 0-0 11.♘bd2 e5. Schwarz steht etwas freier. Theorie und Praxis bieten nicht viel an, woraus sich eine empfehlenswerte weitere Linie herauskristallisieren ließe. Es gibt auch hier, wie in nicht wenigen anderen von uns im Buch behandelten Bereichen der Réti-Eröffnung, noch viel Raum für eigene Entdeckungen und praktische Versuche. Um zumindest beispielhaft einen denkbaren weiteren Verlauf in der Partie skizzieren zu können, lehnen wir uns an ein interessantes Duell aus der Turnierpraxis. Darin geschah nun 12.♘e4 ♘xe4 13.dxe4 f5 14.♗d3 ♕d6 15.exf5 ♗xf5 16.♗xf5 ♖xf5 17.♕d3 ♖af8 18.♘d2 ♕g6 19.f3 e4 20.fxe4 ♖g5 21.♖xf8+ ♗xf8 22.♕f1 ♗d6 23.♘f3 ♖g4 mit aktivem schwarzem Spiel für den Bauern, Cindrak - Kacakovski, Cetinje 2012. Der Ausgang ist hier noch offen, die Partie endete letztlich mit einem schwarzen Sieg nach 34 Zügen.

B3) 5...a6 6.cxd5 exd5 7.d4 Der Vorstoß des d-Bauern kann auch noch etwas später erfolgen, aber grundsätzlich ist er hier sehr gut platziert. 7...♘f6 8.♗e2 cxd4 9.♘xd4 ♗b4+. Der schwarze Standardzug in dieser Stellung. 10.♗c3 ♗d6 11.♘d2 0-0 12.0-0 Nach den weiteren Zügen 12...♖e8 13.♖e1 ♗d7 14.♖c1 ♕e7 mit dem Plan ♖a8-c8 ging es für die beiden Kontrahenten mit gleichen Chancen in die nächste Phase der Partie, Khismatullin - Swjaginzew, Chanty-Mansijsk 2013.

4.e3 e6

Der Nachziehende kann seine Pläne auch auf 4...♘c6 fußen lassen, z.B. 5.♗b5 ♗d7 (Schwarz sollte nicht zulassen, dass ihm Weiß einen Doppelbauern auf der c-Linie verpasst. Dies könnte beispielsweise nach 5...♗g4 mittels 6.♗xc6+ passieren. Weiß kann dann die Schwäche auf c5 nutzen. Werfen Sie dazu bitte einen Blick in die lehrreiche **Partie Nr. 2**, Nimzowitsch - Johner, Bern 1931!) 6.0-0 e6 7.d3 ♗e7 8.♗xc6 ♗xc6 9.♘e5 ♖c8 (Die Variante 9... 0-0 10.♘xc6 bxc6 11.♕e2 ♘d7 12.e4 ♕c7 13.f4 führt zu besseren Aussichten für Weiß, Psachis - Möhring, Sotschi 1979.) 10.♘d2 0-0 11.f4 ♘d7 12.♕g4 ♘xe5 13.♗xe5 g6 (Schwächer ist 13...♗f6 14.♖f3 ♕e7 15.♖af1 a5 16.♖g3 mit weißer Initiative am Königsflügel, Fischer - Mecking, Palma de Mallorca 1970.) 14.♗b2 d4 15.♘c4 b6 16.a4 ♗f6 17.♘e5 ♗b7 18.♕g3 ♗g7. Schwarz kann zufrieden sein, Weiß aber auch, Jurjevic - Muth, Freechess.de 2012. Die Perspektiven halten sich in etwa die Waage.

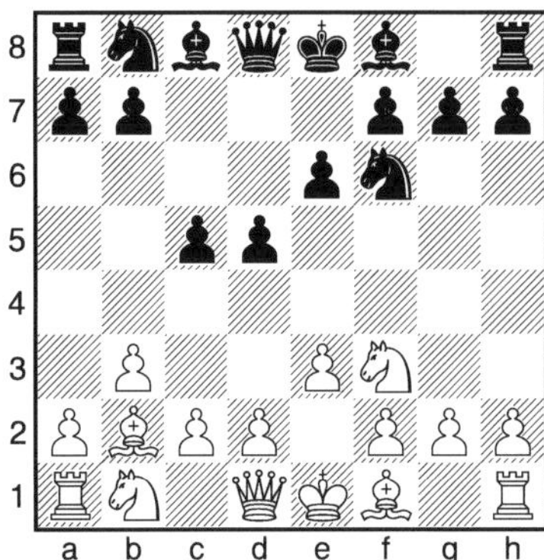

5.c4

Ein typisches Vorgehen des Anziehenden – es geht um den Kampf im Zentrum. Einen interessanten anderen Plan ersann Capablanca gegen Cohen in einer Simultanpartie New York 1924. Dort folgte 5.♘e5 ♗e7 6.f4 ♘bd7 7.♗d3 ♘xe5 8.fxe5 ♘d7 9.♕g4 g6 10.h4 h5 11.♕g3 ♖g8 12.♗e2 ♘f8 13.♘c3 ♗d7 14.0-0-0 mit der Idee ♕g3-f4 und dann g2-g4, verbunden mit guten Chancen.

5...♗e7

Schwarz bereitet die kurze Rochade vor. Spielbar ist auch 5...♘c6 worauf Weiß, wenn er in unserem System bleiben will, gut mit 6.d4 antworten kann. (Er hat es allerdings in der Hand, hier die Tarrasch-Verteidigung des Damengambits anzustreben. Dies könnte er über die Fortsetzung 6.cxd5 und dann die sich anschließende Zugfolge 6...exd5 7.♗e2 ♗d6 8.d4 cxd4 9.♘xd4 0-0 10.0-0 ♖e8 erreichen.) 6...cxd4 7.exd4 b6 8.♘bd2 ♗b7 9.♗d3 ♗e7 10.0-0 0-0 11.♖c1 ♖c8 In der Begegnung Khotenashvili – Zhang Xiaowen, China 2015, folgte nun 12.♕e2 ♖e8 13.♖fd1 ♗f8 14.a3 g6 15.b4 dxc4 16.♗xc4 ♗g7 17.♘f1 ♘d5 und Schwarz stand gut. Am Ende stand ein Remis zu Buche.

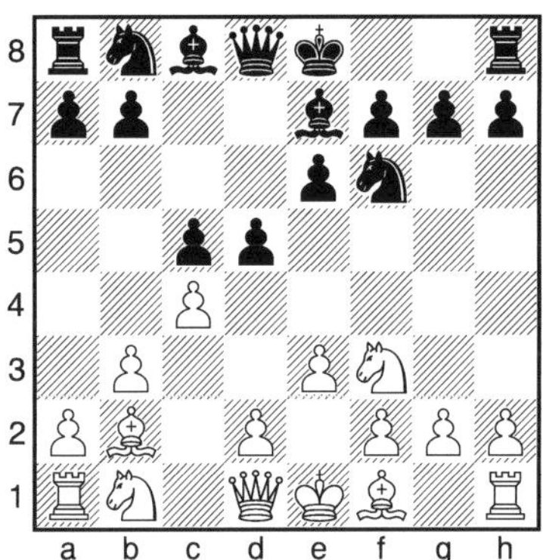

6.cxd5

Wir sehen in der Klärung der Lage im Zentrum die beste Möglichkeit für Weiß, zielgerichtet und forciert vorzugehen. Es gibt aber auch andere Versuche, die wir nicht außer Acht lassen können und wollen. Wir stellen sie nachfolgend dar, wobei wir auf eine textliche Kommentierung weitgehend verzichten.

I. 6.♘c3 0-0 7.cxd5 ♘xd5 8.♗e2 (8.♘xd5 war besonders früher ein durchaus beliebter Zug. Es kann folgen: 8...exd5 9.♗e2 ♘c6 10.0-0 d4 11.♗b5 dxe3 12.dxe3 ♕b6=, Larsen – Michaltschischin, Kopenhagen1979.) 8...♗f6 9.♖c1 ♘b4 10.a3 ♘d3+ 11.♗xd3 ♕xd3 12.♘a4 ♗xb2 13.♘xb2 ♕a6 14.♕c2 ♘d7 (14...♕xa3 bringt Schwarz einen Bauern, nach 15.♘g5 g6 16.h4 Weiß aber die Initiative ein.) 15.♘g5 ♘f6 16.♘d3 h6 17.h4 b6 (17...hxg5 18.hxg5 ♘e4 19.♘xc5+-) 18.♘e5 In unserer Referenzpartie griff Schwarz nun fehlerhafterweise zu 18...♗b7? und vernachlässigte dabei die Kontrolle über das Feld d7. (⌓18...♕b7 wäre richtig gewesen.) 19.♘d7! hxg5 20.♘xf6+ gxf6 21.hxg5 f5 22.♕c3 f6 23.gxf6 ♗xg2 24.♕e5 ♕b7 (Wenn Sie sich fragen sollten, warum Schwarz nicht mit 24...♗xh1 fortgesetzt hat, finden Sie die Antwort in der Variante 25.♕g3+ ♔f7 26.♕g7+ ♔e8 27.♕e7# und Matt.) 25.♕g3+ ♔f7 26.♖h7+ ♔xf6 27.♕h4+ ♔e5 28.♕f4+ ♔f6 29.♕h6+ 1-0, Zhao Xue – Ni, Taizhou 2014.

II. 6.♗e2 ♘c6 7.d4 (7.cxd5 ♘xd5!?=) 7...0-0 8.0-0 b6 9.♘bd2 ♗b7 10.♖c1 ♖c8 11.♕c2 ♗d6 12.♕b1 ♕e7 13.♖fd1 ♖fd8 14.cxd5 exd5 15.♕f5 ♕e6 16.♕g5 h6 17.♕h4 ♗e7 18.♘e5 cxd4 19.♘xc6 ♖xc6 mit Ausgleich, Tierno de la Rosa – Arias, Buenos Aires 2015.

6...exd5

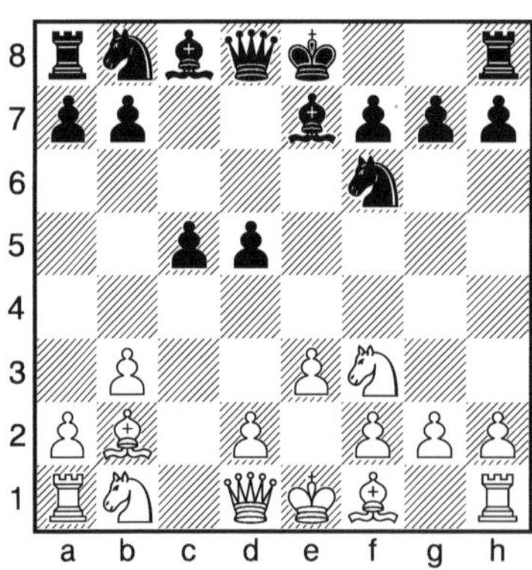

7.♗e2

Diese Fortsetzung, die Weiß wählt, wenn er seinen Läufer im Spiel behalten will, steht in Konkurrenz zu dessen Entwicklung nach b5. 7.♗b5+ macht nur dann wirklich Sinn, wenn der Anziehende zum Abtausch seines Läufers bereit ist. Zum Beleg verweisen wir auf die – in sich gefächerte – nachfolgende Variante: 7...♗d7 8.♗xd7+ (Nach 8.♗e2 ♘c6 9.♘c3 ♗e6 10.d4 b6 kann Schwarz mit seiner Stellung zufrieden sein, Hecht – Gerusel, Bonn 1979.) 8...♘bxd7 9.0-0 0-0. Auf Vorteil kann Weiß auf diesem Weg nicht hoffen. Weiterentwickeln kann sich die Partie beispielsweise über die plausible Folge 10.d4 b6 11.♘c3 ♖c8 12.♖c1 ♖e8 13.dxc5 ♘xc5 14.♕e2 ♕d7 15.♖fd1 ♕b7 16.♘d4 g6 17.♖c2 ♗d6 18.♖dc1 ♗e5 mit Ausgleich, Bezgodow – Juzhakow, Tyumen 2014.

7...0-0 8.0-0 ♘c6 9.d4 ♗g4 10.dxc5

Im Duell Cruz – Vidarte Morales, Badalona 2014, wich Weiß dem Schlagen aus und er hatte Erfolg damit. Dies aber lag im Ergebnis auch daran, dass Schwarz unter seinen Möglichkeiten blieb. Also: 10.♘bd2 ♖e8 11.♖c1 cxd4 12.♘xd4. Bis hier ist alles gut nachvollziehbar, nun aber griff Schwarz zu 12...♗d7? (Er hätte besser 12...♗xe2 gespielt, verbunden mit Ausgleich nach 13.♕xe2 ♖c8=.) 13.♘2f3 ♖c8 Weiß steht deutlich aktiver. Der isolierte schwarze Damenbauer neigt latent zur Schwäche, während Weiß auf d4 eine starke Station hat und auch die schwarzen Felderschwächen neben dem d-Bauern für sich nutzen kann. Schauen wir uns den weiteren Verlauf an, um zu sehen, wie der Anziehende seine Optionen realisierte: 14.♘b5 a6 15.♗xf6 axb5 16.♗xe7 ♘xe7 17.♕d2 ♖a8 18.♘d4 ♕a5 19.♕xa5 ♖xa5 20.♖c7 ♗c6 21.a4 b4 (21...bxa4 22.b4 ♖aa8 23.b5+-) 22.♖c1 g6 23.♗b5 ♔g7 24.♖xb7 ♖xb5 25.♖xe7 ♖xe7 26.♘xc6 ♖bb7 27.♘xe7 ♖xe7 28.♔f1. Das Turmendspiel ist für Weiß gewonnen. Die Partie ging entsprechend aus, auch wenn es noch bis zum 58. Zug dauerte.

10...♗xc5 11.♘c3 a6 12.♖c1

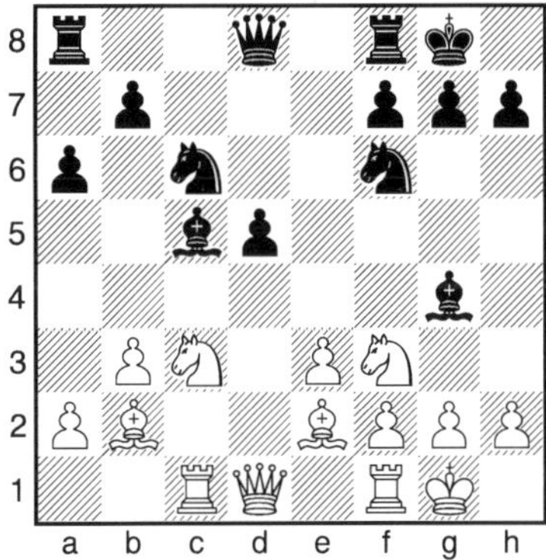

12...♕d6

So sollte Schwarz spielen - der d-Bauer kann über ♖f8-d8 immer verteidigt werden. Schwächer ist dagegen ein Plan auf der Basis von 12...♗d6. In vielen Abspielen der Réti-Eröffnung ist diese Läuferentwicklung eine probate Methode, hier aber nicht. Anhand eines praktischen Beispiels können wir uns anschauen, wie Weiß die Schwächen im schwarzen Lager für sich ausnutzen kann. Also: 13.♘d4 ♗xe2 14.♘cxe2 ♖c8 15.♘f5 ♖e8 16.♘xd6 ♕xd6 17.♘g3 (17.♗xf6 ♕xf6 18.♕xd5 ♕b2⇄ würde Schwarz zu Gegenspiel kommen lassen.) 17...♘e5 18.♕d4. Weiß hat alle Fäden in der Hand; sein aktives Spiel und die Initiative sichern ihm die besseren Perspektiven. In unserer Referenzpartie ging es wie folgt weiter: 18...♘ed7 19.♘f5 ♕e6 20.♕f4 h6 21.♘d6 ♖xc1 22.♖xc1 ♘h5 23.♕b4 ♖f8? (Nach einer Analyse von Gurevich wäre 23...a5 besser gewesen, selbst wenn es auch da-nach bei einem weißen Vorteil bleibt. 24.♕a3 ♖b8 25.♘b5±.) 24.♘xb7 ♖b8 25.♕h4 ♘hf6 26.♘c5 ♘xc5 27.♖xc5 ♘e4 28.♖c7 ♖c8 29.♕f4±, Gurevich - Lautier, Reykjavik 2003.

13.♕c2

13.♘a4 kontert Schwarz gut mit 13...♗a3, worauf sich in der Begegnung Peralta - Nogueiras, Bled 2002, beide Spieler ziemlich unambitioniert zeigten und nach den wenigen weiteren Zügen 14.♕c2 ♖ac8 15.♕b1 ♗xb2 16.♕xb2 b5 17.♘c3 d4 ein Remis vereinbarten.

13...♗a7

Der Abzug 13...♗b6 ist auch möglich. Verfehlt wäre hingegen der typische Zentraldurchbruch 13...d4? wegen 14.♘b1!? (Oder vielleicht auch 14.♖fd1!?, was noch weiter zu untersuchen wäre.) 14...b6 15.exd4 ♘xd4 16.♘xd4 ♗xd4 17.♗a3 ♗c5 18.♗xc5 bxc5 19.f3 und Weiß steht besser.

14.♖fd1

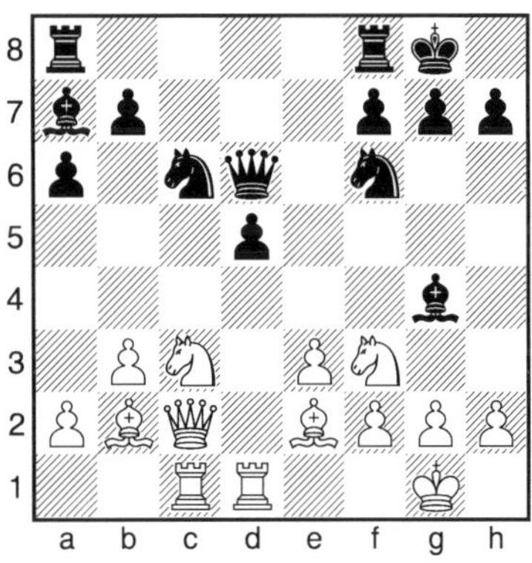

14...♖fe8

Dieser Zug eröffnet Schwarz Möglichkeiten zum Gegenschlag auf der e-Linie, bei Bedarf in einigen Fällen zudem ein Fluchtfeld für den König. Der Nachziehende muss aufpassen, dass er im Streben nach aktivem Spiel seine Vorsorge gegenüber weißen Aktionen nicht vernachlässigt. Dies würde ihm aber im Fall des eigentlich natürlich anmutenden Zuges 14...♖ad8?! passieren, der deshalb als schwach zu bezeichnen ist. Über 15.♘g5 ♘b4 16.♕b1 h6 und dann 17.♗xg4 hxg5 18.♕f5 könnte sich Weiß schnell einen Vorteil sichern.

15.h3

Damit zwingt Weiß den gegnerischen Läufer zur Entscheidung. Keinen Vorteil erhoffen könnte er sich von den Alternativen 15.Sxd5 und 15.Sg5. Wir untermauern diese Aussage mit ein paar Varianten.

I. 15.♘xd5 ♘xd5 16.♘g5 ♕g6 17.♕xg6 (17.♖xd5? ♕xc2 18.♖xc2 ♘b4∓) 17...hxg6 18.♗xg4 ♘xe3! 19.fxe3 ♗xe3+ 20.♔f1 ♗xg5 und Schwarz hat einen Mehrbauern.

II. 15.♘g5 ♘b4

A) 16.♕d2 d4 17.h3 ♕b6 18.exd4 (18.♗xg4? dxe3 19.fxe3 ♘xg4 20.hxg4 ♕h6-+) 18...♗xe2 19.♘xe2 ♘xa2 und Schwarz hat die besseren Perspektiven.

B) 16.♕b1 g6 17.a3 (17.♗f3 ♖xe3!∓; 17.♘f3 ♗f5∓) 17...♗xe2 18.♘xe2 ♘g4 19.♘f3 ♖xe3! 20.♘ed4 (20.fxe3 verliert nach 20...♗xe3+ 21.♔f1 ♘xh2+ 22.♘xh2 ♕xh2 23.axb4 ♖e8-+) 20...♖xf3 21.♘xf3 ♘xf2 22.♗d4 ♘xd1 23.♗xa7 ♖xa7 24.♖c8+ ♔g7 25.♕xd1 ♕b6+ 26.♔h1 ♘c6 27.♕xd5 ♕e3. Schwarz muss zwar noch das Problem um seinen Turm lösen, aber er hat einen Mehrbauern eingeheimst.

15...♗h5

Zu beachten ist auch die ruhigere Fortsetzung 15...♗e6!?.

16.♘h4

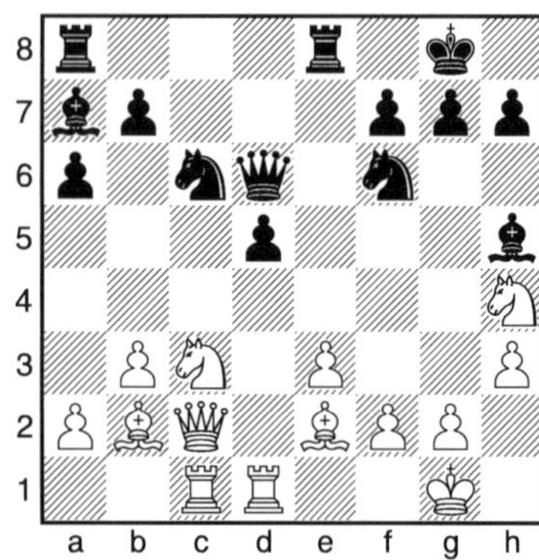

16...♗xe2

Dies ist der einzige Weg zum Ausgleich. In die Niederlage führt 16...♕b4?

A) 17.♘xd5! Das Schlagen mit dem Springer ist besser als 17.Sf5, wie es in der Partie Nogueiras Santiago – Calderin, Merida 1997, zu sehen war. 17...♕xh4 18.♗xf6 gxf6 19.♗xh5. Weiß gewinnt.

B) Schauen wir uns dennoch einmal an, welchen kurzen weiteren Verlauf die vorstehend genannte Begegnung nahm. Also: 17.♘f5 ♗g6 18.♘xd5 ♘xd5 19.♖xd5 ♖ad8 20.a3 ♕f8 21.♖xd8 ♖xd8 22.g4 ♖d5 23.b4 ♗xf5 24.gxf5 ♕d8 25.♕e4 ♖d2 26.♗c3 ♕g5+ (26...♖xe2 27.♕g4+-) 27.♔h1 ♖d8 28.♖g1 ♕h6 mit Aufgabe, 1-0.

17.♘xe2

Auf 17.♕xe2 folgt stark 17...d4!.

17...g6 18.♕c3 d4 19.♘xd4

In der Fernpartie Mitel – Dubois, ICCF 2010, versuchte Weiß 19.♕c4, musste sich am Ende aber gleichfalls mit einer Punkteteilung zufrieden geben. Es folgte 19...♖ac8 20.♘xd4 ♗xd4 21.♘f3 ♗xb2 22.♖xd6 ♘e7 23.♖b1 ♖xc4 24.bxc4 ♘e4 25.♖b6 ♗c3 26.♖xb7 ♘c6 27.♖7b6 ♖c8 28.♖xa6 ♔g7 29.h4 h6 30.♖b5 ♘b4 31.♖a7 ♖xc4 32.♖bb7 mit Remis.

19...♗xd4 20.exd4 ♘d5 21.♕d2 ♖ad8 22.♘f3 f6

Unsere Schlussstellung in diesem Abspiel befindet sich ungefähr im Gleichgewicht. Weiß hat einen Bauern mehr, doch sein Bauer auf d4 wird blockiert und sein verbliebener Läufer ist arg passiv.

Zusammenfassung: Schwarz hat in diesem Abspiel gute Chancen auf Ausgleich. An mehreren Stellen muss er sehr genau spielen, um nicht mit auf den ersten Blick gut aussehenden, aber doch nicht ausreichenden Zügen in Nachteil zu geraten. Dies eröffnet dem Spieler mit Weiß besonders dann Chancen, wenn sein Gegner über wenig theoretisches Rüstzeug verfügt. Statt 15... ♗h5 kommt für den Nachziehenden auch 15... ♗e6!? als Fortsetzung in Betracht. Seine Stellung ist dann zwar etwas passiver ausgelegt, aber solide.

Abspiel 3

Fortsetzung 2...♗g4

1.♘f3 d5 2.b3 ♗g4

Schwarz ist bei dieser Läuferentwicklung unter Umständen darauf aus, den gegnerischen Springer zu schlagen, um die weiße Bauernstellung zu beschädigen. Weiß muss also damit rechnen, ohne davon ausgehen zu können, dass sein Kontrahent dieses Vorgehen tatsächlich im Schilde führt.

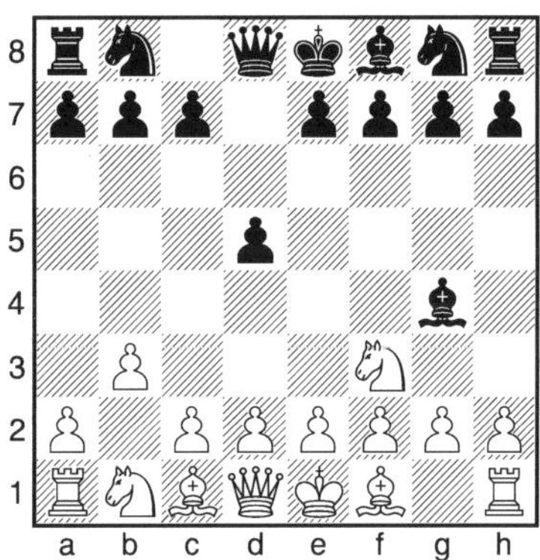

3.♗b2

So legt der Anziehende den Lauf der Dinge in die Hand seines Gegners. Er kann der Verschlechterung seiner Bauernformation aber auch aktiv entgegenwirken. Schauen wir uns die beiden Methoden 3.e3 und 3. ♘e5 etwas genauer an:

I. 3.e3

A) 3...e5 Dieser energische Vorstoß ist unseres Erachtens die beste schwarze Wahl. 4.♗b2 (Wem die Fesselung des Springers mit dem Blickkontakt zum nahenden e-Bauern nicht behagt, der kann sich auch gleich mit 4.♗e2 beruhigen. Es spricht dann viel für eine unspektakuläre weitere Entwicklung der beiderseitigen Kräfte, bevor es zu Rangeleien auf dem Brett kommt. Weitergehen kann es beispielsweise wie folgt: 4...♗d6 5.♗b2 ♘d7 6.d3 ♘gf6 7.♘bd2 ♕e7 8.0-0 0-0 9.c4 c6 10.a3 a5. Die Bauernstellungen auf dem Brett haben einen für mehrere Areale der Réti-Eröffnung typischen

Stand erreicht. Weiß hat c2-c4 gespielt, seinen d-Bauern nur um ein Feld vorgerückt, das Bauernduo a3 und b3 ist für aktive Handlungen bereit. Schwarz hat e5 durchgesetzt, a7-a5 gegen die weißen Ambitionen am Damenflügel gezogen und den Bauern d5 mit c7-c6 gestützt. In der Begegnung Mirzojewa - Kosteniuk, Moskau 1999 ging es mit den Zügen 11.♘e1 ♗f5 12.♘c2 e4 13.d4 ♘e8 14.♖e1 ♗e6 15.c5 ♗c7 16.b4 f5 17.b5 ♕g5 18.♘f1 f4 weiter. Schwarz verfügt über Gegenspiel, das ihm, auch hier besser ihr, die besseren Chancen einräumt. Die Partie endete allerdings mit einem weißen Sieg im 41. Zug.) 4...f6 5.h3 ♗e6 6.c4 c6 7.♘c3 ♗d6 8.♕c2 ♘e7 9.cxd5 cxd5 10.♘b5 ♘bc6 11.♘xd6+ ♕xd6 12.♗e2 ♖c8 nebst 0-0 und gutem Spiel für Schwarz, Charlow - Sweschnikow, Sotschi 2006.

B) 3...♘f6 geht aber ohne Zweifel auch, gibt Weiß aber etwas mehr Möglichkeiten im Kampf um das Zentrum. 4.♗b2 Dies ist die übliche Fortsetzung. 4...e6 5.♗e2 ♘bd7 6.h3 (Die Vereinfachung der Stellung über 6.♘e5 ♗xe2 7.♕xe2 ♘xe5 8.♗xe5 c6 führt zum Ausgleich.) 6...♗h5 (Mit 6...♗xf3 kann der Nachziehende Weiß jetzt nicht mehr ärgern. Es folgt 7.♗xf3 und nach beispielsweise 7...♗d6 8.d3 0-0 9.0-0 ♕e7 sind die Perspektiven für beide Seiten gleich.) Ein guter Plan für den weiteren weißen Aufbau basiert auf d2-d3, ♘b1-d2, Durchsetzung von c2-c4 und späterer Rochade. Wir folgen der Partie Taimanow - Smyslow, Moskau 1979, um zumindest exemplarisch einen Eindruck davon zu vermitteln, wie die Spielführung beider Seiten aussehen kann. 7.d3 h6 8.♘bd2 c6 9.a3 ♗d6 10.c4 ♗g6 11.d4 ♘e4 12.0-0 0-0 13.♘xe4 dxe4 (Die Konsequenzen von 13...♗xe4 14.♗d3 f5 sind nicht hinlänglich abschätzbar.) 14.♘d2 c5 15.b4 cxd4 16.♗xd4 b6 17.♖c1 ♕e7 18.♕c2 e5 19.♗c3 f5. Weiß steht aktiver, die schwarze Stellung ist jedoch stabil.

II. 3.♘e5. Für diesen Weg hat sich Weiß in der Vergangenheit erstaunlich oft entschieden. Er verhindert damit zwar den Abtausch des Springers gegen den feindlichen Läufer und die damit dann verbundene Beschädigung der eigenen Bauernstellung, aber er verliert Zeit. Die Statistik kann das Vertrauen in die weißen Möglichkeiten nicht unbedingt stärken. 3...♗f5

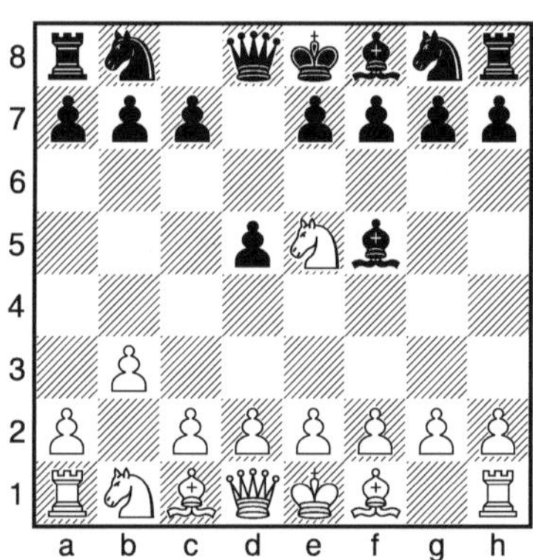

A) 4.♗b2 ♘d7 (4...f6 liegt als Alternative auf der Hand, ist deshalb auch auf der Turnierbühne immer wieder mal anzutreffen: 5.♘f3 e5 6.e3 c6 7.♗e2 ♗d6 8.d3 ♘e7 9.♘bd2 0-0 10.♘h4 ♗e6. Im Duell Wynn - Dao Thien Hai, Ho Chi Minh City 2015, konterte Schwarz 11.e4 nun mit 11...f5 und nach 12.0-0 ♘d7 13.♘df3 ♔h8 14.♕c1 f4 hatte er sich ein chancenreiches Gegenspiel erarbeitet und landete einen Kurzsieg im 22. Zug.) 5.♘f3 ♘gf6 6.e3 e6 7.♗e2 ♗d6 8.0-0 0-0 9.c4 c6 10.d3 ♕e7 11.♘bd2 h6 Beide Spieler haben ihre Kräfte vergleichbar gut mobilisiert. In unserer Referenzpartie, die wir aus organisatorischen Gründen in der Reihenfolge der Züge verändert haben und deshalb hier nicht namentlich bezeichnen, gelang es Weiß aber nicht, den optimalen Weg ins Mittelspiel zu finden. Nach den weiteren Zügen 12.h3 e5 13.♕c2 ♗h7 14.cxd5 cxd5 15.♖ac1 ♖fd8 16.♖fd1 ♘e8 17.♘f1 a5 18.♘g3 a4 19.bxa4 ♘b6 20.♕b3 ♘xa4 sah er sich einem aktiven Spiel seines Gegners am Damenflügel gegenüber. Anstelle von 12.h3 hätte er mit 12.d4 oder auch mit 12. ♖c1 selbst eine aktivere Rolle übernehmen können. Am Ende der Partie stand ein Remis in der Turniertabelle, vereinbart nach 34 Zügen.

B) 4.e3 ist nicht als besser einzuschätzen. 4...♘d7 Direkt und gut. 5.♘xd7 ♕xd7 6.♗b2 e6 (Zum Partieausgleich führt 6...♘f6 7.c4 e6 8.cxd5 exd5 9.♗e2 ♗e7 10.d3 c5 11.♘d2 0-0 12.♖c1 ♖ac8=.) 7.d3 ♘f6 (Eine interessante Idee ist auch 7...♘e7 mit dessen Zielfeld c6, wo er seinen vom Brett verschwundenen Kollegen ersetzen kann. Nach 8.♘d2 ♘c6 9.a3 ♗g6 10.♗e2 f6 11.0-0 ♗e7 12.c4 0-0 sind die Chancen beider Parteien ebenfalls als ausgeglichen anzusehen.) 8.♘d2 Schwarz hat in Sachen Entwicklung die Nase vorn. In der Begegnung Rapport – Rohl, Tromsö 2014, griff er nun zur in der Réti-Eröffnung etwas untypischen langen Rochade. Es folgte 8...0-0-0 und dann 9.♗e2 ♔b8 10.a3 ♗d6 11.c4 ♕e7 12.b4 c6 mit einem zweischneidigen Spiel. Wenn Weiß zur Rochade greifen sollte, wird dies nach Lage der Dinge die kurze sein. Entgegengesetzte Rochaden werden das aktive Spiel beider Seiten tendenziell befeuern. Unsere Referenzpartie zeigt sehr anschaulich, welche Aufgaben sich beiden Spielern nunmehr stellen. Wir verfolgen sie deshalb in eine erhebliche Tiefe, um den beginnenden Höhepunkt des Kampfes zu erreichen. 13.♕a4 ♗c7 14.♗d4 b6 15.♖c1 e5 16.♗b2 d4 17.e4 ♗d7 18.♕b3 ♗e6 19.a4 ♘d7 20.a5 b5 21.0-0 ♗d6 22.♕c2 ♖c8 23.c5 ♗c7 24.f4 f6 25.♘f3 g5. Es ist offen, wie das Ringen ausgehen wird. Zum jetzigen Zeitpunkt hat sich Schwarz Gegenspiel am Königsflügel gesichert. Er konnte es letztlich in einen vollen Punkt ausbauen.

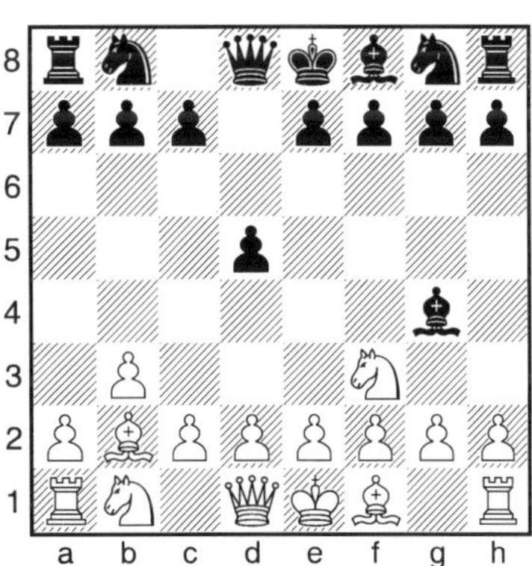

3...♗xf3

Wenn Weiß die Schwächung seiner Bauernstruktur zulässt, dann nutzt Schwarz diese Gelegenheit aus, sofern er 2... ♗g4 schon mit dieser Absicht gespielt hat. Es steht ihm aber auch offen, seinen Läufer zu behalten. Schauen wir uns an, was dies für den Lauf der Partie bedeuten kann:

I. 3...c5 Viel seltener gespielt als sein Mitbewerber um die Gunst der Spieler, 3... ♘g8-f6, aber mit durchaus ordentlichen Aussichten für Schwarz verbunden. Er ist vergleichsweise weniger flexibel, was eine Rolle spielen mag. Vor allem aber erlaubt er Weiß ein energisches Vorgehen am Königsflügel. 4.♘e5 ♗h5 5.g4 ♗g6

A) Es geht auch 6.♗g2, z.B. 6...♘c6 7.♘xc6 bxc6 8.d3 f6. Schwarz bereitet den Bauernvorstoß e7-e5 vor. (Eine gute Alternative ist 8...e6 mit beispielsweise der Folge 9.h4 h6 10.♘d2 ♘f6 usw.) 9.♘d2 e5 10.e4 Weiß hat seine Figuren besser eingesetzt und Aussicht auf ein aktives Spiel, besonders am Königsflügel. Er steht deshalb leicht besser. In der Partie Vernacki – Filipovic, Osijek 2010, plombierte Schwarz die Stellung mit 10...d4, worauf das Ringen wie folgt weiterging: 11.♘c4 ♗f7 12.♕e2 ♗xc4 13.dxc4 ♕a5+ 14.♕d2 (14.c3!? ist zu beachten, worauf 14...dxc3 15.♗c1 Schwarz nichts einbringt.) 14...♕xd2+ 15.♔xd2 ♘e7. Die schwarze Stellung ist fest, woran sich nach 16.f4 ♘g6 17.f5 ♘f4 18.♗f3 ♗e7 19.a4 ♔f7 nichts änderte.

B) 6.h4 h5 (Infrage kommt auch 6...f6 7.♘xg6!? hxg6 8.c4 ♘c6 9.♗g2 e6 usw.) 7.♘xg6 fxg6 8.g5 ♘c6 Der Nachziehende hat sich mehrere Schwächen eingehandelt, die seine Aussichten leicht trüben. Wegen des Fehlens seines weißfeldrigen Läufers muss er sich besonders um die Felder dieser Farbe kümmern. Eine Idee für einen weiteren Aufbau fußt auf d2-d4 und e2-e3, gefolgt von ♘b1-d2-f3, was in der Partie Tsang – Fumey, Tromsö 2014, zu sehen war. 9.e3 e6 10.d4 ♕d7 11.♘d2 0-0-0 12.♘f3 Weiß lässt seinem Gegner nun wenig Raum, sich seiner Schwächen zu entledigen. Es folgte 12...a6 13.a3 ♔b8 14.♕e2 ♕f7 15. 0-0-0 ♗d6 16.♗g2 ♘ge7 17.♔b1 ♖hf8 18.♔a2 cxd4 19.exd4 ♖c8 20.♖he1 mit etwas besserem Spiel für Weiß. Dieses baute er bis zum späteren Sieg aus.

II. 3...♘f6 Zu dieser Alternative greift der Nachziehende oft. Da der Springerzug eine Standardentwicklung ist, kann die Partie von hier Richtung in verschiedene Spielweisen nehmen. Es ist also angeraten, auf ein Auftreten von Zugumstellungen zu achten. 4.e3 Damit ist die Idee einer Beschädigung der weißen Bauernstellung mittels ... ♗xf3 vom Tisch. 4...c6 5.♗e2 ♘bd7

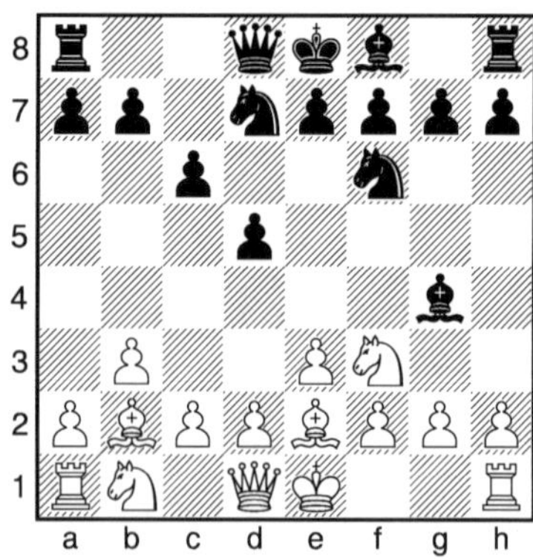

A) 6.d3 g6 Natürlich ist das Fianchetto des Königsläufers nicht die einzige schwarze Option. (Er kann sich auch für einen typischen Aufbau nach dem Prinzip 6...e6 mit nachfolgend ♗f8-d6, 0-0, ♕d8-e7

usw. entscheiden.) 7.♘bd2 ♗g7 8.h3 ♗xf3 9.♘xf3 a5 10.a3 Vergleichen Sie die aktuelle Bauernstellung mit jener nach I. 3.e3 (als Alternative zu 3. ♗b2) und dann 3...e5 4. ♗b2 bis zur Anmerkung nach 10.a3 a5! Mit einem baldigen c2-c4 vervollständigt Weiß diese typische Stellung in der vorliegenden Variante, was zugleich einen wichtigen Punkt in seinem weiteren Plan einnimmt. 10...0-0 11.0-0 ♘e8 12.♗xg7 ♔xg7 13.c4 Weiß steht etwas freier, was uns seiner Stellung leicht den Vorzug geben lässt. Werfen wir an dieser Stelle mal einen tiefen Blick in das Duell Cordova - Dvirnyy, Havanna 2014, um zu sehen, wie es beispielhaft auf dem Brett weitergehen kann. Auf dem Weg in unsere Abschlussstellung scheint es aber angebracht zu sein, die eine oder andere aktivere Alternative zu den weißen Partiezügen zu finden. 13...e6 14.♕c2 ♕f6 15.♖ab1 ♘d6 16.♖fc1 h5 17.♕d2 ♖fd8 18.c5 ♘f5 19.b4 axb4 20.♖xb4 ♖a7 21.a4 e5 22.e4 dxe4 23.dxe4 ♘f8 24.♕b2 ♘d4 25.♘xd4 exd4 26.♗c4 ♘d7 27.♗b3 ♘e5 Schwarz hat sich ein aktives Gegenspiel erarbeitet.

B) Wem es mit den weißen Steinen eher behagt, den König in Sicherheit zu bringen, bevor er sich anderen Zielen widmet, der kann auch sofort rochieren. Also: 6.0-0. Es ergibt sich nun ein weites Feld denkbarer Wege in der Partie. Dieses können wir nur exemplarisch darstellen, wobei wir uns auf den natürlichen Entwicklungs- bzw. Aktivierungszug 6...e6 konzentrieren. Als Referenzpartie haben wir die Begegnung Vetrovsky - Jaracz, Pardubice 2011, ausgewählt, die folgenden Verlauf nahm: 7.d3 ♗d6 8.♘bd2 0-0 9.c4 ♕e7 10.♘d4 (Gut ist auch ein Vorgehen mit 10.a3, z.B. 10...♗h5 11.♖e1 e5 und nun 12.cxd5 cxd5 13.e4 ♗xf3 14.♗xf3 d4 mit etwa gleichen Chancen für Schwarz, wenn er ♖a8-c8 folgen lässt.) 10...♗xe2 11.♕xe2 g6 12.cxd5 cxd5 13.♖fc1 a6 14.♖c2 ♖fc8 15.♖ac1 ♕d8 Beide Parteien gehen mit etwa gleichen Perspektiven in die nächste Phase der Partie.

III. 3...♘d7 wird auch oft gespielt, hat aber grundsätzlich über die Rolle der Zugumstellung hinaus keine besondere Bedeutung.

4.gxf3

Dies ist die normale Reaktion, der Bauer schlägt in Richtung Mitte. Gelegentlich versucht sich Weiß aber auch mit 4.exf3, was aber nicht unsere Empfehlung ist. Die möglichen Konsequenzen wollen wir dennoch kurz skizzieren, wobei wir die Varianten eher für sich sprechen lassen und sie nur sehr zurückhaltend kommentieren. Also: 4...e6

A) 5.f4 ♘f6 6.d3 ♗e7 (Möglich ist natürlich auch 6...c6 7.♘d2 a5 8.a3 ♗d6 9.g3 ♘bd7 10.♘f3 ♕e7 11.♕d2 0-0 usw.) 7.g3 0-0 8.♗g2 ♘fd7 9.0-0 ♗f6 10.♘c3 c6 11.♕d2 a5 12.♖fe1 ♘a6 13.♖ad1 b5 14.d4 b4 15.♘a4 ♘b6 16.♘xb6 ♕xb6 17.a4 ♕a7 18.g4 g6 19.f5 exf5 20.gxf5 ♖ae8 21.♖xe8 ♖xe8 22.♖e1 ♖xe1+ 23.♕xe1 ♕d7 Die Stellung ist in etwa ausgeglichen, Taimanow - Sawon, Kischyniew 1975.

B) 5.g3 ♘f6 6.♗g2 g6 7.♕e2 ♘bd7 8.f4 c6 9.0-0 ♗g7 10.d4 0-0 11.♘d2 a5 12.c4 (12.a4!? sieht logischer aus.) 12...a4 13.♗c3 ♕c7 14.♖fc1 axb3 15.axb3 ♖fc8 16.c5 b6 17.b4 ♕b7 18.♗f1 ♘e8 19.♕e3 ♖xa1 20.♖xa1 ♖a8 21.♖xa8 ♕xa8 22.♘f3 b5 23.♕c1 f5 24.♘d2 ♔f7 In dieser geschlossenen Stellung sind die schwarzen Springer dem weißen Läuferpaar überlegen, was Schwarz in der Folge für sich zu nutzen wusste. Die Partie Artemiew – Leko, Moskau 2014, an die wir uns hier gehalten haben, endete mit einem Sieg des Nachziehenden, allerdings nach langem Kampf im 71. Zug.

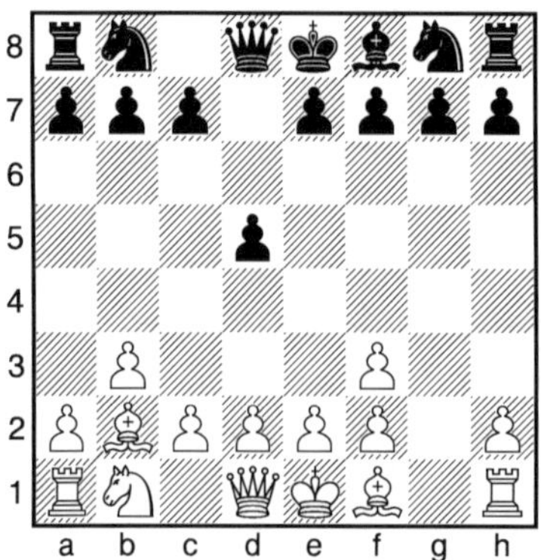

4...♘d7

Die folgende Variante geben wir mit dem Hinweis an die Leser, hier ein ausgiebiges Feld für eigene Forschungen und Experimente betreten zu können. Also: 4...e6 5.e3 ♘f6 6.f4 g6 7.c4 ♗g7 8.d3 0-0 9.♘d2 ♘h5 10.♗xg7 ♘xg7 11.♘f3 ♘d7. Die vorliegende Zwischenstellung gibt beiden Spielern vergleichbare Chancen. Sie stammt übrigens aus der Partie Albert – Dlugy, New York 1992. Spielbar ist auch 4...♘f6 mit der möglichen Folge 5.h4

(Nach 5.d3 g6 6.♘d2 ♗g7 Δ 0-0 und ♘b8-c6 bekommt Schwarz ein gutes Spiel, Martin Manzano – Oratovsky, Gijon 2017.)

5...♘c6 6.f4 g6 wie in der Begegnung Minasian – Ter Sahakyan, Yerevan 2018. Dort ging es weiter mit 7.h5 ♖g8 8.hxg6 hxg6 9.e3 ♗g7 10.♗g2 ♕d6 11.d4 e6 12.♘d2 ♘e7 13.♕e2 a5 14.c4 c6 15.a4 ♘f5 16.♗a3 ♕c7 17.♖c1 ♗f8 18.♗xf8 ♔xf8 19.♕d3 ♔g7 20.♔e2 ♖h8 und der Nachziehende hatte sich den Ausgleich gesichert.

5.c4 c6 6.e3 ♘gf6 7.♘c3

In der Partie Tisdall – Tari, Bergen 2018, setzte Weiß mit 7.f4 fort und mit 7...g6 8.♕c2 ♗g7 9.h4 0-0 10.♗e2 b5 11.h5 bxc4 12.f5 ♘e4 ergab sich ein beiderseitiges energisches Vorgehen. Nach nun 13.♗xg7 ♔xg7 14.bxc4 e5! 15.♘c3 gxf5 16.cxd5 cxd5 17.♘xd5 ♖c8 18.♕b2 ♖c5 war Schwarz ein aktives Spiel zu bestätigen.

7...e6 8.d4 g6 9.♗e2 ♗g7 10.♕c2 a6 11.h4 b5 12.a4 bxc4 13.bxc4 0-0 14.cxd5 cxd5 15.a5 ♕b8 16.♘a4 ♖c8 17.♗c3 ♕c7

Schwarz verfügt über aktives Spiel, Radjabow – Wojtaszek, Peking 2014.

Zusammenfassung: Die Entwicklung nach 2...♗g4 sollte dem Nachziehenden ganz gute Ausgleichschancen gewähren. Da auch Weiß genügend Raum für kreatives Spiel vorfindet, verspricht die Variante spannende Partien am Brett.

Kapitel 3
Fortsetzung 2...d4

1.♘f3 d5 2.c4 d4

Dieser Vorstoß mit dem Damenbauern ist eine der wichtigsten Methoden für Schwarz, um initiativ gegen die Réti-Eröffnung seines Gegners vorzugehen. Er hat deshalb viele Anhänger und kommt im Turniergeschehen oft auf das Brett. Zu den strategischen Hauptideen hinter diesem Zug zählt die Eroberung von Raum im Zentrum. In der Regel kommt es zu einem interessanten Ringen zwischen dem schwarzen Bauernzentrum und einer weißen Kampfgemeinschaft aus Figuren und Bauern, die diese Bauernbastion angreift. Dabei entstehen Positionen, die charakteristisch sind für Eröffnungen wie etwa Modernes Benoni, das Wolga-Gambit und sogar das Blumenfeld-Gambit, allerdings bei vertauschten Farben und einem Mehrtempo für Weiß.

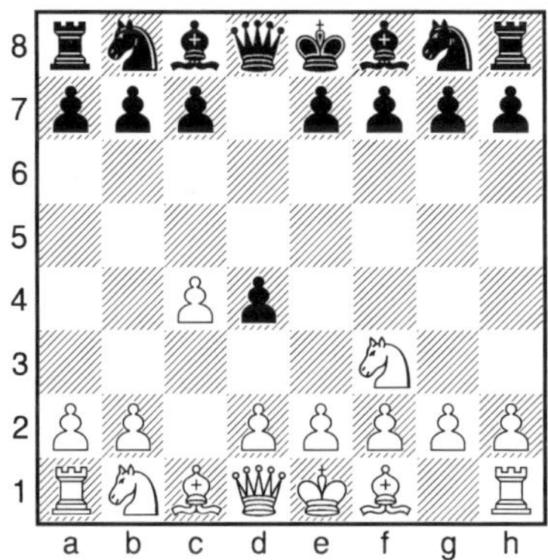

In der Diagrammstellung verfügt Weiß über vier gute Antworten, die wir Ihnen entsprechend empfehlen möchten:

I. 3.g3 (**Abspiel 1**).

II. 3.e3 (**Abspiel 2**).

III. 3.b4 (**Abspiel 3**).

IV. 3. c5 (**Abspiel 4**).

Abspiel 1
Fortsetzung 3.g3

1.♘f3 d5 2.c4 d4 3.g3

Mit dem Schritt seines g-Bauern leitet Weiß eine populäre Spielweise ein, mit der er eine schnelle Entwicklung seines Königsflügels anstrebt.

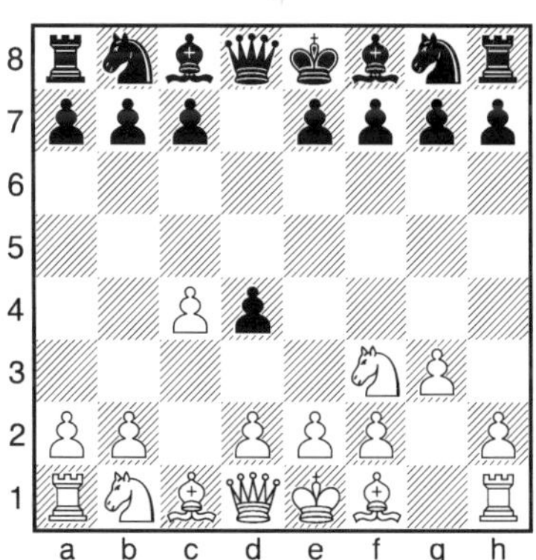

3...♘c6

Der Springer deckt seinen Zentralbauern und dient der aktiven Figurenentwicklung. Dies ist ein nachvollziehbares Vorgehen, allerdings muss Schwarz natürlich nicht so spielen. Der Réti-Spieler ist gut beraten, wenn er sich auch einen Überblick über die weiteren Möglichkeiten seines Gegners verschafft. Wir wollen sie uns deshalb nachfolgend mit der gebotenen Mindesttiefe anschauen.

I. 3...c5 folgt dem Plan, ein starkes Bauernzentrum zu errichten. Ein paar Varianten dazu gefällig? Anschnallen, es geht los! Weiß kann sich vor allem zwischen 4.b4, 4.e3 und 4. ♗g2 entscheiden. Schauen wir uns also an, wohin die Reise jeweils gehen kann.

A) 4.b4!? Der Anziehende reagiert im Stil des Wolga-Gambits mit vertauschten Farben, z.B. 4...cxb4 5.a3 bxa3 6.♗xa3 und belohnt sich mit einem attraktiven Spiel.

B) 4.e3 lässt Schwarz ebenfalls keine Zeit zum Durchatmen. Weitergehen kann es wie folgt: 4...♘c6 5.exd4 cxd4 6.♗g2 e5 (Genau dies ist die logische Fortsetzung des bisherigen schwarzen Aufbaus. Der Nachziehende deckt seinen Zentralbauern d4. Wenn wir 6...e5 als logisch ansehen, heißt dies natürlich nicht, dass der Plan mit der Entwicklung des Bauern 6...e6 unlogisch sein soll. So hat denn auch diese Alternative ihren Platz auf der Turnierbühne erobert, z.B. mit der Folge 7.d3 ♘f6 8. 0-0. Wir analysieren die beiderseitigen weiteren Möglichkeiten in der **Partie Nr. 3**, Iwantschuk - Aleksejew, Jermuk 2009.) 7.d3 ♘f6 8.0-0 mit der Absicht a2-a3, b2-b4 usw.

C) 4.♗g2 ♘c6 5.0-0 e5 (Die Fortsetzung 5...♘f6 ist eine gesunde Alternative, die einen Hang zeigt, unter Zugumstellung in eine der später behandelten Varianten überzugehen. Im Duell Kramnik - Meier, Dortmund 2014, griff der die weißen Steine führende Ex-Weltmeister zu 6.a3, was Schwarz mit 6...e5 zu kontern versuchte. Der Anziehende kam alsbald vom rechten Weg ab, woraufhin sich die Verhältnisse in der Partie zunehmend zu Gunsten des starken deutschen Großmeisters verschoben. Wir haben die Begegnung als **Partie Nr. 4** aufgenommen und analysieren an ihrem Beispiel die sich für beide Seiten ergebenden Möglichkeiten, die sich aus der genannten Abweichung ergeben.) 6.d3

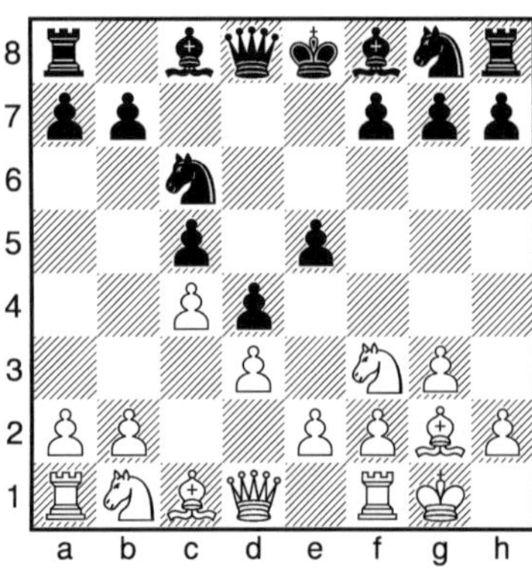

Hier gibt Weiß den Blick auf seinen wichtigsten Plan frei: Er hat den Aufbau mit e2-e3, ♘b1-a3-c2, a2-a3, ♖a1-b1 im Auge und will zum passenden Zeitpunkt das schwarze Zentrum mit b2-b4 und e3xd4 ausheben. Schauen wir uns dazu einige Beispiele aus der Praxis an:

C1) 6...f6 7.e3 ♗e6 8.exd4 (Hier nutzt Weiß bereits recht früh seine Schlagoption mit dem Bauern.) 8...cxd4 9.♘a3 ♘ge7 10.♘c2 (Der Springer ist auf „seinem" Feld angekommen.) 10...a5 11.a3 ♘f5 12.♖e1 ♕d7 13.b3 ♗d6 14.♗d2 0-0 15.b4 ♘fe7 16.♕e2 ♗c7 17.♖eb1 und mit ein paar Anpassungen seines Grundplanes an die Verhältnisse in der Partie ist es Weiß gelungen, ein aktives Spiel am Damenflügel zu erringen, Minasian – Wojtaszek, Moskau 2005.

C2) 6...♘f6 7.e3 ♗e7 (7...dxe3 dürfte günstig sein für Weiß. Ein Partiefragment dazu: 8.fxe3 e4 9.dxe4 ♗e6 10.b3 ♘xe4 11.♗b2 ♕xd1 12.♖xd1 ♘b4 13.♘a3 ♘d6 14.♘g5 0-0-0 15.♘xe6 fxe6 16.♗h3. Der Anziehende übt einen kräftigen Druck auf die schwarze Stellung aus und darf für sich in Anspruch nehmen, aktiver zu stehen, Despotovic–Buljovcic, Cateske Toplice 1968.) 8.exd4 exd4 Zu etwa gleichen Chancen kam es in der Partie Gupta – Swayams, Kanpur 2014, über den nun mit 9.♗f4 eingeleiteten Schlagabtausch 9...0-0 10.♘e5 ♘xe5 11.♗xe5 ♗d6 12.♗xf6 ♕xf6, in den Weiß anders als oben von uns herausgearbeitet seine Hoffnung setzte. Es folgte 13.♘d2 ♗f5 14.♕b3 ♖ae8 15.♖fe1 b6 16.♗d5 ♗b8 17.♘e4 ♕g6 18.♕a4 ♔h8 und wir haben die oben schon angekündigte in etwa ausgeglichene Stellung erreicht. Der Anziehende kann versuchen, das Spiel am Damenflügel mit a2-a3, b2-b4 aufzuziehen. Schwarz hingegen wird sein Gegenspiel auf der anderen Seite mit f7-f5 usw. einleiten. Unsere Beispielpartie hat letzten Endes Weiß gewonnen.

C3) Eine weitere grundsätzlich sinnvolle Alternative ist 6...♗d6. Konzentriert auf die Schwarzspieler mit einer Spielstärke von Elo 2400 und höher sowie auf die Turnierpartien der Jahre ab 2008 erreicht Schwarz damit nach der Statistik eine Erfolgsquote von etwa 50 Prozent. Ohne diese Konzentration fällt auf, dass der Anteil der Remispartien recht niedrig ist. 7.e3 ♘ge7 8.exd4 exd4 (8...cxd4 ist eine nicht selten gewählte Alternative, die Weiß aber die Chance auf einen längerfristigen Vorteil eröffnet, sofern er die folgende Linie hält: 9.a3 a5 10.♘bd2 0-0 11.♖e1 ♘g6 12.♕c2. Diese Stellung hat sich auf der Turnierbühne als sehr aussichtsreich für Weiß erwiesen. Wir können in einem vom Umfang begrenzten Buch wie diesem nicht alle Verzeigungen betrachten. Deshalb müssen wir uns hier mit einer längeren Variante begnügen, die aber die beiderseitigen Möglichkeiten recht gut veranschaulicht. 12...♖e8 13.♖b1 ♗f8 14.c5 a4 15.b4 axb3 16.♘xb3 f6 17.♘fd2 ♗e6 18.♘c4 ♕c7 19.♘b6 ♖a6 20.♘d2 ♘d8 21.♖b5 ♕f7 22.♘dc4± Krzysztofiak – Rosentalis, Warschau 2014) 9.♘bd2. Der Springer soll nach e4 geführt werden, von wo aus er den gegnerischen Läufer anrempeln kann. 9...♗f5 10.♘e1 0-0 11.♘e4 ♗xe4 12.♗xe4 f5 13.♗g2 f4 Die Aufgabe von Weiß besteht nun darin, auf dem Königsflügel, dem „Operationsgebiet" des Nachziehenden, alles unter Kontrolle zu behalten und gleichzeitig zur Umsetzung seines Hauptplanes auf dem Damenflügel zu kommen. 14.a3 ♕d7 15.♘c2 a5 16.♖b1 ♘g6 17.♗d2 ♘ce5 18.♘e1 ♖ae8 19.b4 Er hat seine Aufgabe zur Zufriedenheit gelöst. Schwarz hat Probleme, seinen Angriff zu verstärken, zumal er inzwischen seinen weißfeldrigen Läufer schmerzlich vermisst. Dem gegenüber nimmt das weiße Spiel am Damenflügel

Fahrt auf. Insgesamt hat sich der Anziehende die besseren Perspektiven erarbeitet. In unserer Referenzpartie Uschenina – T. Kosintsewa, Peking 2013, endete das Ringen letztendlich auch tatsächlich mit einem Weißsieg.

II. 3...g6

Schwarz will zunächst seinen Königsflügel entwickeln und die Figuren auf dem anderen Flügel vorerst auf ihren Plätzen belassen.

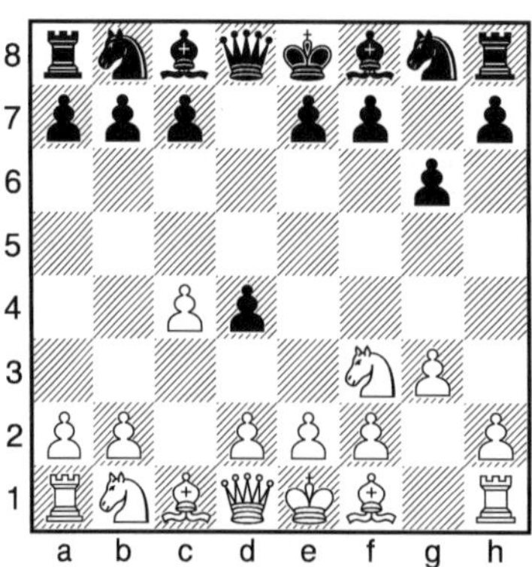

A) 4.b4. Diese energische Fortsetzung passt voll in die Strategie der Réti-Eröffnung. Sie wird deshalb nicht von ungefähr sehr oft gespielt. 4...a5 (Auf 4...♗g7 kann Weiß seine Kräfte normal nach dem Schema d2-d3, ♘f1-g2, 0-0 usw. entwickeln.) 5.b5 ♗g7 6.d3 Wie soll Schwarz in der aktuellen Situation einerseits auf die weißen Ambitionen reagieren und andererseits seine weitere Entwicklung im Auge behalten? 6...c5 und 6...b6 sind Grüße aus der Küche der Praktiker, um das Problem tatkräftig anzugehen. Also:

A1) 6...c5 7.bxc6 ♘xc6 8.♗g2 ♘f6 9.0-0 a4 [Oder 9...0-0 10.♘a3 (10.a4 würde nun in die Variante zurückführen. Schwarz setzt aber auf einen anderen Plan, der mit einer Springerüberführung eingeleitet wird und eigene Ambitionen auch am Damenflügel offenbart.] 10...♘e8 11.♖b1 ♘c7 12.♘d2 e5 13.♘b5 ♘b4 Auf dem Damenflügel wird Schwarz den Kürzeren ziehen, und dann fehlt ihm das Gegenspiel auf der anderen Seite. 14.♘xc7 ♕xc7 15.♕b3 ♖b8 16.♗a3 b5 17.♗xb4 axb4 18.♕xb4 ♗g4 Inzwischen wird der Nachziehende am Brett erkannt haben, dass sich die Waagschale zu seinen Ungunsten aus dem Gleichgewicht bewegt hat. Schauen wir uns noch ein paar weitere Züge an, um zu sehen, wie Weiß seinen Vorteil klarstellt. 19.cxb5 ♗xe2 20.♖fc1 ♕a7 21.♕b3 ♗h6 22.♖e1 ♗g4 23.♘c4 Das deutliche weiße Übergewicht ist offensichtlich, Mareco – Veltkamp, Caleta 2014.) 10.♘a3 0-0 11.♘b5 ♖e8 12.♗b2 e5 Bis hierher haben sich beide Seiten ohne viel Kampfgeheul entwickelt. Es wird aber deutlich, dass der Anziehende mehr als sein Gegenüber das Geschehen bestimmt. 13.♗a3 ♗f8 14.♗xf8 ♔xf8 15.c5 Der weiße Zugriff auf das Feld d6 ist unangenehm für den Nachziehenden. 15...♖a5 16.♖b1 ♖e7 17.♕c1 ♔g7 18.♘d2 mit der Drohung ♘d2-c4 und guten Perspektiven für Weiß, Wang Puchen – Varga, Kecskemét 2014.

A2) 6...b6 Gibt Schwarz die Gelegenheit, sich erst mal ruhig weiter zu entwickeln, und lässt die Linien am Damenflügel zunächst geschlossen. 7.♗g2 ♗b7 8.0-0 ♘d7 (Wenn der Nachziehende nun zu 8...e5 greift, fühlt ihm Weiß am besten sofort mit 9.e3! auf den Zahn. Nach 9...dxe3 10.fxe3 ist Schwarz gut beraten, schnell seinen Königsflügel mittels ♘g8-e7 zu entwickeln. Die Abenteuervariante mit 10...e4? wäre stattdessen günstig für Weiß. 11.♘d4 Dieser einfache Zug löst gleich beide Problemchen, die Schwarz seinem Gegner aufgegeben hat. Der angegriffene Springer wird „gerettet“ und das Feld d3 entlastet. 11...♗xd4 12.exd4 ♕xd4+ 13.♖f2! e3 14.♖e2 ♗xg2 15.♗xe3+-) 9.♗b2 e5 10.e3 dxe3 11.fxe3 ♘h6 12.♘c3 0-0 Beide Parteien haben ihre Kräfte weitgehend ins Spiel gebracht. Allerdings hat Weiß mehr Ansätze, aktiv zu werden. In seinen Planungen kann er zudem auf einen größeren Einfluss auf das Zentrum bauen. Eine Variante zur Veranschaulichung, wie es weitergehen kann: 13.♘d5 ♗xd5 14.cxd5 ♘f5 15.♕e2 ♕e7 16.♘d2 ♕c5 17.♘c4 ♕xb5 18.a4 ♕a6 (Aber nicht 18...♕c5 wegen 19.♗a3+-.) 19.♗h3. Unter Einsatz eines Bauern hat sich Weiß Erfolg versprechende dynamische Möglichkeiten erarbeitet, Galyas - Lyell, Budapest 2012.

B) 4.♗g2

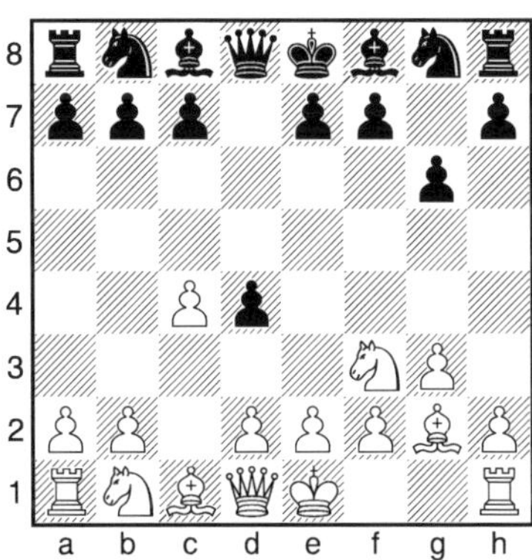

4.♗g2 als Reaktion auf die Wahl von 3...g6 ist nicht etwa eine Verzichtserklärung zum Bauernvorstoß b2-b4, sondern stellt diesen in der Grundidee lediglich zeitlich zurück. 4...♗g7 5.d3 e5 (Richard Réti, der Protagonist und Namensgeber unserer Themaeröffnung, sah sich in einem Duell gegen Akiba Rubinstein, Karlsbad 1923, mit der Entscheidung seines Gegners konfrontiert, vom Aufzug seines e-Bauern abzusehen. Rubinstein zog stattdessen 5...♘f6 und ließ seinen Bauern wie festgenagelt auf Dauer auf seinem Ausgangsgeld e7 stehen. Wir nutzen diese Begegnung als **Beispielpartie Nr. 5**, um zu beleuchten, wie es unter dieser Strategie des Nachziehenden auf dem Brett zugehen kann.) 6.b4 ♘e7 (6...a5 7.b5 c5 8.bxc6 ♘xc6 lässt eine Stellung entstehen, die jener oben nach 4.b4 a5 5.b5 Lg7 6.b3 c5 7.bxc6 Sxc6 sehr ähnlich ist. Überhaupt muss der Spieler, so wie hier auch Ihre Autoren, aufpassen, um nicht in eine Zugumstellungsfalle zu tappen. 9.♘a3 Der Springer strebt nach b5. 9...♘ge7 10.0-0 0-0 11.♘d2 ♘b4 12.♘b5 ♘ec6 13.♘e4 In einer Partie Jobava - Stevic, Porto Carras 2011, folgte nun 13...♕e7 und dann 14.e3 ♖d8 15.a3 ♘a6 16.exd4 (Der Anziehende hat das Standardmotiv mit a2-a3, e2-e3 und exd4 ausgeführt.) 16...♘xd4 17.♘xd4 exd4 18.♖e1 und die weiße Stellung war klar vorzuziehen.) 7.0-0 0-0 (In der Partie Gonzalez Zamora - O. De la Riva Aguado, Morelia 2008, griff Schwarz sofort zum Klärungszug 7...a5 und nach 8.b5 c5 9.bxc6 zum Königsspringer, um das materielle Verhältnis wieder auszugleichen. 9...♘exc6 Es folgte

10.♘a3 0-0 11.♘b5 ♘a6 12.♘g5 ♕e7 13.♘e4 ♖d8 14.♖b1 mit einem aktiven Spiel des Anziehenden auf dem Damenflügel. 14...h6 15.♗a3 ♘ab4 16.♕a4 ♖a6 17.♗b2 f5 18.♘ed6! Dieser Springerzug enthält Gift! Denn wenn es Schwarz nun gelüsten sollte, mit 18...♖xd6? auf Material zu spielen, reißt ihn Weiß mit 19.♘xd6 ♕xd6 20.a3 aus allen Träumen. Der Vorteil liegt auf der Seite des Anziehenden.) 8.♘bd2 a5 9.b5 c5 Wieder das schwarze Standardvorgehen, die Strukturen am Damenflügel gleichen einander in den verschiedenen Varianten. (9...♘d7 hat sich in einer Partie Tschutschelow - Figura, Deutschland 2009, nicht bewährt. Schauen wir uns den weiteren Verlauf kurz einmal an: 10.a4 f5 11.♗a3 h6 12.♘b3 ♖e8 13.♕d2 c6 14.♘h4 cxb5 15.axb5. Weiß steht auf dem linken Flügel sehr stark und auf dem Sprung, dies in bleibende Werte umzumünzen. Es wird dem Nachziehenden schwerfallen, hieran grundlegend etwas zu ändern, da er zum Reagieren verurteilt ist und seine eigenen offensiven Ambitionen auf dem Königsflügel ohnehin noch sehr bauernlastig und schwerfällig sind. 15...♔h7 16.♗b4! Nutzt schön die Möglichkeit für eine taktische Raffinesse, die Schwarz nicht zufriedenstellend kontern kann. 16...♖b8 17.♗d6 ♖a8 18.♘xa5 und Weiß steht auf Gewinn.) 10.bxc6 ♘exc6 Die beste Wahl. Der andere Springer soll von a6 oder von d7 aus das Feld c5 im Auge behalten. 11.♗a3 ♖e8 (Auf 11...♘b4 folgt 12.♕b3!.) 12.♘e1 ♘a6 13.♘c2 ♘ab4 14.♗xb4 ♘xb4 15.♘a3 ♘a6 16.♘b5 ♘c5 17.♘b3 ♗f8 Die Stellung befindet sich im Gleichgewicht, sodass die Kontrahenten mit ähnlichen Aussichten ins Mittelspiel gekommen sind, Sestjakow - Kalinin, Moskau 2001.

4.♗g2 e5

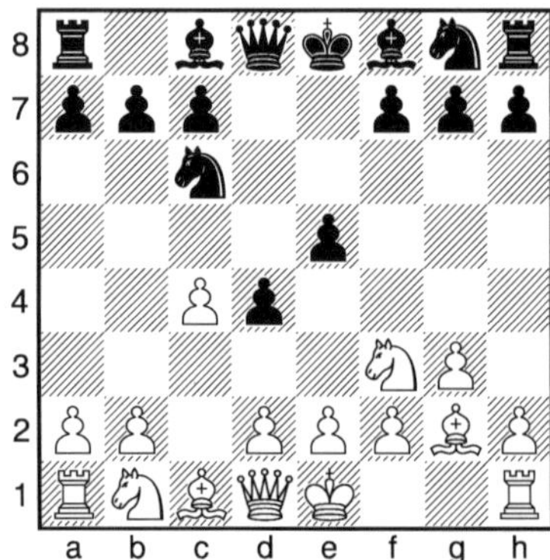

5.0-0

Dieser Entwicklungszug, der zugleich auch den König sichert, muss ohnehin kommen. So ist es angebracht, die Rochade genau an dieser Stelle auszuführen. In manchen Büchern wird hier allerdings 5.d3 empfohlen. Wir finden nicht, dass der Schritt des d-Bauern hier angebracht ist, denn nun kann 5... ♗b4+ mit gutem Spiel für Schwarz folgen. Zur Unterstützung unserer Aussage verweisen wir auf die beiden folgenden Varianten.

A) 6.♗d2 a5 7.0-0 ♘f6 8.a3 (Taimanow empfiehlt 8.e3!? und begründet dies damit, dass Weiß nach 8...0-0 9.exd4 exd4 10.♘a3 ♗f5 11.♗f4 h6 12.♘b5 ♖c8 mit 13.a3 ♗c5 14.♖e1 seine Initiative festhalten kann.) 8...♗e7 9.♗g5 0-0 Schwarz hat bis hier recht mühelos seine Entwicklungsaufgaben erfüllen können.

Anhand eines längeren Partiefragmentes verschaffen wir uns einen Eindruck, wie sich die Begegnung weiter entwickeln kann. 10.♗xf6 ♗xf6 11.♘bd2 ♗e7 12.♘e1 ♗e6 13.♘c2 ♕d7 14.♖b1 ♗h3 15.b4 ♗xg2 16.♔xg2 b6 17.♘f3 ♗f6 18.b5 ♘e7 19.e4 dxe3 20.fxe3 e4 21.dxe4 ♕e6 22.♕d3 ♘g6 23.♘cd4 ♕d6 24.a4 ♖fe8 25.♕c2 ♕e7 26.♘d2 ♘e5 Schwarz hat einen Bauern geopfert und damit ein aktives Spiel erlangt. Mit dem bis hier Erreichten kann er durchaus zufrieden sein, Pantsulaia – Wojtaszek, Urgup 2004.

B) 6.♘bd2 a5 7.0-0 ♘f6 Wie schon in der Variante zuvor stellt sich die Frage, worin denn nun der Vorteil für Weiß in der verzögerten Rochade liegen soll. Wir sehen keinen, was uns in unserer Einschätzung zu 5.0-0 bestärkt. 8.♘e1 0-0 9.♘c2 ♗f5!? (Auch über 9...♗e7 und dann 10.a3 ♘d7 11.b3 ♘c5 12.♖b1 ♗g4 kommt Schwarz zu ordentlichen Chancen, Bilek – Kortschnoi, Skopje 1972.) 10.a3 ♗xd2 11.♗xd2 h6 Den typischen weißen Vorstoß 12.b4 beantwortet der Nachziehende nun gut mit 12...e4! und sichert sich ein vollwertiges Spiel. Im Duell Vadasz – Waganjan, Erewan 1980, folgte der weiße Standardzug 13.b5 und nach 13...♘e5 14.♗f4 kam es zum Schlagabtausch 14...exd3 15.♗xe5 dxc2 16.♕xd4 ♕xd4 17.♗xd4 ♘e4, aus dem beide Seiten mit vergleichbaren Chancen hervorgingen.

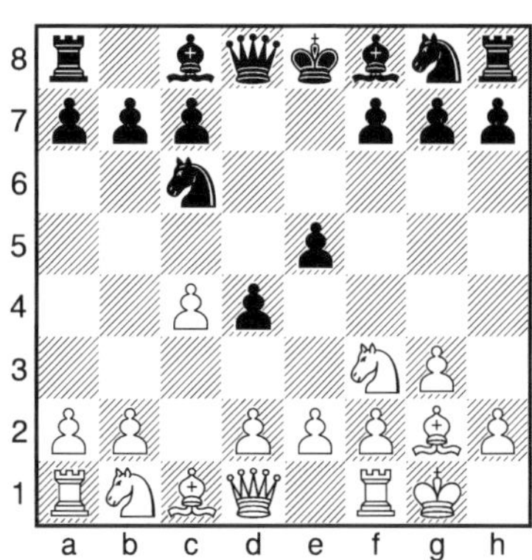

In der Diagrammstellung nach 5.0-0 kann sich der Nachziehende vor allen Dingen zwischen zwei Antworten entscheiden. Diese sind: 5...♘f6, das wir als **Abspiel 1A** behandeln, und 5...e4 als unser **Abspiel 1B.**

Abspiel 1A

Fortsetzung 5...♘f6

1.♘f3 d5 2.c4 d4 3.g3 ♘c6 4.♗g2 e5 5.0-0 ♘f6

Dieser solide Entwicklungszug ist eine gute Wahl. Schwarz tut etwas für die Mobilisierung seiner Kräfte und deckt noch nicht auf, wie genau er sich weiter aufzubauen gedenkt.

6.d3

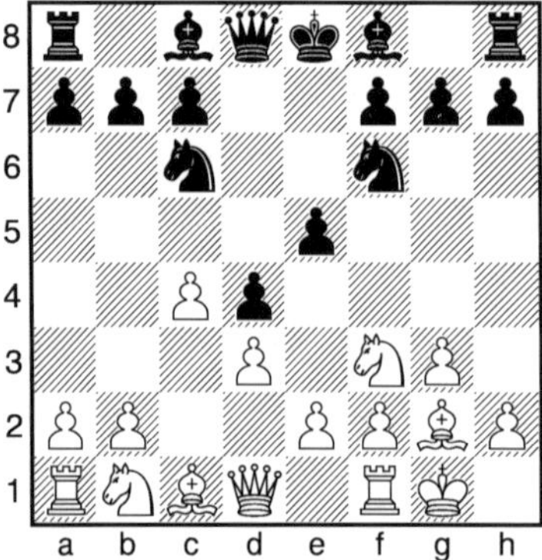

6...a5

Der Nachziehende muss immer im Auge behalten, dass sein Gegner zu dem typischen Vorstoß b2-b4 greifen kann. Mit dem Textzug verhindert er ein entsprechendes sofortiges Vorgehen auf radikale Weise. Dieser steht in Konkurrenz vor allem zu den folgenden Alternativen:

I. 6...♗d6 7.♘a3 Weiß erinnert sich an seinen Standardaufbau mit e2-e3, ♘b1-a3-c2, a2-a3, ♖a1-b1, den er hiermit einleitet. 7...0-0 8.♘c2 ♖e8 9.a3 a5 Auch hier wieder die stellungsgemäße schwarze Antwort. Von den denkbaren weißen Erwiderungen stehen 10.b3 und 10.e3 im Vordergrund. Der Zug mit dem e-Bauern sagt uns etwas mehr zu, unser erstes Schlaglicht aber werfen wir auf das Vorrücken seines Kollegen.

A) 10.b3 Um seine Absichten am Damenflügel voll umsetzen zu können, wird Weiß seinen b-Bauern nach b4 führen müssen. In diesem Abspiel muss er dafür zwei Tempi einsetzen, was als ein kleiner Nachteil dieser Vorgehensweise gesehen werden kann. 10...♘e7 11.♖b1 (Einen interessanten Verlauf nahm die Partie Giri – Fodor, Plowdiw 2012, nach 11.♗g5 ♘d7 12.b4 c6 und nun 13.♗d2 h6 14.e3 dxe3 15.♘xe3 ♘f8 16.♗c3 ♘f5∞. Die Stellung ist kompliziert, eine klare Aussage zu Gunsten oder zum Nachteil einer Seite ist nicht möglich.) 11...c5 12.b4 axb4 13.axb4 ♘c6 Hier hat sich der eben angesprochene weiße Zeitverlust relativiert, indem der schwarze Springer zunächst den Weg für den c-Bauern freimachen musste, um jetzt auf sein Stammfeld zurückzukehren. 14.bxc5 ♗xc5 Nach 15.♖b5 ♕d6 und nun 16.♘d2 nebst ♘d2-b3 zieht Weiß ein aktives Spiel am Damenflügel auf.

B) 10.e3 ist unser Favorit, zumal dieser Zug sich besser am Standardaufbau orientiert und er dem lernenden Spieler dadurch mehr Sicherheit und Vertrauen geben kann. 10...dxe3 11.♗xe3 Weiß hat nun ♖b1 und b2-b4 im Sinn. Wie er – zeitlich in Abhängigkeit von den Entscheidungen des Nachziehenden – dazu kommen kann, schauen wir uns an einem Beispiel an: 11...♗g4 12.h3 ♗h5 13.g4 ♗g6 14.♘h4 ♘d7 15.♘xg6 hxg6 16.♖b1. Nun sind alle weißen Kräfte in der angestrebten

Position oder sogar schon einen Schritt weiter. 16...♘c5 17.b4 Der typische Rammstoß. 17...axb4 18.axb4 ♘e6 Weiß hat sich Raum und ein aktives Spiel am Damenflügel erarbeitet. In unserer Referenzpartie folgte nun eine Zugsequenz, die ohne besondere Erläuterungen gut nachvollziehbar ist und über die der Anziehende seinen Vorteil absicherte. 19.b5 ♘cd4 20.♗xb7 ♖a2 21.♘xd4 exd4 22.♗c1 ♕h4 23.♗g2 ♗f4 24.♗xf4 ♘xf4 25.♕f3 g5 Die weiße Stellung ist deutlich vorzuziehen. In Drenchew – Janew, Warna 2014, setzte Weiß nun mit 26.c5 und der Idee b5-b6 fort, womit er die Zügel am Damenflügel in der Hand behielt.

II. 6...♗e7 Schwarz setzt auf den klassischen Plan einer ruhigen Entwicklung mit baldiger Rochade. 7.b4 ♘xb4 (Auf 7...♘d7 ist 8.b5 stark. 8...♘cb8 9.e3! und Weiß verfügt schon in diesem frühen Partiestadium über einen deutlichen Vorteil. 7...♗xb4 beantwortet der Anziehende taktisch. 8.♘xe5 ♘xe5 9.♕a4+ ♘c6 10.♗xc6+ bxc6 11.♕xb4 Auch hier hat Weiß offensichtlich die besseren Aussichten. Auf 11...♕d6 spielt er 12.♗a3 und zeigt damit seinem Gegner deutlich auf, dass er sich in echten Schwierigkeiten befindet.) 8.♘xe5 0-0

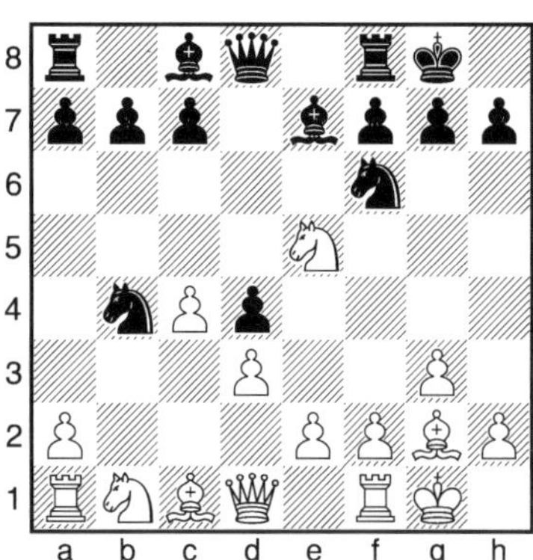

Wie soll Weiß nun fortsetzen? In erster Linie gebräuchlich sind das verlockende 9.a3 und das verhaltenere 9.♘d2. Anhand von aktuellen Beispielen wollen wir in zumindest schmalen Linien untersuchen, in welche Richtung sich das Spiel jeweils entwickeln kann.

A) 9.a3 ♘a6 10.♘f3 (Auf 10.♘d2 ♘c5 11.♘b3 in Blatny – Ricaurte Lopez, Salinas 2005, gibt Watson für Schwarz die folgende Variante an: 11...♘xb3 12.♕xb3 ♗c5 13.♘f3 ♖e8 14.♖e1 ♖b8. Dem Nachziehenden ist auf jeden Fall eine sehr solide Stellung zu bestätigen.) 10...c5 11.e4 dxe3 12.fxe3 ♘b8 13.♘c3 ♘c6 14.♗b2 ♗g4 15.♕c2 ♕d7 Beide Parteien haben sich gut entwickelt, die Stellung befindet sich in einem dynamischen Gleichgewicht, Morosewitsch – Karjakin, Peking 2012. Dem Anziehenden ist es nicht gelungen, seinen Gegner vor besondere Probleme zu stellen.

B) 9.♘d2 Diese unsere zweite Alternative bedeutet keinen Verzicht auf a2-a3, sondern grundsätzlich nur ein Hinauszögern der Ausführung. 9...♖e8 (Auf 9...♗d6 ist 10.a3 gut, z.B. 10...♘a6 11.f4 c6 12.♖b1 ♕e7 13.♘df3 ♘g4 14.♘xd4 ♘xe5 15.fxe5

♗xe5 16.e3. Die Stellung stammt aus einem Duell Kramnik – Topalow, Monte Carlo 2011. Weiß steht aktiver und hat sich eine beherrschende Stellung im Zentrum aufgebaut. Er verfügt über die etwas besseren Aussichten. Wenn man wie hier die Möglichkeit hat, sich anzuschauen, wie die Spieler hoch oben auf dem Olymp kleinste sich bietende Chancen nutzen, dann sollte man sie nicht verstreichen lassen. Wir folgen der Partie deshalb noch ein Stückchen weiter. 16...g6 17.♘b3 ♗g7 18.d4 ♖b8 19.e4 Eine Phalanx aus weißen Bauern. 19...b6 20.♗f4 ♖b7 21.e5 ♕e8 22.♘d2 ♗f5 23.♕a4 ♘b8 24.♖be1 Weiß hat sein Plus an Aktivität konserviert, nun liegt der Vorstoß d4-d5 in der Luft. Kramnik hat mit seinem 40. Zug den vollen Punkt in dieser – übrigens blind gespielten – Partie eingefahren.) 10.♘b3 ♗f8 [Der Läufer kann seinem Turm den Blick nach e5 auch dadurch frei machen, dass er nach d6 zieht. Eine kleine Variante dazu: 10...♗d6 11.♘f3 (11.a3 geht auch wieder.) 11...c5 12.a3 ♘c6 13.e3 dxe3 14.♗xe3 b6∞. Es ist uns keine Partie bekannt, in der diese komplizierte Stellung schon einmal auf dem Brett war. Besonders auch aus der Sicht von Schwarz könnte es sich lohnen, die schlummernden Potenziale vertieft auszuloten. Mit einem vagen Blick auf das Endspiel dürfte seine Position strukturell etwas Erfolg versprechender sein.] 11.a3 ♖xe5 Die unseren Betrachtungen zu Grunde liegende Partie wurde im modernen Fernschach und dort im gehobenen Leistungsbereich gespielt. So kann man davon ausgehen, dass die ausgeführten Züge intensiv auch einer rechnergestützten Überprüfung unterzogen worden sind. Das Schlagen mit dem Turm ist tatsächlich der Liebling aktueller Engines. 12.axb4 ♗xb4 13.♗b2 c5 14.e3= Rein optisch scheint Schwarz etwas besser zu stehen. Dies ist aber nicht der Fall. Die Stellung befindet sich in einem dynamischen Gleichgewicht. Ohne besondere Kommentierung schauen wir uns noch den Rest der Partie an, der unsere Stellungseinschätzung bestätigen mag. 14...♗g4 15.♕b1 ♗e2 16.exd4 ♗xf1 17.dxe5 ♗xg2 18.♔xg2 ♘d7 19.d4 a5 20.♕e4 a4 21.e6 ♕e8 22.e7 ♘f6 23.♕xb7 ♖b8 24.♕c7 cxd4 (Nicht gut ist 24...axb3? wegen 25.d5!.) 25.♘xd4 ♗xe7 26.♘b5 ♗f8 27.♖xa4 ♕e4+ 28.♔g1 ♖xb5 29.♖a7 ♕e1+ 30.♔g2 ♕e4+ mit Remis, denn Weiß kommt nicht aus dem Dauerschach heraus, De Smet – Roques, ICCF Email 2012.

III. 6...♘d7

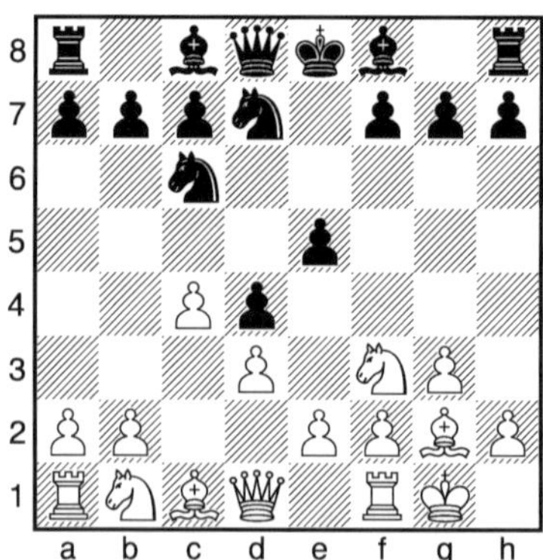

Auch dieser Zug ist ein häufiger Gast im Turniergeschehen. 7.e3 (Eine gute Wahl wäre auch der Plan mit 7.♘a3 nebst ♘a3-c2 und Vorbereitung des Bauernvorstoßes b2-b4.)

A) 7...♗c5 Eine von zwei logischen Möglichkeiten, den Läufer zu entwickeln und dabei den Weg zur Rochade freizumachen. Die Alternative hierzu betrachten wir in der sich anschließenden Variante. 8.exd4 ♘xd4 9.♘bd2 0-0 10.♘b3 ♘xb3? (Nach Anand hätte der Nachziehende hier 10...♘xf3+! und dann auf 11.♕xf3 ♗e7 nebst c7-c6 spielen sollen. Uns gefallen aber auch dann die weißen Aussichten etwas besser.) 11.axb3 Die weiße Stellung ist schon jetzt vorzuziehen. Sie ist besser entwickelt, damit aktiver und Schwarz wird auch einige Probleme zu lösen haben, um die Mobilisierung seiner Kräfte zu erreichen. 11...c6 (11...♗b4!?) 12.♗d2 ♘f6 13.♘xe5 ♗d4 14.♗c3 ♗f5 15.♖e1±. Die weißen Figuren sind inkl. der Türme wirkungsvoll aufgestellt und zum Angriff bereit. Der Nachziehende ist überwiegend zum Reagieren verurteilt. Es ist schwer, für ihn Möglichkeiten zu einem funktionierenden Gegenspiel zu finden. Demgegenüber ist es sehr lehrreich, wie der die weißen Steine führende spätere Weltmeister seinen Stellungsvorteil in einen Sieg umgemünzt hat. Weil wir uns dabei etwas von unserem Kerninteresse, der Suche nach den besten Eröffnungswegen, entfernen, verfolgen wir den weiteren Kampf ohne textliche Kommentierung. 15...♕d6 16.♕f3 ♗e6 17.♕f4 ♖fd8 18.b4! ♗xe5 19.♖xe5 ♕xd3 20.♖g5 ♘e8 21.♕e5 ♔f8 22.♖xg7! ♘xg7 23.♕xg7+ ♔e8 24.♖e1! ♕g6 25.♕e5 ♔f8 26.b5! ♖ac8 27.bxc6 bxc6 28.h4 ♖e8 29.♔h2 f6 30.♕d6+ ♔f7 31.♖xe6 ♖xe6 32.♕d7+ ♖e7 33.♕xc8 1-0 Anand - Speelman, Genf 1996.

B) 7...♗e7 Der Nachziehende entwickelt den Läufer, bereitet die Rochade vor und schützt seinen König vor einem Schachgebot von vorn nach einer eventuellen Öffnung der e-Linie. 8.exd4 exd4 Unser Standardmotiv mit ♘b1-a3-c2 führt durch die Brille der Statistik zu nicht wirklich überzeugenden Ergebnissen. Wie eine alternative natürliche Entwicklung - dann natürlich beider Seiten - vonstattengehen kann, schauen wir uns beispielhaft anhand der Partie Anand - Vallejo Pons, Leon 2008, an. 9.♘bd2 ♘c5 10.♘b3 ♘e6 11.♖e1 0-0 12.♘e5 ♘xe5 13.♖xe5 ♗f6 14.♖e1 a5 15.♗d2 c6 16.a4 ♖a7 17.c5 ♗d7 18.♕c2± Weiß steht etwas aktiver. In der genannten Partie zeigten sich beide Spieler allerdings wenig kampfeslustig und vereinbarten schon an dieser Stelle ein Remis.

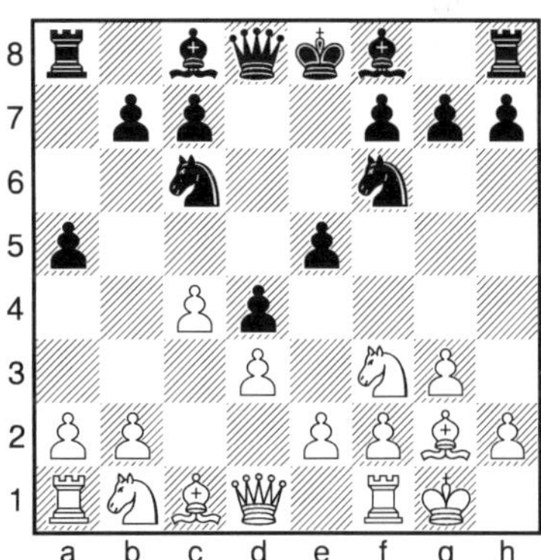

7.e3

Der Angriff auf das Zentrum ist hier die aktivste Fortsetzung. Nicht von ungefähr wird sie auf der Turnierbühne am häufigsten gewählt. Der

Anziehende kann sich aber auch an dieser Stelle an unsere Standardidee erinnern. Also: 7.♘a3 nebst ♘a3-c2, a2-a3, ♖a1-b1, b2-b4 und Stimmung auf dem Damenflügel machen.

7...dxe3

Die Klärung der Lage im Zentrum ist für Schwarz die Lösung Nummer 1. Nach der Alternative 7...♗e7 und dann 8.exd4 exd4 9.♘a3 kann sich das Spiel in zwei Richtungen entwickeln:

A) 9...0-0 Die kurze Rochade muss ohnehin kommen. Also erscheint es logisch, sie jetzt auszuführen. 10.♘b5 ♘e8 (10...♗f5 genießt keine gute Reputation. Weiß antwortet stark mit 11.♗f4 und nicht nur das Brett, sondern auch die Statistik bestätigt ihm beste Aussichten.) 11.♖e1 (11.♗f4 Den Zug kennen wir schon aus dem kurzen Schlaglicht zuvor. Auch hier ist der Läufer auf f4 gut im Sinne von aktiv und druckvoll postiert. 11...♗f6 12.♖e1 ♗e6 13.h3± Mkrtchian–Lomineishvili, Tiflis 2011) 11...♗e6 12.b3 Der Anziehende steht um einiges freier als sein Gegenüber. Die schwarzen Figuren vermitteln den Eindruck, als stünden sie sich gegenseitig auf den Füßen. 12...♗f6 13.♗b2 g6 14.♕d2 ♗f5 15.h3 h5± Die eben skizzierten Verhältnisse haben sich manifestiert und verstärkt. Weiß steht aktiv und hat die Initiative, verlässt die Eröffnungsphase also mit einem klaren Vorteil. Wir sind in der Bahn der Partie Speelman – Koneru, Torquay 2002, vorangeschritten. Diese endete mit einem frühen Weißsieg im 26. Zug.

B) 9...♘d7 Hinter diesem Zug steckt eine feine Idee. Schwarz weiß, dass er sich um sein Feld c7 kümmern muss. Wenn der Königsspringer via d7 und c5 nach e6 wandert, beteiligt er sich am Schutz von c7 und nimmt zugleich Einfluss auf das Feld f4, das für den weißen Läufer ein guter Standort sein könnte. Dass er von seiner Wahlheimat e6 aus auch universell den Bauern auf d5 stützt und das Feld c5 im Auge behält, macht ihn zusätzlich wertvoll. 10.♘b5 ♘c5 11.♖e1 0-0 12.♗f4 ♘e6 13.♖xe6! Weiß gibt den Turm gegen Springer und Bauer und verschiebt damit auch die Tempi, die der Nachziehende für seine Springerwanderung investiert hat, ins Nirwana. 13...fxe6 14.♗xc7 ♕d7 15.♘e5 ♘xe5 16.♗xe5± Für seine kleine materielle Investition hat sich Weiß die Regie über das Geschehen auf dem Brett geholt. Unsere Referenzpartie ist Rumpl – Lipka, Österreich 2014, in der Weiß seinen Sieg im 37. Zug sicherstellte. Indem wir ihr noch ein paar Züge weiter folgen, können wir sehen, wie Weiß seinen Vorteil in eine das Brett beherrschende Stellung auszubauen verstand. 16...♗f6 17.♕e2 ♖a6 18.♖e1 ♖d8 19.♕g4 ♕f7 20.♖e4 ♗xe5 21.♖xe5 ♖b6 22.a4 ♗d7 23.♗e4± mit Kurs Partiegewinn.

8.♗xe3 ♗e7

Auf 8...♘g4 kann Weiß 9.♗g5 spielen, z.B. mit der Folge 9...f6 10.♗c1 ♗c5 11.h3 ♘h6 12.d4 ♘xd4 (In der Variante 12...exd4 13.♗xh6 gxh6 14.♖e1+ ♔f7 15.♘bd2 bekommt Weiß ausreichend Kompensation für den Bauern. Dem schwarzen König pfeift der Wind um die Ohren.) 13.♗xh6 gxh6 14.♘xd4 ♗xd4

15.♕h5+ ♔e7 16.♘c3 mit gutem Spiel für den Anziehenden. Auch hier muss sich Schwarz ernste Sorgen um seinen König machen.

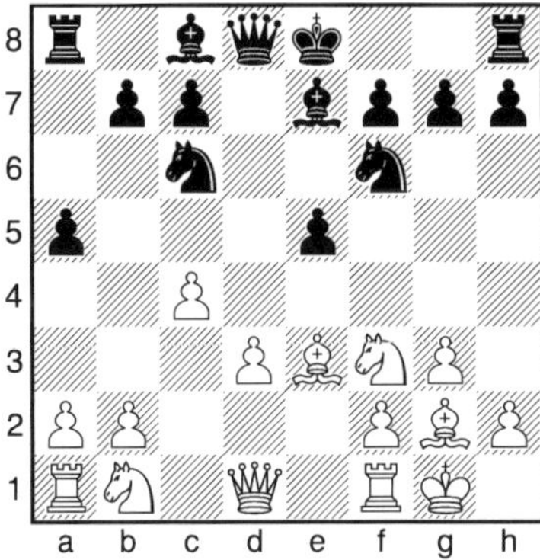

9.d4

Dieses aktive Vorgehen im Zentrum ist eine gute Idee. Auch nicht schlecht ist 9.♘c3!?, ergänzt um ein späteres Vorgehen des d-Bauern. Ein paar beispielhafte Varianten dazu, die sich zunächst über eine Reihe natürlicher Züge entwickeln und die wir für einen tiefen Blick in die denkbaren Entwicklungen nutzen: 9...0-0 10.♖e1 (Nach 10.d4 exd4 11.♘xd4 ♘xd4 12.♕xd4 c6 befindet sich die Stellung im Gleichgewicht. Einiges an Raum für ein innovatives Spiel birgt auch die Fortsetzung mit 10.h3. Wir nehmen diese noch weitgehend unerforschte Idee in der **Partie Nr. 6**, Tikkanen - Welin, Schweden 2012, unter die Lupe.) 10...♗g4 11.h3 ♗h5 12.g4 ♗g6 13.d4 Ein guter Zeitpunkt für Teil 2 des kleinen Plans, den Schritt des d-Bauern. 13...♘d7 14.dxe5 ♘dxe5 15.♘xe5 ♘xe5 16.♕xd8 ♖axd8 17.♘d5 ♗h4 18.♘xc7 Soll der Springer nun mit 18... ♖d7 oder mit 18... ♖c8 vertrieben werden? Schauen wir uns die jeweiligen möglichen Folgen an.

A) 18...♖d7 19.♘d5 ♘xc4 20.♗c5 (Weiß kann auch 20.♗d4!? versuchen, z.B. 20...♖fd8 21.♖ac1 usw.) 20...♖c8 21.b3 (21.♖ac1!?) 21...♘d6 22.♖ac1 mit einem klaren weißen Vorteil, Mrva - Mazur, Slowakei 2009. Die weißen Figuren sind sehr wirkungsvoll postiert und arbeiten harmonisch zusammen.

B) 18...♖c8 19.♘d5 ♘xc4 20.♗d4± Erneut steht Weiß aktiver und auch initiativer.

9...exd4 10.♘xd4 ♘xd4

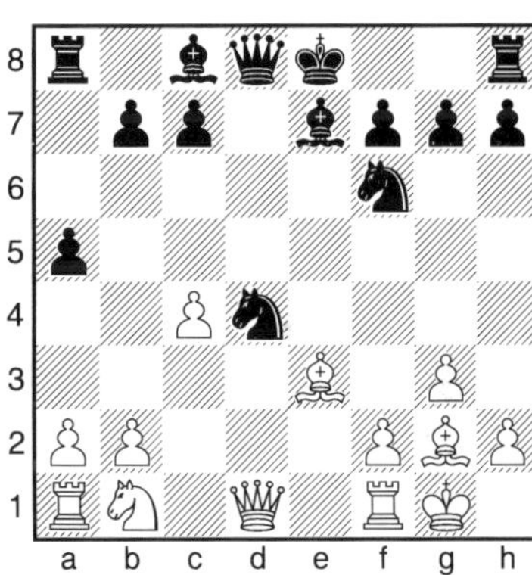

11.♕xd4

Das Schlagen mit dem Läufer verspricht keinen Vorteil: 11.♗xd4 0-0

A) 12.♘c3 c6 13.♖e1 (13.c5 ♗g4 14.♕a4 ♕d7=) 13...♖e8 mit Ausgleich.

B) 12.♕d2 c6 13.♘c3 ♗c5 14.♖ad1 ♗xd4 15.♕xd4 ♗g4 16.f3 ♗e6 und auch hier lassen die Kontrahenten mit identischen Chancen die Eröffnungsphase hinter sich, Will - Petzold, Fernpartie ICCF 2012.

11...0-0 12.♘c3 ♕xd4

Der Abtausch der Damen an dieser Stelle erleichtert Schwarz die Verteidigung. Nach 12...c6 13.♕f4!? (Mit einem schnellem Remis endete die Partie Dvirny – Brunello, Rom 2013, nach 13.h3 ♗e6 14.b3 ♕xd4 15.♗xd4 ♖fd8 16.♖fd1 ♖ac8 17.♘a4 ♘d7 18.c5 ½-½.) 13...♗d6 14.♕h4 ♘g4 15.♕xd8 ♖xd8 16.♗b6 ♖e8 17.♖ad1 ♗f8 18.♖fe1 steht Weiß etwas besser.

13.♗xd4 c6 14.♖fe1 ♗e6 15.♗h3

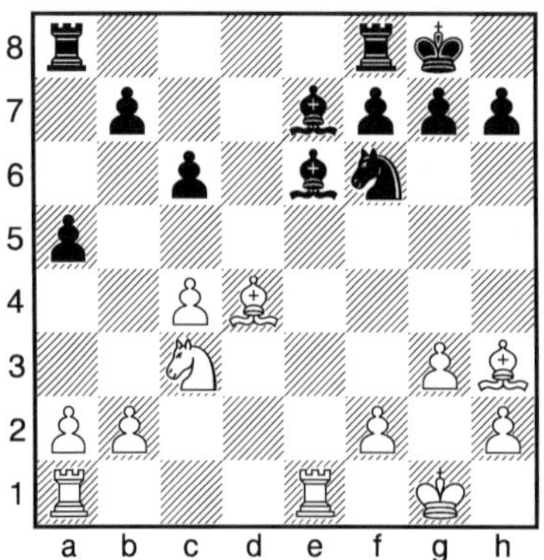

15...♖ad8

Ungünstig für Schwarz ist 15...♗xh3? 16.♖xe7 ♘d7 17.♖ae1 ♖fd8 18.♘e4 ♗e6 19.♘d6 und Schwarz gerät unter Druck. In der Partie Gustafsson – Bindrich, Bonn 2011, folgte 19...♘f8 20.c5 ♗xa2 21.♖xb7 ♘e6 22.♗e3 ♗d5 23.♖a1 a4 24.f4 ♘f8 25.f5 ♘d7 26.♗d4 mit weißem Vorteil.

16.♗b6

Oder 16.♗xf6 ♗xf6 17.♗xe6 fxe6 18.♖xe6 ♖d2 19.♘e4 ♖xb2 mit Ausgleich.

16...♗xh3 17.♖xe7 ♖d7 18.♖ae1 ♗e6 19.♖xd7 ♘xd7 20.♗xa5 ♗xc4

Die Stellung ist völlig ausgeglichen, beide Seiten setzen die Partie mit identischen Chancen fort.

Zusammenfassung: Mit 9.d4 forciert Weiß das Geschehen im Zentrum, was zu einem etwa ausgeglichenen Spiel führt. Deshalb möchten wir die Aufmerksamkeit des ambitionierten Spielers auch auf 9.♘c3!? richten. Diese Fortsetzung bietet noch viel Raum für neue Forschungen auf der Basis viel versprechender bisheriger Ansätze. Etwas Ähnliches gilt auch für 9.h3. Auch dieser Randbauernzug verspricht gute Chancen, verbunden mit einer ordentlichen Portion an Überraschungspotenzial für den Gegner.

Abspiel 1B

Fortsetzung 5...e4

1.♘f3 d5 2.c4 d4 3.g3 ♘c6 4.♗g2 e5 5.0-0 e4!?

Diese energische Fortsetzung führt zu einem dynamischen Spiel, was sie für eine zunehmende Zahl von Spielern attraktiv macht. Allerdings bekommt Schwarz diese Option nicht zum Nulltarif. Er muss verschiedene Zugeständnisse machen und in der Folge sehr genau spielen, um im Ergebnis für sich nicht die Nachteile seines Vorgehens überwiegen zu lassen.

6.♘e1

Hier wird dem Nachziehenden eine für den weiteren Verlauf bedeutende Entscheidung abverlangt. Sein e-Bauer ist angegriffen und ungedeckt. Soll er ihn verteidigen? Dann kommen in erster Linie die beiden natürlichen Deckungszüge 6...f5 und 6...♘f6 in Betracht. Oder soll er eine ganz andere Strategie verfolgen, bei der er den Bauern aufgibt und einen Stoßangriff gegen den weißen König inszeniert? Unsere Hauptvariante bildet 6...f5. Gleich im Anschluss geben wir zunächst aber einen Überblick über die möglichen Folgen, wenn sich Schwarz zu einem alternativen Vorgehen entscheidet.

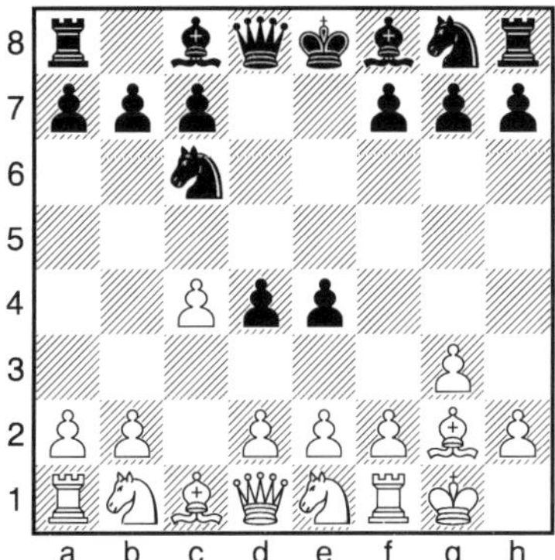

6...f5

Die Alternativen:

I. 6...♘f6 7.d3 Weiß fackelt nicht lange, sondern zwingt seinen Gegner sofort wieder zu einer Weichenstellung. Ein anderes Vorgehen bietet sich allerdings auch nicht an.

A) 7...♗f5 Schwarz deckt seinen Bauern und legt sich damit zugleich auch auf f5 als Entwicklungsfeld für seinen Läufer fest. 8.♗g5 Die Fesselung des Springers macht den Bauern auf e4 wieder verwundbar. 8...exd3 9.♘xd3 ♗e7 10.b4 (Auf das verhaltenere 10.♘d2 gibt Watson die Folge 10...0-0 11.♗xf6 ♗xf6 12.♘e4 ♖b8∞ an.) 10...a6 (10...♘e4!? ist eine Idee, die intensiver geprüft werden sollte.) 11.♘d2 0-0 Die Chancen beider Seiten sind in etwa identisch. Weiß steht allerdings etwas initiativer. Für ihn sind verschiedene Fortsetzungen denkbar, beispielsweise 12.a3 oder 12.♗xc6 wie auch das aus der Praxis bekannte 12.♗xf6 mit folgendem Fortgang: 12...♗xf6 13.♘e4 ♕e7 (Gut ist auch 13...♖e8!?.) 14.♘xf6+ ♕xf6 15.a3 und nun hätte Schwarz laut Watson in der Partie Kovacevic – Ree, Karlovac 1977, 15...♖fe8!? statt 15... ♖ab8 spielen sollen, z.B. 16.♖e1 ♖e7 17.♘c5 ♖ae8 18.♘xb7 d3 19.e3 ♘d4 20.♖a2 ♘c2 21.♖f1 ♕c3 mit Kompensation.

B) 7...exd3 8.♘xd3 (Nach 8.exd3 hat Weiß größere Mühe, sich harmonisch weiter zu entwickeln. Hinzu kommt, dass der Nachziehende mehr Gelegenheit erhält, seinen Gegner im Aufbau zu stören. Ein Beispiel von der Turnierbühne dazu: 8...♗e7 9.a3 a5 10.♗g5 0-0 11.♘d2 ♗g4. Schwarz bekommt zunehmend das Heft in die Hand. 12.♘ef3 ♖e8 13.♕c2 ♘d7 14.♗xe7 ♖xe7 15.♖fe1 ♘c5 16.♘b3 ♗xf3 17.♗xf3 ♘e5 18.♗e2 ♘xb3 19.♕xb3 ♕e8 20.♕d1 Weiß hat nichts Besseres. 20...♖a6 21.f4 ♘d7 22.♗f3 ♘c5 mit ausgezeichnetem Spiel für Schwarz, Prokoptschuk – Gawrilow, Kaluga 2012.) 8...♗e7 9.b4 Der Bauernvorstoß ist unser Favorit. Er leitet die Ausführung eines aussichtsreichen Planes ein, der die nachfolgende Läuferentwicklung nach b2 vorsieht, und nach Absicherung des b-Bauern durch a2-a3 das Manöver ♘b1-d2-b3 mit Druckspiel gegen den schwarzen Bauern auf d4. (Zum Ausgleich führt 9.♗g5 0-0 10.♘d2 ♖e8 11.♗xf6 ♗xf6 12.b4 ♕e7 13.b5 ♘e5= Schimanow – Gawrilow, Pardubice 2013.) 9...a6 10.♗b2!? (10.♗g5 mit dem Ziel des Abtausches gegen den ♘f6 verspricht nicht mehr als gleiches Spiel, zum Beispiel 10...0-0 11.♗xf6

♗xf6 12.♘d2 ♘e5= Arsovic – Stojanovic, Senta 2002.) 10...0-0 11.a3 und das weiße Spiel nimmt die angestrebten Konturen an. Der ♘b1 ist auf dem Sprung, seinen Part zum Plan zu erfüllen.

II. 6...h5

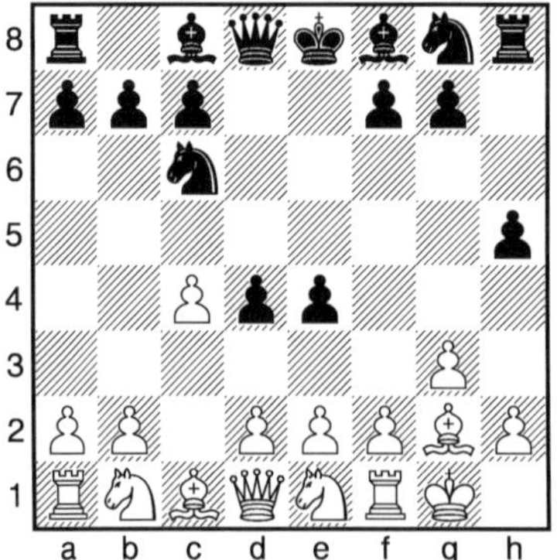

Schwarz kümmert sich nicht um seinen bedrohten Bauern und bläst stattdessen zur Attacke.

A) 7.♗xe4 h4 8.d3 ♗h3 (Es geht auch 8...hxg3 9.fxg3 ♗h3 mit dem Plan ♕d8-d7, 0-0-0 usw.) 9.♘g2 (9.♕b3!? generiert Komplikationen und kann deshalb ein gutes Mittel für den angriffsorientierten Spieler sein.) 9...♘f6 10.♗g5 hxg3 11.fxg3 ♗e7 12.♗xf6 ♗xf6 13.♘d2 ♕d7 14.♕a4 ♗xg2 15.♗xg2 ♗g5 Eigentlich hat Weiß alles im Griff. So könnte er jetzt beispielsweise mit 16.♗xc6 fortsetzen und dann nach 16...♗e3+ 17.♔h1 bxc6 18.♘f3 zuschauen, wie Schwarz den Beweis zu erbringen versucht, ausreichende dynamische Chancen zur Kompensation oder mehr zu haben. In der Partie Troyke – Raetsky, Apolda 2011, griff er zu 16.♘e4, um sich dann aber nach 16...♗e3+ 17.♔h1 0-0-0 guten Angriffschancen auf der Seite von Schwarz gegenüberzusehen. Es droht schon das Schlagen auf h2.

B) 7.d3 h4 8.dxe4 ♗e6 9.♘d2 ♕d7 10.♘d3 hxg3 11.fxg3!? (11.hxg3?! dürfte schlechter sein, z.B. 11...♗h3 und der Anziehende gerät schon unter Druck. In der Partie Markowski – Wojtaszek, Warschau 2005, folgte nun 12.♗f3 ♗xf1 13.♘xf1 ♘f6 14.♗d2 ♘g4 15.♗g2 ♘ge5 16.♕a4 ♘xd3 17.exd3 ♘e5 18.♕b3 0-0-0∓. Die dynamischen schwarzen Chancen neben dem leichten materiellen Vorteil eröffnen Schwarz beste Aussichten. So verwundert es nicht, dass der Nachziehende die Partie letztendlich auch tatsächlich gewonnen hat.) 11...0-0-0 12.♘f3 Weiß steht ordentlich, auch wenn von einem Vorteil nicht gesprochen werden kann.

7.d3 ♘f6 8.♗g5

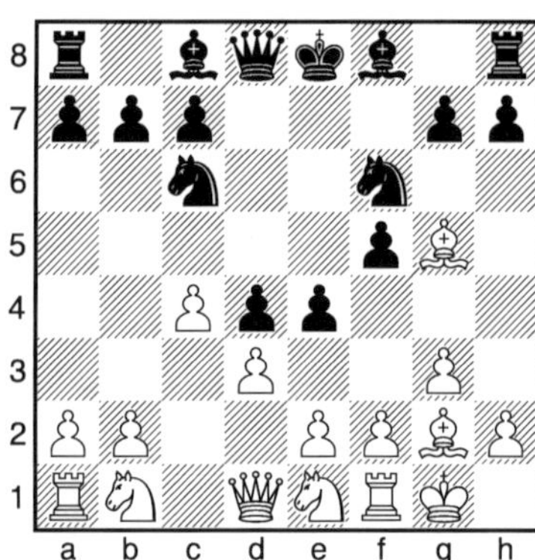

8...♗e7

Dies ist ein Vorschlag von Watson und die einzige Möglichkeit für den Nachziehenden, um Ausgleich zu kämpfen. Für ihn tragisch endete die Partie Shirazi – Cappon, Le Touquet 2008, in der er den Textzug ausließ.

Sie nahm den folgenden Verlauf: 8...exd3 9.exd3 ♗e7 10.♘a3. Weiß bringt seinen Damenflügel auf dem bekannten Weg ♘b1-a3-c2, b4 und a3 in Form. 10...0-0 11.♘ac2 ♘e5 12.b4 a5 13.a3 ♖b8?! 14.♘f3 ♘xf3+ 15.♕xf3± Der Anziehende steht klar besser. Sein Spiel ist aktiv und initiativ und übt auf dem ganzen Brett Druck auf die schwarze Stellung aus. Den schwarzen Kräften fehlt es an Entfaltung. Wir sehen uns unkommentiert auch noch den Rest der Partie an, um zu sehen, wie kraftvoll und auch schnell Weiß seinen Vorteil in einen Sieg auszubauen verstand. 15...b6 16.bxa5 bxa5 17.♖ab1 ♖xb1 18.♖xb1 ♔h8 19.♗xf6 ♗xf6 20.♖b8 ♗e5 21.♖b5 ♗d6 22.♖xa5 c5 23.♖a8 ♕e7 24.♕c6 ♗e6 25.a4 1-0.

9.♗xf6 ♗xf6 10.dxe4 fxe4 11.♗xe4 ♗h3 12.♗g2

Auf 12.♘g2 empfiehlt Watson 12...♕d7!? z.B. 13.♘d2 0-0-0 14.♕a4 ♖he8 15.♗xc6 ♕xc6 mit dynamischer Kompensation für den Bauern.

12...♗xg2

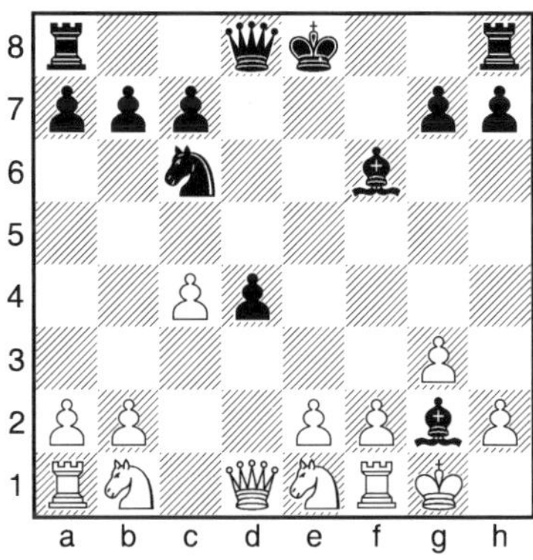

13.♔xg2

13.♘xg2 geht auch, scheint dem Nachziehenden mittelfristig aber etwas bessere Gegenchancen als in unserer Hauptlinie zu vermitteln. Nach dem Schema 13...♕e7 (Zu beachten ist 13...g5!?, ein Vorschlag von Watson.) 14.♘d2 0-0-0 mit der Absicht h7-h5 kann Schwarz sein Gegenspiel aufziehen. Vergleicht man nun die weiße Stellung mit der weißen Zielstellung nach 13. ♔xg2, so fällt auf, dass der Springer auf g2 schlechter steht und nur unter Zeitverlust gut aufgestellt werden kann. Sogar der König spielt eine schwächere Rolle, ohne dass dies mit einem Plus an Sicherheit einherginge.

13...♕e7

Eine Empfehlung von Watson ist 13...♕d7 14.♘d2 h5 usw.

14.♘d2 0-0-0

Auch hier ist der Bauernvorstoß h7-h5-h4 nun ein gutes Mittel der Wahl für Schwarz. Für den Anziehenden bietet sich

15.♘d3!? an. Nach **15...h5** ist **16.h3** eine gute Idee, um **16...h4** mit **17.g4** usw. zu beantworten.

Zusammenfassung: Nach 5...e4!? entsteht eine scharfe und komplizierte Situation auf dem Brett. In unserer Hauptvariante empfehlen wir 15.♘d3!? mit guten Perspektiven für Weiß.

Abspiel 2

Fortsetzung 2.e3

1.♘f3 d5 2.c4 d4 3.e3

Im Kampf gegen ein schwarzes Bauernzentrum will Weiß keine Kompromisse eingehen. In diesem Abspiel verzichtet er auf das Fianchetto des Läufers.

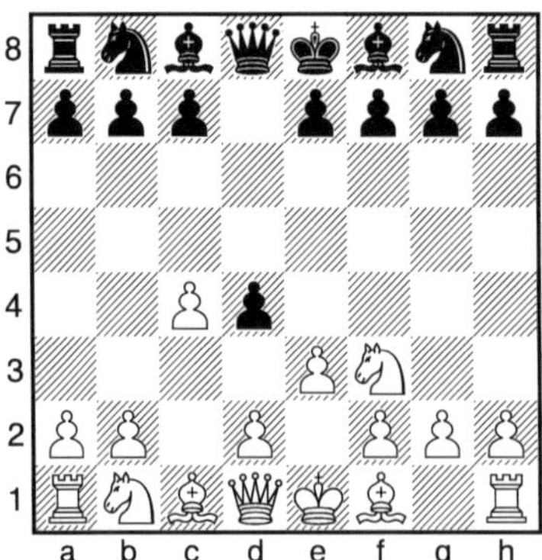

3...♘c6

Die häufigste Antwort des Nachziehenden. Der Springer gibt seinem Bauern Rückendeckung. Der Anziehende muss sich aber auch auf andere Versuche seines Gegners einrichten. Mit ein paar Schlaglichtern auf die Alternativen wollen wir uns einen Eindruck davon verschaffen, wohin die Reise in der Partie dann jeweils gehen kann.

I. 3...c5 Eine logische Antwort. Sie ist deshalb im Spitzen- wie auch im Amateurschach häufig anzutreffen. Auch der unvorbereitete Schwarzspieler im Klubbereich wird diese Fortsetzung ganz vorne in seinen Überlegungen berücksichtigen. 4.b4 Weiß bleibt bei seiner Devise eines kompromisslosen Vorgehens und ist auch bereit, einen Bauern in seine Chancen zu investieren. Sehr häufig wird auch 4.exd4 gespielt. Diese Wahl lassen wir aus Gründen unserer Repertoireüberlegungen außen vor. Nach dem Textzug bieten sich für Schwarz zwei unterschiedliche Vorgehensweisen an.

A) 4...dxe3 5.fxe3 cxb4 6.d4 Nun ist es der Anziehende, der ein massives Bauernzentrum gebildet hat. Zu einem scharfen und komplizierten Spiel führt 6.a3!?, ganz im Geiste des Wolga-Gambits gespielt. Auf diese Möglichkeit möchten wir besonders den Freund des gepflegten Angriffsschachs aufmerksam machen. Der eher ruhig vorgehende Spieler wird sich sagen, dass dieser Zug nicht weglaufen wird. Er kann sich gut über den Plan ♗d3 und 0-0 weiterentwickeln, um zunächst auch seinen König ins sichere Asyl zu führen. 6...♘f6 7.♗d3 ♘bd7 8.0-0 e6 9.a3!? Da ist er wieder! (9.e4 beantwortet Schwarz gut mit 9...e5!.) 9...bxa3 10.♘xa3 ♗e7 11.♘b5± Die dynamischen weißen Werte wiegen den Minusbauern mehr als auf. Das Zentrum ist fest in weißer Hand, er verfügt über mehr Raum und während die Mehrzahl seiner Figuren bereits aktiv in sein nach vorne gerichtetes Spiel eingebunden ist, hat Schwarz schon mit Entwicklungs- und Verteidigungsproblemen zu kämpfen. 11...a6 12.c5 0-0 13.♕c2 ♖b8 14.♘d6± Der Anziehende hat sich seinen Vorteil erhalten und die Eröffnungsphase somit zur Zufriedenheit hinter sich gebracht. Wir begleiten unsere Referenzpartie noch ein Stückchen weiter, weil sie sehr lehrreich ist. Sie veranschaulicht auch die schwierige Verteidigungslage von Schwarz, in der er leicht Fehler begehen kann. 14...b6? (14...Lxd6 war notwendig.) 15.Sxf7 (Noch stärker war 15.Sg5!.) 15...Txf7 16.c6 Ld6 17.cxd7 Txd7 18.e4 e5 19.Sxe5 Lxe5 20.Lc4+ Kh8 21.dxe5 Sg4 22.Lg5! De8 (22...Dxg5 23.Tf8#) 23.e6 Tc7 24.Lf4 und Weiß stand auf Gewinn, den er dann auch mit seinem 44. Zug sicherstellte, Warakomski - Sulypa, Polanica Zdroj 2013.

B) 4...f6

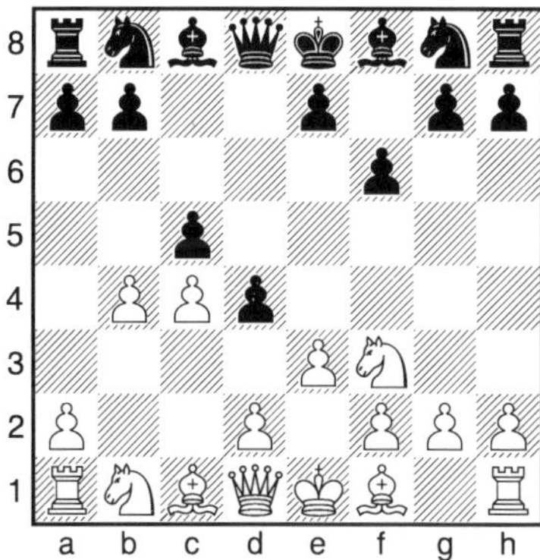

Schwarz ignoriert den weißen Bauernvorstoß und bereitet e7-e5 vor. Der Anziehende muss diese Linie nicht fürchten, da er relativ ungestört in eine vorteilhafte Abzweigung einbiegen kann. 5.bxc5 e5 (5...Sc6 gibt dem Nachziehenden nicht mehr Aussicht auf Erfolg als das sofortige e7-e5. Weitergehen kann es beispielsweise wie folgt: 6.exd4 Sxd4 7.Lb2 e5 8.Sxd4 exd4 9.De2+ Kf7. Mit dem bis hier Erreichten kann Weiß durchaus zufrieden sein. Er wird seine Entwicklung schneller als sein Gegenüber abschließen können, wird sich eine intakte Rochadestellung verschaffen und mit dem schwarzen Bauern auf d4 hat er auch eine dankbare Angriffsmarke, die er selbst dem Nachziehenden so nicht bietet. Schwarz wird sich auf Dauer darum kümmern müssen. 10.g3 g6 11.Lg2 Lxc5 12.0-0 Se7 13.d3 Tb8 (13...Te8!?) 14.Sd2 b6 15.Se4 Sf5 16.a4 Te8 17.Dd2 Die weißen Kräfte sind aktiver postiert. In der Partie Tisdall - Grotnes, Norwegen 1993, verstand es der Anziehende, diesen Vorteil in einen späteren Sieg auszubauen. Am Rande sei erwähnt, dass er sich den schwarzen d-Bauern vorher abholte.) 6.exd4 exd4 Mindestens vorübergehend hat sich der Nachziehende einen isolierten Damenbauern eingefangen, den Weiß als Angriffsmarke nutzen kann. (6...e4 sieht durchaus verlockend aus, ist aber nicht ratsam. Ein Beispiel dazu: 7.De2 De7 8.Sg1 Sc6 9.Lb2 Sh6 10.Sa3 Lg4. Nicht die beste Wahl, aber nicht entscheidend. 11.f3 exf3 12.Sxf3 0-0-0 13.Dxe7 Lxe7 14.d5 und Weiß steht auf Gewinn, Azmaiparashvili - Stefansson, Moskau 1994.) 7.d3 Inzwischen sind wir, was die Praxis anbetrifft, fast schon in „menschenleerem Gebiet" angekommen. 7...Sc6 Über eine Abfolge natürlicher Entwicklungszüge können nun beide Seiten ihre Kräfte weiter ins Spiel bringen. 8.Le2 (8.De2+ Kf7=) 8...Lxc5 9.0-0 Sge7 10.Sbd2 0-0 11.Sb3 b6 12.Tb1 a5 13.Te1 Dd6 14.Lf1 Der Läufer soll nicht allein den Blick seines Turms in die lange e-Linie freigeben, sondern über ein spätes Fianchetto auf die lange Diagonale geführt werden. Die vorübergehende Postierung gleich fünf weißer Figuren auf der Grundlinie ist kein Nachteil. Die Türme stehen bereits gut und der Anziehende hat genügend Zeit, auch das eingeleitete Läufermanöver zu beenden. 14...♘g6 15.♘xc5 bxc5 16.♘d2 f5 17.g3 ♗d7 18.♗g2± Pirc–Kostic, Jugoslawien 1936. Weiß steht etwas besser, aber auch Schwarz hat aktive Möglichkeiten, und zwar besonders am Königsflügel (f5-f4). In der Partie wanderte der weiße Springer über f3 bis nach h4, wo er sich gegen den schwarzen Kollegen abtauschte. Der schwarzfeldrige weiße Läufer fand auf f4 einen guten Platz. Letztendlich konnte der Anziehende mit seinem 42. Zug den vollen Punkt erringen, allerdings nach einem spannenden und ereignisreichen Kampf.

II. 3...dxe3 Diese schwarze Alternative hat extrem schlechte statistische Werte; für Weiß ist eine Erfolgsquote von fast 80% ausgewiesen. 4.fxe3

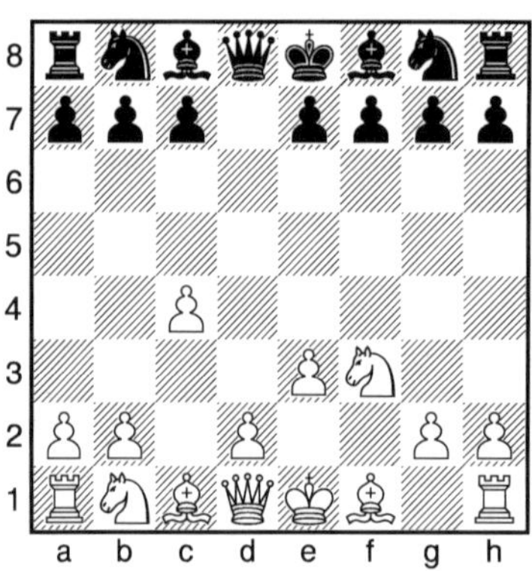

A) 4...g6 Eine häufige Antwort des Nachziehenden. Weiß kommt relativ leicht zu einer guten Entwicklung und einer aktiven Stellung. Zur Veranschaulichung nutzen wir eine aktuell gespielte Partie. 5.d4 ♗g7 6.♗e2 c5 7.0-0 (7.d5 stellt die Weichen auf Ausgleich über 7...♘f6 8.0-0 0-0=.) 7...cxd4 8.exd4 ♘h6 9.♔h1 Prophylaktisch gespielt. 9...0-0 10.♘c3 ♗g4 11.♕b3 ♕c8 12.♗xh6 ♗xh6 13.c5 ♘c6 14.♖ad1± Weiß steht aktiver, Sulypa – Urban, Legnica 2008.

B) 4...♗f5. Zu diesem Läuferzug gibt es bisher kaum Erfahrungen. 5.♕b3 b6 6.♘c3 ♘f6 7.♗e2 e6 8.0-0 Mit der Aktivierung seiner Dame a tempo und drei folgenden natürlichen Entwicklungszügen hat Weiß das Fundament für ein gutes eigenes Spiel geschaffen. 8...♗d6 9.♘d4 ♗g4 10.♕b5+ ♕d7 11.♗d3 (11.♕g5 ♗xe2 12.♘cxe2±) 11...♕xb5 12.♘dxb5 und Weiß hat erkennbar mehr Einfluss, vor allem auch die Initiative. In der Partie Borsos – Tran Le Dan Thuy, Ho Chi Minh City 2014, ging es wie folgt weiter: 12...♘bd7 13.♘xd6+ cxd6 14.b3 0-0 15.♗a3 ♘c5 16.♗c2 ♖fd8 17.d4 ♘b7 18.♖ac1 ♖d7 19.♗d3 ♗h5 20.♘e4 und der weiße Vorteil hatte sich manifestiert. Besonders ins Auge sticht auch die starke Stellung des Anziehenden im Zentrum.

C) 4...♘f6 Auch zu dieser Fortsetzung greift Schwarz recht oft. Erneut antwortet Weiß am besten mit einer zielstrebigen Entwicklung, ohne nach einer frühen Feindberührung zu trachten. Der weiße Aufbau in unserer nachfolgend genutzten Referenzpartie ist ein gutes Beispiel für das prinzipielle Vorgehen des Anziehenden. 5.♘c3 g6 Ab hier ist auf mögliche Zugumstellungen zu achten, die in die oben nach 4...g6 betrachtete Variante führen können. 6.d4 ♗g7 7.♗d3 (Ohne Weiteres möglich ist auch 7.♗e2 0-0 8.0-0 usw.) 7...0-0 8.0-0 c5 9.d5 ♗g4 10.h3 (10.e4!?) 10...♗xf3 11.gxf3 e6 12.e4 exd5 13.cxd5 ♘h5 14.f4 ♗d4+

15.♔g2 Weiß hat mehr Raum und er steht aktiver. Seine luftige Königsstellung ist zurzeit ohne Bedeutung, da Schwarz keinen Nutzen daraus schlagen kann. So verfügt der Anziehende über die deutlich besseren Aussichten, Ljubicic - Fercec, Sibenik 2007. In der Partie ging es wie folgt weiter: 15...♘d7 16.♗d2 ♖e8 17.♕f3 a6 18.♘e2 ♗xb2 19.♖ab1 ♗g7 20.♖xb7. Das Duell endete mit einem weißen Erfolg im 52. Zug.

4.exd4 ♘xd4 5.♘xd4 ♕xd4 6.♘c3

Auf 6.d3 kann Schwarz einfach 6...e5 spielen. Er lenkt das Spiel dann unter Zugumstellung in Stellungen, die wir gleich im Anschluss weiter analysieren.

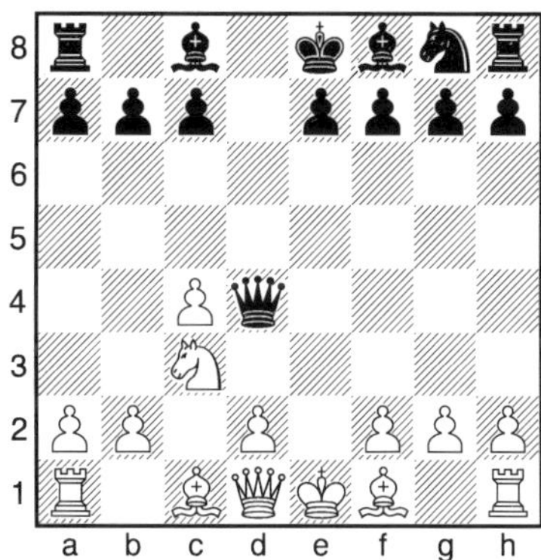

6...c6

Die mit diesem Zug verbundene Absicht ist die Verhinderung von Sc3-b5. Er ist allerdings nicht die einzige Option für Schwarz. Auf der Turnierbühne ist auch recht häufig 6...e5 anzutreffen, woraufhin 7.d3 die natürliche Antwort ist. Wir müssen nun in ein kleines Variantengeflecht eintauchen, das aus den schwarzen Riposten 7...♘e7, 7...♘h6 und 7...c6 resultiert.

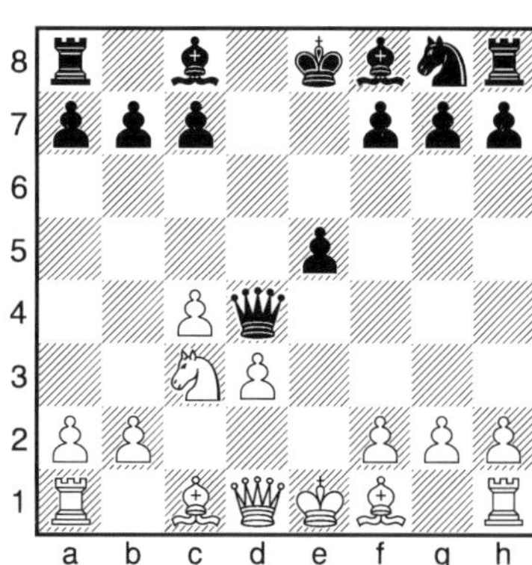

A) 7...♘e7 8.♗e3 Eine gute Gelegenheit, den Läufer zu entwickeln und dabei dem Nachziehenden ein Tempo abzuluchsen. 8...♕d8 (8...Dd7 9.d4 betrachten wir anhand der **Partie Nr. 7**, Ftacnik - Ehlvest, Istanbul 2000.) 9.d4 exd4 10.♕xd4 ♕xd4 11.♗xd4 ♘c6 (Spielbar ist auch 11...♘f5 mit der plausiblen, teilweise forcierten Folge 12.♗e5 c6 13.0-0-0 f6 14.♗f4 h5 15.♗d3 ♔f7 16.♖he1 ♗b4 und Schwarz verfügt über Ausgleichschancen, Ftacnik - Karner, Tallinn 1981.) 12.♗e3 ♗b4 13.♖c1 ♗f5 14.c5 (Nach 14.a3 ♗xc3+ 15.♖xc3 0-0-0 besitzt Schwarz eine solide Stellung.) 14...0-0-0 15.a3 ♗xc3+ 16.♖xc3 ♘e5 17.♗e2 ♖he8 18.0-0 ♗d3 19.♗xd3 ♘xd3 20.b4= mit Ausgleich, Langeweg - Hort, Amsterdam 1978.

B) 7...♘h6 war bisher nur ein schwarzer Testballon. Es lohnt sich aber, einen zweiten Blick auf diesen bei der ersten Begegnung vielleicht etwas eigentümlich wirkenden Zug zu werfen. 8.♗e3 Wie oben: Die Dame wird a tempo verscheucht. 8...♕d8 Wie soll Weiß nun fortsetzen? Es bieten sich vor allem zwei Vorgehensweisen an:

B1) 9.d4 Allzu viel sollte sich der Anziehende nicht von dieser Wahl versprechen. Schwarz verschafft sich ohne große Probleme ebenbürtige Aussichten. 9...exd4 10.♕xd4 (10.♗xd4 ♗e6=) 10...♕xd4 11.♗xd4 ♗d7 12.0-0-0 ♘f5 13.♗e5 0-0-0 mit Ausgleich.

B2) 9.♗xh6 Weiß gibt die „kleine Qualität", bringt seinem Gegner aber eine schwere Wunde in dessen Bauernstellung bei. 9...gxh6 10.♗e2 ♗g7 Im Duell Moradiabadi - Ulibin, Dubai 2004, ging das Ringen nun wie folgt weiter: 11.♗g4 0-0 12.♗xc8 ♖xc8 13.0-0 c6 14.♕d2 ♖c7 15.♕e3 a6 16.♖ad1 f5 17.♖fe1 ♖d7. Die aktuelle Stellung ist ausgeglichen. Wenn es dem Anziehenden aber gelingt, in ein Endspiel abzuwickeln, liegen die besseren Chancen aufgrund der Schwächen in der gegnerischen Bauernstellung auf seiner Seite. Der Sieger unserer Referenzpartie war Weiß; er sicherte sich den Erfolg im 36. Zug.

C) 7...c6 8.♗e3

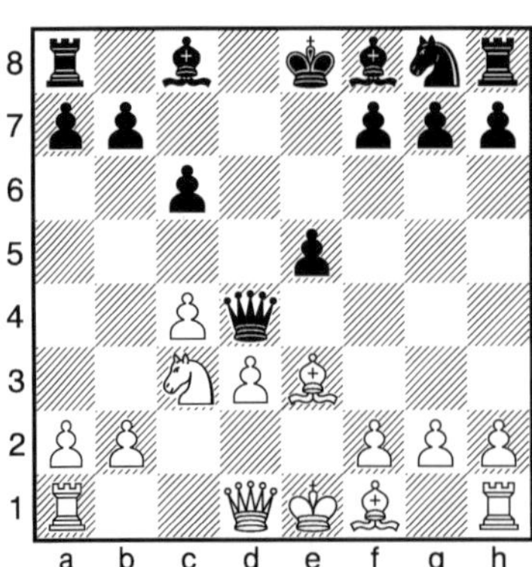

Wie gehabt - Läufer raus, Dame weg.

C1) 8...♕d6 9.d4 exd4 10.♕xd4 (10.♗xd4 hielt in Lasic - Deris, Velika Gorica 2013, zwar die Damen auf dem Brett, führte aber zu nicht mehr als Ausgleich. 10...♗e6 11.♗e2 ♘e7=) 10...♕xd4 11.♗xd4 ♗f5 (11...♘e7 erwies sich in Rieke - Kulik, Deutschland 2004, gemessen am Ergebnis als keine gute Idee. Allerdings lag dies eher an einer nicht optimalen Eröffnungsbehandlung bzw. Spielführung auf der Seite des Nachziehenden als an den objektiven Gegebenheiten. Die Partie nahm den folgenden Verlauf: 12.♘e4 ♘f5 13.♗c3 f6 14.0-0-0 ♗e6 15.♗e2 ♗e7 16.g4 ♘h4 17.f4 ♖d8 18.f5 ♗c8 19.♖xd8+ ♔xd8 20.♖d1+ ♔c7? 21.♗e1+-. In der Zugfolge lassen sich mehrere Kandidaten für eine Optimierung des schwarzen Spiels ausmachen. Früh sind dies schon 13...f6 und 14...♗e6. Im gegebenen Verlauf ist aber 15... ♗e7 als Versäumnis zu werten. Hier hätte 15...h5!? auf das Brett kommen sollen. Ein stabiler Aufbau ohne viel Zeitaufwand wäre dann ggf., also in Abhängigkeit von den Entscheidungen des Anziehenden, über ... ♔f7 und ... ♗e7 zu erreichen gewesen. Für beide Seiten dürfte sich hier noch einiges an Forschungsaufwand lohnen.) 12.0-0-0 ♘e7 13.♗e2 f6 14.g4 ♗g6?! 15.f4 mit einem klaren weißen Übergewicht, Schnitzspan - Alber, Deutschland 2012.

C2) 8...♕d8 Mit dem Rückzug auf ihr Ausgangsfeld sind die von der Dame geschluckten Tempi vollends verschwunden. Dort aber steht sie bei keiner Entwicklungsidee im Wege und kann auch nicht weiter angerempelt werden. Wie es weitergehen kann, schauen wir uns anhand einer „Perle der Vergangenheit" an. 9.♗e2 (9.♕e2!? ist eine starke Alternative, z.B. 9...♘e7 10.0-0-0 ♘f5 11.d4 und Weiß steht stark.) 9...♘f6 10.0-0 ♗e7 11.♔h1 0-0 12.f4 exf4 13.♖xf4 ♗e6 14.d4 ♕d7 15.♗d3 ♗g4 16.♕d2 ♗h5 17.♗f5 ♕c7 18.♖af1 ♗g6 mit zweischneidigem Spiel, Botwinnik - Flohr, Moskau 1944.

7.d3 ♘h6

Der Springer strebt nach f5.

8.♗e3

Auch hier wieder ist der Läuferangriff auf die schwarze Dame die beste Möglichkeit für den Anziehenden. Im Abspiel mit dem alternativen Läuferzug 8.♗e2 und dann 8...♘f5 ist dem schwarzfeldrigen Läufer des Anziehenden nun zumindest zunächst das Feld e3 verwehrt. Es kann folgen: 9.0-0 e5 10.g4 ♘h4 11.♗e3 ♕d6 12.♘e4 ♕c7 13.f4 f5!. Schwarz verfügt über gute Gegenchancen.

8...♕d8

Auch hier ist das Ausweichen der Dame auf das Feld d6 möglich, wie wir es oben in Nebenvarianten schon gesehen haben. Schauen wir uns einmal an, welche Möglichkeiten sich dann für beide Seiten ergeben: 8...♕d6!? 9.d4 ♘f5. Das spärliche Material aus dem Spitzenschach zeigt hier zwei Wege der Wahl für Weiß auf.

A) 10.c5 ♘xe3 11.fxe3 ♕h6 12.♕f3 ♕h4+ 13.g3 ♕g4 14.♕f4 (14.♗e2 ♕xf3 15.♗xf3 ♗f5=) 14...g5 15.♕f2 ♗g7 16.h4 ♕h5 17.♗e2 g4 18.♗c4 0-0 19.0-0 ♗e6 20.♗b3 ♖ad8 mit Ausgleich, Hamdouchi - Narciso Dublan, Frankreich 2001. In der vorstehenden Variante fällt uns kein Zug auf, der sich für eine klare Verbesserung aufdrängt.

B) 10.♕d2 ♘xe3 11.fxe3 e5 12.0-0-0 ♗e7 und Schwarz hat auch in dieser Variante keine Probleme.

9.d4

Für die Schwächung des Königsflügels mit 9.♗xh6 gilt das Gleiche wie oben in der Stellung nach 6...e5 7.d3 Sh6 usw. Da Schwarz ein ausreichendes Gegenspiel erhält, kann der Anziehende objektiv auf keinen Vorteil im Mittelspiel hoffen. Wenn ihm aber die Abwicklung ins Endspiel gelingt, hat er die besseren Karten. Schauen wir uns dies an einem Beispiel an: 9...gxh6 10.d4 ♗g7 11.d5 0-0 12.♗d3 cxd5 13.cxd5 e6 14.dxe6 ♗xe6 15.0-0 ♕b6 16.♕c2 ♔h8 17.♖fe1 (17.♗xh7 f5 18.♗g6 ♗c4 19.♗xf5 ♗xf1 20.♖xf1 ♖ad8∞) 17...♖ad8 18.♗xh7 ♖d4 19.♗d3 ♖fd8 20.♖ad1 ♕a5 21.g3 b5 Krasenkow - Fressinet, Haguenau 2013. Es ist weder ersichtlich, womit Weiß aktuell einen Vorteil begründen könnte, noch wie er sein Spiel bis in diese Stellung hinein nachhaltig hätte verbessern können. Unsere Referenzpartie endete mit einem baldigen Remis. Hier sollte man aber bedenken, dass diese Begegnung im Elo-Bereich oberhalb 2600 ausgetragen wurde. Auf Klubniveau darf Weiß mehr als hier darauf hoffen, dass sein Gegner die Schwächen seiner Bauernformation nicht so gut meistern wird und für ihn ein Vorteil im Endspiel zum Tragen kommt.

9...♘f5 10.♕d2 g6 11.d5

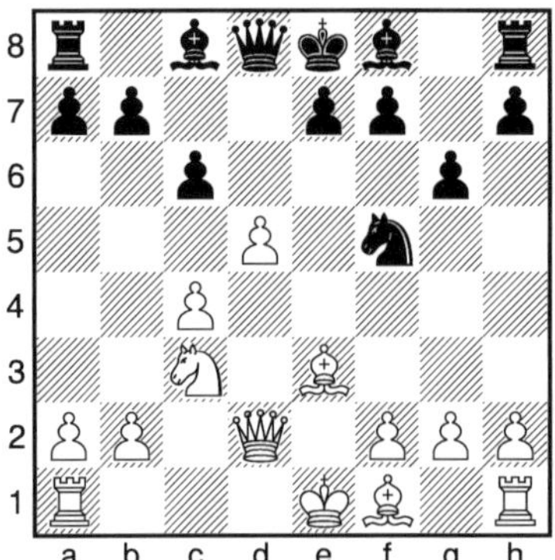

11...cxd5

An dieser Stelle kann der Nachziehende mit 11...♗g7!? einen Bauern opfern, was ihm als Kompensation ein aktives Spiel verspricht. Nach 12.dxc6 ♘xe3 13.♕xd8+ ♔xd8 14.cxb7 ♗xb7 15.fxe3 ♗xc3+ 16.bxc3 hat Weiß einen Mehrbauern auf dem Brett, wenn auch einen Doppelbauern. Die Partie Pakleza – Wojtaszek, Warschau 2014, zeigt, dass dies nicht zu einem Vorteil reicht. Hier ging es wie folgt weiter: 16...♔c7 17.h4 ♗e4 18.h5 g5 19.♗e2 ♖hd8 20.0-0 f6 21.♖fd1 ♖xd1+ 22.♖xd1 ♖b8 23.♖d2 ♖b1+ 24.♔h2 ♖c1=.

12.♕xd5 ♘xe3 13.fxe3 ♕xd5 14.♘xd5 ♖b8 15.♖d1 e6 16.♘c7+ ♔e7 17.♘b5 ♗g7 18.b3 ♗d7 19.a4 a6 20.♘d4 f5

Schwarz hat keine Probleme, mit seinem Läuferpaar verfügt er über ein wichtiges Faustpfand. Die Stellung ist in etwa ausgeglichen, Michalik – Najer, Lissa an der Elbe (Tschechische Republik) 2014.

Zusammenfassung: Der energische Zug 3.e3 ist logisch und kompromisslos, bei genauem Spiel von Schwarz aber ist es für Weiß alles andere als sicher, mit einem Vorteil aus der Eröffnung zu kommen.

Abspiel 3

Fortsetzung 3.b4

1.♘f3 d5 2.c4 d4 3.b4

Dieser forsche Bauernzug verrät den Plan des Anziehenden – er will seine Aktivität zunächst auf den Damenflügel konzentrieren. Die Statistik ist durchwachsen, auch in den häufig auf das Brett kommenden Varianten. Wir haben in unseren Betrachtungen ein besonderes Augenmerk darauf gelegt, wie der Spieler möglichst selbstbestimmt gute Wege einschlagen und weniger ratsame vermeiden kann. Dies gilt natürlich für beide Seiten.

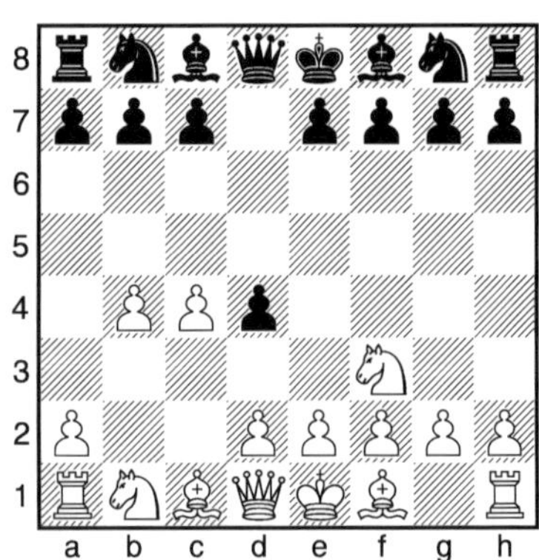

3...f6

Damit deckt Schwarz sein Vorhaben nicht minder deutlich auf; er will e7-e5 folgen lassen, um so den bis e4 vorangeschrittenen Bauern zu decken. Was kann sich der Nachziehende sonst noch einfallen lassen, um auf die weißen Pläne zu reagieren? Hier müssen wir uns gleich mehrere im Schaufenster liegende Angebote genauer anschauen. Also:

I. 3...g6. Das Fianchetto des Königsläufers mit dem Ziel, den d4-Bauern auf diese Weise zu decken, sieht logisch aus. 4.♗b2 Auch logisch, aber natürlich kein Muss. (Ohne den Läuferzug nach b2 kann der Anziehende beispielsweise sofort mit 4.g3 vorgehen, z.B. 4...♗g7 5.d3 e5 6.♗g2 ♘e7 7.0-0 0-0 8.a4. Am Königsflügel ist alles gesichert, also kann das Spiel am anderen Flügel fortgesetzt werden. 8...a5 9.b5 c5 10.♖a2 Der Turm wird in Position gebracht, um im passenden Moment nach innen oder auf den anderen Flügel gespielt zu werden. 10...♖a7 Dies gilt auch für den schwarzen Kollegen. 11.e3 dxe3 12.fxe3 b6 13.♘c3 ♖d7 Weiß steht aktiver, seine Figuren sind wirkungsvoller aufgestellt als jene des Nachziehenden. Er muss nun einen Weg finden, aus dieser zugestellten Position heraus neue Dynamik zu entwickeln. In Markus – Brkic, Banja Vrucica 2009, versuchte er dies über die folgende Methode: 14.♘e1 f5 15.e4 f4 16.♖af2 ♖d6 17.♘d5 g5. Am Brett ist es nicht leicht zu sehen, aber hier hätte der Anziehende 18.d4! spielen und sich so einen gewissen Vorteil sichern sollen. Auch wenn er diese Gelegenheit ausließ, konnte er das Duell letztendlich im 41. Zug für sich entscheiden.)

Zurück in die Linie nach 4.Lb2: 4...♗g7 5.d3 e5:

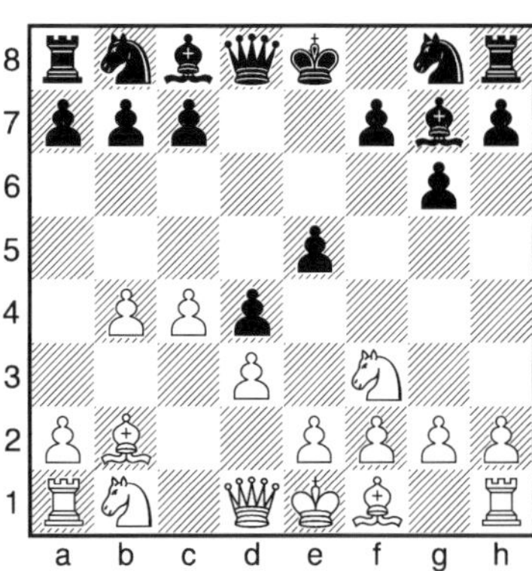

Der weiße Aufbau führt über ein Fianchetto des Königsläufers. Dieses kann sofort oder auch später erfolgen. Zwei Beispiele dazu:

A) 6.♘bd2 ♘e7 (6...a5 ist eine forsche Waffe im Arsenal des Nachziehenden, die wir schon verschiedentlich im Einsatz beobachtet haben. Sehen wir uns mal exemplarisch an, welche Richtung die Partie dann nehmen kann: 7.a3 (7.b5!?) 7...♘e7 8.g3. Die typische Aktivierung der Kräfte am Königsflügel. 8...b6 9.♗g2 ♗b7 10.0-0 0-0 11.♖e1 c5 12.♕b3 ♕c7 13.e3 axb4 14.axb4 ♖xa1 15.♗xa1 dxe3 16.♖xe3= Beiden Seiten sind in etwa gleiche Aussichten zu bescheinigen. Natürlich sind fast alle Züge dieser Variante nicht zwingend, dennoch veranschaulicht sie sehr gut den prinzipiellen Rahmen für beide Spieler.) 7.g3 0-0 8.♗g2 In einer Partie J. Adamski – Zivkovic, Valjevo 1984, setzte Schwarz nun mit 8...♘d7 fort. Nach 9.0-0 c5 10.♗a3 ♖e8 11.bxc5 ♕a5 12.♕b3 ♘xc5 13.♕b4 ♕xb4 14.♗xb4 hielten sich die beiderseitigen Aussichten die Waage. Dies änderte sich aber schnell nach 14...♘a6 (14...♘a4!?) 15.♗a3 f5 16.♖ab1 und Weiß entwickelte plötzlich Druck auf dem Damenflügel.

B) 6.g3 a5 Dem sofortigen weißen Fianchetto begegnet Schwarz wieder mit seinem aggressivsten Bauernzug. Von den gebräuchlichen Alternativen verspricht dieser Zug Schwarz am meisten. [6...♘e7 bedeutet in der Regel nur eine Zugumstellung, a7-a5 entspricht der Natur der Stellung und wird folgen. In Partiesammlungen findet man auch den Ablauf 7.♗g2 0-0 8.0-0 a5 und der a-Bauer hat das Parkett betreten. Die Zugfolge 9.b5 c5 10.bxc6 ♘exc6 11.♘a3 ♘a6 12.♘b5 führt dann in die Variante zurück (nach 12.0-0).] 7.b5 ♘e7 8.♗g2 c5 (Die Praxis hat mehrfach 8...0-0 9.0-0 c5 gesehen, was aber keinen fundamentalen Unterschied provoziert.) 9.bxc6 ♘exc6 10.♘a3 ♘a6 11.♘b5 0-0 12.0-0 ♗f5 13.♗a3 ♘ab4 14.♘d2 ♕e7 15.♖b1 ♖fd8 16.♖b2 ♗f8 17.♕b1 ♗e6 18.♖c1 f5 Auf dem Weg bis in diese Stellung fällt uns kein Kandidat für eine bedeutende Verstärkung für eine der beiden Seiten auf. Die aktuelle Lage zeigt einen zweischneidigen Charakter. Schwarz hat zwar Spiel am Königsflügel, das er mit g6-g5 und f5-f4 vorantreiben kann, doch hat Weiß alles unter Kontrolle, Iturrizaga – M. Iwanow, Cappelle la Grande 2014.

II. 3...c5 Dieser aggressive Vorstoß wird oft von Schwarz ausgeführt. 4.e3 Wir legen uns auf den weißen Schritt mit dem e-Bauern als Riposte fest. Keine der weiteren Möglichkeiten versprechen dem Anziehenden gleiche Aussichten auf Erfolg, soweit sie denn überhaupt eine eigenständige Bedeutung haben. Das Spiel ist nun unter Zugumstellung in das Abspiel 2 nach I. 3...c5 4.b4 übergegangen. Wir behandeln die Folgen dort.

III. 3...♗g4 4.♕b3

Die Fortsetzung 4.g3 behandeln wir in der **Partie Nr. 8**, Rapport Caruana, Berlin 2017.

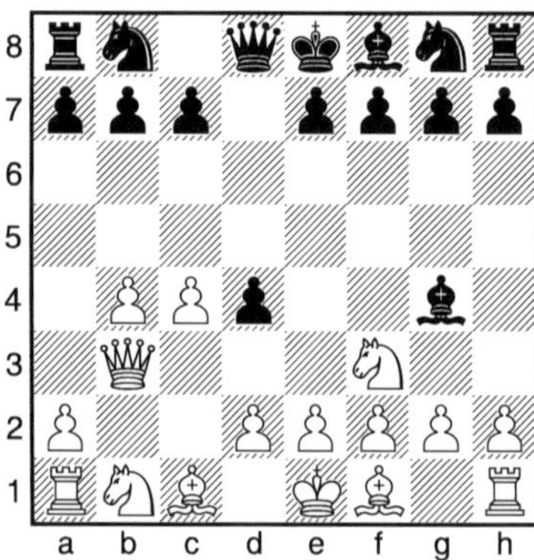

Diese Wahl trifft Weiß am häufigsten. Wir denken, dass sie auch tatsächlich die beste Möglichkeit für den Anziehenden ist, und legen uns darauf fest. Von den Pfeilen im Köcher von Schwarz sind zwei besonders unter die Lupe zu nehmen – 4...♘c6 und 4...♗xf3. Also ...

A) 4...♘c6 Es gibt kaum Material hierzu, dementsprechend noch ganz viel Raum für die eigene Forschung. 5.b5 ♘a5 6.♕a4 ♗xf3 (Wenn Schwarz seinen Springer mit 6...b6 stützt, kommt Weiß über das „standardmäßige" Vorgehen 7.d3 f6 8.g3 e5 9.♗g2 zu einem kleinen Vorteil. Die lange Diagonale a8/h1 ist fest in seiner Hand.) 7.exf3 Hier gibt Weiß Einblick in seinen Plan: Er will fianchettieren, Spiel in der e-Linie suchen und seinen f-Bauern in den Kampf um das Feld e5 einbeziehen.

7...b6 (7...c6!? ist einen Versuch wert.) 8.d3 e5 9.g3 f5 10.Lg2 Sf6 11.0-0 Die besseren Aussichten liegen auf der Seite des Anziehenden. Er wird seine Entwicklung in Kürze abschließen und über mehr aktives Potenzial als sein Gegner verfügen. Dessen weißer Felderkomplex auf dem Damenflügel neigt längerfristig zur Schwäche. In der Partie Burmakin – Del Rey, Balaguer 2012, folgte 11...Ld6 12.Te1 0-0 13.c5 Lxc5 14.Txe5 Dd6 15.f4 Tae8 16.Txe8 Txe8 17.Ld2 h5 18.Lxa5 bxa5 19.Sd2 Lb4 20.Sc4 und der weiße Vorteil ist inzwischen klar erkennbar.

B) 4...Lxf3 5.Dxf3 Dies ist der weiße Standardzug. Die Bauernstellung bleibt intakt und die Dame steigert ihren Einfluss. 5...c6 6.Lb2 e5 7.a3 Sf6 Wir folgen der Partie Iturrizaga – Salem, Dubai 2014. Forscher in Sachen Schach finden hier ein Eldorado für sich vor. Unsere Erörterungen an dieser Stelle können nur als Beispiele fungieren. 8.e3 a5 9.exd4 exd4 10.c5 Le7 11.Lc4 Entwickelt den Läufer und nimmt zugleich die schwarze Schwachstelle f7 ins Visier. 11...0-0 12.0-0 b6 13.cxb6 Dxb6 14.Te1 Ta7 15.Dd3 Td8 16.Db3 Lf8 (Weiß ist dabei, ein Druckspiel gegen das Feld f7 aufzubauen. Um dem entgegenzuwirken, kommt ernsthaft 16...Sd5!? in Betracht.) 17.d3 Befreit den Sb1, der unmittelbar darauf über d2 und f3 nach e5 wanderte und sich von dort aus am Druck auf f7 beteiligte. Weiß konnte die Partie mit seinem 36. Zug für sich entscheiden.

IV. 3...a5

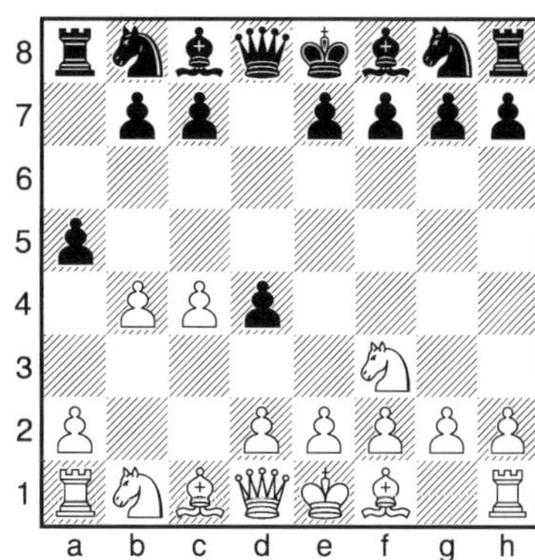

Diese Fortsetzung kann man durchaus als recht beliebt bezeichnen, wenn man sich bewusst bleibt, dass wir uns insgesamt gesehen in einer Nische im Bereich der Eröffnungen befinden. Nicht zuletzt ist sie gerade auch in den jüngst vergangenen Turnierjahren zunehmend auf das Brett gekommen. Auf den Vorstoß des schwarzen a-Bauern kommen vor allem 4.b5 und 4.Da4+ als weiße Entgegnungen in Betracht.

A) 4.b5

A1) 4...f6 Eine Möglichkeit des Nachziehenden zum Spielaufbau liegt darin, früh seinen e-Bauern ins Zentrum zu bringen und dies mit dem Textzug vorzubereiten. 5.e3 e5 6.exd4 exd4 7.Ld3 Der Läufer macht den Weg für die Rochade frei und nutzt das Feld d3 für ein Zwischenparken. Nach Situation und Bedarf kann er von hier aus sehr flexibel eingesetzt werden. Allerdings liegt auch der Nachteil auf der Hand, solange er hier steht. Er beschränkt eine Entwicklung der weißen Leichtfiguren des Damenflügels auf Wege ohne das Feld d2. (Natürlich geht alternativ auch 7.g3 mit der typischen und von uns schon erörterten Entwicklung.) 7...♗c5 (Auf 7...♕e7+ folgt 8.♕e2! ♕xe2+ 9.♔xe2 nebst Th1-e1 und gutem Spiel für Weiß.) 8.0-0 (Zu beachten ist 8.♕e2+!? ♘e7 9.♗a3 usw.) 8...♘e7 9.♘a3 ♗g4 10.h3 ♗h5 11.♗b2 ♘d7 12.g4 ♗f7 13.♘c2 ♘e5 Inzwischen ist das schwarze Spiel schon vorzuziehen, zumal der Anziehende sein Problem mit dem Läufer, der nun sogar angegriffen ist, weiterhin nicht gelöst hat. Weitergehen kann es beispielsweise wie folgt: 14.♘xe5 fxe5 15.♕e2 ♕d6 16.♗e4 ♗g6 17.d3 0-0-0 mit ausgezeichnetem Spiel für Schwarz, Galliamowa – Zaiatz, Adelaide 1988.

A2) 4...c5 5.e3 Der Zug ist viel zu selten auf das Brett gekommen, als dass man schon von Erfahrungen im engeren Sinne sprechen könnte, die man mit ihm gemacht hat. In diesen wenigen Fällen aber hat Weiß gute Resultate erzielt. (5.bxc6 hat bisher zu durchwachsenen Ergebnissen in der Turnierpraxis geführt. Jüngst kam die Fortsetzung in einer Partie Mareco – Veltkamp, Caleta 2014, zur Geltung. Hier ging es wie folgt weiter: 5...♘xc6 6.d3 ♘f6 (6...e5!?) 7.g3 g6 8.♗g2 ♗g7 9.0-0 0-0 10.♘a3 ♘e8 11.♖b1 ♘c7 12.♘d2 e5 13.♘b5 ♘b4 14.♘xc7 ♕xc7 15.♕b3± Weiß ist etwas wirkungsvoller aufgestellt, besonders am Damenflügel eröffnen sich ihm Chancen für ein aktives Spiel. Auch in dieser Variante gibt es noch einige Ansätze für eine Verstärkung des Vorgehens beider Seiten. Einfach mal ausprobieren!) 5...g6 (Auf 5...f6 bekommt Weiß über 6.exd4 cxd4 7.♗d3!? und einer weiteren Aufstellung mit Dd1-c2, 0-0, ♗c1-a3 gute Perspektiven. Wie schnell ein argloser Spieler mit Schwarz eine Niederlage erleiden kann, zeigt eine Partie Pradeep – Sucipto, Jakarta 2013. Hier folgte 7...♘d7 8.♕c2 e5? 9.♗g6++- hxg6 10.♕xg6+ ♔e7 11.♗a3+ ♘c5 12.♗xc5+ usw. mit einem weißen Sieg im 28. Zug.) 6.exd4 Die Rahmendaten für die Fortsetzung der weißen Entwicklung sind erkennbar: Fianchetto des Königsläufers mit anschließender kurzer Rochade, Spiel in der e-Linie und Unterstützung der Ambitionen auf dem Damenflügel. 6...♗g7 7.d3 cxd4 8.g3 ♘d7 9.♗g2 (Die gerade beschriebenen Rahmendaten sind nicht auf diese Zugfolge fixiert, auch andere Wege sind möglich. Ein weiterer konkreter Entwicklungsplan kann beispielsweise wie folgt aussehen: 9.♘bd2 ♘gf6 10.♗a3 0-0 11.♗g2 ♖e8 12.0-0 e5 13.♖e1 ♗f8 14.♕c1 ♕c7 15.♗xf8 ♘xf8 16.c5. Bitte vergleichen Sie die nun erreichte Brettsituation mit unserem Planungsausblick! Weiß hat jetzt – besonders auch mit der Bauernmehrheit am Damenflügel im Rücken – die besseren Perspektiven, Vedmediuc – Bonte, Satu Mare 2011.) 9...♘c5 10.♗a3 ♕b6 11.0-0 ♗f5 12.♘h4 ♗c8 13.♕e2 Erneut die passende Stelle für einen Zwischenruf von uns! Das strategische Etappenziel ist weitgehend erreicht. Nun gilt es, natürlich für beide Seiten, die Entwicklung abzuschließen und das aktive Spiel zu forcieren. Ein rund 90 Jahre altes Meisterduell veranschaulicht, wie es, zur Zufriedenheit allerdings eher des Anziehenden, weitergehen kann. 13...♗f6 14.♘d2 ♗xh4 15.gxh4 ♘e6 16.♕e5 f6 17.♕g3 ♘h6 18.♗e4 ♘f5 19.♗xf5 gxf5 20.♕f3 mit einem klaren Vorteil für Weiß, Tartakower - Janowski, New York 1924.

B) 4.♕a4+ Für Spieler mit einem ausgeprägten Forschergeist ist genau diese Fortsetzung ein Tipp. Es gibt fast kein Material dazu, dafür aber eine gute Portion an Möglichkeiten für eine aktive Spielführung. 4...♗d7 (4...c6 kann der Anziehende nutzen, um sich über recht natürliche Züge einen Vorteil zu verschaffen. Ein Abspiel aus der Praxis vermittelt einen guten Eindruck dieser Möglichkeit: 5.♗b2 e5 6.♘xe5 ♗xb4 7.♘f3 ♘f6 8.♗xd4 0-0 9.a3 ♗e7 10.e3 ♗f5 11.♗e2 c5 12.♗b2 ♕b6 13.♕b5±. Weiß hat die Lage voll im Griff und sich einen Mehrbauern gesichert, Tkachiew-Girya, Warschau 2012. In dieser Partie errang der Anziehende in der Folge den Sieg, den es Schwarz über das gesamte Duell hinweg nicht wirklich auf des Messers Schneide zu stellen gelang.) 5.b5 c5 6.♗a3 b6 7.♕c2 ♘f6 8.e3 dxe3 9.dxe3 g6 10.♘c3 ♗g7 11.♗d3 ♕c7 12.♗b2 und nach der Rochade verdoppelt Weiß seine Türme auf der d-Linie mit guten Perspektiven, Parreira - Cordovil, Vila Nova de Gaia 2010.

Nun aber zurück in unsere Hauptvariante nach 3...f6:

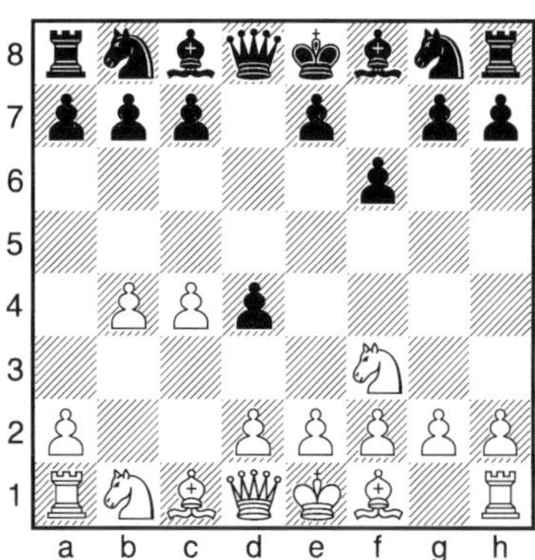

4.e3

Der Biss des weißen e-Bauern gegen den zentralen gegnerischen Kollegen ist häufig in der Praxis zu sehen und gilt wohl zu Recht als das Stärkste. Wie sieht es aber nach 4.d3 aus, also nach dem Bauernzug, den wir uns in anderen Situationen auch schon mehrfach angeschaut haben? Ein paar Überlegungen zu diesem Entwicklungsplan: 4.d3 e5

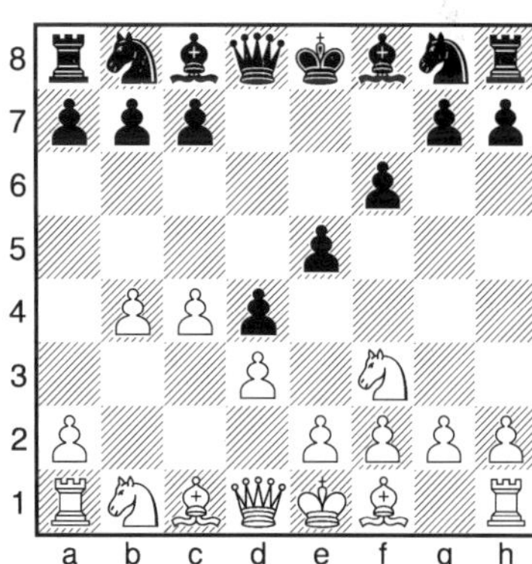

Folgerichtig, denn genau der Vorbereitung dieses Vorstoßes diente der vorherige Bauernzug ...f7-f6. Wir richten unser Augenmerk nun auf drei Fortsetzungen der Wahl für Weiß: 5.♗a3, 5.b5 und 5.a3.

A) 5.♗a3 Eine Hand voll Partien mit diesem Deckungszug hat die Praxis bisher hervorgebracht. Die dabei gewonnenen geringen Erkenntnisse werden dadurch weiter geschmälert, dass die eine oder andere Partei nicht nahe genug am Optimum spielte. GM W. Ivantschuk, ukrainischer Weltklassespieler, zeigt, wie Weiß seine Entwicklung orientieren kann: 5...♗e6 6.g3 c6 7.♗g2 a5 8.b5 c5? (Besser sieht 8...♗xa3 9.♘xa3 ♘e7 nebst 0-0 usw. aus.) 9.0-0 ♗d6 10.e3 dxe3 11.fxe3 ♘e7 12.♘c3 ♘d7 13.♘d2. Schleichend hat der Anziehende die Initiative an sich gerissen. Die lange Diagonale a8/h1 ist ein zentrales Element seines Angriffsspiels. 13...♕c8 14.♘de4 ♗b8 15.♘a4 b6 16.♘exc5 bxc5 17.♗xa8 und Weiß gewann schnell, Iwantschuk - Wang Hao, Peking 2012.

B) 5.b5 Der weiße Bauer reagiert auf den Angriff durch den gegnerischen Läufer mit einem Schritt nach vorne, sodass er nicht gedeckt werden muss. 5...a6 (Zumindest auf Klubebene muss der Spieler mit Weiß damit rechnen, dass sich sein Gegner das verlockende Läuferschach von b4 aus nicht entgehen lässt. Fürchten aber muss er es nicht, wie sich in Anlehnung an ein Beispiel von der Turnierbühne erkennen lässt. Also ... 5...♗b4+ 6.♘bd2 ♘e7. Nun kann sich der Anziehende an die Elemente aus dem Standardaufbau erinnern und kommt so geschmeidig weiter in die Partie. 7.g3 c5 8.♗g2 0-0 9.0-0 ♕c7 10.a3 ♗c3 11.♖b1 Aus dieser soliden Aufstellung heraus lässt sich ein aktives Spiel entwickeln. Der weitere Verlauf ist nur ein Beispiel für die sich eröffnenden Möglichkeiten. 11...♗f5 12.♘e1 ♘d7 13.♘e4 ♗xe4 14.♗xe4 f5 15.♗g2 ♘f6 Hier sind die beiderseitigen Perspektiven als einander entsprechend einzuschätzen, Wenner - Pitl, Bad Wiessee 2006.) 6.e3 (6.bxa6 mit der Folge 6...♘xa6 7.g3 ♗b4+ 8.♗d2 ♘e7 9.♗g2 0-0 10.0-0 ♗d7 11.♗xb4 ♘xb4 12.♕b3 ♘ec6 13.♘bd2 ♕e7 14.♕b2 ♖a7 bewährte sich in der Partie Radjabow - Naiditsch, Porto Carras 2011, nicht. Schwarz stand aktiver und konnte die Partie letztendlich für sich entscheiden.) 6...axb5 7.cxb5 ♗b4+ 8.♗d2 ♗xd2+ 9.♘bxd2 dxe3 10.fxe3 Nach diesen frühen Scharmützeln stellt sich beiden Seiten die Aufgabe, die Entwicklung der Kräfte abzuschließen. Eine für Weiß und Schwarz plausible Variante hat das folgende Gesicht: 10...♘h6 11.♘c4 ♗e6 12.♘fd2 0-0 13.♗e2 ♕e7 14.0-0 ♘d7 15.a4 ♘f5 16.♕c2 g6. Die Stellung ist weitgehend ausgeglichen.

C) 5.a3

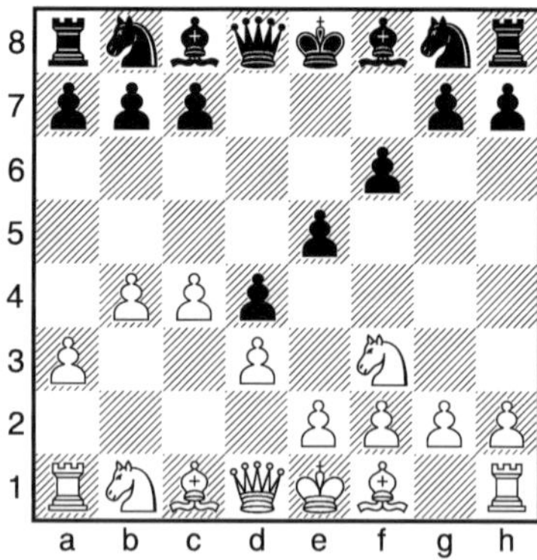

Dieser schlichte Deckungszug kommt - und dies auch aktuell - am häufigsten vor. Er ist auch der Favorit des jungen venezuelanischen

Großmeisters Eduardo Iturrizaga, der hier behandelte weiße Eröffnungsideen mit Erfolg in seinen Turnierpartien einsetzt und als Experte darin angesehen werden kann. 5...♘e7

Und was geht gegen 5...c5 und 5...a5? Schauen wir doch mal Iturrizaga über die Schulter!

5...c5 6.bxc5 ♘a6 7.g3 ♘xc5 8.♗g2 ♘e7 9.0-0 ♘c6 10.♘bd2. Der Königsflügel „steht". Das Fortkommen in der Partie bedingt die Aktivierung der Figuren auch des Damenflügels. Über das Feld d2 kann sich der Springer weiter nach b3 bewegen, wo er den gut postierten gegnerischen Springer auf c5 attackiert. 10...a5 11.♘b3 ♘a6 12.♖b1 ♗e7 Bis hier in die Phase des Übergangs von der Eröffnung ins Mittelspiel haben beide Kontrahenten ihre Aufgaben etwa gleich gut gelöst, sie verfügen deshalb über einander entsprechende Aussichten. Um einen Eindruck zu vermitteln, wie sich das positionelle Ringen in der Folge abspielen kann, wollen wir unserer Referenzpartie noch eine Weile folgen, wobei wir auf Anmerkungen verzichten. 13.♘e1 0-0 14.♘c2 ♗g4 15.h3 ♗h5 16.f4 ♕c7 17.g4 ♗g6 18.f5 ♗f7 19.♘d2 ♘c5 20.♘e4 a4 21.♘xc5 ♗xc5 22.♗d2 ♖a7 23.♘b4 ♘e7 24.♕e1 ♘c8 25.♘d5 ♗xd5 26.♗xd5+ ♔h8 27.♗b4± Iturrizaga - Vallejo Pons, Dubai 2014.

5...a5 6.b5 c6 7.a4 ♗b4+ 8.♘bd2 ♘d7 9.g3 Nun ist es Zeit, den Königsflügel nach Plan zu entwickeln, was dann auch zur Entfesselung des Springers führt. 9...♘c5 10.♗g2 ♘e7 11.0-0 0-0 12.♘b3 ♘xb3 13.♕xb3 ♗e6 14.♗a3 c5 15.♗xb4 cxb4 16.♘d2 Der Anziehende stellt nun seine Kräfte mit dem Ziel um, zum einen dem Motiv eines Durchbruches c4-c5 zu folgen und zum anderen den Hebel e2-e3 ansetzen zu können, verbunden mit Druck in der e-Linie und auf der Diagonale a1/h8. 16...♕c7 17.♕b2 ♖ac8 18.♘b3 b6 19.♖ac1±, Iturrizaga - Meier, Dubai 2014. Der Hebel e2-e3 folgte alsbald, im 24. Zug; nach der Turmverdoppelung im 30. Zug gewann Weiß zunehmend Oberwasser und gewann mit seinem 49. Zug.

Setzen wir nun unsere Betrachtung nach 5...Se7 fort: 6.g3 a5 7.♗b2 ♘g6 8.b5 ♘d7 9.♗g2 a4 10.0-0 ♘c5 11.♘bd2 ♗e7 12.♘e1 Der Springer macht sich zu einer interessanten Wanderung auf, die ihn bis nach d5 führen wird. 12...f5 13.♘c2 0-0 14.♘b4 ♗e6 15.♕c2 ♕d7 16.♖ad1 ♖ad8 17.♘d5 mit der Idee e2-e3 und besseren Aussichten für Weiß, Iturrizaga - Wang Hao, Dubai 2014.

4...e5

Nach der Theorie wäre es inkonsequent, wenn der Nachziehende nun mit 4...dxe3 schlagen würde. Es käme dann zu 5.fxe3 e5.

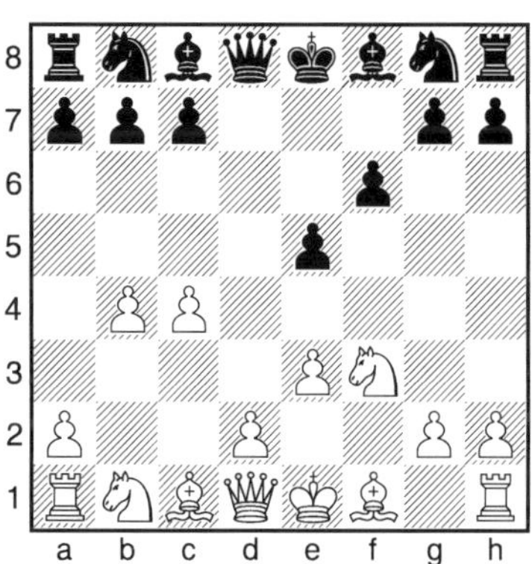

Die besseren Möglichkeiten lägen nun auf der Seite von Weiß, was von uns aber zu beweisen bleibt. Der Anziehende kann nun insbesondere mit 6.c5, 6.♕b3 und 6.a3 antworten, um seinen angegriffenen Bauern auf b4 davor zu schützen, sein Leben zu verlieren. Tauchen wir ein in unsere Beispielvarianten!

A) 6.c5 ♗e6 (Nach 6...a5 bringt Weiß seinen Gegner über eine Kette von natürlichen und gut nachvollziehbaren Zügen schwer in Bedrängnis. Also ... 7.♕a4+ ♘c6 8.a3 ♗e6 9.b5 ♘ce7 10.d4 e4 11.♘fd2 f5 12.♗c4 ♕d7 13.♘c3±, Skowronek – F. Meier, Freechess.de 2011.) 7.♗b5+ (7.d4! ist ein starker Versuch, das Heft in die Hand zu bekommen.) 7...c6 8.♗a4 ♘h6 9.0-0 Es beginnt eine Phase, in der beide Seiten die möglichst schnelle weitere Mobilisierung ihrer Kräfte verfolgen. 9...♗e7 10.♗b3 ♕d7 11.♘c3 ♘a6 12.a3 ♘c7 13.d4 0-0-0 14.dxe5 ♕xd1 15.♗xe6+ ♘xe6 16.♘xd1 fxe5 17.♘c3?! Die Kennzeichnung mit „?!" soll nicht heißen, dass der Zug schlecht ist, sondern „nur", dass es in unserer Referenzpartie an seiner Stelle eine bessere Möglichkeit gab. (Weiß hätte hier einfach mit 17.♘xe5!? den Bauern nehmen sollen, was dementsprechend hier auch unsere Empfehlung an den Weißspieler ist.) 17...♖d3 18.♘e4 ♘g4 19.♖e1 ♖hd8 20.h3 ♘f6 21.♘f2 ♖b3 22.♘xe5 und der weiße Mehrbauer lässt uns die Chancen des Anziehenden als leicht besser einschätzen, Korotylew – Kramnik, Moskau 2007.

B) 6.♕b3

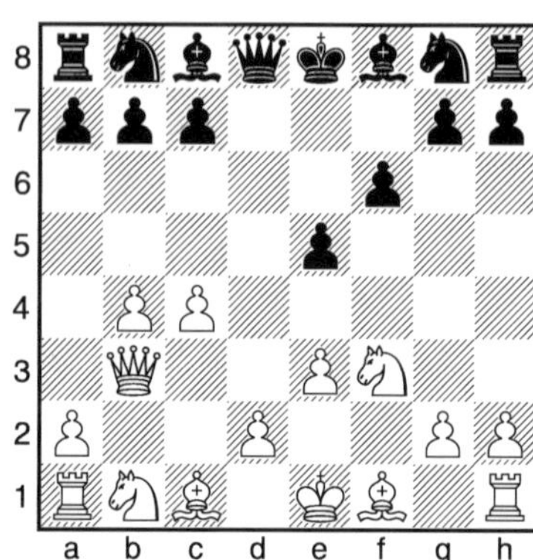

B1) 6...a5 7.b5 Im Spitzenschach ist diese Fortsetzung seit 1937 bekannt, aus einer Partie von Lisitsin. Da Schwarz diesen Bereich regelmäßig meidet, ist kaum noch etwas hinzugekommen. Der Spieler mit Weiß muss sich auf einem Mindestlevel gegen 4...dxe4 5.fxe3 e5 wappnen. Da sollte er 6. ♕b3 in sein Kalkül einbeziehen und muss sich dann eben auch zumindest kurz mit 6...a5 und allen relevanten Folgen befassen, um in seiner Partie nicht plötzlich vor einer Überraschung zu stehen. 7...e4 (Erlauben wir uns einen kurzen und schlicht auf Varianten beschränkten Blick auf die Alternativen: 7...♗c5 8.♗d3 g6 9.♗b2 a4 10.♕c2 ♘e7 11.♗e4 a3 12.♗c3 ♘f5 13.0-0 0-0 14.♕b3 ♔h8 15.♗xf5 ♗xf5 16.d4 exd4 17.exd4 ♗e7 18.c5±, Gajarsky – Feco, E-Mail 2001; 7...♗g4 8.♘c3 ♘d7 9.♕c2 ♘h6 10.d4 ♗b4 11.♗d3 0-0 12.0-0! ♔h8 13.♗b2 ♗xf3 14.♖xf3 f5 15.♖h3 e4 16.♗e2 ♘f6 17.a3 ♗e7 18.♖f1±, Köstner – Löffler, Fernpartie, BdF-Schachserver 2013.) 8.♘d4 ♗c5 9.♗e2 ♘e7 (Schlecht wäre 9...♗xd4? wegen 10.exd4 ♕xd4 und dann 11.♗b2 ♕d6 12.0-0 ♘e7 13.♕e3 mit vollem Ersatz für den geopferten Bauern.) 10.♗b2 a4 11.♕c2 Weiß hat die Initiative und auch das aktivere Spiel. Seine Aussichten sind damit schon besser einzuschätzen als jene des Nachziehenden. 11...f5 12.♕c3 ♕d6 13.♗h5+ ♔d8 14.♗e2 ♘d7 15.♘c2 Der Springer räumt das Feld d4 für seinen Bauern. 15...♘f6 16.0-0 ♗e6 17.d4 exd3 18.♕xd3 ♖f8 19.♗d4 ♔e8 20.♘c3 ♗b6 21.♖ad1 und Weiß hat sich eine sehr gute Angriffsposition erarbeitet und steht damit klar besser, Hall - Francisco, IECC E-Mail 2003.

B2) 6...c5 7.bxc5 ♗xc5 8.d4 exd4 9.♕b5+ ♘d7 10.exd4 ♕e7+ 11.♔f2 a6 und nun wäre in der Partie Lisitsin - Rawinski, Leningrad 1955, 12.♕a4! mit Vorteil am besten gewesen, z.B. 12...♗a7 13.♘c3 mit dem Plan ♘c1-a3 und ♖a1-e1.

C) 6.a3 Auch diese Deckung des b-Bauern reicht völlig aus. Der geringen praktischen Relevanz entsprechend genügt auch hier eine auf kurze Varianten reduzierte Betrachtung, zumal diese leicht nachvollziehbar sind und so für sich selbst sprechen.

C1) 6...c5 7.bxc5 ♗xc5 (7...e4 8.♘d4 f5 9.♗b2±) 8.d4 exd4 9.exd4 ♗b6 10.c5 ♗a5+ 11.♗d2 ♗e6 12.♕a4+ ♘c6 13.♗b5 ♗xd2+ 14.♘bxd2 und Weiß hat sich schon früh die Oberhand gesichert, Gufeld - Stupen, UdSSR 1972.

C2) 6...e4 7.♘d4 f5 8.c5 ♘f6 9.♗c4 ♘c6 10.♘xc6 bxc6 11.♗b2 ♕e7 12. 0-0 ♘g4 13.♗e2 ♘e5 14.d3 exd3 15.♗xd3 g6 16.e4 f4 17.♖xf4 ♗h6 18.♖f1 ♗e3+ 19.♔h1 ♗g4 20.♕b3 Der Anziehende steht klar besser. Er verfügt nicht nur über einen Mehrbauern, sondern über die insgesamt bessere Bauernstruktur. Der schwarze König steht unsicher, was sich auch nicht so leicht beheben lassen wird (Ghaem Maghami-Kogan, playchess.com INT 2006).

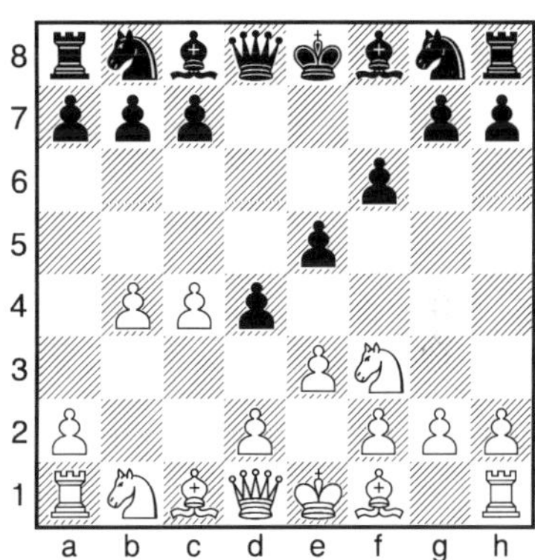

5.c5

Weiß öffnet die Diagonale a6/f1 für seinen Königsläufer und unterbindet eine einfache Sicherung des Feldes d4 durch den Nachziehenden. Ein zusätzliches Augenmerk müssen wir besonders auf drei Alternativen richten.

Ein bekannter Fehler ist 5.exd4?, der mit 5...e4! bestraft wird. Auf dem Brett weitergehen kann es dann wie folgt: 6.♕e2 (6.♘h4 ♕xd4∓) 6...♕e7 7.♘g1 ♘c6 8.♕e3 ♘xb4 mit schwarzem Vorteil, Granda Zuniga - Short, Lima 2012. Nicht ganz klar ist, ob Weiß mit 5.♗b2 auf Vorteil spielen kann. Hier eröffnet sich noch viel Raum für eigene Forschungen und Versuche, den Gegner mit einer Neuerung zu überraschen. Auf jeden Fall zu beachten ist aber 5.♕b3!?. Werfen wir einen kurzen Blick hinter die Kulissen der Erfahrung und der theoretischen Betrachtung: 5...a5 (Nach 5...c5 kommt Weiß recht ungefährdet und ohne dass es dazu sprühender Ideen bedürfte zu gutem Spiel. Also ... 6.bxc5 ♗xc5 7.♗a3 ♗xa3 8.♘xa3 dxe3 9.fxe3 ♘h6 10.c5 ♘c6 11.♘b5 ♘a5 12.♕c2 0-0 13.♗d3±) 6.b5 c5 (6...dxe3 ist auch hier wieder von zweifelhaftem Wert. 7.fxe3 e4 8.♘d4 f5 9.♘c3±) 7.d3 b6 8.g3 Der schwarze Damenläufer hat die Qual der Wahl – in welche Richtung soll er sich bewegen, welche Diagonale ist die beste für ihn?

A) 8...♗f5 9.♗g2 ♖a7 10.exd4 cxd4 11.♘h4 ♗b4+ 12.♗d2 ♗xd2+ 13.♘xd2 ♗c8 Richtig bewährt hat sich seine Wahl f5 also nicht. Folgen wir unserer Referenzpartie noch ein wenig, weil sie deutlich macht, wie wenig Chancen Schwarz für eine Wiedergutmachung hatte. 14.c5 bxc5 15.b6 ♖a6 16.♖b1 g5 17.♗f3 (Oder schlicht und einfach 17.♘hf3!?) 17...♔f8 18.♘e4 gxh4 19.♘xc5 ♕d6 20.b7 ♗d7 (20...♕xc5?? Zu verlockend, aber nun wird Schwarz ein kurzer Prozess gemacht. 21.♕a3! ♕xa3 22.bxc8♕+ ♔g7 23.♖b3 ♕f8 24.♕g4+ ♔h6 25.♕h5+ 1-0, Cadiou – Herold, Frankreich 1991.) 21.♕c4 und Weiß steht auf Gewinn.

B) 8...♗b7 Hier kommt der Läufer besser zum Einsatz. 9.♗g2 ♗d6 Uns liegt exakt eine Partie zu diesem Zweig vor, die wir denn auch für sich selbst und die sich hier beidseitig ergebenden Möglichkeiten sprechen lassen wollen. Natürlich kann es sich dabei um nicht mehr als eine beispielhafte Betrachtung handeln. 10.♘h4 ♗xg2 11.♘xg2 ♘e7 12.e4 ♘d7 13.♕d1 0-0 14.0-0 ♖f7 15.♘d2 ♘f8 16.f4 exf4 17.gxf4 ♕c7 18.♘f3 ♘eg6 19.♘fh4 ♘xh4 20.♘xh4 g6 21.a4 ♖e8 22.♖a2 ♖g7 23.♖g2 mit guten Aussichten für den Anziehenden am Königsflügel, Toscano – Vasile, Fernpartie 1995.

5...a5

Der uns schon gut bekannte Standardzug: Dem Nachziehenden geht es um die Schwächung der weißen Bauern am Damenflügel.

Aber was ist mit 5...d3? Man muss kein Prophet sein, um vorherzusagen, dass viele Spieler auf Klubschachebene genau so fortsetzen werden. Sie werden den Zug als sehr verlockend empfinden, denn nun steckt der Bauer wie ein Stachel im Fleisch der weißen Stellung. Es ist keine Möglichkeit offensichtlich, wie er schnell erobert werden könnte, und außerdem kann sehr gut weitere Deckung herbeigerufen werden. Weiß muss sich in seiner Vorbereitung also ernsthaft mit diesem Szenario befassen. Auf d3 kann der Bauer aber sehr wohl schwach sein und erobert werden. Es empfiehlt sich hier für Weiß, schnell die Figuren am Damenflügel zu entwickeln. Unsere folgenden Ausführungen machen deutlich, wie dies geschehen kann und woran er sein Vorgehen orientieren kann. 6.♘c3. Aus prinzipiellen Erwägungen heraus halten wir diese Springeraktivierung hier für unverzichtbar. Daran kann auch nichts ändern, dass aktuelle Engines hier auch andere Wege für möglich erachten. Der Springer betritt mit c3 sein natürliches Entwicklungsfeld und verwehrt Schwarz das Betreten des Feldes e4.Drei schwarze Entgegnungen wollen wir uns besonders anschauen.

A) Auch hier wieder ist der eben von uns als Standardzug bezeichnete Vormarsch des a-Bauern eine plausible Wahl. 6...a5 7.♕a4+ c6 (7...♘c6 8.♗a3±) 8.♗a3 ♗e6 9.b5 Weiß stellt im Anschluss seinen Turm auf b1 und bekommt so die besseren Aussichten. Den gegnerischen Bauern auf d3 kann er mit ♕a4-e4 angreifen.

B) 6...♗d7 ist die Einladung des Führers der schwarzen Steine an seinen Gegner, ihn so richtig mit 7.♘xe5! zu schocken. Er kommt nun komplett unter die Räder, wie die folgenden Ausführungen zeigen. 7...fxe5 8.♕h5+ ♔e7 (8...g6 9.♕xe5+ und 10.Dxh8 usw.) 9.♘d5+ ♔e6 10.♗xd3 ♔xd5 (10...g6 11.♘f4+! ♔f7 (11...exf4 führt nach 12.Lc4+ sofort ins Matt.) 12.♗xg6+ mit Mattangriff) 11.♕f7+ ♗e6 12.♕f3+ e4 13.♕xe4#.

C) 6...♗e6 kam unseres Wissens erst einmal dokumentiert auf das Brett. Der Versuch stammt aus einer Fernpartie. Wir beschränken uns auf die Abbildung einer aussagekräftigen Sequenz aus dieser Partie. Natürlich ergibt sich in deren Verlauf eine erhebliche Zahl von Möglichkeiten zu einem Abweichen, aber es ist nicht ersichtlich, wie Weiß dabei in die Bredouille gebracht werden sollte. 7.♕a4+ c6 8.♕a3 ♘a6 9.♘d1 ♗f5 10.♘b2 ♗g6 11.h4 e4 12.♘d4 ♕d5 13.h5 ♗f7 (13...♗xh5 14.f3 exf3 15.♔f2!±) 14.♘d1 f5 15.♘c3 ♕c4 16.♖b1 ♘h6 17.g4! ♘xg4 18.♘xf5 ♘f6 19.h6 mit besseren Aussichten für den Anziehenden, Mary - Vasile, ICCF Email 2008. Diese Partie endete letztendlich mit einem Remis, wobei aber verschiedene Stellungen diskussionswürdig passiert wurden.

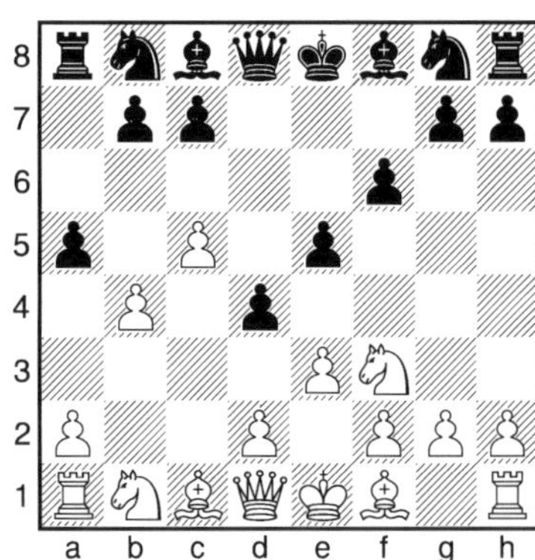

6.♘xe5!?

Das Motiv, mit dem Springer einfach den schwarzen e-Bauern zu schlagen, haben wir vorstehend bereits in einer Variante kennen gelernt. Zu seinen objektiven Möglichkeiten gesellt sich in der Turnierpartie am Brett sein hohes Überraschungspotenzial für den Gegner. Bei genauem Spiel von Schwarz führt der Zug nur zum Ausgleich, aber mit ihm kann der Anziehende die Lage aus dem Stand sehr komplizieren und seinen Gegner vor Probleme stellen, die diesen leicht Fehler machen lassen können. Andere Züge an dieser Stelle sind unklar. In Würdigung ihrer praktischen Relevanz nehmen wir aber zwei Alternativen in Augenschein:

I. 6.♗c4

A) 6...dxe3 Indem Schwarz die Spannung auflöst, erleichtert er dem Weißen die Aufgabe. Dieser kommt nun auf recht einfachem Weg zu einem guten Spiel. 7.fxe3 axb4 8.d4 ♘c6 9.0-0 ♘a5 10.♘xe5! Und schon wieder das Manöver mit dem Springer! 10...♘xc4 (10...fxe5?? verbietet sich wegen 11.♕h5+ g6 12.♕xe5+ mit weißem Gewinn.) 11.♘xc4 ♗e6 12.♘bd2 ♘e7 Die weiße Stellung ist bereits leicht vorzuziehen. Er steht etwas freier, hat mehr Einfluss auf das Zentrum und konkrete Motive für aktive Versuche (beispielsweise am Damenflügel gegen die schwarzen Bauern auf b4 und b7). Zu beachten ist demgegenüber das schwarze Läuferpaar, das aber noch nicht zum Tragen kommt. 13.♗b2 ♘d5 14.♕f3 b5 15.cxb6 ♘xb6 16.♘xb6 cxb6 17.♕c6+ In unserer Referenzpartie machte Schwarz mit 17...♗d7? nun einen Fehler. (Besser war 17...♔f7!) 18.♕d5 ♗e7? (Nach der richtigen Entscheidung zu 18...♖a5! und dann 19.♕b3 ♗e7 hätte Schwarz noch einige Rettungschancen. Nun kommt Kramnik, der die weißen Steine führt, zum entscheidenden Angriff.) 19.♘c4 b5 20.♘e5! ♖f8 (20...fxe5 21.♕f7#) 21.♘xd7 ♖a7 22.♕h5+ g6 (22...♔xd7 23.♖ac1+-) 23.♕xh7 ♕xd7 24.♕xg6+ ♔d8 25.d5, Weiß steht auf Gewinn, Kramnik – Aronian, Moskau 2009.

B) 6...♘h6 7.exd4 (7.0-0 d3 führte in Kveinys–Krasenkow, Ustron 2007, über 8.♘xe5 fxe5 9.♕h5+ ♔d7 10.♕h3+ ♔e8 11.♕h5+ ♔d7 12.♕h3+ ♔e8 ½-½ in ein „seichtes" Remis, wobei die uns bekannten Schlüsselzüge mit ♘f3xe5 und Seitenschachs mit der Dame auch wieder zur Ausführung gelangten.) 7...e4 (Nicht ratsam für den Nachziehenden ist 7...exd4, denn Weiß gewinnt auf recht natürliche Weise die Oberhand, z.B. 8.0-0 axb4 9.d3 ♗xc5 10.♖e1+ ♗e7 11.♗xh6 gxh6 12.♕d2±). Nun kommt eine Idee für den mutigen und angriffsorientierten Spieler: 8.0-0!? Das Springeropfer führt zu einer fulminanten Steigerung der weißen dynamischen Chancen. 8...exf3 9.♖e1+ ♗e7 10.♘c3 Die Variante ist bereit für eine intensive Überprüfung in der Praxis. Die mit ihr verbundenen dynamischen Chancen bestätigen auch die aktuellen Spitzenengines.

C) 6...axb4! Dies ist die beste Wahl für den Nachziehenden. Mit ihr zieht er die Option, „das längere Ende der Wurst" zu ergattern. 7.exd4 e4 8.♕e2 ♕e7 9.♘h4 g6 (9...g5!∓) 10.d3 Die weißen Aufbauprobleme werden mehr und mehr erkennbar. 10...f5 11.g3 ♗g7 12.♗b2 ♘c6 13.0-0 ♘xd4 mit schwarzem Vorteil, Lahno – Ponomarjow, Chanty-Mansijsk 2013.

II. 6.♗b5+

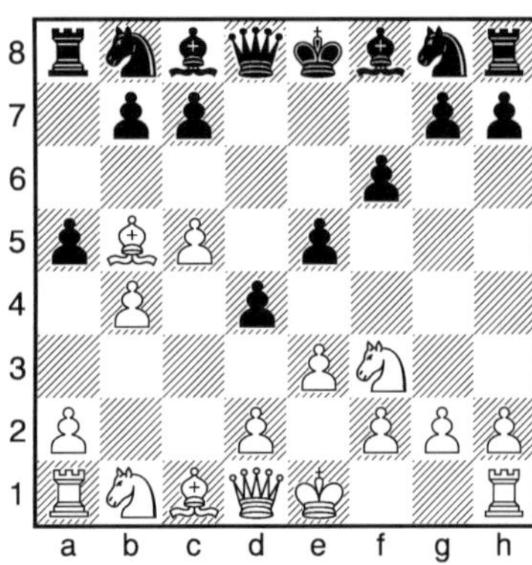

Auf diesen Versuch kann Schwarz auf dreifache Weise plausibel antworten, wobei für uns 6...c6 zu favorisieren ist. Aber der Reihe nach:

A) 6...♘c6 7.0-0 ♘ge7 (Nach 7...axb4 8.exd4 exd4 9.♖e1+ ♗e7 und nun 10.♗b2 ♔f8 11.a3 bxa3 12.♘xa3 ♗xc5 13.♕c1 hat Weiß ausreichenden dynamischen Ersatz für das hingegebene Material.) 8.d3 ♗g4 (Nach 8...dxe3 9.fxe3 axb4 10.♘bd2 ♗e6 11.♘b3 g6 12.e4 ♗g7 13.♕c2 0-0 14.♗c4 muss Weiß erst noch beweisen, dass seine dynamischen Chancen ausreichend Ersatz für den Minusbauern bieten.) 9.bxa5 ♖xa5 10.a4 Weiß hat die Initiative und das deutlich aktivere Spiel. So kann er mit dem bisherigen Verlauf sehr zufrieden sein. In unserer Referenzpartie Rodriguez – Barsov, Barcelona 2012, ging es wie folgt weiter: 10...dxe3 11.fxe3 e4 12.♕e1 ♖xb5 13.axb5 exf3 14.bxc6 ♘xc6 15.d4 fxg2 16.♖f4 h5 17.♘c3 ♖h6 18.♕d2 ♖g6 19.♕c2 f5 20.♕b3 Der schwarze König hängt in der Brettmitte fest und sieht sich erheblichen Gefahren gegenüber, der Nachziehende verwaltet eine Verluststellung.

B) 6...♗d7 ist ohne eine praktische Relevanz, und dies zu Recht. Weiß antwortet mit 7.♗c4 und hat in der Folge keine großen Probleme.

C) 6...c6 Wie oben schon kurz erwähnt, ist dies unser Favorit für den Nachziehenden. 7.♗c4 Von den schwarzen Versuchen, das Beste aus dieser Stellung herauszuholen, verdienen drei eine tiefere Untersuchung.

C1) 7...axb4 8.♗b2 (In der Partie Panjwani – So, Edmonton 2014, erinnerte sich Weiß an das Motiv, mit seinem Springer den gegnerischen Bauern auf e5 zu schlagen, hatte aber keinen Erfolg damit. Das Duell nahm den folgenden weiteren Verlauf: 8.♘xe5 fxe5 9.♕h5+ g6 10.♕xe5+ ♕e7 11.♕xh8 ♘f6 Nun ist die weiße Dame zunächst mal aus dem Spiel. 12.d3 ♗e6 13.♘d2 ♘bd7 14.a3 dxe3 15.fxe3 b3 16.♘e4 Dies ist der Auftakt zu rasanten taktischen Geschehnissen. 16...♘xe4 17.♗xe6 ♕h4+ 18.g3 ♘xg3 19.♖g1 ♘e4+ 20.♔d1 ♘dxc5 21.♕e5 Madame meldet sich zurück, aber die Entscheidungen sind schon ohne sie gefallen. 21...♘f2+ 22.♔e2 ♘fxd3 Schwarz gewinnt.) 8...dxe3 9.fxe3 ♗xc5 10.d4 exd4 11.exd4 ♗e7

12.0-0. Weil der schwarze König noch unrochiert in der Mitte steht, hat Weiß in dieser recht komplizierten Stellung etwas Ersatz für den materiellen Nachteil. Es ist aber in Zweifel zu ziehen, ob dies ausreicht. Wir sehen Schwarz im Vorteil.

C2) 7...♘e7 8.0-0 (Zu unklaren Verhältnissen führt die Variante 8.b5 ♘f5 9.♕c2 dxe3 10.fxe3 ♗xc5 11.♗d3 ♘e7∞) 8...axb4 9.♗b2 dxe3 Prinzipiell haben wir alles schon einmal gesehen, wenn auch in leicht abgewandelten Stellungen. (9...♘a6 zeigt an, dass es den Nachziehenden gelüstet, sich den weißen c-Bauern mit dem Springer einzuverleiben. 10.exd4 exd4 11.♖e1 ♘xc5 12.♘xd4 ♕d6 13.a3 ♘a4 14.♕b3 Der Anziehende steht stark in der Diagonale a2/g8, auf der sich eben auch die schwarze Achillesferse f7 befindet. Schwarz hat mit dem Problem zu kämpfen, Königssicherheit herzustellen. 14...♘xb2 15.♕xb2 ♔d8 16.axb4 ♖xa1 17.♕xa1 ♕xb4 Jetzt, wo sich der Pulverdampf langsam verzieht, wird unser Blick frei auf ein starkes weißes Figurenspiel, einen gefährdeten schwarzen Monarchen und einen leichten Materialvorteil für den Nachziehenden. 18.♗e6 ♔c7 Wir sind bis hier der Begegnung Berczes – Prusikin, 1. Bundesliga 2012, gefolgt. In dieser hätte Weiß nun 19.♘a3! spielen sollen, womit er seine besseren Chancen unterstrichen hätte, z.B. 19...♔b8 20.♗xc8 ♘xc8

21.♘xc6+! bxc6 22.♖b1. Die Partie ist für den Nachziehenden nicht mehr zu halten. Unter dem tatsächlichen Partieverlauf aber musste sich Weiß nach dem 54. gegnerischen Zug geschlagen geben.) 10.fxe3 ♘f5 (10...♘d5 11.♘xe5!) 11.♕e2 ♗xc5 12.d4 ♗a7 13.dxe5 ♘d7 14.♘bd2 fxe5 Um in dieser komplizierten Brettstellung die Sache auf den Punkt zu bringen: Weiß hat in der Situation, dass der schwarze König noch unsicher steht, das Spiel, Schwarz hat das Material. Wie die Sache ausgehen dürfte, ist unklar, beide Seiten haben ihre Chancen. Mit diesen interessanten Positionen hat sich auch Delchev beschäftigt. Beim Blick auf den möglichen Fortgang wollen wir die Bewertungen in seinen Analysen einbeziehen. 15.♘e4 ♘xe3 16.♘d6+ ♔e7 17.♘xe5 (Nach Delchev ist auch 17.♘f7 möglich.) 17...♘xe5 18.♗xe5 ♘xc4+ 19.♔h1 ♘xd6 20.♖ae1 ♗e6 21.♗xg7 ♕g8 22.♖f6 ♔d8 23.♗xh8 ♔c7 24.♖xe6 ♕xh8 25.♖xd6 ♔xd6 26.♕e7+ ♔d5 und Weiß muss sich ins Dauerschach retten, Delchev.

C3) 7...♘h6 8.0-0 (Eine starke Alternative ist 8.♗b2!?, die wir uns in der **Partie Nr. 8**, Schreiner - Frank, Oberwart 2012, genauer ansehen.) 8...d3 Auch hier wieder sollte Weiß einfach seine Figuren auf dem Königsflügel entwickeln. Der Nachziehende wird die bekannten Schwierigkeiten haben, seinen König zu sichern. Also ... 9.♗b2 ♗g4 10.♕b3 axb4 11.a3 ♗xc5 12.axb4 ♖xa1 13.♗xa1 ♗d6 14.b5 ♕e7 15.♘c3 Weiß ist im Besitz der Initiative und hat im Vergleich das aktivere Spiel. 15...e4 16.♘d4 c5 17.♘e6 ♗xe6 18.♗xe6 Damit steht Schwarz inzwischen schon kritisch, Arnaudov - Chatalbashev, Golden Sands 2012.

6...fxe5

Der Zwischenzug 6...dxe3 kann wie folgt zum Remis führen: 7.fxe3 fxe5 8.♕h5+ ♔d7 9.♕f5+ ♔e8 usw.

7.♕h5+

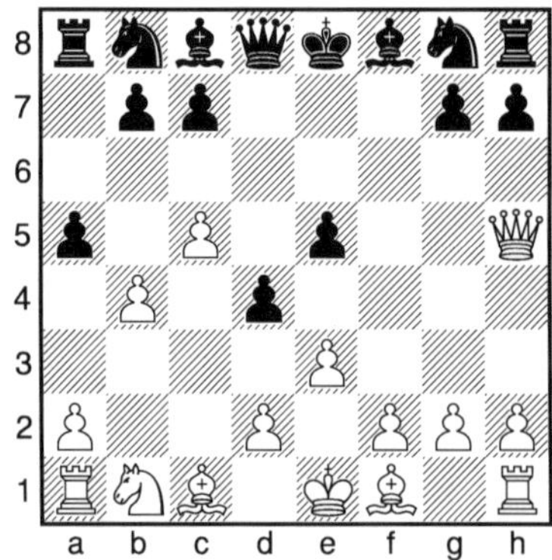

7...♔d7

Diese Fortsetzung ist zwar sicher nichts für das ästhetische Auge, sichert dem Nachziehenden aber den Ausgleich in der Partie.

Eine sehr riskante Entscheidung wäre 7...g6?. Die folgenden Analysen sind so eindeutig, dass sie für sich sprechen und nicht weiter erläutert werden müssen. Sehen Sie selbst! 8.♕xe5+ ♕e7 9.♕xh8 ♘f6 10.♗b2 ♗f5 11.♗xd4 ♘bd7 12.bxa5 0-0-0 13.a6 ♔b8 (13...♗g7 14.♕xd8+ ♕xd8 15.a7 ♘b6 16.cxb6 ♔d7 17.bxc7 ♔xc7 18.♘c3+-; 13...bxa6 14.♗xa6+ ♔b8 15.♘c3 ♗g7 16.♘d5+-) 14.♘c3 c6 (14...♗g7 15.♘d5+-) 15.h3 ♗g7 (Oder 15...♗h6 16.♕xd8+ ♕xd8 17.g4 ♗e4 18.♖g1 mit der Drohung g4-g5 +-.) 16.♕xd8+ ♕xd8 17.g4 ♗c2 (17...♗e6 18.♖b1+-) 18.♖c1 ♗e4 19.♘xe4 ♘xe4 20.♗xg7

♘dxc5 21.♗d4 und Weiß steht auf Gewinn. Für eher vorsichtig ausgerichtete Gemüter dürften diese taktischen Gewitter unabhängig davon, welche Seite sie zu spielen haben, ein Graus sein.

8.♕f5+ ♔e8 9.♕h5+ ♔d7 10.♕f5+

Wir haben bewusst den Ablauf unserer Referenzpartie erhalten, obwohl wir nun eine identische Stellung zu jener nach dem 8. Zug von Weiß haben. Damit möchten wir dem lernenden Spieler die in der Stellung liegende Remismöglichkeit zeigen.

10...♔e7

Ein Versuch, mit Mehrfigur auf Gewinn zu spielen. Mit 10...♔e8 11.♕h5+ bleibt die Partie direkt in der Remisspur.

11.♕xe5+ ♗e6 12.♗c4 ♕d7 13.b5

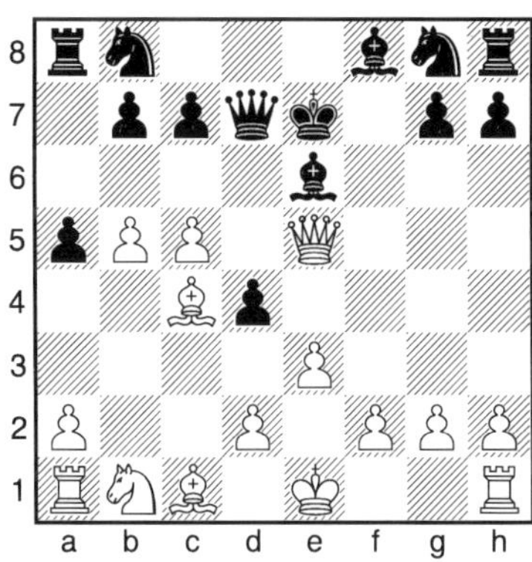

13...c6

In der Fernpartie Stephan – Roubaud, ICCF 2012, griff der Nachziehende zu 13...♘f6 mit folgendem weiteren Kampfgeschehen: 14.exd4 ♔f7 In einer Präsenzpartie sind alle hier verborgenen Möglichkeiten schwerlich durchzurechnen. Im Fernschach ist dies aber anders. Dabei ist es hier sicher, dass beide Kontrahenten in dieser Partie, die übrigens im Spitzenfernschach ausgetragen wurde, intensiv hochklassige aktuelle Engines eingesetzt haben werden. Der dargestellte Verlauf wird damit auf Herz und Nieren durchgerechnet worden sein. 15. ♗xe6+ ♕xe6 16.0-0 ♕xe5 17.dxe5 ♘d5 18.d4 c6 19.b6 ♗e7 20.♘d2 ♘c3 21.♗b2 ♘e2+ 22.♔h1 ♖d8 23.♘f3 ♘f4 Die Partie befindet sich in einem dynamischen Gleichgewicht. Schwarz hat eine Figur mehr, Weiß dafür aber drei Bauern, also eine ausreichende Kompensation. Letztendlich endete alles Ringen in einem Remis.

Zu riskant ist aber 13...dxe3?. Nach 14.fxe3 c6 15.♘a3 (15.♘c3! sieht noch stärker aus.) 15...♘f6 16.d4 sind die dynamischen weißen Möglichkeiten mehr als nur ein Ausgleich des kleinen materiellen Nachteils. Werfen wir noch einen kurzen Blick auf die weiteren Geschehnisse: 16...g6? (16...♔f7 war geboten.) 17.e4 ♔f7? (Nun war 17...♗g7 besser.) 18.0-0 ♗g7 19.♗g5 ♕e7 20.d5 ♗xd5 21.♕xe7+ ♔xe7 22.exd5+-, Raphael – Wähner, Freechess.de 2013.

14.♘a3

Weiß muss genau spielen. Schlecht wäre 14.♗a3? wegen 14...♔f7 15.♗xe6+ ♕xe6 16.♕xe6+ ♔xe6 17.exd4 und nun 17...cxb5 18.♘c3 b4 19.♘b5 ♔d7 20.♗b2 ♘f6 21.a3 ♔c6 und Schwarz steht auf Gewinn, Davis – Wallis, Ballarat 2013.

14...♘f6 15.♗b2 ♔f7 16.♗xd4 cxb5 17.♗xe6+ ♕xe6 18.♕xe6+ ♔xe6 19.♘xb5 ♘a6 20.♗xf6 gxf6 21.d4 b6 22.cxb6 ♖b8 23.♖c1 ♖xb6 24.a4 ♔d7 25.♔e2 ♗d6

Die nunmehr entstandene Stellung ist etwa ausgeglichen. Unsere Referenzpartie endete später (nach 60 Zügen) mit einem Remis, Van Wely - Kramnik, Nizza 2008.

Zusammenfassung: Mit 6.♘xe5!? kann Weiß versuchen, seinen Gegner zu überlisten. Bei genauer Verteidigung erreicht Schwarz aber ausgeglichene Chancen.

Abspiel 4

Fortsetzung 3.c5

1.♘f3 d5 2.c4 d4 3.c5

Diese Idee ist bisher kaum untersucht worden. Sie eröffnet ein weites Feld für alle Analytiker, Forscher und diejenigen Praktiker unter den Spielern, die gerne mal einen Versuchsballon starten. Mit seiner Wahl verfolgt der Anziehende das Ziel, das Feld c5 zu blockieren, um so den schwarzen c-Bauern an dessen Betreten zu hindern. Der Zug hat aber noch eine zweite bemerkenswerte Folge: Das Feld c4 wird frei und kann so für die Leichtfiguren genutzt werden.

3...♘c6

Die Aktivierung des Springers hat sich zur Hauptvariante entwickelt. Natürlich kann sich Schwarz aber auch in vielfacher Weise anders entscheiden. Wir werden nun Blümchen für Blümchen unserem Variantenstrauß hinzufügen. 3...f6 4.♕a4+ ♘c6 behandeln wir weiter unten in der Hauptvariante, nach 4.♕a4 g6.

I. 3...e5 macht den Weg für den schwarzen Königsläufer zum weißen c-Bauern frei. Weiß kann gut mit 4.♘xe5 antworten. (Erwähnen wollen wir aber auch eine Empfehlung von Stefan Bücker, die auf 4.♕c2!? lautet, beispielsweise dann gefolgt von 4...♘c6 5.e3 usw.) 4...♗xc5 Der Nachziehende holt sich den weißen Bauern ab, sein Läufer aber kann nun vom gegnerischen b-Bauern angegriffen werden, was zur weißen Entwicklung des Damenflügels a tempo beiträgt. 5.b4 ♗d6 (Natürlich geht 5...♗xb4?? nicht wegen 6.♕a4+ mit Materialgewinn. Spielbar ist aber 5...♗e7, worauf die natürliche Variante 6.♗b2 ♘f6 7.e3 dxe3 8.fxe3 0-0 9.♗c4 ♘bd7 zu einer ausgeglichenen Stellung führen kann.) 6.♕a4+

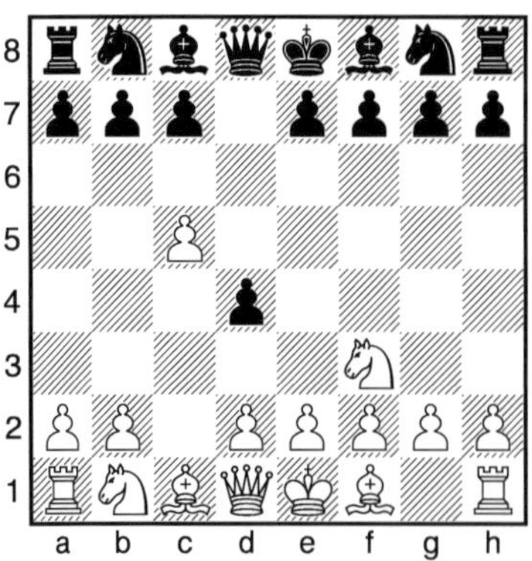

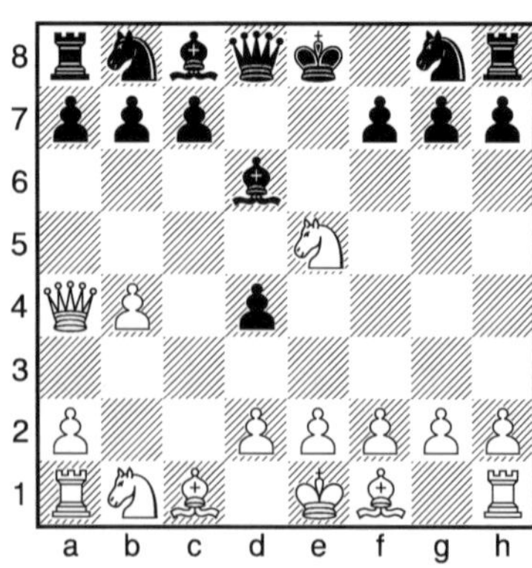

Schwarz muss sich entscheiden, wie er auf das Schachgebot reagiert. Zwei Möglichkeiten dazu:

A) 6...♗d7 Schwarz gibt die „kleine Qualität". Die folgenden Stellungsstrukturen zeigen einen offenen Charakter, sodass der Läufer späterhin ggf. noch gute Dienste leisten könnte. Wir können uns deshalb mit dieser Wahl nicht vollends anfreunden. 7.♘xd7 ♕xd7 (7...♘xd7!? 8.♗b2 a5∞ ist ein Nebenweg, der eine tiefere Überprüfung verdient.) 8.♕xd7+ ♘xd7 9.♗b2 ♗xb4 10.♗xd4±, Analyse von Stefan Bücker.

B) 6...c6 Mit dieser Unterbrechung des Schachgebotes verschafft sich der Nachziehende zugleich die Möglichkeit, den Weg der Partie in den nächsten Zügen maßgeblich bestimmen zu können. Zunächst muss Weiß darauf reagieren, dass sein Springer angegriffen ist. 7.♘f3 b5 8.♕c2 ♘e7 Dies ist eine ruhigere Variante im Repertoire von Schwarz. (Mehr taktisch und auch mit Feuer im Spiel kann es nach 8...♗xb4!? zugehen, z.B. 9.♗b2 d3 10.♕b3 ♗f8. Nur ein kleiner Hinweis für den lernenden Spieler: Das Feld g7 wird vom Läufer auf b2 angegriffen, sodass sich der schwarze Läufer zur Deckung auf sein Ausgangsfeld zurückbegibt. 11.♘e5 ♗e6 12.♕xd3 ♕xd3 13.♘xd3 Die unmittelbaren Kampfgeräusche sind verklungen, beide Seiten müssen nun schnell ihre Entwicklung beenden. Dies kann wie folgt vonstattengehen: 13...♘d7 14.g3 ♘gf6 15.♗g2 ♖c8. Das Spiel ist ausgeglichen.) 9.♗b2 a5 10.♗xd4 0-0 11.bxa5 c5 12.♗b2 ♘bc6 13.e3 ♖xa5 14.♕c3 ♘f5 15.♗d3 ♘ce7 16.♕c2 c4 17.♗e4 b4 18.g4 ♘h6 19.♕xc4 ♘xg4 mit zweischneidigem Spiel und späterem Sieg von Weiß, Hausrath – I. Schneider, Deutschland 2005.

II. 3...♕d5

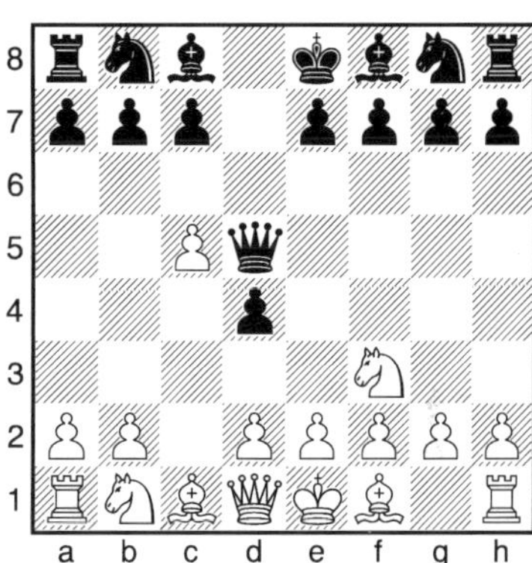

Wir betreten die Variantenschmiede der Analytiker. Die Praktiker haben bisher noch keinen Schritt durch diese Tür der Theorie gemacht.

A) 4.e3!? Diese Fortsetzung hat Mihai Grünberg in „Schach ohne Scheuklappen" Band 2, New In Chess 2005, vorgeschlagen. Weiß zwingt seinen Gegner sogleich in eine neue Entscheidung. Vier mögliche Antworten der ersten Reihe nehmen wir etwas genauer ins Visier.

A1) 4...♘c6 wird recht einfach in Zweifel gezogen mit 5.exd4 ♘xd4 6.♕a4+ ♘c6 7.d4 und der Vorteil liegt gut erkennbar bei Weiß.

A2) 4...e5 5.b3 Der Zug folgt der Idee, den Königsläufer nach c4 zu bringen, von wo er ein weißes Druckspiel gegen den schwarzen Königsflügel unterstützt. 5...♗xc5 (5...♕xc5 6.♗a3 gefolgt von 7.♗xf8 vermittelt Weiß sehr gute Chancen.)

6.♗c4 ♕d6 7.♘g5 ♘h6 8.♘e4 ♕e7 9.♘xc5 ♕xc5 10.♗a3 und der Anziehende steht stark.

A3) Weiter im Niemandsland der Theorie befinden wir uns auch nach 4...♕xc5 und dann 5.♘xd4. Natürlich kann man sich hier und in dieser unentwickelten Lage nicht auf eine gebotene Varianten für beide Seiten festlegen. Wir geben nachfolgend zwei plausible Linien an, die so oder auch unter Umstellungen für beide Seiten ein Fortkommen erreichen. 5...e5 (5...a6 6.♘c3 e5 7.♘b3 ♕d6 8.d4 c6 9.♕d3 exd4 10.exd4 und Weiß hat sich ein leichtes Plus in der Aktivierung seiner Kräfte gesichert.) 6.♘b3 ♕d6 7.♘c3 ♘f6 8.♗e2 ♗e7 9.0-0 0-0 10.d4 Die beiderseitigen Möglichkeiten halten sich in etwa die Waage.

A4) 4...dxe3 5.fxe3 ♕xc5 6.d4 ♕h5 7.♘c3 ♘f6 8.e4 c6 9.♗e2 und über eine Kette natürlicher Züge hat sich Weiß eine starke Initiative als Gegenwert für den investierten Bauern erarbeitet.

B) 4.♕a4+ lässt Komplikationen wie nach 4.e3 aus, verzichtet damit aber auch auf die dortige Fantasie. 4...♗d7 (4...♘c6 führt zu Positionen, die wir in unserer Hauptvariante nach 4.Da4 untersuchen.) 5.♕xd4 ♕xd4 6.♘xd4 e5 7.♘f3 ♘c6 Die weitere Entwicklung über 8.♘c3 ♗xc5 9.d3 ♘ge7 10.♗d2 f6 11.♖c1 ♗b6 führt zum Ausgleich.

III. 3...♘a6 Auch für diesen Zug und die sich anschließenden Pfade hält die Praxis keinen Fingerzeig für uns bereit. Eine Möglichkeit für einen Fortgang in der Partie zeigt die Tendenz eines schnellen Übergangs ins Endspiel. Eine natürliche Variante dazu: 4.♕a4+ c6 5.♕xd4 ♕xd4 6.♘xd4 ♘xc5. Die Damen sind vom Brett, das materielle Gleichgewicht ist wiederhergestellt. Nun gilt es die Entwicklung abzuschließen. 7.♘f3 Gegen ein gegnerisches e7-e5 gerichtet. 7...g6 8.d4 ♘e4 9.♘c3 ♘gf6 10.♗f4 ♗g7 11.♗e5 0-0 12.e3 ♘xc3 13.bxc3 ♗f5 14.♘d2 ♖ac8 Die Partie steht bereits vor dem Tor zum Endspiel, in dem die beiderseitigen Chancen als in etwa gleich einzuschätzen sind.

IV. Als weiße Antwort auf 3...c6 gefällt uns die sofortige Aktivierung der Dame gut. Weiß lässt noch offen, wie er im Anschluss vorzugehen gedenkt, sichert sich aber einen erkennbaren Einfluss auf die nächste Zukunft in der Partie. 4.♕c2 (Recht ungewiss sind die Folgen von 4.♕a4 e5! 5.♘xe5 ♗xc5∞.) 4...e5! (Auf 4...♕d5 folgt stark 5.e4!.) 5.♘xe5 ♕d5 6.♘c4 (Mit 4.Dc2 hat der Anziehende das Feld c4 für sich befestigt, sodass der Springer nun dorthin gespielt werden kann.) 6...♗xc5 7.e4 dxe3 8.fxe3 (Weiß kann sich natürlich auch für den anderen Bauern entscheiden, handelt sich dabei aber Schwierigkeiten ein, seine Figuren ins Spiel zu bringen, zumal ihm dann der kräftige Bauernvorstoß d2-d4 nicht zur Verfügung steht. Eine Variante als veranschaulichendes Beispiel: 8.dxe3 ♗f5 9.♕b3 b5 10.♘cd2 ♘f6 11.♘c3 ♕d6 12.♗e2 0-0 13.0-0 ♘bd7. Schwarz hat keine Probleme, Weiß aber sehr wohl.) 8...♘f6 9.d4 ♗b4+ 10.♘c3 ♗f5 (10...0-0 ermöglicht 11.♗d3 mit weißem Vorteil.) 11.♕b3 ♗xc3+ 12.bxc3 b5 13.♘e5 0-0 Beide Spieler haben sich einander entsprechende Chancen auf den Partieerfolg erarbeitet.

4.♕a4

Nun können wir endlich in unserer Hauptvariante fortsetzen. Wir befinden uns also an der Stelle nach 3...♘c6.

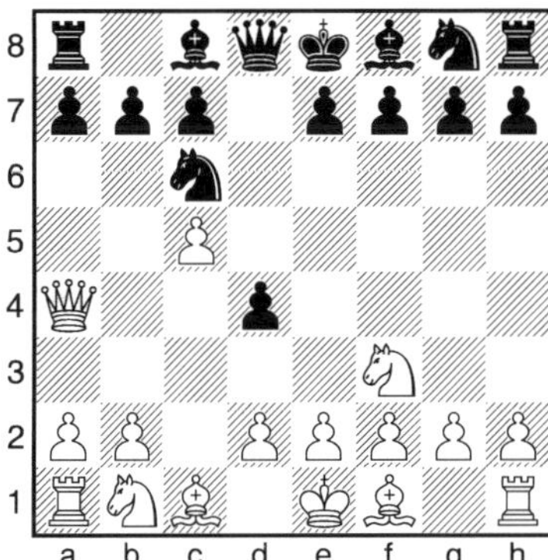

4...♕d5

Dies ist die beste Alternative für den Nachziehenden. Von hier aus greift die Dame den c5-Bauern des Weißen an und unterstützt das Feld e5 für einen geplanten Bauernvorstoß e7-e5. Nachfolgend schauen wir uns mit einem jeweils zumindest kurzen Blick an, was sich sonst noch so für Schwarz anbietet.

I. 4...f6 Auch hierdurch wird der Marsch des e-Bauern ermöglicht, allerdings zum Preis einer gewissen Schwächung des schwarzen Königsflügels. 5.b4 (Gut spielbar ist auch 5.e3 mit der möglichen Folge 5...dxe3 6.fxe3 e5 7.♗c4 ♗d7 8.0-0 usw.) 5...e5 6.e3

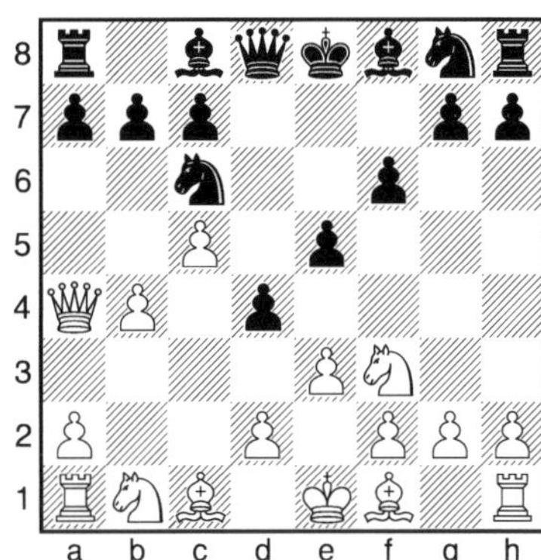

Nun muss sich der Nachziehende entscheiden, ob er die Schlagmöglichkeit nutzen oder die Spannung aufrechterhalten will. Beginnen wir mit der zweiten Möglichkeit:

A) 6...♗e6 Auf der Diagonale a2/g8, auf der eben auch die Schwachstelle f7 liegt, findet der Läufer einen guten Einsatzbereich. Deshalb wäre eine solche schwarze Entscheidung durchaus nachvollziehbar. Allerdings käme sie zu einem falschen Zeitpunkt, wie die sich anschließenden Ereignisse zeigen. 7.b5 ♘ce7 8.♘a3 Dies ist ein Versuch aus der Praxis. (Besser und deshalb auch unsere Empfehlung ist aber 8.exd4!? mit der möglichen, aus der Sicht von Schwarz noch glimpflichsten Folge 8...e4 9.♘g1 ♘f5 10.♗b2. Weiß befindet sich deutlich erkennbar klar im Vorteil.) 8...dxe3 9.dxe3 (9.fxe3!? ist allemal auch einen Versuch wert.) 9...♘g6 10.♗c4 ♗xc4 11.♕xc4 ♕e7 12.0-0 ♕xc5 13.♕e6+ ♗e7 14.♖d1 Schwarz hat Probleme, seine Entwicklung abzuschließen. Unsere Referenzpartie nahm den folgenden weiteren Verlauf: 14...♘f8 15.♕b3 ♕b4 16.♕c2 ♘e6 17.♖b1 ♕g4 18.♘c4 ♘c5 19.♗a3. Weiß ist besser entwickelt und hat ausreichend Ersatz für den Bauern, Schebler – Biriukov, Pardubice 2007. Die Partie endete mit einem weißen Sieg im 48. Zug.

B) Eine interessante Idee ist auch 6...a5, aber in der Folge 7.b5 ♘b4 8.a3 ♘d5 9.♕c2 oder auch 9.Dc4 bzw. 9.exd4, jeweils mit Vorteil, kann der Anziehende verhindern, dass das schwarze Springermanöver zu einem Husarenstück wird.

C) Schauen wir uns nun die Konsequenzen für den Fall an, dass der Nachziehende von der Möglichkeit eines Schlagens mit seinem Bauern Gebrauch macht: 6...dxe3 7.fxe3 (Natürlich ist auch hier wieder 7.dxe3!? möglich, wie schon zuvor aber nur unsere Alternative Nummer 2.) 7...♗d7 (Erneut ist auch 7...a5 interessant, zu überlegen ist auch 7...♗e6.) 8.♘c3 ♘h6 9.♗c4 a6 10.a3 und Weiß hat bessere Perspektiven, denn der schwarze König steht immer noch in der Mitte.

II. 4...g6 Einen deutlich anderen Charakter nimmt das Spiel an, wenn sich der Nachziehende zum Fianchetto seines Königsläufers entschließt. 5.b4 Ein weißer Standardzug, auch hier stützt der Bauer seinen Kollegen auf der c-Linie, hat aber eigentlich den Schritt nach b5 im Auge, und bereitet die Entwicklung des Läufers auf die lange Diagonale vor, wo er sich seinem schwarzen Widerpart entgegenstellt. 5...♗g7 6.♗b2 e5 7.b5 ♘ce7 8.e3 ♘f5 9.♗c4 ♘gh6 10.♕b3 0-0 11.0-0 (11.h4? wäre schwach wegen 11...e4!.) 11...♘h4 Auf dem Brett hat sich eine zweischneidige Position ergeben, die einen verwickelten Kampf mit beiderseitigen Chancen erwarten lässt.

III. Eine solide Wahl ist 4...♗d7. Nach 5.♘xd4 e5 6.♘xc6 ♗xc6 7.♕c2 ist 7...♕d4 eine gute Idee für den Nachziehenden. (Demgegenüber gibt die Zugfolge 7...♘f6 8.e3 ♘e4 9.b4±, so vorgekommen in Horda – Kristoffersen, Sandefjord 2005, Weiß die besseren Aussichten.) 8.e3 ♕xc5 Literarisch belegt ist der geflügelte Spruch „Ruhe ist die erste Bürgerpflicht". Für unsere Brettsituation können wir unter leichter Abwandlung eine kleine Anleihe nehmen. „Entwicklung ist die erste Spielerpflicht". So geht es nun denn auch am besten weiter. 9.♘c3 ♘f6 10.a3 a6 11.b4 ♕d6 12.♗b2 ♕d7 13.f3 (13.0-0-0 ist zu riskant.) 13...♗d6 14.♗c4 0-0 15.0-0 ♖fe8 Beide Parteien haben ihre Kräfte ins Spiel gebracht und können sich nun auf eine Partie mit offenem Ausgang freuen.

IV. In Dietzel – Schirbel, 2. Bundesliga 1994, setzte der Nachziehende seine Hoffnung auf 4...♗g4, worauf sich Weiß über 5.♘e5 ♗d7 6.♘xd7 das Läuferpaar sicherte. Die Partie nahm dann den folgenden weiteren Weg: 6...♕xd7 7.e3 e5 8.b4 g6 9.♗b2 ♗g7 10.♗c4 ♘ge7 11.0-0 0-0. Nun hätten uns anstelle des Partiezuges 12.♕b3 die Alternativen 12.b5 oder 12.e4 besser gefallen, in beiden Fällen mit einem aktiven Spiel für Weiß. Die Bemühungen der beiden Kontrahenten gingen tatsächlich wie folgt weiter: 12...♖ad8 (12...e4!?) 13.e4 g5 14.d3. Weiß hat mehr Einfluss auf das Spiel und bessere Optionen auf aktive Manöver. Er gewann die Partie schon recht bald, und zwar mit seinem 24. Zug, was aber vor allem auf Ungenauigkeiten auf der Seite seines Gegners zurückging. Wir wollen uns die nächsten Züge aus Gründen der Veranschaulichung kurz noch ansehen. 14...♘g6 15.♗c1 ♗f6 16.♗b5 ♘h4 17.f3 ♔h8 18.♗xc6 bxc6 19.♘a3 ♖g8 20.♕d1. Weiß steht besser.

5.b4

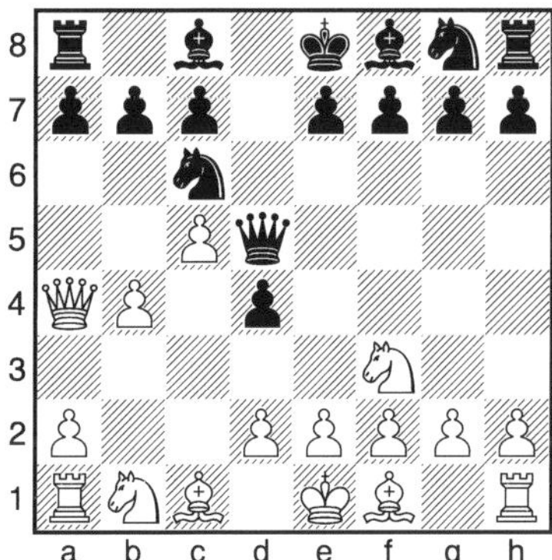

5...e5

Schwarz handelt nach seinem Hauptplan, ganz im Sinne der Postierung seiner Dame auf d5. In der Praxis wurden auch 5...♗g4 und 5...a5 einem Test unterzogen, mit den folgenden Ergebnissen:

I. 5...♗g4 führte in der Partie Vojinovic – Grkovic, Pirot 2004, zu sehr komplizierten Verhältnissen auf dem Brett. 6.♗b2 e5 7.e3 0-0-0 (Nach 7...♗xf3 8.gxf3 ♕xf3 9.♖g1 hat Weiß etwas mehr als nur Kompensation für den Bauern.) 8.♗e2 a6 9.d3 f5 Vermutlich ließ sich der Nachziehende an dieser Stelle von drei Erwägungen leiten. Der f-Bauer nimmt Einfluss auf das Feld e4, vor allem aber macht er das Feld f7 für den Rückzug der eigenen Dame frei. Zudem erlaubt der Bauernvorstoß eine Entwicklung des Königsspringers ohne ein Verstellen eben des f-Bauern. 10.♘bd2 ♘f6 11.e4 ♕f7 (11...fxe4 12.dxe4 wäre im Sinne des Anziehenden.) 12.h3 ♗xf3 13.♗xf3 fxe4 14.♘xe4 ♘d5 15.a3 h5 16.♕b3 Weiß steht für hoffnungsvolle Angriffsaktionen am Damenflügel bereit und hat die besseren Perspektiven.

II. 5...a5 6.b5 (6.♗b2!? ist zu beachten.) 6...♕xc5 7.♘a3 ♘b4 8.♗b2 e5 9.♖c1 (9.e3 ♕e7 10.♗c4 ♗e6 (10...♗g4!?) 11.0-0 Der weiße Entwicklungsvorsprung und seine aktive Aufstellung sind mehr wert als der investierte Bauer.) 9...♕d5 10.♖xc7 ♗d6 11.b6+ ♔f8 In der Begegnung Glicenstein – Inkiov, Rosny-sous-Bois 2004, ging es wie folgt weiter: 12.♘b5 ♗xc7 13.♘xc7 ♗d7 14.♕b3 ♕xb3 15.axb3 ♖c8 16.♘xe5 ♗e6 17.♘c4 ♗xc4 18.bxc4 ♘e7 19.d3 und Weiß hatte einen ausreichenden Ersatz für die Qualität (Bauer, Läuferpaar und bessere Bauernstruktur).

6.e3 ♗d7

Auf 6...♗g4 folgt 7.♗e2. Nicht gut hingegen ist 6...a6 wegen 7.b5 ♕xc5 8.♗a3 ♘b4 9.bxa6+ c6 10.♕xb4 ♕xb4 11.♗xb4 ♗xb4 12.♘xe5 und Weiß hat die Nase vorne.

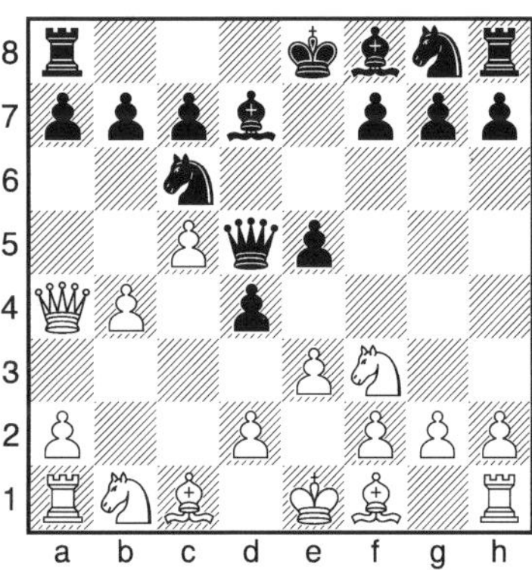

7.b5

Ein aussichtsreicher Kandidat um die Gunst des Anziehenden kann auch 7.♘a3!? sein; er verdient allemal das für ein Ausprobieren erforderliche Vertrauen. 7...e4 8.♘b5 Nun muss sich der Nachziehende um seinen attackierten c–Bauern kümmern. Zwei Möglichkeiten:

A) 8...0-0-0 Es ist eine mutige Entscheidung, auf den Damenflügel zu rochieren, wo Weiß erstrangig seine Ambitionen verfolgt. 9.♘fxd4 ♘xd4 10.exd4 a6 11.c6! Es ist sicher nicht übertrieben, diesen Zug als so etwas wie eine Pointe im weißen Aufbau zu bezeichnen. 11...♔b8 12.cxd7 (Die Abwicklung 12.♘xc7 ♕xc6 13.♕xc6 ♗xc6 14.b5 ♔xc7 15.bxc6 ♔xc6 16.♗b2 ♘f6 17.♗c4 ♘d5 führt zu nicht mehr als unklaren Verhältnissen, ist also aus der Sicht des Anziehenden kein probater Weg.) 12...axb5 13.♗xb5 c6 14.♗e2 ♕xd4 15.♖b1 ♖xd7 16.0-0 und mit seinem Läuferpaar steht Weiß ausgezeichnet.

B) Nach 8...♖c8 nimmt die Partie zunächst den Weg wie nach der langen Rochade. Also ... 9.♘fxd4 ♘xd4 10.exd4 a6 (10...♕xd4 verspricht Schwarz zu wenig. Zum Beleg: 11.♖b1 a6 12.♘xd4 ♗xa4 13.♗c4±) 11.♘c3 (Anders als eben geht nun natürlich 11.c6 nicht, eine direkte Folge des vorsichtigeren Vorgehens des Nachziehenden im 8. Zug.) 11...♕xd4 (11...♗xa4?! 12.♘xd5±) 12.♕b3 ♗e6 13.♕b1 (In der Partie Labollita – Leitao, Buenos Aires 2005, wich die Dame nach c2 aus. Es folgte 13.♕c2 ♘f6 14.♖b1 ♗e7 15.♘d1 0-0 16.♘e3 ♖cd8 17.♗b2 ♕d7 18.♖d1 ♘d5 19.a3 f5 mit gutem Spiel für Schwarz.) 13...♘f6 14.♘e2 ♕d7 15.♗b2 ♗e7 16.♘d4 ♗d5 17.♗e2 0-0 18.0-0 a5 19.a3 b6 mit beiderseitigen Chancen.

7...♕xc5

Wenn der Nachziehende auf die Idee kommt, mit einem Springerrückzug zu reagieren, auch vielleicht mit einem Blick auf das Motiv eines Vis–avis des eigenen Läufers mit der gegnerischen Dame, gerät er auf den Holzweg. 7...♘d8? ist also schwach, wie wir schnell sehen werden. 8.♗c4 ♕e4 (Jetzt wäre 8...♕xc5 im Vergleich zu unserer Hauptvariante kein Schritt in ein vollwertiges Spiel. Nach 9.♗a3 ♕b6 10.♘xe5 ♘f6 11.♗b2 dxe3 12.fxe3 hat Weiß alle Trümpfe in der Hand. Mit seiner aktiven Figurenstellung und getragen von seiner Initiative steht er am Anfang eines aussichtsreichen Angriffs.) 9.♘c3! Eine taktische Finesse, die wohl jeden durchschnittlichen Klubspieler am Brett überraschen würde. Und zumindest grundsätzlich gibt es dann auch noch die Aussicht auf einen Fingerfehler. 9...♕f5 (9...dxc3?? wäre der Reinfall, der in der Partie den Kopf kosten würde. 10.♗xf7+ ♘xf7 11.♕xe4+-) 10.♘d5 Schwarz befindet sich in höchster Bedrängnis. In der Begegnung Grünberg – Rahman, Kairo 2000, kam er schnell unter die Räder. Also ... 10...♘e6 11.c6 bxc6 12.bxc6 ♗c8 13.0-0 dxe3 (13...♘e7 hilft nicht wegen 14.exd4 ♘xd5 15.♗xd5±.) 14.fxe3 ♗d6 15.♗a3 ♗xa3 16.♘d4! ♕xf1+ 17.♖xf1 ♗d6 18.♘b5 ♘e7 19.♘xd6+ cxd6 20.♘b6 mit Gewinn.

8.♘a3

Dies ist solider als 8.♗b2 z.B. mit der Folge 8...dxe3 9.bxc6 ♗xc6 (Genauso möglich ist 9...exf2+, denn nach 10.♔d1 ♗xc6 11.♕b3 f6 hat der Nachziehende ausreichend Ersatz für die Figur.) 10.d4 exf2+ 11.♔xf2 ♗xa4 12.dxc5 ♗xc5+ 13.♔e1 f6 und Schwarz hat vier Bauern für die Figur. Hier wäre es Weiß, der kämpfen muss, um am Ende nicht das Nachsehen zu haben.

8...e4

Der Bauernzug ist eine gute Wahl und auf jeden Fall besser als 8...♕b4, worauf Weiß über die Sequenz 9.♕c2 ♘a5 10.♘xe5 in Vorteil kommen kann.

8...♘b4 ist aber eine sehr zu beachtende Alternative, die mindestens zu erheblichen Komplikationen führt. Wir können hier nur ein ungefähres Bild von der Lage vermitteln. Es ist ein weitgehend unerforschtes Gebiet, in dem wir uns befinden. Entsprechend können beide Seiten zwar nicht alles spielen, haben aber doch zahlreiche Gelegenheiten für die verschiedensten Ideen. 9.♗b2 Der Läufer entwickelt sich und zwingt Schwarz zu einer Reaktion zum Erhalt des materiellen Gleichgewichts. 9...dxe3 10.fxe3 ♗d6 11.d4 ♕d5 12.♗c4 ♕e4 13.0-0-0 So spielte Weiß im Duell Grünberg – Popescu, Timisu de Sus 1998. Die letzten zu dieser Stellung führenden Züge waren gut nachzuvollziehen. Hier aber deuten auch andere Möglichkeiten an, dass sich ihre tiefere Prüfung lohnen könnte. (13.0-0 ist gut, 13...♕xe3+ 14.♔h1 wäre dann beispielsweise nur ein Intermezzo, nach dem Schwarz den weißen Sturm nicht mehr aufhalten könnte. 13.♗xf7+ könnte der Nachziehende natürlich nicht mit 13...♔xf7 beantworten, weil ihm sonst das Springerschach auf g5 mit gleichzeitigem Angriff auf die Dame den Garaus machen würde. Auch der Läufereinschlag auf f7 wäre also interessant.)

Zurück zu unserer Referenzpartie: 13...♘h6 (13...♕xe3+ ist verlockend, aber nicht zu empfehlen. Nach 14.♔b1 und nun beispielsweise 14...e4 15.♖he1 ♕f4 16.♘e5 geht Schwarz unter.) 14.♖he1 0-0 15.♕b3 Die Situation auf dem Brett ist sehr unübersichtlich und schwer einzuschätzen. Weiß hat einige Kompensation für den kleinen materiellen Nachteil. 15...exd4 (Schauen wir uns kurz eine Beispielvariante auf 15...♗g4 an, denn ein solcher schwarzer Versuch erscheint auf jeden Fall plausibel. 16.dxe5 ♗c5 17.♗d4 ♗e7 18.♘c2 ♘xc2 19.♕xc2 ♕xc2+ 20.♔xc2∞.) 16.♖xd4 Die schwarze Dame kann nun vorrangig mit 16...♕g6 und 16...♕e7 dem gegnerischen Turm ausweichen. Wir verlassen dieses Nebengelände zu unserer Hauptvariante, indem wir abschließend zwei schlichte Varianten aufnehmen. Von den beiderseitigen Möglichkeiten haben wir damit dann einen hoffentlich guten ersten Eindruck vermittelt.

A) 16...♕g6 17.♖xd6 ♘xa2+ (17...♕xd6 18.♕c3 ♘f5 19.g4 ♘d5 20.♗xd5 ♕xd5 21.e4 ♕d6 22.gxf5 f6 23.♔b1±) 18.♕xa2 cxd6. Grünberg schätzt diese Position als unklar ein, was wir für sachgerecht erachten.

B) 16...♕e7 17.♕c3 ♘f5?? (⌓17...♕f6) 18.♖g4 1-0, so passiert in der schon erwähnten Partie Grünberg – Popescu.

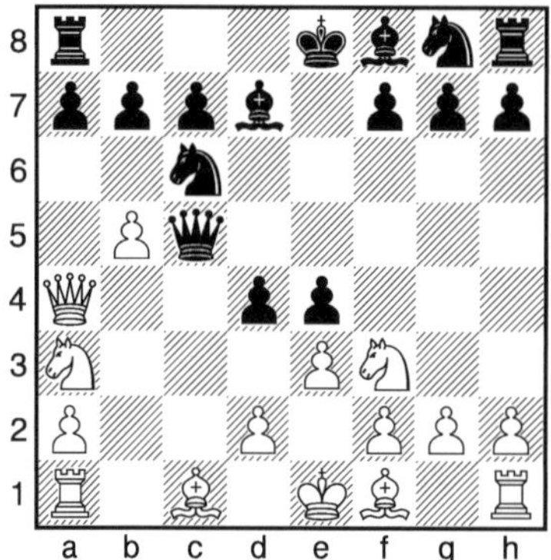

9.♘xd4

Auf der Zielgeraden unserer Hauptvariante werfen wir erneut einen zweiten Hut in den Ring. Hier tut sich noch einmal ein tiefer Raum mit testwürdigen Möglichkeiten auf. Also ... 9.bxc6!? ♗xc6 Nun leitet 10.♕xd4 eine lange Folge von Zügen ein, für die jeweils leicht zu erkennen ist, auf welches Erfordernis sie reagieren. (Die Konsequenzen von 10.♗b5 exf3 11.♗xc6+ ♕xc6 12.♕xc6+ bxc6 13.gxf3 und nun 13...0-0-0 14.♘c4 ♖d5 15.♗b2 c5 sind unklar.) 10...exf3 11.♕xc5 ♗xc5 12.gxf3 ♗xf3 13.♖g1 g6 14.♗b2 f6 15.♖c1 ♗d6 (Eine Variante in Richtung Zugwiederholung: 15...♗xa3 16.♗xa3 0-0-0 17.♗b2 ♖d6 18.♗a3 ♖d8 19.♗b2 und wie gehabt.) 16.♘b5 Von den hier denkbaren Antwortalternativen für Schwarz nehmen wir zwei genauer ins Visier, als Anregung für eigene Untersuchungen:

A) 16...0-0-0 17.♘xd6+ ♖xd6 18.♗a3 ♖d8 (18...♖c6? 19.♖xc6 ♗xc6 20.♗f8±) 19.♗b2 ♗d5 20.♖g4 ♔b8 21.a3 Weiß besitzt das Läuferpaar und steht aktiv. Reichen diese Werte für den Bauern? Die Praxis mag es zeigen!

B) 16...♗xh2 17.♘xc7+ ♔d8 18.♘xa8 ♗xg1 19.♘c7 ♗h2 20.♘e6+ ♔e7 21.♘d4 ♗d5 22.f4 Die Chancen von Weiß sind ausgezeichnet, er steht auf Gewinn.

9...♘xd4 10.exd4 ♕d5 11.♘c2 ♘f6 12.♘e3 ♕d6 13.♗c4 ♗e7 14.♕b3 0-0 15.♗b2 a6 16.a4 axb5 17.axb5 ♖xa1+ 18.♗xa1 ♘h5 19.0-0 ♘f4

Die Lage auf dem Brett ist recht kompliziert, das Spiel befindet sich etwa im Gleichgewicht.

Zusammenfassung: Die Fortsetzung 3.c5 ist noch nicht genau genug erforscht, als dass schon eine klare Beurteilung getroffen werden könnte. Hier eröffnet sich beiden Parteien ein großes Gebiet für eigene Analysen und Testversuche in der Praxis. Allgemein ist der aggressive Vorstoß 2...d4 eine der wichtigsten Erwiderungen des Nachziehenden gegen die Réti-Eröffnung, sie genießt auch einen guten Ruf. Weiß stehen aber viele gute Wege offen, um sich einen Vorteil in der Eröffnung zu erkämpfen. Schwarz muss sehr genau spielen, um Ausgleich zu erreichen. Sechs lehrreiche Partien findet der Leser in **Kapitel 12**.

Kapitel 4
Fortsetzung 2...e6

1.♘f3 d5 2.c4 e6

Schwarz verzichtet auf c7-c6 und will stattdessen mit c7-c5 aktiver im Zentrum vorgehen. Auch dieses Kapitel ist ein Eldorado für den Zugumstellungsteufel. Bei der Arbeit daran drängte sich uns der Eindruck auf, als ob alle Züge aus einem begrenzten Pool von Möglichkeiten stammen; es kommt nur darauf an, welche Optionen daraus gerade gezogen werden und in welcher Reihenfolge sie auf das Brett kommen, um unterschiedliche Chancen bewerten zu können. Nicht selten treten die maßgeblichen Verhältnisse erst recht spät in der Partie zu Tage, sodass etliche Varianten über einen langen Verlauf hinweg betrachtet werden müssen.

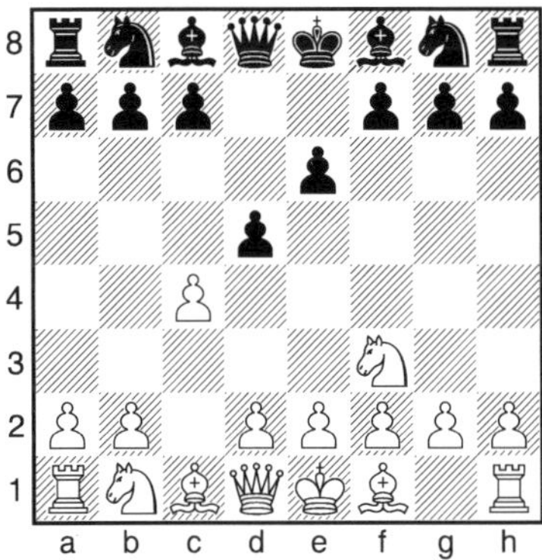

3.g3

Dies entspricht der üblichen Spielweise, in der mittels Fianchetto der Läufer auf die lange Diagonale geführt wird. Etwas gesetzter verläuft die Entwicklung nach 3.e3, z.B. 3...♘f6 4.d3 ♗e7 5.b3 0-0 6.♗b2. Einen Eröffnungsvorteil kann sich Weiß auf diesem Weg nicht erhoffen. Schauen wir uns noch kurz an, wie es weitergehen kann:

A) Der Nachziehende kann den Vorstoß seines c-Bauern aber auch zurückstellen, ohne den anvisierten Pfad ganz aufzugeben. Ein Beispiel dazu: 6...b6 7.a3 ♗b7 8.♘bd2 ♘bd7 9.♕c2 (Die Folgen der Variante 9.♗e2 c5 10.0-0 ♕c7 11.♖c1 ♗c6 12.♕c2 ♕b7∞ lassen sich nicht exakt abschätzen, eine nachhaltige Störung des Chancengleichgewichts ist aber nicht auszumachen.) 9...c5 Der thematische Bauernzug erfolgt verzögert, bleibt aber so logisch wie in der Hauptlinie. 10.♗e2 ♖c8 11.0-0 ♕c7 12.♖ac1 Beide Seiten haben ihre Kräfte mobilisiert und versuchen nur durch vorteilhafte Umgruppierungen, einen positionellen Vorteil für sich herauszuarbeiten. In der Partie Habibi - Telbis, Budapest 2003, ging es wie folgt weiter: 12...♕b8 13.♕b1 ♖fd8 14.♖fd1 a6 15.♕a1 ♗d6 16.♘f1 e5 17.cxd5 ♗xd5 18.♘3d2 b5 und Schwarz stand gut. Er verfügt über mehr Raum und ein freies Spiel.

B) 6...c5 Im Sinne der Idee der schwarzen Entwicklung in diesem Kapitel gespielt. Nach 6. ♗b2 c5 kann sich das Spiel etwa nach dem folgenden Muster entwickeln: 7.♘bd2 ♘c6 8.♘e5 ♘xe5 9.♗xe5 b6 10.♗e2 ♗b7 11.0-0 ♘d7 12.♗b2 ♗f6 13.♕c2 dxc4 14.dxc4 ♘e5 15.♖ad1 ♘c6 16.a3 ♕e7. Für den Nachziehenden bietet sich jetzt ein Plan an, der auf der Idee ♖a8-d8-d7 gefolgt von ♖f8-d8 basiert. Damit sichert er sich ein gutes Spiel.

3...♘f6 4.♗g2 ♗e7

Hier sind auch Aktionen mit dem d-Bauern praxisrelevant. Wir betrachten 4...dxc4 im **Abspiel 1** und 4...d4 im **Abspiel 2**.

5.0-0 0-0 6.b3

Die Fortsetzung 6.d4 geleitet das Spiel in die Katalanische Partie, die nicht Gegenstand unseres Buches ist.

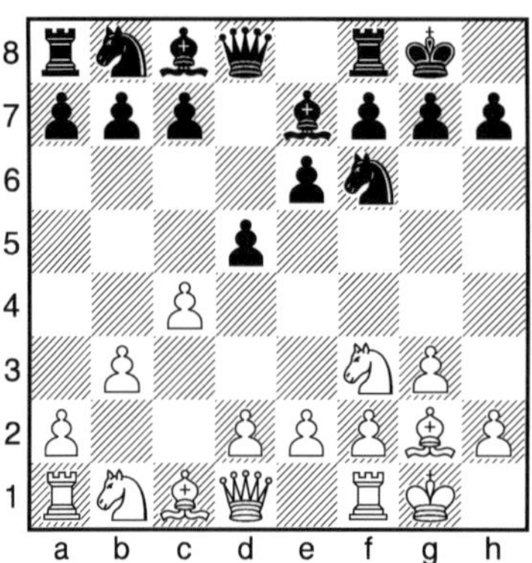

6...c5

Der Nachziehende setzt seine Grundidee um. Die Varianten mit dem Bauern auf c6 analysieren wir in **Kapitel 6**. Nach dem Textzug kommen Stellungen auf das Brett, die regelmäßig lebendiger sind als jene mit dem nur um einen Schritt vorgerückten Bauern. Auch hier ist ein Vorgehen des Nachziehenden mit b7-b6 und Fianchetto des Damenläufers, ergänzt um ♘b8-d7, anzutreffen, wie wir es uns schon eben angesehen haben. Also: 6...b6 7.♗b2 ♗b7 8.e3 ♘bd7 (8...c5 führt zur Hauptvariante.) 9.♘c3.

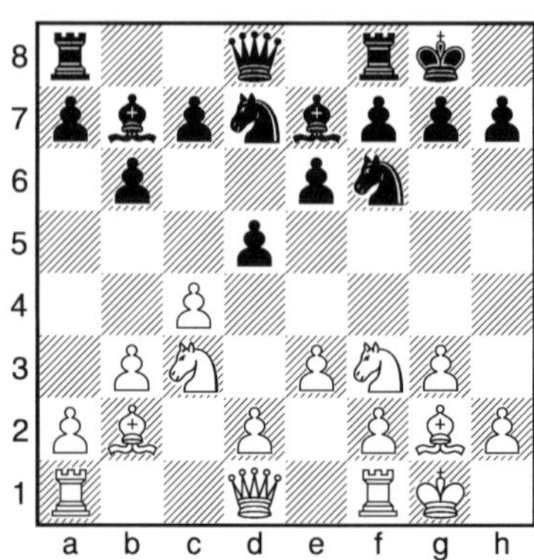

A) 9...c5 ist nicht vom Tisch, sondern auch hier wieder ein respektierter Gast auf der Turnierbühne. 10.♕e2 ♕c7 (Schwarz kann die Spannung im Zentrum auch sofort auflösen, wie die Partie Movsesian – Schimanow, Legnica 2013, zeigt. Es folgte 10...dxc4 11.bxc4 und dann 11...♘e4 12.♘xe4 ♗xe4 13.d3 ♗c6 14.a4 ♗f6 15.a5 ♗xb2 16.♕xb2 ♕c7 17.axb6 axb6 18.♖xa8 ♖xa8 19.♖a1 h6 mit identischen Perspektiven beider Seiten.) 11.♘h4 dxc4 12.bxc4 ♘e8 Mit der Idee gespielt, das Feld f6 für den Läufer freizumachen. 13.f4 ♗xg2 14.♘xg2 ♗f6 Wir folgen weiter der Partie Caruana – Anand, Shamkir 2015: 15.f5 ♕c6 16.fxe6 fxe6 17.♘f4 ♘c7 18.d3 ♗xc3 19.♗xc3 e5 20.♘h3 ♘e6. Es ist keinem der beiden Kontrahenten gelungen, mit einem nennenswerten Vorteil aus der Eröffnung zu kommen, und so endete die Partie bald mit einem Remis.

B) 9...♘e4 10.♘e2

(10.cxd5 sollte Schwarz am besten mit dem Springerabtausch auf c3 beantworten: 10...♘xc3 11.♗xc3 exd5 12.♕c2 a5 13.♖fd1 ♖e8 14.♖ac1 c6 15.♕b2 ♗f8 16.d3 b5 17.♕b1 b4 18.♗b2 a4= Kuzubov – Palac, Batumi 2018.)

In dieser Phase der Eröffnung wird die Dame auch häufig nach e2 gespielt. Das kann grundsätzlich auch hier geschehen. Die Bilanz der beiderseitigen Chancen nimmt damit Richtung auf Ausgleich.

Ein praktisches Beispiel dafür: 10.♕e2 ♘xc3 11.♗xc3 ♘f6 12.d3 c5.

Wir erinnern uns an die Grundidee dieses Kapitels, auf c7-c6 zu verzichten, um stattdessen mit c7-c5 aktiver um Zentrumseinfluss zu kämpfen.

13.♘e5 ♘d7 14.♘xd7 ♕xd7 15.♕b2 f6 16.cxd5 ♗xd5 17.e4 ♗c6 18.d4 cxd4 19.♗xd4 ♖fd8 20.♗c3 e5=

Die Stellung ist ausgeglichen, Deltschew – Radulski, Panagyurishte 2012.

– Nach 10.d4 sollte Schwarz am besten auf c3 schlagen. Ein Beispiel hierfür: 10...♘xc3 11.♗xc3 c5 12.cxd5 ♗xd5 13.♕e2 cxd4 14.♗xd4 ♗c5 15.♖fd1 ♕e7 16.♖ac1 ♖ac8 17.e4 ♗b7 18.♗xc5 ♘xc5 19.e5 ♖fd8=, Anwesh – Dedebas, Ukraine 2018.)

10...♗f6

(Der thematische Bauernvorstoß 10...c5 führt über die in sich logische Zugfolge 11.cxd5 ♗xd5 12.♘f4 ♗b7 13.d4 cxd4 14.♘xd4 ♘df6∞ wie in der Partie Pantsulaia – Iovcov, Jerusalem 2015, zu Verhältnissen auf dem Brett, die keine echte Aussage zu den Erfolgsaussichten der beiden Spieler zulassen.)

11.d4 dxc4 12.bxc4 c5

Beide Seiten haben einen vergleichbaren Zugriff auf die Partie und somit bis hier einen identischen Eröffnungserfolg errungen.

Im Duell Howell – Swietuschkin, Jerusalem 2015, folgte 13.♘f4 ♘d6 14.♖c1 ♖c8 15.♘h5 cxd4 16.♗a3 ♗xf3 17.♕xf3 ♗e7 18.♗xd6 ♗xd6 19.exd4 ♖c7 20.♕e3 ♕e7 21.♖fd1 ♖fc8 und Schwarz konnte den Ausgleich halten und damit das schon nach dem 12. Zug ausgesprochene Urteil bestätigen.

7.♗b2 ♘c6 8.e3

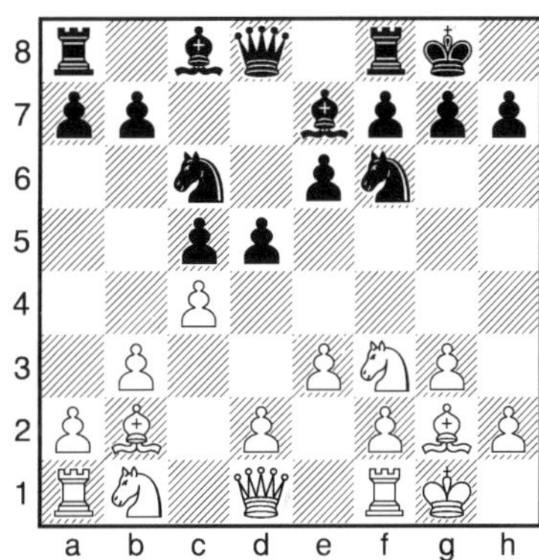

8...b6

Der Nachziehende will seinen Läufer auf der langen Diagonale a8/h1 postieren und damit den üblichen Weg in dieser Variante wählen.

Seine Anhänger hat aber auch der alternative Bauernzug d5-d4, sodass der Spieler mit Weiß auch damit rechnen muss. Es ist deshalb gut, sich auch in dieser Richtung zu präparieren, wobei wir mit einem kleinen Abstecher helfen wollen. Also: 8...d4 9.exd4 cxd4 10.♖e1 (Auf 10.d3 folgt natürlich 10...e5!, was Weiß nicht einfach zulassen kann.) 10...♘e8 (10...♕b6!? sieht aussichtsreich aus und dürfte eine weitere Prüfung allemal wert sein.)

11.♘e5 (Eine Ausgleichsvariante ist 11.♗a3 f6 12.♗xe7 ♕xe7 13.a3 a5 14.d3 e5=.) 11...♘xe5 12.♖xe5 f6 13.♖e1 e5 14.f4 (Auf 14.d3 kann Schwarz gut mit 14...♖b8 reagieren, die Idee b7-b5 im Gepäck.) 14...exf4 15.gxf4 ♘c7 16.♕f3 ♖b8 17.♕f2 ♗c5 18.♗a3 b6 Schwarz hat sich ein vollwertiges Spiel gesichert.

9.♘c3

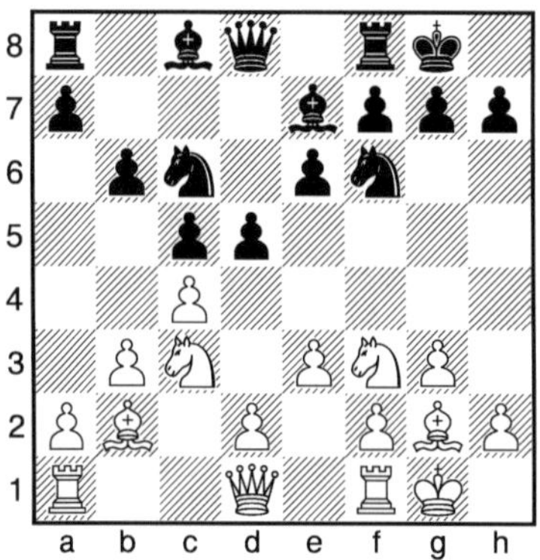

9...dxc4

Eine strategisch weitsichtige Entscheidung. Schwarz löst die Spannung im Zentrum auf und lässt eine weiße Schwäche auf c4 entstehen. Wenn der Anziehende zu d2-d4 greift, folgt c5xd4 und die besagte Schwäche kann mit ♘c6-a5 angegriffen werden. Andere schwarze Erwiderungen sind problematisch:

I. 9...♗b7 Nun kann Weiß die Schlagstellung im Zentrum beseitigen und die in der Hauptvariante eintretende Bauernschwäche vermeiden. 10.cxd5 ♘xd5 (Auf 10...exd5 ist 11.d4 stark. Ein auf d5 entstehender schwarzer Isolani kann schnell zum Problem werden.) 11.♘xd5 ♕xd5 (Interessant und hinsichtlich der Folgen nur schwer einzuschätzen ist 11...exd5 12.d4 a5!? usw.) 12.d4 ♖ad8 (Für Weiß günstig ist 12...♘a5 wegen 13.dxc5 ♕xd1 14.♖fxd1 ♗xc5 15.♗c3 mit Vorteil. Nach 12...♘b4!? aber hat Schwarz gute Ausgleichschancen, z.B. 13.♘h4 ♕d7 14.dxc5. Es kommt zu einer Serie von gut nachvollziehbaren Zügen, die zu einer massiven Reduzierung des Materials und einer Entwicklung der Chancen zum Gleichstand führt. 14...♕xd1 15.♖fxd1 ♗xg2 16.♔xg2 bxc5 17.♘f3 ♖fd8 18.♖xd8+ ♖xd8 Eingangs der Endspielphase ist festzustellen, dass der schwarze Springer aktiv postiert ist, während sein weißer Kollege noch Optimierungsbedarf zeigt. Zudem sind die Könige nun am Kampfgeschehen zu beteiligen. Eine logische Fortsetzung könnte folgendermaßen aussehen: 19.♗c3 ♘c6 20.♔f1 f6 21.♔e2 ♔f7 22.♘d2 e5 23.♘c4 ♔e6. Die beiderseitigen dynamischen Perspektiven sind als ungefähr gleich einzuschätzen.) 13.♘e5 ♕d6 (13...♕xg2+? wäre ein taktischer Fehlgriff wegen 14.♔xg2 ♘xe5+ 15.f3 cxd4 16.exd4 ♘c6 17.♖c1 und der Nachziehende steht fast mit leeren Händen da, Kramnik – Ezat, Antalya 2013.) 14.dxc5 (14.♖c1 brachte Weiß in der Begegnung Iwantschuk – Carlsen, Cap d'Agde 2008, nur Ausgleich ein. In der u.a. Fortsetzung sind keine Anhaltspunkte für Verstärkungen beiderseits erkennbar. Also: 14...♘xe5 15.♗xb7 ♕b8 16.♗e4 cxd4 17.♗xd4 ♗f6 18.♕c2 h6 19.♗b2 ♖c8 20.♕e2 ♖xc1 21.♖xc1 ♖c8=.) 14...♕xc5 15.♘d7!

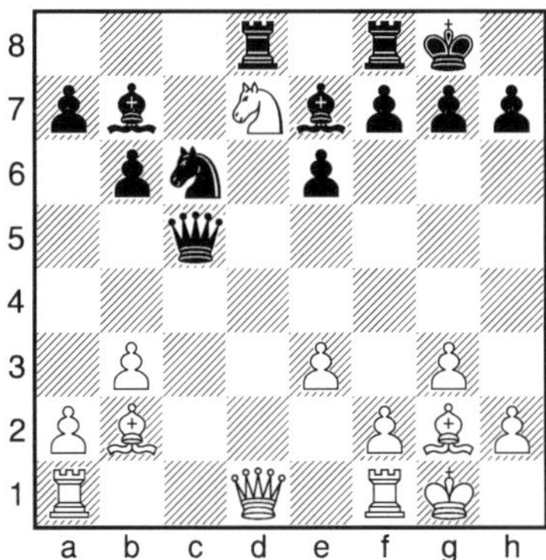

Nun nehmen die schwarzen Probleme überhand.

A) 15...♕g5 16.♖c1 (Eine weitere schöne und für Weiß vorteilhafte Variante entsteht nach 16.h4!? in der Form 16...♕h6 17.♖c1 ♘a5 18.♖c7±.) 16...♗c5 17.b4. Der Nachziehende kann nur noch reagieren und kein eigenes Gegenspiel mehr aufziehen. 17...♕e7 18.bxc5 ♖xd7 19.♕a4 b5 20.♕xb5 ♖c7 21.♖fd1 ♖d8 22.♖d6 Weiß steht auf Gewinn, Damljanovic – Eslon, Benidorm 1992.

B) 15...♕f5 16.e4 Die schwarze Dame wird zur Zielscheibe. Während sie weichen muss und die Situation im eigenen Lager in der Folge kontinuierlich schlechter wird, steigert Weiß seinen Vorteil massiv mit jedem Zug, wie wir gleich sehen werden. (Zuvor betrachten wir kurz noch die Alternative 16.♖c1, die einen weiteren Weg für den Anziehenden zeigt, der allerdings weniger steil in Richtung Sieg führt. 16...♘a5 17.♖c7 ♗xg2 18.♔xg2 ♖fe8 19.♔g1 ♕e4 20.♕c1 ♗d6 21.♖xa7 ♖c8 22.♕d1 ♗c7 23.♕d2±, Mgeladze – Basencyan, Poti 2014) 16...♕g5 17.h4 ♕h6 18.♗c1 g5 19.hxg5 ♕g7 Die Frage, wer einen Eröffnungsvorteil davonträgt, ist eindeutig zu Gunsten von Weiß geklärt. Wir wollen aber, wenn auch ohne besondere Kommentierung, uns noch anschauen, wie eine weitere Verwertung des Vorteils organisiert werden kann. 20.e5 ♔h8 21.♗f4 ♗xg5 (21...♗a3 22.b4! ♗xb4 23.♖c1 ♗c5 24.♖c3±, Rath – Flear, Esbjerg 1982) 22.♗xg5 ♕xg5 23.♘xf8 ♖xd1 24.♖axd1 ♘a5 25.♗xb7 ♘xb7 26.♖d7 ♔g8 27.♘xh7 ♕xe5 28.♖xb7 Weiß hat die Partie endgültig gewonnen, Miroschnitschenko – Nakcbajewa, Al-Ain 2014.

II. Auch 9... ♗a6 kann kaum den Beweis erbringen, den Vorzug vor 9...dxc4 zu verdienen, wenn Weiß den für sich vorteilhaftesten Weg findet. Ein paar Varianten zum Beleg:

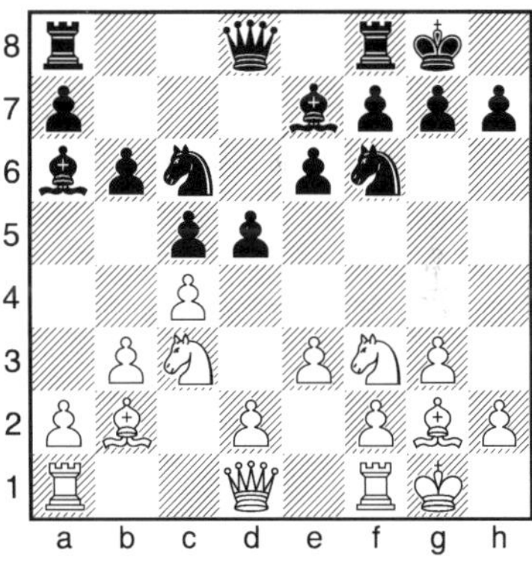

A) 10.d3 Diesen Zug empfehlen wir nach dem Stand der Erkenntnis zu wählen. 10...♖c8 (Der Standardzug 10...♕d7 kommt auch an dieser Stelle in Betracht. Mit ihm verbindet sich die Idee, den ♖a8 nach d8 zu entwickeln, wo er zusammen mit der Dame Druck auf der d-Linie entwickelt. Ein Beispiel aus der modernen Turnierpraxis dazu: 11.♕e2 ♖ad8 12.♖ad1 ♖fe8 13.e4 ♘d4 14.♘xd4 cxd4 15.e5.

Diese Antwort geht nur, weil der schwarze Springer nach den Abtäuschen auf c3 und c4 kein Rettung bringendes Fluchtfeld hat. 15...dxc3 16.♗xc3 dxc4 17.bxc4 ♘d5 18.cxd5 exd5 19.♗d4 ♗c5∞, Radjabow - Naiditsch, Novi Sad 2009. Im 30. Zug einigten sich die beiden Kontrahenten auf ein Remis.) 11.♕e2 Dies ist die natürliche Entwicklung der weißen Dame. 11...♕c7 (11...dxc4 öffnet die d-Linie. Die neu auf dem Brett entstehenden Verhältnisse begünstigen eher den Anziehenden. Wir folgen einer Partie Morovic Fernandez - Salinas Herrera, Buenos Aires 2015: 12.dxc4 ♗b7. Nun kommt Weiß mit einer Folge von auf der Hand liegenden Zügen kontinuierlich voran. 13.♘b5 a6 14.♖ad1 ♕e8 15.♘d6 ♗xd6 16.♖xd6 ♕e7 17.♖fd1 ♖fd8 18.♖xd8+ ♖xd8 19.♘e5 ♖xd1+ 20.♕xd1 ♘d8 21.♗xb7 ♘xb7 22.♕f3 ♕c7 Inzwischen ist ein weißes Übergewicht am Königsflügel entstanden, das zu einem direkten Vorgehen einlädt. 23.g4 h6 24.h4 ♘d6 25.g5 hxg5 26.hxg5 ♘fe4 27.g6 fxg6 28.♕g4 Damit liegen die besseren Perspektiven auf der Seite von Weiß.) Ein denkbarer Plan für Weiß kann darauf basieren, sein Spiel darüber aus seiner Enge zu befreien, dass er seinen e- und seinen f-Bauern auf die 4. Reihe bringt. Auf diesen konzentrieren wir uns. Also: 12.♘e1 ♕d7 13.♘c2 ♘b4 14.e4 d4 15.♘d1 ♘xc2 16.♕xc2 ♘e8 17.f4. Das Zwischenziel ist erreicht. In Konsequenz auf das weitgehend geschlossene Zentrum kann im Rücken der Bauernformation nun eine Umgruppierung der Figuren erfolgen, um ihre Wirksamkeit zu erhöhen. 17...f5 18.♘f2 ♗b7 19.♕e2 ♘d6 20.♗c1 ♖ce8 21.♗d2 ♘f7 Die Stellung ist sehr kompliziert. Weiß kann versuchen, mittels h2-h3 und g3-g4 einen Königsangriff zu organisieren, Eljanow - Roiz, Legnica 2013.

B) Eine andere Möglichkeit ist 10.♕e2, ebenfalls meisterlich erprobt. In unserer Darstellung wollen wir es aber bei wenigen Varianten belassen.

10...♕d7 11.♖fd1

(Vielleicht ist hier 11.d4!? besser. Dieser Idee widmen wir uns in der **Partie Nr. 10**, Grigorian-Ahlander, Bremen 2018.)

11...♖ac8

Wie sich das Spiel tendenziell entwickeln kann, zeigen wir beispielhaft anhand der Partie Kramnik - Giri, Monte Carlo 2011.

Also:

12.d4 cxd4 13.exd4 ♖fd8 14.♘e5 ♕e8 15.♕f3 ♗b7 16.♕f4 dxc4 17.♘xc4 ♘a5 18.♗xb7 ♘xb7 19.d5 exd5 20.♘e3 ♗d6 21.♕f3 ♗e5 22.♘exd5 ♘xd5 23.♖xd5 ♕c6 24.♖ad1 ♖e8 und beiden Seiten sind in etwa gleiche Chancen zu bestätigen.

10.bxc4 ♗b7

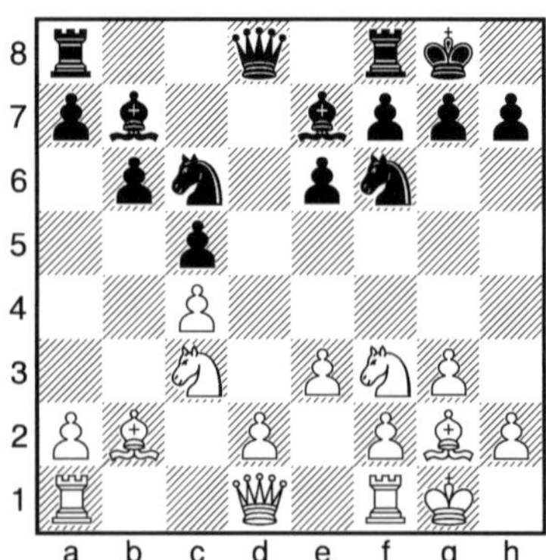

11.♕e2

Dies ist in der gegebenen Stellung der aktivste Zug. Weiß verschafft sich die Option ♖f1-d1 und d2-d4, ohne diese sofort nutzen zu müssen oder sich gar darauf festzulegen.

I. Nicht energisch genug ist 11.d3, sodass Schwarz seine Stellung relativ bequem verbessern kann. Da wir uns gegen diese Fortsetzung aussprechen, beschränken wir uns bei der Darstellung der Folgen seiner Wahl auf nur wenig kommentierte Varianten. 11...♕c7 12.♕e2 ♖fd8

A) 13.♘e1 Wie in unserer Hauptvariante ist der Bauernvorstoß f2-f4 die hinter dieser Springeraktion stehende Idee. 13...a6 Beide Seiten setzen ihre Schwerpunkte auf unterschiedlichen Flügeln. 14.f4 ♖ab8 15.g4 ♗a8 16.g5 ♘e8 17.♘e4 b5 18.♖c1 bxc4 19.dxc4 ♘d6 20.♘xd6 ♗xd6 In der Partie Agrest - Van Wely, Eilat 2012, folgte nun 21.♘d3 ♘b4 22.♘xb4 cxb4 23.♗xa8 ♖xa8 24.♕f3 ♗c5 und Schwarz stand aktiver.

B) Logisch ist auch 13.♖fd1, worauf es beispielsweise zu den folgenden Entwicklungen kommen kann: 13...a6 14.♖ab1 ♖ab8 15.♗a1 ♗a8 16.♘e1 ♘a7 17.a4 (In der Variante 17.♗xa8 ♖xa8 18.g4 ♖ab8 19.g5 ♘e8 20.h4 b5 kommt Schwarz zu Gegenspiel, Bukawschin - Lysyj, Sotschi 2015.) 17...♗xg2 18.♘xg2 ♘c6 19.♖d2 ♖d7 20.♖bd1 ♘a5∞, Damljanovic-Zlotnik, Lorca 2001.

II. 11.d4 wäre hier unzureichend vorbereitet und verschärft die Lage der weißen Schwäche c4. Es gibt zwei Wege für Schwarz, um Profit daraus zu schlagen. Da auch der Doppelschritt des Bauern an dieser Stelle unseren Segen nicht erhält, belassen wir es bei rudimentären Kommentaren auch für die Folgen seiner Wahl.

A) 11...cxd4 12.exd4 ♘a5 Nimmt c4 konsequent aufs Korn. 13.♘e5 (13.♕e2 wäre jetzt nur eine Zugumstellung zurück in die Variante nach 11...♘a5.) 13...♗xg2 14.♔xg2 ♖c8 (Etwas seltsam entwickelte sich hier die Partie Gluckman - Olebile, Tromsö 2014. Nach 14...♘d7 15.♕g4 ♖c8 16.c5 ♘f6 17.♕e2 bxc5 18.dxc5 ♖xc5 stand Schwarz plötzlich deutlich besser.) 15.♕d3 ♘d7 16.♕e2 ♘xe5 17.dxe5 ♘xc4 18.♖ad1 ♕c7 mit schwarzem Vorteil, der sich auch in einem Mehrbauern manifestiert, Redolfi - Merilo, Argentinien 1996.

B) 11...♘a5 12.♕e2 cxd4 13.exd4 ♖c8 Die weiße Stellung steht unter Druck, Schwarz besitzt die Initiative. So sind die Aussichten des Nachziehenden vorzuziehen. Die Möglichkeiten zur Verwertung des Vorteils lassen wir uns von der Praxis zeigen. Also: 14.♘e5 ♗xg2 15.♔xg2 ♘d7 16.♖fd1 (16.♖ad1 ♘xe5 17.dxe5 ♕c7 18.c5 ♕xc5∓, Franken - Funke, www.remoteschach.de 2005) 16...♘xe5 17.dxe5 ♕c7 18.♕f3 ♘xc4 19.♘b5 ♕c5 20.♘xa7 ♘xb2 21.♘xc8 ♖xc8 22.♖ac1 ♕xc1 23.♖xc1 ♖xc1 24.♕b7 ♗f8 25.♕xb6 ♘c4 26.♕d4 ♘a3 27.h4 ♖c2 28.h5 h6 29.g4 ♖xa2 mit einem für Schwarz gewonnenen Endspiel, Nikolov - Mladenov, Rudarci 2009.

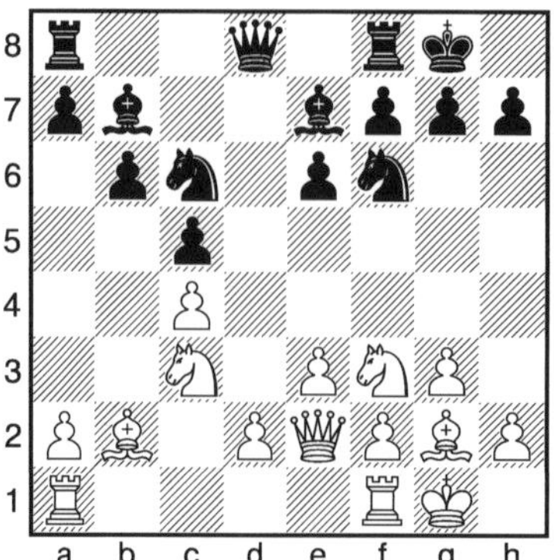

11...♕c7

Ein flexibler Zug: Die Dame räumt das Feld d8 für den Turm und kann von hier aus nach Bedarf vielseitig eingesetzt werden. Es gibt mehrere Alternativen, mit deren Auftreten der Anziehende rechnen muss. Wir schauen sie uns nacheinander an.

I. 11...♖c8 12.♖ad1 (Auch hier wieder kann eines der Standardverfahren dieses Kapitels ein Plan der Wahl sein, nämlich der Rückzug des Königsspringers nach e1 mit anschließendem Bauernvorstoß nach f4. Eine Variante dazu: 12.♘e1 ♕d7 13.f4 ♖fd8 14.d3 ♘b4 15.♖d1 ♗xg2 16.♘xg2 a6 17.a3 ♘c6 18.g4 ♖b8. Weiß sucht den Erfolg in einem Angriffsspiel am Königsflügel, Schwarz plant b6-b5 mit Gegenspiel am Damenflügel. Die Stellung ist kompliziert und es wäre vermessen, eine klare Aussage zu Gunsten der einen oder anderen Partei hinsichtlich der Chancen in der Partie zu treffen.) 12...♘a5 Es zeigt sich das gewohnte Bild: Die weißen Perspektiven liegen auf dem Königsflügel, die schwarzen auf der anderen Seite. Für den Anziehenden bietet sich ein Plan an, in dem der f-Bauer und der g-Bauer vorgerückt werden, um darüber einen Angriff einzuleiten. 13.d3 ♘d7 14.♘d2 ♗xg2 15.♔xg2 ♕c7 16.f4 a6 17.a4 (Der Textzug erschwert es Schwarz, ein Gegenspiel aufzuziehen, weil b6-b5 nicht so einfach möglich wird. Vermutlich hat Weiß in unserer Referenzpartie hier aber auch über 17.f5!? nachgedacht. Er ist weitere Untersuchungen wert.) 17...♕c6+ 18.♔g1 ♖fe8 19.g4 Damit ist ein Zwischenziel für Weiß erreicht. In der Begegnung A. Sokolow - Thesing, Berlin 1993, folgte nun 19...♘b7 20.♕f3 ♕xf3 21.♘xf3 ♖cd8 22.♔f2 mit dem Plan h2-h4-h5 und g4-g5. Damit hat sich der Anziehende ein aktives Spiel am Königsflügel erarbeitet.

II. 11...a6 Sichert das Feld b5 gegen den weißen Springer, sodass die Dame ungestresst nach c7 geführt werden kann. 12.♖fd1 (Auf 12.d4 folgt 12...♘a5!.) 12...♕c7 Eine Idee für die weiße Spielführung kann nun darin liegen, zunächst die schwarzen Entfaltungsmöglichkeiten auf dem Damenflügel zu beschränken, bevor das eigene Spiel am Königsflügel forciert wird. Die folgende Entwicklung hat dabei einen beispielhaften Charakter. 13.♖ab1 ♖ab8 14.♗a1 ♖fd8 15.d3 ♗a8 16.♘e1 ♘a7 17.♗xa8 ♖xa8 Die Stellung ist reif für ein weißes Vorgehen auf der rechten Seite. 18.g4 (18.f4 und nach 18...♘c6 der Aufzug des g-Bauern mit 19.g4 entspricht dem uns schon bekannten Vorgehensmuster. Nach 19...♖ab8 20.g5 ♘e8 21.♘f3 ♘d6∞, wie in Hänsch - Gruber, Zell 1991, ist aber nicht klar zu sagen, wie die Erfolgsaussichten auf dem Brett verteilt sind.) 18...♖ab8 19.g5 ♘e8 20.♕g4 Weiß steht aktiv und hat mit h2-h4-

h5 eine klare Option zur Fortsetzung seines Angriffs. Weitergehen kann es beispielsweise wie folgt: 20...b5 21.h4 bxc4 22.dxc4 ♘c6 23.♘e4 ♖xb1 24.♖xb1 ♘e5 25.♗xe5 ♕xe5 26.♘f3 ♕c7 27.h5 ♖b8 28.♖d1 ♖d8. Das aktivere Spiel ist weiterhin auf der Seite des Anziehenden festzustellen, Schwarz aber sollte die Stellung halten können.

III. 11...♘b4 12.d4 (Die aktivste Fortsetzung. Nach 12.♘e1 ♗xg2 13.♔xg2 ♕d7 14.a3 ♘c6 sollte Schwarz den Ausgleich wahren können.) 12...cxd4 13.exd4 ♖c8 14.a3 ♘c6 15.d5 (Im Duell Yermolinsky – Milman, San Diego 2004, spielte Weiß 15.♖fd1, woraufhin sein Gegner mit 15...♘a5 den unterstützungsbedürftigen weißen c-Bauern angriff und sich die folgenden Handgreiflichkeiten entwickelten: 16.d5 exd5 17.♘xd5 ♘xd5 18.cxd5 ♖e8 19.♕d3 ♘c4. Schwarz will mittels ♘c4-d6 den weißen Freibauern blockieren und nach ♗e7-f6 den starken Läufer auf b2 abtauschen. Die Stellung befindet sich in etwa im Gleichgewicht.) 15...exd5 16.♘xd5 (Zu überlegen sind 16.♖ad1!? und besonders 16.♖fd1!?.) 16...♘xd5, Lezcano Jaen – Galegon, Spanien 2005. Hier hätte Weiß 17. ♖fd1 ziehen sollen, mit Initiative in einer Stellung mit komplizierten Verwicklungen. Stattdessen aber griff er zu 17.cxd5, bekam Probleme und verlor nach 51 Zügen.

IV. 11...♕d7 Der Entwicklungszug ♕d8-d7 ist uns schon einige Male begegnet, so auch hier wieder. 12.♖ad1 (Auf 12.d3 sollte Schwarz ebenso wie nach 12. ♖ad1 12...♖ad8 ziehen.) 12...♖ad8 13.d3 (Einer Antwort bedarf auch die Frage, was passiert, wenn Weiß in ♕d1-e2 und ♖ad1 die Vorbereitung des Bauernvorstoßes d2-d4 sieht. Wir versuchen die erforderlichen Schlüsse aus einer Erprobung der Idee in der Praxis zu ziehen. Also: 13.d4 cxd4 14.exd4. Der Anziehende sollte nun einkalkulieren, dass sein Bauer auf c4 von Schwarz als Angriffsmarke auserkoren wird. 14...♕c8 15.d5 ♘a5 16.♘e5 exd5 17.♘xd5 ♘xd5 18.♗xd5 ♗xd5 19.cxd5 ♗c5∞ Die Situation in der Partie hängt wesentlich auch von der Bewertung des isolierten, aber weit vorgerückten weißen d-Bauern ab. Wir sehen sie als unklar an.) 13...♘e8 14.d4 cxd4 15.exd4 ♘a5 16.♘e5 ♕c8 17.d5 ♘d6 18.♗h3 f5 19.♗a3 ♖fe8 In dieser dynamischen Position sind die Chancen beider Parteien etwa gleichwertig, Mkrtchian – T. Kosintsewa, Gaziantep 2012.

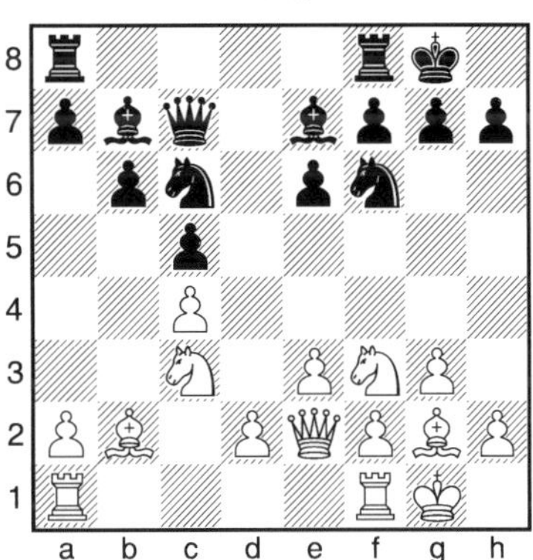

12.♘e1

Dieser Springerzug folgt der gleichen Idee wie in mehreren früheren Varianten. Er macht den Weg für f2-f4 frei.

Eine interessante Idee ist hier 12.♘b5, womit die Aktivierung der schwarzen

Dame nach c7 infrage gestellt werden soll. Allerdings wird der Springer schnell wieder weichen müssen, provoziert dabei dann aber a7-a6. 12...♕d7 13.♖fd1 a6 14.♘c3 ♕c7 (Möglich ist auch 14...♖fd8. Werfen Sie hierzu bitte einen Blick in unsere mit 11...a6 als Alternative zum Hauptzug 11...Dc7 eingeleitete Variante etwas weiter oben im Text. Sie werden die Verwandtschaft der Ideen erkennen und zusätzliche Hinweise zu einem Zweckmäßigen guten Vorgehen erhalten. 15.♖ab1 ♖ab8 16.♗a1 ♗a8 17.d3 ♘a5 18.♘e5 ♕c7 19.♗xa8 ♖xa8 Anhand des Duells Akopian - Georgiew, Chanty-Mansijsk 2013, verschaffen wir uns einen beispielhaften Eindruck da-von, in welcher Richtung die Kontrahenten ihr Spiel weiterentwickeln können. 20.f4 ♘c6 21.♘xc6 ♕xc6 22.♕g2 ♕xg2+ 23.♔xg2 ♘g4 24.♔f3 ♘xh2+ 25.♔g2 ♘g4 26.♔f3 ♘h2+ 27.♔g2 mit Remis nach 28. Zügen durch Zugwiederholung.) 15.♖ac1 (Wegen der schon thematisierten Schwäche des weißen c-Bauern bringt 15.d4 cxd4 16.exd4 ♘a5 dem Anziehenden nichts ein; ein Vorteil ist nun sogar zu Gunsten von Schwarz auf dem Brett entstanden.) 15...♖fd8

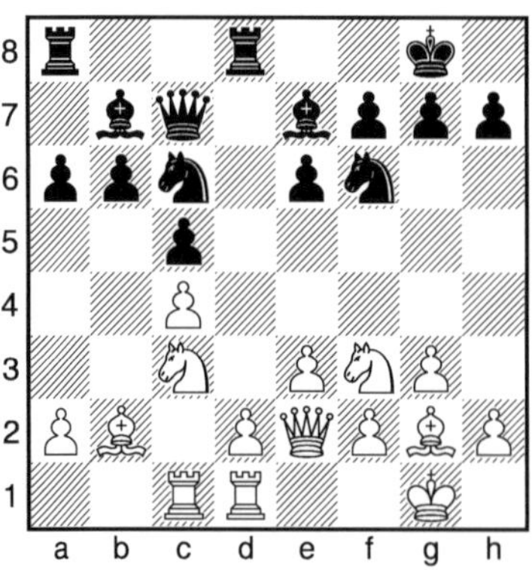

A) In der Partie Kramnik - Mista, Doha 2014, schlug nun die Geburtsstunde des Zuges 16.♗a1. Wie es weiterging, verfolgen wir über unsere **Beispielpartie Nr. 9**. 12.♖fd1 a6 führt in die zuvor bereits betrachtete Variante II. 11...a6 12.♖fd1 usw., als Alternative zum Hauptzug 11...♕c7.

B) Mit 16.d4 anstelle von 16.♗a1 kann Weiß auch hier nicht so recht auf einen Vorteil hoffen. Ein paar Varianten dazu: 16...♘a5. Fast schon ein Standardzug. (16...cxd4 17.exd4 und nun 17...♘a5 ist aber auch möglich.) 17.♘b1 ♖ac8 18.♘bd2 ♗c6 19.♘b3 (19.dxc5 ♗xc5 20.♘b3 ♘xb3 21.axb3 ♗e7 22.♘e5 ♗xg2 23.♔xg2 ♗d6∞ führt in eine unklare Situation, Sundararajan - Azarow, Rockville 2012.) 19...♗a4 20.♖d3 ♘c6 Schwarz hat alles unter Kontrolle, Shulman - Sargissian, Wheeling 2014.

12...a6 13.f4

Konsequent nach Plan. In der Partie Lenic - Krawtsiw, Hockenheim 2015, orientierte sich der Anziehende an dem uns schon aus anderen Zusammenhängen bekannten Manöver 13.♖b1 ♖fd8 und nun 14.♗a1, ohne dass er damit einen bemerkenswerten Profit unter Beweis stellen konnte. Es folgte 14...♘a7 15.d3 ♗xg2 16.♘xg2 ♖ab8 17.a4. Richtet sich gegen b6-b5, macht aber das Feld b4 schwach. Auf der Basis des schon Erreichten verschaffte sich Schwarz über 17...♘c6 18.f4 ♘b4 19.♖bd1 ♖d7 20.f5 exf5 21.♖xf5 ♖bd8 22.♘e1 ♕c6 ein ausgezeichnetes Spiel.

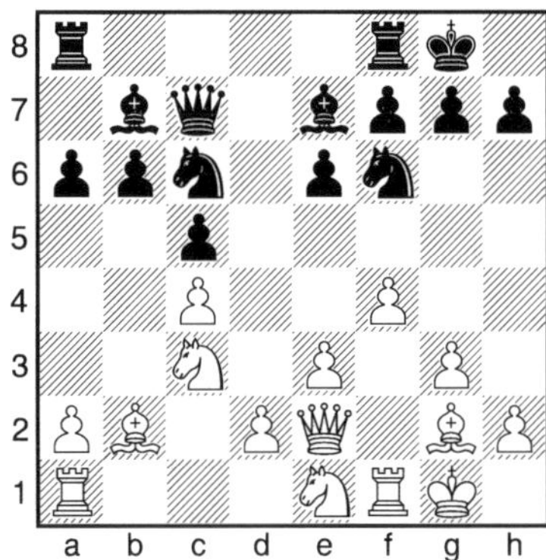

13...♘a7

Die mit diesem Zug verfolgte Absicht liegt darin, in einem geeigneten Moment den b-Bauern mit b6-b5 laufen zu lassen und so am Damenflügel aktiv zu werden.

Einen scharfen Verlauf nahm das Duell Malakchow - Smirnow, Rhodos 2013, nach 13...♖ad8 14.♖d1 und nun 14...♘e8 15.f5 ♗f6 16.fxe6 fxe6 17.♘d3. Es ist unklar, ob eine der beiden Parteien bessere Chancen hat und welche dies dann sein könnten. Der Ausgang der Partie gibt keinen Hinweis auf einen möglichen Vorteil auf einer Seite. Auch weil der weitere Verlauf der Begegnung recht interessant ist, geben ihn hier wieder ab, ohne aber weiter zu kommentieren. 17...♘d6 18.♘f4 ♖de8 19.♘cd5 exd5 20.♗xd5+ ♔h8 21.♕h5 ♘e7 22.♘e6 ♕d7 23.♖xf6 ♖xf6 24.♘xg7 ♘xd5 25.♘xe8 ♕xe8 26.♕h4 ♔g8 27.♗xf6 ♘xf6 28.♕xf6 ♕e4 29.♕g5+ ♔f7 30.♕f4+ ♕xf4 31.exf4 ♘xc4. Im Endeffekt schloss die Partie schiedlich friedlich mit einem Remis.

14.a4

Natürlich gegen b6-b5 gerichtet. Aus der Turnierpraxis bekannt ist aber auch ein aggressiver Versuch mit 14.g4, aus dem sich interessante Verwicklungen ergeben. Diese können wir hier nicht bis in alle Tiefen darstellen, wollen aber die wesentlichen Erfahrungen damit kurz beleuchten.

A) 14...♗xg2 15.♘xg2 ♖fd8 16.g5 ♘e8 17.♖ad1 b5 In der Begegnung Srebrnic - Roskar, Bled 2005, folgte nun 18.♖f3 f5 19.♖h3 ♗f8 20.e4 b4 21.♘b1 ♕f7 22.♘h4 g6 23.exf5 exf5 24.♘f3 ♘c6 25.♘e5 ♘xe5 26.♗xe5 ♗g7 mit guten Perspektiven für Schwarz.

B) Gut für Schwarz sieht auch 14...♖ab8 aus. Wenn der Anziehende an seiner mit 14.g4 verbundenen Idee festhält, kann dies zu den folgenden Entwicklungen führen: 15.g5 ♘e8 16.♘e4 ♘c8!? (Problematisch sind 16...b5 17.cxb5 axb5 18.♖c1 ♕b6 19.♘d3± und 16...♘c6 17.♖f3 f6 18.♖h3 g6 19.gxf6 ♘xf6 20.♘g5 ♕d6 21.♘ef3 ♖bd8 22.♘e5 und Weiß hat die Möglichkeit zu einem entscheidenden Königsangriff, Galliamowa - Botsari, Innsbruck 1987.) 17.a4 ♘cd6 18.♘g3 ♗xg2 19.♘xg2 b5 20.axb5 axb5 21.cxb5 ♖xb5 22.♗e5 ♕b7. Nun kann Schwarz ♘e8-c7 folgen lassen und auch noch seinen auf f8 stehenden Turm ins Spiel bringen.

14...♗xg2 15.♕xg2

Als weniger logisch erscheint 15.♔xg2, spielbar ist diese Alternative aber ohne Zweifel dennoch. Zum Beleg begnügen wir uns mit einem Beispiel von der Turnierbühne. 15...♖fd8 16.♔g1 ♕d7 17.♘f3 ♖ab8 18.♖fd1 ♕b7 19.♘e5 ♘e4 20.♕g2 ♘xc3 21.♗xc3 ♕xg2+ 22.♔xg2 f6 23.♘f3 ♖d7 24.♖a2 b5 25.axb5 axb5 26.♖da1 ♖bb7 27.cxb5 ♘xb5 Die

Chancen sind ausgeglichen, Pantschenko – Andrianow, Nabereznyje Chelny 1988.

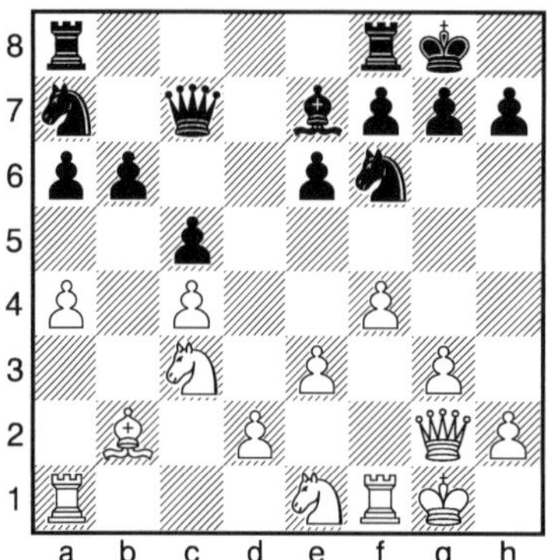

15...♕c6

Es ist der konsequent rote Faden im Spiel von Schwarz, wenn er weiter auf die Durchsetzung von b6-b5 hinarbeitet.

Nicht vorenthalten möchten wir Ihnen eine interessante Vorgehensweise, die wir in der Partie B. Nielsen – Gretencord, IECG 2004, gefunden haben. Hier spielte Schwarz 15...♘g4!? und nach dem zu erwartenden 16.h3 ♘h6. Nach den weiteren Zügen 17.g4 ♘c6 18.♕e2 ♘b4 19.♘f3 f6 20.♘a2 ♘xa2 21.♖xa2 ♘f7 stand er kompakt und bereit, den weißen Königsflügel einem „Stresstest" zu unterziehen. Es folgte 22.♗c3 e5 23.fxe5 fxe5 24.e4 ♘g5 25.♘xg5 ♗xg5 26.a5 ♖xf1+ 27.♕xf1 ♕d6 28.axb6 ♖f8 29.♕e2 ♕xb6 30.♖b2 ♕f6 31.♖b1 ♗f4 und Schwarz hatte Gegenspiel und für seinen weiteren Kampf einen einfachen Plan zur Verfügung: ♕f6-h4, h7-h5 usw.

Einen Testballon wert ist auch 15...♘c6!?. Wie es beispielsweise weitergehen kann, zeigt die folgende Variante: 16.g4 ♘e8 17.a5 b5 18.cxb5 axb5 19.♘xb5 ♕b7 20.♘c3 ♘d6 21.♘d1 ♘xa5 22.♕xb7 ♘axb7. Schwarz hätte keinen Grund, sich in dieser Stellung zu beklagen, denn er steht gut.

16.♘f3 ♖ab8 17.g4 ♕b7 18.g5 ♘e4 19.♘e5 ♘xc3 20.♗xc3 b5

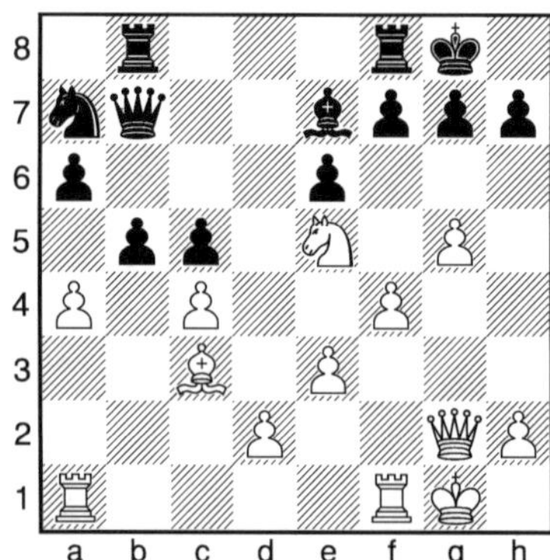

21.axb5

21.e4? wäre schwach, was sich der Anziehende in der Partie Bocharo – Froljanow, Sotschi 2015, nach den folgenden Zügen eingestehen musste: 21...b4 22.♗b2 ♘c6 23.♘g4 ♘d4 24.h4 ♔h8 25.♖ae1 f6 26.d3 ♖bd8 27.♔h1 f5 28.exf5 ♕xg2+ 29.♔xg2 ♘xf5 mit schwarzem Vorteil.

21...axb5 22.cxb5 ♘xb5 23.♘c6 ♖bc8 24.♘a7

Auf 24.♘e5 kann 24...♖b8 folgen.

24...♕xg2+ 25.♔xg2 ♘xa7 26.♖xa7 ♗d6 27.♖fa1 ♖c7

Weiß geht mit einem leichten Vorteil ins Endspiel, die Stellung sollte aber für Schwarz zu verteidigen sein. Anstelle der Hauptfortsetzung 4... ♗e7 kann sich Schwarz anderen Ideen zuwenden, die wir in den Abspielen 1 und 2 analysieren.

Abspiel 1

Die Fortsetzung 4...dxc4

1.♘f3 d5 2.c4 e6 3.g3 ♘f6 4.♗g2 dxc4

Schwarz gibt das Zentrum auf, aber er gewinnt Zeit durch das Schlagen auf c4, weil Weiß nun den Bauern zurückgewinnen muss.

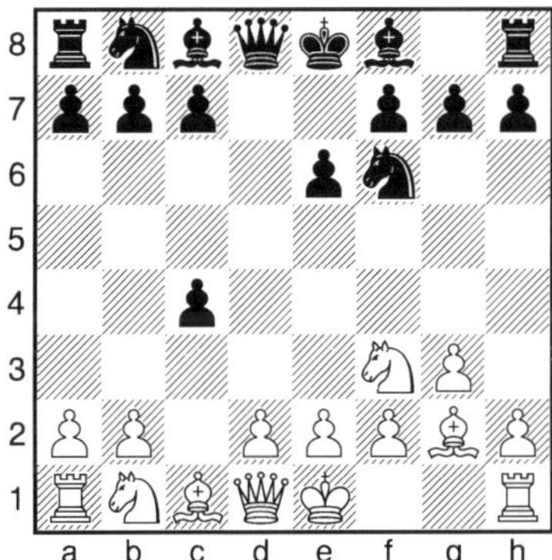

5.0-0

Eine logische Fortsetzung, die aber besonders zwei Alternativen hat. Indem Weiß jetzt die ohnehin fällige Rochade ausführt, verschafft er sich ein Plus an Flexibilität, die ihn bald zwischen mehreren Plänen auswählen lassen kann. Die kurze Rochade ist in der gegebenen Stellung unser Favorit. Zu den beiden schon angesprochenen Konkurrenten: Sie sind nicht unsere Nummer 1, und doch möchten wir Ihnen einen zumindest so tiefen Einblick geben, dass Sie über eine Wahl entscheiden können, vielleicht gestützt auf andere Quellen als unser Buch. Wir sollten uns hier deshalb besonders 5.♕a4+ und 5.♘a3 anschauen.

I. 5.♕a4+

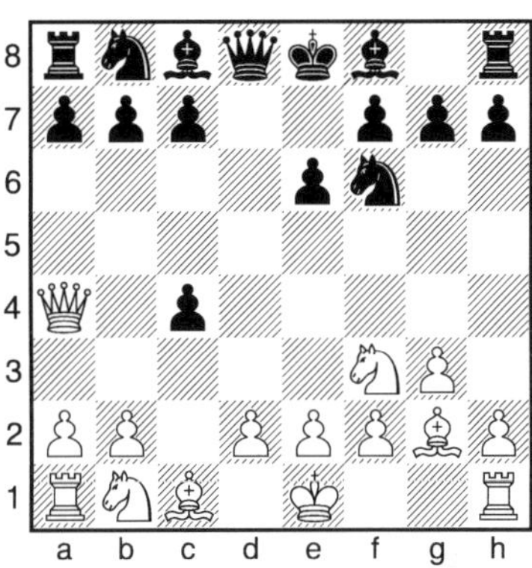

5...♘bd7 ist nun die beste und zumeist ausgeführte Antwort. Es ist offensichtlich, dass 5...c6, 5...♗d7, 5...♕d7 und 5...♘c6 zumindest theoretisch als Erwiderungen in Betracht kommen. In dieser Reihenfolge wollen wir sie zunächst kurz betrachten, bevor wir uns 5...♘bd7 zuwenden.

A) 5...c6 6.♕xc4 b5 7.♕c2

(Es geht auch 7.♕b3 mit einer Folge nach dem Muster 7...♗b7 8.0-0

(Die sofortige Springeraktivierung 8.♘c3 stellen wir in der **Partie Nr. 12**, So - Wei Yi, chess.com INT 2018, vor.)

8...♘bd7 9.d4 ♗e7 nebst 0-0 und etwa gleichen Chancen, Anand - Meier, Dubai 2014.) 7...♗b7 8.0-0 ♘bd7 9.♘c3 a6

(9...♗e7 ist gleichermaßen möglich.)

Ein natürlicher weiterer Aufbau kann nun beispielsweise so aussehen: 10.a4 ♖c8 11.d3 ♘d5 12.♗g5 ♗e7 13.♘e4 f6 14.♗d2 ♕b6∞, Artemiew - Aleksandrow, Taschkent 2015.

Die Stellung ist schwierig und es ist unklar, ob eine Seite hinsichtlich der

Chancen in der Partie den Vorzug verdient.

B) 5...♗d7 6.♕xc4 c5 7.♘e5 ♕c8 8. 0-0 ♘c6 9.♘xd7 ♕xd7 Auf mehr als Ausgleich kann der Anziehende hier kaum hoffen. Weitergehen kann es beispielsweise wie folgt: 10.♕a4 ♖c8 11.♘c3 ♗e7 12.d3 (Unklar sind die Folgen von 12.a3 0-0 13.b4 c4∞, Aronian - Riazantsew, Dubai 2014.) 12...0-0 13.♖d1 ♖fd8 14.♗d2 b6. Die Stellung ist ausgeglichen, Artemiew - Riazantsew, St. Petersburg 2015.

C) 5...♕d7 6.♕xc4 ♕c6 7.b3 ♕xc4 8.bxc4 ♘c6 9.♘c3 a6 10.0-0 ♗e7 11.♖b1 ♖b8 12.d3 b6 13.♗f4 ♗d6 14.♗xd6 cxd6 Die schwarze Stellung ist verteidigungsfähig, Greger - Kloke, Deutschland 2005.

D) 5...♘c6 6.♘e5±

E) Nun also zu 5...♘bd7, damit der besten und zumeist ausgeführten Antwort: 6.♕xc4 a6 (Der Zug dient der Vorbereitung von b7-b5. Spielbar ist aber auch 6...c5 7.0-0 ♗e7 nebst 0-0 usw.)

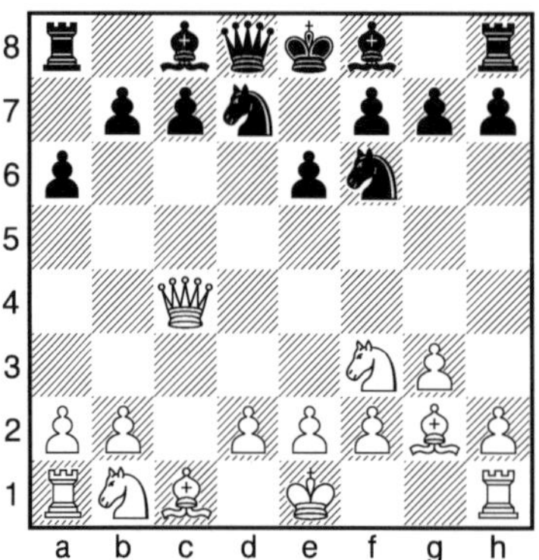

E1) 7.0-0 Die Rochade steht ohnehin an, also kann sie auch jetzt erfolgen. 7...b5 8.♕b3 (Auch auf 8.♕c2 ist 8...♗b7 nebst c7-c5 für den Nachziehenden die Antwort der Wahl.) 8...♗b7 9.♘c3 ♗e7 10.d3 c5 (Was passieren kann, wenn Schwarz hier 10...0-0 spielt, schauen wir uns in **Partie Nr. 10**, Swidler - Kramnik, Moskau 2013, an.) 11.a4 b4 12.♘b1 (Eine andere Möglichkeit ist 12.♘d1 mit der Idee, den Springer auf das offensichtlich einladende Feld c4 zu bringen. Nach 12...a5 13.♘e3 0-0 14.♘c4 ist dies geschafft, aber nach der kleinen schwarzen Riposte 14...♘b6 bleibt erst mal unklar, ob es sich für den Anziehenden gelohnt hat.) 12...a5 Der Damenflügel ist zunächst mal abgeriegelt, beide Kontrahenten sollten nun ihre Entwicklung abschließen. 13.♕c2 0-0 14.♘bd2 ♕b6 15.b3 ♘d5 16.♗b2 ♗f6 17.♘c4 ♕c7 Schwarz steht gut, ein Vorteil lässt sich daraus aber nicht ableiten, Rasmussen - Filippow, Tromsö 2014.

E2) Bisweilen wählt der Anziehende den Weg, seine Dame nicht vom gegnerischen b-Bauern vertreiben zu lassen, sondern schon vorher Richtung c2 das Feld zu räumen. Schwarz verliert damit seine vorrangige Intention zu b7-b5. Wie sich aber bald zeigen wird, ist der Schritt seines a-Bauern im 6. Zug für Schwarz keine verlorene Zeit, sondern systematisch begründet, und auch der Doppelschritt seines b-Bauern bleibt eine starke Option zur Entwicklung seines Damenflügels. 7.♕c2 c5 8.♘c3 (Der Versuch, Schwarz mit einem Aufbau in der Form Bauern auf a4 und d3, Dame auf b3 und Springer auf c3 herauszufordern, verspricht nicht mehr als das Vorgehen mit 8.Sc3 usw. Ein Beispiel aus der

Praxis dazu: 8.0-0 b5 9.a4 ♗b7 10.♘c3 ♕b6 11.d3 ♗e7 12.axb5 axb5 13.♖xa8+ ♗xa8 14.♕b3 ♘d5 und Schwarz hat alles unter Kontrolle, Aronian – Wojtaszek, Peking 2014. Auch über die Variante 8.d3 b5 9. 0-0 ♗b7 10.♘c3 ♗d6 11.a4 ♗c6 12.e4 0-0 13.♖d1 e5 14.♕b3 ♕c7 15.♗e3 ♕b7 kann Weiß nicht auf einen Vorteil hoffen, Ju – Zatonskih, Astana 2013.) 8...♕c7 Schwarz beabsichtigt die Positionierung seines weißfeldrigen Läufers auf der langen Diagonale. Auf c7 ist seine Dame flexibel aufgestellt, sie deckt mit b7 das Zielfeld des Läufers und sie ist – dank des vorgerückten a-Bauern, zurzeit gegenüber einer Springerattacke immun. 9.0-0 b6 10.d4 ♗b7 11.dxc5 ♗xc5 12.♗f4 ♗d6 13.♗xd6 ♕xd6 14.♖fd1 ♕c7 Beide Parteien sind vergleichbar gut aus der Eröffnung gekommen. In der Partie Aronian – Wojtaszek, Wijk aan Zee 2015, folgte 15.♖ac1 ♖c8 16.♕b1 ♕b8 17.♘g5 ♗xg2 18.♔xg2 ♕b7+ 19.f3 0-0 und Schwarz wahrte den Ausgleich.

II. 5.♘a3 Damit haben wir die zweite angekündigte Alternative zu 5.0-0 auf dem Brett. 5...♗xa3 Schwarz provoziert einen hässlichen weißen Doppelbauern auf der a-Linie, gibt dafür aber sein Läuferpaar auf. Die Chancenbilanz dieses Eröffnungsweges wird auch davon abhängen, was aus dem Doppelbauern wird. (Die Alternative 5...c5 6.♘xc4 ist positiv für Weiß.) 6.bxa3 (Ungenügend ist 6.♕a4+ wegen 6...b5! 7.♕xa3 ♗b7 8.0-0 ♘bd7 9.b3 cxb3 10.axb3 a5 und Schwarz hat gute Möglichkeiten zum Ausgleich.)

A) 6...b5 Dieser energische Vorstoß ist schon lange in den Turniersälen bekannt, gerade aber erst in der jüngsten Vergangenheit ziemlich in Mode gekommen. 7.♘e5 Die mit Abstand häufigste Antwort. 7...♘d5 8.d3 cxd3 (8...♕f6 9.♗f4!?) 9.♕xd3 Hier nun treten auch die Schattenseiten des Vorstoßes im 6. Zug zu Tage. Auch die schwarze Bauernstruktur am Damenflügel ist nicht mehr intakt. Wie es weitergehen kann, wollen wir über eine „Tiefenbohrung" ermitteln. Wir folgen einem Beispiel von der Turnierbühne bis deutlich ins Mittelspiel hinein. 9...0-0 10.♕xb5 (10.♗b2 f6!?) 10...♗a6 11.♕b2 c5 12.0-0 ♘d7 13.♘xd7 ♕xd7 14.♕c2 ♖ac8 15.♗b2 ♗b5 16.♖fe1 ♖fd8 17.♖ac1 c4 18.e4 ♘b6 19.♗c3 ♕d3 Die Stellung ist kompliziert, insgesamt gesehen aber als weitgehend ausgeglichen zu betrachten, Dominguez Perez – Meier, Lubbock 2011. Natürlich kann dieses Partiefragment nur einen beispielhaften Charakter haben, die beiderseitigen Möglichkeiten aber doch in ihren Grundzügen erkennbar werden lassen.

B) 6...0-0 7.♕c2 (In der Variante 7.♗b2 ♘bd7 8.♖c1 c5 9.♖xc4 b5 10.♘e5 bxc4 11.♗xa8 ♘xe5 12.♗xe5 ♘d5 wird die Stellung vereinfacht und Schwarz hat keine Probleme, Hagen – E. Hansen, Reykjavik 2015.) 7...♘d5 8.♕xc4 (8.♗b2 b5 9.a4 a6 10.0-0 ♗b7 11.axb5 axb5 12.a4 c6 13.♘d4 ♕d7∞) 8...b6 9.♗b2 ♗b7 10.0-0 ♘d7 mit gleichen Chancen, J. Adamski – A. Petrosjan, Leipzig 1977.

5...a6 6.a4

Im Fall von 6.♘c3 kann Schwarz gut mit 6...♗e7 seine Entwicklung fortsetzen.

6...♘c6

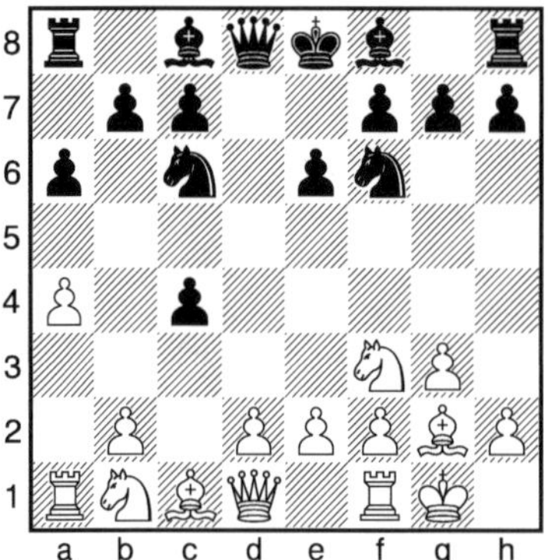

7.♕c2

Mit der Absicht gespielt, den Bauern auf c4 schnell zu erobern und das materielle Gleichgewicht wiederherzustellen.

Alternativ bietet die Stellung auch Raum für eine Opferspielweise, bei der Weiß mit 7.a5 ♗d7 und nun 8.b3 den vakanten Bauern endgültig investiert. Über 8...cxb3 9.♕xb3 greift der Nachziehende zu. Während er nun seine Entwicklung abschließt, kann Weiß die gewonnene Zeit nutzen, um sich dynamische Chancen zu sichern. Prinzipiell kann es weitergehen wie im folgenden Beispiel: 9...♗d6 10.d4 (Aber nicht 10.♕xb7? ♘b4 und Weiß kommt in Schwierigkeiten.) 10...0-0 11.♗b2 ♖b8 12.♘bd2 ♘a7 13.e4 ♗e7 14.♖fe1 ♗b5. Die beiderseitigen Aktivitäten haben zu einem komplizierten Spiel geführt, bei dem die beiden Kontrahenten in etwa ausgeglichene Chancen haben sollten, Bachmann – Magem Badals, Barcelona 2015.

7...e5

Dies ist die beste Wahl für Schwarz. Der Bauer eröffnet seinem Läufer die Möglichkeit, ohne große Vorbehalte das Feld e6 zu betreten.

8.♘a3

Nur so kann es gehen. Auf 8.♕xc4? kann sich Schwarz über ein nachdrückliches Vorgehen in der Variante 8...♗e6 9.♕c2 e4 10.♘g5 ♘d4 11.♘xe6 ♘xc2 12.♘xd8 ♘xa1 13.♘xb7 ♖b8 14.♘a5 ♗b4 15.♘c4 ♘b3 einen materiellen Vorteil erstreiten.

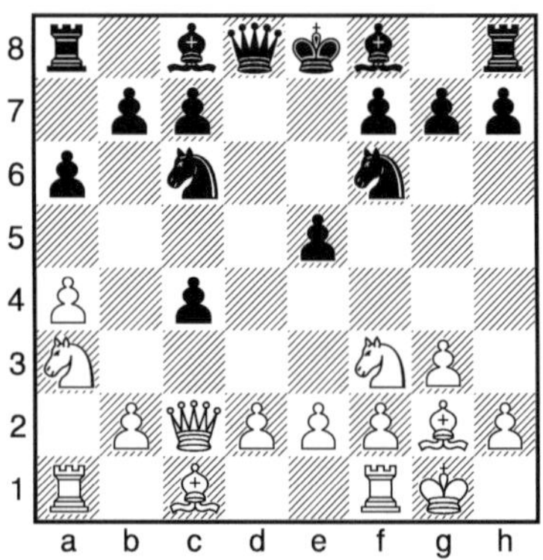

8...♗xa3

Dies ist eine bekannte Theorieempfehlung. Schwarz will seinem Gegner die Eroberung des c–Bauern erschweren. Schauen wir uns noch zwei interessante weitere Ideen an:

8...♗e6!? ist der Ausgangspunkt für eine ohne besondere Anmerkungen in sich gut nachvollziehbare Variante. Also: 9.♘xc4 e4 10.♘fe5 ♘d4 11.♕d1 b5 12.axb5 axb5 13.♖xa8 ♕xa8 14.e3 ♘c6 15.♘xc6 ♗xc4 (Zu prüfen ist 15...♕xc6!? 16.♘e5 ♕d5 17.d4 ♗d6 usw.) 16.♘d4 und nun hätte Schwarz in der Partie Gurgenidze – Ubilawa, Tskhaltubo 1981, 16...♗d3!? versuchen sollen. Nach 17.f3 ♗c5 nebst 0-0 hätte er vollwertiges Spiel gehabt.

Alternatividee Nummer 2 ist 8...e4!?. Auch hier soll eine Variante für sich sprechen: 9.♘g5 ♘d4 10.♕xc4 ♕d5 11.♕xd5 (11.♘xe4 ♕xc4 12.♘xf6+ gxf6 13.♘xc4 ♗e6 14.d3 ♘xe2+ 15.♔h1 0-0-0 würde Schwarz in Vorteil bringen.) 11...♘xd5 12.♘xe4 ♘xe2+ 13.♔h1 ♘d4 14.♖e1 ♗e6 15.♘g5 0-0-0 und die Position des Nachziehenden ist gut.

9.bxa3 ♗e6

Verfrüht ist 9...e4 wegen 10.♘g5!.

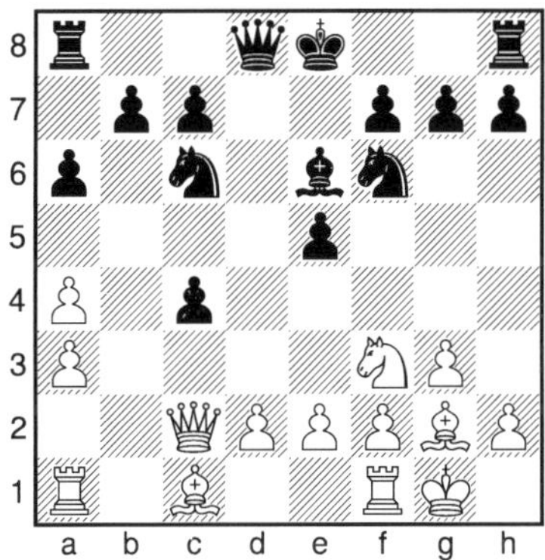

10.♗b2

Andere Züge sind nicht gefährlich für Schwarz. Für die beiden Möglichkeiten 10. ♖b1 und 10. ♘g5, die vielleicht etwas hervorstechen mögen, wollen wir unsere Aussage mittels zweier Beispiele aus der Praxis erhärten. Also:

I. 10.♖b1 ♗d5 11.♕c3 0-0 12.♘xe5 ♘xe5 13.♕xe5 ♖e8 14.♕d4 ♖xe2 15.♗xd5 ♕xd5 16.♕xd5 ♘xd5 17.♖xb7 f5 18.♔g2 ♖ae8 19.♖a7 ♖8e6 20.♖d1 ♖d6 21.♔f3 ♖ee6 und Schwarz steht etwas aktiver, Fernandez - Ashwin, Rethymno 2012.

II. 10.♘g5 ♘d4 11.♘xe6 ♘xc2 12.♘xd8 ♘xa1 13.♘xb7 ♘b3 14.♘a5 ♘xa5 15.♗xa8 c6 16.♗b2 ♘e4 17.♗xe5 0-0 18.♗c7 ♘b3. Hier nun hat der Nachziehende eine Gewinnstellung auf dem Brett, Bystrow - Dautow, Minsk 1987.

10...♕d6

10...♘d7!? kommt auch infrage.

11.♘g5 ♗d5 12.e4 ♗e6 13.♘xe6 ♕xe6 14.♖ac1

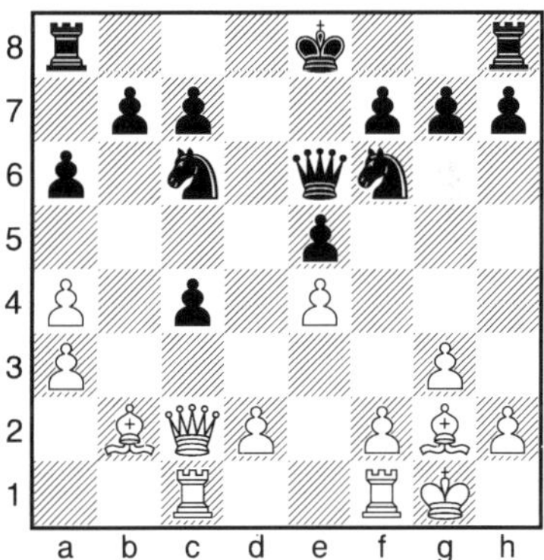

14...♖d8

Warum nicht vielleicht sogar mit 14...0-0-0!? den Turm auf die d-Linie bringen? Dabei kann eine schnelle Verdoppelung der Türme locken und eine Dynamisierung des Spiels durch die entgegengesetzten Rochaden dürfte Schwarz auf mittlere Sicht nicht fürchten müssen. Ein Beispiel dazu: 15.♖fd1 ♖d6 16.♕xc4 ♕xc4 17.♖xc4 ♖hd8. Mit einer Stellung wie dieser im Zielbereich sollte sich eine weitere Prüfung der Idee lohnen.

15.♖fd1 ♘a5

In einer Fernpartie Dibley - Negri, ICCF 2002, ging es nun wie folgt weiter:

16.♗f1 ♘g4 17.h3 ♘f6 18.d4 exd4 19.♖xd4 ♖xd4 20.♗xd4 b5 21.♗xf6

gxf6 22.axb5 axb5 23.a4 ♘b3 24.♖d1 c6 mit einem Mehrbauern und einer sicheren Stellung.

Zusammenfassung: Anstelle der Hauptfortsetzung 8...♗xa3 hat Schwarz mit 8...♗e6!? und 8...e4!? zwei interessante Alternativen zur Verfügung, die es wert sind, weiter erforscht zu werden.

Abspiel 2

Fortsetzung 4...d4

1.♘f3 d5 2.c4 e6 3.g3 ♘f6 4.♗g2 d4

Dieser Vorstoß an gerade dieser Stelle hat seine eigenen Anhänger, auch wenn die Variante 1.♘f3 d5 2.c4 d4 (**Kapitel 3**) häufiger gespielt wird. Dort braucht Schwarz nur ein Tempo, um seinen Bauern mittels e7-e5 auf d4 zu decken, hier aber muss er zwei Tempi investieren (e7-e6 und dann erst e6-e5).

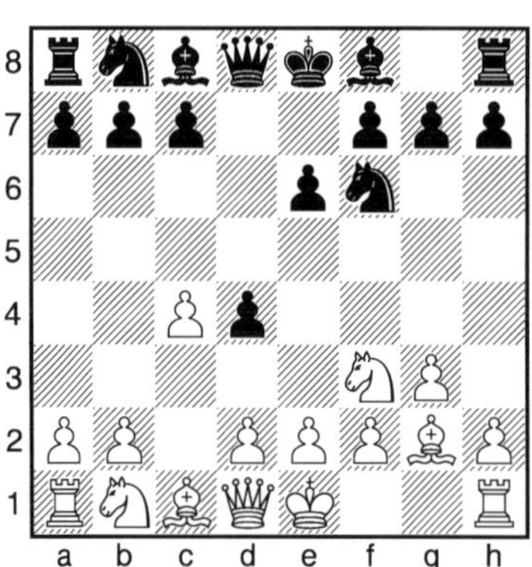

5.0-0

Daneben sind auch 5.a3 und 5.b4 anzutreffen. Werfen wir einen Blick auf die daraus resultierenden Folgen:

I. 5.a3 a5. Gegen b2-b4 gerichtet. 6.e3 c5 7.exd4 cxd4 8.d3 ♘c6 In der Begegnung Aronian – Ponomariow, Tsaghkadzor 2015, ging es nun bei der weiteren Aktivierung der beiderseitigen Kräfte wie folgt weiter: 9.♗g5 ♗e7 (Wenn Schwarz zu einem Doppelbauern auf der f-Linie bereit ist, kann er auch aktiv 9...♕b6!? spielen. Nach 10.♗xf6 gxf6 11.♕c2 a4 ist eine komplizierte Stellung auf dem Brett entstanden, die wir hinsichtlich der Chancen auf den Erfolg in der Partie als unklar ansehen.) 10.♘bd2 h6 11.♗xf6 ♗xf6 12.0-0 0-0 Wir wollen der Partie noch etwas weiter folgen, um einen Eindruck zu gewinnen, wie es weitergehen kann. Allerdings kann der Verlauf nur als beispielhaft angesehen werden, denn in diesen Gefilden der Theorie ist vieles noch nicht geklärt. 13.c5 ♗e7 14.♖c1 a4 15.♖c4 ♗d7 (Stärker sieht 15...♕a5!? aus.) 16.♖xa4 ♗xc5 17.♖xa8 ♕xa8 18.b4 ♗e7 19.b5 ♘a5 20.a4 ♕a7 21.♘e5 b6 22.♘b3 mit einer besseren Stellung für Weiß, die es ihm in den späteren Partiegewinn auszubauen gelang.

II. 5.b4 ♗xb4 (Spielbar ist auch 5...c5 6.♗b2 ♕b6 usw.) 6.♕a4+ ♘c6 7.♘e5 ♖b8 8.♘xc6 bxc6 9.♕xa7 ♖b6 10.♕a4 0-0 11.0-0 e5 12.d3 Bis hierher ist die Variante sehr stark taktisch geprägt und in sich gut nachvollziehbar. 12...♗g4 (Eine gute Idee scheint auch 12...♕e7!? zu sein.) 13.♕c2 ♕e7 Schwarz steht aktiver und einflussreicher, Weiß muss noch seine Restaufgaben zur Entwicklung erledigen. 14.h3 ♗h5 15.♗g5 ♖fb8 16.g4 ♗g6 17.♘d2 ♗xd2 (⌓17...♗c3!) 18.♕xd2 h6 19.♗xf6

♕xf6 mit gutem Spiel für den Nachziehenden, Karjakin – Anand, Dubai 2014.

5...c5

Schwarz will seinen Springer nach c6 entwickeln, ohne sich den c-Bauern zu verstellen. Es geht aber auch anders, der Springer kann auch sofort aktiv werden. Ein lehrreiches Beispiel für die erfolgreichen Entwicklungsstrategien beider Parteien ist eine Partie zwischen Viktor Kortschnoi und David Bronstein aus dem Jahre 1966, gespielt in Tiflis. Dort geschah: 5...♘c6 6.d3 ♗e7 7.e3 0-0 (7...e5 8.exd4 exd4 9.♖e1 0-0 führt in recht unklare Verhältnisse.) 8.exd4 ♘xd4 9.♘xd4 (9.♘bd2 ♘c6 10.♕e2 ♖e8 11.♘b3 a5 12.♗f4 a4 13.♘bd2 ♗d6 ist eine ruhige Ausgleichsvariante.) 9...♕xd4 10.♘c3 e5 11.♘b5 ♕d7 12.d4 a6 13.dxe5 axb5 14.exf6 ♗xf6 15.♕c2 bxc4 16.♕xc4 c6 Zugleich prophylaktisch und vorbereitend gespielt. 17.a4 ♕e6 18.♕c2 ♕e5 19.♖a3 ♖d8 20.♖e3 ♗f5 21.♗e4 ♗xe4 22.♖xe4 ♕d5 mit Ausgleich.

6.e3

Dieser Schritt mit dem e-Bauern ist ein Standardzug in diesem System. Er zielt auf die Sprengung des Zentrums ab.

6.b4 verspricht dem Anziehenden keinen Vorteil, wie eine Praxisvariante beweist: 6...cxb4 7.a3 ♘c6 8.d3 a5 9.♘bd2 e5 10.axb4 ♗xb4 11.♗a3 ♗xa3 12.♖xa3 0-0. Hier nun ist es Weiß, der zu kämpfen hat, denn Schwarz verfügt über einen klaren Vorteil, Andriasian – Korobow, Dubai 2014.

6...♘c6 7.exd4 cxd4 8.d3

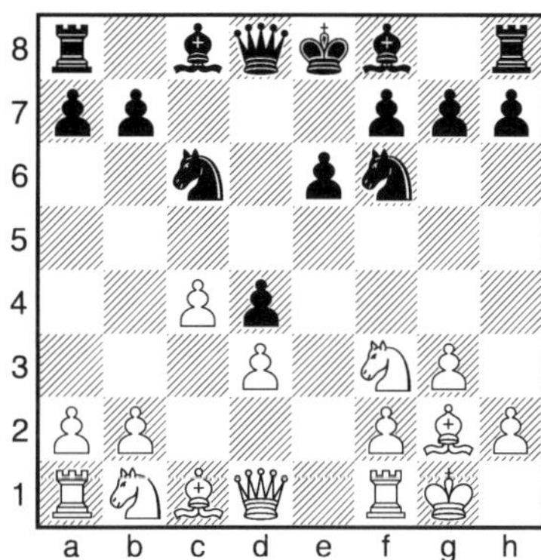

8...♗e7

Dies ist der Hauptzug für den Nachziehenden. 8...♗d6 wird zwar seltener gespielt, ist qualitativ aber auch in Ordnung.

A) 9.a3 ist eine alte und jüngst mehrfach wieder neu erprobte Alternative. Die Konsequenzen dieser Wahl lassen sich ohne eine intensive Kommentierung gut aus aktuellen Praxisbeispielen ablesen. Wir wollen zweien von ihnen ein Stückchen folgen: 9...a5 10.♗g5 h6 11.♗xf6 ♕xf6 12.♘bd2 ♕e7 13.♘e4 (In der Begegnung Le Quang – Moissejenko, Chanty-Mansijsk 2013, bevorzugte Weiß hier 13.♖e1, um nach den weiteren Zügen 13... 0-0 14.♘b3 ♕f6 15.♕c2 e5 16.♘fd2 ♕g6 17.c5 ♗c7 18.♘c4 ♗f5 zu erkennen, dass die beiderseitigen Chancen in der Waage geblieben waren.) 13...♗c7 14.♕a4 ♗d7 15.♕b5 a4 16.b4 b6 17.♕h5 g6 18.♕h4 ♕xh4 19.♘xh4 ♔e7 und erneut sind die weiteren Chancen ausgeglichen, auch wenn sich der Anziehende deutlich agiler als sein Kontrahent um einen Vorteil bemüht gezeigt hat, Swidler – Georgiadis, Caleta 2015.

B) 9.♘a3 e5 (Anzutreffen ist auch 9...a6!? nebst 0-0 und der Vorbereitung von e6-e5.) 10.c5 ♗xc5 11.♘c4 ♘d7 (Infrage kommt 11...♗g4!?.) 12.♖e1 0-0 13.♘fxe5 ♘cxe5 14.♘xe5 ♘xe5 15.♖xe5 ♕b6 16.a4 a5 17.♕c2 ♗b4 18.♖b5 ♕e6 19.♗f4 mit weißem Vorteil, Giri–So, Wijk aan Zee 2015.

9.♖e1 0-0 10.♘a3

Ein aus zahlreichen Abspielen bekannter Plan tritt auch hier wieder zutage – Weiß überführt den Springer nach c2, von wo aus er die Punkte d4 und b4 ins Visier nimmt.

Andere Züge sind keine Gefahr für Schwarz:

I. 10.b3 wurde jüngst auf höchster Ebene ausgetestet. Es folgte 10...♘d7 11.♗a3 ♖e8 12.♗xe7 ♖xe7 13.a3 a5 14.♘bd2 ♘c5 15.♘e4 ♘xe4 16.♖xe4 e5 17.♖e1 ♗g4 18.h3 ♗h5 19.♕d2 e4 20.♖xe4 ♖xe4 21.dxe4 ♗xf3 22.♗xf3 a4= mit Gleichstand, Aronjan – Nakamura, Saint Louis 2017.

II. 10.♗g5 sieht natürlich aus, verspricht aber auch nicht mehr. Es kann beispielsweise folgen: ♘d7 11.♗xe7 ♕xe7 12.♘a3 ♘c5 13.♘c2 a5 14.♕e2 ♖d8 15.♘d2 ♘b4 16.♘xb4 axb4 17.♘e4 ♖a5 18.♘xc5 ♕xc5 19.f4 ♕b6 20.♕f2 ♗d7 21.♖e2 ♗c6=, Ruck – Berzinsh, Panevezys 2017.

III. Nach der Variante 10.♘e5 ♘xe5 11.♖xe5 ♗d6 12.♖e1 e5 13.♘a3 ♖e8 14.♘b5 ♗c5 15.♗g5 a6 16.♗xf6 gxf6 17.♘a3 f5 18.♘c2 a5 muss Weiß immer mit der Drohung e5-e4 rechnen. Die Stellung befindet sich in einem dynamischen Gleichgewicht, J. Garcia – Shrentzel, Philadelphia 2017.

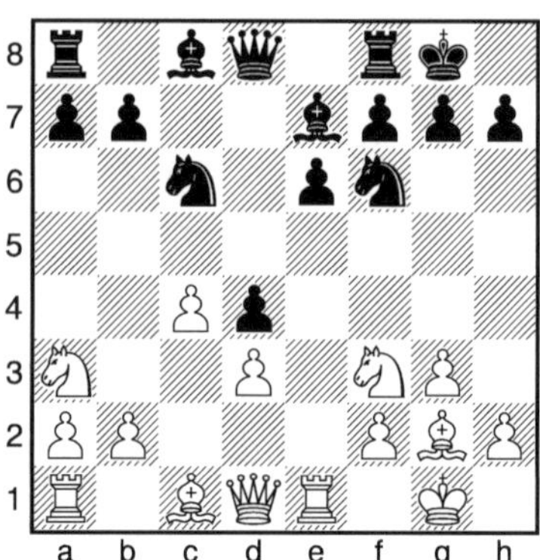

10...♘e8

Und wenn wir schon gerade bei den grundsätzlichen Aspekten sind: Schwarz reagiert auch seinerseits mit seinem Standardplan in diesem Stellungstyp. Der Springer räumt das Feld f6 mit der Idee, mittels f7-f6 und dann e6-e5 das Zentrum zu stärken. Der Springer wird dann nach c7 gebracht, wo er am Damenflügel eine Verteidigungsrolle übernimmt.

11.♘c2

11.♖b1 ist eine logische Alternative, die allerdings auch nur Ausgleich versprechen kann. Der Zug kann übrigens auch in unserer Hauptvariante nach 11.♘c2 f6 auf das Brett kommen, dann mit Rücksprung quasi in diese Variante. 11...f6 12.♘c2 (Zu keinen klaren Verhältnissen führt 12.♘h4 in der Zugfolge 12...g5 13.♘f3 e5 14.h4 h6∞. Allerdings dürfte sich die Stellung des Nachziehenden eher etwas verbessert als verschlechtert haben.) 12...a5 13.a3 (Eine Option für Weiß könnte hier das langsamere Vorgehen mit 13.b3!? sein. Der Bauer könnte zunächst mal nur um einen Schritt nach vorne gerückt werden mit der Absicht, b3-b4 später folgen zu lassen. Eine beispielhafte Variante dazu: 13...e5 14.a3 ♘c7 15.b4 axb4 16.axb4 b5!. Hier hält Schwarz den Ausgleich. Möglicherweise aber gibt es in diesem Winkel unserer Betrachtungen noch etwas zu entdecken.) 13...a4 14.♘h4 ♘c7 15.f4 ♗d7 gefolgt von ♖f8-e8 und ♗e7-c5 mit gleichem Spiel.

11...f6 12.♗d2 a5 13.a3 a4!

Dies ist eine sehr logische Vorgehensweise, denn sie nimmt dem weißen Vorhaben b2-b4 ihre Kraft.

14.♘b4

14.♗b4 anstelle des Springerzuges ist günstig für Schwarz. Nach 14...e5 15.♘d2 ♘c7 steht er gut.

14...♘c7

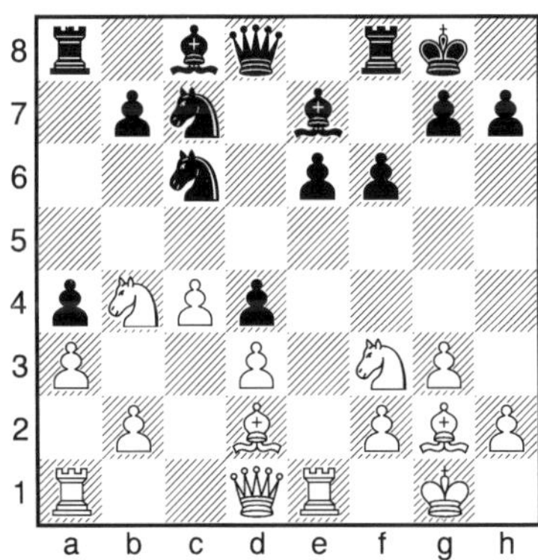

15.♘h4

Die Folge nach 15.♖b1 führt mit Zugumstellung zu den Positionen, die wir in **Kapitel 3** analysiert haben: siehe **Partie Nr. 3**, Iwantschuk – Aleksejew, Jermuk 2009. Neben den Zügen 15. ♘h4 und 15. ♖d1 gibt es noch weitere plausible Versuche für den Anziehenden, das Beste aus der Stellung herauszuholen. Wir begnügen uns jeweils mit der Darstellung anhand einer schlichten Variante, weil sie allesamt keinen neuen Königsweg versprechen können. Also:

I. 15.♗h3 ♖f7 (15...♗c5!? mit Dd8-d6 ist auch spielbar.) 16.♘h4 g5 17.♘f3 e5 18.♗g2 ♘a5 19.h4 h6 20.hxg5 hxg5 21.♕xa4 ♘xc4 22.♕c2 ♘a5 23.♖ac1 ♗d6∓, Kallio–Drenchew, Kavala 2005.

II. 15.♘xc6 bxc6 16.♘h4 ♗d7 17.f4 ♖a6=

III. 15.♕e2 ♘a6 16.♘xa6 (16.♘xc6 bxc6=) 16...♖xa6 17.♘h4 ♖b6=

15...♘a5 16.♕h5

Andere Züge bringen Weiß nach Angaben von Stohl keine Vorteile. Auch hier lassen wir es mit zwei übersichtlichen Zugfolgen bewenden, die bereits veranschaulichen können, dass sie eher für Schwarz zu vorteilhaften Ergebnissen führen. 16.♕xa4 ♘xc4 17.♕c2 ♘xd2 18.♕xd2 g5 19.♘f3 g4 20.♘h4 f5 21.f4 ♗xh4 22.gxh4 ♕xh4 23.♖e5 ♕d8∓; 16.f4 ♘b3 17.♖b1 ♗c5 18.♗e4 ♘e8∓.

16...♘b3 17.♖ad1 g5 18.♘f3 ♕e8 19.♕xe8 ♖xe8 und Schwarz hat keine Probleme.

Zusammenfassung: Der mit 4...d4 verbundene Plan scheint auch spielbar zu sein. Eine ähnliche Idee der raschen Verstopfung des Zentrums analysieren wir in **Kapitel 3**.

Kapitel 5
Fortsetzung 2...dxc4

1.♘f3 d5 2.c4 dxc4

Einige Theoretiker vertreten die Ansicht, dass Schwarz das Zentrum mittels d5xc4 aufgeben sollte, sobald er die Gelegenheit dazu hat. Natürlich ist der Bauer nicht zu behaupten, aber Schwarz erhofft sich von seinem Vorgehen, Zeit für seine Entwicklung zu gewinnen. Durch Zugumstellung kann diese Variante leicht in andere Spielweisen, auch andere Eröffnungen, übergehen, was beide Seiten nicht aus den Augen verlieren dürfen.

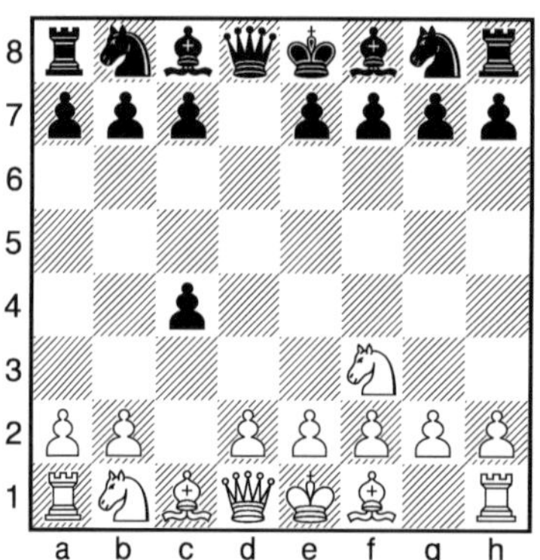

Nun unterteilen wir das Kapitel in folgende Abschnitte:

I. 3.e3 (**Abspiel 1**).

II. 3.♕a4+ (**Abspiel 2**).

III. 3.♘a3 (**Abspiel 3**).

IV. 3.e4 (**Abspiel 4**).

Abspiel 1
Fortsetzung 3.e3

1.♘f3 d5 2.c4 dxc4 3.e3

Weiß will sich seinen Bauern sofort zurückholen.

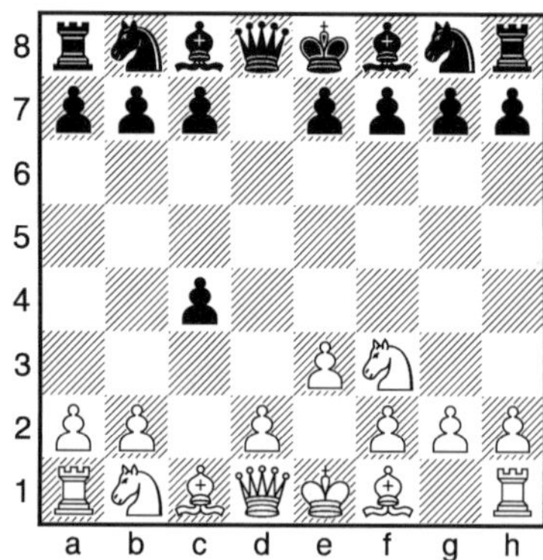

3...♘f6

Die Zugfolge 3...c5 4.♗xc4 e6 5.d4 führt ins Angenommene Damengambit, das kein Thema dieses Buches ist. Eine ganz plausible Fortsetzung ist aber auch 3...♘c6. Schauen wir uns also zumindest kurz an, was darauf passieren kann. 4.♗xc4 e5 (Nach 4...e6 5.♘c3 ♘f6 kann der Anziehende nun 6.b3 spielen, mit dem Fianchetto des Läufers auf b2.) 5.♕c2 ♗d6 6.a3 Weiß plant einen Aufbau mit den beiden Bauern auf a3 und b4 sowie dem Fianchetto des Damenläufers. 6...♘f6 (Zur interessanten Idee 6...♕f6 haben wir die **Partie Nr. 11**, Huzman - Maryasin, Israel 2002.aufgenommen.)

7.♘c3 0-0 8.b4 ♕e7 9.♘g5 Schwarz muss aufpassen, denn sein Gegner droht nun ♘c3-d5. Sein Springer auf f6, Verteidiger des Feldes h7, und seine Dame wären zugleich angegriffen, mit fatalen Folgen. 9...g6 10.♗b2 ♗f5 11.d3 Weiß steht etwas aktiver und wird nach der gleich folgenden kurzen Rochade auch den leichten Vorteil der ungeschwächten Stellung seiner Rochadebauern haben. In einer Partie Rotstein - Zaragatski, Bad Wiessee 2005, ging es wie folgt weiter: 11...♖ad8 12.0-0 a5 13.b5 ♘b8 14.♘ge4 ♘bd7 15.♘d5 ♘xd5 16.♗xd5 b6 17.a4 ♘c5 18.♖ac1 ♘xe4 19.dxe4 ♗e6 20.♕b3 ♗xd5 21.exd5 f6 22.e4. Den Vorteil seines leichten Aktivitätsvorsprungs hat sich Weiß bewahrt, er geht mit einem kleinen Chancenplus dem Endspiel entgegen. Er konnte die Partie tatsächlich später zum Sieg führen.

4.♗xc4 e6 5.0-0

Ein anderer Plan basiert auf dem sofortigen Aufzug des b-Bauern, um ganz im Geiste der Réti-Eröffnung den Läufer auf die lange Diagonale a1/h8 zu bringen. Also: 5.b3 c5 (Nach 5...♗d6 6.♗b2 ♘c6 7.d4 0-0 8.0-0 ♕e7 kann 9.♘bd2 folgen, mit der Idee e3-e4.) 6.♗b2 ♘c6 7.a3 ♗e7 8.♕c2 ♗d7 9.♗e2 h6 10.0-0 0-0 11.d3 b6 12.♘bd2 ♕b8 13.♖ac1 ♖c8 14.♘c4 ♗e8 15.♕b1 b5 16.♘ce5 a5 17.♗d1 ♖a6 18.♕a1 mit weißem Druck, Krasenkow - Rausis, Deutschland 2000.

5...a6

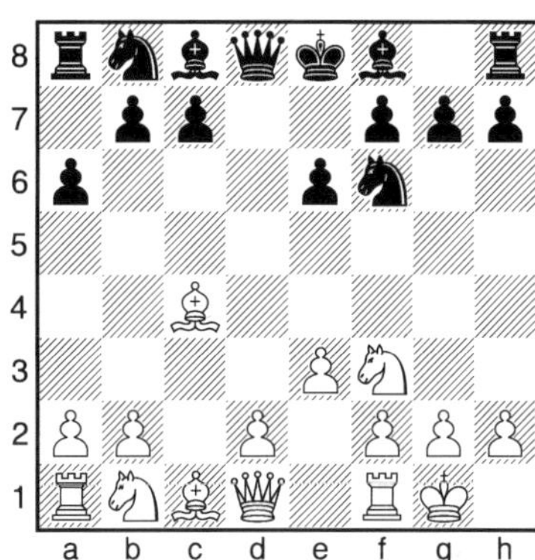

6.b3

Hatten wir den Geist der Réti-Eröffnung eben noch in der mit 5.b3 eröffneten Nebenvariante bemüht, kommt er nun auch in unserer Hauptvariante zum Vorschein. Der Läufer soll auf die lange Diagonale.

Die Fortsetzung 6.♕e2 spielt mit der clever anmutenden Idee, den Rochadeturm nach d1 zu bringen. Zwei Reaktionen aus der „schwarzen Ecke“: 6...c5 (Die Anrempelung mit 6...b5 kann der Anziehende leicht mit 7.♗b3 c5 und nun 8.a4 beantworten. Das nachfolgende Beispiel veranschaulicht gut, nach welcher Methode er sich weiterentwickeln kann. 8...b4 9.d3 ♘c6 10.♘bd2 ♘a5 11.♗a2 ♗b7 12.e4 ♗e7 13.♘e5 ♘c6 14.♘xc6 ♗xc6 15.♗b3 ♕d7 16.♘c4±, Stefanova - Yildiz, Ankara 2012. Die weiße Stellung erweist sich als aktiver.) 7.♖d1 b5 (Die Variante 7...♘c6 8.♗b3 ♗e7 9.d4 überführt das Spiel ins Angenommene Damengambit.) 8.♗b3 ♗b7 9.a4 b4 (Stellung und Zug stammen aus der Partie Tomashevsky - Ganguly, Moskau 2007. Mit diesem Bauernvorstoß, der den

Punkt c4 schwächt, sollte Schwarz noch warten. Besser sieht die abwartende Fortsetzung 9...♛b6!? aus.) 10.d3 ♘c6 (In den wenigen Fällen der praktischen Erprobung dieses Abspiels wurde bisweilen auch erst 10...♗e7 gezogen, regelmäßig recht bald gefolgt von ... ♘c6.) 11.♘bd2 ♛c7 12.♘c4 Beide Seiten stehen kurz vor dem Abschluss ihrer Entwicklung, die Stellung befindet sich im Gleichgewicht. Der Nachziehende kann hier eine Reihe von Fortsetzungen andenken, z.B. 12...♖d8, 12...♗e7, 12...h6, oder aber auch 12...♘g4, wie in der schon genannten Partie Tomashevsky - Ganguly, Moskau 2007, als Beispiel für den möglichen weiteren Fortgang. 13.g3 ♘ge5 14.♘fxe5 ♘xe5 15.♘xe5 ♛xe5 16.e4 ♖c8 17.♗c4 ♗e7 18.f4 ♛c7 19.♖f1 ♗f6 20.f5 e5 (Verlockend sieht 20...♗d4+ aus, aber nach 21.♔g2 e5 22.♛g4 f6 23.♛e2 mit dem Plan g3-g4 kann Weiß einen Angriff am Königsflügel inszenieren.) 21.♗e3 ♛e7 22.h4 0-0 23.♖f2 ♔h8 24.♖af1 ♖fd8 25.♖g2 Damit ist die Vorbereitung des viel versprechenden weißen Öffnungszuges g3-g4 angelaufen. Der Anziehende entwickelt eine starke Initiative am Königsflügel, die ihm in unserer Referenzpartie den Weg zum Erfolg ebnete. Schwarz strich schon bald, genauer gesagt nach dem 30. Zug seines Gegners, die Segel.

6...c5

Wir bewegen uns auf einem Terrain der Schacheröffnungen, das wie ein von Neuschnee bedecktes Feld mit erst wenigen Fußabdrücken erscheint. Wundern Sie sich also nicht, wenn Ihnen diese Stellungsbilder ungewohnt erscheinen. An dieser Stelle aber hat schon, um bei unserem Bild zu bleiben, ein Vorgänger eine Spur in den Schnee gezogen, und zwar der Nachziehende in der Partie Brodsky - Nyzhnyk, Poltawa 2008. Er entschied sich zu 6...♘bd7, woraufhin sich die Partie wie folgt weiterentwickelte: 7.♗b2 ♗e7 8.♖e1 0-0 9.♗f1 b6 10.d3 ♗b7 11.♘bd2 c5 12.♛c2 ♘d5 13.a3 ♗f6 14.♘e4 ♗xb2 15.♛xb2 ♛e7 16.♖ac1 e5 17.♘g3 ♖ac8. Hier nun hätte Weiß aktiv mit 18.d4 fortsetzen sollen. Seine Wahl fiel aber auf 18. ♘d2, was schwächer ist. Sein Gegner ergriff die Gelegenheit, wurde seinerseits mit 18...f5 aktiv und konnte sich schnell mehr Raum und eine initiative Stellung sichern, die ihm später, nach seinem 48. Zug, den Sieg einbrachte.

7.♗b2 ♗e7 8.♗e2 ♘c6 9.d3 0-0 10.♘bd2 b6 11.a3 ♗b7 12.♛c2 ♖c8 13.♖ac1 ♛c7 14.♛b1 ♛b8 15.♛a1 ♖fd8 16.♖fd1 ♘e8 17.♘c4 b5 18.♘cd2 ♛a7 19.♖c2 ♛b6 20.♖dc1

Weiß steht etwas aktiver, Berkes - Karjakin, Moskau 2005.

Zusammenfassung: In diesem Abspiel kann Weiß auf einen kleinen Vorteil hoffen, aber nicht auf mehr.

Abspiel 2

Fortsetzung 3.♕a4+

1.♘f3 d5 2.c4 dxc4 3.♕a4+

Mit dem Damenschach will sich Weiß nicht nur seinen Bauern zurückholen, sondern auch eine elastische Entwicklung der schwarzen Kräfte stören. Der Zug ist lange in der Turnierpraxis erprobt und wird durch eine günstige Statistik gestützt. Er missachtet die dem schon lernenden Schachfreund vermittelte Grundregel, die Dame möglichst nicht allzu früh ins Spiel zu bringen, da sie verloren gehen könnte oder aber angegriffen, sodass sie mit Zeitverlust geschützt werden müsste. Der Anziehende gewinnt aber konkrete Werte durch seine Zugwahl, wie wir im Verlauf unserer Betrachtungen noch sehen werden. So ist 3.♕a4+ durchaus auch im Spitzenschach anzutreffen.

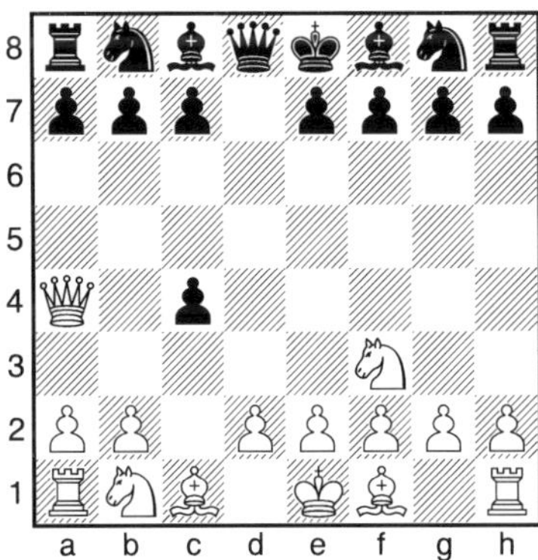

3...♘c6

Schwarz stehen neben dieser das Schachgebot auflösenden Springerentwicklung mehrere Alternativen zur Verfügung, die durchaus auch als grundsätzlich natürlich angesehen werden können. Werfen wir also mal einen Blick darauf:

I. 3...♕d7 Hier nimmt der Nachziehende in Kauf, dass er das Feld d7 wieder wird räumen müssen, was Zeit verbraucht und Weiß die Entwicklung erleichtert. 4.♕xc4 ♕c6 5.e4 (Hier wurden auch schon 5.e3 und 5.b3 ausprobiert, der Textzug aber erscheint uns am ambitioniertesten.) 5...♘f6 6.♘c3 ♕xc4 7.♗xc4 e6 8.0-0 ♗e7 9.d4 Über eine Reihe einfacher Entwicklungszüge, die der Klubspieler auch am Brett finden würde, ist eine für Weiß angenehm zu spielende Stellung entstanden. Hier zeigt sich auch ein Vorteil der mit 3.♕a4+ eingeleiteten Variante: Sie ist mit logischen Zügen zu meistern und verlangt kein langes Einpauken trockener Theorie. Hier ist die weiße Stellung schon deutlich vorzuziehen. In einer Partie Simonson – Hanauer, New York 1940, hatte der Nachziehende große Probleme, nicht sehr früh weit auf die Verliererstraße zu geraten. Er entschied sich zu der eher etwas zweifelhaften Fortsetzung 9...♘bd7, worauf sich die Schwächen seines Aufbaus schnell zeigten. Nach 10.e5 ♘g4 11.h3 ♘h6 12.d5 ♘b6 13.♗b5+ ♔f8 (Die Alternative 13...♗d7 würde nach 14.♗xd7+ ♔xd7 15.dxe6+ fxe6 16.♗xh6 gxh6 und nun 17.♖ad1+ ♔e8 18.♘d4 zu einem klaren weißen Vorteil führen. Der Anziehende baut Druck auf und kommt so zu einem aussichtsreichen Angriffsspiel.) 14.♗xh6 gxh6 15.dxe6 ♗xe6 16.♘d4 ♖d8 17.♖ad1 c6 18.♘xe6+ fxe6 19.♗e2 ♘d5 20.♘e4 ♘f4 21.♗g4 ♔f7 22.g3 ♘d5 23.♖d3 stand Weiß aktiver, zudem hatte er als Option für das

Endspiel die bessere Bauernstellung. Die Partie endete mit einem weißen Sieg.

II. 3...♗d7

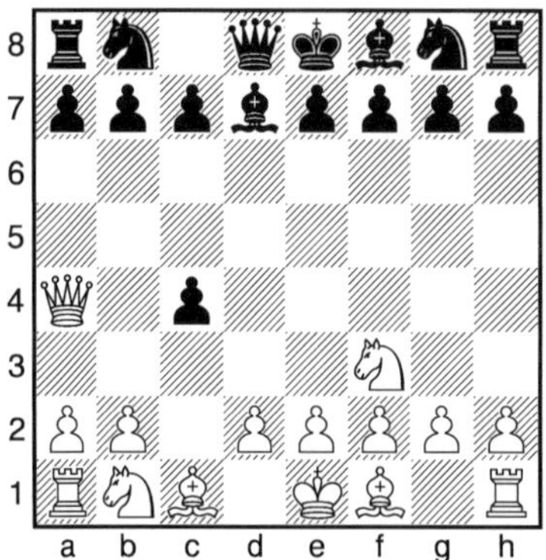

4.♕xc4 Der Bauer ist im Sack, die Dame nimmt schon am Spielgeschehen teil, ohne dass hierfür ein Nachteil ersichtlich wäre. Schwarz ist nicht auf bestimmte Antworten festgelegt. Weitergehen kann es also beispielsweise wie folgt: 4...♘f6 (4...♗c6 sieht gekünstelt aus und führt über 5.♘c3 e6 6.e4 ♘f6 7.d3± zu mehr Einfluss für Weiß, wobei besonders die schwarzen Felder Chancen eröffnen. 4...♘c6 5.d4 e6 6.e4±) Als eine Option für Weiß gefällt uns hier der mit 5.g3 eingeleitete Fianchettoaufbau gut. (5.d4 und 5.e4 sind zwei Alternativen der ersten Kategorie.) Aber weiter nach 5.g3: 5...♗c6 6.♗g2 e6 7.♘c3 ♗e7 8.0-0 0-0 9.d3 Einmal mehr über eine Folge natürlicher Züge ist Weiß in eine gut spielbare und positionell geprägte Stellung gelangt. Seine Dame hat ihren frühen Ausflug nicht bereuen müssen und hat ihrer Kontrahentin einiges an Einfluss voraus. Es lässt sich keine Richtung bestimmen, auf die sich die Fantasie der beiden Spieler konzentrieren wird. In diesem Bereich einer nur spärlich vorhandenen Theorie gibt es noch sehr viel zu entdecken. Mir müssen uns mit einem beispielhaften Fortgang der Geschehnisse begnügen. Also ... 9...a6 10.e4 b5 11.♕b3 ♗b7 12.♗f4 (12.♕c2 kam in der Begegnung Polugajewski – Lein, Belgrad 1988, vor. Zur Erhellung der noch dunklen Eröffnungsgänge konnte diese Wahl aber nicht beitragen, da die beiden Spieler kaum kampfeslustig waren und nach 12...c5 13.d4 ♘c6 14.♖d1 schon in ein Remis einwilligten.) 12...c5 13.a4 b4 14.♘b1 ♘c6 15.♘bd2 Der Anziehende kann nun auf den Plan ♘d2-c4, ♖a1-d1 und in einem günstigen Moment nachfolgend d3-d4 bauen.

III. 3...♘d7 Die nächste Beere am schwarzen Strauch. 4.♕xc4

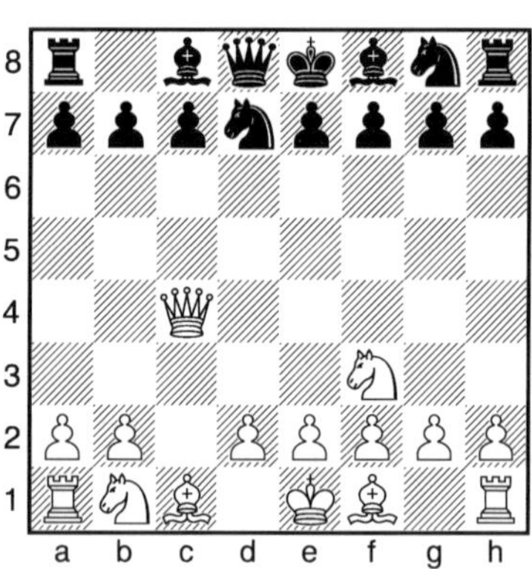

4...♘b6 Der Nachziehende macht sein Durchgangsfeld d7 zu Gunsten seiner weiteren Entwicklungsfähigkeit gleich wieder frei, wobei er sich die Möglichkeit, dies a tempo zu tun, nicht entgehen lässt. (Auch logisch ist die auf das Zentrum Einfluss nehmende Idee 4...e5, worauf es in der Partie Bruzon Batista – Dominguez Perez, Santiago de los Caballeros

2011, für uns als Beispiel fungierend wie folgt weiterging: 5.g3 ♗d6 6.♗g2 ♘gf6 7.0-0 ♕e7 8.♕c2 c6 9.d3 0-0 10.♘bd2 ♘b6 11.b3 h6 12.♗b2 ♖e8 13.e4 ♗g4. Beide Seiten haben eine harmonische Entwicklung ihrer Kräfte erreicht und können den Blick nun verstärkt auf die Verbesserung ihrer Positionen richten. 14.h3 ♗xf3 15.♘xf3 Hier einigten sich die Spieler auf ein Remis. Aus unserer Sicht hätte zumindest Weiß allen Grund gehabt, noch weiterzuspielen, sofern es ausschließlich nach der Stellung gegangen sein sollte. Er steht etwas besser. In Vorbereitung ist d3-d4 mit einer Öffnung des Spiels. Das weiße Läuferpaar sollte sich bald der schwarzen Konstellation aus Läufer und Springer überlegen zeigen.) 5.♕c2 ♘f6 Beide Seiten haben nun die Aufgabe, ihre Entwicklung voranzutreiben. Eine Möglichkeit hierzu liegt in einer Fianchettolösung, die wie folgt Gestalt annehmen könnte: 6.g3 g6 7.♗g2 ♗g7 8.♘c3 0-0 9.0-0 c6. Der Anziehende hat seinen Anzugsvorteil konserviert. Für sein weiteres Vorgehen eröffnen sich ihm mehrere Optionen, beispielsweise über ein Vorrücken der Zentrumsbauern. Eine andere Strategie verfolgte Weiß in der Partie Deac – Asgarizadeh, Gyor 2014. Zunächst sicherte er seine Stellung ab, indem er seinem Gegenüber Entwicklungsmöglichkeiten verbaute, um dann erst im Zentrum aktiv zu werden. Werfen wir einen Blick auf die hieraus resultierenden Geschehnisse: 10.h3. Sperrt das Feld g4 für die schwarzen Leichtfiguren. 10...♘bd5 11.a3 Macht das Gleiche mit dem Feld b4 auf der anderen Seite. 11...♕a5 12.♖b1 ♖d8 13.d3 ♗e6 14.♘a4 ♕c7 15.e4 Nun geht es im Zentrum voran. 15...♘b6 16.♘c5 ♕c8 17.♔h2 ♗d7 18.b4 und Weiß stand gut erkennbar besser. Für ihn sprechen ein freieres Spiel, ein Plus an Raum und auch in Sachen Aktivität hat er die Nase vorn.

IV. 3...c6 Auf c6 unterbricht der Bauer natürlich das Schachgebot, trifft aber auch schon eine Vorentscheidung für den Entwicklungsweg des Damenspringers via d7. 4.♕xc4 ♘f6 Auch hier folgt nun die typische weitere Entwicklung ohne besondere „Feindberührung“, die wir anhand der Beispielpartie Chilkiewicz – Rant, Leba 2007, einschätzbar machen wollen. 5.d3 ♗f5 6.b4 ♘bd7 7.♗b2 h6 8.g3 ♘b6 9.♕b3 e6 10.♘bd2 ♗e7 11.♗g2 0-0 12.0-0 ♗h7 13.a4 ♘bd5 14.b5 c5 15.a5 Der Anziehende hat sich ein Übergewicht am Damenflügel erarbeitet.

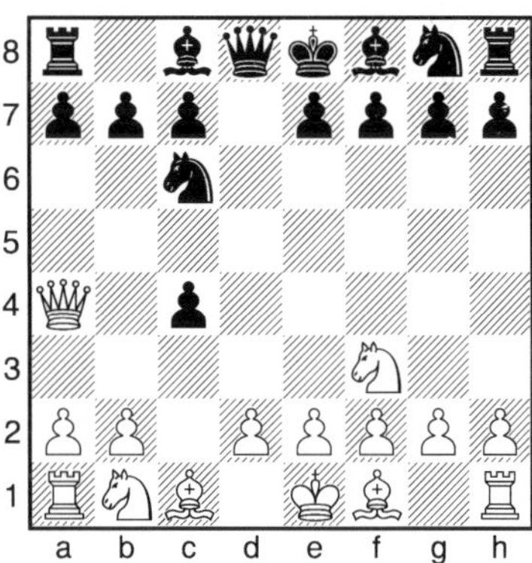

4.♘c3

Eine Entwicklungsfortsetzung. Infrage kommt auch ein aktiveres Vorgehen mittels 4.♘e5!?. Weitergehen kann es beispielsweise wie folgt: 4...♕d6 (Oder 4...♗d7 5.♘xd7 ♕xd7 6.♕xc4 e5 7.g3 g6 8.♗g2 ♘ge7 9.0-0

♗g7 10.♘c3 0-0 11.d3. Taimanow urteilt dahingehend, dass Weiß einen starken Druck auf den weißen Feldern ausübt.) 5.♘xc4 ♕c5 (Nach 5...♕b4 6.♕xb4 ♘xb4 7.♘ba3 kann Weiß seine Läufer gut nach b2 und g2 entwickeln.) 6.d4 Schwarz muss sich entscheiden – auf d4 schlagen oder auf b4 Schach bieten und den Abtausch der Damen provozieren sind die Alternativen.

A) 6...♕xd4 7.♗e3 ♕d7 (Auf 7...♕g4 wird die folgende interessante Variante möglich: 8.h3 ♕e6 9.♘c3 ♗d7 10.♕b3 0-0-0 11.g3 ♘d4. Der Springer ist indirekt gedeckt, wie man gleich sehen wird. 12.♗xd4 ♗c6 Schwarz greift den weißen Turm auf h1 an und setzt den schwarzfeldrigen Läufer zugleich einem Angriff des Td8 aus. Wenn Weiß die Attacke gegen den eigenen Turm ignoriert und 13.♗xa7 spielt, erringt er nach 13...♗xh1 14.♘b5 die Initiative.) 8.♘c3 e5 9.g3 ♘d4 10.♕d1 ♕c6 11.♘xe5 ♕xh1 12.♕xd4 ♘f6

13.0-0-0 und Weiß führt einen starken Angriff.

B) 6...♕b4+ 7.♕xb4 ♘xb4 8.♘ba3 ♘f6 9.f3 e6 10.♔f2 ♗d7 11.e4 Weiß ist im Vorteil, Palatnik – Romanischin, Kiew 1978.

4...♘f6

Nach 4...a6 5.e3 (5.♕xc4 würde Schwarz die Gelegenheit zu 5...e5∓ eröffnen.) 5...♗e6 6.♘e5 ♕d6 7.♘xc6 ♕xc6 8.♕xc6+ bxc6 sollte Weiß nun schlicht 9.♘b1! spielen, um schnell seinen Bauern zu bekommen, z.B. 9...♘f6 10.♘a3 ♘d5 11.♗xc4 und wegen der schwarzen Bauernschwächen am Damenflügel ist die weiße Stellung leicht vorzuziehen.

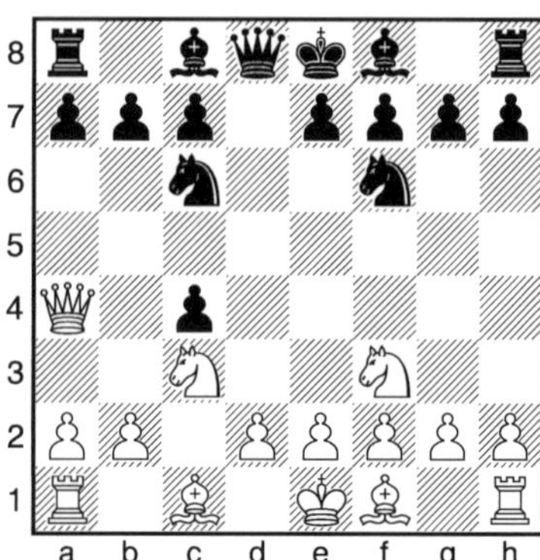

5.g3

Weiß kann auch sofort die Rückeroberung seines Bauern realisieren, indem er 5.e4 und dann auf 5...e6 6.♗xc4 wählt. Normalerweise aber wird der weißfeldrige Läufer auf der langen Diagonale h1/a8 in Position gebracht. Allerdings gibt es in diesen Eröffnungsregionen noch viel zu erforschen und ein heute „normales“ Vorgehen mag schon bald ganz anders aussehen. Wir möchten also durchaus dazu ermutigen, hier neue Wege auszuprobieren.

5...♘d5

Auf 5...♘d7 kann Weiß auch zu 6.♕xc4 greifen.

6.♕xc4

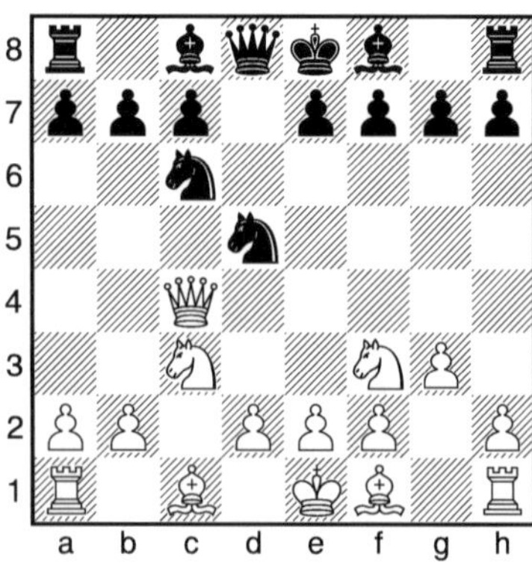

6...♘b6

Die Alternative 6...♘db4 nehmen wir in der **Partie Nr. 12**, Iwantschuk – Charbonneau, Edmonton 2005, unter die Lupe.

7.♕b3 e5

Der Nachziehende nimmt auf diese Weise das wichtige Feld d4 unter Kontrolle. Was aber passiert, wenn auch er den Weg eines Fianchettos am Königsflügel beschreitet? Eine plausible Entwicklung im Anschluss an diese Wahl zeigt, wenn auch nur beispielhaft, eine Partie aus den 1960er Jahren. Also ... 7...g6 8.♗g2 ♗g7 9.0-0 0-0 10.d3 a5 11.♗e3 ♗e6 12.♕c2 ♘d5 13.♗d2 h6 14.a3 ♕d7 15.♖fc1 ♘b6 16.♘e4 a4 17.♘c5 ♕c8 18.♗c3 Die weißen Perspektiven gefallen uns besser. Vor allem muss sich Schwarz dauerhaft um seine Schwäche auf a4 kümmern, was ein echter Nachteil ist, Janata – Lehmann, Bad Godesberg 1969.

8.♗g2 ♗e6 9.♕d1 ♗e7 10.0-0 0-0 11.d3 f5

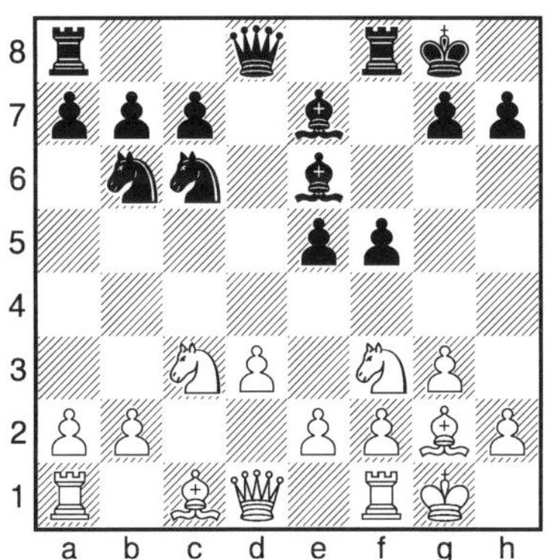

12.♗d2

12.b3 und dann z.B. 12...♗f6 13.♗b2 usw. sollte auch funktionieren.

12...h6 13.a4 a5 14.♖c1 ♗f6 15.♘b5 ♖f7 16.♘e1 ♗d5 17.♗xd5 ♕xd5 18.♘g2 ♕d7 19.♕b3 ♕d5 20.♕xd5 ♘xd5 21.♖c5 ♘b6 22.b3 ♗e7 23.♖c2 ♗f8

½-½, Peovic – Tatisic, Belgrad 2007.

Zusammenfassung: In dieser Variante, die dadurch gekennzeichnet ist, dass die weiße Dame schnell ins Spiel kommt, ist es nicht einfach für den Anziehenden, einen Vorteil zu erreichen. Zu beachten ist 4.♘e5!?, auf diesem Gebiet sollten sich weitere Forschungen besonders lohnen können. Festzuhalten bleibt aber auch, dass die Variante aufgrund ihrer logischen Abläufe recht gut zu spielen ist, ohne dass man sich „paketweise" Theorie einverleibt.

Abspiel 3

Fortsetzung 3.♘a3

1.♘f3 d5 2.c4 dxc4 3.♘a3

Diese Entwicklung des Springers ist ein Standardzug: Weiß will mit ihm auf c4 schlagen und Druck auf das Feld e5 ausüben.

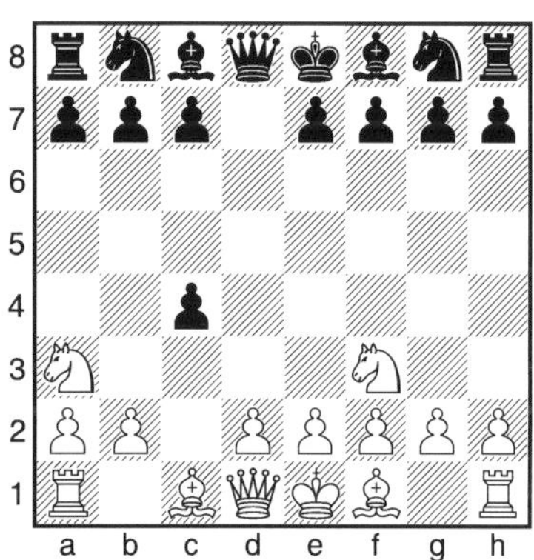

3...a6

Gegenwärtig die populärste Fortsetzung. Ihr Sinn liegt auf der Hand: Schwarz will über b7-b5 und ♗c8-b7 schnell seinen Damenflügel entwickeln. Werfen wir einen Blick auch auf die Alternativen:

I. 3...c5 Diese Fortsetzung war früher die beliebteste. Aktuell aber steht sie, wie gerade schon angemerkt, hinter dem Zug mit dem a-Bauern zurück. 4.♘xc4 ♘c6

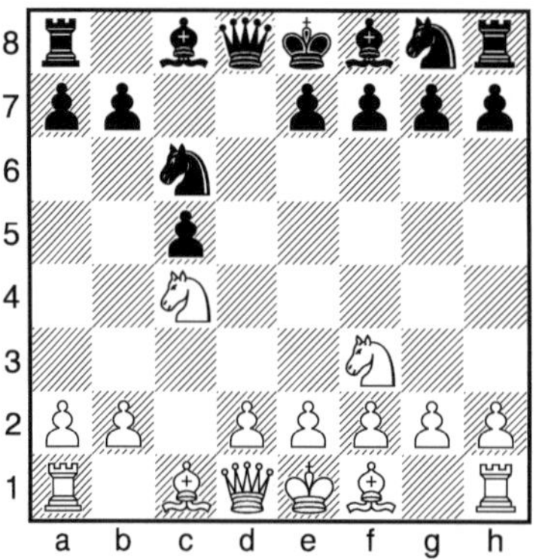

An dieser Stelle eröffnet sich die Wahlmöglichkeit für Weiß insbesondere zwischen 5.e3 und 5.g3. Es gab zwar auch Versuche mit weiteren Alternativen, die wir aber als vernachlässigbar erachten und deshalb nicht berücksichtigen.

A) 5.e3 Der Anziehende entscheidet sich gegen eine Fianchettostellung am Königsflügel und leitet den Aufbau mit ♗e2 und 0-0 ein. Der Damenläufer wird seinen Platz auf der langen Diagonale a1/h8 suchen. 5...♘f6 (5...f6 wird mit 6.d4! beantwortet.) 6.♗e2 g6 (Schwarz kann die weiße Formation auf der rechten Brettseite auch durchaus spiegeln. Die Partie kann dann beispielsweise den folgenden weiteren Verlauf nehmen: 6...e6 7.0-0 ♗e7 8.b3 0-0. Die Hauptidee für einen weißen Plan ist nun mit einer Durchsetzung des Hebels d2-d4 verbunden. 9.♗b2 b6 10.d4 ♗b7 11.♖c1 ♖c8 Beide Seiten haben ihre Kräfte ordentlich in Stellung gebracht. Die Chancen sind als in etwa gleichwertig einzuschätzen. Wir sehen uns noch ein paar Züge aus der Partie Gutyakulow - Siwkow, St. Petersburg 2009, an, um einen ergänzenden Eindruck von den weiteren Möglichkeiten zu bekommen. 12.♘ce5 ♘xe5 13.♘xe5 cxd4 14.♗xd4 ♗a3 15.♖xc8 ♕xc8 16.♗f3 ♖d8 17.♗xb7 ♕xb7 18.♕e2 b5 19.♘d3 ♗e7 20.b4 Weiß verfügt über ein leichtes Plus an Aktivität, aber auch Schwarz hat noch allen Grund, sich Hoffnungen auf ein gutes Ergebnis zu machen. Unsere Referenzpartie endete mit einem weißen Sieg im 57. Zug.) 7.b3 ♗g7 8.♗b2 0-0 9.0-0 Beide Seiten haben ihre Vorstellungen vom Eröffnungsverlauf soweit umgesetzt, die Aussichten sind in etwa gleich. Neben den Restaufgaben zum Abschluss der Entwicklung gilt es nun die richtigen Schritte zu finden, um Aktivität zu entfalten. Schwarz muss sich noch entscheiden, ob er seinen Damenläufer über beispielsweise 9...b6 mit baldigem ... ♗b7 fianchettieren will oder ihn auf der Diagonale c8/h3 ins Spiel bringt. In der Partie Damljanovic - Garcia Palermo, Santa Cruz de Tenerife 1995, wählte er die zweite Alternative. Die Konsequenzen sahen so aus: 9...♗g4 10.h3 ♗xf3 11.♗xf3 ♖c8 12.♖c1. Die Stellung ist ausgeglichen. Das sich anschließende positionelle Ringen führte nicht zu einer Verschiebung der Verhältnisse. Also ... 12...♘d5 13.♗xg7 ♔xg7 14.a3 ♕d7 15.d3 ♖fd8 16.♕c2 b5 17.♖fd1 ♘f6 (17...bxc4? 18.dxc4±) 18.♗xc6 ♕xc6 19.♘e5 ♕e6 20.♕b2 ♔g8 21.♖d2 ♘d7 22.♘xd7 ♕xd7= Es dauerte bis zum 60.Zug, bis die Kontrahenten ihre Gewinnbemühungen einstellten und sich auf einen friedlichen Remisausgang einigten.

B) 5.g3

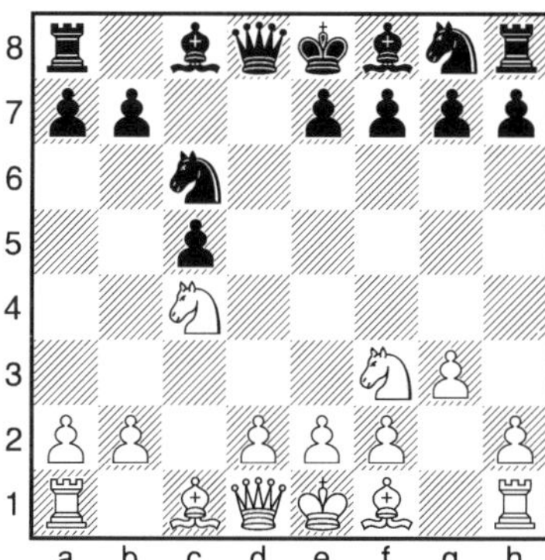

Das hiermit eingeleitete Vorgehen ist eher typisch für die weiße Behandlung der Réti-Eröffnung. Der Königsläufer wird auf die lange Diagonale a8/h1 gebracht.

B1) 5...f6! Der Zug mag für manchen Spieler etwas antipositionell aussehen, weil er die Königsstellung schwächt und nicht direkt etwas für die Entwicklung beizutragen scheint, diese vielleicht sogar wegen eines Verstellens des Feldes f6 für den Königsspringer behindert. Er sorgt aber dafür, dass Schwarz sich das Feld e5 verfügbar macht, und genau das ist hier wichtig. 6.♗g2 e5 (So ist es richtig. Das Feld d4 braucht diese Verstärkung und der Königsspringer ist näher zum Zentrum am aussichtsreichsten postiert. Den mit 6...♘h6 verbundenen Plan betrachten wir anhand der lehrreichen **Partie Nr. 13**, Réti - Havasi, Budapest 1926.) 7.d3 ♗e6 8.0-0 ♘ge7 9.♘e3 (9.b3 ♘d5 10.♗b2 ♗e7∞) 9...♘d5 10.♗d2 ♖b8 11.a3 ♗e7 12.♖c1 0-0 Schwarz hat die solidere Stellung, Brodie - Billyard, Kanada 1971.

B2) 5...g6. Ein ganz normaler Eröffnungszug, der vermutlich in Klubpartien fast schon automatisch ausgeführt würde. Besser ist aber 5...f6!, was wir in der vorstehend speziell hierfür aufgenommenen Variante darstellen. 6.♗g2 ♗g7 7.0-0 ♘h6 Eine interessante Idee, mit der die weißen Aktionen am Damenflügel gestört werden sollen und die den Königsspringer auf f5 führt, von wo er Einfluss besonders auch auf das Feld d4 entwickelt. (Schlichter und wohl auch eher anzuraten ist 7...♘f6. Eine logische Fortsetzung wäre dann 8.b3 ♘d5 9.♗b2 ♗xb2 10.♘xb2 ♗g4 11.♖c1 b6 mit unklaren Verhältnissen, was heißen soll, dass wir das in der Stellung schlummernde Potenzial nicht ausreichend sicher gewichten können.) 8.d3 ♘f5 9.♖b1 (9.♗d2 mit dem Ziel, nach 9...0-0 10.♖c1 zu spielen und den schwarzfeldrigen Läufer dann ggf. auf c3 zu opponieren, ist eine andere prüfenswerte Idee.) 9...0-0 10.♗d2 ♕c7 11.a3 a5 Auch hier sind die Verhältnisse recht unklar. Schauen wir uns eine Variante an, die eine Möglichkeit für die Richtung der weiteren Entwicklung anzeigt. 12.♗c3 a4 13.♗xg7 ♔xg7 14.e3 ♖d8 (14...b5 15.♘cd2±) 15.♕c2 ♗e6 16.b3 b5 17.♘cd2 axb3 18.♘xb3 und Weiß steht besser. Er hat konkrete Angriffsmarken im schwarzen Lager und seine Kräfte sind harmonischer, zugleich damit aktiver aufgestellt.

II. 3...e5 Neben 3...c5 eine zweite natürliche Erwiderung des Nachziehenden, die das Brett sofort in Brand setzen kann, und zwar so: 4.♘xe5 ♗xa3 5.♕a4+ b5 6.♕xa3

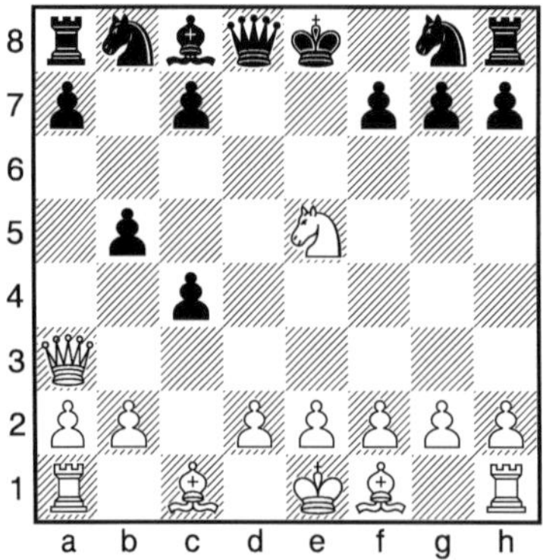

Nach 6.♕xb5+ käme 6...c6. Nach dem Textzug 6.♕xa3 sind für Schwarz besonders 6...♗b7 und 6...♕d5 bekannt; 6...♘f6 hat bislang noch keine große eigene Bedeutung und ist eher unter dem Aspekt einer Zugumstellung in eine der nachfolgend behandelten Varianten ein Thema.

A) 6...♗b7 sollte sich der Nachziehende aber besser zwei Mal überlegen, denn nun hat Weiß den starken Damenschwenk 7.♕g3!? zur Verfügung. (Der Erfinder und Namensgeber unserer Eröffnung, Richard Réti, entschied sich in der fraglichen Stellung aber für 7.d3. Wir möchten die Gelegenheit nutzen und uns ansehen, was sich daraufhin auf dem Brett ergab. 7...♕d6 8.♕xd6 cxd6 9.♘f3 cxd3 10.♗f4 ♘f6 11.♗xd6 ♘c6 12.exd3 0-0-0 13.♗g3 ♖he8+ 14.♔d1 ♘e4 15.♖c1 ♘xg3 16.hxg3 h6 17.♖h5 a6 18.♖hc5 ♔c7 19.♘e5 ♖e6 20.♔d2 Die Aussichten für Weiß sind geringfügig besser, was aber in der Partie nicht zum Gewinn reichte, Réti – Tartakower, Homburg 1927.) 7...♕f6 8.a4± Schwarz hat keine ausreichende Parade gegen diesen Hieb und kann einen deutlichen Nachteil mit keiner Antwort verhindern.

B) 6...♕d5 7.♘f3 (Eine interessante Idee ist 7.♕f3. Es gibt nur wenige Beispiele aus der Turnierpraxis, die über diesen Zug mit der Dame verlaufen sind. Es könnte sich lohnen, hier weiteren Untersuchungsaufwand zu betreiben, unabhängig davon, dass die bisherigen Versuche im Ergebnis eher den Nachziehenden erfreuen konnten. Wir können in unserem Buch nur beispielhaft auf den möglichen weiteren Verlauf eingehen und bedienen uns dabei eines historischen Duells. 7...♘f6 8.♕xd5 ♘xd5 9.g3 f6 10.♗g2 ♗b7 11.♘g4 h5 12.♘e3 ♘xe3 13.♗xb7 ♘c2+ 14.♔d1 ♘xa1 15.♗xa8 c6 16.d3 ♔d7 17.♗e3 cxd3 18.exd3 ♘a6 19.♗xc6+ ♔xc6 20.♔d2 Weiß holte sich nun den Springer auf a1 ab, verbunden mit dem bequemeren Endspiel, Euwe – Spielmann, Wiesbaden 1925.) 7...♘c6 8.g3 Der nunmehr eingeleitete Standardaufbau mit dem Fianchetto am Königsflügel ist auch hier eine gute Wahl. (Sehr stark sieht aber auch 8.b3 aus. Schwarz wird sofort vor taktische Probleme gestellt und die lange Diagonale a1/h8 wird früh geöffnet.) 8...♘ge7 9.♗g2 0-0 10.0-0 ♗d7 11.b3 ♖ab8 12.bxc4 bxc4 13.♗b2 Die weiße Stellung ist vorzuziehen. Der Anziehende verfügt über das Läuferpaar, dem sich freie Diagonalen anbieten, und insgesamt mehr aktive Optionen als sein Gegenüber. Auch hat er weniger Schwachstellen im eigenen Lager zugelassen. In der Partie Wunnink - Hendriks, Hoogeveen 2014, ging es wie folgt weiter: 13...♕b5 14.♗c3 ♖fe8 15.♕c1 ♗f5 16.♘d4 ♘xd4 17.♗xd4 ♘c6 18.♗e3 ♖e6 19.♕c3 ♗g4 20.♖fe1 ♕h5 21.f3 ♗h3 22.♕xc4. Weiß hat seine eben herausgearbeiteten Stellungsvorteile in ein klares Übergewicht entwickelt.

III. 3...g6 4.♘xc4 Die natürlichste Wahl. 4...♗g7 (Auf 4...♘f6 ist 5.b3 ♗g7 6.♗b2 usw. gut.) 5.g3 ♘c6 6.♗g2 e5 7.d3 ♘ge7 8.0-0 0-0 9.♗d2

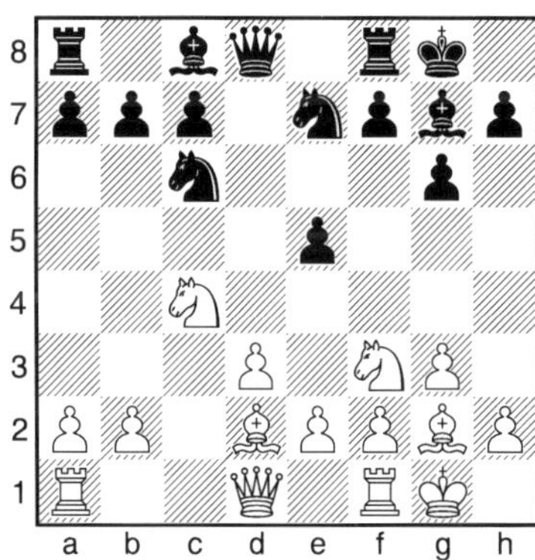

Aus der Reihe der schwarzen Möglichkeiten konzentrieren wir uns auf drei, die wir für die relevantesten halten.

A) 9...♖e8 Ein solider Aktivierungszug, der den Bauern auf e5 stärkt und den Sc6 für eine anstehende andere Aufgabe entlastet. 10.b4 a6 11.♖c1 ♘d5 12.a3 ♘d4 Bis hier sind wir einer Partie Hammer - Krasenkow, Stockholm 2014, gefolgt, in der Weiß nun zu 13.e4 griff. Wir bevorzugen allerdings 13.e3 und weichen deshalb ab. Wir denken dabei auch, dass sich die weiße Stellung auf Klubniveau besser spielen lässt, wenn es der e-Bauer bei einem einfachen Schritt belässt. 13...♘xf3+ 14.♗xf3 ♗h3 15.♖e1 c6 Beiden Parteien sind in etwa gleiche Aussichten zu bescheinigen.

B) 9...♘f5 Der Springer nimmt Einfluss auf das Zentrum, es geht vor allem um das Feld d4. 10.♖c1 (Zu beachten ist 10.♗c3!? mit der Absicht e2-e3 usw.) 10...♖e8 11.♘g5 ♘fd4 12.♖e1 h6 13.♘e4 ♖b8 14.b4 a6 15.e3 ♘e6 16.♕b3 f5 17.♘c3 ♗d7 18.a4 Über eine lange Folge natürlicher und auf beiden Seiten gut nachvollziehbarer Züge hat sich Weiß die Initiative am Damenflügel verschafft, Miroshnichenko - Blagojevic, Ulcinj 2014.

C) 9...a5 Schwarz will die mit dem Bauernvorstoß b2-b4 verbundenen weißen Möglichkeiten, die wir in den mit 9...♖e8 und 9...♘f5 eingeleiteten Varianten beobachten konnten, stören. 10.♖c1 ♗e6 11.♗c3 Ein oft in Betracht kommendes Manöver (♗d2, ♖c1, ♗c3) - der eigene Läufer wird dem Fianchettoläufer des Nachziehenden entgegengestellt und dessen Anspruch auf die lange Diagonale hinterfragt. Hier geschieht dies mit einer Bedrohung des Bauern auf e5. 11...f6 12.b3 ♕d7 13.♖e1 ♖fd8 Die Kontrahenten haben ihre Kräfte aktiviert. Weitergehen kann es beispielsweise wie folgt: 14.♕c2 ♘d5 15.♗d2 g5 16.♕b1 h6 17.a3 ♘de7 18.♗c3 b6 mit beiderseitigen Chancen, Petrosjan - Pashikian, Jerewan 2014.

4.♘xc4 b5 5.♘e3 ♗b7 6.g3

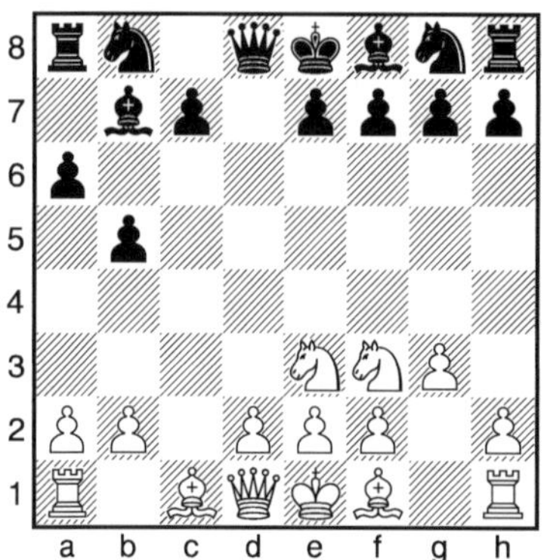

6...e6

Der Nachziehende kann ohne Weiteres auch erst 6...♘f6 spielen, was normalerweise unter Zugumstellung zur Hauptvariante führt.

Im Duell Topalow – Sulava, Ajaccio 2004, versuchte es Schwarz mit dem – allerdings schon länger bekannten – Zug 6...♘d7. Es entwickelte sich ein schneller Schlagabtausch mit früher Vereinfachung der Stellung, was aber nicht ursächlich auf 6...♘d7 zurückging. Wir schauen uns ein längeres Fragment dieser Partie an, um diese Alternative des Fortgangs exemplarisch zu veranschaulichen. 7.♗g2 c5 (7...♘gf6 8.0-0 e6 hätte das Spiel in unsere Hauptvariante zurückgeführt.) 8.d4 cxd4 9.♘xd4 ♗xg2 10.♘xg2 e5 11.♘b3 ♗b4+ 12.♗d2 ♗xd2+ 13.♕xd2 ♘gf6 14.0-0 0-0 15.♖fd1 ♕e7 16.♕d6 ♕xd6 17.♖xd6 a5 18.♘e3 a4 19.♘d2 ♖fc8 20.♘f3 ♖c7 21.♖ad1 Weiß hat das etwas bessere Spiel, das aber nicht für einen Gewinn ausreichte.

7.♗g2 ♘f6 8.0-0

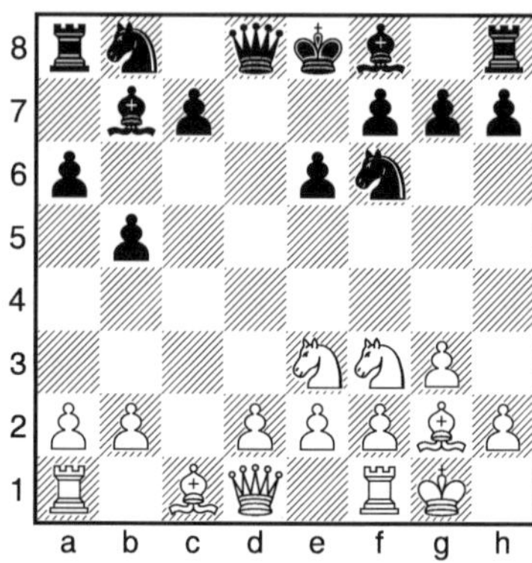

8...♘bd7

Auf 8...c5 sollte Weiß am besten mit 9.a4 reagieren. Schauen wir uns kurz etwas von den Erfahrungen an, die auf der Turnierbühne damit schon gemacht worden sind: 9...♘bd7 10.d3 ♗e7

A) 11.♕b3 ♕b6 12.axb5 axb5 13.♖xa8+ ♗xa8 14.♗d2 0-0 15.♖a1 ♗c6 Bis hierher sind die Entscheidungen beider Spieler gut nachvollziehbar. 16.♘e1 (Hier kommt auch das sofortige 16.♖a5 mit der Idee ♕b3-a2 usw. infrage, so wie etwas später in der Partie tatsächlich ausgeführt.) 16...♗xg2 17.♘1xg2 ♗d6 18.♖a5 ♖b8 19.♕a2 ♘e5 20.♖a6 ♕c7 21.♘f4 Die eroberte a-Linie gibt Weiß die etwas besseren Aussichten, Markos – Cernousek, Tschechische Republik 2010.

B) 11.♗d2 0-0 12.♕b1 ♕b6 13.b4 ♘d5 14.♘xd5 ♗xd5 15.♗e3 ♕b7 16.bxc5 ♗xc5 17.♗xc5 ♘xc5 18.axb5 axb5 19.♖xa8 ♖xa8 20.e4 ♗a2 21.♕c2±, Stocek – M. Ivanov, Pardubice 2010.

9.b3

Es geht auch 9.d3 ♗d6 10.♗d2 0-0 11.a4 usw.

9...♗e7 10.♗b2 0-0 11.♕c2 c5

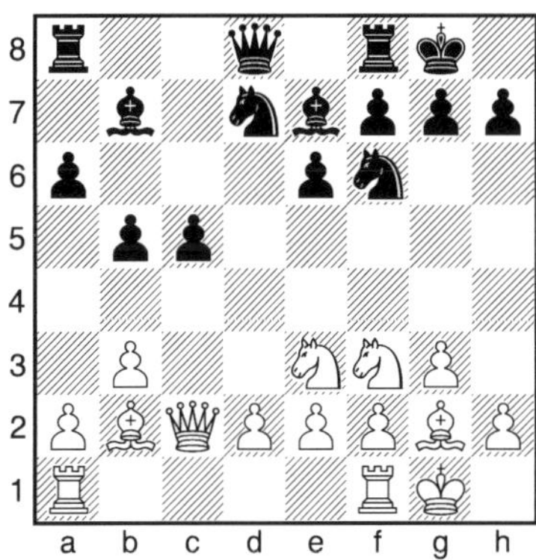

12.♖ac1

Der Anziehende kann auch erst zu 12.♖fd1 greifen, normalerweise nur eine Zugumstellung auslösend.

12...♖c8

Für 12...h6, gesehen in einer Partie Wojtaszek - Rublewski, Warschau 2010, erkennen wir an dieser Stelle keinen echten Grund. Im genannten Duell ging es wie folgt weiter: 13.♖fd1 ♖c8 14.♕b1 ♕b6 15.♕a1 ♖fd8 16.♘e5 ♗xg2 17.♔xg2 ♘xe5 18.♗xe5 ♕b7+ 19.♔g1 ♕e4 20.d3 ♕g6 21.a4. Der Anziehende stand etwas aktiver, ihm gelang letztendlich dann auch tatsächlich der Sieg in der Partie.

13.♕b1 ♕b6 14.♕a1 ♖fd8 15.d3 ♘b8

Ein typisches Manöver: Der Springer will nach c6, um von dort die Kontrolle über die Felder b4, d4 und e5 zu übernehmen.

16.h3 ♘c6 17.♘g4 ♘xg4 18.hxg4 ♗f8 19.♖c2

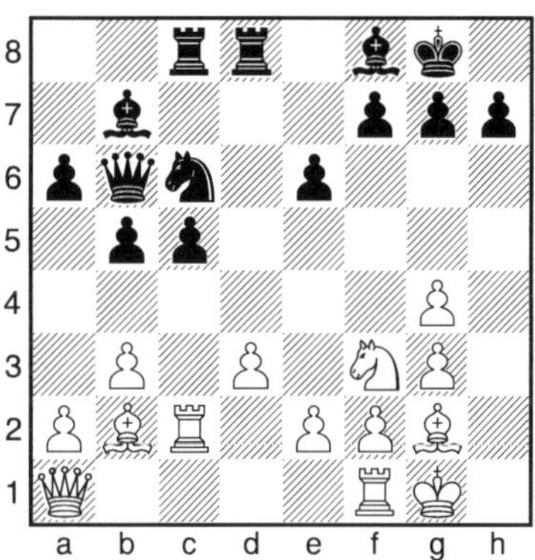

19...♘d4!

Die wohl beste Alternative für Schwarz. Er beabsichtigt, die Stellung in der Mitte zu blockieren und die Wirkung des weißen Läufers auf der Diagonale a1/h8 zu beschränken. In der Partie Hort - Meurs, Hoogeveen 2008, folgte 19...♕a7 20.♖fc1 ♘b4 21.♖d2 ♘c6 22.g5 ♖d7 23.♗c3 ♖cd8 24.♖dc2 ♕a8 25.♘d2 ♘d4 26.♗xd4 cxd4 27.♗xb7 ♖xb7 28.♕b2 h6 29.gxh6 g6 30.♖c6 mit einem kleinen weißen Vorteil.

20.♘xd4 cxd4 21.♖fc1 e5 mit etwa gleichen Aussichten. Weiß muss unbedingt die Wirkung seines Läufers auf b2 erhöhen und den Durchbruch im Zentrum mittels e2-e3 vorbereiten.

Zusammenfassung: Schwarz hat in diesem Abspiel ausreichende Chancen, um sich ein ausgeglichenes Spiel zu verschaffen. Der Kampf wird sehr oft erst recht deutlich im Mittelspiel entschieden.

Abspiel 4

Fortsetzung 3.e4

1.♘f3 d5 2.c4 dxc4 3.e4

Eine interessante Idee, die noch keine allzu breite Aufnahme in der Turnierpraxis gefunden hat. In jüngerer Zeit sind die Folgen dieses Zuges auch im Fernschach genauer unter die Lupe genommen worden, durchaus mit respektablen Ergebnissen. Wir haben uns dazu entschlossen, in diesem Abspiel Varianten aus Turnierpartien teilweise recht weit in die Partie hinein zu verfolgen. Der Grund dafür liegt darin, dass die Folgen von Entscheidungen aus dem frühesten Partiestadium erst sehr viel später im vollen Umfang deutlich werden.

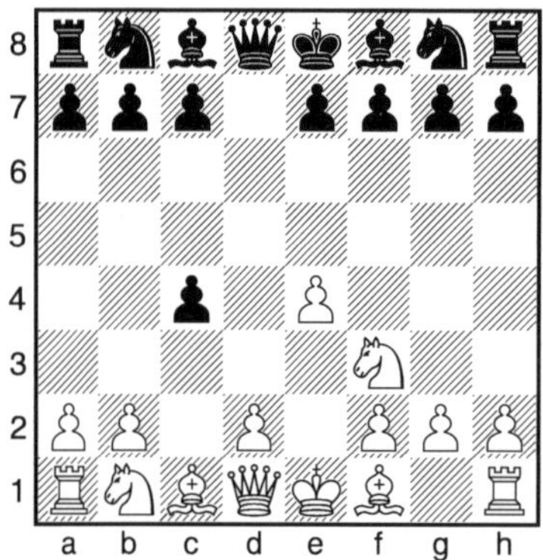

3...c5

So wird üblicherweise gespielt. Schwarz verfolgt den Plan, ♘b8-c6 zu spielen und den Druck auf das Feld d4 zu verstärken. Der Anziehende muss sich allerdings auf mehrere Alternativen für die schwarze Wahl einstellen, von denen wir uns nachfolgend die relevantesten etwas genauer anschauen wollen.

I. 3...b5

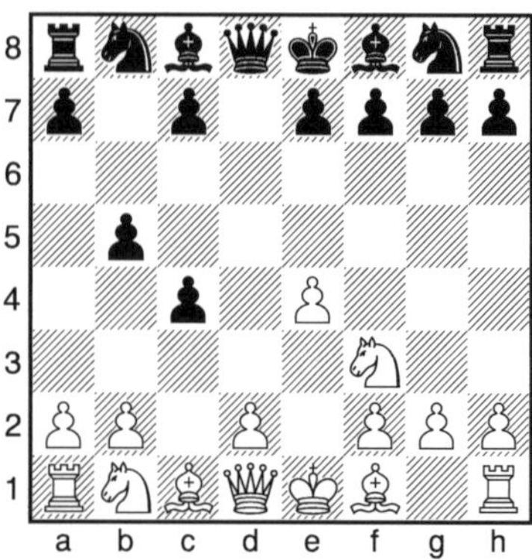

Auf Vereinsebene wird diese Fortsetzung bei einer Entscheidung am Brett häufig zu erwarten sein, da sie logisch aussieht, indem sie den bedrohten (Mehr-) Bauern deckt. Sowohl 4.b3 als auch 4.a4 zeigen die Schwächen der gegnerischen Entscheidung gut auf. Im Einzelnen:

A) 4.b3 ♗e6 (In den Abgrund führt für Schwarz die Variante 4...♗b7 5.bxc4 bxc4 6.♗xc4 ♗xe4 7.♕a4+ ♗c6 und nun 8.♘e5!+-. Sie zählt zu jenen Zugfolgen, für die sich in Verbindung mit der abschließenden Pointe ein Anker im Gedächtnis lohnt.) 5.bxc4 ♗xc4 6.♗xc4 bxc4 7.♕a4+ c6 8.♕xc4 Schon hier ist erkennbar, dass die schwarzen Eröffnungsvorstellungen kaum aufgegangen sein können. 8...♕b6 9.d4 Weiß hat sich, anders als sein Gegner, einen Aufbau ohne besondere Schwächen gesichert, ein starkes Zentrum erreicht und steht vor dem baldigen Abschluss seiner Entwicklung. Sein Eröffnungsvorteil ist erheblich. 9...e6 10.0-0 ♘e7 11.♘c3 ♘d7 12.♖b1 ♕a5 13.♗d2 ♘b6 14.♕d3 ♕h5 15.h3 c5 Hier hatte der

Anziehende in der Partie Anders – Lins, Freechess.de 2012, den Schalter in der Hand, den er für den sicheren Sieg nur noch umlegen musste. Es ging 16.♖xb6! und nach 16...axb6 (16...cxd4 17.♖b5+-) 17.♕b5+ ♔d8 18.♕xb6+ ♔e8 19.♕b5+ ♔d8 20.♘e5+-, wäre es zappenduster für Schwarz geworden.

B) 4.a4 Auch hiermit geht Weiß ohne Umschweife gegen die Schwächen des schwarzen Aufbaus vor. 4...c6 5.axb5 cxb5 6.♘c3 ♗a6 (Die Läuferdeckung von der anderen Seite aus führt nach 6...♗d7 7.d3 b4 8.♘a4 e6 9.dxc4 in einen klaren weißen Eröffnungsvorteil.) 7.d4 e6 8.♗e2 ♗b4 9.0-0 ♗xc3 10.bxc3 ♗b7 Das weiße Vorgehen ist gut nachvollziehbar und basiert fast ausschließlich auf natürlichen Zügen, die der Spieler mit Klubstärke auch sicher am Brett finden könnte. Der Anziehende verfügt über die deutlich besseren Perspektiven. Augenfällig sind seine Beherrschung des Zentrums, sein freieres Spiel und seine Chance auf die Entwicklung der Initiative. Sein Läuferpaar mag sich zukünftig noch als echter Vorteil erweisen. 11.♕c2 ♘f6 12.e5 ♘d5 13.♘g5 Der Springer soll nach e4, wo er die Felder c5 und d6 ins Visier nimmt. Noch nicht, aber bald könnte sich dann sein Einfluss auch auf das Feld f6 bemerkbar machen. 13...a6 14.♗h5 g6 Schwarz kann nicht anders, er muss die Schwächung von f6 in Kauf nehmen. 15.♗f3 0-0 16.♘e4 ♕c7 17.♗a3 ♖d8 18.♕d2 ♘d7 19.♗d6 ♕b6 20.♕h6 und Weiß gewinnt, Van Nierop – Krunski, IECC Email 2003.

II. 3...♘f6

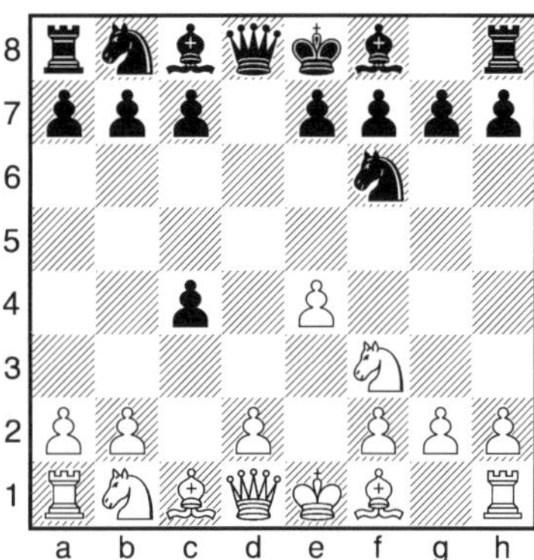

Auch logisch – der forsche weiße e-Bauer wird angegriffen.

A) 4.♘c3 ♗g4 (Es sieht meistens etwas „schräg“ aus, wenn eine Seite in der Eröffnung – aus taktischen Gründen – mit einer Leichtfigur einen noch zu entwickelnden Zentrumsbauern blockiert, so wie hier im Falle von 4...♗e6. Die Turnierbühne hat diesen Versuch mindestens zwei Mal gesehen, wir empfehlen aber anders als dort fortzusetzen. Weiß sollte 5.d4 spielen, um nach der natürlichen Zugfolge 5...cxd3 6.♗xd3 ♘bd7 7.♗e3 ♗g4 8.♕b3 Kompensation für den hingegebenen Bauern zu haben. Dem Anziehenden steht sogar die Entscheidung zur langen Rochade offen.) 5.♗xc4 ist die weiße Stellung aus unserer Sicht ansprechender. Er wird d2-d4 spielen, die kurze Rochade ausführen, seinen schwarzfeldrigen Läufer wird er auf e3 gut postieren können. Sind dann die Türme in Stellung gebracht, wird sich die Stellung prima spielen lassen. An einer aktuellen Partie wollen wir uns anschauen, wie es weitergehen könnte. 5...♗xf3 6.♕xf3

♘bd7 7.d4 e5 8.♗e3 ♗d6 9.0-0 0-0 10.♖ad1 Alles nach Plan! 10...exd4 11.♗xd4 ♕e7 12.♗b3 Um den Läufer aus der möglichen Springergabel auf e5 zu bringen. 12...♘e5 13.♕f5 c5 14.♗e3 c4 15.♗c2 g6 16.♕h3 ♘eg4 17.♗g5 ♗xh2+ 18.♔h1 ♗c7 19.♕xg4 und Weiß gewinnt, Gao Rui – Yu, Zhongshan 2014. Im 25. Zug war der Sieg eingefahren.

B) 4.♗xc4 Damit stellt Weiß seinen Gegner vor Entscheidungen, die schnell zu gefährlichen Fehlgriffen führen können. 4...♘xe4 Verlockend. (Ruhiger, zugleich aber auch etwas passiv wäre 4...e6. Wir betrachten diese Entwicklung des Spiels weiter unten über die Zugumstellung 3...e6 4. ♗xc4 ♘f6.) 5.♕a4+ Gegnerische Dame und eigener Läufer auf einer Reihe – dies sollte ein Alarmsignal für Schwarz sein. 5...♘c6 (Ein Fehler wäre 5...♗d7? wegen 6.♗xf7+ ♔xf7 7.♕xe4± usw.) 6.♗xf7+ ♔xf7 7.♕xe4 e5 8.♘c3 Die weiße Stellung gefällt uns etwas besser. Der Anziehende hat mehr Einfluss auf das Zentrum, besonders auch durch die aktiv eingreifende Dame. Vor allem aber wird die Königssicherheit für Schwarz lange ein ernstes Thema bleiben. Eine Möglichkeit für die weitere Entwicklung entnehmen wir einer Fernpartie. 8...♕f6 9.d3 ♗f5 10.♕c4+ ♗e6 11.♕b5 ♖b8 12.♘g5+ ♔e8 13.0-0 ♗e7 14.♘d5 ♗xd5 15.♕xd5 ♖d8 16.♕b5 ♕g6 17.♘e4 h6 18.♗e3 mit einem klaren weißen Übergewicht, Skrobek – Kolanek, ICCF Email 2006.

III. 3...♗g4

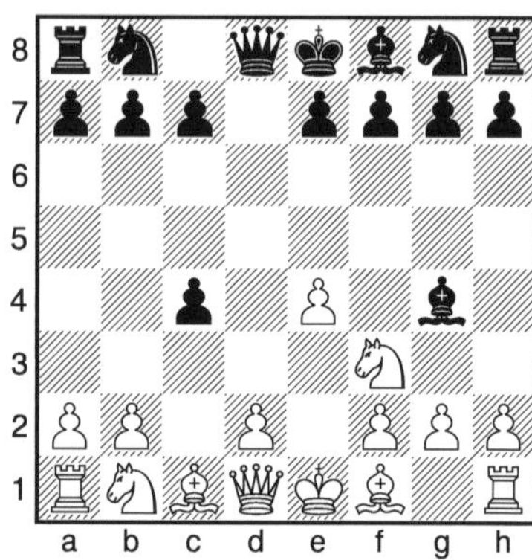

Auf g4 kommt der Läufer in verwandten Varianten häufiger zu stehen. Warum also sollte es nicht einen Versuch wert sein, ihn schon jetzt dorthin zu entwickeln? Große Probleme kann der Nachziehende seinem Gegner nicht bereiten, wie sich schnell zeigen wird. 4.♗xc4 e6 Schwarz darf nicht vergessen, dass sein Läufer ungedeckt steht. Lässt er unvorsichtig ♗xf7 zu, kann der weiße Springer Schach bieten und die Dame holt sich dann den Läufer ab.

A) 5.0-0 ♘d7 (Nicht viel Freude hatte Schwarz in der Fernpartie Cross – Pascute, IECC Email 2000, an 5...♗c5 und dessen Folgen. Die in sich logische Variante 6.♕b3 b6 7.d4 ♗xf3 8.dxc5 ♗xe4 9.♖d1 ♕c8 10.♘c3 ♕b7 11.♗xe6 brachte den Anziehenden auf die Siegerstraße.) 6.♘c3 ♗c5 7.d4 ♗xf3 (7...♗b6 beantwortet Weiß gut mit 8.♗e3, weitergehen kann es dann beispielsweise wie folgt: 8...♘e7 9.h3 ♗h5 10.♕e2 nebst ♖f1-d1 usw.) 8.gxf3 ♗b6 9.♔h1 ♘e7 10.♖g1 0-0 11.♗e3 und Weiß hat gute Angriffsmöglichkeiten am Königsflügel.

B) Aussicht auf einen schmalen Vorteil verspricht auch das frühe Dameschach mit 5.♕a4+, allerdings gefällt uns die eben betrachtete Variante nach 5.0-0 besser. 5...c6 (5...♕d7 6.♕xd7+ ♘xd7 lässt die Damen und damit die stärksten Angriffsfiguren vom Brett verschwinden und damit die Partie ruhiger verlaufen. Nach 7.d4 ♘gf6 8.♘c3 ♗b4 9.♘d2 steht Weiß etwas besser, sein Einfluss auf das Zentrum übersteigt jenen seines Gegenüber.) 6.♕b3 ♕c7 7.d4 Unabhängig von der Frage, welche Option Schwarz für seine weitere Entwicklung zieht, ist das weiße Spiel aktiver ausgerichtet. Die Fernpartie Salminen – Nilsson, ICCF 2013, nahm den folgenden weiteren Verlauf: 7...♗xf3 8.♕xf3 ♗b4+ 9.♘c3 ♘e7 10.a3 ♗xc3+ 11.bxc3 0-0 12.♗f4 ♕a5 13.0-0 ♘g6 14.♗d6 ♖d8 15.♕g3. Der weiße Vorteil hat sich manifestiert und erkennbar vergrößert. Eine starke Rolle kommt auch dem Läuferpaar zu. Die Begegnung fand ein schnelles Ende, mit seinem 19. Zug fuhr der Anziehende den vollen Punkt ein.

IV. 3...e6 4.♗xc4

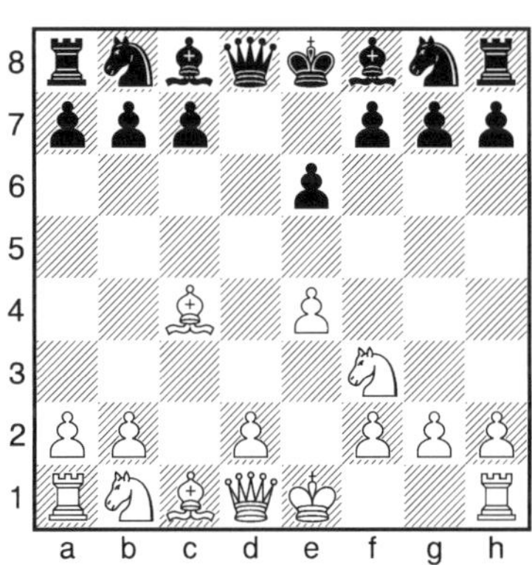

A) 4...♘f6. Wir hatten diese Stellung schon einmal auf dem Brett, nach 3... ♘f6 4. ♗xc4 e6, und dort dann hierher verwiesen. 5.♘c3 ♗e7 (5...c6 erscheint uns hier als wenig sinnvoll. Mit seinem 7. Zug offenbart uns der Nachziehende in unserer Referenzpartie, welche Idee er in seinem Hinterkopf hatte. 6.♕e2 ♗e7 7.d4 b5 8.♗d3 Während Weiß seine Entwicklung weit vorangebracht hat und nun harmonisch und mit viel Einfluss im Zentrum aufgestellt ist, muss sich der Nachziehende vorhalten lassen, seine Aktivierung der Kräfte vernachlässigt und Schwächen auf dem Damenflügel produziert zu haben. Anhand der Partie Willems – Bergner, Frankfurt 2013, schauen wir uns eine der Möglichkeiten für einen Fortgang der Partie an. 8...♗b7 9.0-0 ♘bd7 10.♗f4 a6 11.e5 ♘d5 12.♘xd5 cxd5 13.♖ac1 ♖c8 14.♖xc8 ♗xc8 15.♖c1±;

5...c5, gespielt mit der Absicht, sich gegen den weißen Bauernvorstoß d2-d4 zu stellen, sollte weitere Untersuchungen wert sein. Behalten Sie dazu bitte unsere Ausführungen weiter unten zur Zugfolge 3...e6 4.Lxc4 c5 im Auge.) 6.0-0 0-0 7.d4 c6 8.♕e2 ♘bd7 Weiß steht freier und aktiver, ihm sind die besseren Perspektiven zu bescheinigen. Für einen langen Blick in die Zukunft nutzen wir ein Beispiel aus der Turnierpraxis. Also ... 9.a4 a5 10.♗f4 ♘b8 11.♖ad1 ♕e8 12.♖fe1 ♗b4 13.♕c2 ♗d7 14.♗a2 ♕c8 15.♗g5 ♘e8 16.e5 g6 17.♘d2 ♔g7 18.♕e4. Der Anziehende setzte nun zu einem schnellen Königsangriff an, Nguyen – Bernasconi, Olomouc 2010.

B) 4...c5 5.d4

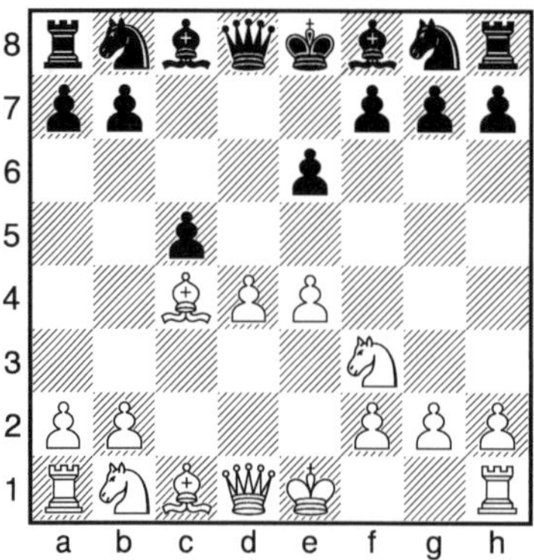

Thematisch am „folgerichtigsten“ ist es, wenn Schwarz den gegnerischen d–Bauern sogleich schlägt. Er ist aber nicht dazu gezwungen, wie die Betrachtung der folgenden Varianten anzeigen mag.

B1) 5...a6 Bereitet den Bauernvorstoß b7-b5 vor. 6.0-0 cxd4 7.♘xd4 b5 (7...♘f6 8.♘c3 ♕c7 9.♗b3 ♗d6 10.f4 wäre von Vorteil für Weiß. 7...♘e7 war der schwarze Favorit in der Partie Beljawski – Ibragimov, Graz 1996. Weiß nutzte die gegnerischen Schwierigkeiten bei der Entwicklung seiner Kräfte zum Aufbau einer vorteilhaften Stellung. Es folgte: 8.♗e3 ♘bc6 9.♘b3 ♘g6 10.♕xd8+ ♘xd8 11.♖d1 ♗e7 12.♗f1 ♗d7 13.♘c3 ♖c8 14.♖d2 ♘e5 15.♖ad1 und der Anziehende stand klar besser. Mit seinem 23. Zug schon gelang es ihm, die Begegnung endgültig für sich zu entscheiden. In Betracht kommt auch 7...♗d6. Nach 8.♗b3 ♘f6 9.♘c3 0-0 10.♗e3 ist die weiße Stellung freier und aktiver.) 8.♗b3 ♗b7 9.♘c3 ♘c6 (9...b4 würde dem Anziehenden 10.♗a4+ erlauben. Nun würde 10...♘d7 11.♘ce2 ♗xe4 12.♘g3 zu einem deutlichen weißen Vorteil führen.) 10.♘xc6 ♕xd1 11.♖xd1 ♗xc6 12.♗e3 ♘f6 (Erneut wäre 12...b4 wegen 13.♗a4 und dann 13...♗xa4 14.♘xa4± nicht gut für Schwarz.) 13.f3 ♗e7 14.♖ac1 0-0 Die Initiative liegt auf der Seite des Anziehenden. 15.♘e2 ♖fc8 16.♘f4 ♔f8 17.e5 ♘e8 (Aber nicht 17...♘d7? wegen 18.♖xc6 ♖xc6 19.♖xd7+-; 17...♘d5 würde zu einem schwachen Isolani führen.) 18.♘d3 g5 19.♔f2 h5 20.♗c5± Wir sind der Partie Makarow – Ibragimov, Smolensk 1991, gefolgt, in der Weiß nun aktiver stand.

B2) 5...cxd4 6.♕xd4 (Die Alternative 6.♘xd4 besprechen wir mittels der **Partie Nr. 14**, Capablanca – Bogoljubow, Moskau 1925.) 6...♕xd4 (Was passiert, wenn Schwarz die Damen auf dem Brett behalten möchte? Ein Beispiel aus dem Turnierbetrieb dazu: 6...♗d7 7.0-0 ♘c6 8.♕e3 ♘ge7 9.b3 ♘g6 10.♗b2±, Tregubow – Jonkman, Wijk aan Zee 2002. Die Entscheidung seines Gegners war für Weiß alles andere als nachteilig. Er steht aktiver und übt bereits einen gewissen Druck auf die schwarze Stellung aus.) 7.♘xd4 Eine kurze Momentaufnahme: Während die verbliebenen schwarzen Figuren alle–samt noch auf ihren Ausgangsfeldern stehen, sind es auf der Seite des Anziehenden deren nur noch vier. Weiß ist auf dem besten Weg, sich einen Eröffnungsvorteil zu erarbeiten. 7...a6 8.♘c3 (Sehr zu prüfen ist auch 8.♗e3!?.) 8...♗d7 9.♘b3 (Wieder ist 9.♗e3!? eine gute Idee, verbunden mit der vielleicht etwas überraschenden Ergänzung

♔e1-e2 usw.) 9...♘c6 10.♗e3 ♘f6 11.f3 ♗b4 12.♖c1 0-0 13.a3 ♗e7 14.♗e2 ♖fe8 15.♔f2!? Weiß wird ♖h1-d1 folgen lassen und verfügt über ein sehr gutes Spiel.

V. 3...♘c6 komplettiert den Reigen der relevantesten schwarzen Alternativen im 3. Zug. 4.♗xc4

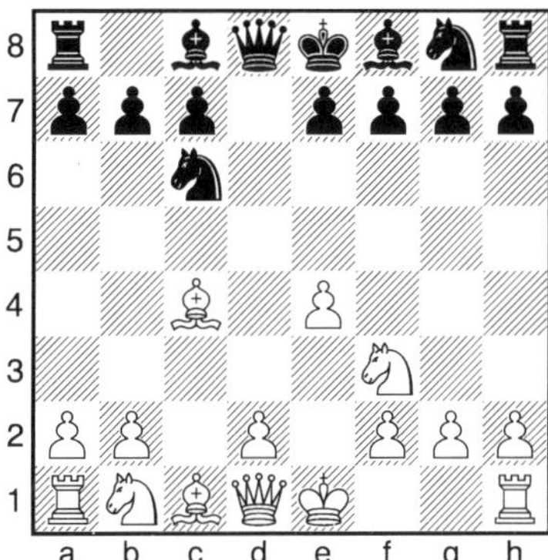

A) 4...e5 Der Bauer nimmt Einfluss auf das Feld d4 und bezieht damit Position gegen den weißen Vorstoß d2-d4. Zugleich trägt er nachhaltig zur Entwicklung bei. 5.0-0 ♗c5 (5...♗d6 erwies sich in der Begegnung Fantinel – Estrada Nieto, Frankreich 2011, nach 6.d4 ♘xd4 7.♘xd4 exd4 und nun 8.e5 als nicht sonderlich attraktiv. Es schloss sich mit 8...♗e7 9.♕h5 g6 10.♕f3 ♗e6 11.♗xe6 fxe6 12.♕xb7 ♕d5 13.♕xc7 eine natürliche und gut nachvollziehbare Zugfolge an, die zu einem deutlichen weißen Vorteil führte.) 6.d4 (Zu beachten ist auch die Alternative 6.d3!?, die eine ruhigere Entwicklung einleitet.) 6...exd4 7.♘g5 ♘h6 (Auf 7...♘e5? folgt ebenfalls 8.♘xf7!. Im Hintergrund lauert das Motiv ♕d1-h5+ usw.) 8.♘xf7 ♘xf7 9.♗xf7+ ♔xf7 10.♕h5+ g6 11.♕xc5 ♕e7 Die beiderseitigen Chancen gleichen einander.

B) 4...e6 Dem Vorteil gegenüber 4...e5 in der Form des Schutzes der Achillesferse f7 stehen nachteilig die Aufgabe des Bauernkampfes um das Feld d4 und das Einsperren des Läufers auf c8 gegenüber. 5.d4 ♘f6 6.♘c3 ♗b4 An dieser Stelle verzweigt unsere Betrachtung.

B1) 7.0-0!? Dies ist unser Favorit. Der König hebt die Fesselung des auf c3 stehenden Springers schlicht und einfach durch Wegzug mittels Rochade auf. Der Anziehende ist bereit, einen Bauern in sein Spiel zu investieren. 7...♗xc3 8.bxc3 ♘xe4 9.♖e1 ♘d6 (9...♘xc3? ist zu viel des Guten. Schwarz kommt nun sofort unter die Räder. 10.♕b3 b5 11.d5 bxc4 12.♕xc3 ♘e7 Die Stellung ist strategisch gewonnen. Dies lässt sich gut durch eine Fernpartie belegen, bei der ein begleitender Engineeinsatz erlaubt ist. Wir folgen der Partie De la Calle – Guelker, ICCF Email 2006, ohne diese weiter zu kommentieren, die Züge sprechen für sich. 13.♗h6 ♖g8 14.dxe6 ♗xe6 15.♖ad1 ♕xd1 16.♖xd1 gxh6 17.♘e5 ♗d5 18.f3 ♖g5 19.h4 ♖g8 20.♕a5 ♗e6 21.♕b5+ c6 22.♘xc6 ♘xc6 23.♕xc6+ ♔e7 24.♕d6+ ♔f6 25.f4 ♖gd8 26.♕e5+ ♔e7 27.♖e1 ♖d6 28.f5 ♖c8 29.♕a5+–. Der Verlauf ist wasserdicht, dem Nachziehenden hätte keine andere Zugwahl auf dem Weg in diese Stellung entscheidend helfen können.) 10.♗b3 Weiß hat ausreichend Ersatz für den Bauern.

B2) 7.♕d3 Weiß will die Situation ohne den Einsatz eines Bauern meistern. Der Zug ist schon sehr alt, er kam schon 1901 in einer Partie von Janowski vor. 7...♘a5 So wird am zweithäufigsten gespielt. Die Alternative 7...0-0 gibt Weiß alle Freiheiten, insbesondere sind dann 8.e5 und 8.0-0 eine gute Wahl. Bei einer allerdings nur sehr schmalen Datenbasis ist jede Statistik völlig wertlos. 8.♗b5+ ♗d7 9.0-0 ♗xc3 (Auf 9...0-0 kann Weiß beispiels-weise gut mit 10.♗g5 antworten. Weitergehen kann es dann mit 10...♗e7 11.♖fd1 c6 12.♗a4 mit der Idee ♗a4-c2 und e4-e5 und sehr gutem weißen Spiel. Logisch sieht auch 9...c6 aus. Nach 10.♗a4 b5 11.♗c2 und nun 11...h6 12.♘e5 ♖c8 13.♗e3 ♕c7 14.♖ac1 ♗d6 15.f4 hatte sich Weiß in der Partie Koelsche – Young, Omaha 1949, einen klaren Vorteil erarbeitet. Er verfügt über die aktivere Stellung und über einen Raumvorteil. Zudem ist seine Stellung im Gegensatz zu jener seines Gegners frei von besonderen Schwächen.) 10.bxc3 a6 11.♗xd7+ ♕xd7 12.♖b1 Der Anziehende hat die Initiative und die Kontrolle über das Zentrum. Wir möchten anhand eines aktuellen Beispiels aus der Praxis einen Eindruck davon vermitteln, wie es in der Partie weitergehen kann. Vorab aber erlauben wir uns den Hinweis, dass es hier noch ungemein viel Raum für eigene Entdeckungen gibt und unser Beispiel deshalb tatsächlich nicht mehr als ein Eindruck sein kann. 12...♕c6 13.d5 (13.♖e1!?) 13...0-0-0 14.dxc6 ♖xd3 15.♘e5 ♖xc3 16.♗d2 ♖xc6 17.♗xa5 ♖c5 18.♘xf7 ♖g8 19.♗b4 ♖c2 20.a3 ♘xe4 21.♖be1 ♘c5 22.♗xc5 ♖xc5 23.♖xe6 mit raschem Gewinn, Bai – Repka, Maribor 2012.

4.♗xc4 ♘c6

4...e6 sollte Weiß mit 5.d4 beantworten, was wir bereits oben unter IV. nach 3...e6 4. ♗xc4 c5 betrachtet haben.

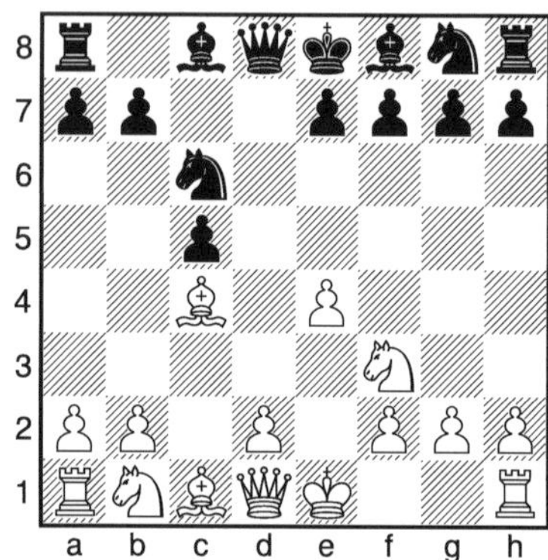

5.b4!?

Eine aggressive Idee von George Mortimer Kramer, USA. Er wurde 1929 geboren, zu seinen Erfolgen zählten die Meisterschaften des Staates New Jersey 1964, 1967 und 1969. Kramer spielte diesen Zug erstmals 1948. Nach Stand der Dinge bieten die ruhigeren Alternativen 5. ♘c3 und 5. ♗b5 an dieser Stelle Weiß weniger Aussichten auf einen Vorteil. Dennoch verdienen sie eine genauere Betrachtung. Also:

I. 5.♘c3 e6 6.0-0

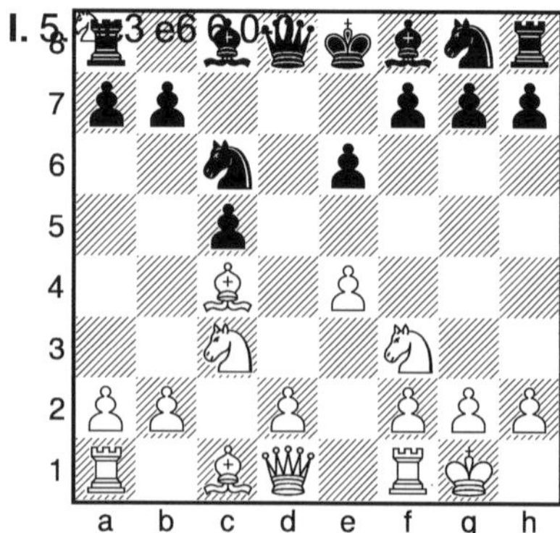

Aus dem Reigen der schwarzen Antwortmöglichkeiten stechen 6... ♘f6, 6...a6 und 6... ♗d6 hervor, die wir deshalb genauer unter die Lupe nehmen wollen.

A) 6...♘f6 7.e5 (7.d3 ♗e7 8.e5 ♘d7 9.♖e1∞ ist unseres Erachtens hinsichtlich der Frage, ob Weiß einen Eröffnungsvorteil mit ins Mittelspiel nehmen kann, unklar. In den spärlichen Fällen des Einsatzes auf dem Turnierbrett erzielte er allerdings sehr positive Resultate.) 7...♘d5 (Die Variante 7...♘d7 8.♗b5 ♘d4 9.♘xd4 cxd4 10.♘e4 ♕a5 führt zu einer ausgeglichenen Stellung. Um mehr herauszuholen, sollte der Anziehende statt 8. ♗b5 den Bauernvorstoß d2-d4 prüfen.) 8.d4 cxd4 9.♘xd4 ♘xc3 (Der auf e5 postierte weiße Bauer ist unantastbar. Dem unvorsichtig auf Materialfang gehenden Schwarzspieler wird dies in der Zugfolge 9...♘xe5?? 10.♗xd5 exd5 11.♖e1+- bewiesen.) 10.bxc3 ♗d7 (Und auch hier wieder sollte sich der Nachziehende den weißen e-Bauern aus dem Kopf schlagen. Auf 10...♘xe5? 11.♗b5+ ♗d7 folgt der taktische Schlag 12.♘xe6 und nach 12...fxe6 13.♕h5+ ♘f7 14.♖d1 steht Weiß auf Gewinn.) 11.♕e2 ♖c8 12.♖d1 Die Stellung des Anziehenden verdient den Vorzug. Er steht aktiver, zudem hat der schwarze König noch nicht das sichere Rochadeasyl erreicht.

B) 6...a6 7.d3 (7.a4 führte in der Partie Zhang - Vukanovic, Dos Hermanas 2004, zum Ausgleich. Es folgte: 7...♗d6 8.♖e1 ♕c7 9.b3 ♘ge7 10.♗b2 0-0 11.♖c1 ♘g6=.) 7...♘f6 (Zum Ausgleich führt auch 7...♘ge7 8.♗e3 ♘d4 9.♗xd4 cxd4 10.♘e2 ♘c6=.) 8.e5 ♘d7 9.♖e1 ♗e7 10.♗f4 0-0 11.a3 Der Anziehende rechnet mit einem gegnerischen b7-b5 und räumt das Feld a2, um mit dem Läufer dorthin zurückziehen zu können. (In der Partie Paci - Molnar, Zhovkva 2010, versuchte Weiß 11.♘e4, ohne allerdings mehr als Ausgleich zu erreichen. Es folgte 11...b5 12.♗b3 ♗b7 13.♖c1 ♖c8=.) 11...b5 12.♗a2 ♗b7 Die Stellung ist kompliziert, die dynamischen Chancen beider Seiten befinden sich in etwa im Gleichgewicht. Wie sich das Spiel in groben Zügen weiterentwickeln kann, zeigt uns beispielhaft ein im Spitzenschach ausgetragenes Duell. 13.♘e4 ♘d4 14.♘xd4 cxd4 15.♕g4 ♗xe4 16.♖xe4 ♔h8 17.♖e2 ♖c8 18.♗g3 ♘c5 19.♖d1 ♕d7 20.f4 ♖c7 21.♕f3 g6 22.♗f2 a5 23.g4 a4 mit gleichen Perspektiven, Krasenkow - Volzhin, Koszalin 1998.

C) 6...♗d6 7.d3 a6 8.♗e3 ♘f6 9.d4 (Keine Probleme hatte Schwarz nach 9.a4 0-0 in der Partie Semcesen - Yildiz, Lwow 2012. Dort folgte 10.h3 ♕e7 11.♘d2 ♖d8 12.f4 ♗c7 13.♕f3 ♘d4 14.♕f2 b6 mit Gleichstand. Die beiden Kontrahenten rangen noch bis zum 52. Zug miteinander, ohne dass sich einer von beiden entscheidend in Vorteil bringen konnte. So war das Remis das folgerichtige Ergebnis.) 9...cxd4 10.♘xd4 ♕c7 11.g3 ♘xd4 12.♗xd4 ♗d7 (Hier lauert ein Fallstrick für den Nachziehenden, der meint, sich schnell mal einen Läufer schnappen zu können. Auf 12...♕xc4 folgt 13.♗xf6 gxf6 14.♕xd6 und Schwarz ist um eine Illusion ärmer.) 13.♗b3 ♗e5 Wir denken, dass Schwarz Ausgleich halten kann. Stockfish sieht Weiß leicht vorne und plädiert hier nun vor allem für 14.♖c1, worauf 14...♗c6 eine gute Reaktion sein sollte.

II. 5.♗b5 Weiß zieht zum zweiten Mal in der Eröffnung mit dem Läufer. Es wird sich noch erweisen müssen, ob dieser auf b5 besser als auf c4 postiert ist. Wir sind allerdings etwas skeptisch. Von seinem Herkunftsfeld aus hatte er die schwarze Achillesferse f7 im Visier. Mit seinem Wegzug nimmt er die Wirkung des schwarzen Sperrzuges e7-e6 vorweg und lockt den schwarzen weißfeldrigen Läufer nach d7 und damit auf die d-Linie vor die Nase seiner Dame. 5...♗d7 6.♘c3 e6 7.0-0 Es steht die Entwicklung des schwarzen Königsspringers an. Zur Wahl stehen die Felder f6 und d7. Also:

A) 7...♘f6 8.♖e1 (Weniger genau ist 8.e5 wegen 8...♘d5 9.d4 ♘xc3 10.bxc3 cxd4 11.cxd4 ♗e7 und Schwarz hat leichtes Spiel. Allerdings könnte das Spiel für den Fall, dass der Anziehende im 9. Zug statt zu d4 zur Alternative Sxd5 greift, in unsere Hauptvariante zurückkehren. Die Zugfolge wäre dann 9. ♘xd5 exd5 10.d4 cxd4 11.♘xd4 ♗e7 12. ♖e1. Die Möglichkeiten, von diesem Pfad abzuweichen, liegen aber eher auf der Seite des Nachziehenden.) 8...♗e7 9.e5 ♘d5 10.♘xd5 exd5 11.d4 cxd4 12.♘xd4 0-0. Wir können nicht erkennen, womit eine der beiden Parteien einen nennenswerten Vorteil für sich begründen könnte. Die Chancen in dieser unsymmetrischen Stellung dürften einander also in etwa entsprechen. Wie kann es nun weitergehen? Beispielsweise so: 13.♘xc6 bxc6 14.♗d3 g6. Damit arbeitet Schwarz gegen den weißen Druck auf der Diagonale b1/h7. (Die nachstehende nette Variante kann die weiße Kraft auf dieser Diagonale schön demonstrieren. Sie sichert Ausgleich oder führt sogar in ein Dauerschach. 14...♕b6 15.♕c2 g6 16.e6 ♗xe6 17.♗xg6 hxg6 18.♖xe6 Der dritte weiße Überraschungszug in Folge. 18...fxe6 19.♕xg6+) 15.f4 ♗b4 16.♗d2 (16.♖f1 erlaubt die Antwort 16...f6!.) 16...♖b8 17.♔h1 ♕a5 18.♗xb4 ♕xb4 19.f5 gxf5 (19...♕xb2? wäre ein dicker Fehler, denn dann käme Weiß zu 20.e6!±.) 20.b3 ♖be8 Der weiße Plan kann nun besonders auch auf das Manöver ♖e8-e6-g6 usw. setzen.

B) 7...♘ge7 Nun also zieht es den Springer zum nicht genau befristeten Zwischenhalt auf sein Entwicklungsfeld e7. 8.d4 cxd4 9.♘xd4

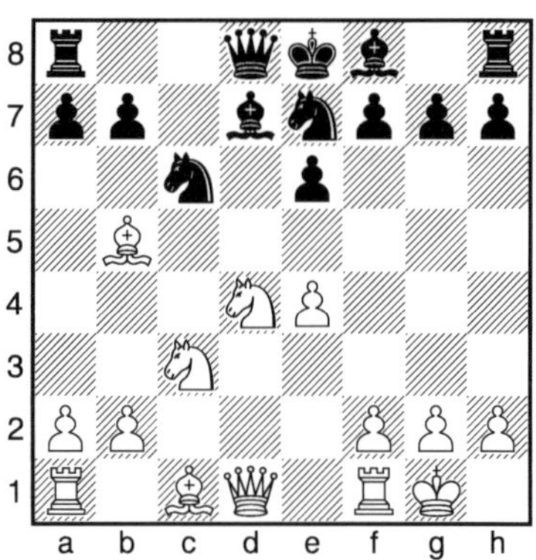

B1) 9...♘xd4 10.♕xd4 ♗xb5 11.♘xb5 ♘c6 12.♕a4 In dieser offenen und schon erheblich von Material befreiten Stellung sind die Perspektiven beider Spieler in etwa gleich. In einer Partie Gawrikow – Ashley, Bad Wiessee 1997, entschied sich Schwarz nun zu 12...♗c5, was aber nicht die beste der hier bestehenden Möglichkeiten sein dürfte. (Vorzuziehen war 12...a6!? mit Aussicht auf Ausgleich über 13.♖d1 ♕c8 14.♘d6+ ♗xd6 15.♖xd6 0-0=.) 13.b4 ♗e7 (13...♗xb4 ist nicht ratsam wegen 14.♗a3!.) 14.♗f4 e5 15.♗e3 0-0 16.♖fd1 Nun ist der weiße Vorteil schon gut erkennbar. Es folgte 16...♕b8 17.a3 ♖c8 18.♕b3 a5 19.♗c5 ♖d8 20.♖xd8+ ♕xd8 21.♖d1 und Weiß hatte das deutlich aktivere und initiativere Spiel. Es gelang ihm aber letztendlich nicht, den vollen Punkt einzufahren. Nach langem Kampf einigten sich die beiden Spieler auf eine Teilung des Punktes.

B2) Ein zu beachtendes alternatives Vorgehen für den Nachziehenden basiert darauf, die Spannung nicht aufzulösen, sondern auf ein Zurückdrängen des gegnerischen Läufers verbunden mit einer eigenen Entwicklung zu setzen. Dies sieht dann so aus: 9...a6!? 10.♗a4 b5 11.♗b3 ♘g6 12.♘xc6 (12.♗e3!? schon an dieser Stelle ist eine Idee, den weißen Hoffnungen auf Vorteil neues Leben einzuhauchen. Die Stellung verdient es, intensiver untersucht zu werden.) 12...♗xc6 13.♕xd8+ ♖xd8 14.♗e3 ♗e7=

Wir nehmen den Faden nach dem weißen Zug 5.b2-b4 an dieser Stelle wieder auf.

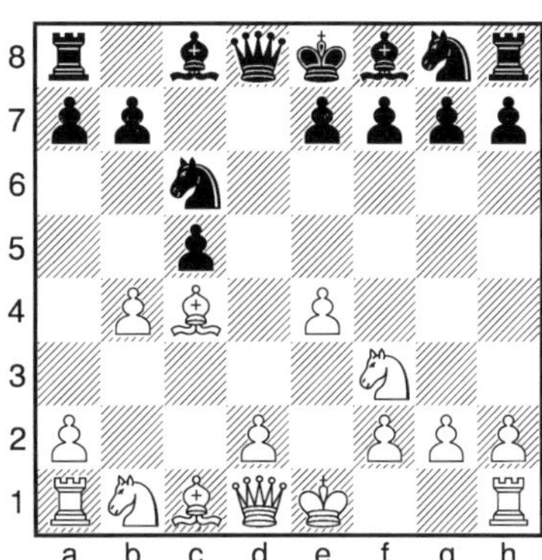

5...e6

Der Nachziehende zeigt an, dass er so schnell wie möglich seinen Königsflügel entwickeln möchte. Das Nehmen auf b4 würde seinem Gegner die Initiative einbringen. Zum Beleg wollen wir uns ein paar Varianten anschauen.

I. 5...♘xb4

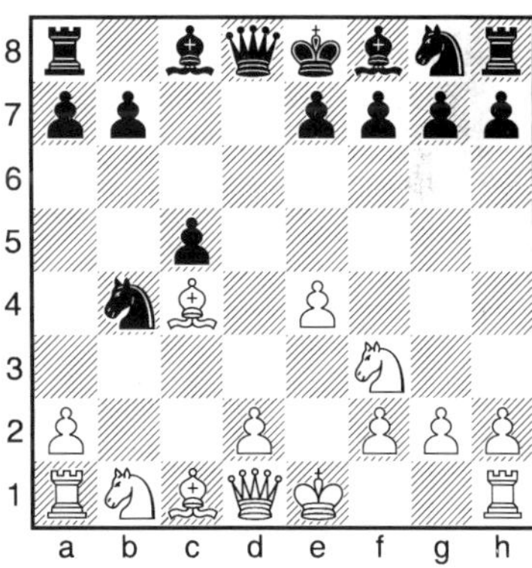

Wir beginnen unseren Streifzug also mit der Idee, den weißen Bauern mit dem Springer vom Brett zu befördern.

A) 6.d4 cxd4 (Die Variante 6...♘f6 7.a3 ♘c6 8.d5 ♘a5 9.♗b5+ ♗d7 10.♕a4 b6 11.0-0 a6 12.♗xd7+ ♕xd7 13.♕c2 verspricht dem Anziehenden Kompensation für den Bauern. Weitergehen könnte es wie folgt: 13...g6 14.♘bd2 ♗g7 15.♖b1 ♕d8 16.♗b2 0-0 17.a4. Das weiße Spiel ist aktiver. Bevor ein endgültiges Urteil gesprochen wird, sollten aber die Ergebnisse praktischer Überprüfungen abgewartet werden.) 7.♘e5 e6 8.♗b5+ ♔e7 9.♕a4 a5 10.♗d2 ♕d6 11.♘c4 ♕c5 12.0-0 Wir haben diese Stellung über eine Reihe von Zügen erreicht, die dem Nachziehenden keine Ruhe zur Umsetzung aktiver eigener Ideen gelassen haben. Hier nun spielt das Material keine große Rolle, denn Schwarz hat seinen König noch nicht aus dem Zentrum in eine sichere Rochadestellung bringen können und sieht sich angesichts seines noch unentwickelten Königsflügels echten Problemen gegenüber.

B) 6.♘e5 Nicht unser Favorit, aber dennoch zu beachten, besonders auch in Hinsicht auf die Einschätzung der gegnerischen Spielstärke. 6...♕d4 (Gegen einen noch nicht allzu erfahrenen Gegner kann Weiß darauf hoffen, dass dieser auf 6.♘e5 mit 6...e6 antwortet, um sein Feld f7 zu schützen. Dann aber geht 7.♗b5+ ♔e7 und weiter 8.♗b2 f6 9.a3 fxe5 10.axb4 cxb4 11.0-0. Nun fühlt sich der schwarze König in der Brettmitte überhaupt nicht wohl.) 7.♕a4+

B1) Nun wäre 7...♔d8? ein Fehlgriff. Unsere diese Aussage begründende Variante bedarf aufgrund ihrer Klarheit keiner besonderen Kommentierung. Also: 8.♘xf7+ ♔c7 9.♕b3 ♕xe4+ (9...♕xa1 kommt wegen 10.0-0 ♕d4 11.d3+- einem Selbstmord auf dem Brett gleich.) 10.♔d1 ♕xg2 11.♕g3+ ♕xg3 12.hxg3 ♗g4+ 13.♗e2 ♘d3 14.♗xg4 ♘xf2+ 15.♔c2 ♘xh1 16.♗b2 e6 17.♗e5+ ♔d7 18.♗f3 ♘f2 19.♘c3 mit klarem weißen Vorteil.

B2) 7...♗d7! Dies ist die richtige schwarze Reaktion, die ihm sehr gute Chancen verspricht. Auch hierzu eine Variante: 8.♗xf7+ ♔d8 9.♕xd7+ ♕xd7 10.♘xd7 ♔xd7 11.♗b3 b5 12.a3 (Nicht besser für Weiß ist 12.♘c3 c4 13.♗d1 ♘d3+ 14.♔f1 a6 15.♗e2 e5 usw.) 12...♘d3+ 13.♔e2 c4 14.♗c2 ♘f4+ 15.♔f3 e5 16.♗b2 ♗d6 17.g3 ♘e6. Die dynamischen Chancen beider Seiten sehen wir als in etwa ausgeglichen an, auch wenn Schwarz aktuell etwas aktiver steht.

II. 5...cxb4 Indem der Nachziehende den weißen b-Bauern nach außen schlagend mit seinem c-Bauern aus dem Spiel nimmt, erlaubt er seinem Gegenüber den ungestörten Vorstoß d2-d4. Dies ist grundsätzlich günstig für Weiß. Also: 6.d4

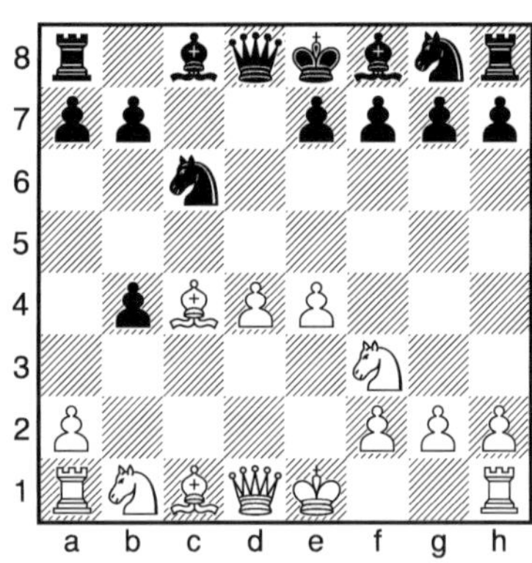

Hier gabelt sich der Weg vor allem in 6...♘f6 und 6...e6. Schauen wir uns beide Möglichkeiten kurz an:

A) 6...♘f6 7.d5 ♘a5 (7...♘xe4? wäre natürlich ein schwerer Fehler, denn mit 8.♕c2 gewänne Weiß eine Figur.) 8.♗b5+ ♗d7 9.♕a4 a6 10.♗xd7+ ♘xd7 11.♕xb4 e6 12.♕d4 ♕f6 Die Perspektiven beider Seiten sind miteinander vergleichbar.

B) 6...e6 7.d5 ♘b8 (Schwarz ist gut beraten, die Einladung zu 7...exd5? nicht anzunehmen, denn in der Folge würde über 8.exd5 ♕e7+ 9.♗e2 ♘e5 10.0-0 f6 11.♖e1 ein weißes Übergewicht auf dem Brett entstehen.) 8.0-0 ♘f6 9.♗g5 (Kosten empfiehlt hier 9.a3!?.) 9...h6 (Wenn Schwarz die Springerfesselung mit 9...♗e7 aufheben möchte, wird folgende hübsche Variante möglich: 10.d6! ♕xd6 11.♕xd6 ♗xd6 12.e5 ♗e7 13.exf6 gxf6 14.♗h6. Der Anziehende hat eine Mehrfigur eingestrichen, aber für den Preis von drei Bauern.) 10.♗xf6 gxf6 (10...♕xf6 11.e5±) 11.♕b3 Weiß ist besser entwickelt, er verfügt über die Initiative und hat auch die gesündere Bauernstruktur. Diese Vorteile wiegen den Minusbauern mehr als auf.

6.b5

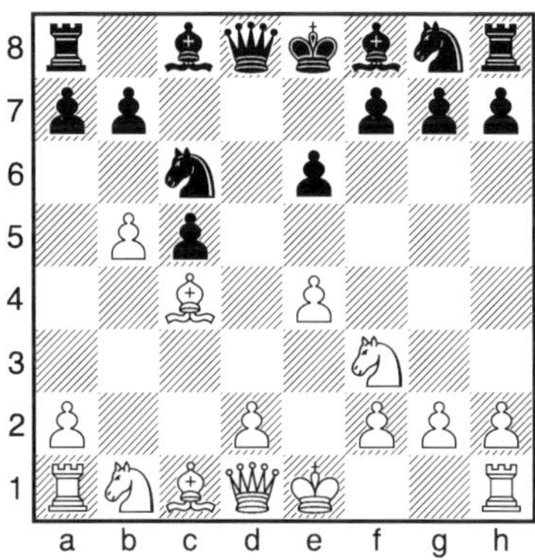

6...♘ce7

Der Springer soll am Königsflügel zum Einsatz kommen, vorgesehen ist das Feld g6. Er kann auch nach a5 oder d4 ausweichen. Dann werden u.a. die folgenden Entwicklungen möglich:

I. 6...♘a5 7.♗e2 ♘f6

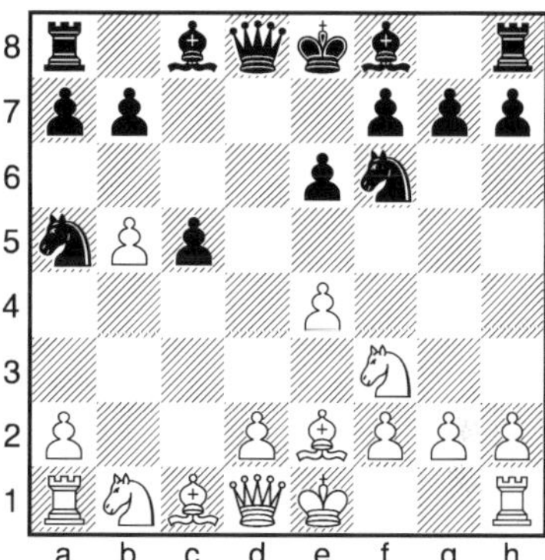

Erneut verzweigt das Spiel, diesmal steht Weiß vor der Wahl.

A) 8.♕c2 Der Zug mit der Dame ist unsere Empfehlung. 8...♗e7 9.0-0 0-0 (Die Einleitung des frühen Fianchettos des weißfeldrigen schwarzen Läufers mit 9...b6 lässt die gleiche Idee zu, wie wir sie in der Hauptvariante sehen werden. Sie basiert auf der Absicht, Profit aus der abseitigen Stellung des gegnerischen Springers auf a5 zu ziehen. Dies könnte hier wie folgt aussehen: 10.♗b2 ♗b7 11.d3. Macht das Feld d2 frei. 11...0-0 12.♘bd2 Nun wird der Plan besser sichtbar – der Läufer zieht von b2 nach c3, schlägt dann auf a5 und mit ♘d2-c4 nimmt der Springer eine starke Position ein.) 10.d3 b6 11.♗d2 Die gerade skizzierte Idee feiert mit einer leichten Abwandlung ihren zweiten Auftritt. Mit ♗d2xa5 und ♘b1-d2-c4 sieht das Szenario in etwa so aus wie gerade eben.

B) 8.♘c3 ♗e7 9.0-0 0-0 10.♗b2 (Infrage kommt auch 10.d3!?, um den

Läufer von c1 nach f4 oder g5 zu entwickeln.) 10...b6 11.e5 (Der Standardzug 11.d3!? kommt auch hier wieder ernsthaft in Betracht.) 11...♘d5 Schwarz hat erkennbar mehr Einfluss auf das Spiel. In der Fernpartie Van Schyndel – Shnyrev, ICCF Email 2009, ging der Kampf wie folgt weiter: 12.♘xd5 exd5 13.♕c2 a6 14.a4 axb5 15.axb5 ♗e6∓.

II. 6...♘d4 7.♘xd4 ♕xd4 (7...cxd4 8.0-0 ♘f6 9.d3 ist bequemer für Weiß.) 8.♕c2! Dieser positionell begründete Zug stellt dem schwächeren Spieler zugleich eine Falle. 8...♘f6 (8...♕xa1? wäre ein furchtbarer Fehler, da er nach 9.♗b2 die Dame kostet.) 9.d3

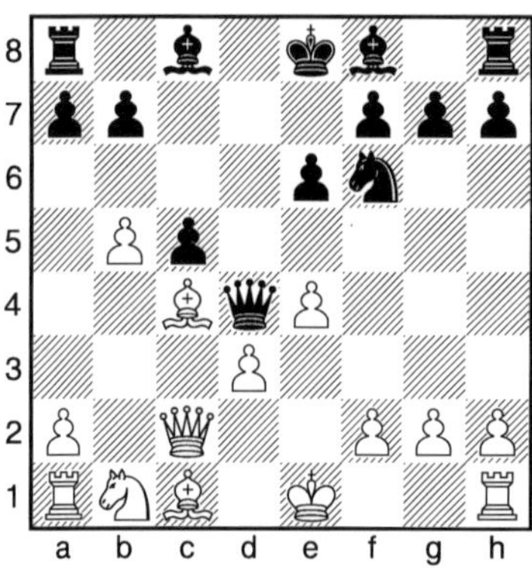

A) 9...b6 10.0-0 (Es geht auch sofort 10.♗b2!? nebst ♘b1-d2 usw.) 10...♗b7 11.♗b2 Mit dem 8. Zug seiner Dame hat Weiß diese Läuferentwicklung möglich gemacht. 11...♕d8 12.♘d2 ♗e7 Schwarz muss sehen, dass er einen Spagat bewältigt. Er muss seine Entwicklung vorantreiben und seinen König sichern, zugleich aber auch aktive Akzente für ein eigenes Gegenspiel setzen. 13.f4 (Eine zweite beachtenswerte Idee verbindet sich mit dem Aufziehen eines aktiven Spiels am Damenflügel. Eingeleitet wird sie mit 13.a4!?, und nach 13...0-0 geht es sogleich mit 14.a5 in medias res.) 13...♘g4 14.♖ae1 ♗f6 15.e5 Die schwarzen Kräfte werden kontinuierlich zurückgedrängt, sie verlieren an aktiver Kraft. 15...♗h4 16.g3 ♗e7 17.h3 (17.♘e4 0-0 18.f5 ist ein Vorschlag von Kosten, dem wir aber nicht den Vorrang gegenüber unserer Textvariante geben möchten.) 17...♘h6 18.g4 0-0 19.♘e4 Weiß entwickelt einen anhaltenden Angriff. Anhand eines – schon älteren – Beispiels aus der Praxis wollen wir uns einen Eindruck davon verschaffen, wie es auf dem Brett weitergehen kann. 19...♔h8 20.f5 ♗h4 21.♖e2 ♕d7 22.f6 (22.♘d6!?; 22.♕d2!?) 22...♖g8 23.♕c1 g5 24.♔h2 a6 25.a4 axb5 26.axb5 ♗d5 27.♘d6 und Weiß stand auf Gewinn, Kevitz – Schroeder, New York 1955.

B) 9...♗e7 10.♗b2 ♕d7 11.♘d2 a6 12.a4 0-0 13.b6 (13.0-0!? ist ernsthaft in Erwägung zu ziehen.) 13...a5 An dieser Stelle schon sollte der Turm die Deckung des Bauern auf b6 vorbereiten. Also: 14.♖b1! (Schwächer ist 14.0-0 wegen 14...♕d8 und nun etwa wie in einer Partie P. Schmidt – Riemelmoser, Deutschland 2010, 15.f4 ♕xb6 16.♖ae1 ♗d7 und Schwarz hat keine Probleme.) 14...♕d8 Wegen der entsprechenden Vorbereitung im 14. Zug kann Weiß jetzt 15.♗e5 antworten, z.B. 15...♗d6 16.♗c3 ♘d7 17.♕b2 mit eigenem Vorteil.

7.♘c3

Keinen Vorteil verspricht Weiß die

Alternative 7.d4 z.B. in der Variante 7...cxd4 8.♕xd4 ♕xd4 9.♘xd4 ♘g6 10.♘d2 ♘f6 11.0-0 ♗e7 mit Ausgleich.

7...♘f6 8.0-0 ♘g6 9.d3

Zu beachten ist 9.♗b2!? mit der Absicht d2-d4. Der sofortige Doppelschritt des d-Bauern bringt nichts, z.B. 9.d4 cxd4 10.♕xd4 (10.♘xd4 ♗b4!) 10...♕xd4 11.♘xd4 ♗b4 und Schwarz hat keine Probleme.

9...♗e7 10.h3 0-0 11.a4 ♔h8

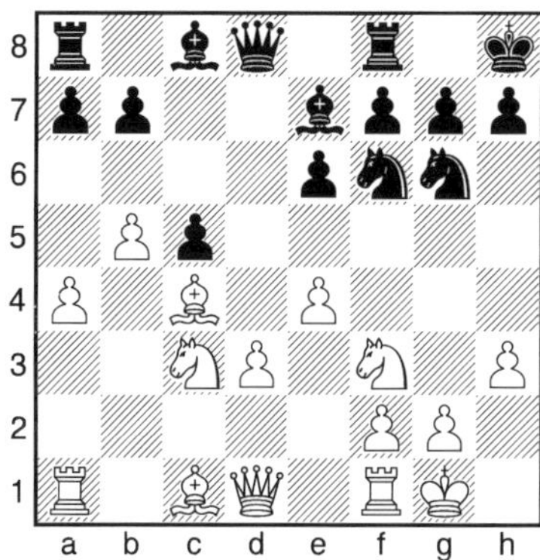

12.♗e3!?

Diese Fortsetzung wurde in der Diskussion der Partie Kramer – Fine, New York 1948, vorgeschlagen, in der Weiß einem anderen Plan den Vorzug gab. Dort geschah 12.♖e1. Bitte sehen Sie sich zu den Folgen dieser Wahl die vollständige Notation an, die Sie unter der **Partie Nr.15** finden. Zu überlegen und weiteren Prüfungen anempfohlen ist aber 12.a5!?, z.B. 12...♖b8 13.♕c2 b6 14.♗b2 ♕c7 15.♘d1 ♖d8 16.♘e3 usw.

12...b6 13.a5 ♖b8

Nach 13...bxa5 14.♕a4 ♗b7 15.♕xa5 hat Schwarz zwei Bauernschwächen auf a7 und c5. Daher steht Weiß besser.

14.♘d2 mit der Idee f2-f4 und aktivem Spiel am Königsflügel.

Zusammenfassung: Die Variante mit 3.e4 ist eine interessante Alternative zu den meist in der Turnierpraxis angewandten Zügen 3.e3, 3.♕a4+ und 3.♘a3. Wir möchten darauf aufmerksam machen, dass nach 3.e4 viele Varianten zu Positionen führen, die oft im angenommenen Damengambit entstehen. Statt 5.♘c3 oder 5.♗b5 analysieren wir und empfehlen eine sehr scharfe Idee von Kramer – 5.b4!?. Bis zu einem endgültigen Urteil bedarf es aber noch einiger Analysen und der praktischen Erprobung. Es ist möglich, dass in diesem Abspiel nach 2...dxc4 der Zug 3.e4 Weiß die besten Perspektiven bietet.

Kapitel 6
Fortsetzung 3.b3

1.♘f3 d5 2.c4 c6 3.b3

In diesem Kapitel behandeln wir die Spielweisen, in denen Schwarz auf 3...♘f6 verzichtet. Aber hier heißt es aufzupassen – sobald er den Zug ggf. nachholt, kann sich die Partie unter Zugumstellung in Richtung der Kapitel 8, 9, 10 und sogar 11 entwickeln.

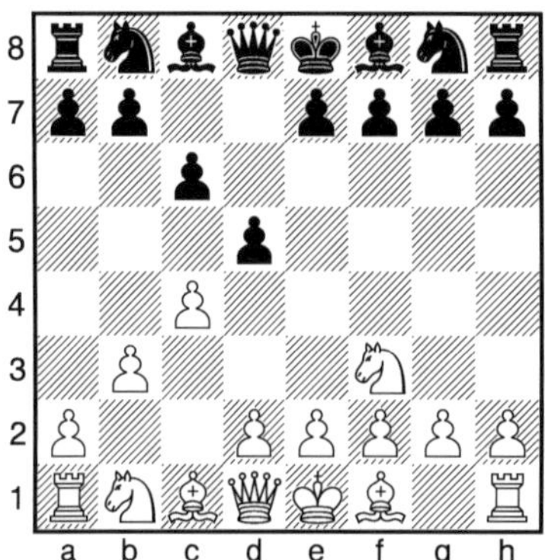

3...dxc4

Auf diesem Weg hebt Schwarz die Spannung im Zentrum radikal auf. Es geht ihm dabei darum, Weiß die Möglichkeit zu nehmen, selbst in einem geeigneten Zeitpunkt c4xd5 zu spielen. Er kann seinen Zug allerdings aus einer Reihe von Alternativen auswählen. Von diesen sind besonders 3...f6, 3...♕b6 und 3...f5 zu beachten. Wir wollen uns alle drei einmal etwas näher anschauen. Also:

I. 3...f6

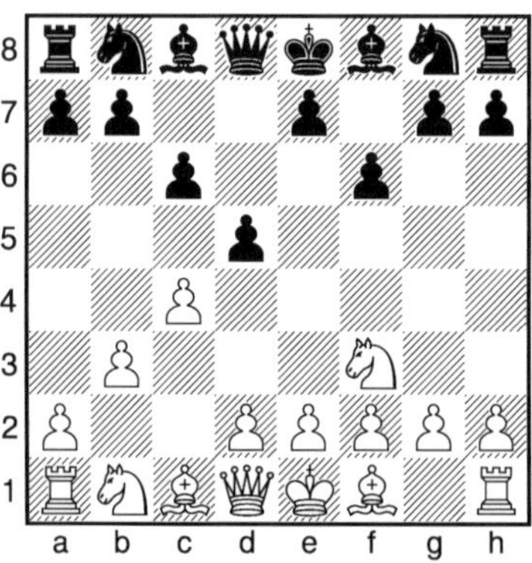

Der Schritt mit dem f–Bauern dient der Vorbereitung des Bauernvorstoßes e7-e5.

A) 4.e3 e5 5.♗e2 (Wenn der Anziehende jetzt d2-d4 nachholt, hat Schwarz die Möglichkeit zu einem sicheren Ausgleich. Eine Variante dazu: 5.d4 e4 6.♘fd2 f5 7.♗e2 ♘f6 8.0-0 ♗d6 9.♗a3 ♗xa3 10.♘xa3 0-0 11.♘c2 a5=.) 5...e4? (Wir lehnen uns hier an die Partie Konyschew – Bakchmetow, Kemerowo 2012, an. Während in einer Variante zuvor der Weitermarsch des schwarzen e-Bauern bis e4 eine gute Entscheidung war, ist er hier zu beanstanden. Zu beachten ist, dass in dieser Variante das Feld d4 nicht vom weißen Bauern besetzt ist. Schwarz sollte in dieser Phase zunächst seine Kräfte entwickeln. Infrage kommt hierfür 5...♗d6!?.) 6.♘d4 c5 7.♘c2 In der genannten Partie folgte weiter 7...d4 8.d3! dxe3 9.♗xe3 ♗d6 10.♘c3 exd3 11.♕xd3 ♘e7 12.0-0-0 ♗c7 13.♕e4 ♘d7 14.♘b5 und Weiß stand bereits auf Gewinn.

B) 4.♗a3 Die Idee hinter diesem Zug liegt darin, Schwarz am Wert seines Bauernvorstoßes e7-e5 zweifeln zu lassen insofern, als ein Abtausch der schwarzfeldrigen Läufer und ggf. der Verlust des Rochaderechts als Folgen denkbar wären. Anhand von zwei Beispielen möchten wir veranschaulichen, dass Schwarz hier nichts zu fürchten hat. Also: 4...e5 (4...♘d7 geht auch. Bei dieser Wahl lässt der Nachziehende 5.d4 zu, erhält sich aber die Möglichkeit zur Rochade. Auch ist er bereit, einen Bauern in seine dynamischen Chancen zu investieren. Eine Variante dazu: 5...dxc4 6.bxc4 e5 7.♗xf8 ♘xf8 8.dxe5 ♕xd1+ 9.♔xd1 ♗g4 10.exf6 0-0-0+ 11.♔e1 ♘xf6. Schwarz verfügt über ausreichend Kompensation für den materiellen Nachteil. Eine plausible Möglichkeit für die weitere Entwicklung beider Seiten sieht beispielsweise wie folgt aus: 12.♘bd2 ♘e6 13.e3 ♖he8 14.♗e2 ♘c5⩱.) 5.♗xf8 ♔xf8 Der Verlust der Rochade ist ohne besondere Bedeutung, was auch eine Partie Kreuzer – Röder, Pang 1983, zeigt. Sie endete zwar letztlich mit einem weißen Erfolg, wofür aber erst später in der Partie der Grundstein gelegt wurde. In ihr erreichte Schwarz auf dem folgenden Weg Gegenspiel, den wir exemplarisch für ein mögliches Vorgehen in diesen Stellungen zeigen: 6.d3 ♘e7 7.♘bd2 ♗e6 8.g3 g5 9.h3 ♘d7 10.♗g2 ♔g7 11.♕c2 ♘f8 12.e3 ♘fg6 13.♘g1 h5 14.♘e2 a5 15.0-0-0 a4⇄.

C) 4.d4 Damit verhindert Weiß die rasche Umsetzung des gegnerischen Vorhabens, und dies mit einem eigenen Entwicklungszug. Es gibt aber auch Konzepte, die die schwarze Absicht zulassen. An erster Stelle sind hier 4.e3 und 4. ♗a3 als deren Initialzüge zu nennen: 4...♗g4 (Die alternative Möglichkeit 4...♗f5 räumt Weiß mehr Flexibilität ein. Er kann sich zunächst auf eine weitere Entwicklung seiner Kräfte konzentrieren und dabei abwarten, was sein Gegner unternimmt. Ein guter Aufbau führt über eine Fianchettostellung am Königsflügel, aus der heraus dann nach Lage weiter vorgegangen werden kann. Ein gutes Beispiel zur Veranschaulichung ist die Begegnung Noga – Knap, Polanica Zdroj 2001. Diese nahm den folgenden Verlauf: 5.g3 e6 6.♗g2 ♗b4+ 7.♗d2 ♗xd2+ 8.♘bxd2 ♘e7 9.0-0 0-0 10.h3. Nimmt dem gegnerischen Läufer das Feld g4. 10...♘d7 11.♘h4 ♗g6 12.♘xg6 hxg6 13.e4 dxe4 14.♘xe4 ♕c7 15.♕g4 mit weißer Initiative am Königsflügel.) 5.♗b2 (Zum Ausgleich führt 5.♘bd2 e6 6.e3 ♘d7 7.♗e2 ♗d6 8.0-0 f5 9.h3 ♗h5=.) 5...e6 6.♘bd2 f5 (Oder 6...♘d7 7.g3 ♗d6 8.♗g2 ♘e7 9.0-0 0-0 10.e4 f5 11.e5 ♗b4 12.h3 ♗h5 13.♕c1±, Bönsch – Blatny, Leipzig 1976.) 7.♘e5 ♘f6 8.h3 (Für den Spieler, der die mit 8.h3 eingeleitete Zugfolge als vielleicht etwas „hasardeurhaft“ und nicht dem eigenen Stil entsprechend empfindet, ist 8.♘xg4 eine prüfenswerte Alternative. Sie hat u.a. die Folge, dass Weiß sich den Vorteil des Läuferpaars verschafft. Die folgende Beispielvariante führt in eine Stellung, in der gerade dieser Vorteil beachtenswert ist. Also: 8...♘xg4

9.g3 ♗d6 10.♗g2 0-0 11.0-0 ♘d7 12.e4 dxe4 13.♘xe4 ♗c7 14.♕e2. Aufgrund seines Läuferpaars steht Weiß aktiver. Für verfehlt sehen wir hier den Versuch 8.♕c2 an. Weiß handelt sich Probleme im weiteren Aufbau ein, besonders bei einer Entscheidung zum Fianchettieren des Königsläufers. Ein Praxisbeispiel dazu: 8...♘bd7 9.♘d3 ♗d6 10.g3 ♕e7 11.♗g2 0-0 12.f3 ♗h5 13.0-0 e5 und Schwarz steht gut, Fohler – Röder, Mengen 1990. Die Partie endete später mit einem Remis.) 8...♗h5 9.g4 Der Auftakt zu einem sehr energischen und kraftvollen Vorgehen. 9...fxg4 10.hxg4 ♗xg4 11.♘xg4 ♘xg4 12.e4 ♕g5 13.♗h3 ♗b4 14.♗xg4 ♗xd2+ 15.♔f1 0-0 16.♗xe6+ ♔h8 In unserer Referenzpartie führte Weiß hier den guten Zug 17.♕g4 aus. (Besser wäre aber wohl 17.♕h5! gewesen.) 17...♕xg4 18.♗xg4 dxe4 19.♔e2. Trotz eines Minusbauern hat Weiß bessere Chancen. Nach ♖a1-g1 droht stark d4-d5, Reich – Röder, Kecskemét 1992.

II. 3...♕b6

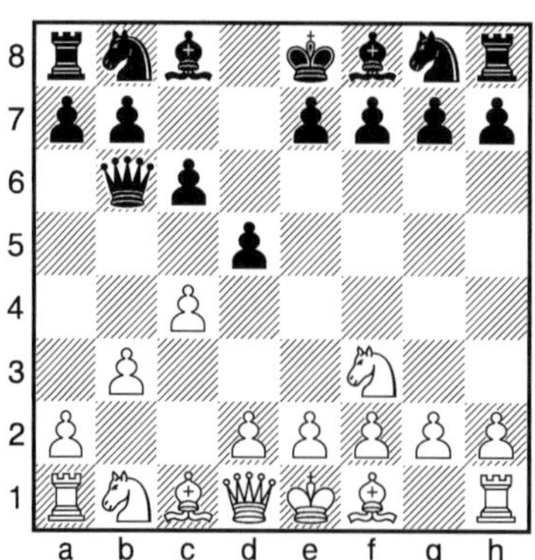

In den nachfolgenden Varianten spielt Schwarz in der Regel bald ♘g8-f6. Es ist deshalb angebracht, auf die bereits oben erwähnte Nähe zu anderen Kapiteln hinzuweisen, die durch diesen Zug entsteht.

A) Die Alternative 4.e3 zeigt an, dass Weiß seinen Läufer nach e2 und nicht nach g2 führen möchte. 4...♗g4 (Gut spielbar ist auch 4...♘f6 mit der beispielhaften Folge 5.♘c3 ♗f5 6.♗b2 h6 7.♗e2 e6 8.♘e5 ♗e7 nebst ♘b8-d7, Smirnow – Bykowa, St. Petersburg 2012.) 5.♗e2 ♘d7 In dieser Phase gilt es, die Aufgabe einer schnellen und harmonischen Entwicklung zu erfüllen. Dies kann in sehr ruhigen Bahnen verlaufen, wie das folgende Beispiel zeigt: 6.♗b2 e6 7.♕c2 ♘gf6 8.0-0 ♗d6 9.♘c3 0-0 10.d3 ♖fe8 11.♖ac1 e5. Beide Parteien haben ihre Kräfte gut ins Spiel gebracht, wobei Schwarz etwas aktiver aufgestellt ist, Haririan – Aird, Boston 2001.

B) 4.♕c2 Auf c2 ist die Dame gut platziert. Zudem lässt Weiß seinen Gegner im Unklaren, ob er seinen Königsflügel mit oder ohne Fianchetto entwickeln wird. 4...♘f6 (In einer Partie Tammert – Beikert, Deutschland 2000, setzte Schwarz hier zunächst mit 4...♘a6 und erst nach 5.a3 mit 5...♘f6 fort. Auf a6 erwies sich der Springer in der Folge etwas deplatziert. Wir beschränken uns auf die Wiedergabe einer längeren Sequenz aus der genannten Begegnung, um einen Eindruck von den Konsequenzen der Spielweise vermitteln zu können, ohne aber weiter darauf eingehen zu wollen. 6.♗b2 g6 7.d3 ♗g7 8.e3 0-0 9.♘bd2 dxc4 10.♘xc4 ♕c7 11.♗e5 ♕d8 12.♗e2 b5 13.♘cd2 c5 14.0-0 ♗b7 15.♖ac1 ♕d5 16.♕b2 ♖fc8 17.♖fd1 ♘b8 18.♘e4 ♘bd7 19.♘xf6+ exf6 20.♗c3 a5 mit beiderseitigen Chancen.) 5.g3 Es gibt nicht viel Material für diese Nische des Eröffnungsspiels, somit noch viel Raum für eigene Forschungen und Praxistests. Wie es natürlicherweise weitergehen kann, zeigen wir an einem Beispiel von der Turnierbühne. Also: 5...g6 6.cxd5 ♗f5 7.d3 cxd5 8.♗b2 ♗g7 9.♗g2 0-0 10.0-0 ♘c6 11.♘c3 ♖ac8. Schwarz kann zufrieden sein, wir sehen ein leichtes Chancenplus auf seiner Seite, Dive - Izzat, Canberra 2014.

III. 3...f5 Bitte beachten Sie auch hier die Übergangsmöglichkeiten in andere Kapitel, ausgelöst durch ein baldiges ♘g8-f6! 3...f5 ist ein sehr verpflichtender und nachhaltige Schwächen auslösender Zug. Dem gegenüber ist er aggressiv und mit einem erheblichen Störpotenzial gegen das weiße Spiel ausgestattet. Wir denken aber, dass die Nachteile überwiegen, und versuchen dies über die folgenden Varianten zu bestätigen. 4.♗b2 (Eine Ausgleichsvariante ist 4.g3 ♘f6 5.d3 e6 6.♗b2 ♗d6 7.♘bd2 ♘bd7 8.♗g2 ♕c7 9.e3 0-0 10.♕c2 e5=, Talma - Hava, Plzen 2004.) 4...e6 Auf den schwarzen Feldern zeigt Schwarz eine gewisse latente Schwäche, was auf 5...f7-f5 zurückgeht. 5.g3 ♘f6 6.♗g2 ♗e7 7.0-0 0-0 8.d3

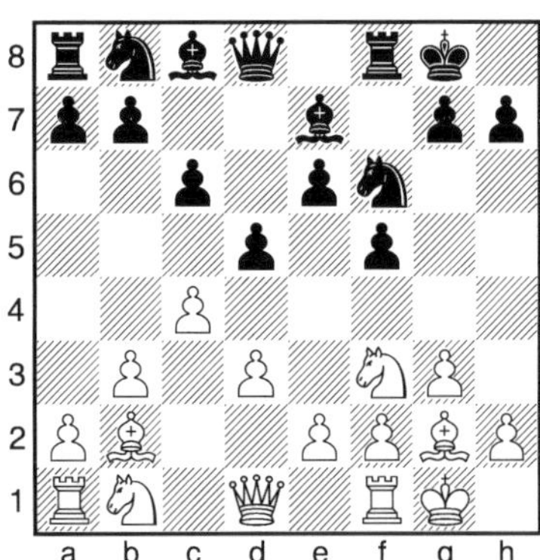

A) Eine interessante Idee ist 8...♗d6 mit der Absicht, den f-Bauern weiter nach vorne zu schicken. Ein Beispiel dafür: 9.♘bd2 f4 10.gxf4 ♗xf4 11.e3 ♗d6 12.♘e5. In der Partie Yu Yangyi - Wen Yang, China 2015, stellte der Anziehende unter Beweis, dass er unter den neu entstandenen Verhältnissen schneller und besser in der Lage war, Initiative zu entwickeln. Es folgte 12...♗d7 13.f4 ♗e8 14.♗h3 ♕e7 15.♘df3 ♗h5 16.♕e1 ♗xf3 17.♖xf3 ♘fd7 18.d4 ♘a6 19.♕e2 ♘f6 20.♘d3 ♖ae8 21.♔h1 ♘b8 22.♖g1 mit aktivem Spiel am Königsflügel und einem späteren Sieg für Weiß.

B) 8...c5 beantwortet Weiß am besten mit 9.cxd5 und nach 9...exd5 ist 10.d4 eine gute Wahl. (Weiß kann sich aber auch nach dem Schema 10.e3 nebst ♘b1-d2 aufbauen.) 10...b6 11.♘c3 ♗b7 12.♖c1 In der Partie Moroni - Kolly, Lugano 2014, setzte Schwarz hier mit 12...c4? fort, was sich für ihn aber als nicht ratsam erwies. (Stärker ist 12...♘e4!?.) Nach dem schwarzen Textzug ging es mit 13.bxc4 dxc4 14.♕a4 ♕c8 15.♘e5 ♗xg2 16.♔xg2 ♕b7+ 17.♔g1 ♖c8 18.♘xc4 ♘c6 19.♖fd1 und weißem Übergewicht weiter. Der im 12.

Zug unvorsichtig vorangeschrittene schwarze Bauer konnte vom Anziehenden erfolgreich attackiert werden.

C) Der Nachziehende kann es auch mit seinem Standardzug 8...♘bd7 versuchen. Aufgrund der Konzessionen, die er mit seinem forschen Vorgehen im 3. Zug eingehen musste, hat er aber Probleme im Zusammenhang mit seinem e-Bauern und dem in weißer Hand befindlichen Feld e5. Der Anziehende kommt auf relativ unspektakulärem Weg in eine gute Position. Der Weg dorthin kann beispielsweise wie folgt aussehen: 9.♕c2 ♕e8 10.♘bd2 ♗d6 11.e4 fxe4 12.dxe4 ♘xe4 13.♘xe4 dxe4 14.♕xe4 ♘f6 15.♕d3 ♕e7 16.♖ad1. Weiß steht positionell besser, besonders auch wegen der gegnerischen Schwäche auf e6, Czech - Kicler, Marburg 2006.

4.bxc4

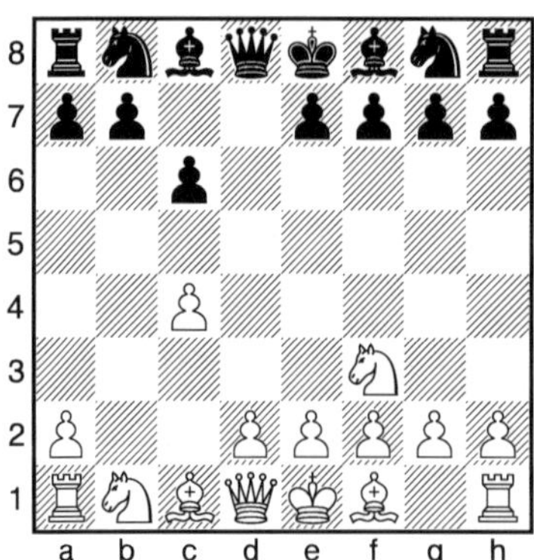

4...e5

Der Bauernzug im Zentrum ist aktiv und wohl der beste Pfeil im schwarzen Köcher. Nun geht natürlich nicht 5.♘xe5?? wegen 5...♕d4 und Weiß verliert Material. Auf die Alternativen 4...♗f5, 4...♗g4 und 4...♘f6 sollte der Anziehende besonders vorbereitet sein, da sie zu den logischen Abweichungen zählen. Werfen wir einen Blick auf die damit in den Bereich des Möglichen kommenden Entwicklungen:

I. 4...♗f5

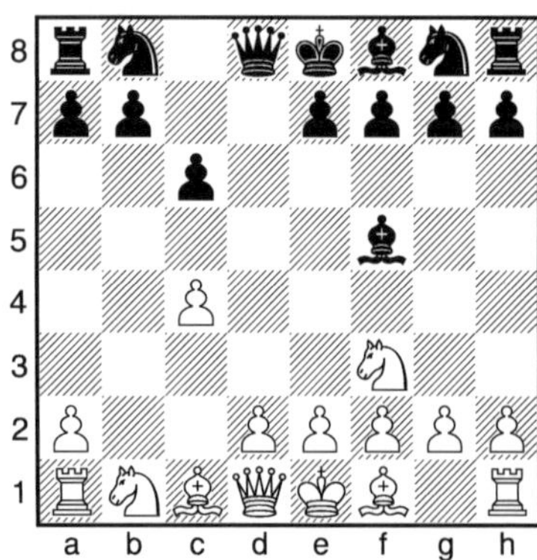

Eine gute Entscheidung und auch dem „Réti-Style" getreu ist nun das Fianchetto des Königsfläufers. Weiß kann es sofort oder auch verzögert einleiten. Zwei Beispiele dafür:

A) 5.♘c3 ♘f6 6.d3 e6 7.g3 ♗b4 (Hier sollte Schwarz 7...♗e7 nebst 0-0 usw. erwägen, das einen besseren Eindruck macht.) 8.♗d2 ♘bd7 9.♖b1 ♕a5 10.♕b3 c5 11.♗g2 0-0 12.0-0 Weiß hat nun die Möglichkeit zu ♘f3-h4, er steht besser, Hejazipour - Al Ghafri, Muscat 2015.

B) 5.g3 Es schließt sich eine typische ruhige Entwicklung der Kräfte an, die exemplarisch wie folgt ablaufen kann: 5...e6 6.♗b2 ♘f6 7.♗g2 ♘bd7 8.0-0 ♗e7 9.d3 0-0 10.♘bd2 a6. Ohne besonders miteinander in Kontakt zu kommen, haben sich die Kräfte beider Seiten in einflussreichere Positionen gebracht. Jetzt gilt es, den richtigen Weg in aktive

Handlungen zu finden. Eine gute Option für den Anziehenden ist es nun, den seinem e-Bauern innewohnenden Drang nach vorne zu nutzen. 11.e4 ♗g6 12.e5 ♘g4 13.h3 ♘h6 14.d4 ♕c7 15.♕e2 ♖fd8 16.♗c3 Über eine Kette natürlicher und in sich gut nachvollziehbarer Züge hat sich Weiß einen Raumvorteil verschafft und seine Stellung gleich darauf von hinten abgesichert, Chokhonelidze - Mezheritsky, Kiew 1999.

II. 4...♗g4

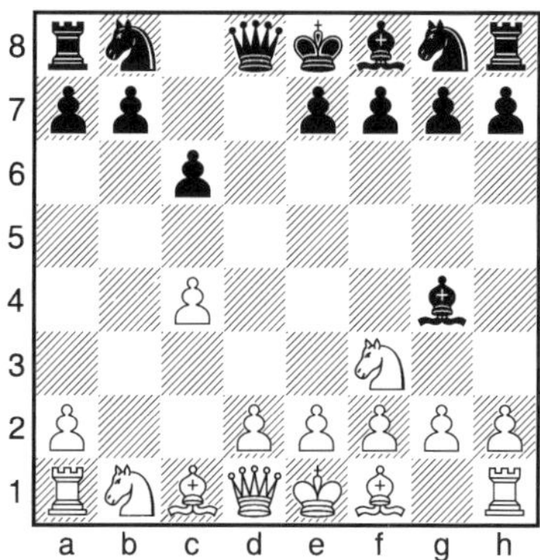

Dieser Zug ist gelegentlich in Partien anzutreffen, die bis in den Bereich des Klubniveaus gespielt werden. Weiß hat keine Mühe, zu ordentlichem Spiel zu kommen. Der eingeschränkten praktischen Bedeutung dieser Wahl entsprechend beschränken wir uns auf die Darstellung der beiderseitigen Handlungsoptionen anhand von zwei Beispielen.

A) 5.e3 e5 6.♕b3 In unserer Referenzpartie entschied sich der Nachziehende nun zu 6...♗xf3?, was als klarer Fehler zu tadeln ist. (Die schlichte Antwort 6...♕c7 wäre besser gewesen, worauf 7.♗e2 zu einem soliden weißen Aufbau geführt hätte. Wie er diesen genau vollzieht, kann er noch offenlassen und zunächst abwarten, wie sich der Gegner seinerseits entscheidet.) Auch wenn Schwarz mit seinem vorhergehenden Zug ein klarer Fehler unterlaufen ist, hat der weitere Verlauf der Partie einen erkennbaren Wert für uns. Sie veranschaulicht sehr gut, wie Fehltritte des Gegners ausgenutzt werden können. Dabei wird deutlich, welche Potenziale im bis dahin recht unscheinbaren weißen Aufbau stecken. 7.♕xb7 c5 8.♕xf3 ♘d7 9.♘c3 ♖b8 10.♗e2 ♘gf6 11.0-0 ♗e7 12.♖d1 ♕a5 13.♘d5 ♘xd5 14.♕xd5 ♗f6 15.d3 ♕a4 16.♗g4 ♖d8 17.♗b2. Der klare weiße Vorteil ist offensichtlich, Jerbic - Zizek, Varazdin 2008.

B) 5.♕b3 ♕c7 6.♗b2 Damit wirkt Weiß dem gegnerischen e7-e5 entgegen. (Eine Ausgleichsvariante wäre 6.g3 ♘d7 7.♗g2 e5 8.0-0 ♘gf6 9.d3 ♗e7 10.♗b2 0-0 11.♘bd2 ♖fe8=.) 6...♘d7 7.d4 ♘gf6 8.♘bd2 e6 9.g3 Der jetzige Zeitpunkt ist besser geeignet als jener in der Anmerkung zu 6.♗b2, um den Läufer zu fianchettieren. 9...♗e7 10.♗g2 0-0 11.0-0 ♗xf3 12.♗xf3 ♖fd8 13.e4 Der errungene Raumvorteil gibt Weiß das bessere Spiel, Eberharter - Drexel, Österreich 1996.

III. 4...♘f6. Auch hier ist 5.♗b2 ...

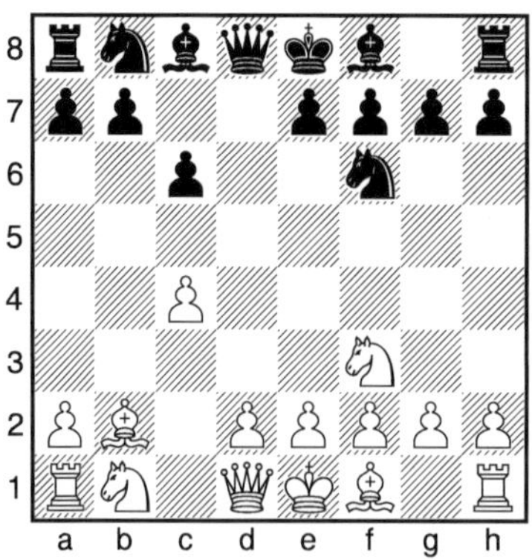

... die unseres Erachtens beste Fortsetzung für den Anziehenden. Aus den Antworten, die von der Praxis getestet worden sind, halten wir in erster Linie die beiden Alternativen 5...♗f5 und 5...♕b6 für interessant, sodass wir uns auf diese konzentrieren.

A) 5...♗f5 Weiß kann gut mit seinem Standardmanöver d2-d3 und ♘b1-d2 reagieren und dann versuchen, aus der angreifbaren Position des schwarzen Springers Profit zu schlagen. Weitergehen kann es also beispielsweise wie folgt: 6.d3 e6 7.♘bd2 ♘bd7 8.♘h4 (Die schlichte Fortsetzung 8.e4!? ♗g6 9.♗e2± reicht schon für einen weißen Vorteil aus.) 8...♗g6 9.♖b1 ♕c7. In der Begegnung Gyorkos – Geroly, Veszprem 2000, folgte nun 10.g3 ♗c5 11.e3 ♗h5 12.♗e2 ♗xe2 13.♕xe2 ♖d8 14.0-0 0-0 15.d4 ♗e7 16.e4 ♕a5 und Weiß hatte ein starkes Bauernzentrum erreicht. Weiter ging es mit 17.♘hf3 ♕h5 (Der weiße Bauer auf a2 ist ein vergifteter Vertreter seiner Art. Wenn es Schwarz nach einem Materialgewinn mittels 17...♕xa2? gelüstet, kommt er über 18.♗c3 ♕a3 19.♖b3 ♕d6 20.♖xb7+- in einer verlorenen Stellung auf den Boden der Tatsachen zurück.) 18.♖fe1 h6 19.♔g2 und mit drei kräftigen Zügen hatte er seinen Vorteil bemerkenswert weiter ausgebaut. Auf der Basis der erreichten Stellung sind dem Anziehenden die klar besseren Aussichten zu attestieren.

B) 5...♕b6 6.♕c2 ♘a6 7.d3 ♗f5 8.♘bd2 ♖d8 9.♖b1 ♕c7 10.e4 (Im Duell Amin – Eldardery, Kairo 2002, reagierte Schwarz auf 10.g3 unvorsichtig mit 10...e6 und wurde sofort mit 11.♗xf6 gxf6 12.♕b2 ♘c5 13.♕xf6 bestraft. Nach den weiteren Zügen 13...♖g8 14.♕c3 ♗g7 15.♕a3 b6 16.♗g2 ♗f8 17.♕c3 ♗g7 18.♕c2 ♖xd3 19.exd3 ♘xd3+ 20.♔f1 ♘f4 21.♘e4 nahm der Kampf ein schnelles Ende, 1-0.) 10...♗g6 11.c5 e6 12.d4 Auch in dieser Variante hat Weiß ein starkes Bauernzentrum errichtet. Nun wäre der Versuch, über die Folge 12...♘b4 13.♕b3 ♘xe4 14.♕xb4 und dann 14...♘xd2 15.♘xd2 ♗xb1 16.♘xb1 das Blatt zu wenden, mit einem ungünstigen Ende für Schwarz verbunden.

Nun aber zurück in unsere Hauptvariante nach 4...e5:

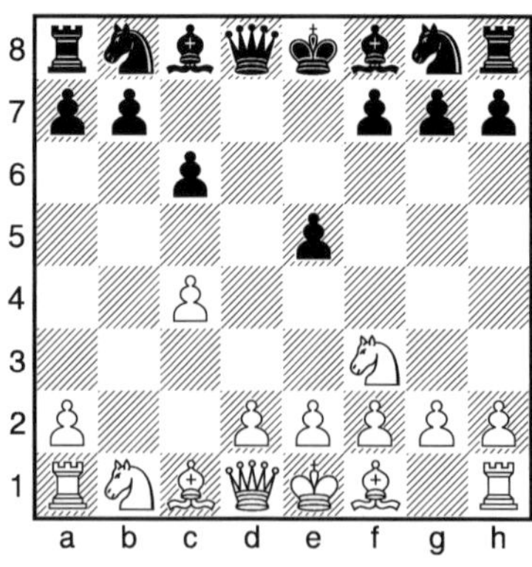

5.e3

Weiß muss konsequent seine Entwicklung fortsetzen. Ihm stehen dabei auch andere Möglichkeiten zur Verfügung, die wir zumindest kurz skizzieren wollen.

I. 5.♘c3

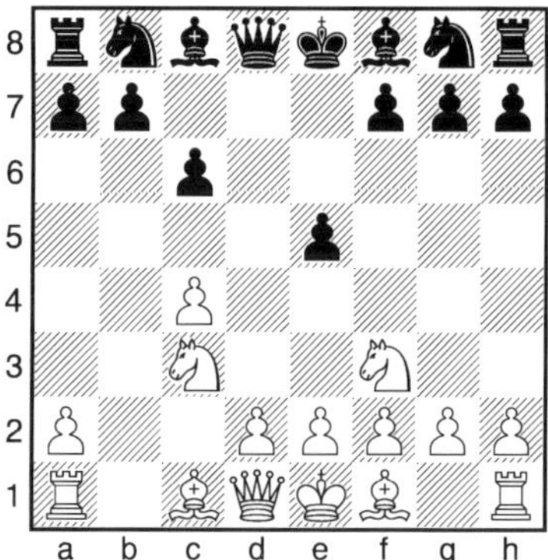

Auf diesen weißen Zug hat die Praxis vor allem die Antworten 5...♕a5, 5...♗d6 und 5...♘d7 parat. Es ergeben sich insbesondere die folgenden Wege für eine Entwicklung:

A) 5...♕a5 Der Anziehende kann sich gut mit den Eckpunkten ♗e2, 0-0, d3 etc. aufbauen und kommt auf einem relativ natürlichen Weg zu einem guten Spiel. Ein Beispiel von der Turnierbühne dazu: 6.e3 ♘f6 7.♕c2 ♗d6 8.♗e2 0-0 9.0-0 ♖e8 10.d3 ♘bd7 11.♖b1 ♘f8 12.♘d2 ♘g6 13.♘de4 ♘xe4 14.♘xe4 ♗f8 15.c5! (Aber nicht 15.d4?, denn nach 15...exd4 16.exd4 ♖xe4! 17.♕xe4 ♗f5-+ kann Weiß bald schon aufgeben, Boyd – Drentschew, Frankreich 2008.) 15...♕c7 16.a4 ♗e6 17.♗a3 ♖ed8 und Weiß steht gut erkennbar besser. Auf seinem Plan steht ♘e4-d6 usw.

B) 5...♗d6 hat kaum eigenständige Bedeutung und ist vor allem unter dem Aspekt von Zugumstellungen zu beachten.

C) 5...♘d7 Auch hier ist dieser Universalzug eine gute Alternative für Schwarz. Er entwickelt sich flexibel und lässt seinen Gegner über seine konkreten Aufbaupläne noch im Unklaren. 6.♕c2 ♘gf6 7.g3 Weiß kommt gut mit der Aufstellung im Doppel-Fianchetto zurecht, mit dem Ziel der Fernkontrolle des Zentrums. Auch hierzu schauen wir uns ein Beispiel aus der Praxis an. 7...♗e7 8.♗g2 0-0 9.0-0 ♖e8 10.♗b2 ♗f8 In unserer Referenzpartie hat der Anziehende nun seinen Turm von der a-Linie in die Mitte dirigiert. Wir werden gleich verfolgen, welche Konsequenzen seine Wahl in diesem konkreten Duell hatte. Es sind aber auch andere Vorgehensweisen aussichtsreich, bei-spielsweise unter Einbezug des anderen Turms, während sein Kollege am Damenflügel bleibt. Nun aber weiter mit dem Schwenk des Turms von a1: 11.♖ad1 ♕a5 12.d3 ♘c5 13.h3 h6 14.g4 ♗d7 15.e3 ♖ad8 16.♘d2 ♗c8 17.♘b3 ♕c7 18.♘e2. Nun haben beide weißen Läufer freie Sicht. 18...♘a6 19.♘g3 ♘h7 20.♔h1 ♕e7 21.♕e2 ♕h4 Wir sind dieser Partie bewusst bis in eine erhebliche Tiefe gefolgt, um zu veranschaulichen, wie eine plausible Entwicklung aussehen kann, aber natürlich nicht muss. Hier nun hat Schwarz den Ausgleich gewahrt, D'Costa – Kasimdzshanow, Vlissingen 2007.

II. 5.♕c2

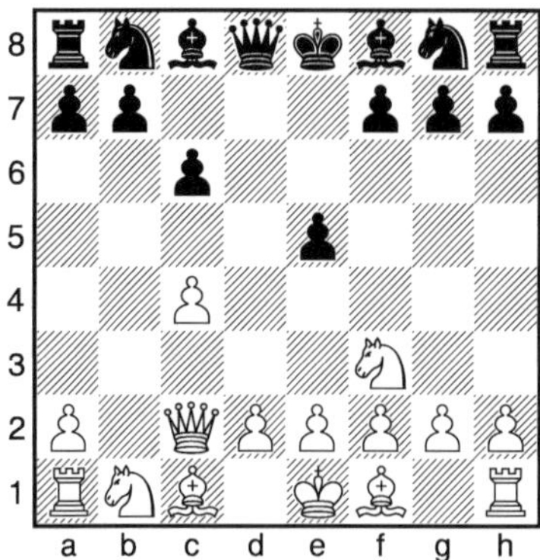

Der Zug mit der Dame ist flexibel, da er in unterschiedliche weitere Aufbauformen passt. Zugleich veranlasst er Schwarz, sich um seinen e-Bauern zu kümmern. 5...♗d6

A) 6.♗b2 Weiß hält den Druck gegen den schwarzen Bauern aufrecht. 6...♘d7 7.g3 ♘gf6 8.♗g2 0-0 9.0-0 ♖e8 10.♘c3 (10.d3 ♘c5 11.♘bd2 ♕e7 führt zu gleichen Perspektiven.) 10...♘c5 11.d3 ♗f5 12.♘h4 ♗e6 13.♖fd1 ♘cd7 14.♖ab1 ♕c7 In dieser typischen Réti-Stellung kann Schwarz mittels a7-a6 und b7-b5 ein Gegenspiel am Damenflügel organisieren, Günthner - Melzer, Deutschland 2010. Diese Begegnung endete mit einer Punkteteilung nach langem Kampf.

B) 6.e3 ♕e7 7.♘c3 f5 Dies ist an dieser Stelle die forscheste Möglichkeit. In unserer Beispielpartie hatte der Nachziehende Erfolg damit, er sicherte sich den vollen Punkt mit seinem 35. Zug. Auch wenn dies natürlich nicht ursächlich mit seinem 7. Zug verknüpft ist, zeigt der weitere Verlauf der Partie doch ein erhebliches Potenzial für Schwarz an. Theorie und Praxis bieten bisher kaum etwas zu diesem Gebiet des Eröffnungswesens an. Es gibt hier also noch viel Raum für eigene Entwicklungen und Tests. 8.♗e2 e4 9.♘d4 ♘f6 10.♗b2 0-0 (In einer Begegnung Schunk - Kesik, Deutschland 2010, zog der Nachziehende 10...♘a6 zeitlich vor und kam in der Zugfolge 11.a3 0-0 12.h3 ♘c5 13.♘a4 ♗d7 14.♘xc5 ♗xc5 15.♘b3 ♗d6 16.c5 ♗c7 17.♗c4+ ♔h8 18.♗d4 b5 19.♗e2 a5 zu Gegenspiel.) 11.f4 exf3 12.♘xf3 ♘a6 13.0-0-0 ♗d7 14.♘d4 ♘e4 15.♖df1 ♘b4 16.♕b1 ♖ae8 17.♘xe4 fxe4 18.♗c3 c5 19.♘b5 ♗b8 Die Stellung des Nachziehenden ist vorteilhaft, Lie - Hammer, Norwegen 2010. Weiß muss sich auch bereits Sorgen um seine Königssicherheit machen.

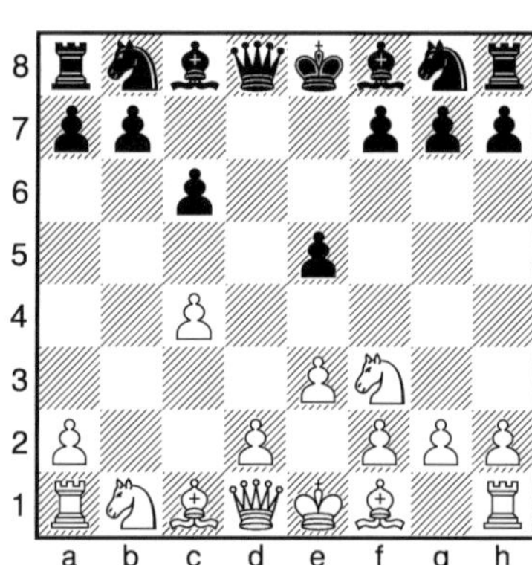

5...e4

Eine zum Ausgleich führende Variante ist 5...♘d7 6.♗b2 ♗d6 7.d4 exd4 8.exd4 ♘gf6 9.♗e2 0-0 10.0-0 ♖e8 11.♘bd2 ♘f8= usw.

6.♘d4 ♘f6 7.♗b2 ♗d6 8.♘c3 0-0 9.♗e2 ♘bd7 10.♕c2 ♘c5 11.f3 ♖e8 12.0-0-0 ♗f8 13.fxe4 ♘fxe4 14.♖hf1 ♘xc3 15.♗xc3 ♘e4

Schwarz kann mit dem bisher Erreichten zufrieden sein, Jovanovic – Hera, Budapest 2013. Sein Plan beinhaltet g7-g6, ♗f8-g8 usw.

Zusammenfassung: Es sieht danach aus, dass Schwarz auch nach 3...dxc4 erfolgreich um den Ausgleich in der Partie kämpfen kann. An Möglichkeiten der weiteren Entwicklung reicher ist allerdings der Springerzug 3...♘f6 mit Übergang zu den komplizierten Varianten nach einer Läuferorientierung Richtung f5, g4 oder g7.

Kapitel 7
Fortsetzung 3.e3

1.♘f3 d5 2.c4 c6 3.e3

In diesem Abspiel behandeln wir die Varianten, in denen Weiß auf das Fianchetto des Läufers nach g2 verzichtet.

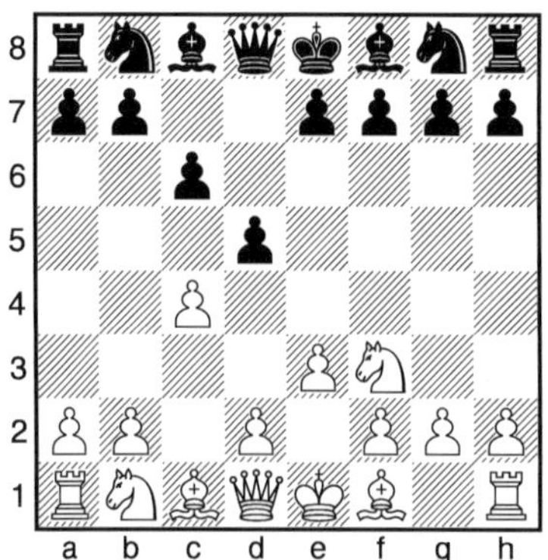

3...♘f6

Dies ist die Hauptfortsetzung, in der Schwarz eine schnelle Entwicklung seines Königsflügels verfolgt. Es gibt aber vier Alternativen, die wir uns genauer anschauen sollten. Also:

I. 3...e6

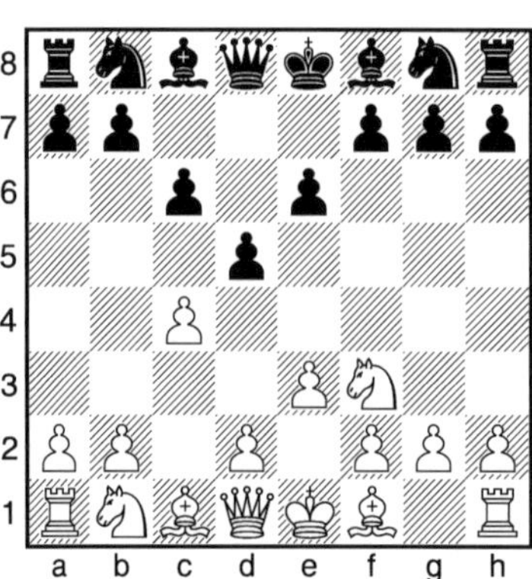

Ein altbekannter und häufig von Schwarz gewählter Zug. Er verspricht ihm solide Verhältnisse auf dem Brett.4.b3 f5 (4...♘f6 würde die Abläufe wieder zurück in unsere Hauptvariante führen.) 5.♗b2 (Ein anderer Plan für Weiß liegt darin, zunächst 5.♗e2 mit der Absicht der baldigen kurzen Rochade zu spielen, um nach beispielsweise 5...♘f6 6.0-0 ♗d6 7.♗a3 den Damenläufer nach a3 zu bringen.) 5...♘f6 6.h3 Damit bereitet Weiß den Bauernvorstoß g2-g4 vor. (Weniger verpflichtend ist 6.♕c2 mit der möglichen Folge 6...♗e7 7.♗e2 0-0 8.♘c3 ♘a6 9.0-0 ♕e8 10.a3 ♘c5 11.b4 ♘ce4 12.d3 ♘d6∞, wie in der Partie Pein – Ansell, Hinckley 2014. Die Situation auf dem Brett ist hinsichtlich der Chancen beider Seiten auf den Partieerfolg nicht klar abzuschätzen, allerdings sollte Weiß durchaus zufrieden sein können. Seine Kräfte sind aktiv und elastisch aufgestellt.) 6...♗d6 7.g4 ♕e7 8.gxf5 exf5 9.cxd5 ♘xd5 10.♖g1 ♖g8 Das Partiefragment, dem wir hier folgen, stammt aus der Begegnung Nevednichy – Ionescu, Calimanesti-Caciulata 2014. Darin ging es wie folgt weiter: 11.♗c4 g6 12.♗xd5 cxd5 13.♘c3 ♗e6 14.♘b5 ♘c6 15.♘fd4 ♘xd4 16.♗xd4 f4 und Schwarz hatte sich schleichend Gegenspiel verschafft. Die Partie endete mit einem Sieg von Weiß im 29. Zug.

II. 3...♗g4 Auch diese schwarze Möglichkeit kommt immer wieder mal aufs Brett. Der Anziehende kann sie gut mit 4.♕b3 beantworten. Eine Variante dazu: 4...♕c7 (4...♘f6 5.♘c3 würde jetzt in unsere Nebenvariante I. 4...♗g4 zum Hauptzug 4...e6 führen, dort nach 5.♕b3.) Nun ist 5.♘e5 am vielversprechendsten. (Es geht aber auch 5.♘c3 mit der beispielhaften Folge 5...e6 6.d4 ♘d7 7.♗d2 ♘gf6 8.♗e2 ♗e7 9.0-0 0-0 10.♖fc1 ♕b6 mit Ausgleich, Andersen – Abel, Deutschland 2014.) 5...♗e6 6.d4 ♘d7 7.♘c3 dxc4 (7...♘xe5 8.cxd5±) 8.♗xc4 ♗xc4 9.♘xc4 ♘gf6 10.a4 e6 11.e4 ♗e7 12.0-0 0-0 Weiß steht etwas aktiver, wenngleich Schwarz eine feste Position hat.

III. Auf 3...♗f5 ...

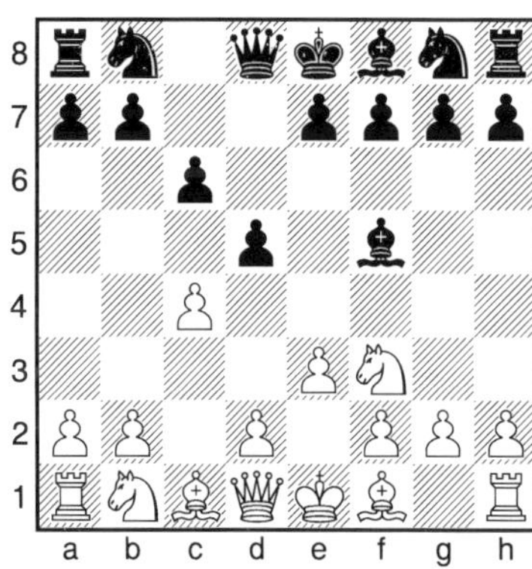

... kann Weiß erneut gut 4.♕b3 spielen, auch wenn ihm nach 4...♕c7 die Gelegenheit zu ♘f3-e5 fehlt. (4...♕b6 würde in für Weiß vorteilhafte Abläufe führen, z.B. 5.♕xb6 axb6 6.cxd5 cxd5 7.♘c3 ♘f6 8.♘e5 ♘c6±. Die schwarze Bauernstellung am Damenflügel ist nachhaltig schwach.) 5.cxd5 (Weiß kann die Bauernspannung auch erhalten und diese mit 5.♘c3 noch weiter unterstreichen. Eine Turnierbeispiel dazu: 5...e6 6.♘h4 ♗g6 7.d4 ♘d7 8.♘xg6 hxg6 9.e4 dxe4 10.♘xe4 ♘df6 11.♘g5 0-0-0=, Howell – Feuerstack, Deutschland – Bundesliga 2012. Den beiden Kontrahenten sind in etwa gleiche Aussichten zu bescheinigen. Die Stellung trägt den Keim scharfer Entwicklungen in sich, da sich sowohl den Läufern als auch den Türmen gute Entfaltungsmöglichkeiten bieten. Weiß muss noch klären, wie er seinen König in Sicherheit bringen kann. Viel spricht für die kurze Rochade, so wie es in der Partie auch tatsächlich passierte. Die dadurch auf das Brett kommenden unterschiedlichen Rochaden sind oft ein Katalysator für eine vehementes Spiel. Unsere Referenzpartie endete mit einem weißen Sieg nach scharfem Kampf mit einem sehr schönen Matt im 36. Zug.) 5...cxd5 6.♗b5+ ♗d7 7.♘c3 e6 8.d4 ♘f6 9.♗d2 ♘c6 10.♖c1 ♗e7 11.0-0 0-0 Schwarz wird nun noch ♖a8-c8 ergänzen und mit seinem Eröffnungserfolg, der ihm gleiches Spiel einräumt, zufrieden sein. Wir haben uns mit diesem Fragment an der Begegnung Harika – Frisk, Caleta 2015 orientiert, die mit einem weißen Sieg endete. Die Endstellung war aber schon mehrfach auf dem Brett. Als ältestes Beispiel ist uns eine Partie Cohn – Alapin aus dem Jahre 1911 bekannt.

IV. Wenn Schwarz zu 3...g6 greift und damit anzeigt, dass er seinen Königsläufer fianchettieren will, kann Weiß mit 4.♘c3 und dann nach 4...♗g7 mittels 5.d4 in die Slawische Verteidigung, Schlechter-System, überleiten. Kennt er sich damit aus, ist ein entsprechender Übergang durchaus empfehlenswert. Natürlich kann er die Geschehnisse durchaus auch in unserer Themaeröffnung halten, beispielsweise mit 5.♕b3. Es gibt nur sehr wenig Material hierzu. Der Spieler mit Forschergeist findet hier also ein Eldorado für sich. Wohin die Reise in der Partie gehen kann, wollen wir in groben Zügen anhand eines Beispiels veranschaulichen. Also: 5...♘f6 6.♗e2 0-0 7.0-0 dxc4 8.♗xc4 b5 9.♗e2 ♘a6 10.d3 ♕b6 11.e4 ♗e6 12.♕c2 c5 13.♗e3 ♘b4 14.♕d2 ♘g4 15.♗g5 ♘c6 16.♖ac1 ♖fd8 17.h3 ♘f6 18.♕e3 ♖d7 und die Stellung ist etwa gleich, Lundvik – Ostberg, Schweden 2009.

4.♘c3

Eine andere Möglichkeit für Weiß liegt im schnellen Fianchetto seines Damenläufers. Hierauf gibt es drei schwarze Antworten, die besonders zu beachten sind, und zwar 4...♗g4, 4...g6 und 4...♗f5. Anhand von einigen Varianten wollen wir uns anschauen, woran sich die beiderseitigen Perspektiven festmachen.

Also: 4.b3

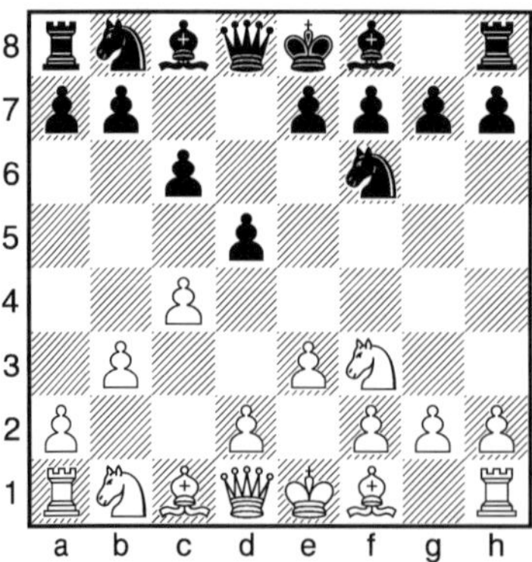

A) 4...♗g4 5.♗b2 e6 (Im Duell Kovacs – Thorhallsson, Bilbao 2014, kam der Standardzug 5...♘bd7 aufs Brett. Auf ziemlich ruhige Weise können beide Seiten ihre Kräfte entwickeln, wie es prinzipiell die genannte Partie zeigt. Hier ging es über die Zugfolge 6.♗e2 e6 7.♘c3 ♗d6 8.cxd5 exd5 9.♘d4 ♗xe2 10.♕xe2 g6 11.♖c1 0-0 12.0-0 ♖e8 in den Gleichstand.) 6.h3 ♗xf3 7.♕xf3 Auf f3 kann sich die Dame nicht einrichten und wird bald erneut ziehen müssen. (Wenn der Anziehende dies vermeiden will, bleibt ihm nur die Alternative, mittels 7.gxf3 zurückzuschlagen. Aber auch dieses Vorgehen hat seine Schattenseiten, wie das folgende Partiefragment zeigen mag: 7...♗e7 8.♕c2 ♘bd7 9.f4. Gegen e6-e5 gerichtet. 9...♘c5 10.d3 a5 11.♗c3 Diese Wahl sieht etwas unglücklich aus. Weiß hätte über 11.♘d2 oder 11. ♖g1 nachdenken sollen. 11...0-0 Schwarz hat sich allmählich auf dem Damenflügel gut positioniert, sorgt nun zunächst für die Königssicherheit und wird dann an seinem starken Flügel initiativ. 12.♘d2 b5 13.♖g1 g6 14.♗e2 ♘a6 15.♔f1 ♘b4 16.♕b1 bxc4 17.dxc4 c5 Nun hat sich Schwarz ein aktives Spiel verschafft, Hayrapetyan – Saleh, Dubai 2015. Der Anziehende wird Mühe haben, eigene konzertierte Aktionen zu entwickeln. In unserer Referenzpartie schaffte er es unter gnädiger Mithilfe seines Gegners und gewann im 34. Zug.) 7...♘bd7 8.♕d1 ♗d6 9.♗e2 0-0 10.0-0 ♕e7 In einem kurzen Zwischenfazit lässt sich festhalten, dass sich Schwarz bis hierher besser entwickelt hat. Es liegt nun an beiden Seiten, das Beste aus ihren Stellungen herauszuholen. Im Duell Granda Zuniga – Kornejew, La Roda 2012, versuchten sie dies wie folgt: 11.d3 ♖fe8 12.a3 ♖ad8 13.♘d2 ♗e5 14.d4

♗b8 15.c5 e5 16.♖e1 exd4 17.exd4 ♘f8 18.♗d3 ♕c7 19.♘f1 ♘e4 20.♕c2 ♕f4 21.♖e3 ♖e6 22.♖ae1 ♖de8. Auf dem Brett ist eine sehr komplizierte Lage entstanden, in der die Chancen verteilt sind. Eine Idee für die Praxis und hier für Schwarz könnte es sein, nach dem 10. Zug nach Möglichkeiten zu suchen, auf dem Damenflügel aktiv zu werden, um aus dem bis dahin erreichten leichten Entwicklungsplus mehr zu machen.

B) 4...g6 Dieser Wahl von Schwarz kann sich ein natürlicher Ausbau über „reine" Entwicklungszüge anschließen. Geschehen kann dies nach dem folgenden Muster: 5.♗b2 ♗g7 6.♗e2 0-0 7.0-0 ♘bd7 (Vor dem Ziel des Spielausgleichs kann auch die Fortsetzung mit 7...dxc4 Schwarz gute Aussichten vermitteln. Die Variante 8.bxc4 c5 9.d4 cxd4 10.exd4 e6 11.♘c3 ♘c6 ist ein anschauliches Beispiel hierfür. Schwarz kann nun nach dem Plan b7-b6, ♗c8-b7, ♖a8-c8 usw. verfahren.) 8.♘c3 ♘e4 9.♕c2 ♘xc3 10.♗xc3 ♘f6 Hier nun ist es der Anziehende, auf dessen Seite wir ein leichtes Plus in der Entwicklung erkennen. Erneut wollen wir uns anhand eines längeren Beispiels einen Eindruck davon verschaffen, wie es auf dem Brett weitergehen kann. Also: 11.d3 ♗g4 12.h3 ♗xf3 13.♗xf3 ♖e8 14.d4 e6 15.♖ac1 a6 16.♖fd1 ♕e7 17.e4 ♘xe4 18.♗xe4 dxe4 19.♕xe4 ♖ad8 20.a4 ♖d7 21.♗a5 ♕g5 22.♗b6 ♕f5 23.♕e2 ♗f6 24.♖c3 ♗d8 Weiß mag optische Vorteile durch sein starkes Auftreten am Damenflügel haben, auf bessere Perspektiven in der Partie als auf der Seite seines Gegners lässt sich daraus aber nicht schließen. Schwarz hat ein ausgeglichenes Spiel halten können, Golubow – Rachmanow, St. Petersburg 2014. Die Begegnung endete mit einem Remis im 44. Zug.

C) 4...♗f5 5.♗b2 ♘bd7 6.♗e2 h6 7.♘c3 e6 8.0-0 ♗d6 9.cxd5 (Hier geht natürlich auch 9.d3 zur Vorbereitung von e3-e4.) 9...exd5 10.d3 ♕e7 11.♖e1 0-0 In der Partie Cordova – Borges Mateos, Monterrey 2015, ging es nun wie folgt weiter: 12.♗f1 ♘e5 13.♘d4 ♗g4 14.f3 ♗d7 15.f4 ♘g6 16.g3 ♗c5 17.♘c2 a5. Wir haben eine zweischneidige Stellung erreicht. Schwarz kann durch b7-b5 und a5-a4 ein Gegenspiel am Damenflügel organisieren, während sich Weiß auf den Königsflügel orientiert. Die Partie endete nach langem und zähem Ringen mit einem Schwarzsieg (nach 78 Zügen).

Zurück zur Hauptvariante nach 4.♘c3:

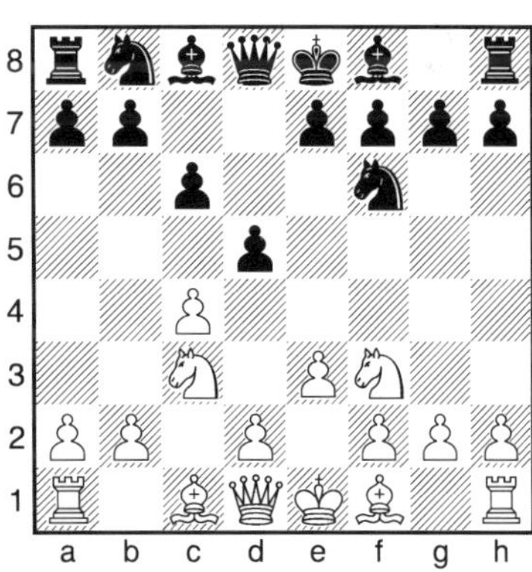

4...e6

Schwarz strebt konsequent den Abschluss der Entwicklung seines Königsflügels an. Es sollen nun kurzfristig der schwarzfeldrige Läufer ins Spiel gebracht und die Rochade vollzogen werden. Er kann sich aber auch zu Gunsten anderer Vorgehensweisen entscheiden. Nachfolgend bieten wir Ihnen dazu einen Überblick an.

I. 4...♗g4 5.♕b3 Wir hatten eine ähnliche Stellung bereits eingangs dieses Kapitels auf dem Brett. Wenn Sie zurückgehen zur Nebenvariante II. 3...♗g4 anstelle des Hauptzuges 3...♘f6 und dann einen Blick auf die Stellung nach 4.♕b3 werfen, werden Sie die vorliegende Stellung ohne die Entwicklung der beiden Springer nach c3 bzw. f6 sehen. 5...♕b6 6.♘e5 ♗e6 7.d4 ♘bd7 (Zu ausgeglichenen Verhältnissen führte das vorgezogene Fianchetto des schwarzen Königsläufers mit 7...g6 8.♗d2 ♗g7 und nun 9.♕a3 ♕d8 10.cxd5 ♘xd5 11.♘xd5 ♗xd5 12.♘d3 0-0 13.f3 ♘d7= in der Begegnung Witiugow - Dewiatkin, Polen 2014.) 8.f4 g6 9.♗d2 ♗g7 10.♕a3 (10.♗e2!? ist zu prüfen.) 10...dxc4 11.♘xc4 ♕d8 12.♘e5 0-0 13.♗e2 a5 Auch hier können beide Kontrahenten aus einem weitgehenden Gleichstand heraus weiter operieren, Njepom-njaschtschi - Romanow, Jerusalem 2015.

II. Schwarz kann sich auch zum sofortigen Fianchetto seines Königsläufers entscheiden. Die Geschehnisse auf dem Brett können dann folgendermaßen aussehen: 4...g6 5.b3 ♗g7 6.♗b2 0-0. Für den weißen Aufbau bieten sich nun die Eckpunkte ♗f1-e2, 0-0, d2-d4 sowie eine Aktivierung des Turms auf der c-Linie an. 7.♗e2 c5 (7...♗g4 8.0-0 ♖e8 9.d4 ♘bd7 10.♖c1 a6 brachte Schwarz nach 11.h3 ♗xf3 12.♗xf3 e6 13.♖c2 b5 Gegenspiel ein, Swiercz - Bajarani, Vung Tau 2008.) 8.♘a4 b6 9.d4 cxd4 10.exd4 ♘e4 11.0-0 ♗b7 12.♖c1 ♘d7 Die Chancen sind ausgeglichen, woran sich in der Partie Iturrizaga - Gonzalez, Tromsö 2014, über die Zugfolge 13.♗d3 ♖c8 14.♕e2 ♖e8 15.♖fd1 e6 nichts änderte.

III. Die Praxis kennt auch 4...a6, wobei der Zug hier auch eine gewisse Abwartefunktion erfüllt. 5.b3

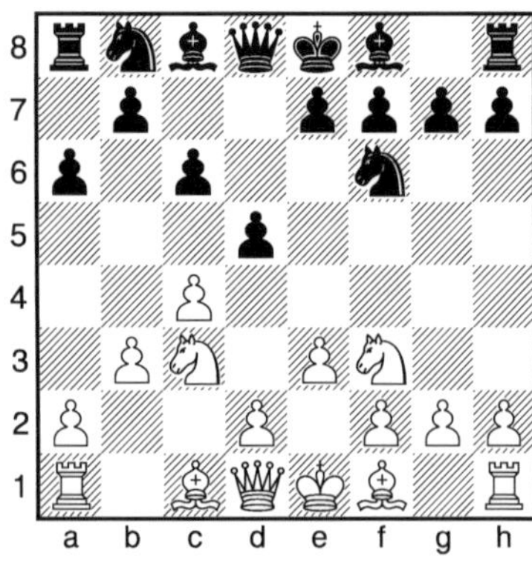

A) 5...♗g4 Wir nutzen nun die Begegnung Short - Granda Zuniga, Lima 2012, als Referenzpartie. 6.h3 ♗xf3 7.♕xf3 e6 Bis hier ist alles in „geordneten" Bahnen verlaufen. Nun machen wir uns Shorts mutige Idee 8.g4!? zu eigen. Sie bringt Weiß die Initiative und in der Folge ein aktives Spiel. Zu diesem Zeitpunkt hat er schon die strategische Entscheidung getroffen, sich zunächst auf den Königsflügel zu konzentrieren und ggf. die - in diesen Bereichen des Eröffnungsspiels etwas ungewöhnliche - lange Rochade zu spielen. 8...♘bd7 9.g5!? ♘e5 10.♕g3 ♘fd7 11.f4 ♘g6 12.h4 ♗d6 13.♗b2 ♘e7 14.0-0-0 (Infrage kommt auch der sofortige Vormarsch 14.h5!? gefolgt von h5-h6 usw.) 14...♕a5 15.♔b1 0-0-0 16.h5

Weiß steht aktiver, er drückt der Partie zurzeit den Stempel auf. Schwarz steht aller-dings kompakt und hat Gegenchancen. In der genannten Partie folgte nun 16...♔b8 17.d4 ♘f5 18.♕f3 ♗a3 19.c5 ♗xb2 20.♔xb2 und die Lage hatte sich etwas mehr zu Gunsten von Weiß geklärt, er steht etwas besser. Auf seiner To-do-Liste stehen a2-a3 und b3-b4. Unsere Partie gewann Weiß im 50. Zug.

B) 5...♗f5 Diese Läuferentwicklung steht auch hier wieder in Konkurrenz zu jener nach g4. Nach der schwarzen Läuferentwicklung 5...♗f5 spricht viel für einen unspektakulären Fortgang zur Aktivierung der beiderseitigen Kräfte. Ein Beispiel aus der Praxis dazu: 6.♗b2 e6 7.♗e2 h6 8.0-0 ♘bd7 9.♖e1 ♗e7 10.♗f1 0-0 11.d3 ♗h7 12.♕c2 e5 13.e4 dxe4 14.♘xe4 ♕c7. Die Stellung befindet sich in etwa im Gleichstand, Njepom-njaschtschi - Laznicka, Dubai 2014.

5.b3

Dies ist wieder „Réti-Style". Mit 5.d4 wechselt das Geschehen auch hier wieder in die Slawische Verteidigung, die wir nicht im Buch behandeln.

5...♘bd7

Spielbar ist auch 5...♗d6, woraufhin die Reise gewöhnlich unter Zugumstellung in die Hauptvariante zurückführen dürfte.

6.♕c2

Damit nimmt die Dame das für sie ideale Feld ein. Möglich ist auch eine Zugumstellung mit 6.♗b2. Allerdings greift Weiß in der Praxis auch nicht selten auf eine Spielweise zurück, die auf ♕d1-c2 zumindest bis auf Weiteres verzichtet. Auch wenn wir diese nicht empfehlen, wollen wir Ihnen einen grundlegenden Einblick in deren Folgen geben. Hierzu haben wir die **Partie Nr. 16**, Kögler - Wunderlich, Fernpartie 2011, aufgenommen. 6.d4 würde auch hier wieder in den in unserem Buch nicht behandelten „Slawisch-Komplex" führen (ECO D45).

6...♗d6

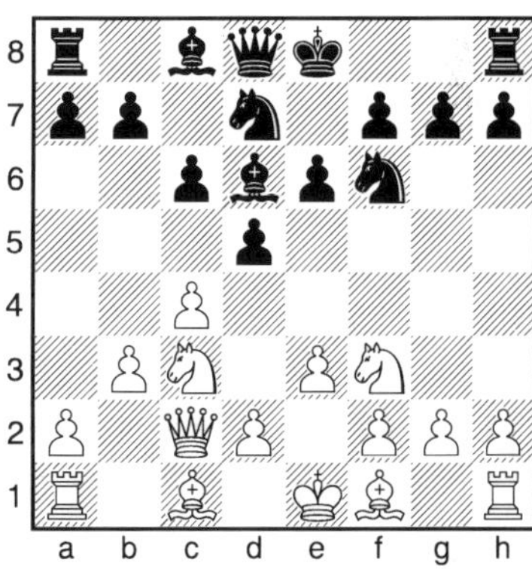

7.♗b2

Dem mutigen Spieler kann man hier die aggressive Fortsetzung 7.g4!? ...

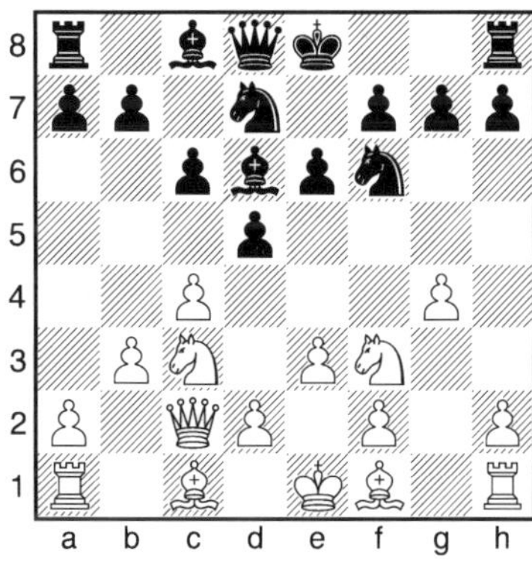

... empfehlen. Schauen wir uns anhand verschiedener Turniererfahrungen an, was die beiden Spieler daraufhin tendenziell erwartet:

A) Vorsichtshalber werden nicht wenige Spieler mit den schwarzen Steinen dem Braten nicht trauen und den Bauern verschmähen. Mit 7...h6 wird dann dessen weiteres Vorrücken verhindert. Weitergehen kann es beispielsweise wie folgt: 8.♗b2 ♕e7 9.♖g1 g5 (Zu unklaren Verhältnissen führt die Variante 9...e5 10.cxd5 ♘xd5 11.♘e4 ♗c7∞.) 10.cxd5 exd5 In der Partie Hauchard – Goldsztejn, Livry Gargan 2009, forcierte Weiß die Spannung am Königsflügel nun mit 11.h4 und es entstand über die Zugfolge 11...♘e5 12.♘xe5 ♗xe5 13.♗e2 d4 14.♘a4 dxe3 15.dxe3 ♗d7 16. 0-0-0 0-0-0 eine zweischneidige Stellung. Das Duell endete mit einem Sieg des Nachziehenden nach 33 Zügen.

B) 7...♘xg4 Für den Nachziehenden dürfte es selbst im Leistungsbereich des Klubspielers keine leichte Entscheidung sein, ob er den angebotenen Bauern nehmen soll oder nicht, sofern er von der weißen Wahl überrascht werden sollte. Noch interessanter sind die Verwicklungen, die dann entstehen, wenn Schwarz den weißen g-Bauern im 7. Zug annimmt. Weiter geht es also mit der Stellung nach 7.g4 Sxg4: 8.♖g1 ♘de5 9.♘xe5 ♘xe5 10.♗e2 ♕h4 (In der Partie Stockwell – Dunn, England 2010, wählte Schwarz den Weg, die Reichweite des weißen Turms durch 10...♘g6 zu verkürzen. Der Anziehende investierte mittels 11.♗b2 einen weiteren Bauern. Es folgte 11...♗xh2 12.♖g2 ♗e5 13.0-0-0 ♗f6 14.d4. Nun ist die Frage, ob die besseren dynamischen Chancen von Weiß den materiellen Nachteil aufwiegen können, nicht sicher zu beantworten. In der Partie ging es mit 14...♗d7 15.e4 ♘f4 16.♖g3 g6 17.♗f3 dxc4 18.bxc4 ♕a5 19.e5 ♗e7 20.♔b1 ♕a6∞ weiter, ohne dass eine Einschätzung an Klarheit gewonnen hätte. Im Ergebnis endete das Spiel mit einem Sieg des Nachziehenden nach 50 Zügen.) 11.♗b2 ♗d7 12.0-0-0 0-0-0 13.cxd5 exd5 14.f4 ♘g4 15.♘xd5 ♔b8 16.♘c3 Weiß steht aktiver und initiativer. Am beispielhaften Verlauf einer interessanten Turnierpartie wollen wir uns anschauen, wie beide Seiten ihr Spiel tendenziell weiter aufziehen können. Zugleich aber wird dabei erkennbar, wie leicht eine Partie über einen unscheinbaren, aber gravierenden Fehler entschieden werden kann. Also: 16...♖hg8 17.♘e4 ♗e7 18.♘c5 ♗c8 19.♔b1 ♘f2 20.♖c1 ♖d5 21.♗e5+ ♔a8 22.♘a6! bxa6 23.♗f3 ♖c5 24.♗xc6+ ♗b7? Hier unterläuft dem Nachziehenden der verhängnisvolle Fehler. (⌓24...♖xc6 25.♕xc6+ ♗b7 hätte für unklare Verhältnisse auf dem Brett gesorgt.) 25.♗xb7+ ♔xb7 26.♕f5 ♖gc8 27.♕d7+ ♔b6 28.♖xc5 ♖xc5 29.b4 ♖xe5 30.♖c1 ♖c5 31.bxc5+ ♗xc5 32.d4 1-0, Bratanov – Severens, Val Thorens 2008.

7...0-0

Ein elastischer Zug: Schwarz bringt seine Entwicklung voran, ohne dass er seine weiteren Pläne schon aufdeckt. Wenn er keinen Wert darauf legt, dass sein Gegner noch im Unklaren über sein weiteres Vorgehen bleibt, kann er insbesondere mit 7...♕e7 und mit 7...a6 auf vertrauten Pfaden bleiben. Also:

I. 7...♕e7 Weiß kann mit seinem Standardaufbau reagieren, dies heißt mit ♗f1-e2, 0-0 und d2-d4. 8.♗e2 a6 (8...e5 sieht zunächst gut aus, auch weil es dem weißen Vorhaben d2-d4 entgegenwirkt, gibt dem Anziehenden aber die Möglichkeit zum initiativen Intermezzo über 9.cxd5 ♘xd5 10.♘e4 ♗a3 11.♗xa3 ♕xa3 12.0-0 ♕e7 13.♖fd1±, und damit ein leichtes Stellungsplus wegen einer besseren Entwicklung und damit auch die Option auf ein schnelleres aktives Vorgehen im Zentrum. Weitergehen kann es beispielsweise mit 13...0-0 14.♘g3 g6 15.d4 ♖e8 16.dxe5 ♘xe5 17.♘xe5 ♕xe5 18.♖ac1 ♗e6±, wie in der Partie Kuzubow – Slovineanu, Chisinau 2014, das letztlich mit einem Weißsieg im 32. Zug endete.) 9.d4 dxc4 10.bxc4 c5 11.0-0 cxd4 12.exd4 b6 Hier ist die weiße Stellung klar vorzuziehen, der Anziehende kann chancenreich auf dem Damenflügel spielen. Die Partie Bacrot – Wirig, Haguenau 2013, nahm den folgenden weiteren Verlauf: 13.a4 0-0 14.a5 b5 15.c5 ♗c7 16.c6 ♘b8 17.♘e5 b4 18.♘e4 ♘d5 19.♖fc1 ♖a7 20.♕a4. Der weiße Vorteil liegt inzwischen auf der Hand.

II. 7...a6 Auch hier könnte Weiß den vorstehend zu 7...♕e7 beschriebenen Aufbau wählen. Alternativ dazu möchten wir Ihnen eine nicht mehr ganz junge, in letzter Zeit aber wieder neu beachtete Idee vorstellen. Dabei handelt es sich um 8.♖g1 mit folgenden beispielhaften Konsequenzen: 8...♕e7 9.g4 h6 (Auf 9...0-0 folgt konsequent 10.g5 ♘e8 11.d4 mit dem Plan ♗f1-d3, h2-h4 usw. und guten Aussichten.) 10.h4. In unserer Referenzpartie Santos Ruiz – Sevgi, Al Ain 2013, entschied sich der Nachziehende nun für 10...g5?, was sich bald als fehlerhaft erwies. (10...h5!? wäre besser gewesen, was den weißen Vorteil aber ebenfalls nicht infrage stellen kann. Die Initiative und das aktivere Spiel liegen auf der Seite von Weiß.) In der genannten Partie ging es nach 10...g5? wie folgt weiter: 11.hxg5 hxg5 12.cxd5 cxd5 13.♘xg5 ♖g8 14.f4 e5 15.0-0-0 b5 16.♔b1±.

8.♗e2

Diese übliche Entwicklung des Läufers ist auch Bestandteil unserer Hauptvariante. Zu scharfem Spiel führt 8.♖g1!?.

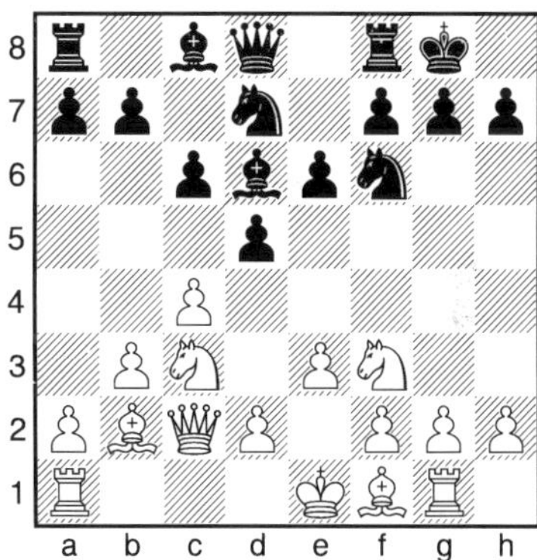

Das Vorgehen erinnert uns etwas an die gleiche Idee in unserer eben betrachteten Variante II. 7...a6, Alternative zum Hauptzug 7...0-0. Weiß will geradlinig mit g4-g5 am Königsflügel angreifen. Schauen wir uns einige Varianten dazu an:

A) 8...b5

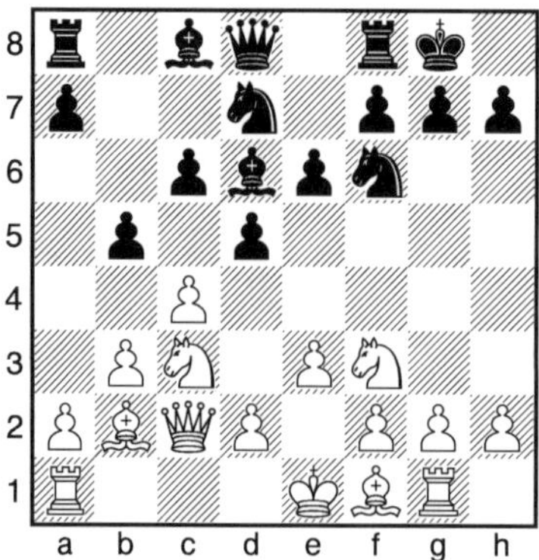

A1) Die Variante 9.cxd5 exd5 10.♘d4 (Eine Sache zum Ausprobieren ist hier 10.g4!? z.B. mit der Konsequenz 10...b4 11.♘e2 usw.) 10...b4 11.♘a4 c5 12.♘f5 ♘b6 13.♗b5 ♘xa4 14.♗xa4 d4 führt zu einem schwarzen Konterspiel, Pap - Bogosavljevic, Paracin 2012.

A2) 9.cxb5 c5 10.g4 ♗b7 11.g5 ♘h5 Wir haben nun eine zweischneidige Stellung auf dem Brett, in der sich beide Parteien Hoffnungen machen können. Die Partie Michalik - Matsenko, Prag 2013, ging nun auf dem folgenden Weg weiter: 12.0-0-0 (12.♗e2!?) 12...e5 13.♗h3 g6 14.d4 cxd4 15.exd4 e4 16.♘e5 ♘xe5 17.dxe5 ♗xe5 18.♘xe4 ♕e7 19.♘c5 ♗c8 20.♖de1 ♗xb2+ 21.♔xb2 ♕d6∞.

B) Eine andere Möglichkeit für Schwarz ist 8...e5, worauf sich exemplarisch die folgenden Entwicklungen ergeben können:

B1) Weiter verschärft wird der Kampf, wenn Weiß sofort seinen auf dem Vorstoß des g-Bauern basierenden Plan umsetzt. Also: 9.g4 e4 (Zu 9...d4 haben wir die **Partie Nr. 17**, Fröwis - Kreisl, Linz 2011, eingearbeitet.) 10.g5 ♘e8 11.♘d4 Die Stellung ist sehr kompliziert, die beiderseitigen Aussichten auf den Erfolg in der Partie sind nicht sicher einzuschätzen. In der Partie Bosboom - Beerdsen, Niederlande 2014, sah das Ringen der Kontrahenten dann wie folgt aus: 11...♘e5 12.0-0-0 a6 13.♗e2 (In der Variante 13.cxd5 c5 14.♘de2 ♘d3+ 15.♔b1 ♗f5 kommt Schwarz zu Gegenspiel.) 13...c5 14.♘xd5 cxd4 15.♕xe4 f5? Hier überzieht der Nachziehende seine Stellungsoptionen. (Notwendig war 15...♘c6!) 16.♕xd4 (△16.gxf6) 16...♗e6 17.♘f4 ♗f7 18.♔b1 ♖c8 19.h4 ♕a5 20.h5 und Weiß führte einen starken Angriff. Die Partie endete mit einem Erfolg von Weiß im 32. Zug.

B2) 9.cxd5 cxd5 (Die Folgen von 9...♘xd5 haben wir in der **Partie Nr. 18**, Wojtaszek - Krzysztofiak, Polen 2004, analysiert.) 10.♘b5 (Mit einem leichten Vorteil für Weiß endet die Variante 10.g4 ♘b6 11.g5 ♘e8 12.♘b5 e4 13.♘xd6 ♕xd6 14.♘e5 ♗f5 15.♕c3 ♖c8 16.♕d4±.) 10...♕e7 (Einen weißen Vorteil nicht vermeiden kann 10...♗b8, z.B. 11.♖c1 e4 12.♘fd4 ♗xh2 13.♖h1±.) 11.♖c1 e4 12.♘fd4 ♘e5 13.♘xd6 ♕xd6. In der Partie Martirosjan - Schapiro, Moskau 2015, folgte nun 14.♕c7 ♕xc7 15.♖xc7 a6 16.f3 ♖e8 17.♗e2 b5 18.♔f2 ♗d7 19.♖gc1 und Weiß stand besser, was mit seiner aktiveren Aufstellung zu begründen ist. Am Rande ist es hinsichtlich dieser Variante bemerkenswert, dass es zum eigentlichen Vorhaben des Anziehenden nicht gekommen ist. Er bekundete die Absicht, seinen g-Bauern vorzustoßen, und bereitete dies mittels 8.♖h1-g1 vor, verfolgte nach

8...e5 aber andere Pläne, und dies erfolgreich.

8...♖e8

Schwarz steht hier ein breites Spektrum an Alternativen offen. Die wichtigsten davon wollen wir uns etwas genauer ansehen.

I. 8...b6 9.♖g1!? Allein auf diesen Zug kann Weiß seine Hoffnung setzen, wenn er mit einem Vorteil aus der Eröffnungsphase kommen will. (Nach 9.0-0 ♗b7 10.d4 ♖c8 11.♖ad1 und nun 11...c5 12.dxc5 ♘xc5 13.♕b1 ♕e7 hat Schwarz keine nennenswerten Probleme, Kramnik – Caruana, Moskau 2010.) 9...♗b7 10.g4 Der uns aus vorhergehenden Situationen inzwischen schon hinlänglich bekannte Doppelschritt mit dem g-Bauern. 10...e5 11.g5 ♘e8 12.0-0-0 Die nun vollzogenen unterschiedlichen Rochaden begünstigen scharfe Entwicklungen und in diesem Fall unterstützen sie die schon angelaufenen weißen Angriffsambitionen auf dem Königsflügel. 12...♘c7 13.h4 ♘e6 (Sehr zu erwägen ist seitens des Nachziehenden hier 13...b5!? mit der Absicht, mit einem aktiven Vorgehen auf dem Damenflügel zu kontern.) 14.♔b1 ♕e7 Hier empfiehlt die Theorie nun 15.d4!. Weiß steht aktiver.

II. 8...♕e7 9.0-0 (Auch hier wieder ist 9.♖g1!? eine Alternative. Wir begnügen uns an dieser Stelle mit der Wiedergabe eines Beispiels aus der Turnierpraxis und verweisen zur weiteren Untersuchung auf die oben stehenden Ausführungen zu diesem Bauernvorstoß bei ähnlichen Gelegenheiten. 9...a6 10.g4 b5 11.g5 ♘e8 12.d4 bxc4 13.bxc4 ♗a3 14.♖b1 ♗xb2 15.♖xb2 dxc4 16.♗xc4 c5 17.♗d3 g6 18.♘e4 ♖a7 19.dxc5 ♖c7 20.c6 ♘d6 21.♔e2 ♘xe4 22.♗xe4 ♘c5 23.♖c1 ♘xe4 24.♕xe4 a5 25.♖b6 ♖d8 26.♖d1 ♖a7 27.♖xd8+ ♕xd8 28.♕d4 ♕c7 29.♘e5 a4 30.♘g4 1-0, Khismatullin – Dastan, Nakhchivan 2014.)

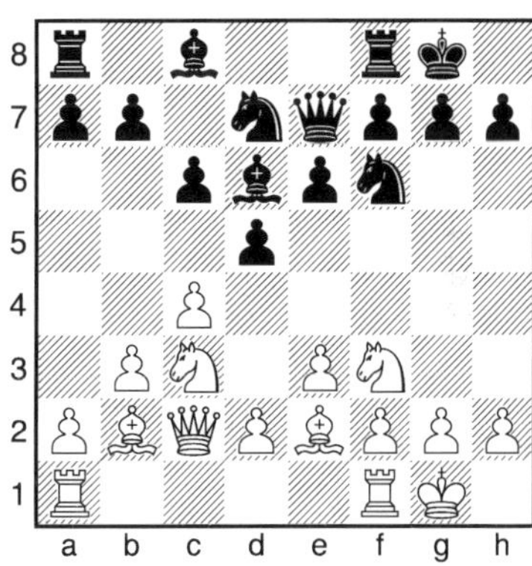

A) 9...b6 Der Damenläufer soll kurzfristig nach b7 entwickelt werden. Alternativen zu diesem Vorbereitungszug sind insbesondere 9...e5 und auch 9...dxc4, die wir uns in den beiden folgenden Varianten anschauen werden. Nun aber zunächst weiter nach 9...b6: 10.cxd5 exd5. Diese Position ermöglicht es dem ♘f3, nach f5 zu gelangen und sich dann gegen den schwarzfeldrigen gegnerischen Läufer abzutauschen. Dies geht wie folgt vonstatten: 11. ♘d4 ♗b7 12.♘f5 ♕e6 13.♘xd6 ♕xd6. Mit 14.d4 ♖fe8 15.♖fd1 und dem Plan ♘c3-a4 sowie ♖a1-c1 gelingt es dem Anziehenden nun, Druck auf das schwarze Bauernzentrum auszuüben, Grischuk – Karjakin, Moskau 2010.

B) 9...e5 10.cxd5 ♘xd5 (Auf 10...cxd5 kann Weiß 11.♘b5 spielen.) 11.♘e4

♗c7 12.♘g3 ♖e8 13.d3 ♘f8 14.a3 ♘g6 In etlichen Partien hat Schwarz bewiesen, dass diese Stellung erfolgreich zu verteidigen ist.

C) 9...dxc4 10.♗xc4 (10.bxc4 kontert Schwarz mit 10...e5!.) 10...b5 11.♗d3 h6 Um den Ausfall ♘f3-g5 zu verhindern. 12.♘d4 ♗b7 13.f4 a6 14.♘e4 c5 15.♘xd6 ♕xd6 16.♘f3 ♖fd8 mit Ausgleichschancen.

III. 8...a6 9.♖g1 (Die Aufmerksamkeit des mutigen Spielers wollen wir kurz auf die schon in anderem Zusammenhang gezeigte scharfe Vorgehensweise 9.g4 lenken. Es kann dann beispielsweise die folgende Entwicklung eintreten: 9...♘xg4 10.♖g1 f5 11.h3 ♘ge5 12.♘g5 usw.) 9...b5! 10.g4 bxc4! 11.bxc4 ♖b8.

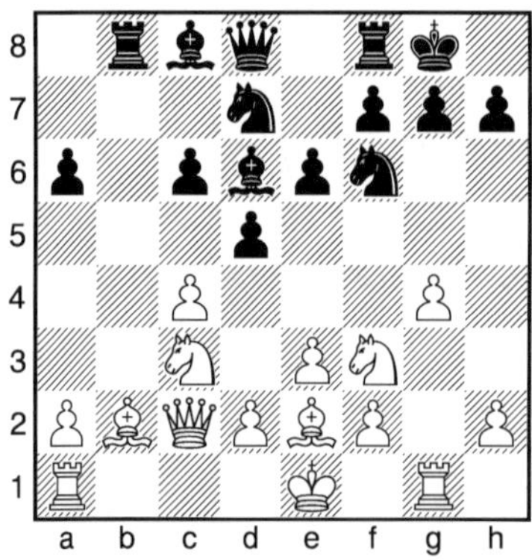

A) 12.g5 ♘e4 13.♘xe4 (Infrage kommt der sofortige Vorstoß 13.h4!?.) 13...dxe4 14.♘d4 Die Stellung ist kompliziert; Stockfish sieht Schwarz im Vorteil, was wir aber so nicht bestätigen wollen. Unsere Variante ist ein Fragment aus der Partie Temirow - Aripow, Taschkent 2011. Wir nutzen deren weiteren Verlauf, um einen Eindruck zu vermitteln, wohin die Reise gehen kann. In der Folge überzog Schwarz seine Möglichkeiten. Es geschah weiter: 14...♖xb2 15.♕xb2 c5 16.♕a3 ♕c7 17.♘b3 ♗xh2 18.♖h1 ♗e5 19.0-0-0 g6 20.♖h4 ♗b7 21.♖dh1 (21.♕a5!? ♕d6 22.d3±) 21...♗g7 22.♖xh7 ♕e5 23.♖xg7+ (Stärker war 23.♘a5! ♗a8 24.♕c3 ♕xc3+ 25.dxc3 ♗xc3 26.♔c2! ♗e5 27.♖7h4 mit Vorteil.) 23...♔xg7 24.♕b2 ♖c8 25.♔c2 ♕xb2+ 26.♔xb2 ♗c6 27.♔c3 Im weiteren Verlauf gelang es dem Anziehenden, seinen kleinen Vorteil, den er sich verschafft hat, in einen Sieg umzumünzen.

B) Eine andere nachvollziehbare Idee ist 12.♖b1, die in der Fernpartie Hall - Ferrero, Email 2003, zu einem weißen Vorteil führte. Auf dem Weg dorthin gab es aber mehrere Stationen, an denen Schwarz möglicher-weise besser spielen konnte. Wir folgen der Begegnung ein Stückchen und merken dabei die Stellen an, wo wir Verbesserungspotenzial sehen. Also: 12...e5!? 13.cxd5 ♘xd5 (Zu überlegen ist 13...cxd5!? 14.g5 ♘e4 15.♘xd5 ♘dc5! und Schwarz ergreift die Initiative.) 14.♘e4 ♘b4 15.♕a4 ♖e8 (15...♕e7!?) 16.a3 ♘b6 17.♕b3 ♘4d5 18.♕c2 ♕d7? (⌓18...♘f6) 19.h4 ♕c7 20.♘fg5 und nun steht Weiß deutlich besser.

IV. 8...dxc4

A) 9.♗xc4 b5 (Auf 9...e5 kann Weiß 10.♘g5 mit der Idee ♘g5-e4 spielen oder auch einfach kurz rochieren.) 10.♗e2 ♗b7 11.0-0 Ein „normaler" Entwicklungszug. (Es gibt aber eine alternative Idee für Weiß, sein Spiel weiter aufzubauen. Sie zielt auf die Öffnung der g-Linie ab, gefolgt von der langen Rochade. Mittel zum

Zweck ist dabei das Angebot zum Abtausch der weißfeldrigen Läufer. Ablaufen kann das Manöver etwa so: 11.♘g5 a6 12.h4 c5 13.♗f3 ♗xf3 14.gxf3 ♗e5 15.f4 ♗xc3 16.♗xc3 ♖e8 17.0-0-0. Nun kann der zweite Turm nach g1 gebracht werden und der Anziehende übt Druck auf die gegnerische Stellung aus, begleitet von guten Angriffsmöglichkeiten. Anstelle von 17.0-0-0 ist auch 17.♔e2 möglich.) 11...a6 12.♖ac1 c5 13.a4 b4 14.♘b1 e5 15.d3 e4 16.dxe4 ♘xe4 17.♘bd2 ♘df6 18.♘c4 ♗c7 19.♘fe5 ♕e7 20.f4 und Weiß bekam eine aktivere Position, Bischoff – Rogozenco, Deutschland 2010.

B) 9.bxc4 e5 10.0-0 ♖e8 11.d3 (Zur Slawischen Verteidigung führt das Spiel nach 11.d4 exd4 12.exd4 ♘f8 usw.) 11...♘c5 12.d4 exd4 13.exd4 ♘e6 14.♖fe1 ♗d7 In der Partie B. Socko – Khairullin, Chanty-Mansijsk 2012, folgte nun 15.♗f1 ♕a5 16.c5 ♗f8 17.♖ad1 ♘f4 und auch hier stand Weiß etwas aktiver. Er gewann nach langem Kampf im 74. Zug.

9.0-0

Auch an dieser Stelle ist das aggressive Vorgehen mit 9.g4!? möglich, unsere aus vorhergehenden Situationen bereits bekannte „Abenteuervariante“. Über die Zugfolge 9...♘xg4 10.♖g1 ♘gf6 11.♘g5 ♘f8 12.0-0-0 wird das Spiel sehr kompliziert. Den Bauernsturm kann man auch über 9.♖g1!? vorbereiten. Anhand der **Partie Nr. 19**, Grigorjan – Agasarjan, Armenien 2013, untersuchen wir die Konsequenzen dieser Wahl.

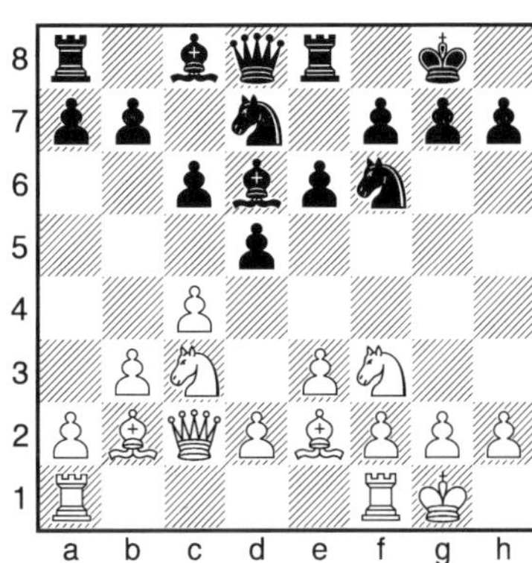

9...e5

Der typische Vorstoß im Zentrum, der in der Turnierpraxis in Réti-Stellungen sehr oft gespielt wird. Schauen wir uns auch die wichtigsten Alternativen an:

I. 9...b6 10.cxd5 exd5 11.d4 ♗b7 12.♖fd1 ♕e7 (Vielleicht ist 12...♖c8 vorzuziehen. In der Partie Ferreira – Ter Sahakyan, Jerusalem 2015, machte Schwarz gute Erfahrungen über den weiteren Verlauf 13.♖ac1 ♘f8 14.♗f1 ♖c7 15.g3 ♘g6 16.♗g2 ♗c8∞. Es lässt sich nicht sagen, ob aktuell die eine oder andere Seite bessere Aussichten hat. Die Partie endete mit einer Punkteteilung im 52. Zug.) 13.g3 Weiß beabsichtigt seinen Läufer via f1 auf g2 zu platzieren. 13...♖ad8 14.♗f1 ♘f8 15.♗g2 ♘g6 16.♘d2 ♗b8 17.♖e1 mit der Vorbereitung von e3-e4 und guten Aussichten für Weiß.

II. 9...a6 Schwarz gibt zu erkennen, dass er b7-b5 spielen will. 10.d4 b5 (10...♕c7 ist zu langsam, z.B. 11.c5 ♗f8 12.e4±, Georgiev – Brunello, Padova 2014.) In der Begegnung Mikhalevski – Steinberg, Beer-Sheva 2014, steigerte der Anziehende die Zentrumsspannung mit dem thematischen Vorstoß 11.e4, woraufhin es zu hitzigen Verwicklungen kam. Dies geschah so: 11...b4 12.e5 bxc3 13.♗xc3 ♗c7 14.exf6 ♘xf6 und nun hätte sich der Anziehende zu Gunsten von 15.♗d3!? entscheiden sollen. (Er zog aber 15.♖ad1 und nach 15...♘e4 16.♗b2 ♗b7 17.♗d3 f5 hatte der schwarze Springer einen festen Stützpunkt auf e4.) Nach 15.♗d3!? und dann 15...h6 16.♖fe1 hätte er das wichtige Feld e4 nachhaltig kontrolliert.

III. 9...dxc4 10.♗xc4 (10.bxc4 e5 11.d4 führt zur Slawischen Verteidigung.) 10...b5 ist grundsätzlich zum Ausgleich gut. Ein logischer Fortgang der Partie kann beispielsweise wie folgt aussehen: 11.♗e2 ♗b7 12.♘g5 ♖c8 13.♘ce4 ♘xe4 14.♘xe4 ♗f8 15.f4 f5 16.♘f2 a6 mit dem Plan c6-c5 und gleichen Möglichkeiten.

10.cxd5 ♘xd5

Auf 10...cxd5 folgt typisch 11.♘b5. Über die Zugfolge 11...♗b8 12.♖ac1 e4 13.♘fd4 ♘e5 14.♘c7 ♗xc7 15.♕xc7 ♘c6 16.♕xd8 ♘xd8 17.♘b5 ♘e6 18.♘c7 ♘xc7 19.♖xc7 ♖d8 20.♗xf6 gxf6 21.♖fc1 verschaffte sich Weiß in der Begegnung Röder - Degraeve, Frankreich 2007, einen positionellen Vorteil. Er steht aktiver und findet in den schwarzen Bauernschwächen geeignete Angriffsziele.

11.♘e4 ♗c7 12.♘g3

Verhindert das Vorrücken des schwarzen f-Bauern mit f7-f5.

12...♘f8 13.a3 a5 14.d4 ♘g6 15.♗d3 exd4 16.♘xd4

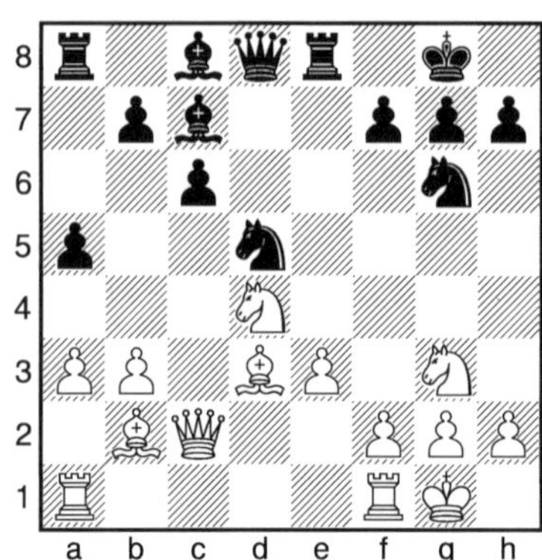

16...♗e5!

Dieser Zug mit dem Läufer ist besser, als wenn dessen weißfeldriger Kollege nach g4 geht. Angesichts des in unserer Hauptvariante bereits zurückgelegten Weges beschränken wir uns zum Beleg auf die Darstellung einer alternativen Zugfolge. 16...♗g4 17.♗f5 ♘f6 18.h3 (Eine Empfehlung von Deltschev. In der Partie Grischuk - Kramnik, Wijk aan Zee 2011, folgte 18.f3 ♗h5 19.♖ae1 ♘f8 20.♘xh5 ♘xh5 21.f4 ♗b6 22.♗g4 ♘f6 23.♗f3 ♘d5 24.♗xd5 ♕xd5 25.♘f5 f6 26.♖d1 ♕e4 und Schwarz hat den Ausgleich gewahrt.) 18...♗xf5 19.♘dxf5 ♗e5 20.f4 ♗xb2 21.♕xb2 und Weiß steht ausgezeichnet.

17.♖fe1 ♗d7 18.♖ad1 ♕c7 nebst ♖a8-c8 und Chancen auf Ausgleich.

Zusammenfassung: In dieser Variante bekommt Weiß viele gute Angriffsmöglichkeiten. Bei genauem Spiel aber sollte sich Schwarz erfolgreich verteidigen können. Weiß kann in verschiedenen Situationen versuchen, durch g2-g4 sofort zu aktiven Handlungen gegen den gegnerischen König zu kommen. Es ist ratsam für ihn, jeweils zu prüfen, ob er diesen Vorstoß mittels ♖h1-g1 vorbereiten sollte oder auch nicht.

Kapitel 8
Fortsetzung 4...♗f5

1.♘f3 d5 2.c4 c6 3.g3 ♘f6 4.♗g2 ♗f5

Schwarz führt früh seinen Damenläufer ins Spiel, um erst anschließend mit e7-e6 die Entwicklung seines zweiten Läufers auf f8 vorzubereiten und dann auch auf der Diagonale a3/f8 auszuführen.

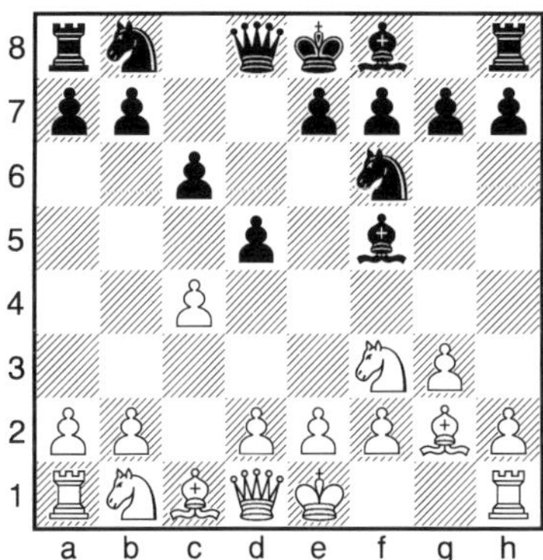

5.b3

Die hinter diesem Vorgehen steckende Idee ist leicht nachvollziehbar – der auf c4 stehende Bauer wird gedeckt und das Feld b2 wird für den Läufer geräumt, der bald darauf dort in Stellung gehen soll. Es gibt aber auch andere Pläne für den Anziehenden, die wir kurz darstellen wollen, auch wenn wir sie an dieser Stelle nicht favorisierten. Also:

I. 5.0-0

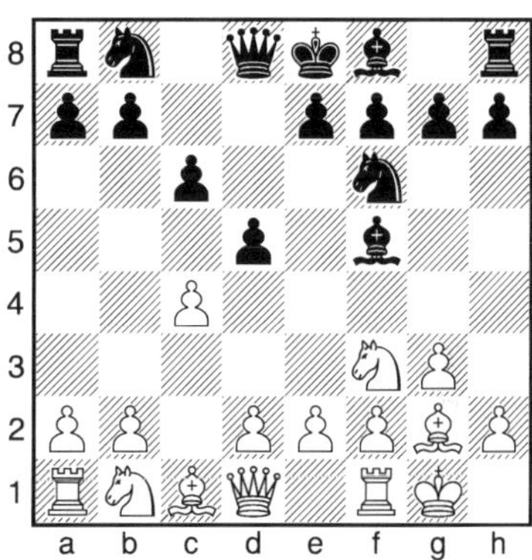

Die Rochade kann sich in der Folge als nur ein Element einer Zugumstellung zurück in unsere Hauptvariante entpuppen, aber auch Abweichungen in verschiedene Richtungen einleiten. Auf diese wollen wir weiter eingehen. Also:

A) 5...dxc4 Das Schlagen des Bauern muss Weiß auch hier, wie wir es schon an anderer Stelle festgestellt haben, nicht fürchten. Als Antwort empfehlen wir nun 6.♘a3, woraufhin abzuwarten ist, wie der Nachziehende darauf reagiert.

A1) Auf 6...e5 kommt nur 7.♘xc4 als Antwort infrage. (Mit 7.♘xe5? schlagen darf Weiß den gegnerischen Bauern nicht, denn dann käme 7...♗xa3 und nach 8.bxa3 ♕d4 ginge eine Figur verloren, was dann schon eine Gewinnstellung für Schwarz ergäbe.) Eine plausible Fortsetzung könnte dann so aussehen: 7...e4 8.♘fe5 ♘bd7 9.d4 exd3

10.♘xd3 ♗e7 11.♕b3 ♘b6 12.♘a5± mit einem leichten Vorteil für Weiß.

A2) 6...b5 7.b3! Weiß bietet den dauerhaften Verzicht auf den noch umkämpften Bauern an, bekommt dafür aber ausgezeichnete dynamische Gegenwerte. 7...cxb3 8.♕xb3 e6 9.d3 ♗e7 10.♘e5 Bedroht nicht nur den schwarzen Bauern auf c6, sondern gefährdet auch dessen Kumpanen auf b5, indem er dem Läufer auf g2 den Blick auf die Diagonale a8/h1 frei gibt. 10...♕d6 11.♗b2 a6 12.e4 ♘g4 (12...♗g4? führt über 13.h3 ♗h5 14.g4 ♗g6 15.♘xg6 hxg6 16.e5 geradewegs in eine Verluststellung.) In der Partie Ibrahimow - Abdulow, Baku 2006, bestätigte Weiß seinen Vorteil nun wie folgt: 13.d4 f6 14.exf5 fxe5 15.dxe5 ♘xe5 16.♖ad1 ♕b4 17.♕xb4 ♗xb4 18.♘c2. Damit hat Weiß eine klare Gewinnstellung auf dem Brett.

B) 5...e6 6.d3 Wir haben nun die Begegnung Delchew - Charlow, Cappelle la Grande 2004, als unsere Referenzpartie ausgewählt. In dieser zog Schwarz das Schlagen des weißen c-Bauern anderen Methoden vor, wie wir es ähnlich bereits anstelle von 5...e6 gesehen haben. 6...dxc4 (Besser ist hier 6...♘bd7!?, worauf Stellungen in der Art entstehen, wie wir sie verschiedentlich an anderen Stellen behandelt haben.) 7.dxc4 ♕xd1 8.♖xd1 ♘bd7 9.♘c3 ♗b4 10.♗d2 0-0 In der genannten Partie schloss sich nun die folgende Passage an: 11.h3 ♖fd8 12.♖ac1 ♘b6 13.g4 ♗g6 14.♘e5 ♘fd7 15.♘xg6 hxg6 16.♘e4 ♗xd2 17.♖xd2 ♘f6 18.♖xd8+ ♖xd8 19.♘c5 ♖b8 20.b4 ♘fd7 21.♘b3 und Weiß stand positionell besser.

II. 5.cxd5 cxd5 (Die Erwiderung 5...♘xd5? ist nicht zu empfehlen. Weiß erhält dadurch die Zeit, sich auf einfachem Weg einen Vorteil zu verschaffen, z.B. über 6.d3 ♗g6 7.0-0 e6 8.a3 ♗e7 9.♕b3± oder auch 9.e4, ebenfalls mit Vorteil.) 6.♕b3 ♘c6!? Schwarz investiert seinen b-Bauern, für den er eine starke Initiative erhält. (Zumeist wird 6...♕b6 gespielt, aber nach 7.♕xb6 axb6 8.♘c3 bekommt Weiß die etwas besseren Aussichten, z.B. 8...♘c6 9.d3 e5 10.0-0 h6 11.♘b5±.) 7.♕xb7 (Wenn Weiß auf das Schlagen des angebotenen Bauern verzichtet und mit 7.0-0 zunächst die Entwicklung seines Königsflügels abschließt, kann Schwarz sehr gut 7...♕d7 oder 7...e5! folgen lassen.)

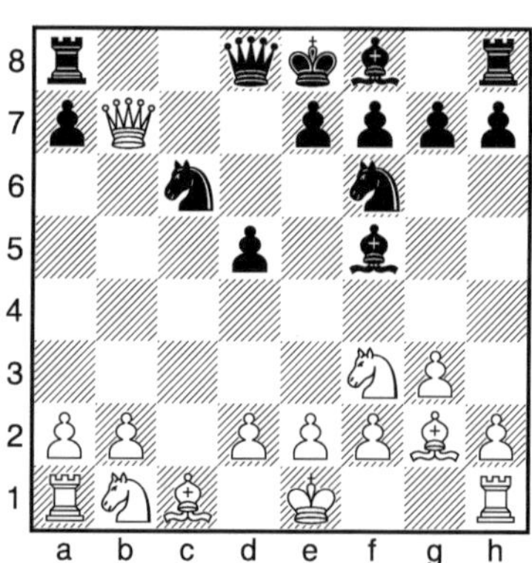

A) 7...♗d7 8.♕b3

A1) 8...♖b8 9.♕d1 e5 10.d3 ♗b4+ Hiermit leitet Schwarz einen Aufbau ein, der aussichtsreich, zugleich aber auch zweischneidig ist. Er entwickelt seinen Läufer a tempo und ist bereit, ihn gegen den schwarzen Kontrahenten oder auch einen Springer abzutauschen. Damit nimmt er eine Schwächung seiner Präsenz auf der

Diagonale a3/f8 in Kauf und auch zumindest größere Anstrengungen zum Erreichen seiner Rochade. Auf der anderen Seite kommt er zu einer schnelleren Aktivierung seiner Kräfte. (Stark ist auch 10...♗d6. In diesem Fall lässt es Schwarz etwas ruhiger angehen, behält dafür aber auch seinen Läufer und kommt schnell und problemlos zur Rochade. Die Partie Khomeriki - Tabatabaei, Nakhchivan 2015, ist ein gutes Beispiel dafür, wie sich der Kampf entwickeln kann. Wir folgen ihr ausnahmsweise bis in eine erhebliche Tiefe, da sie sehr aufschlussreich ist. Also: 11.0-0 h6 12.b3 0-0 13.♗b2 ♕e7 14.♘bd2 ♖fe8 15.e4 ♘b4 Bis hier haben sich beide Seiten standardartig aufgebaut. Die schwarzen Figuren sind wirkungsvoller im Spiel und die Initiative liegt auch auf der Seite des Nachziehenden. Dafür hat Weiß einen Bauern mehr. Im Ergebnis hat Schwarz mindestens volle Kompensation. 16.♕e2 ♗b5 17.♘e1 dxe4 18.♘xe4 ♘xe4 19.♗xe4 ♘a6 Die Lage ist weiter kompliziert, das Ergebnis weiter offen. In unserer Referenzpartie folgte nun 20.♗d5 ♘c5 21.♗c4 ♕b7 22.♘g2 ♗c6 23.♘h4 ♘e6 24.♘f5 ♘g5 25.♕g4 ♗c5 mit entscheidendem Vorteil. Die Partie endete mit einem Sieg von Schwarz kurz darauf, im 28. Zug.) 11.♘fd2 h5 12.♘c3 ♗xc3 13.bxc3 h4 14.♗a3 Der nunmehr erreichten Stellung sind die in der Anmerkung zu 10...♗b4+ beschriebenen Konsequenzen gut abzulesen. Sie ist komplex und schwierig, gibt dem Nachziehenden aber die besseren Perspektiven. Dies stellte Schwarz in der Partie Ponomariow - Potkin, Chanty-Mansijsk 2013, in einem zähen Prozess wie folgt unter Beweis: 14...♕a5 15.♕c1 ♖c8 16.♘b3 ♕c7 17.♘c5 ♗f5 18.e4 dxe4 19.dxe4 ♗g4 20.h3 ♗h5 21.0-0 0-0 22.♖b1 ♖fd8 23.g4 ♗g6 24.♖d1 ♘a5 25.♖xd8+ ♖xd8 26.f3 ♘c4. Schwarz hat ausreichend Ersatz für den Minusbauern. Es gelang ihm später dann auch tatsächlich, das Spiel zu gewinnen.

A2) Sehr stark ist auch 8...e5, z.B. 9.0-0 ♖b8 10.♕d1 e4 11.♘e1. Weiß steht sehr beengt, seine Kräfte sind beinahe wirkungslos. 11...h5 12.d3 h4 13.♘c3 hxg3 14.hxg3 e3! 15.d4 (15.♗xe3? d4∓; 15.fxe3 ♗d6∓) 15...♘g4 16.f3 ♘h2 Der schwarze Vorteil liegt auf der Hand. Über die Zugfolge 17.♕d3 ♘xf1 18.♔xf1 ♗d6 19.♕xe3+ ♔f8 20.f4 ♗h3 21.b3 ♗xg2+ 22.♔xg2 ♕d7 kam er im Duell Lombaers - Georgiev, Caleta 2014, zum entscheidenden Angriff.

B) Eine andere Möglichkeit ist 7...♖c8, die ebenfalls volle Kompensation und vielleicht auch mehr verspricht. Wir schauen uns beispielhaft anhand der Begegnung Mchedlishvili - Wolkow, Dubai 2013, an, welche Richtung das Spiel dann nehmen kann. 8.0-0 e5 (Möglich ist auch 8...♗d7!? 9.♕b3 e5 usw.) 9.d3 ♗e7 10.♕b3 0-0 Schwarz hat die Aktivierung seiner Kräfte abgeschlossen, während der weiße Damenflügel sich fast komplett noch in der Ausgangsstellung befindet. Schon jetzt ist erkennbar, dass Schwarz ein ausgezeichnetes Spiel für seinen Minusbauern hat. In unserer Referenzpartie bekam Weiß kein sprichwörtliches Bein mehr auf die Erde, die Geschehnisse nahmen wie folgt ihren Lauf: 11.♕d1 h6 12.♘c3 ♖e8 13.♘h4 ♗g4 14.h3 ♗e6 15.e4 ♕d7 16.♔h2 ♖ed8 17.exd5 ♘xd5 18.♘xd5 ♗xd5 19.♗xd5 ♕xd5 20.♘f5 ♗f8 21.♕g4 ♔h7 22.b3 ♕xd3 23.♗a3 g6 24.♗xf8 ♖xf8 25.♘e3 ♘d4∓. In der Folge gelang es dem Nachziehenden, seinen klaren Vorteil im 47. Zug in einen Sieg umzuwandeln.

III. 5.♕b3 ♕b6

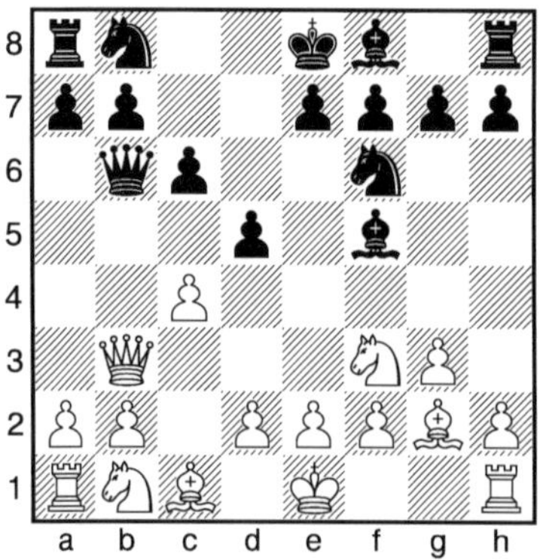

A) 6.d3 (Nicht unsere Empfehlung, immer wieder aber Gast auf der Turnierbühne sind auch 6.cxd5 und 6.0-0. Wir schauen sie uns nachfolgend an.) 6...e6 7.♘h4 ♗g6 (Im Duell Al Sayed – Vuilleumier, Caleta 2015, lud Schwarz seinen Gegner mit 7...♗g4 zum Tempi gewinnenden Vormarsch seiner h- und g-Bauern ein. Über die natürliche Zugfolge 8.h3 ♗h5 9.g4 ♗g6 10.♗e3 dxc4 11.dxc4 ♕xb3 12.axb3 ♗xb1 13.♖xb1 ♗b4+ 14.♔d1 und nun 14...♘a6 15.♖a1 ♘c5 16.♔c2 ♔e7 17.♖hd1 a5 kam es zu einer Stellung mit ausgeglichenen Chancen. Die Partie endete mit einem Sieg des Anziehenden im 34. Zug.) 8.♘xg6 hxg6 9.0-0 ♕xb3 10.axb3 ♘bd7 11.♗e3 (11.d4 ♗d6 12.♘c3 0-0∞) 11...a6 12.h3 ♗d6 13.♘d2 0-0 14.♖fc1 ♖fc8 Schwarz verfügt über eine sichere Stellung, Benkö – Addison, USA 1969. Es gelang dem Anziehenden in der Folge nicht, die schwarze Abwehr zu knacken, so endete die Partie mit einem Remis nach 42 Zügen.

B) 6.cxd5 Diese Fortsetzung ist nicht in der Lage, Schwarz vor bemerkenswerte Probleme zu stellen. Es kann folgen: 6...♕xb3 7.axb3 ♘xd5 (Spielbar ist auch 7...cxd5!?.) 8.0-0 e6 9.d3 ♗g4 10.h3 ♗xf3 (Oder 10...♗h5 und dann beispielsweise 11.♘a3 ♘d7 12.d4 ♗e7 13.♘c4 0-0 14.♘a5±, wie in der Begegnung Martinez Alcantara – Fernandez Aguado, Barcelona 2015, mit Vorteil für Weiß.) 11.♗xf3 ♘d7 12.d4 f5, Schwarz hat unspektakulär eine bequeme Stellung gekommen.

C) 6.0-0 Die Rochade ist hier eine solide, aber auch sehr ruhige Wahl. Beide Seiten arbeiten nun zunächst an der Fortsetzung ihrer Entwicklung, bevor sie in anderer Richtung aktiver werden. 6...e6 7.d3 ♘bd7 8.♗e3 ♗c5 9.d4 ♗e7 10.c5 ♕a6 11.♘c3 Die Begegnung Ovetchkin – Drozdovskij, playchess.com INT 2006, nahm nun den folgenden weiteren Verlauf: 11...b6 12.cxb6 axb6 13.♖fc1 0-0 14.♘h4 ♗g4 15.h3 ♗h5 16.g4 ♘e8 17.♘f3 ♗g6 18.♗f4 ♘d6 19.♘d2 c5. Der Nachziehende konnte mit seiner Stellung zufrieden sein, Schwarz steht aktiv und sicher.

Weitere Alternativen, beispielsweise 6.♕xb6, nehmen wir aus der Betrachtung, da sie den Möglichkeiten der von uns berücksichtigten Züge deutlich nachstehen.

5...e6 6.♗b2

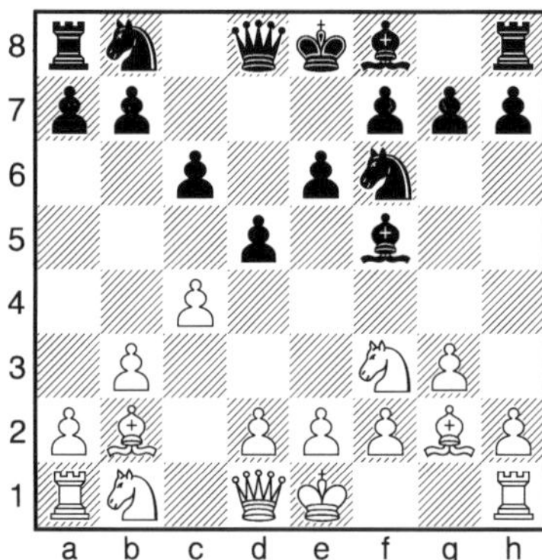

6...♘bd7

Wie so oft in den unterschiedlichsten Spielweisen, die wir in unserem Buch behandeln, liegt eine Qualität dieses Springerzuges darin, dass er elastisch ist. Er erlaubt es Schwarz, sich erst später zu entscheiden, wie er seinen schwarzfeldrigen Springer entwickelt.

Es ist aber auch nichts dagegen zu sagen, wenn der Nachziehende die Entscheidung zur Läuferentwicklung schon jetzt trifft. So ist hier in der Praxis auch oft 6...♗e7 anzutreffen.

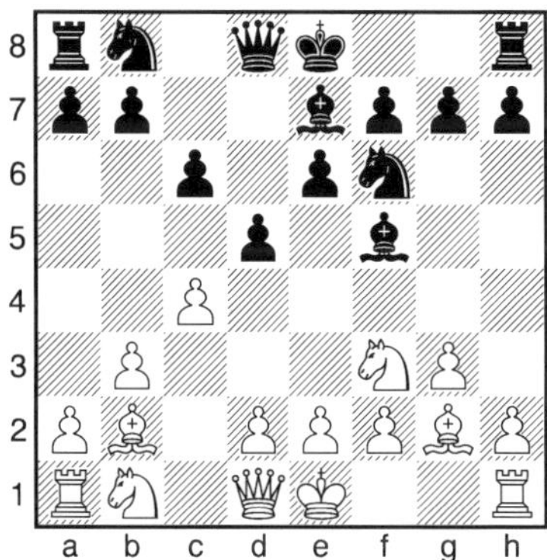

Ein paar Varianten zu den sich daraus ergebenden Möglichkeiten:

A) Die kurze Rochade kann hier eine Zugumstellung einleiten, die Partie aber auch in der Richtung verändern. Dies ist u.a. dann der Fall, wenn Weiß einen Aufbau mit a2-a3 und der Aktivierung seines Damenspringers über d2 vornimmt anstelle von ♘b1-a3-c2. 7.0-0 0-0 8.d3 a5 9.a3 ♘bd7 10.♘bd2 h6 11.♖c1 Weiß verfolgt die Idee, die Dame hinter den Läufer nach a1 zu führen, um Druck auf der langen Diagonale a1/h8 auszuüben, sowie die Türme auf der c-Linie zu verdoppeln. (Die Variante 11.♕c2 ♗h7 12.♖ac1 ♕b6 13.♗d4 c5 14.♗b2 d4 15.♘b1 e5 16.♘fd2 ♘e8 17.e4 ♘d6 führte in der Partie Martinez Alcantara – Bromberger, Barcelona 2014, zu einer Plombierung des Zentrums. Schwarz steht freier und hat mehr Möglichkeiten zur Entwicklung eines aktiven Spiels. In der genannten Begegnung folgte 18.♖ce1 a4 19.f4 axb3 20.♘xb3 ♕c6∓. Sie endete mit einem Erfolg für Schwarz im 58. Zug.) 11...♗h7 (Die Variante 11...♖e8 12.♖c2 ♗f8 13.♕a1 ♗h7 14.♘e5 ♘xe5 15.♗xe5 ♘d7 16.♗b2 ♕b6 17.h3 ♖ad8 mündet in eine ausgeglichene Stellung, Bu Xiangzhi - Potkin, Ningbo 2010.) 12.♖c2 ♗d6 13.♕a1 Die Aufstellung der Dame hinter dem Läufer auf der langen Diagonale mag etwas „unorthodox“ erscheinen, sie ist es auch. Diese Art des Aufbaus zählt zu den neuen Ideen, die von den Vertretern der „hypermodernen Schule“ wie Richard Réti in die Schachwelt getragen wurden. 13...♕e7 14.♘h4 e5 15.cxd5 cxd5 16.♖fc1 e4 17.dxe4 dxe4 Weiß hat seinen geplanten Aufbau erreicht, Schwarz aber erfreut sich eines ausgezeichneten Spiels, Rapport - Swetuschkin, Calvi 2013.

B) 7.d3 h6 8.0-0 0-0 9.♘a3 Wir kennen das hiermit eingeleitete Manöver bereits aus anderen Kapiteln. Der Springer strebt nach c2. (Plausibel ist auch 9.a3, worauf es beispielsweise wie folgt weitergehen kann: 9...a5 10.♖e1 ♘bd7 11.♘c3 ♗h7 12.♖c1 ♖e8 mit einer komplizierten, aber ausgeglichenen Position. Zu den denkbaren weiteren Entwicklungen wollen wir uns über eine längere Passage aus einer praktischen Partie einen Eindruck verschaffen: 13.h3 ♕b6 14.♘a4 ♕a6 15.c5 ♖ec8 16.♘d4 b5 17.cxb6 ♕b7 18.♘f3 ♘xb6 19.♘c5 ♗xc5 20.♖xc5 ♘bd7 21.♖c1 ♖ab8 22.♘d2 c5=, Meijers - Wojtaszek, Deutschland 2010. Beide Seiten verfügen über vergleichbare Chancen.) 9...♘bd7 10.♘c2 Zur Betrachtung des möglichen weiteren Kampfverlaufes orientieren wir uns beispielhaft an der Partie Mkrtchian - Gorjatschkina, Sotschi 2015. Hier geschah: 10...♗h7. Prophylaktisch gespielt, der Läufer entzieht sich frühzeitig einer Anrempelung. 11.♖c1 ♖e8 12.♕d2 ♗f8 13.♘e5 ♘xe5 14.♗xe5 ♖c8 Schwarz hat sich gute Chancen auf Ausgleich bewahrt.

7.0-0

Die kritische Stellung dieser Variante. Schwarz muss jetzt seinen Plan präzisieren. Wir behandeln die sich nun ergebenden Möglichkeiten wie folgt:

I. 7...h6 (**Abspiel 1**).

II. 7...♗d6 (**Abspiel 2**).

III. 7...♗e7 (**Abspiel 3**).

IV. 7...♗c5 (**Abspiel 4**).

Andere Züge werden kaum gespielt. Wir erlauben uns deshalb, sie außer Acht zu lassen.

Abspiel 1

Fortsetzung 7...h6

1.♘f3 d5 2.c4 c6 3.g3 ♘f6 4.♗g2 ♗f5 5.b3 e6 6.♗b2 ♘bd7 7.0-0 h6

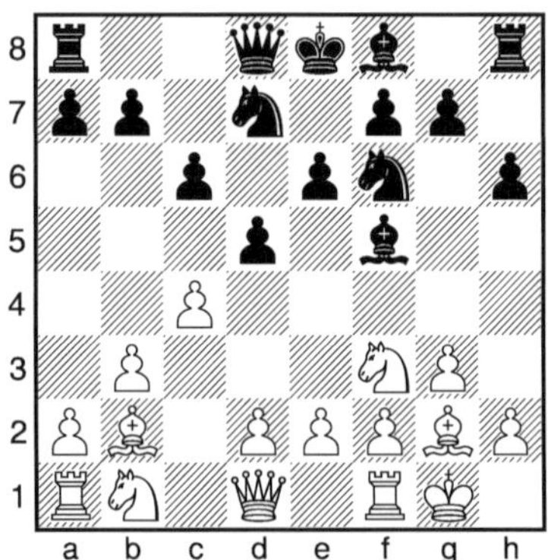

Das Hauptziel dieses Zuges liegt darin, den weißfeldrigen Läufer auf h7 verstecken zu können. Zumeist entstehen daraus Stellungen, die wir in den folgenden Abspielen besprechen werden.

8.d3 ♕c7

Ein abwartender Entwicklungszug. Schwarz will seine Kräfte in die Richtung eines bestimmten Aufbaus erst aktivieren, wenn er sich an den Entscheidungen seines Gegners orientieren kann. Wenn er zu einer der Alternativen: 8...♗h7, 8...♗e7, 8...♗d6 oder 8...♗c5 greift, führt auch dies üblicherweise zu den in den nächsten Abspielen besprochenen Varianten.

9.♘bd2

Gewöhnlich wird der Damenspringer wie hier auf d2 postiert. In der Praxis anzutreffen ist aber auch 9.♘c3.

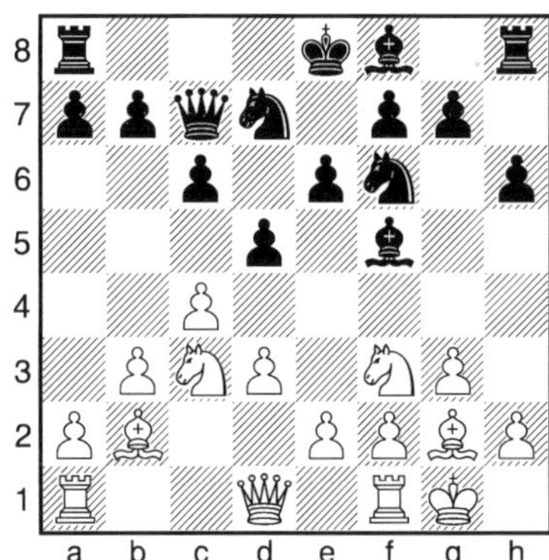

Ein paar kurze Anmerkungen dazu:

A) 9...dxc4 Indem Schwarz die Spannung im Zentrum auflöst, hält er die e-Linie geschlossen. Dies ist aber nur eine seiner Möglichkeiten. 10.bxc4 ♗e7 11.♖c1 0-0 An der Pforte zum Mittelspiel angekommen ist es beiden Seiten in etwa gleichwertig gelungen, ihre Kräfte ins Spiel zu bringen. In diesem Bereich der Eröffnungsgewässer gibt es noch ungemein viel zu entdecken. Wir können nur dazu anregen, die Möglichkeiten weiter zu untersuchen und das eine oder andere Experiment zu wagen. Die Chance, auf einen mit den Stellungsbildern weniger vertrauten Gegner zu treffen, ist groß. Die weiteren Aussichten können wir nur äußerst exemplarisch darstellen. Unsere folgenden Ausführungen sind also mehr als Fingerzeige zu verstehen. 12.♘a4 e5 13.♘d2 ♗e6 14.♘b3 ♖ad8 15.♕c2 ♘b6 16.♘ac5 ♗c8 17.♕c3 ♖fe8 (17...♘fd7 ist ein Gruß aus der Praxis. Er führte über die Zugfolge 18.♘xd7 ♘xd7 19.c5 f5 20.♕c4+ ♔h7 21.♗c3 ♖de8 22.♖b1 ♘f6 23.e4 fxe4 24.dxe4 b5 25.cxb6 axb6 26.a4 ♗d6 in eine unklare Stellung, Andreasson - Berg, Sollentuna 1995. Dieses Duell endete mit einem Sieg von Schwarz mit dessen 39. Zug.) 18.♕xe5 ♕xe5 19.♗xe5 ♗xc5 20.♗xf6 gxf6 21.♘xc5 ♖xe2 Die Stellung ist als in etwa ausgeglichen zu betrachten.

B) Eine Alternative liegt darin, zunächst die eigene Entwicklung fortzusetzen, um auf das Schlagen von Weiß zu warten. Wahrscheinlich wird dann ein Stellungsmuster, in dem die d-Linie ganz und die e-Linie halb geöffnet wird. Also: 9...♗e7 10.♖e1 0-0 11.cxd5 exd5 12.e4 dxe4 13.dxe4 ♗g4 (13...♗h7 wäre zwar hinsichtlich des Vorbereitungszuges 7...h6 folgerichtig, hier aber schwächer. Es folgt 14.e5 ♘g4 15.♕e2 mit weißem Vorteil.) 14.h3 ♗h5 15.g4 ♗g6 16.♘h4 (16.e5 ♘h7 17.h4 h5 ist hinsichtlich seiner Folgen nicht komplett zu kalkulieren, die Stellung ist als unklar zu bezeichnen.) 16...♖ad8 17.♘xg6 fxg6 18.♕c2 ♗d6 19.♖ad1 ♗e5 Die Stellung ist zweischneidig. Weiß kann über ein Vorgehen mit f2-f4 und e4-e5 nachdenken, aber er bekommt die damit verbundenen Aussichten nicht ohne ein erhebliches Risiko im Gepäck.

9...♗h7

Das Feld h7 ist hier ideal für den Läufer. So ist dieser Zug denn auch die übliche Wahl des Nachziehenden. Er kann ihn auch zurückstellen, zu-nächst 9...♗e7 ziehen nebst 0-0 und dann erst ♗f5-h7 usw. folgen lassen.

10.♖c1 ♗d6 11.a3 0-0 12.cxd5 exd5 13.♘d4 ♕b6 14.♗h3 ♖fe8 15.♘2f3 ♖ad8 16.b4 a5 17.♗c3 axb4 18.axb4 ♘e5

Schwarz ist im Besitz einer soliden Stellung, Contin - Cacco, Montecatini Terme 2005.

Zusammenfassung: Die abwartende Entwicklung der Dame nach c7 dürfte auch spielbar sein. Danach kann Schwarz entscheiden, auf welche Felder er seine Läufer spielt.

Abspiel 2

Fortsetzung 7... ♗d6

1.♘f3 d5 2.c4 c6 3.g3 ♘f6 4.♗g2 ♗f5 5.b3 e6 6.♗b2 ♘bd7 7.0-0 ♗d6

Mit dieser Läuferentwicklung verknüpft sich die Idee des Bauernschrittes e6-e5.

8.d3 0-0

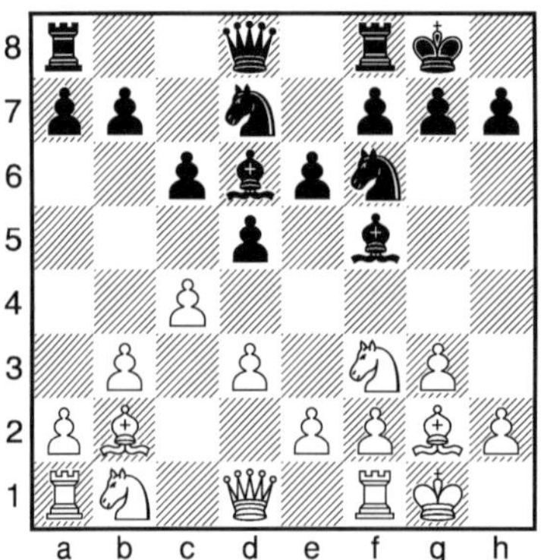

9.♘bd2

Auf 9.♘c3 ist 9...♕e7 die beste schwarze Antwort. Wir können diese weiße Springerentwicklung nicht empfehlen, auch wenn der Anziehende nun die Entscheidung in der Hand hat, welche grobe Richtung das Spiel nehmen soll. In unserer Kommentierung halten wir uns deshalb etwas zurück. Aus der Praxis heraus sind besonders 10.a3, 10.♖e1 und 10.cxd5 als seine Antwortalternativen zu berücksichtigen. Genau diese schauen wir uns weiter an.

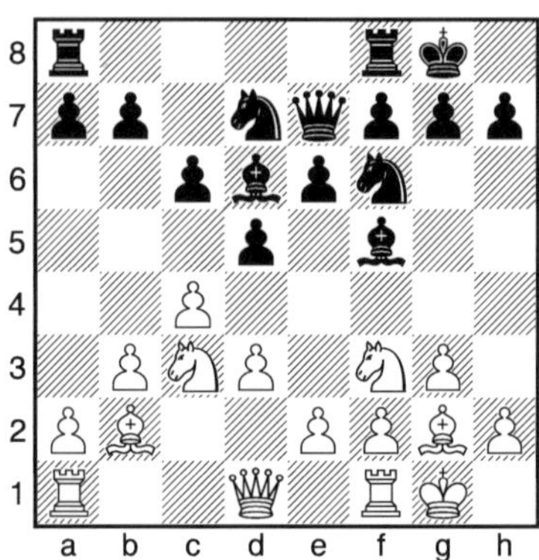

A) 10.a3 h6 11.♖e1 ♖fd8 12.cxd5 cxd5 (12...exd5!? blieb in unserer Referenzpartie außen vor, ist aber zu überlegen.) 13.♘b5 ♗c5 14.e3 ♗h7 15.b4 ♗b6 16.♗h3 a6 17.♘bd4 ♖ac8 18.♘b3 ♘e8 19.♕d2 ♘d6 Schwarz steht aktiv und gut, Milov – Najer, Pardubice 1996.

B) 10.♖e1 ist mit wenig weißer Fantasie verbunden, er verlangt Schwarz auf dem Weg mindestens zum Ausgleich nicht viel ab. 10...♖fd8 (Zu einem schnellen Remis kam es in der Fernpartie Muzyka – Cinca, ICCF Email 2009. Diese nahm den folgenden Verlauf: 10...♖fe8 11.e4 dxe4 12.dxe4 ♗g4 13.♕c2 ♘e5 14.♘xe5 ♗xe5 15.h3 ♗h5 16.♔h2 g5 17.♕d2 ♘d7 18.f4 gxf4 19.gxf4 ♗c7 20.♕f2 e5 ½-½.) 11.e4 dxe4 12.dxe4 ♗g4 13.♕c2 e5 14.♘d1 ♗c5 15.♘e3 ♗xf3 16.♗xf3 g6 17.♖ad1 ♘f8 18.♘g4 ♘6d7 19.♘h6+ ♔g7 20.♕c1 ♘e6 Schwarz steht ausgezeichnet, Sergejew – Schabanow, Kaluga 2007. Bemerkenswert ist, dass er diese Stellung mit überwiegend leicht nachvollziehbaren, also natürlichen Zügen erreicht hat.

C) 10.cxd5 exd5 (Als schwächer wird 10...cxd5 eingestuft. Über die weiteren Züge 11.♘d4 ♗g6 12.♘db5 ♗b4 13.a3 ♗a5 14.b4 ♗d8 15.♖c1 bekommt Weiß mehr Raum, Toschkow – Tal, Jurmala 1987.) 11.♘d4 (11.♖e1 ♖fe8 12.e4 dxe4 13.dxe4 ♗g4 14.♕c2 ♖ad8 führt zum Ausgleich.) 11...♗g4 12.h3 Nun kompliziert 12...♗e5 die Stellung. Weitergehen kann es bei-spielsweise wie folgt: 13.♘xd5 cxd5 14.hxg4 ♘xg4 15.e3 (Ein Fehler wäre nun 15.♗xd5?, denn über die Riposte 15...♕g5 16.♘f3 ♕h5 käme Schwarz zu einem Angriff.) 15...♕g5 16.♕f3 ♕h5 17.♖fc1 ♘df6 18.♖c2 g6 19.♖ac1 ♖fe8 Schwarz erfreut sich eines aktiven Spiels, Schneider Zinner – Wallner, Zwettl 2012.

Weiter in der Hauptvarianten nach 9.♘bd2:

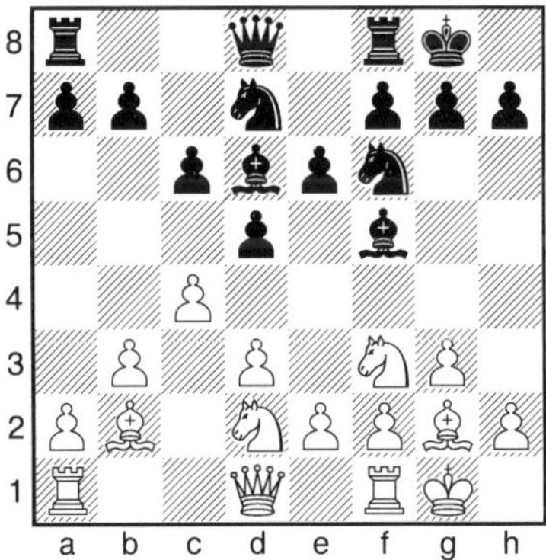

9...e5

Schwarz kann diesen Vorstoß auch mit 9...♕e7!? vorbereiten, ohne dass dies zu Verwerfungen im Vergleich zu unserer Hauptvariante führen würde. Zum Beleg nehmen wir die nachfolgenden Varianten auf:

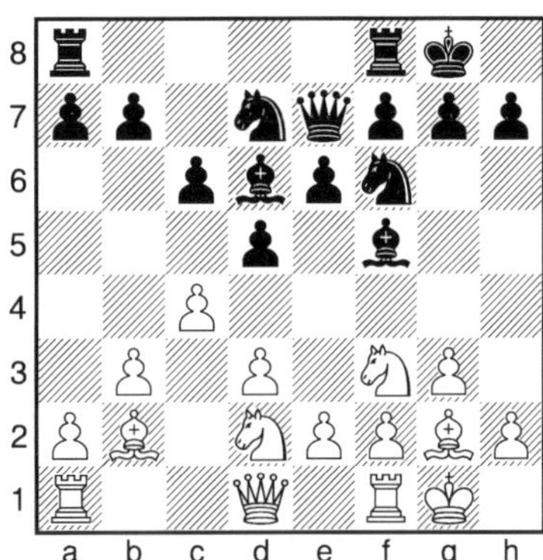

A) Zu gleichem Spiel kam es in der Begegnung Bajarani – L'Ami, Rijeka 2010, über die Zugfolge 10.♖e1 ♗a3 (Ebenfalls zu ausgeglichenem Spiel führt 10...e5 11.cxd5 cxd5 12.e4 dxe4 13.dxe4 ♗e6 14.♕e2 ♖ac8=.) 11.♕c1 ♗xb2 12.♕xb2 e5 13.cxd5 cxd5 14.e4 dxe4 15.♘h4 ♗e6 16.♘xe4 ♘xe4 17.♗xe4. In der Partie ging es nun mit 17...♖ab8 18.d4 exd4 19.♕xd4 ♕c5 20.♖ad1 ♕xd4 21.♖xd4 ♘c5 22.♗f3 ♖bd8= weiter, ohne dass sich am Chancenverhältnis etwas änderte. Am Ende stand ein Remis zu Buche.

B) 10.a3 e5 (Nicht mehr verspricht 10...a5 mit z.B. der Folge 11.♖e1 ♗g6 12.h3 ♖fd8 13.e4 dxe4 14.dxe4 ♗c5=, Radjabow – Miroschnitschenko, Budapest 1999.) 11.e4 dxe4 12.dxe4 ♗g4 13.h3 ♗xf3 14.♘xf3 a5 Die Stellung ist ausgeglichen. Auf dem Weg 15.♘h4 g6 16.♕c2 ♖fe8 17.♘f3 b6 18.♔h2 ♖ad8 19.♘e1 ♘h5 20.h4 ♘g7 21.♗h3 ♘e6 kam Schwarz nun im Duell Kosten – Dautov, Schweiz 2006, zu aktivem Spiel.

10.cxd5

10.♘h4 ist kaum gefährlich für Schwarz, er fängt die Folgen dieses Versuchs trotz zwischenzeitlich „optischer Schwierigkeiten“ ohne nachhaltige Probleme ab. Das Spiel kann sich beispielsweise wie folgt entwickeln: 10...♗g4 11.h3 ♗h5 12.g4 (12.♘f5 ♗c7=) 12...♗g6 13.♘xg6 hxg6 14.e3 ♘c5 15.♕c2 a5 (Sicher in den Ausgleich führt 15...♘e6!? 16.♘f3 ♘d7=.) 16.g5 ♘fd7 17.h4 (17.cxd5 verspricht nicht mehr, z.B. 17...cxd5 18.♗xd5 ♕xg5+ 19.♗g2 ♖ac8 20.♘c4 ♗c7=.) 17...♘a6 18.a3 ♘c7. Die schwarze Stellung ist kompakt.

10...cxd5 11.e4

Gegenwärtig ist dies die populärste Fortsetzung. Die Alternative 11.♖c1 besprechen wir anhand der **Partie Nr. 20**, Réti – Lasker, New York 1924.

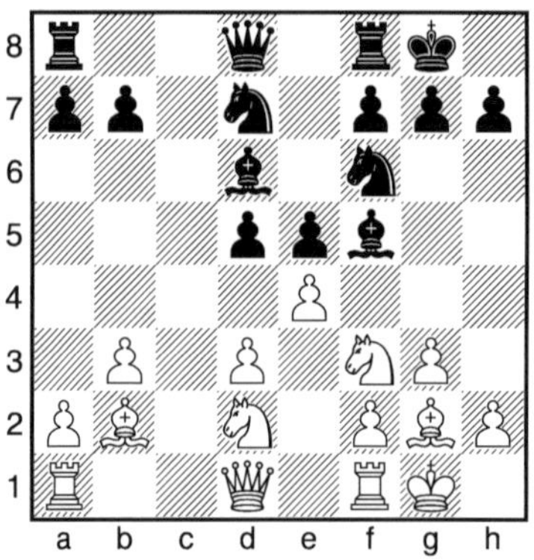

11...dxe4

Das Schlagen mit dem d-Bauern ist die beste schwarze Möglichkeit in dieser Situation. Die Alternative 11...♗g4 12.exd5 ♘xd5 13.♘c4 verschafft Weiß die Initiative. Ebenfalls günstig für den Anziehenden ist 11...♗g6, worauf er mindestens zwei Wege zu einem Vorteil hat.

A) 12.exd5 ♗xd3 13.♖e1 ♖c8 (Nichts erreichte Schwarz in der Partie d'Ettorre – Menzies, FICGS 2008, mit 13...♘g4. Weiß konterte ihn mit 14.♘e4 aus und kam über 14...♗xe4 15.♖xe4 ♘gf6 16.♖e2 ♖e8 17.♖c1 ♖c8 18.♖xc8 ♕xc8 19.♖c2 ♕d8 20.♘d2 in eine deutlich vorteilhafte Stellung.) 14.♘xe5 ♗c2 15.♕f3 ♗b4 16.♖e2 Die konkreten schwarzen Drohungen sind abgewehrt und Weiß kann nun selbst aktive Zeichen setzen. Er steht bereits auf Gewinn. 16...♘c5 17.♘g4 In unserer Referenzpartie folgte noch 17...♘e8 18.♘h6+! gxh6 19.♕g4+ ♕g5 20.♕xb4 ♘d3 21.♕d4 ♘xb2 22.♕xb2 ♗d3 23.♖e5 ♕g7 24.♕d4 ♘d6 25.♖ae1, die schwarze Stellung war nicht mehr zu retten, Orel – Ertl Aschach 2005.

B) Die zweite Möglichkeit ist 12.♕e2 mit der beispielhaften Folge 12...♖e8 13.♘h4 dxe4 14.♘xe4 (Hier kommt auch 14.dxe4!? infrage.) 14...♘xe4 15.dxe4 ♕b6 16.♖fd1 ♖ad8 17.♘xg6 hxg6 18.♖d3 ♘c5 19.♖d5 ♗c7 20.♖ad1 ♖xd5 21.♖xd5 und Weiß kann für sich die besseren Perspektiven reklamieren, Khachykian – Petenyi, Fermo 2009. Er steht aktiver, hat die bessere Bauernstellung und auch das Läuferpaar kann sich noch als beachtenswerter Vorteil erweisen.

12.♘xe4

Keine Probleme hat Schwarz nach 12.dxe4, wenn er auf der Hut ist und nicht voreilig auf Luftschlösser hereinfällt. 12...♗e6 Dies ist die richtige Reaktion. (12...♗xe4? wäre ein schnurstracks zu schwerem Nachteil führender Fehler wegen 13.♘xe4 ♘xe4 14.♘h4 ♘df6 15.♘f5±.) 13.♕e2 ♕e7 14.♖ac1 ♖ac8 15.♘c4 ♗xc4 16.♖xc4 ♘b6 Im Duell Bach – Titsch, Untergrombach 2015, sah man nach den weiteren Zügen 17.♖xc8 ♖xc8 18.♗h3 ♖c6 19.♖c1 ♖xc1+ 20.♗xc1 ♕c7 21.♗b2 ♘bd7 22.♗xd7 ♘xd7 23.♕d3 ♕c5 24.♔g2 f6 25.♘d2 b5 beide Kontrahenten mit gleichen Chancen in die letzte Phase der Partie gehen.

12...♗xe4 13.dxe4 ♕e7

Verkneifen sollte sich Schwarz hier 13...♘xe4?, denn nach 14.♘h4 ♘df6 15.♕e2 ♘c5 16.♘f5 ♕b6 17.♕e3 sähe er sich der starken Drohung ♕e3-g5! ausgesetzt.

14.♕e2

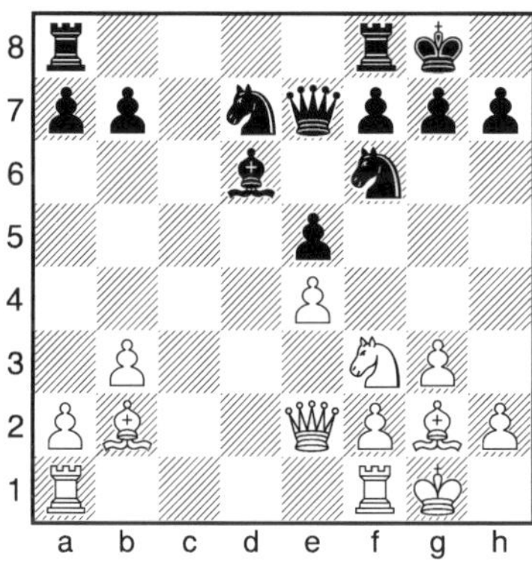

14...♘b8!?

Diese Rückführung des Springers mag auf den ersten Blick seltsam erscheinen, sie ist aber logisch und gut. Sie basiert auf dem Ziel, den Rappen weiter nach c6 zu führen, von wo aus er die zentralen Felder d4 und e5 kontrollieren kann. Andere Erwiderungen sind problematisch. Wir wollen dieses Urteil mit drei Erfahrungen aus der Praxis untermauern, wobei wir uns angesichts der erreichten Tiefe einer weiteren Kommentierung enthalten. Also:

I. 14...♖fd8 15.♖fd1 a5 16.♘d2 a4 17.♘c4 ♗c5 18.♘e3 a3 19.♗c3 ♖ac8 20.♖ac1 ♖c6 21.♗a1 ♖dc8 22.♗h3 ♖8c7 23.♔g2 ♗xe3 24.♕xe3 ♘f8 25.♖xc6 ♖xc6 26.♖c1 ♖xc1 27.♕xc1 ♘xe4 28.♕e3 ♘c5 29.♕xe5 ♕xe5 30.♗xe5 g6 31.♔f3 Weiß führt ein vorteilhaftes Endspiel, das ihm den späteren Sieg einbrachte, Ribli – Lengyel, Ungarn 1975.

II. 14...♘c5 15.♖ac1 ♖fe8 16.♖fd1 ♖ad8 17.♘d2 ♘cd7 18.♘c4 ♗c5 19.♖d2 b5 20.♘a5 mit weißem Vorteil, Narkun – Jooste, Lechenicher SchachServer 2008.

III. 14...♖ad8 15.♖fd1 ♘c5 16.♘d2 ♗c7 17.♘c4 b5 18.♘e3 ♘cxe4 19.♗xe4 ♘xe4 20.♘d5 ♖xd5 21.♖xd5 f5 22.f3 ♘g5 23.♖ad1 Weiß steht bereits in dieser noch recht frühen Phase der Partie auf Gewinn, Copeland – Lubberts, IECC Email 1998.

15.♖fd1 ♘c6 16.♗h3 ♖ad8

Schwarz verfügt über gute Ausgleichschancen.

Zusammenfassung: Schwarz kann in diesem Abspiel um Ausgleich kämpfen. Statt 9...e5 kommt auch 9...♕e7!? für einen Einsatz infrage.

Abspiel 3

Fortsetzung 7...♗e7

1.♘f3 d5 2.c4 c6 3.g3 ♘f6 4.♗g2 ♗f5 5.b3 e6 6.♗b2 ♘bd7 7.0-0 ♗e7

Mit diesem schlichten Läuferzug setzt Schwarz darauf, zunächst seine Kräfte solide zu aktivieren und den König aus der Mitte zu entfernen, bevor er sich anderen Zielen zuwendet.

8.d3

8.d4 führt in die Gefilde der Katalanischen Eröffnung und bleibt deshalb in unserem Buch aus thematischen Gründen unbehandelt.

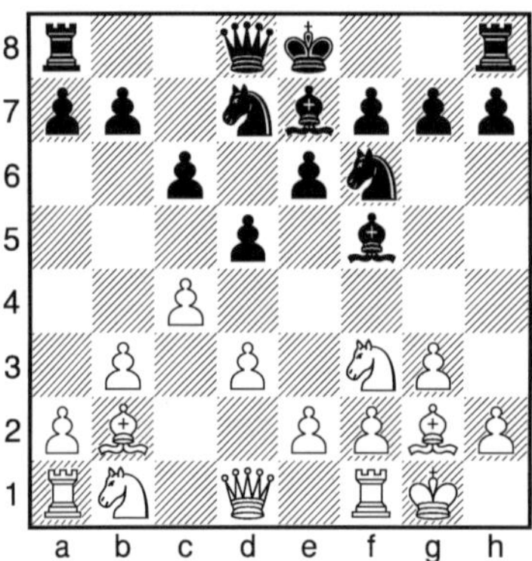

8...h6

Hier geht es dem Nachziehenden in erster Linie darum, das Feld h7 für seinen Läufer zu räumen.

Er kann aber auch mit der sofortigen Rochade seiner mit 7...♗e7 eingeleiteten Linie noch deutlicher treu bleiben. So wird hier auch zunächst 8...0-0 gespielt, woraufhin das Spiel üblicherweise unter Zugumstellung in die Hauptvariante führt. Es kann jedoch auch in eigenständige Wege übergehen, die wir uns kurz anschauen wollen. Also: 9.♘bd2

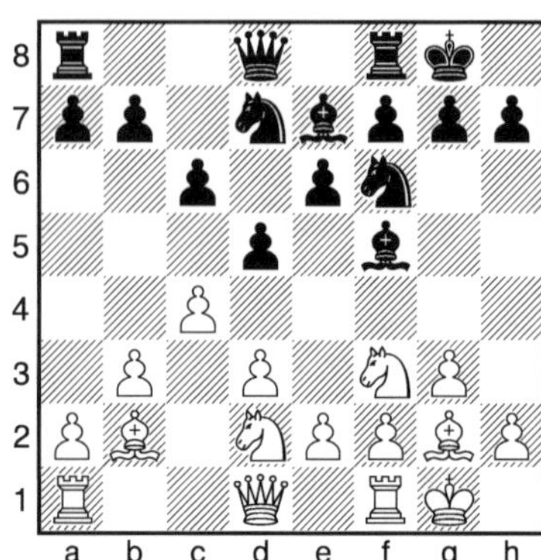

An dieser Stelle hat die Praxis eine lange Reihe unterschiedlicher Ansätze hervorgebracht, das Beste aus den schwarzen Möglichkeiten herauszuholen. Wir konzentrieren uns auf jene, die für uns neben der Erfolgsquote die größte Praxisrelevanz haben, wobei wir Zugumstellungen in unsere Hauptvariante außer Acht lassen.

A) 9...a5 ist eine typische Methode, sowohl die weißen Handlungsoptionen am Damenflügel zu stören als auch ggf. ein eigenes Vorgehen vorzubereiten. 10.♘d4 ♗g6 11.e4 dxe4 (Das konsequente weitere Vorrücken mit 11...a4!? macht als starke Alternative auf sich aufmerksam.) 12.dxe4 ♘c5 13.♕e2 e5 14.♘4f3 (Zu überlegen ist auch 14.♘f5!?.) 14...♘fxe4 15.♘xe4 (Bei einem oberflächlichen Blick sieht auch 15.♖ad1? verlockend aus, wäre aber ein Fehler. In der anstrengenden Situation der Turnierpartie am Brett könnte er dem Anziehenden schnell mal unterlaufen. Über die Zugfolge 15...♕d3 16.♕xd3 ♘xd3 17.♗xe5 ♘ec5 18.♗c3 ♗f6 19.♗xf6 gxf6 20.h3 ♖fe8 käme Schwarz zu einer ausgezeichneten Stellung, Bressac - Ferrari, Cannes 2014.) 15...♗xe4 16.♖ad1 ♕c8 17.♘xe5

♗xg2 18.♔xg2 Die weiße Position ist wegen der ihr innewohnenden größeren Aktivität leicht vorzuziehen.

B) 9...♕c7 Das Feld c7 ist in einigen Varianten der Réti-Eröffnung eine gute Adresse für die schwarze Dame; auch hier nimmt sie auf c7 eine günstige Wartestellung ein, während sie den Weg für den ♖a8 in die Mitte frei gibt. 10.♖c1 ♖ad8 (In der Partie Lubczynski - Ricbour, Frankreich 2009, verzichtete Schwarz darauf, seinen Turm sofort den eröffneten Weg nutzen zu lassen, und spielte vorsorglich 10...♗g6. In der Folge 11.cxd5 exd5 12.♘h4 ♕b6 ging seine Rechnung aber wohl nicht ganz auf und nach den weiteren Zügen 13.♘xg6 hxg6 14.♖c2 ♖ad8 15.♕a1 ♖fe8 konnte er sich des Ausgleichs noch nicht sicher sein. Einen Hinweis wert ist übrigens die durchaus „Réti-typische" weiße Aufstellung mit der weißen Dame auf a1 hinter dem Läufer auf b2 mit Druck auf der langen Diagonale.) 11.cxd5 exd5 12.a3 a5 Beide Seiten stehen vor dem Abschluss ihrer Entwicklung, einen erkennbaren Eröffnungsvorteil hat keine für sich herausarbeiten können. Um einen Eindruck davon zu gewinnen, welche Richtung die Partie nehmen kann, folgen wir einem Beispiel aus der Praxis. Also: 13.♖c2 ♖fe8 14.♘h4 ♗g6 15.♘xg6 hxg6 16.♕b1 ♕b6 17.e3 ♗d6 18.♕a2 ♕a6 19.♗xf6 gxf6 20.♖c3 f5 Schwarz kann mit seiner Stellung zufrieden sein, Baruch - Coates, Birmingham 2002.

C) 9...♕b6 10.♘h4 ♗g4 Der Auftakt zu einem interessanten Manöver, mit dem der Nachziehende eine der Stellung innewohnende Ressource geschickt nutzt. 11.h3 ♗h5 12.g4 ♘e8 Schwarz beantwortet den Angriff des Bauern auf seinen Läufer mit einem Gegenangriff auf den weißen Springer h4, der entweder abgetauscht wird oder seine Kontrolle über das Feld g6 aufgeben muss. 13.gxh5 ♗xh4 14.h6 g6 15.♘f3 ♗f6 16.♕d2 ♕d8 17.♗xf6 ♘exf6 18.♘g5 ♕e7 mit Ausgleich, Neiksans - Sawtschenko, Polen 2014.

9.♘bd2

Mit dieser Springerentwicklung verbindet sich der beste Plan für Weiß. Daher wird auch üblicherweise so gespielt.

Die Alternative 9.♘c3 trifft man folglich recht selten an. Nur der Vollständigkeit halber gehen wir kurz und ohne besonderen Tiefgang darauf ein. 9...0-0

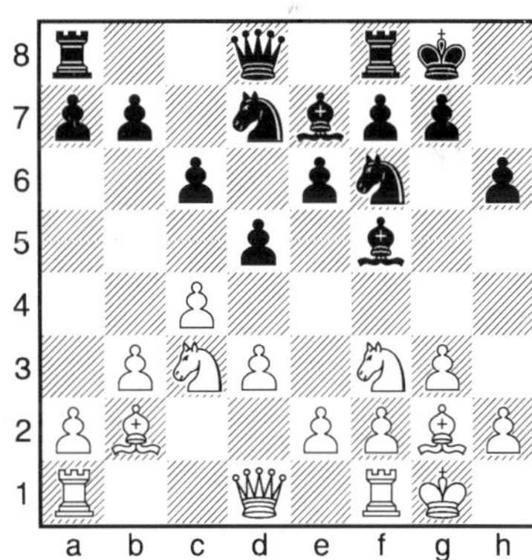

Als weiße Antwortmöglichkeiten verdienen nun 10.♖c1, 10.♕c2 und 10.♖e1 Beachtung.

A) 10.♖c1 ♗h7 11.♖c2 a6 12.♕a1 Wieder das bekannte Muster mit ♕a1 und ♗b2. 12...♗d6 13.♖d1 e5 14.cxd5 cxd5 Ohne irgendwelche bemerkenswerten Probleme hat sich

Schwarz eine zufriedenstellende Position gesichert. In der Partie Le Quang – Dominguez Perez, Peking 2013, blieb der Ausgleich in der Zugfolge 15.♘d2 ♖c8 16.♖dc1 d4 17.♘ce4 ♖xc2 18.♖xc2 ♘xe4 19.♘xe4 ♗xe4 20.♗xe4 ♘c5 21.♗f3 b6 22.♕d1 a5 erhalten.

B) 10.♕c2 ♗h7 11.♖ac1 (Eine Ausgleichsvariante führt über die Züge 11.e4 dxe4 12.dxe4 ♘c5 13.♖ad1 ♕c7 14.♘d4 ♖ad8 15.♕e2 a5=, Euwe – Kmoch, Leningrad 1934.) 11...♕c7 12.♖fd1 ♖ac8 13.♕b1 ♕b8 14.♕a1 ♖fd8 und Schwarz kann zufrieden sein, Kirow – Dobrew, Warna 1970.

C) 10.♖e1 ♗h7 11.♖c1 a5 12.cxd5 exd5 13.e4 dxe4 14.dxe4 ♘c5 15.♘d4 ♘fd7 und Schwarz hat keine Sorgen, Raschkowski – Anikajew, Jalta 1966.

9...0-0

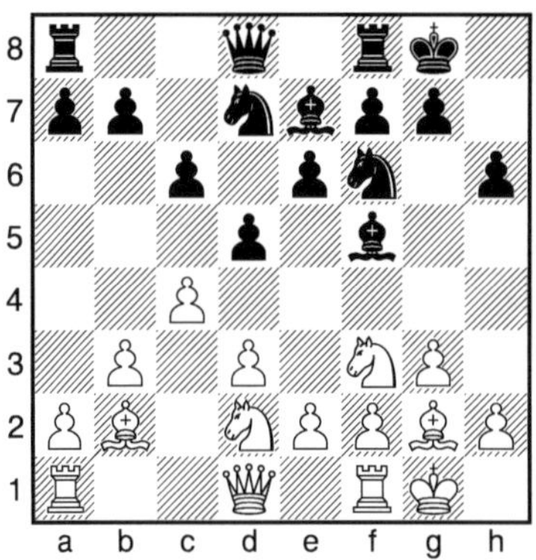

10.a3

Mit der Wahl dieses Zuges, der unser Favorit in dieser Stellung ist, plant Weiß das weitere Vorrücken seines b-Bauern mit b3-b4, sofern Schwarz ihn lässt. Dieses Vorgehen würde ihm einen Raumvorteil am Damenflügel einbringen. Allerdings kann er sich auch zu Gunsten anderer Fortsetzungen entscheiden. Wir betrachten sie „mit gebremstem Schaum“:

I. 10.♕c2 ♗h7 11.♘e5 ♘xe5 12.♗xe5 ♗d6 (12...♘d7 13.♗c3 ♗f6∞) 13.♕b2 a5 14.♘f3 ♗xe5 15.♘xe5 ♕d6 16.a3 d4 17.f4 ♘d7 18.♘xd7 ♕xd7 19.b4 ♖fe8 20.b5 c5 21.b6 ♖e7 22.♖ab1 e5 mit schwarzem Gegenspiel, Swidler – Caruana, Sotschi 2012.

II. 10.♘e5 ♘xe5 11.♗xe5 ♗d6 (Oder 11...a5 12.♕c2 ♘d7 13.♗c3 ♖e8 14.a3 b5 15.cxb5 cxb5 16.♕b2 ♗f8 17.♖fc1 b4 18.axb4 axb4 19.♗d4 e5 20.♗a7 ♘f6=, Miles – Polugajewski, Amsterdam 1981.) 12.♗b2 ♗h7 13.♘f3 ♕e7 14.♖c1 e5 15.cxd5 cxd5 Schwarz ist gut aus der Eröffnung gekommen, seine Stellung ist völlig in Ordnung, Kavalek – Karpow, Amsterdam 1981.

III. 10.♖c1. Diese Möglichkeit behandeln wir über die **Partie Nr. 21**, Capablanca – Lilienthal, Moskau 1936.

10...a5

Schwarz will seinen Gegner in dessen Vorhaben b3-b4 stören.

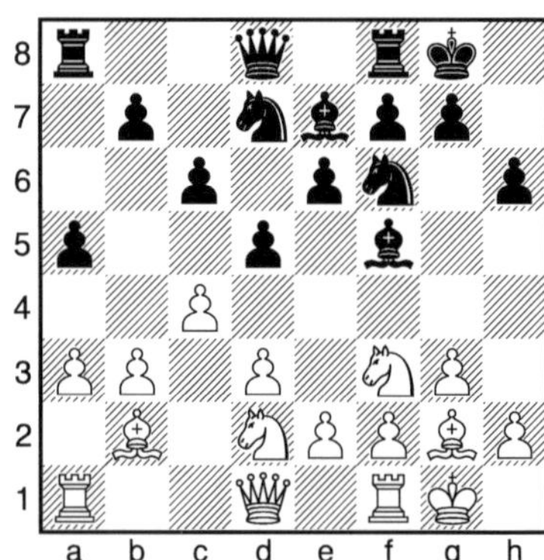

11.♕c2

Hiermit verfolgt Weiß den Plan, ein aktives Spiel am Damenflügel aufzuziehen. Anzutreffen sind auch 11.♖a2, 11.♖e1 und 11.♖b1, mit denen er ebenfalls schone gute Erfahrungen machen konnte. Wir nehmen sie deshalb mit ins Visier. Also:

I. 11.♖a2 ♗h7 12.♕a1 Auch hier wieder ist die Batterie aus ♕a1 und ♗b2 ein wichtiges Element des weißen Aufbaus. Der auf a2 geparkte Turm kann im Fall einer, allerdings eher unwahrscheinlichen, Öffnung der a-Linie volle Wirkung erlangen, vor allem aber auch schnell in die Mitte schwenken. 12...♖c8 13.♘e5 ♘xe5 14.♗xe5 ♘e8 15.♗h3 ♗f6 16.b4 a4 17.♖c1 ♗xe5 18.♕xe5 Weiß steht etwas freier und aktiver. Die Stellung ist aber komplex, schwierig und hinsichtlich der beiderseitigen Chancen auf einen Erfolg deshalb unklar. In unserer Referenzpartie ging es wie folgt weiter: 18...♕d6 19.♘f3 ♖d8 20.♕a1 ♘c7 21.cxd5 exd5 22.♘d4 f5∞, Meshkov - Gemy, Tromsö 2014. Ob einem der beiden Kontrahenten ein Plus in den Perspektiven zu attestieren ist, darf weiter als offen betrachtet werden. Die Begegnung endete mit einem Sieg des Nachziehenden nach 43 Zügen.

II. 11.♖e1 ♕b6 12.♗c3 ♘g4 13.d4

A) Hier hätte Schwarz in der Begegnung Tosic - Knezevic, Kragujevac 2015, 13...♘gf6!? ziehen sollen, verbunden mit einer soliden Stellung und einem ordentlichen eigenen Anteil am lebhaften Spiel.

B) Seine Entscheidung fiel aber auf den hier zumindest momentan unnötigen Schritt seines e-Bauern mit 13...e5?!, was Weiß wie folgt für sich nutzte: 14.h3 ♘gf6 15.c5 (⌓15.♘xe5 wäre vorzuziehen gewesen.) 15...♕c7 16.♘xe5 ♘xe5 17.dxe5 ♘d7 18.b4 ♘xe5 19.e4 dxe4 20.♗xe4 ♗xe4 21.♘xe4 ♖ad8 22.♘d6 Weiß hat die Initiative und das freiere, aktivere Spiel. Dieser Vorteil blieb erhalten, als sich die Spannung in den folgenden Zügen mit 22...♘g6 23.♕d4 ♗f6 24.♕c4 ♗xc3 25.♕xc3 ♘e7 26.♖ad1 ♘d5 27.♕b2 klärte. Der tief in der gegnerischen Stellung eingepflanzte weiße Springer behindert Schwarz sehr in der Organisation des wichtigen Gegenspiels.

III. 11.♖b1 ♗h7 12.♕c2 ♖e8 13.♖fc1 e5 14.♘e1 ♗d6. Der Zug stammt aus dem Duell Meijers - Böhm, Paderborn 2014. Er sieht logisch aus, denn er überdeckt den schwarzen e-Bauern und gibt dem auf e8 stehenden Turm den Blick frei. Dennoch dürfte er nicht die beste Wahl sein. (Das typische Vorgehen im Zentrum mit 14...d4!? dürfte den Vorzug verdienen.) 15.cxd5 cxd5 16.e4 dxe4 (Interessant und mit dem Öffnen einer Falle verbunden war hier 16...♗c5!?. Mit dem materialistischen 17.exd5? würde Weiß dem Nachziehenden ins Garn gehen, der sich mit 17...♘g4 den Vorteil nicht entgehen ließe.) 17.dxe4 ♖c8 (Nachzudenken ist über 17...♘c5!?.) 18.♕xc8 ♕xc8 19.♖xc8 ♖xc8 20.f3 ♔f8 21.♘c4 ♘e8 22.♗h3 Im anstehenden Endspiel hat Weiß die besseren Karten.

11...♗h7

Der Rückzug des Läufers ist prophylaktisch motiviert.

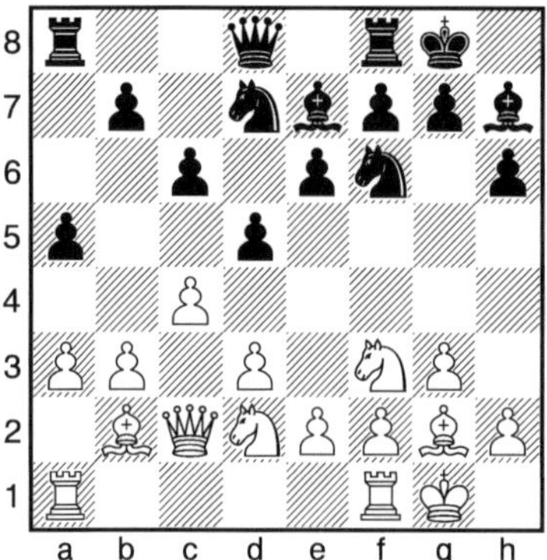

12.♗c3

Weiß will seine Dame auf b2 platzieren, von wo aus sie sowohl aktiv am Damenflügel wirken kann als auch zusammen mit dem Läufer einen starken Druck auf der Diagonale a1/h8 ausüben würde, so wie wir es ähnlich schon mehrfach in der Konstellation ♕a1 und ♗b2 gesehen haben. Wie immer gibt es auch hier andere Ideen für ihn. Also:

I. 12.♖ac1

A) 12...♖e8 13.cxd5 exd5 Anhand des Verlaufes der Partie Gratschew – Deviatkin, Serpukhov 2007, wollen wir exemplarisch zeigen, wie sich die Partie weiter entwickeln kann. 14.♖fe1 ♗f8 15.♕b1 c5 16.e4 dxe4 17.dxe4 a4 18.bxa4 ♖xa4 19.♗xf6 ♘xf6 20.♕b3 ♕a8 Schwarz stand aktiv, verlor aber mit seinem 32. Zug.

B) Eine weitere Möglichkeit ist 12...♕b6, die in der Begegnung Martinez Alcantara – Bromberger, Barcelona 2014, auf das Brett kam. Hier provozierte Weiß die Plombierung des Zentrums über die Zugfolge 13.♗d4 c5 14.♗b2 d4 15.♘b1 e5, was ihm aber statt Nutzen eher Erschwernisse einbrachte. Schon jetzt steht Schwarz gut. Die Partie ging mit den Zügen 16.♘fd2 ♘e8 17.e4 (17.a4!? könnte für Weiß ein Ansatz sein, mehr aus der Stellung herauszuholen. Er würde sich damit die Option auf ♘b1-a3-b5 usw. verschaffen.) 17...♘d6 18.♖ce1 a4 19.f4 axb3 20.♘xb3 ♕c6 21.♘1d2 f6 22.♗h3 ♘f7 weiter, und Schwarz konnte zufrieden sein. Es ist eine komplizierte Stellung entstanden, die hinsichtlich der weiteren Chancen beider Seiten noch unklar erscheint.

II. 12.♖fc1

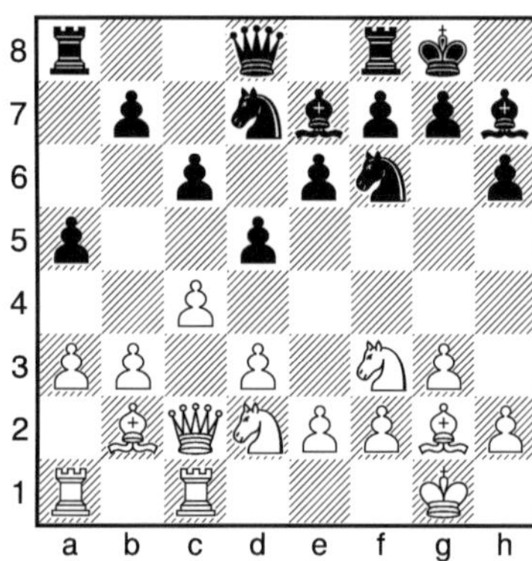

A) 12...♖c8 13.♗c3 Auch hier wieder steht das Motiv ♕c2-b2 im Raum, um zum Aufbau mit ♕b2 und ♗c3 auf der langen Diagonale zu kommen. 13...b5 14.cxb5 cxb5 15.♕b2 ♖e8 16.b4 (In der Variante 16.♘e5 ♘xe5 17.♗xe5 ♕d7 18.b4 axb4 19.♖xc8 ♖xc8 20.axb4 kam Weiß in der Begegnung Sunye – Kristiansen, Mexico 1980, zu einem Angriff.) 16...♘b6 17.♗e5 (Aber nicht 17.♘b3? wie in Koshy – Harikrishna, Mumbai 1999, woraufhin Schwarz seinen Gegner mit dem Manöver 17...♘a4 18.♕d2 ♖xc3! 19.♖xc3 axb4 20.♖c2 bxa3 21.♘fd4 b4∓ auskonterte.) 17...♘a4

18.♕d4 axb4 19.axb4 ♗f8 Es herrschen ausgeglichene Verhältnisse auf dem Brett, beide Kontrahenten gehen mit gleichen Chancen in die weitere Partie.

B) Erneut ist 12...♕b6 eine erwägenswerte Alternative. 13.cxd5 exd5 14.♗d4 c5 15.♗b2 ♖fe8 16.e4 ♕a6 (Mit 16...c4!? 17.bxc4 und dann 17...dxe4 18.♘xe4 ♘xe4 19.dxe4 ♘c5 20.♗d4 ♖ad8 würde Schwarz zu Gegenspiel kommen.) 17.exd5 ♗xd3 18.♕c3 ♗f8 19.♘e1 ♗e2 20.♘c2 ♘e5 mit aktivem Spiel für Schwarz, Eibersberger - Mann, Österreich 1998.

12...b5

Der Nachziehende sucht den offenen Kampf um Vorteil am Damenflügel.

Durchaus in Betracht kommt auch das abwartende Vorgehen mit 12... ♕b8!?

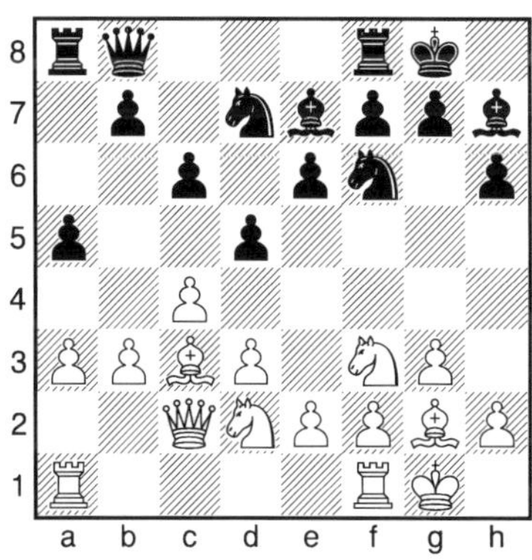

A) 13.♕b2 Dies ist die häufigste Antwort von Weiß. 13...♗d6 14.b4 e5 15.c5 (Nach 15.d4 sollte Schwarz mit 15...e4 16.♘e5 ♘b6 17.♕b3 ♘a4! sicher Ausgleich halten können.) 15...♗c7 16.d4 e4 (16...♖e8 17.dxe5 ♘xe5 18.♖fe1 ♘e4=, Barbero - Hermann, Delmenhorst 1986) 17.♘e5 ♘xe5 18.dxe5 ♘g4 Mit 19.e6 fxe6 20.♗xg7 ♗e5 21.♗xe5 ♕xe5 22.♕xe5 ♘xe5 und das positionelle Ringen führte zugleichwertigen Chancen.

B) Interessant ist aber auch die Verstärkung der weißen Kräfte am Damenflügel mit 13.♖fc1. Ein Beispiel aus der Praxis dazu: 13...b5 14.cxb5 cxb5 15.b4 (Ein ausgeglichenes Spiel entsteht über 15.♕b2 b4 16.axb4 axb4 17.♗d4 ♖xa1 18.♖xa1 ♖c8=.) 15...axb4 16.♗xb4 ♗xb4 17.axb4 ♕d6 18.♖ab1 e5. Schwarz verfügt über ausreichend Gegenspiel, Pfleger - Hübner, München 1979. In diesem Duell der beiden großen deutschen Spieler setzte er sich letztlich mit seinem 36. Zug durch und sicherte sich damit den vollen Punkt.

13.cxb5 cxb5

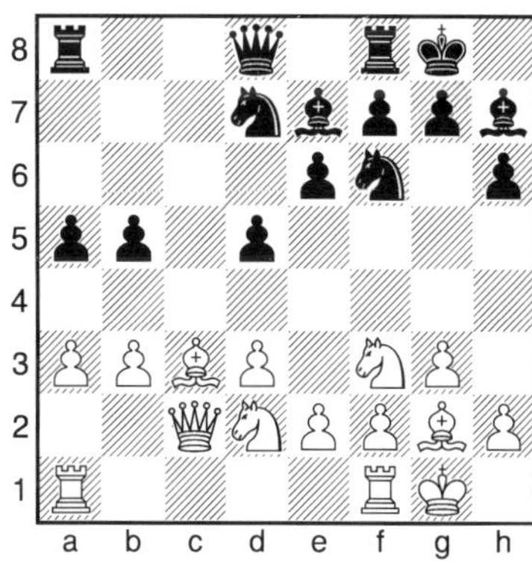

14.b4

14.♕b2 würde sofort wieder das Duo ♕b2 und ♗c3 entstehen lassen. Nach der in sich logischen Zugfolge 14...b4 15.axb4 axb4 16.♗d4 hätte Schwarz aber gleich zwei gute Wege, um seine Interessen durchzusetzen.

A) 16...♗d6 17.♖xa8 ♕xa8 18.e4 ♗c5 (Weniger sicher für Schwarz ist 18...dxe4 19.♖a1 ♕d5 20.dxe4 ♗xe4 21.♘xe4 ♕xe4 22.♘e5 ♕h7. Der Ausgang ist unklar, Weiß aber hat mehr vom Spiel. Er kann auch auf sein Läuferpaar setzen.) 19.e5 ♘e8 (Der Fingerfehler 19...♘g4? würde von Weiß mit 20.h3 bestraft, verbunden mit einem schon entscheidenden Vorteil.) 20.♖c1 ♗xd4 21.♕xd4 ♕b8 22.♖a1 ♘c7 Die Stellung ist ausgeglichen, Winants - Van der Sterren, Wijk aan Zee 1991.

B) Oder aber 16...♖a3 17.♖ac1 (Auch 17.♖xa3 bxa3 ist günstig für den Nachziehenden.) 17...♗d6 18.♘b1 ♖a5 19.♖c2 ♕b8 20.♗h3 e5 21.♗e3 d4 22.♗c1 ♘b6 23.♘bd2 ♘fd5 mit schwarzem Vorteil, Spraggett - Arizmendi Martinez, Spanien 1998.

14...♕c7 15.♕b2 ♘b6 16.♗e5 ♕b7 17.♘b3

Keine Gefahr für Schwarz kann die Besetzung der c-Linie mittels 17.♖ac1 heraufbeschwören. Zum Beleg belassen wir es aber angesichts der schon erreichten Tiefe des Spiels bei der schlichten Wiedergabe eines Beispiels aus der modernen Meisterpraxis. 17...♘a4 18.♕d4 ♖fc8 19.♘b3 axb4 20.axb4 ♕b6! 21.♕xb6 ♘xb6 22.♘c5 ♘fd7 23.♘xd7 ♘xd7 24.♗c3 ♘b8 25.♘d4 ♘a6 26.♘xb5 ♘xb4 27.♗d4 ♖cb8 28.♘c3 ♘c6 29.♗e3 ♖a6 30.♘a4 ♘b4 31.♗c5 ½-½, Harikrishna - Dominguez Perez, Dos Hermanas 2005. Die Partie zeigt anschaulich, wie der Nachziehende ohne dramatische Momente den Ausgleich halten und sich das Remis sichern konnte.

17...axb4 18.axb4 ♘a4 19.♕d4

Oder 19.♕d2 ♘d7 20.♗d4 ♖fc8 21.♘e5 ♘xe5 22.♗xe5 ♗g6 23.♗h3 ♔h7=, wie in der Fernpartie Keber - Bergerhoff, BdF-Schachserver 2010.

19...♖fc8 20.♖fc1

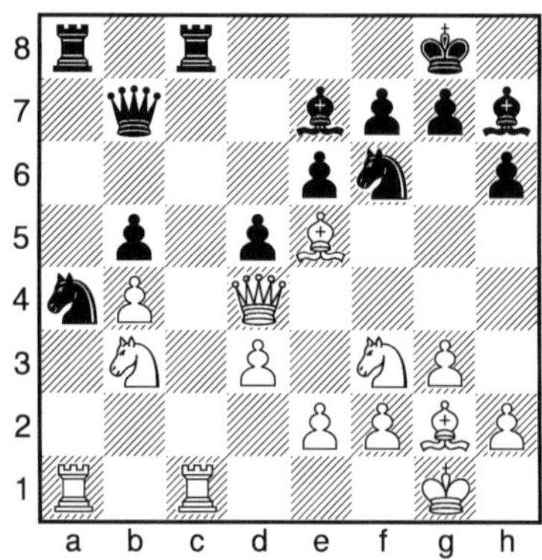

20...♖xc1+!

So ist es richtig - mit dem Abtausch der Türme erhält sich Schwarz die Möglichkeit, erfolgreich um Ausgleich zu kämpfen. Falsch wäre dem gegenüber 20...♘e8? wegen 21.♗h3 mit der möglichen Folge 21...♖xc1+ 22.♖xc1 ♖a6 23.♕f4 ♖c6 24.♘a5 ♖xc1+ 25.♕xc1 ♕a6 und nun 26.♘c6 ♗f8 27.♘fd4. Die Begegnung Gelman - Kludacz, Polanica Zdroj 1999, endete bald darauf, und zwar über die Folge 27...♘d6? (⌓27...♗g6) 28.♘xe6! fxe6 29.♗xe6+ ♘f7 (29...♔h8 30.♕f4+-) 30.♘d8 mit einem Sieg von Weiß.

21.♖xc1 ♖c8 22.♕f4 ♖xc1+ 23.♘xc1 ♘d7 24.♗a1 ♕c8

Die Stellung ist völlig ausgeglichen, Röhrig - Morschel, Fernpartie BdF-Schachserver 2009.

Zusammenfassung: Schwarz hat in diesem Abspiel – sein eigenes genaues Spiel allerdings vorausgesetzt – gute Chancen auf Ausgleich.

Abspiel 4

Fortsetzung 7...♗c5

1.♘f3 d5 2.c4 c6 3.g3 ♘f6 4.♗g2 ♗f5 5.b3 e6 6.♗b2 ♘bd7 7.0-0 ♗c5

Diese Fortsetzung war in früheren Zeiten häufiger anzutreffen als heute, sie hat aber auch gegenwärtig noch ihre Anhänger.

8.d3

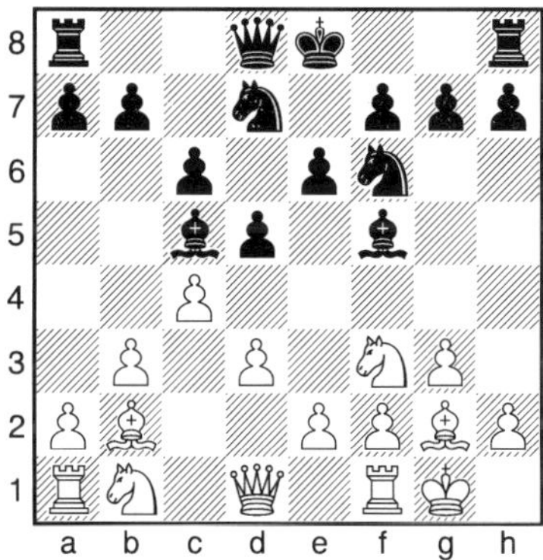

8...h6

Den Grund für den Schritt mit dem h-Bauern kennen wir schon aus anderen Kapiteln und Abspielen – Schwarz bereitet das Feld h7 für seinen Läufer vor. Als Alternativen muss Weiß vor allem mit 8...♕e7 und mit 8...0-0 rechnen. Allerdings wird der Nachziehende zumeist kaum ohne h7-h6 auskommen, sodass die anderen Möglichkeiten im 6. Zug nur eine relativ geringe praktische Bedeutung haben und natürlich ein besonderes Auge auf denkbare Zugumstellungen gerichtet werden muss. Nun zu den beiden genannten Alternativen:

I. 8...♕e7 9.♕c2 Auch hier wieder ist c2 ein gutes Feld für die Dame, ♕d1-c2 und ♘b1-d2 sind Elemente eines uns schon bekannten Standardaufbaus. 9...h6 10.♘bd2 (10.♘c3 ist wenig untersucht, drängt sich aber als Verbesserung nicht auf. Eines der wenigen Beispiele dafür ist die Begegnung Sajtar – Milner Barry, Helsinki 1952, die den folgenden Verlauf nahm: 10...0-0 11.♖ad1 ♖ad8 12.e4 dxe4 13.dxe4 ♗h7 14.♕e2 e5∞, und mit einem frühen Remis nach 21 Zügen endete.) 10...0-0. Weiß hat nun die Gelegenheit zu einem beherzten Vorgehen. 11.e4 ♗h7 12.e5 ♘e8 13.a3 a5 14.♕c3 b5 15.cxb5 cxb5 16.d4 ♗b6 17.♖fc1 In der Partie Dovliatov – Ibrahimov, Baku 2000, folgte nun 17...f6 18.exf6 ♘exf6 19.♕c6 ♖ab8 20.♗h3 ♗f5 und es war ein zweischneidiges Spiel auf dem Brett entstanden, in dem wir die aktiven Aussichten für Weiß allerdings als etwas besser einschätzen. Letzt-endlich gelang es ihm tatsächlich, die Partie zu gewinnen, und zwar mit seinem 68. Zug.

II. 8...0-0 9.♘bd2 ♕e7 (9...h6 würde nun zur Hauptvariante zurückführen, was in der Praxis auch zumeist passiert.) 10.♕c2 (In der Variante 10.a3 a5 11.♖e1 ♗g6 12.e4 dxe4 13.♘xe4 ♘xe4 14.dxe4 ♖fd8 15.♕e2 e5 kam Schwarz im Duell Herrera Reyes – Kohlweyer, Badalona 2014, bequem zum Ausgleich.) 10...h6 11.e4 dxe4 12.dxe4 ♗h7 Es ist Weiß bis hierher nicht gelungen, seinen Gegner vor besondere Probleme zu stellen. Daran ändert sich nichts, wenn es wie folgt weitergeht: 13.♖ad1 a5 14.♘e1 a4 15.♘d3 axb3 16.axb3 ♗a3 17.♗c3 ♘c5 18.♘e5 ♖fd8. Mit unseren Ausführungen haben wir uns an die Partie Stahlberg - Wade, Marianske Lazne 1956, angelehnt, in der Schwarz mit seinem Eröffnungserfolg durchaus zufrieden sein konnte.

9.♘bd2

Auf 9.♘c3 kann Schwarz ebenfalls 9...0-0 spielen und eine stabile Stellung erreichen, z.B. 10.♕c2 ♗h7 11.e4 dxe4 12.dxe4 ♕e7 usw.

9...0-0 10.a3

Keine Aussicht auf einen weißen Vorteil verspricht 10.♕e1, wie uns das Beispiel Sawtschenko - Tschepari-now, Moskau 2010, zeigt. Hier kam es weiter zu 10...♗h7 11.e4 dxe4 12.dxe4 e5 13.a3 a5 14.♕e2 ♖e8 und Schwarz stand leicht erkennbar gut.

10...a5

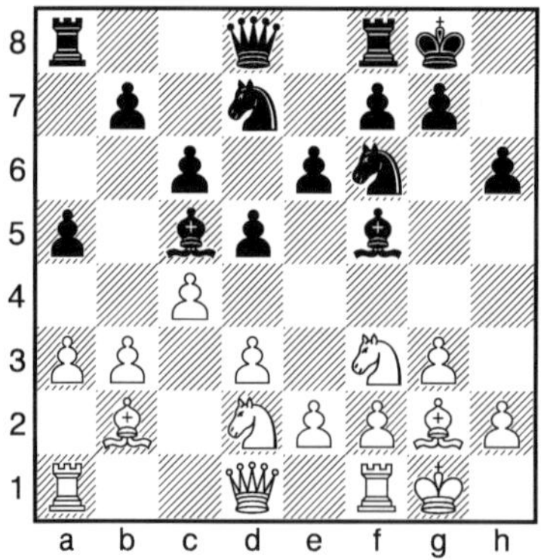

11.♗c3

Der Läufer bereitet b3-b4 vor. In der Praxis anzutreffen sind hier aber auch 11.♖a2 und 11.♕c2. Die Theorie hat zu beiden Alternativen noch keine Klarheit herbeigeführt, es gibt noch einiges zu untersuchen. Der eine oder andere Praxistest könnte lukrativ sein.

I. 11.♖a2 Die hinter dieser Turmentwicklung stehende Idee haben wir schon an anderer Stelle angesprochen. Der Turm nimmt auf a2 eine flexible Position ein. Er kann sowohl auf der a-Linie wichtig sein als auch schnell in Richtung Mitte schwenken. 11...♕e7 12.♕a1 Die „Réti-typische" Konstellation ♕a1 und ♗b2 sorgt auch hier für Druck auf der langen Diagonale, die Dame stärkt zugleich dem ♖a2 den Rücken. 12...♗h7

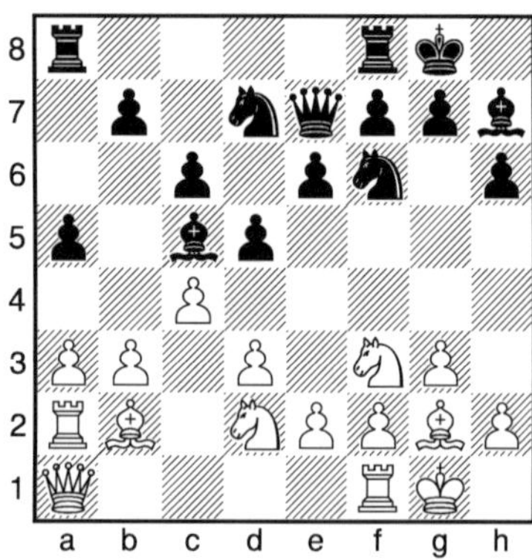

A) 13.♘e5 ♘xe5 14.♗xe5 ♗d6 15.♘f3 Hier wählte Schwarz in unserer Referenzpartie 15...♗xe5 als Fortsetzung und es kam über die Zugfolge 16.♘xe5 ♖fd8 17.♖b1 ♘d7 18.♘xd7 ♖xd7 19.♖c2 d4 20.c5 e5 zum Ausgleich, Cvetkovic - Vidic, Skopje 2015.

B) 13.♗c3 mit dem Motiv b3-b4 ist eine weitere Option in dieser Stellung. Ein Beispiel dazu: 13...♖fc8 14.b4 axb4 15.axb4 ♖xa2 16.♕xa2 ♗xb4 17.♗xb4 ♕xb4 18.♖b1 ♕f8 19.♖xb7 ♖a8 20.♖a7 ♖xa7 21.♕xa7 g5 (21...♕c8 22.♘d4 e5 23.♘4b3 ♗f5 24.♘a5 ♗e6 führte in der Begegnung

Henrichs – Hobusch, Dortmund 2014, zu Verhältnissen, die den Kontrahenten in etwa gleiche Endspielchancen einräumten.) 22.Db7 Dd6. Das Spiel ist weitgehend ausgeglichen, Pham Le Thao Nguyen – Tong, Ho Chi Minh City 2014. Es endete mit einem Remis nach langem Kampf.

II. 11.Dc2

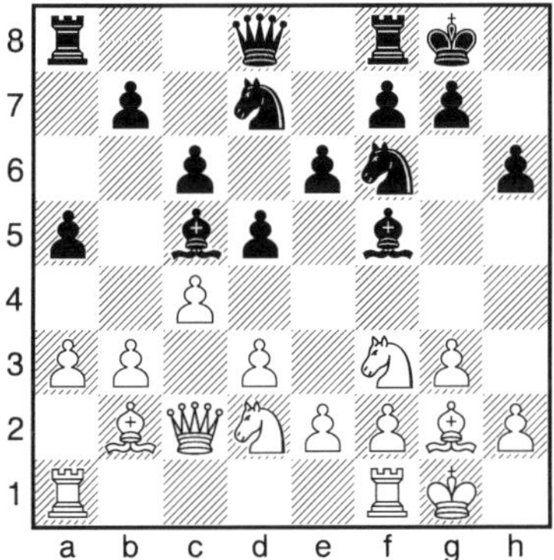

A) 11...De7 12.e4 Lh7 13.Tfe1 Tfc8 (Unklar ist 13...b5!?, wahrscheinlich aber spielbar.) 14.Dc1 dxe4 15.Sxe4 Lxe4 16.dxe4 e5 Das folgende Partiefragment steckt einen Korridor ab, in dem Weiß Möglichkeiten zur Endwicklung eines aktiven Spiels suchen kann. 17.Lh3 Te8 18.Lc3 b5 19.cxb5 cxb5 20.Sh4 b4 21.Sf5 Df8 22.axb4 Lxb4 23.Lxb4 Dxb4, Troyke – Hracek, Neu Isenburg 1992. In unserem Beispiel hat Weiß es geschafft, eine aktive Stellung zu erlangen. Gegenwärtig aber gelingt es Schwarz in einem ausreichenden Maße, konkreten gegnerischen Versuchen, Profit daraus zu ziehen, entgegenzuwirken.

B) 11...Te8 geht auch. 12.Tae1 (Auch hier ist 12.Lc3 mit der Idee der Vorbereitung von b3-b4 möglich. In der Partie Werner – Lengyel, Budapest 2008, kam Weiß allerdings auf diesem Weg nicht zu einem Vorteil. Es schloss sich die gut nachvollziehbare und in sich logische Zugfolge 12...e5 13.e4 dxe4 14.dxe4 Lh7 15.b4 axb4 16.axb4 Ld6 17.Txa8 Dxa8 18.Ta1 Db8 19.Sh4 an, mit Remis.) 12...Lh7 13.Dc1 b5 14.Da1 Db6 15.h3 Tab8 16.d4 Lf8 17.c5 Dc7 18.b4 Ta8 Schwarz hat die Stellung gehalten und weiterhin alles unter Kontrolle. Die Partie endete bald mit einem Remis, Yandemirow – Dewiatkin, Tula 2001.

11...De7

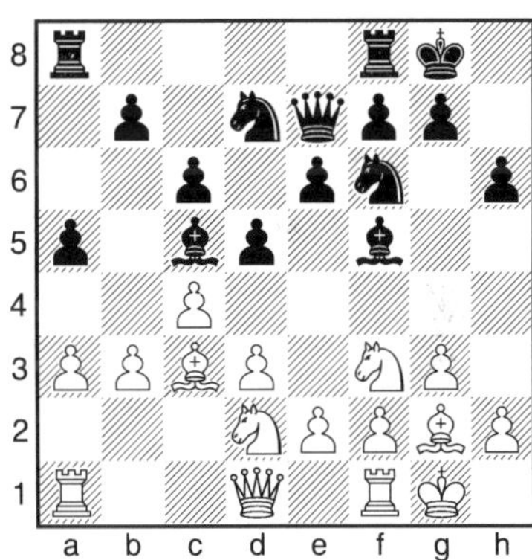

12.b4

Damit bleibt Weiß konsequent bei seinem Plan. Es bringt ihm nichts ein, wenn er zunächst mit 12.Dc1 auf ein Abwarten spielt. Unser Favorit ist 12.b4, deshalb räumen wir dem alternativen Zug mit der Dame keine besondere Beachtung ein. Dessen Folgen wollen wir dennoch kurz anhand weniger Varianten skizzieren, die wir aber nicht besonders kommentieren.

A) 12...b5 13.♘d4

(13.♕b2 b4 14.axb4 axb4 15.♗xf6 ♘xf6 16.♘e5 ♕b7 17.e3 ♗d6 18.♘df3 ♖a3 19.cxd5 cxd5 20.♖ac1 ♘d7 21.♘xd7 ♕xd7 22.♖fd1 ♖fa8∓ Bulsoev – Petrochenko, St. Petersburg 2017)

13...♗xd4 14.♗xd4 e5 15.♗b2 bxc4 16.bxc4 a4 (16...♖fb8 17.a4±) 17.♕c2 ♕e6 (17...♖fb8!?) 18.♖fe1 ♖fe8 mit kompliziertem Spiel, Salov – Marjanovic, Budva 1996.

B) 12...♗h7 13.♕b2 e5!

(Spielbar ist auch 13...♖fe8 und nach den weiteren Zügen 14.d4 ♗d6 15.♘e5 ♗c7 16.b4 ♖eb8 17.b5 ♘xe5 18.dxe5 ♘d7 19.a4 ♘b6 hat sich Schwarz eine ausgeglichene Stellung erarbeitet, Rozhnev – Khungueva, Shelekhov 2015.)

14.♗xe5 ♘xe5 15.♘xe5 ♖fe8 16.d4 ♗xd4 17.♕xd4 ♕xe5 18.♕xe5 ♖xe5 19.e3 dxc4 20.bxc4 (20.♘xc4 ♖b5↑) 20...♘d7 mit einem annähernd gleichen Endspiel, Cekro – Nikolic, Sarajevo 1982.

C) 12...♗d6 13.♖e1

(13.♕b2 e5 14.e4 dxe4 15.♘h4 ♗h7 16.dxe4 b5 17.b4 axb4 18.axb4 bxc4 19.♘f5 ♗xf5 20.exf5 ♖ab8 21.♘xc4 ♗xb4 22.♗xe5 ♘xe5 23.♕xe5 ♕xe5 24.♘xe5 c5 25.♘c6 ♖b6 26.♖fc1 ♖e8=, Vukic – Muratovic, Sarajevo 2013;

– 13.b4 axb4 14.axb4 ♗xb4 15.♗xb4 ♕xb4 16.♖b1 ♕d6 17.♖xb7 e5 18.d4 exd4 19.♘xd4 ♗e6 20.cxd5 ♗xd5 21.♗xd5 cxd5 ½-½ Ivkov – Djukic, Belgrad 2008)

13...e5

(13...♗h7 14.b4 axb4 15.axb4 ♗xb4 16.♗xb4 ♕xb4 17.♖b1 ♕d6 18.♖xb7 ♘c5 19.♖b1 ♘fd7= Rodriguez Lopez – Dominguez Perez, Linares 2001)

14.e4 dxe4 15.dxe4 ♗g4 16.♕b2 ♕e6 17.♘h4 ♘h7 18.♘f1 ♘c5 19.♕c2 a4 20.bxa4 ♘xa4 21.♘e3 ♘xc3 22.♕xc3 ♗h3 23.♗xh3 ♕xh3 24.♘ef5 ♗c7 25.♕b4 ♗a5 26.♕xb7 ♗xe1 27.♘e7+ ♔h8 28.♘hg6+ fxg6 29.♘xg6+ ♔g8 30.♘e7+ ♔h8 31.♘g6+ mit Remis, Marin – Hjartarson, Jerewan 1996.

12...axb4 13.axb4 ♗xb4 14.♗xb4 ♕xb4 15.♖b1 ♕d6 16.♖xb7 ♘c5

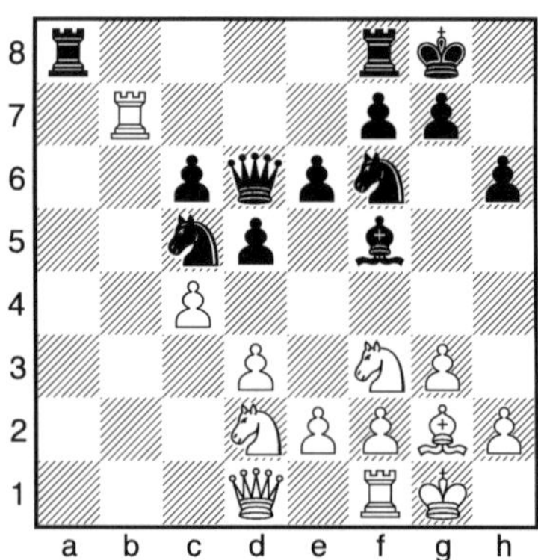

17.♖b2

Aber nicht 17.♖b1? wegen 17...♘xd3! 18.exd3 ♗xd3 19.♖e1 ♗xb1 20.♕xb1 ♖fb8∓, Laketic – Mirjanovic, Novi Sad 1989.

17...♘a4 18.♖c2 e5 19.cxd5 cxd5 20.e4 ♗h7 21.♕e2 ♘c5 22.♖fc1 dxe4 23.♖xc5 exf3 24.♘xf3 e4 mit Remis, Vukic – Muratovic, Jahorina 2012.

Zusammenfassung: Die Variante mit der Entwicklung des Läufers nach c5 scheint Schwarz durchaus gute Karten zu verschaffen. Auch allgemein ist die Eröffnung unter Einbezug von 4...♗f5 gut spielbar für ihn.

Kapitel 9
Fortsetzung 4...♗g4

1.♘f3 d5 2.c4 c6 3.g3 ♘f6 4.♗g2 ♗g4

Im Vergleich zum Kapitel 8 (4...♗f5), wir hier der Läufer um ein Feld weiter entwickelt.

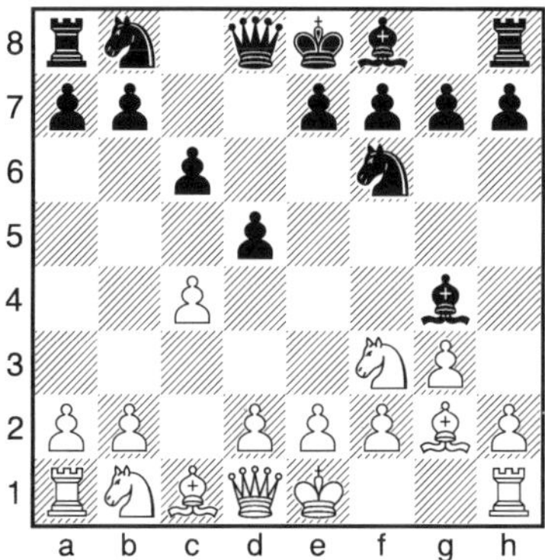

5.0-0

Ein Universalzug – Weiß will seine konkreten Pläne jetzt noch nicht aufdecken. Legt er keinen Wert darauf, seinen Gegner im Unklaren zu lassen, so kann er insbesondere auf die folgenden Alternativen setzen:

I. 5.♘e5 (**Abspiel 1**).

II. 5.cxd5 (**Abspiel 2**).

III. 5.b3 (**Abspiel 3**).

IV. 5.♕b3 (**Abspiel 4**).

5...e6

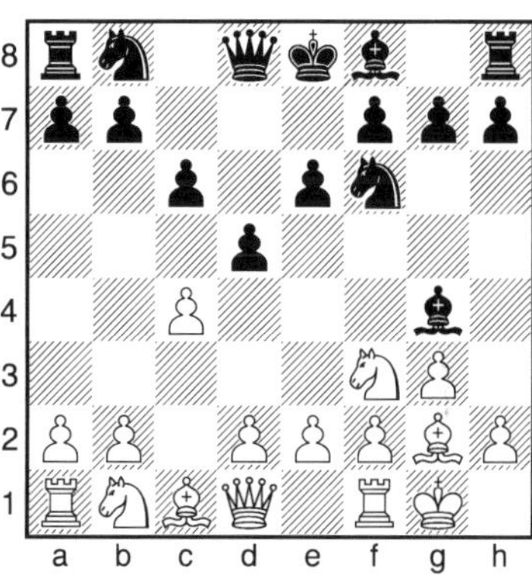

6.d3

Weiß schlägt einen typischen und soliden Weg ein. Es ist auch eine Frage des persönlichen Geschmacks, ob man mit den weißen Steinen hierauf oder auf eine der Alternativen setzt. Als solche kommen insbesondere in Betracht:

I. 6.cxd5

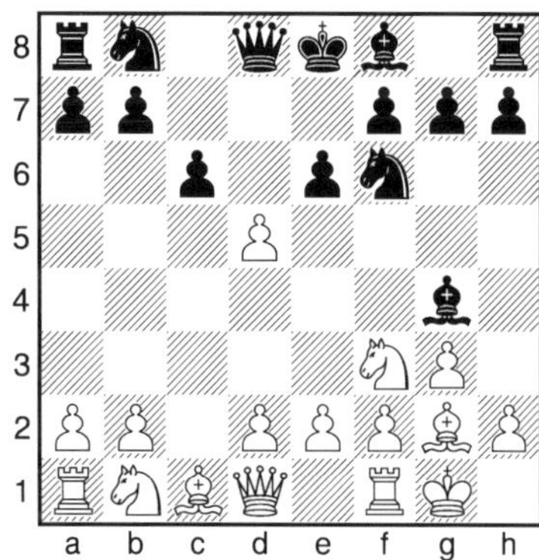

Nun steht der Einschlag mit dem Läufer auf f3 in Konkurrenz mit dem

Eliminieren des weißen d-Bauern. Die miteinander „konkurrierenden" Möglichkeiten sehen dabei wie folgt aus:

A) 6...exd5 7.d3 Le7 (7...Sbd7 8.Sc3 Ld6 ist als Variante hinsichtlich ihrer Auswirkungen auf die beiderseitigen Chancen in der Partie nicht abschließend einschätzbar, weist aber eine gute Statistik für Weiß auf. Häufiger kommt diese Abschlussstellung unter Zugumstellungen auf das Brett, in der Regel mit einem früher als hier nach d7 gebrachten Damenspringer.) 8.Db3 Db6 9.Dc2 Nun stellt sich beiden Parteien die Doppelaufgabe, die Entwicklung abzuschließen und dabei den eigenen Einfluss auf das Spiel zu steigern. Wie dies vonstattengehen kann, zeigt uns anschaulich die Partie P. Schmidt - Hera, Österreich 2015. Hier ging es wie folgt weiter: 9...Sbd7 10.Sc3 0-0 11.h3 Lxf3 12.Lxf3 d4 13.Se4 Sxe4 14.Lxe4 Ld6 15.Tb1 f5 16.Lg2 f4 17.Dc4+ Kh8 18.gxf4 Lxf4 19.Lxf4 Txf4 20.b4 Te8. Hier ist resümierend festzustellen, dass Schwarz über ein ausgezeichnetes Gegenspiel verfügt.

B) 6...cxd5 7.Se5 Lh5 (Der Läufer kann sich auch Richtung f5 dem Springerangriff entziehen. Ein Beispiel dazu: 7...Lf5 8.Db3 Sbd7 9.Sxd7 Dxd7 10.Sc3 Le7 11.d4 0-0 12.a4 Tac8 13.Ld2 Tc4 14.e3 Tfc8, Hausrath - Fressinet, Biel 2009. Schwarz steht sehr gut, auch hier hat er sich ein starkes Gegenspiel erarbeitet.) 8.Da4+ Sbd7 9.Sc3 a6 10.Sxd7 Dxd7 11.Dxd7+ Kxd7 Die Figurendichte ist bereits erheblich ausgedünnt, die Perspektiven beider Spieler halten sich die Waage. In der Begegnung Pigusow - Georgiev, New York 1998, kam es nun zu 12.Te1 Tc8 13.b3 Ld6 14.Lb2 Lg6 15.Tec1 Tc6 16.Sd1 Thc8 mit weiterhin etwa gleichem Spiel.

C) 6...Lxf3 7.Lxf3 cxd5 8.Sc3 Sc6 9.d4 Le7 10.e3 (10.b3 und dann 10...0-0 11.Lb2 Tc8 lässt Schwarz auf ein ausgeglichenes Spiel hoffen, Gabuzyan - Andriasian, Jerewan 2015.) 10...0-0 Eine logische weitere Aktivierung der Kräfte sieht beispielsweise wie folgt aus: 11.Ld2 Tc8 12.De2 a6 (Ein anderer guter Aufbau läuft über 12...Ld6 nebst Dd8-e7, Tf8-d8 usw.) 13.Tac1 b5 14.a4 b4 15.Sa2 Db6 16.b3 Se4 17.Tfd1 Sxd2 18.Txd2 Ld6 mit Ausgleich, Movsesian - Nyback, Hockenheim 2014.

II. 6.b3

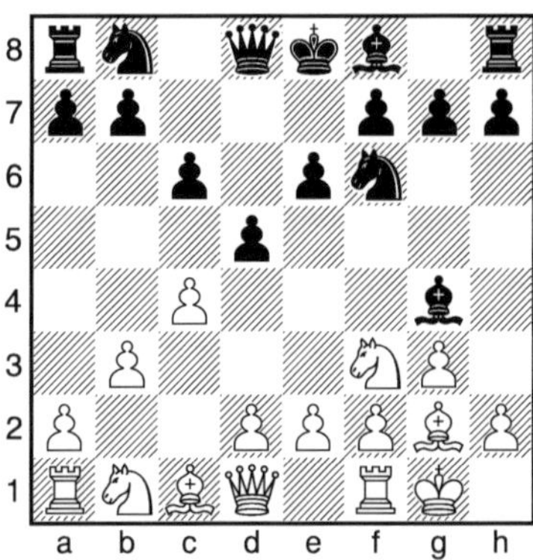

A) 6...Ld6 7.Lb2 0-0 (7...Sbd7 würde nun in die gleich betrachtete Variante nach 6...Sbd7 7.Lb2 Ld6 führen.) 8.Sc3 Sbd7 9.d3 De7 10.a3 Tfd8 11.Dc2 a5 12.Tfe1 Tac8 Beide Spieler haben die Eröffnungsphase mit einem vergleichbaren Erfolg hinter sich gebracht. Anhand eines Beispiels von der Turnierbühne wollen wir uns einen Eindruck vom möglichen Fortgang verschaffen. Also: 13.♘d2 e5 14.cxd5 cxd5 15.♕b1 ♗c5 16.e3 d4 17.♘d5 ♘xd5 18.exd4 ♗xd4 19.♗xd4 ♗e6 20.♘c4 exd4 21.♗xd5 ♘f8 Schwarz hat den Ausgleich in der Partie gehalten. Diese endete später mit einem Remis, Cori – Kraemer, Barcelona 2014.

B) Ohne Zweifel kann der Nachziehende hier auch auf seinen Standardzug 6...♘bd7 zurückgreifen. Exemplarisch kann es dann wie folgt weitergehen: 7.♗b2 ♗d6 8.d3 0-0 9.♘bd2 (Das Standardmanöver 9.♘a3 mit der Idee ♘a3-c2 ist eine weitere weiße Option, die aber keine Vorteile gegenüber dem Textzug verspricht. Im Duell Timman – Smith, Malmö 2014, sicherte sich Schwarz in der Zugfolge 9...h6 10.♘c2 e5 11.h3 ♗e6 12.e4 dxe4 13.dxe4 ♕c7 14.♕e2 a5 genügend Gegenspiel.) 9...♕e7 (9...a5 mit der Idee a5-a4 ist ebenfalls möglich.) 10.a3 e5 11.h3 ♗h5 12.♘h4 ♕e6 13.♘df3 h6 14.g4 In der Partie Akopian – Carlsson, Dubai 2013, hätte Schwarz nun einfach 14...♗g6 ziehen und sich damit gleiche Aussichten sichern sollen.

III. 6.♘e5

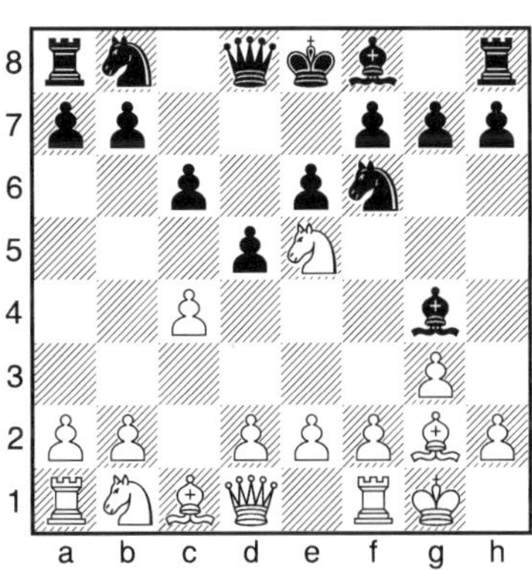

A) Wie in einer ähnlichen Situation oben (in I. nach 6.cxd5 cxd5 7.♘e5) kann der Läufer auch hier nach h5 weichen. Im Unterschied zur dortigen Stellung sind hier die beiden c–Bauern noch auf dem Brett. In der Begegnung Romanischin – Georgiev, Leon 2010, kam es daraufhin über die Zugfolge 6...♗h5 7.d4 ♘bd7 8.♘c3 (8.♘xd7 ♕xd7 9.cxd5 cxd5 10.♘c3 ♗b4 11.♗d2 0-0 ist eine Ausgleichsvariante, Brajdic – Kozul, Zagreb 2015.) 8...♗e7 9.♕b3 ♕b6 10.♘xd7 ♘xd7 11.e4 dxe4 12.♘xe4 0-0 zu einem allenfalls leichten weißen Übergewicht (etwas aktivere Aufstellung und größerer Einfluss auf das Zentrum), wobei Schwarz aber über eine feste Stellung verfügt.

B) 6...♗f5 7.d4 Die nun erreichte Position kann auch über die Slawische Verteidigung entstehen – beispielsweise über die Zugfolge 1.d4 d5 2.c4 c6 3.♘f3 ♘f6 4.g3 ♗g4 5.♘e5 ♗f5 6. ♗g2 e6 7.0-0. Da sie ein „natürliches Eigengewächs" auch der Réti–Eröffnung ist, gehen wir in unserem Buch darauf ein. 7...♘bd7 8.♘c3 ♗e7 (Eine gute Alternative ist 8...♗d6, woraufhin in der von uns gewählten Referenzpartie beide Spieler die weitere Eröffnungsphase zumindest hart am Optimum behandelt haben. So ist sie ein gutes Beispiel für eine natürliche weitere Entwicklung. Also: 9.♗f4 ♕b8 10.♘xd7 ♘xd7 11.cxd5 exd5 12.e4 dxe4 13.♗xe4 ♗xe4 14.♗xd6 ♕xd6 15.♘xe4 ♕g6 16.d5 0-0, Romanischin – Farago, Skara 1980. Die weiteren Perspektiven der beiden Parteien sind gleich.) 9.♗f4 0-0 10.♕b3 ♕b6 und Schwarz hat keine Probleme, Gurieli – Danielian, Batumi 2012.

IV. 6.d4 würde das Spiel nun sehr direkt in den Bereich der Slawischen Verteidigung überführen, die nicht Thema unseres Buches ist.

6...dxc4

Die einfachste Lösung im Kampf um Ausgleich – nach dem Tausch der Damen gleicht Schwarz die Partie problemlos aus. Er kann aber auch auf mehr aus sein. Ehrgeiziger ist deshalb 6...♗d6.

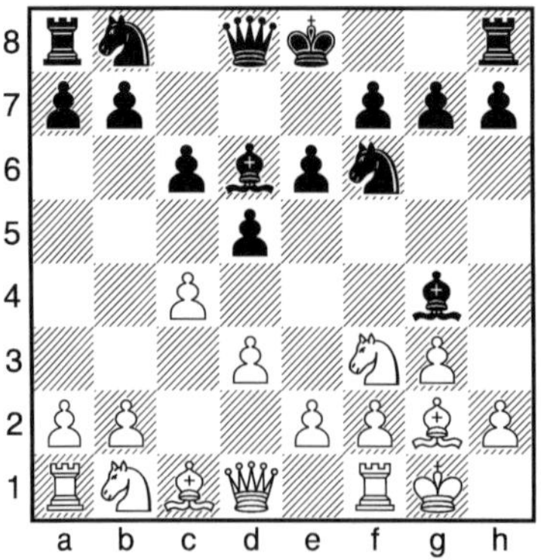

Der Zug steht bei den Spielern mit Schwarz seit einer geraumen Zeit hoch im Kurs. Das letzte Wort zur Frage, ob dieser Weg nun insgesamt besser ist als jener in unserer Hauptvariante, ist aber längst noch nicht gesprochen. So gibt es in diesem Areal noch viel zu entdecken. In unserer Betrachtung der möglichen Folgen der schwarzen Wahl erlauben wir uns, Beispiele aus praktischen Partien bis in eine größere Tiefe darzustellen, weil sie dann besonders Anhaltspunkte für eine Einschätzung der Situation liefern. Nach 6...♗d6 stehen zwei mögliche weiße Antworten im Vordergrund.

A) 7.h3 ♗h5 8.♕b3 Noch nicht ganz, fast aber im Niemandsland der Praxis angekommen, nutzen wir eine Begegnung mit „gekrönter Beteiligung“, um einen kleinen Ausblick auf die denkbare Entwicklung der Partie zu geben. Also: 8...♕e7 9.♗g5 ♘a6 10.♘bd2 ♘c5 11.♕c2 ♘cd7 12.e4 ♗xf3 13.♗xf3 d4 14.♗g2 h6 15.♗xf6 ♘xf6 16.♖ac1 ♘d7 17.f4 e5 18.f5 a5 19.♔h2 a4 Es ist eine zweischneidige Situation auf dem Brett entstanden, G. Meier – Carlsen, Dubai 2014. Den Sieg in diesem im Blitzschach gespielten Duell trug letztlich der die schwarzen Steine führende Weltmeister davon.

B) 7.♕b3 ist die Alternative, z.B. mit den folgenden Konsequenzen: 7...♕c7 8.♘c3 (Keinen Vorteil versprechen Weiß die Varianten 8.d4 dxc4 9.♕xc4 ♘bd7 10.♘c3 0-0= und 8.cxd5 exd5 9.e4 dxe4 10.dxe4 ♘bd7= usw.) 8...♘bd7 9.cxd5 exd5 10.e4 dxe4 11.dxe4 0-0 12.♗e3 ♖fe8 (Stark ist auch der Rückzug des Läufers nach e6, um ihn der gegnerischen Dame entgegenzustellen. Ein Beispiel dafür: 12...♗e6 13.♕c2 ♘g4 14.♗d4 c5 15.♘b5 ♕b6 16.♘xd6 cxd4 17.♘f5 ♗xf5 18.exf5 ♘ge5 mit einem Ausgleich der Chancen in der Partie, Goganow – Blübaum, Moskau 2015.) 13.♘d4 ♘c5 14.♕c2 ♘e6. Schwarz hat an der Schwelle des Übergangs von der Eröffnung ins Mittelspiel ausgeglichene Verhältnisse erreicht. Einen interessanten Verlauf nahm nun das Duell Narayanan – Ankit, Pune 2014. Es geschah: 15.h3 ♘xd4 16.♗xd4 ♗e6 17.f4 ♘d7 18.♕f2 f6 19.♖fd1 ♗f8 20.♗e3 ♘b6 und Schwarz konnte mit seiner Stellung weiterhin zufrieden sein.

7.dxc4 ♕xd1 8.♖xd1 ♘bd7

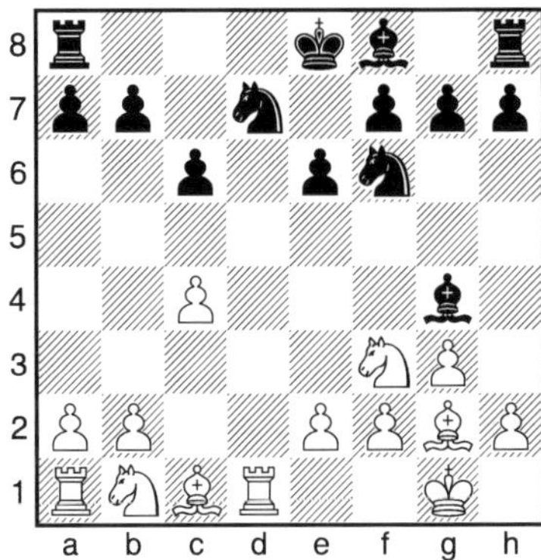

9.♗f4

Keine Probleme mit dem Ausgleich hat Schwarz nach 9.♘c3. Er antwortet gut mit 9...♗b4, woraufhin es insbesondere zu den folgenden Entwicklungen kommen kann: 10.♗d2 0-0

(10...0-0-0∞ wie in Swidler – Kramnik, Sotschi 2014)

11.a3 ♗e7 12.b4 ♗xf3 13.exf3 ♘e5 14.c5 ♘d5 15.♘e4 ♖fd8 16.f4 ♘c4 17.♗e1 h6 18.♗f1 ♘b2 19.♖db1 ♘a4 20.♖b3 b5 21.cxb6 axb6 22.♖c1 ♖dc8= Van Wely – Gozzoli, chess.com INT 2018.

Auch 9.b3 verspricht dem Anziehenden nicht mehr, wie die beiden folgenden Fragmente zeigen: 9...h6

(9...♗e7 10.♗b2 0-0-0 11.♘c3 ♗xf3 12.♗xf3 ♘e5∞ Wei Yi – Fang, Hangzhou 2018)

10.♘c3 ♗b4 11.♗b2 0-0-0 12.h3 ♗h5 13.♘d4 ♘c5 14.♘c2 ♗xc3 15.♖xd8+ ♖xd8 16.♗xc3 ♗xe2 17.♗d4 ♘ce4 18.♗xa7 ♖d2 19.♘d4 ♗d1= Ding Liren – Wang Hao, Danzhou 2016.

9...♗e7 10.♘c3 h6 11.♘e5 ♗h5 12.♖d2 0-0-0 13.♖ad1 ♘xe5 14.♗xe5 ♖xd2 15.♖xd2 ♖d8 16.♖xd8+ ♗xd8 17.b4 ♘e8 18.♔f1 ♗f6 19.♗xf6 ♘xf6 mit Ausgleich, Goganow – Motylew, St. Petersburg 2015.

Abspiel 1

Fortsetzung 5.♘e5

1.♘f3 d5 2.c4 c6 3.g3 ♘f6 4.♗g2 ♗g4 5.♘e5

Einige Stimmen der Theorie halten diese Aktivität mit der Begründung für etwas verfrüht, dass der Springer hier im Zentrum noch keinen sicheren Halt finde.

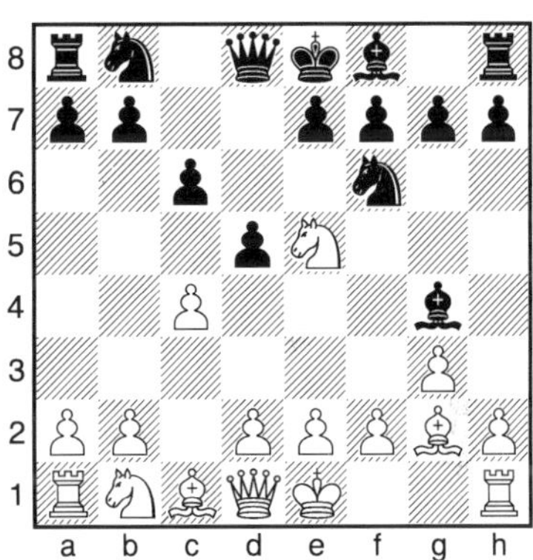

5...♗e6

Diese Fortsetzung gilt heutzutage als die beste Alternative für Schwarz. Er kommt aber auch mit 5...♗f5 ganz ordentlich zurecht, während er bei 5...♗h5 aufpassen muss. Da der Textzug in unserer Hauptvariante optisch gegen das Grundprinzip in der Eröffnung verstößt, sich die Bauern nicht mit Figuren zu verstellen, dürfte Weiß insbesondere im Spiel gegen weniger erfahrene Gegner gerade auch mit einem der beiden anderen Läuferzüge rechnen müssen. Schauen wir uns deshalb kurz auch an, welche Richtung das Spiel dann jeweils nehmen kann. Also:

I. 5...♗f5 6.cxd5 cxd5 7.♘c3 ♘c6

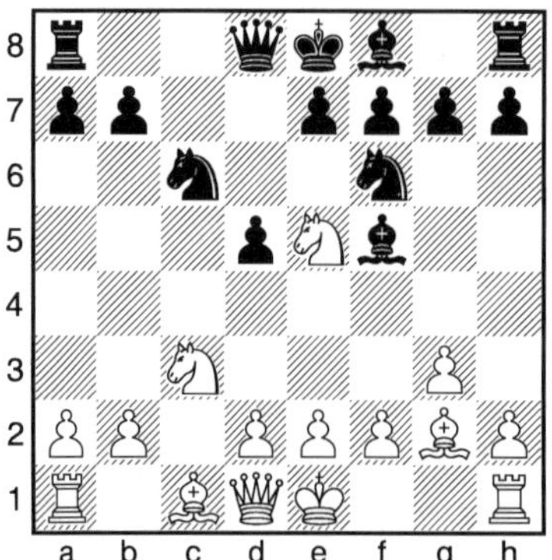

A) 8.♕a4 leitet einen Versuch ein, die Spannung zu halten und Druck auf die schwarze Entwicklung auszuüben. Mit 8...♗d7 gelingt es dem Nachziehenden jedoch, diese Ambitionen sogleich aufzufangen. Weitergehen kann es dann beispielsweise wie folgt: 9.♘xd7 ♕xd7 10.0-0 e6 11.d3 ♗e7. Mit mehreren logischen (Aufbau-) Zügen haben beide Seiten an der Aktivierung ihrer Kräfte gearbeitet. Es ist nun eine Position entstanden, in der eine Weichenstellung ansteht. 12.e4 (Andere Züge sind ungefährlich für Schwarz, wenn man sich die Erfahrungen aus der, in diesem Punkt übrigens noch sehr jungen, Praxis anschaut. Zwei Beispiele: 12.♗f4 0-0 13.♖ac1 h6 14.e4 d4 15.♘e2 ♖ac8 16.e5 ♘d5 17.♗d2 ♖fd8=, Sengul - Sawtschenko, Izmir 2007. Beide Kontrahenten sind vergleichbar gut aus der Eröffnung gekommen. Ein anderer Versuch geht über 12.♗d2 mit der möglichen Folge 12...0-0 13.♖fc1 ♖fc8 14.a3 a6 15.♕d1 b5=, wie in Vega Holm - Garcia Ilundain, Cala Galdana 2001. Auch hier befinden sich die Spieler stellungsmäßig auf Augenhöhe.) 12...d4 13.♘e2 0-0 14.f4 ♖fd8 15.a3 a6 mit der Idee b7-b5 sowie ♖a8-c8 mit Gegenspiel und etwa gleichen Chancen.

B) 8.♘xc6 bxc6 9.d3 (9.d4 führt zu gleichem Spiel, so etwa über 9...e6 10.0-0 ♗e7 11.♗f4 0-0= usw.) Es gibt hier noch ein weites Feld, um eigene Ideen zum weiteren Aufbau zu entwickeln. Für experimentierfreudige Spieler ist dieser ganze Bereich interessant, weil die eigene Fantasie kaum von praktischen Erfahrungen anderer beeinflusst wird. Logisch wäre nun beispielsweise ein Fortgang wie folgt: 9...♕d7 10.♕a4 e5 11.0-0 ♖b8 12.e4 ♗e6 13.♕c2 ♗e7 14.♘a4 0-0. Schwarz könnte nun nach dem Plan ♖f8-c8 und c6-c5 verfahren, woraufhin sich beide Parteien Chancen ausrechnen können.

II. 5...♗h5 6.cxd5 ♘xd5 (6...cxd5 wäre hier, im Gegensatz zur Variante nach 5...♗f5, keine gute Entscheidung, da der Läufer nicht auf der Diagonale c8/h3 steht. Über 7.♕a4+ ♘bd7 8.♘c3 e6 9.g4 usw. käme Weiß zu einem klaren Vorteil.)

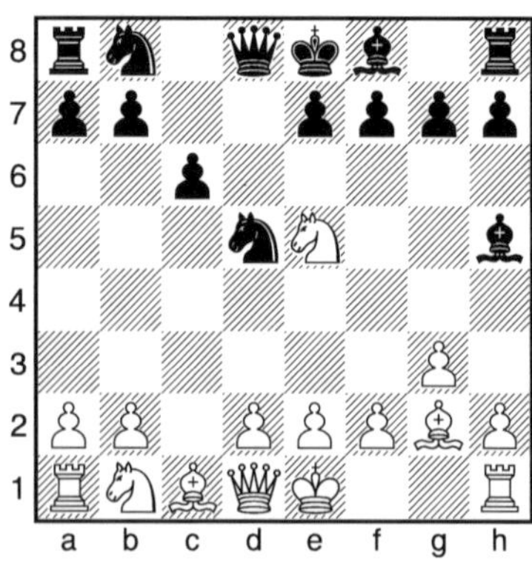

A) 7.♘c3 e6 Aussichtsreich für Weiß ist hier ein Vorgehen am Königsflügel unter Einbeziehung eines Marsches des g- und des h-Bauern. Dies kann wie folgt aussehen: 8.g4 ♗g6 9.h4 ♘b4. Schwarz hat kein Rückzugsfeld für seinen weißfeldrigen Läufer. Er schützt ihn aber indirekt gegen die Drohung h4-h5, indem er zunächst eine Bedrohungssituation für die weiße Dame vom Feld c2 aus schafft und dann eine eigene Attacke gegen den ungedeckten weißen Springer auf e5 fährt. Werfen wir einen Blick auf die weitere praktische Umsetzung: 10.d3 ♕d4 11.h5 ♕xe5 12.hxg6 fxg6. Weiß steht deutlich besser, Dementjew - Silberstein, Taschkent 1976. Einen guten weiteren Weg hätte er beispielsweise nun mit 13.d4!? einschlagen können. Er fand in der sich nun anschließenden Partiephase nicht immer die besten Fortsetzungen, sodass er nach 13.♗e4 ♕f6 14.♕b3 ♘d7 15.a3 ♘c5 16.♕xb4 ♘xd3+ 17.♗xd3 ♗xb4 18.axb4 0-0 19.♗e3 nur über einen geringeren Vorteil verfügte. Es gelang ihm dann aber letztendlich doch, den vollen Punkt zu erringen, wobei verschiedene Quellen eine unterschiedliche Partielänge angeben. „Nach mehr als 50 Zügen" ist eine allen Quellen gerecht werdende Formulierung.

B) Eine ernsthaft in Betracht zu ziehende Alternative ist 7.♕b3, was sich auch in deren guter Statistik zeigt. Die möglichen Folgen einer solchen Wahl schauen wir uns anhand von zwei Beispielen aus der jüngeren Turnierpraxis an, die wir bewusst bis in eine größere Tiefe der Partie verfolgen. 7...♘d7 (Die direkte Deckung des b-Bauern mit 7...♕c7 eröffnet Weiß die Gelegenheit, mit raumgreifenden Schritten zu reagieren und Initiative zu entwickeln. Dies passierte in der Begegnung Hausrath - Alhuwar, Biel 2008, wie folgt: 8.d4 e6 9.e4 ♘b6 10.g4 ♗g6 11.h4 ♕d6 12.♗e3 ♕b4+ 13.♘c3 ♕xb3 14.axb3 f6 15.♘xg6 hxg6 16.d5 und Weiß hatte ein aktives Spiel erreicht. Das Duell endete als Kurzpartie mit einem weißen Sieg im 21. Zug.) 8.♘d3 ♘7b6 In der nun folgenden Phase hat Weiß die Möglichkeit, seinen Zugriff auf die Partie aktiv auszubauen, während Schwarz überwiegend auf reagierende Züge beschränkt ist. Nutzen kann Weiß diese grundsätzliche Option beispiels-weise wie folgt: 9.a4 a5 10.e4 ♘f6 11.♘f4 e5 12.♘xh5 ♘xh5 13. 0-0 ♗c5 14.d3 0-0 15.♗e3 ♘d7 16.♕xb7 ♗xe3 17.fxe3 ♘c5 18.♕xc6. Christiansen - Zhu, Doha 2014. Der weiße Vorteil liegt auf der Hand.

6.cxd5

Auf 6.d4 ...

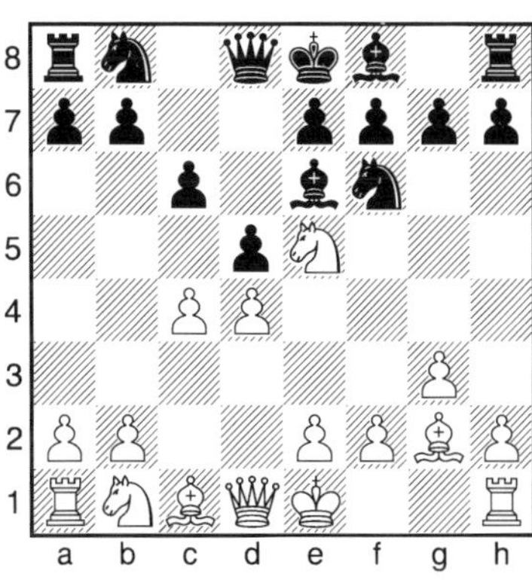

... eröffnen sich Schwarz zwei spielbare Wege. An deren Ende winkt jeweils der Ausgleich in der Partie.

Ein paar kurze Ausführungen dazu:

A) 6...♘bd7 7.cxd5 (Eine Variante zum Stellungsausgleich ist 7.♕b3 ♕c8 8.♘xd7 ♕xd7 9.c5 g6 10.♘d2 ♗g7 11.♘f3 ♘e4 12.♗e3 0-0=.) 7...♗xd5 8.♘f3 Auch hier wieder ist der Rückzug des Springers am besten. Es gibt bislang nur recht spärliche Erkenntnisse aus der Praxis zur aktuellen Brettsituation. Wir orientieren uns im Folgenden an der Partie Mack – L'Ami, Stockholm 2011, um einen beispielhaften Eindruck zu vermitteln, welche Richtung die Partie nunmehr in groben Zügen nehmen kann. Also: 8...e5 9.♘c3 e4 (9...♗xf3 10.♗xf3 exd4 11.♕xd4 ♗c5 usw. reichte Schwarz in der Partie Johannesson – Halldorsson, Island 2009, um sich gute Chancen auf ein ausgeglichenes Spiel zu verschaffen. Nach einem zähen Ringen bis zum 73. Zug einigten sich die Kontrahenten letztlich auf ein Remis.) 10.♘g5 ♗b4 11.0-0 ♗xc3 12.bxc3 Auch hier entwickelt sich alles in die Richtung Ausgleich beim Übergang von der Eröffnung ins Mittelspiel. In unserer Referenzpartie ging es mit 12...h6 13.c4 ♗xc4 14.♘xe4 ♘xe4 15.♗xe4 0-0 16.♖e1 f5 17.♗g2 ♘f6 18.♗f4 ♕d7 19.♕c2 ♗d5 20.f3 ♖ae8 21.♗e5 ♗e6 weiter, im Ergebnis mit ungefähr gleichen Chancen.

B) Die zweite Möglichkeit ist 6...dxc4 7.♘a3. Dies ist die natürlichste weiße Reaktion. Das Bauerngleichgewicht soll sofort wiederhergestellt werden. (Gelegentlich wird auch 7.e4 versucht, was tendenziell verstärkt komplizierte Verwicklungen entstehen lassen kann. Ein Beispiel dafür: 7...♘bd7 8.f4 g6 9.0-0 ♗g7 10.♘c3 0-0 11.♔h1 ♘xe5 12.fxe5 ♘d7 13.♗e3 f6 14.d5 cxd5 15.exd5 ♗f5 16.e6 ♘e5 17.♗c5 ♗d3 18.♖e1 f5. Schwarz ist es gelungen, die Initiative zu übernehmen, Gislason – Bjornsson, Kopavogur 2012. Die besseren Perspektiven sind ihm zuzusprechen. Es ist aber nicht jedermanns Sache, mit einem Stachel wie hier den weißen Zentralbauern in der eigenen Stellung zu leben.) 7...♘bd7 8.♘axc4 g6 9.0-0 ♗g7 10.e4 0-0=, Lagowski – Krasiewicz, Warschau 2005.

6...♗xd5

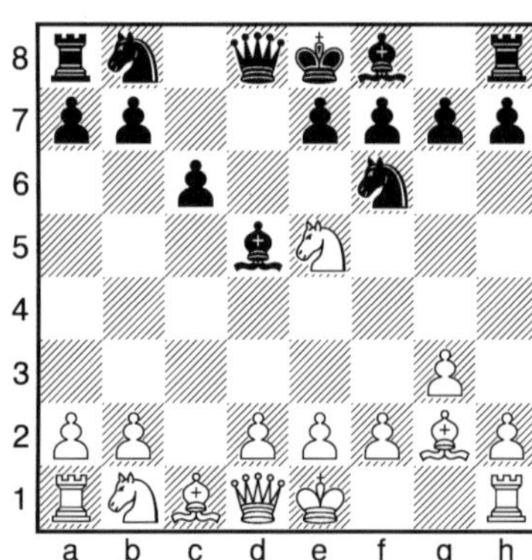

7.♘f3

Nach Erkenntnissen vor allem aus der jüngeren Turnierpraxis ist dies der beste Zug für Weiß.

7...c5

Nach der aktuellen Theorie ist dieses Vorgehen für Schwarz am aussichtsreichsten. Der Bauer nimmt das Feld d4 unter Kontrolle und macht Platz für seinen Läufer. Dieser kann so auf der langen Diagonale a8/h1 bleiben.

Zu beachten ist allerdings auch der zentrale Bauernvorstoß 7...e5!?.

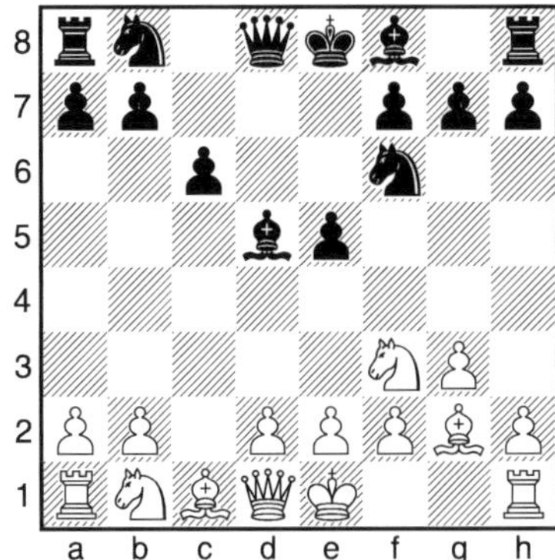

Dieser ist schon lange als Möglichkeit bekannt, hat aber gerade in unserer Zeit vermehrt Anhänger gefunden. Weiß kann ihm gut mit den drei Standardzügen 8.♘c3, 8.0-0 und auch 8.d3 begegnen. Die jeweils möglichen Konsequenzen werden aus den folgenden Praxisbeispielen in ihren Umrissen erkennbar. Also:

A) 8.♘c3 Aus dem Blickwinkel des ambitionierten Weißspielers, der sich nicht mit gleichen Chancen als Ergebnis aus der Eröffnung zufrieden geben will, ist dies unser Favorit. 8...♗xf3! Das Schlagen mit dem Läufer mag auf den ersten Blick vielleicht als etwas unmotiviert erscheinen; bei einer genaueren Prüfung bestätigt sich aber, dass er hier die beste Wahl für Schwarz ist. (Plausibel sieht auch 8...e4 aus, das aber in einer möglichen Variante 9.♘h4 ♕d7 10.d3 ♗b4 11.0-0 ♗xc3 12.bxc3 exd3 13.exd3 dem Anziehenden die besseren Perspektiven überlässt. Er verfügt über leicht vorteilhafte aktive Handlungspotenziale, wobei seinem schwarzfeldrigen Läufer noch eine wichtige Rolle zukommen kann.) 9.♗xf3 Die Partie Mchedlishvili – Debashis, Dubai 2014, vermittelt nun einen guten Eindruck davon, wie sich beide Kontrahenten gut weiter aufbauen können. Diese nahm den folgenden Verlauf: 9...♘bd7 10.d3 ♗c5 11.0-0 0-0 12.♕c2 ♕e7 13.a3 a5 14.♗d2 h6 15.e3 ♖fd8 16.♖ad1 ♘f8 17.♖fe1 ♘e6. Weiß steht zentral kompakter, Schwarz aber hat eine stabile Position und insgesamt betrachtet reale Aussichten auf den Ausgleich in der Partie.

B) 8.0-0 Eine ruhige und solide – vielleicht aber auch für weiße Ansprüche etwas arg zurückhaltende – Fortsetzung. Sie provoziert allerdings einen weiteren Schritt des schwarzen Bauern. 8...e4 9.♘d4 (9.♘e1 ♗c5 10.♘c3 ♕e7 11.♘c2 0-0 führt ebenfalls in eine ausgeglichene Stellung.) In der Begegnung Van Wely – Ernst, Amsterdam 2014, folgte nun 9...h5 10.♘c3 h4 11.♘xd5 ♕xd5 12.e3 ♘bd7 13.d3 hxg3 14.hxg3 ♘c5 mit Remis.

C) 8.d3 ♗b4+ 9.♗d2 (Im Duell Brunello – Sanchez, Cannes 2011, wählte Weiß 9.♘c3 und es folgte 9...e4 10.dxe4 ♘xe4 11.♕d4 ♘xc3 12.bxc3 ♗xf3. Hier hätte er nun 13.♕e3+ spielen sollen, verbunden mit gleichem Spiel. Es hätte dann beispielsweise mit 13...♕e7 14.♕xf3 ♗c5 15.0-0 ♘d7 weitergehen können, mit offensichtlichem Gleichstand.) 9...♗xd2+ 10.♘bxd2 Eine natürliche Zugfolge zur weiteren Aktivierung der Kräfte beider Parteien wäre nun beispielsweise 10...♘bd7 11.0-0 0-0 12.e4 ♗e6 13.d4 ♕b6 14.dxe5 ♘g4 15.♕c2 ♘gxe5 16.♘xe5 ♘xe5 usw. mit Ausgleich.

8.0-0

8.♘c3 ♗c6 ist grundsätzlich nur eine Zugumstellung und das Spiel bleibt im Bereich der Hauptvariante.

8...e6 9.♘c3

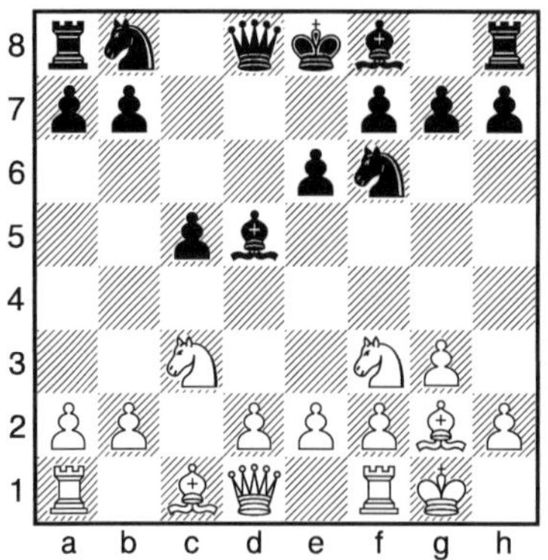

9...♗c6

Der Läufer zieht nun Profit aus dem vorbereitenden Zug 7...c5.

10.d3

Dies ist unsere Empfehlung an dieser Stelle. In unklare Verhältnisse führt die Variante 10.♕b3 ♗e7 11.♖d1 0-0 12.d4 ♘bd7∞. Schauen wir uns auch kurz an, wie Schwarz seine Kräfte nach 10.d4 entwickeln kann. Wir beschränken uns dabei auf den Verlauf von zwei Partien von der Turnierbühne, die natürlich nur Beispiele geben können, in sich aber einen sehr schlüssigen Fortgang zeigen. Also: 10...♘bd7 11.♗e3 ♗e7 (11...cxd4 12.♘xd4 ♗xg2 13.♔xg2 a6 14.♖c1 ♗e7 15.f3 0-0= ist wohl auch spielbar, Seeman - Schuls, Tallinn 2006.) 12.♖c1 0-0 13.dxc5 ♘xc5 14.♘e5 ♗xg2 15.♕xd8 ♖fxd8 16.♔xg2 ♘cd7 17.♘c4 ♖ac8 18.♘a5 b6 19.♘b7 ♖f8 20.♘b5 ♘d5 mit Ausgleich, Radjabow - Mowsesian, Dresden 2008.

10...♗e7

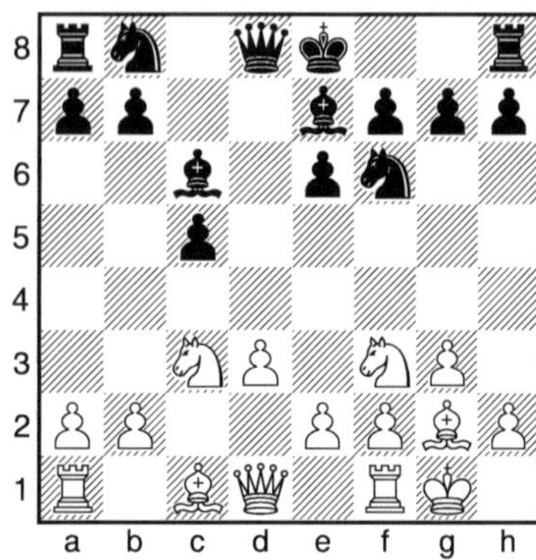

11.e4

Auf diese Weise kann der Anziehende besonders energisch vorgehen. In der Variante 11.a3 0-0 12.♕c2 ♘bd7 kann sich das Spiel in zwei Richtungen entwickeln. 13.e4 (Zu 13.♖d1 schauen Sie sich bitte die **Partie Nr. 22**, Lie - Carlsen, Gjovik 2009, an.) 13...b5 (13...♕b6 14.h3 ♖ac8∞, Boschma - Karasalo, ICCF 2009) 14.♖d1 ♕c8 nebst ♕c8-b7 und gutem Spiel für Schwarz.

11...0-0

11...♘bd7 kann unter Zugumstellung zur Hauptvariante führen.

12.♕e2

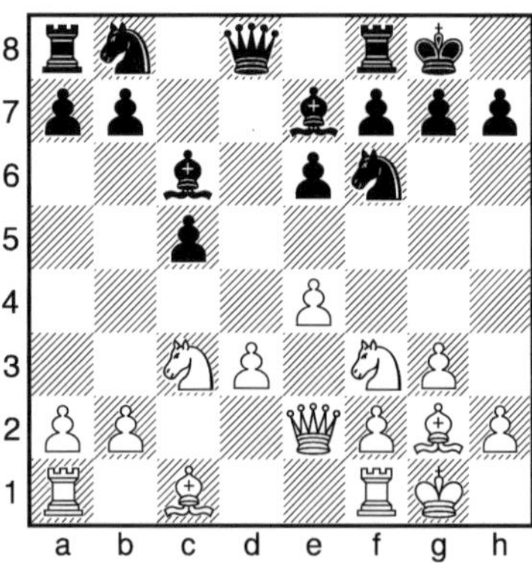

12...b5

Dieser Bauernvorstoß wird von der Idee getragen, am Damenflügel aktiv vorzugehen.

13.a4 b4 14.♘b1 ♗b7 15.♘bd2 ♘c6 16.♘c4 ♘d7

Spielbar ist auch 16...♘a5 z.B. mit einem Fortgang wie in der Partie Ghosh - Oleksienko, Dubai 2013. Darin kam es zu 17.♘xa5 ♕xa5 18.♘e5 ♕c7 19.♘c4 ♘d7 20.♗f4 e5 21.♗e3 ♘b6 22.b3 ♘xc4 23.dxc4 ♖ad8 24.♖ad1 ♖xd1 25.♖xd1 ♖d8 mit gleichen Perspektiven. Die Begegnung endete mit einem Remis nach 30 Zügen.

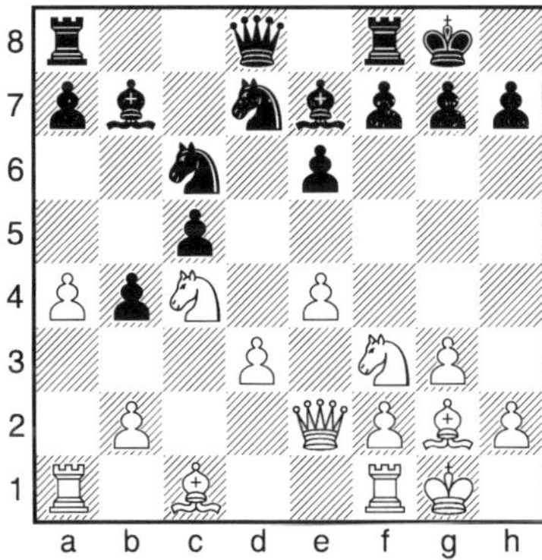

17.♖d1

Zu ausgeglichenen Chancen führen die beiden Alternativen 17. ♗e3 und 17. ♗e4. Zum Beleg schauen wir uns zwei kurze Partiefragmente an:

I. 17.♗e3 ♘b6 18.♘ce5 ♘xe5 19.♘xe5 ♗f6 20.♘f3 ♖c8 21.♖fd1 ♗a6=, Arnaudov - Acs, Wolfsberg 2014.

II. 17.♗f4 ♘b6 18.♖fd1 ♘xc4 19.dxc4 ♕c8 20.h4 ♖d8 21.♕e3 ♗a6=, Rahman - Amanov, Istanbul 2012.

17...♘d4 18.♘xd4 cxd4 19.b3 ♘c5 20.♖b1 ♗a6 21.♗f4 ♖c8 und Schwarz hat keine Probleme, Harikrishna - Quesada Perez, Havanna 2013.

Zusammenfassung: Nach 5.♘e5 hat Weiß kaum Aussicht auf einen Eröffnungsvorteil. Dem Nachziehenden empfehlen wir 5...♗e6 mit 7...c5, um den Läufer auf der langen Diagonale a8/h1 aktiv zu postieren. Interessant ist allerdings 7...a5!?, das Schwarz ebenfalls gute Ausgleichschancen verspricht.

Abspiel 2

Fortsetzung 5.cxd5

1.♘f3 d5 2.c4 c6 3.g3 ♘f6 4.♗g2 ♗g4 5.cxd5

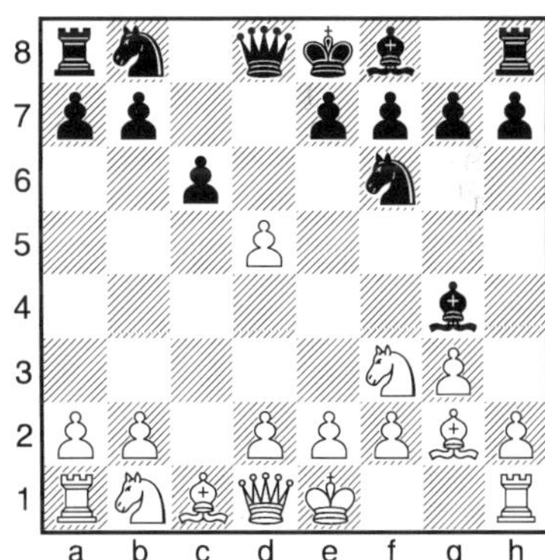

Weiß will sofort klare strukturelle Verhältnisse im Zentrum haben und hebt die Spannung auf. Auf diesen Abtausch kann Schwarz auf verschiedene Weise reagieren. Schauen wir uns neben unserer Empfehlung, den weißen Springer zu liquidieren, auch an, wie es nach dem Zurückschlagen mit dem Bauern weitergehen kann. Also:

5...♗xf3!?

5...cxd5

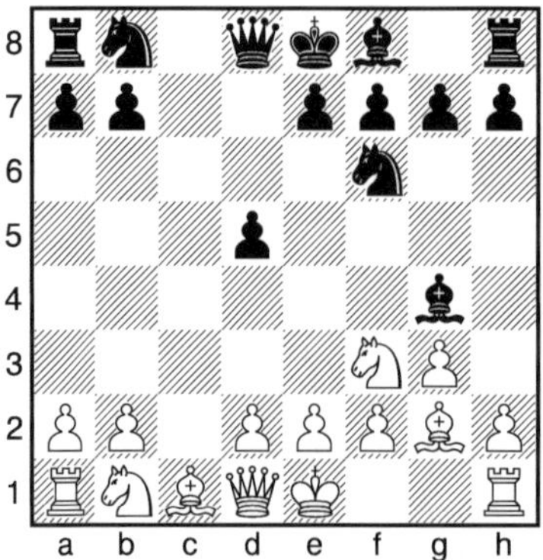

Auch diese Fortsetzung sollte Schwarz den Ausgleich ermöglichen. Zu den probaten Weißen antworten zählen 6.♘e5, 6.♕b3 und 6.♘c3.

A) 6.♘e5 ♗f5 7.♕b3 Dies ist nicht die häufigste Wahl des Anziehenden, bringt aber neue Ideen ins Spiel. [Gebräuchlicher sind 7.♕a4+, vor allem auch 7.♘c3 (beachten Sie bitte dabei die Übereinstimmung mit der durch 6.Sc3 eingeleiteten Nebenvariante) und auch 7.0-0.] 7...♘c6 8.♘xc6 bxc6 9.d3 e6 10.♘c3 ♗e7 11.0-0 0-0 Bis hier sind beide Seiten vergleichbar gut aus der Eröffnung gekommen. Wie sie im Übergang von der Aktivierung ihrer Kräfte zum positionellen Ringen nun zu aktiven Akzenten kommen können, schauen wir uns exemplarisch anhand einer aktuellen Turnierpartie an. Also: 12.e4 ♗g6 13.♖d1 ♘d7 14.♕c2 ♖c8 15.♗e3 ♘b6 16.♘e2 e5 17.f4 f5 18.fxe5 fxe4 19.dxe4 ♘c4 mit Gegenspiel, Skibbe – Boidman, Verden an der Aller 2014.

B) 6.♕b3 ♘c6 7.0-0 (Warum nicht 7.♕xb7 mit der Folge 7...♗d7? Die Antwort auf diese Frage finden Sie in den Ausführungen unseres Kapitels 8, in das die Partie unter Zugumstellung gelangen würde. 7.♘c3 wäre nur eine Zugumstellung zu unserer mit 6.♕b3 beginnenden Variante.) 7...♕d7 8.d3 ♗xf3 Die mehr oder weniger forcierte Vereinfachung durch den nun folgenden doppelten Abtausch macht es für Schwarz leichter, ausgeglichene Verhältnisse zu erlangen. 9.♗xf3 ♘d4 10.♕d1 ♘xf3+ 11.exf3 e6 12.f4 In der Begegnung Kunin – Burg, Niederlande 2014, erreichte der Nachziehende nun über die Zugfolge 12...♗d6 13.♘d2 0-0 14.♘f3 ♖ac8 15.♗e3 a6 16.♗d4 ♕e7 17.♖e1 ♗c5 18.♗xc5 ♕xc5 19.♖c1 ♕a5 20.♕b3 ♖c7 eine sichere Position.

C) 6.♘c3 Wir befinden uns hier abseits der breiten Pfade der Theorie. So ist unser Beitrag, den wir mit unserem Buch leisten, an dieser Stelle mehr eine Einladung zur Diskussion als die Darstellung tiefer theoretischer und praktischer Erkenntnisse. In der Folge orientieren wir uns an der Partie Helis – Foltyn, Orlowa 2011, die wir gerade wegen ihrer reizvollen Ideen ausgewählt haben. 6...♘c6 7.♕b3 Weiß verschenkt quasi ein Tempo, wenn er so fortsetzt wie gleich in der Partie. Auf der anderen Seite kann er vor seinen weiteren Entscheidungen abwarten, was Schwarz unternimmt. (Mehrfach ist auch das sofortige 7.♕a4 probiert worden, ohne dass sich dies aber vorteilhaft für Weiß in der Statistik ausgewirkt hätte. Nach 7...♕d7 ist die gleiche Stellung wie nach den Zügen 7.♕b3 ♕d7 8.♕a4 auf dem Brett, aber mit dem Unterschied, dass dort Schwarz am Zug ist.) 7...♕d7 8.♕a4 e5 Schwarz steht einflussreicher, während Weiß noch mehrere Probleme im Zusammenhang mit seiner Entwicklung lösen muss. In der genannten Begegnung setzten die beiden Spieler wie folgt fort: 9.d3 d4 10.♘b1 h6 11.0-0 ♗e7 12.b4 ♗xf3 (Hier müsste einfach 12...♘xb4! gehen, verbunden mit einem klaren schwarzen Vorteil.) 13.♗xf3 ♘xb4 14.♕xd7+ ♔xd7 15.♘d2 (15.♗xb7? geht nicht wegen 15...♘c2 16.♗xa8 ♖xa8 17.♗b2 ♖b8∓.) 15...♘bd5 16.♖b1 b6 17.♘c4 ♔e6 18.♗d2 ♗c5 19.♗g2 g5 20.e3 ♖ad8. Das Geschehen hat die Verhältnisse auf dem Brett zu Gunsten von Weiß verschoben, sodass nun beide Spieler in etwa gleich gute Perspektiven auf den Erfolg in der Partie haben. Insgesamt gesehen stehen wir 6.♘c3 eher skeptisch als optimistisch gegenüber.

6.♗xf3 cxd5

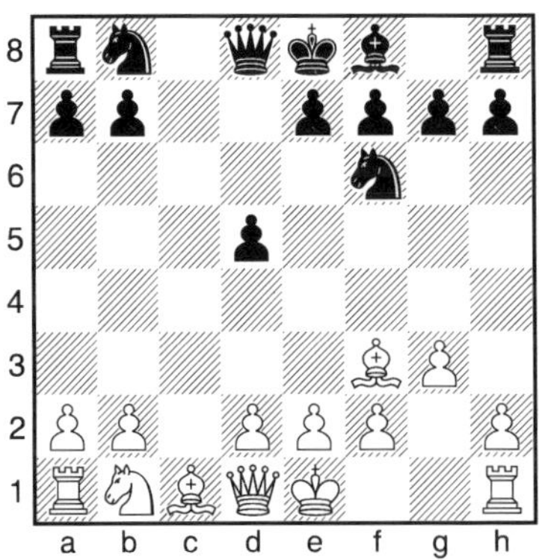

7.0-0

Weiß folgt der alten Regel, zunächst den König in Sicherheit zu bringen und erst dann anderweitig aktiv zu werden. Eine Notwendigkeit erfüllt er damit an dieser Stelle aber nicht. Er kann sich auch zu Gunsten aktiver Alternativen entscheiden, ohne Gefahr zu laufen, dies bereuen zu müssen. Zwei Handlungsstränge dazu:

I. 7.d4. Auch nach dieser Fortsetzung bewegen sich die beiden Kontrahenten kontinuierlich etwa auf Augenhöhe, das Spiel verläuft regelmäßig ruhig. Für beide steht die Aufgabe an, die Kräfte schnell und harmonisch zu entwickeln. 7...e6 (Es geht auch sofort 7...♘c6!?.) 8.0-0 ♘c6

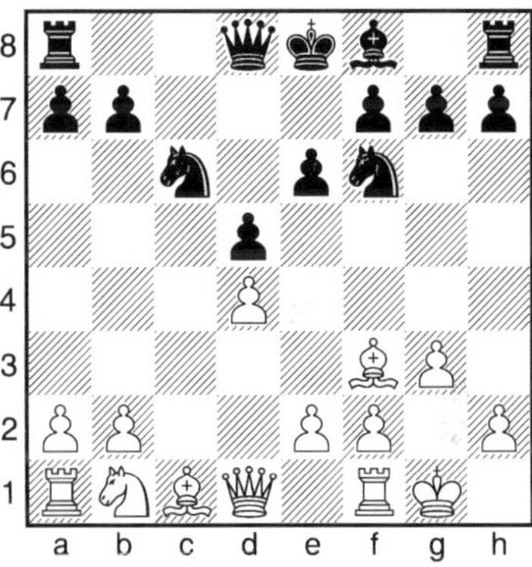

A) 9.e3 Weiß stützt seinen Bauern, kommt aber auch ohne diese Maßnahme aus. 9...♗e7 10.♘c3 0-0 11.♗d2 Zur Vollendung der Entwicklung ist es unabdingbar, den Läufer zu ziehen. Hier wendet er sich in die Mitte und macht dabei das Feld c1 für den Turm frei. Er entgeht dabei einem Intermezzo, wie es möglich wird, wenn Weiß der Idee einer Fianchettierung folgt. (In der Begegnung Carlsen - Caruana, Moskau 2013, kam es nach 11.b3 ♕a5 und dann 12.♗b2 zu 12...♗a3 13.♕c1 ♗xb2 14.♕xb2 ♖fc8 15.♖ac1 ♘e7.

Schwarz erreichte gutes Spiel und gewann später die Partie.) 11...♕b8 Diese Wendung der Dame birgt echtes Überraschungspotenzial für den Gegner; sie folgt einer sehr interessanten Idee. Die Dame macht Platz für den Turm und lässt die Möglichkeit zu b7-b5 entstehen. (Infrage kommt auch 11...♘e8!?. Ein Partiefragment als Variante dazu: 12.♕e2 ♘d6 13.♖fd1 ♕d7 14.♖ac1 ♖ac8 15.♔g2 ♗f6=, Karjakin - Witjugow, Kazan 2014. Universell und solide ist auch 11...♕d7, z.B. mit der Folge 12.♖c1 ♖fc8 13.♗g2 ♘e8 14.♕e2 ♘d6 mit Gleichstand, Swidler - Aronian, Chanty-Mansijsk 2014.) 12.♖c1 ♖c8 13.♗g2 b5 14.e4 b4 Hier treten die beiderseitigen Pläne besonders gut zu Tage. Während Weiß gegen das gegnerische Zentrum vorgeht, setzt Schwarz auf sein dynamisches Potenzial am Damenflügel. 15.exd5 (Auf 15.♗f4 sollte Schwarz 15...♕b6 spielen, so wie es der Anziehende im Duell Kramnik - Aronian, London 2013, machte. Diese Partie endete schließlich mit einem Remis.) 15...bxc3 16.♗f4 e5 (16...♕b6!? wäre gut. Nach 17.dxc6 cxb2 18.♖b1 ♘d5 befände sich die Stellung im Gleichgewicht.) 17.dxe5 (17.dxc6 exf4!) 17...♘xe5 18.d6 ♗xd6 19.♖xc3 (19.♗xa8 ♕xa8 20.♖xc3 ♖xc3 21.♗xe5 ♗xe5∓) 19...♖xc3 20.bxc3 ♕f8 21.♗xa8 ♕xa8 22.♕xd6 ♘f3+ 23.♔h1 ♘d2+ 24.♔g1 ♘f3+ und Schwarz remisiert durch Dauerschach. Wir sind in diesem Fall bis zu einer hohen Zügezahlt vorgedrungen, allerdings vor dem Hintergrund eines schmalen Grates, auf dem sich die Geschehnisse bewegen.

B) Ein anderer Zug „der Wahl" ist hier 9.♘c3, der in der Praxis ebenfalls beliebt ist. 9...♗e7 (Im Duell Hayrapetyan - Hayrapetian, Jerewan 2013, nahm Schwarz den Springer sogleich mit 9...♗b4 aufs Korn, aber mit einem ungewissen Ausgang. Es folgte 10.♕d3. Weiß will mit der Dame zurückschlagen, wenn der Nachziehende mit ...♗xc3 seinen Springer vom Brett nimmt. 10...0-0 11.♗f4 ♗xc3 12.♕xc3 ♖c8 13.♕d2 ♕b6 14.e3 h6 15.h4 ♘e4 Die Stellung ist kompliziert und mit Blick auf den potenziellen Ausgang als unklar zu bezeichnen.) 10.b3 0-0 11.♗b2 ♖c8 12.e3 a6 Schwarz plant ganz konkret einen Aufbau mit der Dame auf b6, hinter beiden Bauern dieses Flügels, und der Turmverdoppelung auf der c-Linie. Er müsste ihm ausreichend eigenes Spiel verschaffen. (Ausgleich verspricht auch 12...♗b4 13.♕d3 und nun 13...e5 mit der Folge 14.♗g2 exd4 15.exd4 ♗xc3 16.♗xc3 ♖e8 17.♖fe1 ♕d7 18.a4 a6, Gabuzyan - Andriasian, Jerewan 2015. Konkret ist die Stellung zwar als ausgeglichen zu beurteilen, aber Weiß hat das Läuferpaar. In der Praxis könnte sich dies auf längere Sicht doch als Vorteil erweisen. Die Partie endete mit einem Remis im 43. Zug.) 13.♕e2 b5 14.♗g2 ♕b6 15.♖fc1 ♖c7 16.g4 ♖fc8 Schwarz hat seinen Plan erfolgreich umgesetzt und kann zuversichtlich nach vorne schauen, Ftacnik - Azarov, Prag 2015.

II. 7.♕b3 ♕d7

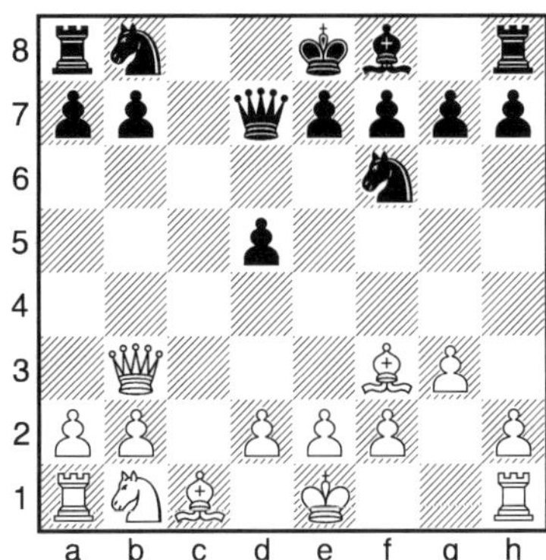

A) 8.♘c3 So wird am häufigsten gespielt. 8...e6 9.d4 (Wie schon mehrfach zuvor ist auch hier 9.0-0 eine gute Alternative. Unter Hinweis auf die intensiven Betrachtungen zuvor in ähnlichen Stellungen beschränken wir uns aus Platzgründen auf die Wiedergabe eines Beispiels von der Turnierbühne. Also: 9...♘c6 10.♕a4 ♗c5 11.d3 h6 12.♗d2 0-0 13.♖ac1 ♘d4 14.♕xd7 ♘xf3+ 15.exf3 ♘xd7 16.♘a4 ♗d6 17.f4 ♖fc8=, Harika - Bukawschin, St. Petersburg 2014.) Auf ruhigen Entwicklungsbahnen können beide Kontrahenten nun ihre Eröffnungsaufgaben abschließen. Dies kann beispielsweise wie folgt vonstattengehen: 9...♘c6 10.e3 ♗d6 11.0-0 0-0 12.♗d2 ♘a5 13.♕c2 ♘c4 14.♖fc1 ♖fc8=, Teplyi - Carlstedt, Aarhus 2015.

B) Genauso gut möglich ist auch hier wieder die Alternative, erst zu rochieren und sich dann anderen Absichten zuzuwenden. Weitergehen kann es dann beispielsweise wie folgt: 8.0-0 ♘c6 9.♗g2 e6 10.d3 ♗e7 11.♘c3 0-0 12.e4 (Verhaltener agierte Weiß mit 12.♗d2 in der Begegnung Anastasian - Seirawan, Groningen 1997, woraufhin Schwarz auf sicheren Bahnen zum Ausgleich kam. Es folgte 12...♖ac8 13.♖fc1 ♖fd8 14.♕d1 h6 15.a3 ♗d6 16.b4 ♗e5 17.♖ab1 ♘e8 18.♘a4 b6=.) 12...d4 13.♘e2 (13.♘b5 führt in eine Sackgasse und ist wegen 13...a6 14.♘a3 b5 gut für Schwarz.) 13...a5 14.♗d2 (14.a3 lässt ein Loch auf b3 entstehen und ist deshalb kaum ratsam. Nach 14...a4 15.♕d1 e5 16.f4 ♗d6 17.♔h1 ließ sich Schwarz in der Partie Zaragatski - Mons, Nürnberg 2013, die Chance nicht entgehen, mit 17...♘a5 18.♘g1 und dann 18...♘b3 genau dort seinen Springer zu platzieren. Weiter ging es mit 19.♖b1 ♕e7 20.fxe5 ♗xe5 21.♗g5 h6 22.♗f4 ♖a5 und Schwarz stand ausgezeichnet.) 14...♘b4 15.♘f4 (15.a3 a4 16.♕c4 ♖ac8 17.♕xd4 ♘xd3 18.♕xd7 ♘xd7 19.♗c3 ♗f6 20.♗xf6 ♘xf6 führt zu einem schwarzen Vorteil.) 15...a4 16.♕d1 e5 17.a3 ♘a6 18.♘d5 (18.♗h3? ♕b5∓) 18...♘xd5 19.exd5 ♗d6 20.f4 ♘c5 Aus dieser interessanten Stellung mit einer Massierung der Steine auf der d-Linie gehen beide Parteien mit vergleichbaren Chancen in die nächste Phase der Partie.

7...♘c6

7...e6 führt üblicherweise bald auch wieder in die Hauptvariante.

8.♘c3 e6 9.d3

Es geht auch 9.d4, worüber Stellungen erreicht werden, die wir in den Anmerkungen zu 7.0-0 (in der Hauptvariante) unter dem Punkt I erörtert haben.

9...♗e7

Die Entwicklung kann auch über 9...♗c5 und dann beispielsweise

10.♗d2 0-0 11.♖c1 ♖c8 12.♗g2 ♕e7= laufen.

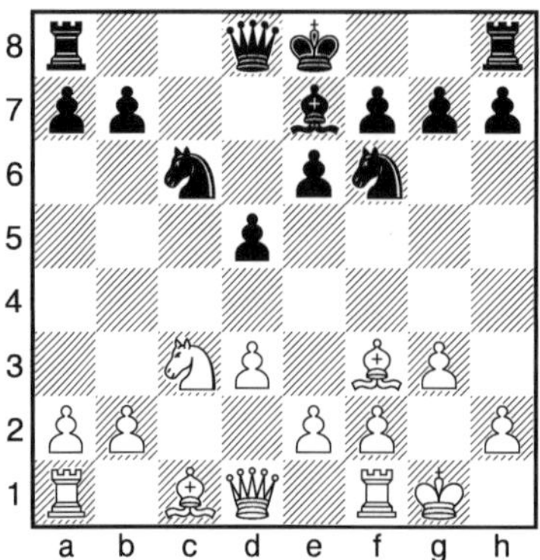

10.♗g2

Die „Rückführung" des Läufers ist ein natürlicher Zug. Er muss allerdings nicht an dieser Stelle erfolgen, sodass Weiß über Alternativen verfügt, von denen wir zwei vor dem Hintergrund praktischer Erfahrungen kurz ansprechen wollen.

Auch nach 10.♕a4 stehen Schwarz genügend Türen offen, um in eine sichere Position zu kommen. Wir können die möglichen Entwicklungen in dieser Linie nur skizzieren und orientieren uns dabei an der Partie Harika – Eljanow, Moskau 2013. Hier geschah weiter: 10...0-0 11.♗f4 a6 12.♖ac1 ♕d7 13.♗g2 h6 14.e4 d4 15.e5 dxc3 16.exf6 ♗xf6 17.♗xc6 bxc6 18.bxc3 ♕xd3 19.♕xc6 ♖fc8 20.♕b7 ♕b5. Die Abschlussstellung sieht Schwarz leicht im Vorteil, der mit dem weißen c-Bauern eine schöne Angriffsmarke hat. Die Begegnung endete mit einem schwarzen Sieg nach 37. Zügen.

10.a3 kann Schwarz erneut gut mit 10...0-0 beantworten. Eine plausible Weiterentwicklung kann exemplarisch wie folgt vonstattengehen: 11.♗g2 (11.b4 a5 12.b5 ♘d4=) 11...♕d7 12.♗d2 ♖ab8 13.♖c1 b5 14.♗f4 ♗d6 15.♗g5 b4 16.♗xf6 gxf6 17.axb4 ♘xb4 18.e4 dxe4 19.♘xe4 ♗e7 20.d4 ♖fd8=, Aronian – Beljawski, Portoroz 1999. Auch hier ist für keine der beiden Parteien ein bemerkenswerter Vorteil zu erkennen.

10...0-0 11.♗d2 a6 12.a3 ♖c8 13.♖c1

Logisch ist auch 13.b4 mit der möglichen Folge 13...♘d7 14.♕b3 ♘d4 15.♕a2 ♗f6 16.♖ac1 ♘e5 17.♔h1 h5 18.f4 ♘g4 19.e4 dxe4 20.♘xe4 (20.dxe4 würde Schwarz – vielleicht etwas überraschend – mit 20...♘b3!↑ beantworten, als Auftakt zu einem Chancen eröffnenden Angriffsspiel.) 20...♖xc1 21.♗xc1 ♗e7 22.h3 ♘f6=, wie im Duell McShane – Fressinet, Wijk aan Zee 2011, mit in etwa gleichen Perspektiven für beide Kontrahenten.

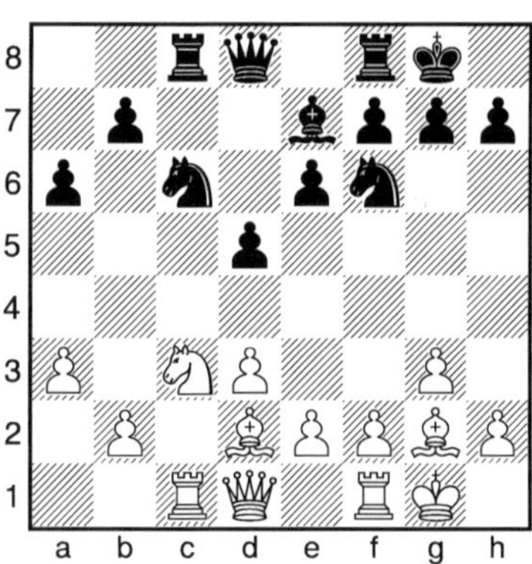

13...b5

Der beste Plan für Schwarz liegt darin, am Damenflügel aktiv vorzugehen. Durchaus verlockend sieht auch 13...d4 aus, kann dann aber nicht halten, was es verspricht. Ein Beispiel dazu: 14.♘a4 ♘d5 15.♘c5

♗xc5 16.♖xc5 ♘ce7 17.♖c4 ♕b6 18.♕c2 ♖c6 19.♖c1 ♖fc8 20.♗g5 h6 21.♗xe7 ♖xc4 22.dxc4 ♘xe7 23.c5 ♕c7 24.♕c4 ♖d8 25.♖d1 e5 26.b4. Ein nachgehender Blick auf die gerade erlebte Zugfolge zeigt resümierend, dass Weiß die Initiative hatte, während sich Schwarz zumindest ganz überwiegend um das Abfangen weißer Möglichkeiten und Drohungen bemühen musste. In der nun-mehr erreichten Stellung sind die weißen Aussichten etwas besser als jene des Nachziehenden. Er steht weiterhin aktiver, sein Läufer ist dem schwarzen Springer in dieser Art von Stellung überlegen. Die Begegnung Petrosian - Lazarew, Al-Ain 2014, die wir als Referenzpartie für unsere Ausführungen ausgewählt haben, endete letztendlich aber doch mit einem Remis.

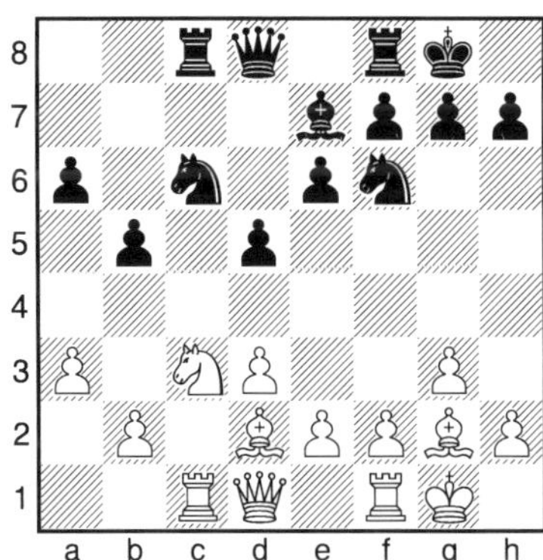

14.♘a2

Nach 14.b4 verfügt Schwarz über (mindestens) zwei spielbare Alternativen. Wir belassen es bei der Darstellung kurzer Varianten dazu, die um wenige Anmerkungen ergänzt den Aufbau zu veranschaulichen vermögen.

A) 14...♕b6 15.♕b3 ♖fd8 16.e3 (Weiß darf nicht unvorsichtig vorgehen, wie dies beispielsweise bei 16.♖fd1? der Fall wäre. Oberflächlich macht der Zug einen guten Eindruck, vernachlässigt aber schwerwiegend die Schutzbedürftigkeit des Feldes f2 und des darauf postierten Bauern. Schwarz setzt nun mit 16...♘g4 einen Ablauf in Gang, nach dem sich der Anziehende schwer in Nachteil befindet, ohne dass er auf dem eingeschlagenen Weg groß gegensteuern könnte. Also: 17.♗e1 ♗g5 18.♖b1 ♗e3! 19.d4 ♘xd4 20.♕b2 ♘xf2-+, Stark - Schlecht, Deutschland 2008.) 16...♗d6 17.♖c2 ♖d7 18.♖fc1 ♖dc7. Schwarz hat sich ein vollwertiges Spiel verschafft.

B) 14...♕d7 15.♕b3 h6 16.♖fd1 ♖fd8 17.♗e1 ♕a7 18.e3 ♕b6 19.♘e2 a5 Es ist eine komplizierte Stellung entstanden, die hinsichtlich der beiderseitigen Chancen auf den Erfolg in der Partie nicht klar abzuschätzen ist, Aronian - Lutz, Deutschland 2001.

14...♕b6 15.e3 ♖c7 16.♘b4 ♘xb4 17.♖xc7 ♕xc7 18.axb4 ♖c8 19.♕b3 ♕d6

Die Lage auf dem Brett ist ausgeglichen, Schwarzkopf - Kriwonosow, Bargteheide 2013.

Zusammenfassung: Mit 5.cxd5 nimmt die Eröffnung Kurs auf ausgeglichene Verhältnisse. Die Fortsetzung 5...♗xf3!? verspricht Schwarz gleiche Chancen, aber auch die Alternative 5...cxd5 ist wohl spielbar.

Abspiel 3

Fortsetzung 5.b3

1.♘f3 d5 2.c4 c6 3.g3 ♘f6 4.♗g2 ♗g4 5.b3

Der Bauer deckt seinen Kollegen auf c4 und macht zugleich das Feld b2 für seinen Läufer frei.

5...e6

Es wird auch erst 5...♘bd7 gespielt, was üblicherweise unter Zugumstellung zur Hauptvariante führt.

6.♗b2 ♘bd7 7.0-0

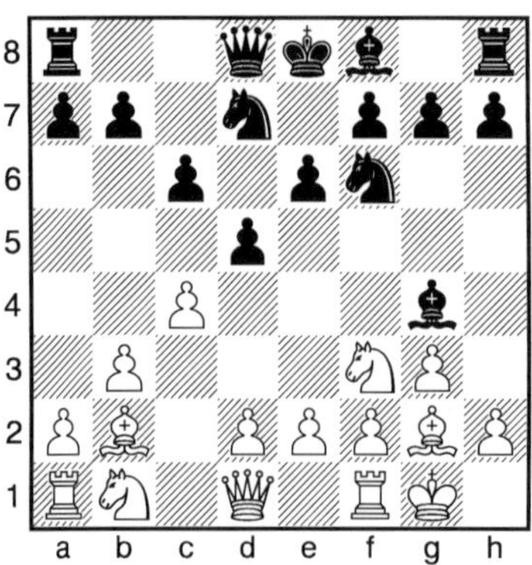

7...♗d6

Von seinem aktiven Platz d6 aus verstärkt der Läufer den schwarzen Einfluss auf das Feld e5. Natürliche Entwicklungsfelder sind für ihn aber auch e7 und c5. Der Anziehende muss also auch damit rechnen, dass sein Gegner sich für eine der Alternativen entscheidet. Mit ihnen verbinden sich u.a. die folgenden Möglichkeiten:

I. 7...♗e7

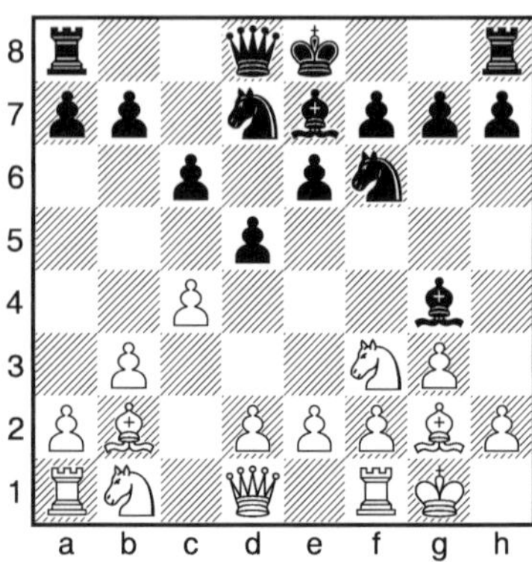

A) 8.d4 Mit dem Doppelschritt seines d-Bauern lenkt Weiß die Partie in die Gewässer der Slawischen Verteidigung (ECO D11, eingeleitet über die Standardzugfolge 1.d4 d5 2.c4 c6 3.♘f3). Damit verlässt sie grundsätzlich das Thema unseres Buches. Wir geben dennoch ein paar Hinweise zu den beiderseitigen weiteren Möglichkeiten, um Sie angesichts des erreichten Fortschritts in unserer Variante nicht unversorgt zu lassen. Für eine tiefe Befassung empfehlen wir Ihnen jedoch den Rückgriff auf Spezialwerke zur Slawischen Verteidigung. 8...0-0 9.♘c3 (9.♘bd2 a5 10.a3 h6 11.♗c3 ♕c7 lässt eher unklare Verhältnisse auf dem Brett entstehen.) 9...♕b6 10.cxd5 exd5 11.h3 ♗xf3 12.♗xf3 ♖fe8 und beide Seiten haben die gleichen Chancen.

B) 8.d3 0-0 9.♘bd2 (Auf 9.♘c3 liegt eine gute Idee für Schwarz darin, den Läufer noch einmal in die Hand zu nehmen und nun doch nach d6 zu führen. Ein Beispiel dazu: 9...♗d6 10.♕d2 ♗xf3 11.♗xf3 d4 12.♘e4 ♘xe4 13.♗xe4 ♕b6 14.♖ab1 a5 und Schwarz kann mit seiner Stellung zufrieden sein.) 9...a5 Mit der Idee gespielt, nach Möglichkeit oder bei Bedarf a5-a4 folgen zu lassen. 10.a3 Damit richtet sich Weiß gegen das schwarze Vorhaben mit dessen a-Bauern. 10...♖e8 (Auf 10...a4 folgt stark 11.b4!.) 11.♖c1 (Auf 11.♖e1 empfiehlt sich 11...♗d6 mit der Absicht e6-e5 usw.) 11...♗d6 12.h3 ♗xf3 13.♘xf3 ♕e7 14.♖a1 h6 15.e3 e5 16.♕c2 ♖ac8 mit der Vorbereitung des Bauernvorstoßes b7-b5 und guten Gegenchancen.

II. 7...♗c5

A) 8.d4 Auch hier erreichen wir eine Nahtstelle zur Slawischen Verteidigung. Exemplarisch kann nun folgen: 8...♗e7 9.♘bd2 h6 10.♘e5 ♘xe5 11.dxe5 ♘d7 12.h3 ♗h5 13.cxd5 cxd5 14.f4 ♗c5+ (Unklar sind die Konsequenzen von 14...f5 etc. wie in der Begegnung Ju – Uschenina, Peking 2013. Dort ging es mit 15.exf6 ♗xf6 16.♗xf6 ♘xf6 17.g4 ♗g6 18.♘f3 ♗e4 19.♕d4 0-0∞ weiter.) 15.♔h1 0-0 16.♘f3 ♗g6 17.♘d4 ♗h7 mit sehr kompliziertem Spiel. Schwarz muss immer mit weißen Aktivitäten am Königsflügel rechnen. Weiß kann diese gut mit g3-g4 einleiten.

B) 8.d3 0-0 9.♘bd2 ♕e7 (Auch mit 9...♖e8 kann der Nachziehende auf Ausgleich spielen. Wie es in der Partie weitergehen kann, zeigt exemplarisch das folgende Fragment: 10.♕c2 a5 11.a3 ♕e7 12.e4 dxe4 13.dxe4 e5 14.h3 ♗h5 15.♘h4 ♘f8 16.♘f5 ♕c7. Schwarz ist, was seine Eröffnungsinteressen betrifft, am Ziel, Yang – Ehlvest, Las Vegas 2013.) 10.a3 a5 11.e4 dxe4 12.dxe4 e5 13.♕c2 ♖fd8 14.h3 ♗xf3 15.♗xf3 ♘e8 Schwarz hat keine besonderen Probleme, Filip – Sanguinetti, Portoroz 1958.

8.d3

8.d4 Auch wenn wir Gefahr laufen, uns der Wiederholung schuldig zu machen: Die vorliegende Stellung ist in der Praxis sehr häufig auf dem Brett gewesen. Zumeist wird sie – es wird nicht schwer zu erraten sein – über die Slawische Verteidigung erreicht. Unter dem Hinweis, dass die „Slawisch-Literatur“ einen detaillierten Informationsbedarf sehr dienlich ist, beschränken wir unsere Darstellung auf eine beispielgebende Variante. Also: 8...0-0 9.♘bd2 ♕e7 (Mit der Variante 9...♖e8 10.♖e1 ♗h5 11.a3 a5 12.♘e5 ♕c7 13.♘d3 ♗g6 14.e4 dxe4 15.♘xe4 ♘xe4 16.♗xe4 c5 17.dxc5 ♘xc5 18.♘xc5 ♗xc5 19.♕f3 ♖ad8 erreichte Schwarz im Duell Pigusow – Timman, Bugojno 1999, Gegenspiel.) 10.♖e1 ♗a3 11.♕c1 ♗xb2 12.♕xb2 a5 13.♖ac1 h6 14.♘h4 ♖fe8 Schwarz verfügt über die gleichen Perspektiven wie sein Gegenüber, Kostenko – Aitbayev, Astana 2014.

8...0-0 9.♘bd2

Das uns aus anderen Kapiteln und Abspielen bereits bekannte Springermanöver ♘b1-a3-c2 ist auch hier eine ordentliche Alternative. Ein Beispiel dafür: 9.♘a3 h6 10.♘c2 e5 11.h3 ♗e6 12.e4 dxe4 13.dxe4 ♕c7 14.♕e2 a5 15.♖ad1 ♖fe8 16.♘h4 a4 17.b4 b5=, Timman – Smith, Malmö 2014. Eine feste Stellung erlangt Schwarz nach 9.♘c3 ♕e7 10.♖e1 und nun 10...♗a3 11.♕c1 ♗xb2 12.♕xb2 ♖fe8= usw.

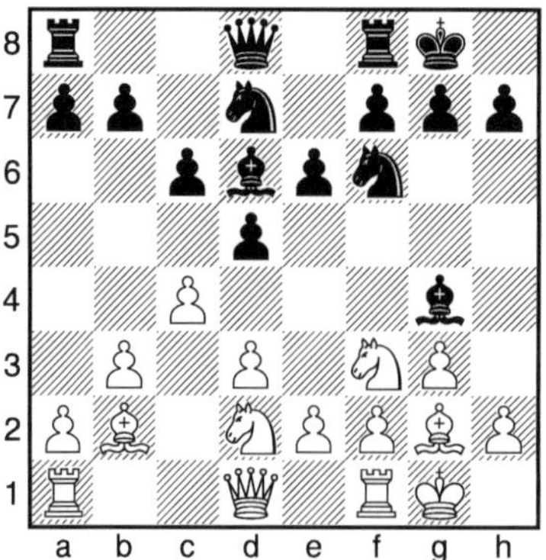

9...♕e7

In dieser Variante findet die schwarze Dame hier ihren idealen Platz.

Allerdings kann der Nachziehende seine Dame auch genau dort stehen lassen, wo sie sich derzeit befindet. Die folgende Variante stellt damit auch unter Beweis, dass der Anziehende in diesem Abspiel kaum Möglichkeiten hat, einen Eröffnungsvorteil zu erzielen. Es stehen Schwarz immer wieder Ressourcen zur Verfügung, um einen Ausgleich zu erreichen. 9...a5 10.a3 Schwarz wollte a5-a4 spielen, dem sich Weiß mit seinem Bauernzug entgegenstellt. 10...♗h5 11.♖a2 Auch dieses von Weiß mit dem Turmzug eingeleitete Manöver kennen wir schon von anderer Stelle. Der Turm macht das Feld a1 frei, um der Dame damit den Platz auf der langen Diagonale und hinter dem eigenen Läufer anzubieten. Von seinem Feld a2 aus kann er ggf. auf der a-Linie Wirkung entfalten, vor allem aber bei Gelegenheit schnell Richtung Mitte gebracht werden. 11...e5 12.cxd5 cxd5 13.♕a1 ♖e8 Wir haben eine „Rétitypische“ Lage auf dem Brett. Schwarz hat seine Zentralbauern ins Zentrum gebracht, Weiß versucht das schwarze Zentrum mit Figurenspiel unter Druck zu setzen. Es kann nun beispielsweise wie folgt weitergehen: 14.♖c1 d4 15.♘c4 ♘c5 16.♘cd2 a4 17.bxa4 ♘xa4. Schwarz steht aktiv und kann zufrieden sein, Lercel - Pert, Southend 2015.

10.a3

Auf 10.♕c2 besteht eine gute Möglichkeit für Schwarz darin, zunächst auf den Abtausch des weißen schwarzfeldrigen Läufers zu spielen, um dessen aktives Potenzial zu beseitigen. Also: 10...♗a3 11.♗c3 ♗b4 12.♗xb4 ♕xb4 13.a3 ♕e7 14.b4 Zu gutem Spiel kommt der Nachziehende nun über seinen Standardzug 14...e5 mit beispielsweise den folgenden Konsequenzen: 15.e3 ♖fe8 16.♖fc1 ♘f8 17.h3 ♗h5 18.cxd5 ♘xd5 19.♘c4 f6 20.♖ab1 ♗f7 21.♘fd2 ♖ac8. Nithander - Andersen, Vaxjo 2014.

10...a5 11.h3 ♗h5

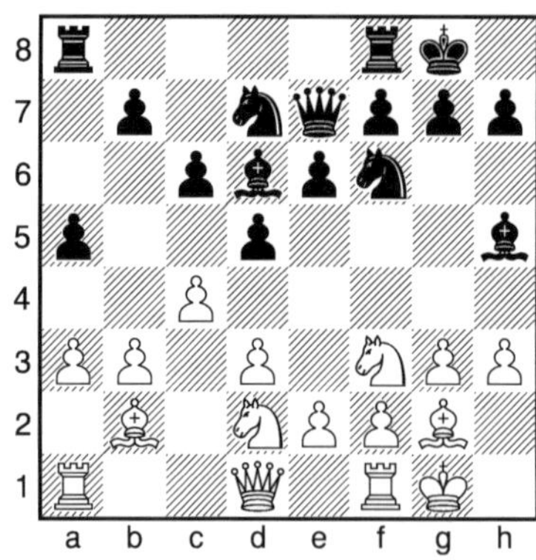

12.♕c2

Keine besondere Gefährdung seines Gegners erreicht Weiß mit 12.♘d4. Eine kurze Variante dazu: 12...♗g6 13.cxd5 exd5 14.♘2f3 ♖fe8. Schwarz hat keine Probleme.

12...e5

Dieser Schlüssel zum guten schwarzen Spiel ist genau hier richtig platziert.

13.e4 dxe4 14.dxe4 ♗xf3

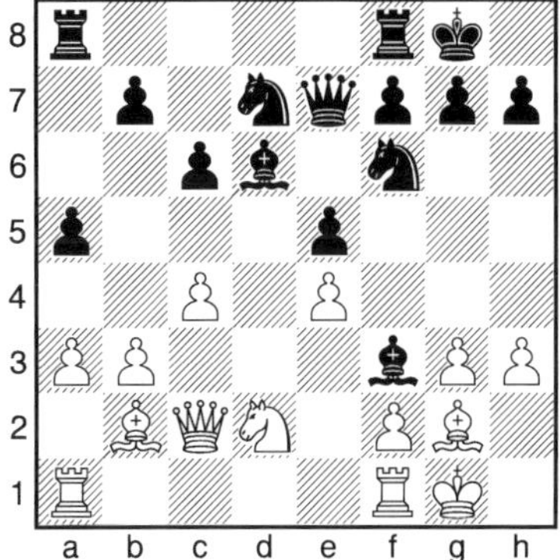

15.♗xf3

Das Zurückschlagen mit dem Springer bringt keine Vorteile. Schauen wir uns zum Beleg zwei Auszüge aus der Turnierpraxis an: 15.♘xf3 ♖fd8 (15...♗c5 16.♖fd1 ♖fd8 17.♖d2 ♘e8 18.♖ad1 f6 19.h4 Hier schon zeigten sich die beiden Kontrahenten in der Partie Petkewitsch - Kriwoborodow, Serpukchow 2004, kampfesmüde und einigten sich auf ein friedliches Remis.) 16.♘h4 g6 17.♖fd1 ♗c7 18.♗c3 ♘c5 19.♖ab1 ♘e6. Schwarz steht sicher, Piersig - Sykora, ICCF Email 2010.

15...b6

Damit sichert sich Schwarz das Feld c5 für seine Leichtfiguren.

16.♖fd1 ♖fd8 17.♗g2 ♘e8 18.h4 ♘c7 19.♗h3 ♘f8 20.♘f3 f6 21.♖d2 ♘ce6 22.a4 ♗b4 23.♖xd8 ♖xd8 24.♖d1 ♘c5

Schwarz steht ausgezeichnet, Stuart - Li, Auckland 2014.

Zusammenfassung: Die Fortsetzung 7...♗d6 scheint die beste Wahl für Schwarz zu sein. Aber auch 7...♗e7 bzw. sogar 7...♗c5 kommen in Betracht. Weiß kann besonders mit 9.♘a3 etc. mit guten Aussichten abweichen bzw. zuvor mit dem gelegentlichen Schritt seines d-Bauern bis d4 in „Slawisch-Gewässer" überwechseln, ebenfalls verbunden mit neuen Perspektiven.

Abspiel 4

Fortsetzung 5.♕b3

1.♘f3 d5 2.c4 c6 3.g3 ♘f6 4.♗g2 ♗g4 5.♕b3

Mit dem Zug seiner Dame will Weiß dem Gegner die elastische Entwicklung erschweren.

5...♕b6

Dies ist die übliche Reaktion, denn Schwarz muss sich vor der Verdoppelung seiner Bauern nicht fürchten. Beachtung verdient mit 5...♕c8 ...

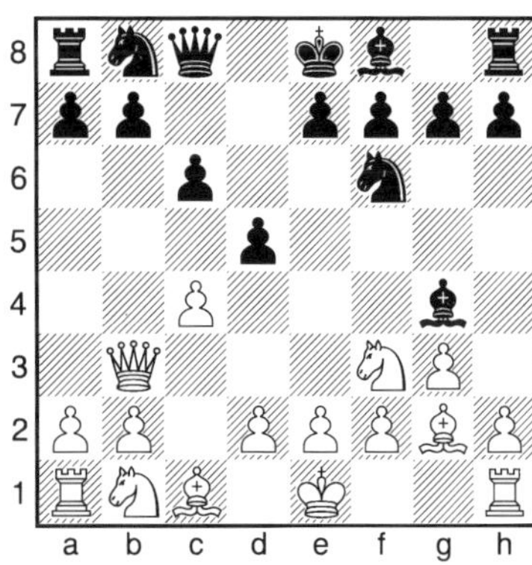

... aber auch ein Zug, den die Praxis noch nicht so recht für sich entdeckt hat. Die Dame deckt den Bauern auf b7 und stärkt dem auf h3 schielendem Springer den Rücken. Wir rechnen dieser Alternative ein erhebliches Potenzial zu, das wir im Folgenden kurz skizzieren.

A) 6.cxd5 cxd5 7.♘c3 e6 8.d3 (Eine plausible Idee ist auch 8.♘e5, doch zeigt die in sich schlüssige Variante 8...♗f5 9.g4 ♗g6 10.g5 ♘fd7 11.♘xg6 hxg6 usw., dass Schwarz nicht ernsthaft in Gefahr gerät und am Ende das weiße Vorgehen mehr Schatten u.a. in Form der zerrissenen Stellung als Licht hat.) 8...♘c6 9.h3 (In der Partie Magrifin – Frolowa, Wladimir 2008, wählte Weiß über 9.♗f4 ♘h5 10.♗d2 ♘f6 11.♖c1 unter Tempogewinn einen Aufbau mit seinem Turm vis-a-vis zur schwarzen Dame auf der c-Linie. Es folgte 11...♕d7 12.♕a4 ♗e7 13.0-0 0-0 14.♗g5 ♗h5 und nun 15.e4 d4 16.♘e2 e5 17.a3 h6 18.♗d2 ♖ac8 19.b4 a6 mit einer unklaren Stellung.) 9...♗xf3 10.♗xf3 ♗e7 11.♕a4 0-0 Beide Parteien verfügen über in etwa gleiche Perspektiven. In der Begegnung Aguila – Villanueva, Vicente Lopez 2003, ging es nun mit 12.♗e3 ♖d8 13.d4 ♘d7 14.♖d1 ♘b6 15.♕b3 ♗f6 16.♗g4 ♕d7 17.f4 ♖ac8 18.♗f2 ♘c4 und Remisschluss weiter.

B) 6.h3 ♗h5 7.0-0 e6 8.♘c3 ♗e7 9.d4 0-0 Diese Variante als solche sowie die nunmehr darin erreichte Stellung machen es lohnenswert, sich die weitere Entwicklung im Detail näher anzuschauen. Wir analysieren diese deshalb anhand der vollständig wiedergegebenen **Partie Nr. 23**, Eljanow – Karjakin, Kiew 2013.

Nun weiter nach 5...♕b6 in der Hauptvariante:

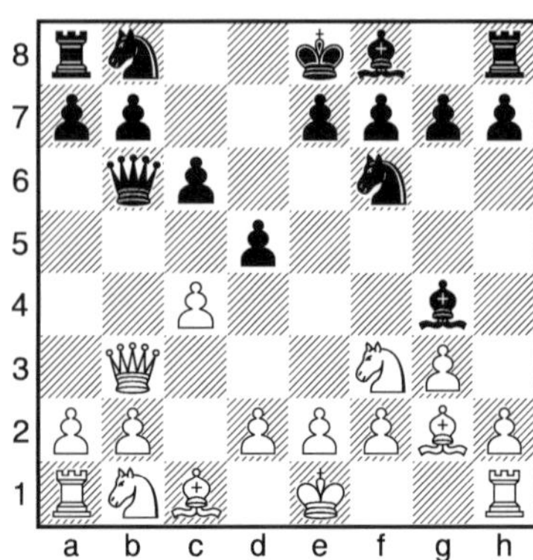

6.♘c3

Der Abtausch der Damen und der damit entstehende Doppelbauer sollten Schwarz – wie einleitend schon kurz angesprochen – keine großen Sorgen bereiten. Schauen wir uns etwas genauer an, wie es daraufhin weitergehen kann. Also: 6.♕xb6 axb6

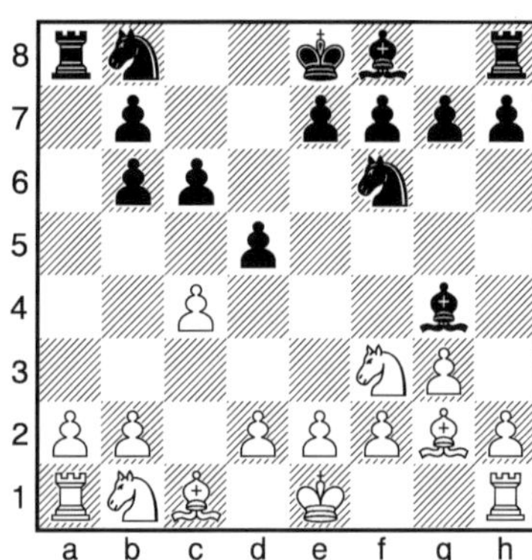

A) 7.cxd5 beantwortet Schwarz mit 7...♘xd5 und hat keine Probleme. Der weitere Aufbau beider Seiten kann beispielsweise den folgenden Weg nehmen: 8.0-0 ♘d7 9.b3 (Ins Auge fassen kann der Anziehende hier auch 9.d4 mit beispielsweise der Folge 9...e6 10.♘c3 ♘xc3 11.bxc3 b5 12.h3 ♗xf3 13.♗xf3 und vergleichbaren weiteren Aussichten beider Parteien. An einem interessanten Beispiel wollen wir uns allerdings einmal anschauen, wie sich das Spiel zu Gunsten von Schwarz entwickeln kann. Also: 13...♘b6 14.e4 ♗d6 15.d5 e5 16.♗e2 ♖a4 17.f3 ♔e7 18.dxc6 bxc6 19.♗d1 ♖c4 20.♗d2 ♖d8 Es ist dem Nachziehenden gelungen, seinen Figuren erkennbar mehr Aktivität zu verschaffen als sein Gegenüber. In unserer Referenzpartie ging es folgendermaßen weiter: 21.♗e1 ♗c5+ 22.♔h1 ♗e3 23.♗b3 ♖c5 24.♖f2 ♗xf2 25.♗xf2 ♘d7 26.♖c1 ♖a8 27.♔g1 g6 28.c4 b4 29.♗xc5+ ♘xc5. Inzwischen hat sich Schwarz ein klares Übergewicht erarbeitet, wenn auch unter einer gewissen gnädigen Mithilfe seines Gegners, Soyez – Feller, Le Grand Bornand 2007. Dieser hat seine Aufgabe, die Aktivität seiner Figuren, besonders auch der Türme, zu steigern, vernachlässigt. Verbesserungen im weißen Spiel sollten nicht zuletzt darauf abzielen, dieses Defizit auszuräumen.) 9...♘b4 10.♘c3 g6 11.a3 ♗g7 12.♗b2 ♘c2 13.♖ac1 ♗xf3 14.♖xc2 (Auf 14.♗xf3 würde Schwarz mit 14...♘d4 einen klaren Vorteil einheimsen.) 14...♗xg2 15.♔xg2 0-0 16.b4 b5 17.♗c1 f5 mit dem Plan e7-e5 und einem ausgezeichneten Spiel, Breier – Thiel, Bochum 2014.

B) 7.♘e5 dxc4 8.♘xc4 ♗e6 9.b3 (Der Bauernraub 9.♘xb6?? wäre wegen 9...♖a6 natürlich ein krasser Fehler, der eine Figur kostet.) 9...b5 10.♘ca3 g6 11.♗b2 ♗g7 12.♘c2 0-0 13.d3 ♖d8 14.♘d2 ♘a6 Von dieser mit herkömmlichen Zügen erreichten Stellung aus kam Schwarz relativ plötzlich über die Zugfolge 15.0-0 ♘e4 16.♘xe4 ♗xb2 17.♖ab1 ♗g7 18.♖fc1 h6 19.f4 f5 20.♘f2 ♗c3 zu einer dem Gegner überlegenen Aktivität, Vrana – Kalod, Oberwart 2007.

Weiter nach 6.♘c3 in der Hauptvariante:

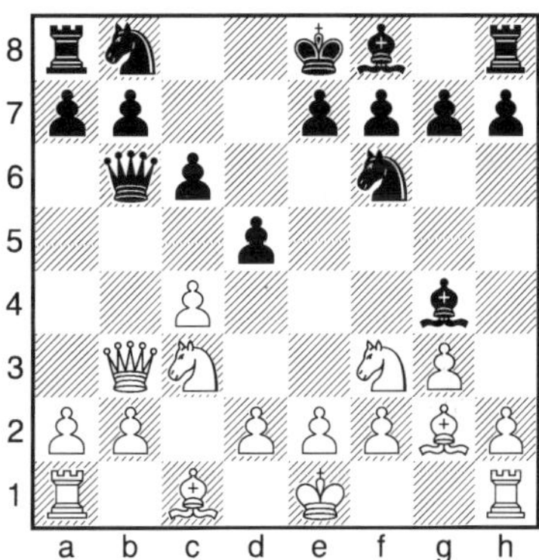

6...e6

Dieser schlichte Entwicklungszug, der hier denn auch als die gebräuchlichste Fortsetzung bezeichnet werden kann, ist nicht die einzige Option für Schwarz. In Betracht kommt auch 6...♗xf3!?.

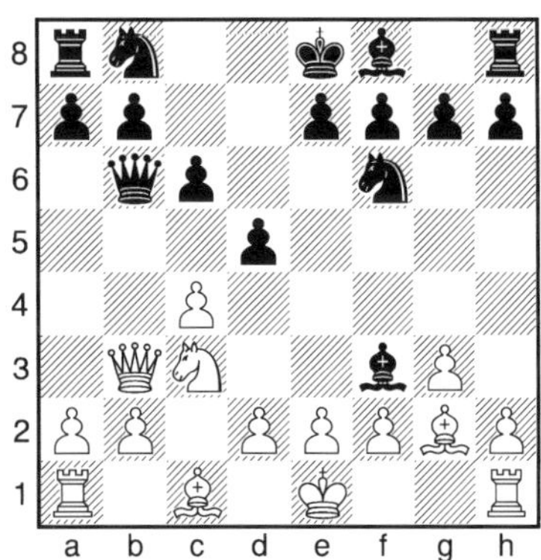

Der Zug folgt der Idee, nach 7.♗xf3 sofort 7...d4 zu spielen. 8.♘e4 (Im Duell Carlier – Bierenbroodspot, Niederlande 2007, zog der Anziehende zunächst den Damentausch auf b6 vor, bevor er seinem Springer erlaubte, sich dem Angriff durch den feindlichen Bauern zu entziehen. Dies führte zu der folgenden Entwicklung: 8.♕xb6 axb6 9.♘e4 ♘xe4 10.♗xe4 e5 mit – hinsichtlich der Bauernstellung am Damenflügel – vertauschten Rollen der beiden Kontrahenten. Die sich in diesem Beispiel anschließende Zugfolge war eher günstig für Schwarz. Also: 11.e3 ♘d7 12.exd4 exd4 13.0-0 ♗d6 14.b3 ♘c5 15.♗b2 ♘xe4 16.♖fe1 ♔d7 17.♖xe4 c5 18.♔f1 f5 19.♖e2 f4 20.a4 ♖hf8 Der Nachziehende hat sich ein aktives Spiel verschafft. Nach der Verdoppelung seiner Türme auf der f-Linie nebst h7-h5-h4 bekam er einen starken Angriff am Königsflügel.) 8...♕xb3 9.axb3 ♘xe4 10.♗xe4 e5 11.d3 In diesem Beispiel greift Weiß das schwarze Bauernzentrum nicht sofort mit 22.e3 an und hat Erfolg damit. 11...♘d7 12.♔d1 ♗b4 13.♗d2 ♗xd2 14.♔xd2 ♘c5 15.♖a3 ♔e7 16.♖ha1 Bis hier kann der Anziehende recht zufrieden sein. Nach dem Schließen des Zentrums hat er sein Interesse auf den Damenflügel verlegt, wo er nun mehr Einfluss als sein Gegner entwickelt. In der Begegnung Andok – Strunsky, Playchess.com INT 2011, gelang es Schwarz dann aber, über die Variante 16...a6 17.b4 ♘e6 (17...♘xe4+ 18.dxe4 ♖ad8 reicht aus, um sich gleiches Spiel zu sichern.) 18.b5 cxb5 19.cxb5 ♖ab8 20.♖c1 ♖hd8 zu einem ungefähren Stellungsausgleich zu kommen.

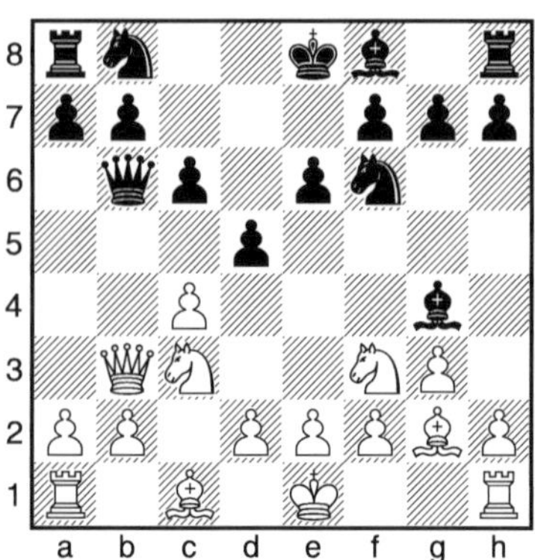

7.d3

Hier haben die Weißspieler auch schon ihre Erfahrungen mit 7.0-0 und 7.d4 gesammelt. Ohne besonders tief darauf eingehen zu wollen, schauen wir uns nachfolgend zu-mindest tendenziell die möglichen Konsequenzen beider Alternativen an. Also:

I. 7.0-0 ♘bd7 Mit diesem Zug „fast für alle Fälle“ kommt Schwarz auch an dieser Stelle gut zurecht. (Er kann aber auch mit 7...♕xb3 8.axb3 und dann beispielsweise 8...♘a6 [Der Springer hat das Ziel c5.) 9.♘e5 ♘c5 10.♘xg4 ♘xg4 11.b4 ♘b3 um Ausgleich kämpfen, Carlier – Smeets, Enschede 2006.] 8.d4 ♗e7 9.♖d1 ♗h5 10.♗f4 h6 11.♖ac1 0-0 12.♘e5 ♕xb3 13.axb3 ♖fd8. Beim Übergang von der Eröffnung ins Mittelspiel sind die Perspektiven beider Seiten in etwa gleich, Ribli – Larsen, Tilburg 1980.

II. 7.d4 kann Schwarz ebenso mit seinem Standardzug 7...♘bd7 beantworten. 8.0-0 ♗e7 (Schwarz kann auch die Spannung mit 8...dxc4 auflösen. Nach 9.♕xc4 ♗e7 10.♘e5 ♗h5 11.♗g5 ♖d8 12.♘d3 h6 13.♗d2 0-0 hat er zumindest exemplarisch bewiesen, dass die Variante für ihn spielbar ist, Ohse – Van Son, Deutschland 2012.) 9.♖d1 Andere Züge sind ungefährlich für Schwarz. (Die Festlegung 9.c5 mit Anrempelung seiner Dame pendelt er mit 9...♕a6 aus, von der Idee begleitet, b7-b6 folgen zu lassen und sich Raum für Aktionen am Damenflügel zu schaffen. Ein Beispiel dazu: 10.♖e1 b6 11.cxb6 axb6 12.e4 dxe4 13.♘xe4 ♘xe4 14.♖xe4 ♗f5 15.♖e1 0-0 16.♗f4 ♖ac8=, Bernadskiy – Velicka, Brezova 2010. Wenn Weiß 9.♕a4 voranstellt, ist das Feld a6 für die schwarze Dame kein gutes Ziel. Deshalb zieht sie sich nach 9...0-0 10.c5 mit 10...♕d8 zurück. Nach beispielsweise 11.b4 ♗xf3 12.♗xf3 e5 13.e3 a6 14.♗g2 ♖e8 15.♕c2 ♗f8 16.♖b1 g6 hat der Nachziehende ausreichend Spiel, das ihm den Gleichstand der Chancen sichert, Inarkiew – Belozerow, St. Petersburg 2012.) 9...♗h5 10.♗f4 h6 11.♖ac1 0-0 12.♘e5 ♕xb3 13.axb3 ♖fd8 Auch diese Variante schließt Schwarz mit einem ausgeglichenen Ergebnis ab, Ribli – Larsen, Tilburg 1980.

7...♘bd7

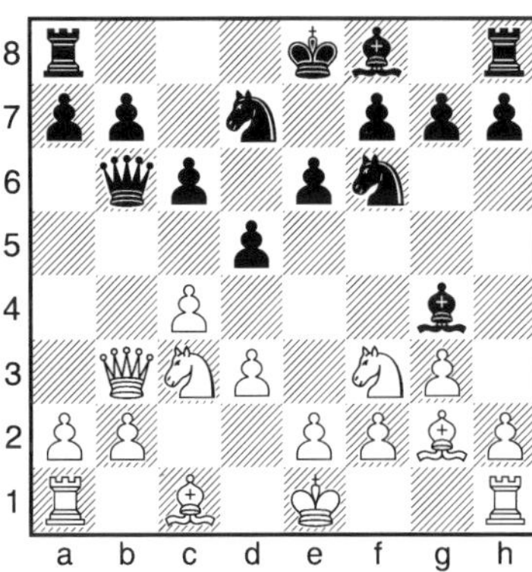

8.0-0

8.♗e3 kann Schwarz unter Fortsetzung seiner Entwicklung gut mit 8...♗c5 beantworten. Nach der Stellungsvereinfachung mit 9.♕xb6 axb6 10.♗xc5 ♘xc5 (10...♗xf3!? 11.♗xf3 bxc5 ist eine interessante Alternative, die weitere Analysen lohnen kann.) haben beide Seiten kaum Möglichkeiten, um sich auf nahe Sicht einen bemerkenswerten Vorteil zu erarbeiten. Über die exemplarische Variante 11.♘e5 ♗f5 12.a3 ♘fd7 13.♘xd7 ♔xd7 14.♖d1 dxc4 15.dxc4+ ♔e7 16.e4 ♗g6 17.h4 h6 18.h5 ♗h7 19.♔e2 ♘a4 20.♘xa4 ♖xa4 erreichen sie ein Endspiel unter gleichen Perspektiven, Gravel – Ramaswamy, Montreal 2003.

8...♗e7 9.♕c2 0-0

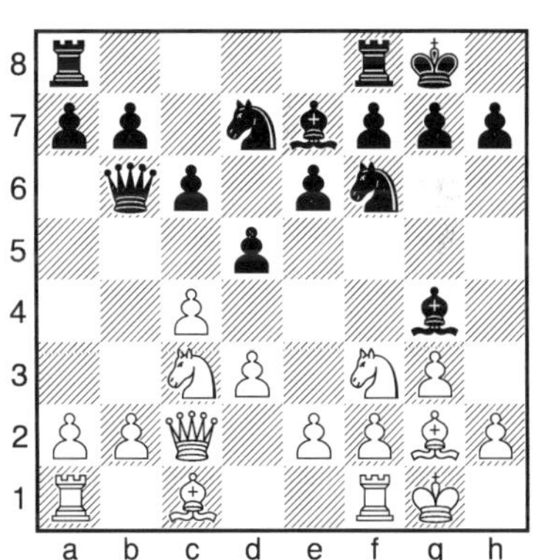

10.b3

Der b-Bauer sorgt für die weitere Deckung seines Kollegen auf c4. Zugleich schafft er die Voraussetzung dafür, dass der Läufer bei einer guten Gelegenheit nach b2 entwickelt werden kann. Es gibt aber Alternativen, auf die der Anziehende an dieser Stelle recht gut ausweichen kann. Zum Teil verbinden sie sich mit weißen Möglichkeiten auf dem Damenflügel. In Anlehnung an mehrere junge Beispiele aus der Praxis wollen wir einen kurzen Blick darauf werfen. Also:

I. 10.♗e3 ♕a6 (Nach 10...♕c7!? bringt die Variante 11.cxd5 ♘xd5 12.♗d2 ♖fd8 Schwarz Stellungsausgleich ein. 10...♗c5?? wäre hier, anders als nach 8.♗e3 in der Anmerkung zu 8.0-0, natürlich sehr schlecht, weil Weiß mit 11.♘a4 usw. Material gewinnt.) 11.b3 In der Partie Movsesian – Potkin, Dubai 2014, ging es nun mit 11...♖ac8 12.h3 ♗h5 13.♖ac1 ♖fd8 14.♕b1 ♗xf3 15.exf3 ♗a3 16.♖cd1 weiter. An dieser Stelle hätte Schwarz nun 16...b5 spielen sollen, was ihm Gegenspiel am Damenflügel eingeräumt hätte.

II. 10.♗f4 dxc4 (Nicht ganz klar ist die Qualität von 10...♕a6 an dieser Stelle. Durch den zweiten Angriff auf den Bauern c4 zwingt er Weiß zwar zum Handeln, aber nach 11.cxd5 cxd5 12.h3 ♗h5 13.e4 wird deutlich, dass dies nur zu einer intermezzoartigen Initiative führt. Im Duell Andriasian – Debashis, Dubai 2014, setzten beide Kontrahenten ihr Ringen mit 13...♖ac8 14.e5 ♘e8 15.d4 ♘c7 16.♖fc1 ♘b8 17.♕d2 ♘c6 18.g4 ♗g6= fort, woraufhin keinem von ihnen ein Plus an Chancen bestätigt werden konnte.) 11.dxc4 ♖fd8 12.♖fd1 ♗h5 Schwarz kann auf Ausgleich hoffen, hat ihn aber noch nicht in der Tasche.

III. 10.e4 sucht den direkten Weg in der Mitte. 10...dxe4 11.dxe4 ♕c7 Auf der Diagonale b8/h2 sichert sich die Dame einen hohen Einfluss auf das Spiel.

(Es geht auch 11...e5, womit Schwarz seinem Gegenüber ebenfalls die Fantasie auf der Diagonale b8/h2 nehmen kann. Nach 12.♗e3 weicht die Dame auch hier am besten mit 12...♕c7 aus. Die folgende und in sich gut nachvollziehbare Zugfolge, ein Fragment aus der Partie Arencibia Rodriguez – Diez Gonzalez, Malaga 2001, zeigt, wie es beispielsweise weitergehen kann.

13.♘a4 b6 14.♘e1 ♖fe8 15.♘d3 ♘f8 16.f3 ♗h5 17.♗h3 ♖ad8 18.♖ad1 h6 19.♘c3 ♘6h7 20.♖d2 ♘g5 21.♗g2 ♘ge6= und die schwarzen Aussichten sind den weißen ebenbürtig.)

12.♘d4 ♖ad8 13.♗e3 ♗h5 14.f3 ♗g6 15.♕e2 ♖fe8 und Schwarz hat eine solide Position. In der Begegnung Argiroudis – Bellos, Vrachati 2013, ging es positionell mit 16.♔h1 e5 17.♘b3 ♘f8 18.♗h3 ♘6d7 19.♖ac1 f6 20.♕f2 ♗f7 weiter und Schwarz konnte zufrieden sein.

IV. 10.cxd5 ist noch weitgehend unerprobt, bietet also noch viel Raum für eigene Untersuchungen.

10...cxd5 Hier nun sollte Weiß seine Entwicklung mit 11.♗e3!? fortsetzen.

(Im Duell Yeroyan – Zhigalko, Moskau 2016, spielte der Anziehende 11.e4? und geriet nach 11...d4 12.♘e2 e5 zunehmend unter Druck. 13.♕d1 ♖ac8 14.♘d2 ♕a6 15.h3 ♗xe2 16.♕xe2 ♘c5 Hier spätestens musste er anerkennen, dass er strategisch das Nachsehen hatte. Es folgte 17.f4 ♕xd3 18.♕xd3 ♘xd3 19.fxe5 ♘d7 20.♘f3 ♘7xe5 21.♘xe5 ♘xe5 22.♖d1 ♖c2 23.b3 ♖fc8 mit einem entscheidenden schwarzen Vorteil.)

V. 10.h3 ♗h5

(Die Alternative ist 10...♗xf3 mit der möglichen Folge 11.♗xf3 d4 12.♘e4 ♘xe4 13.♗xe4 f5 14.♗g2 e5 15.a3 a5= und Gleichstand.)

11.e4 Diese Variante entwickelt einige Parallelen zu jener unter III. mit 10.e4. Entsprechend lohnt es sich, hin und wieder einen kurzen Blick dorthin zurück zu investieren.

11...dxe4 12.dxe4 ♗xf3 13.♗xf3 e5 14.♗e3 ♕c7 15.♘a4 ♖fd8 16.♖fd1 b6 mit dem Plan ♘d7-f8-e6 und etwa gleichen Chancen, Lopez Martinez - Ladron de Guevara Pinto, Linares 2017.

10...e5 11.h3

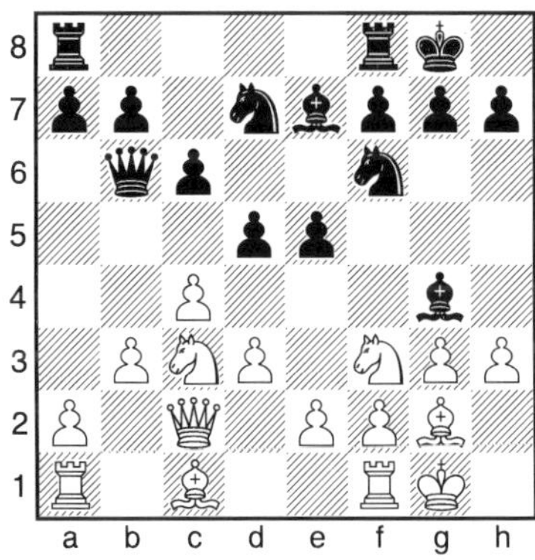

11...♗xf3

Es ist durchaus angebracht für den Nachziehenden, sich schon hier von seinem Läufer zu trennen, denn auch in der mit 11...♗f5 eingeleiteten Variante ist sein Leben nicht von langer Dauer. Ein kurzes Beispiel dazu: 12.g4 ♗e6 13.♘g5 d4 14.♘a4 ♕c7 15.♘xe6 fxe6 16.e3 ♘c5 17.♘xc5 ♗xc5 18.♕e2 ♖ae8 mit etwa gleichem Spiel, aber einem schwarzen Doppelbauern auf der e-Linie, Burmakin - Debashish, Balaguer 2009.

12.♗xf3 d4 13.♘a4 ♕c7

Wir wollen der Referenzpartie, an die wir unsere Hauptvariante angelehnt haben, noch etwas weiter folgen. Die nachfolgenden Züge sind als eine exemplarische Darstellung zu verstehen, denn natürlich können beide Seiten in der Folge ihren Vorteil in Abweichungen suchen. Also:

14.e4 dxe3 15.♗xe3 ♖fd8 16.♖ad1 ♘f8 17.d4 exd4 18.♗xd4 ♘e6 19.♗e3 ♕a5 20.♗g2 h6 mit Remis, Lysyj - Charitonow, Cheboksary 2006.

Zusammenfassung: In dieser Variante kämpft Schwarz mit Aussicht auf Erfolg um den Ausgleich. Statt 5...♕b6 empfehlen wir 5...♕c8 zum Gegenstand weiterer Forschungen zu machen. Summa summarum hat der Nachziehende nach der Entwicklung seines Läufers nach g4 insge-samt recht gute Karten im Kampf um ein ausgeglichenes Spiel.

Kapitel 10
Fortsetzung 4...e6

1.♘f3 d5 2.c4 c6 3.g3 ♘f6 4.♗g2 e6

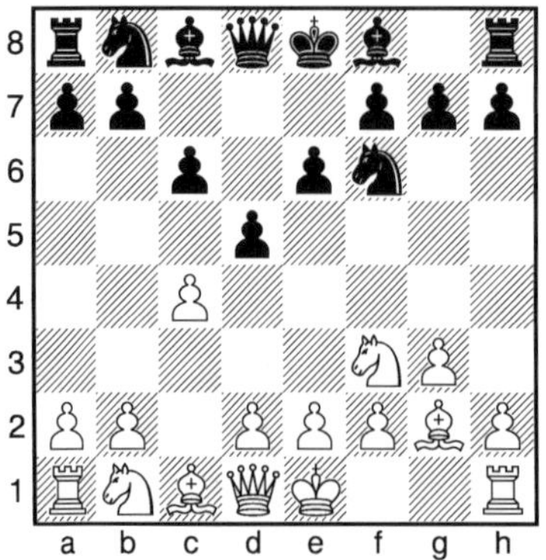

5.b3

In diesem Kapitel muss mit Zugumstellungen gerechnet werden, die das Spiel in Varianten lenken, die wir in den Abspielen 1 und 2 behandeln. Schon an dieser Stelle werden sie über die Alternativen:

5.0-0 (**Abspiel 1**) und 5.♕c2 (**Abspiel 2**) erreicht.

5...♗e7

Der Nachziehende will schnell die Entwicklung seines Königsflügels abschließen. Es gibt allerdings eine Reihe weiterer Möglichkeiten für ihn, von denen wir 5...♗d6, 5...a5 und 5...b5 als besonders relevant ansehen und nachfolgend behandeln.

I. 5...♗d6 ist unter dem Aspekt der Entwicklung des Königsflügels ebenso gut geeignet wie der Textzug. 6.♗b2

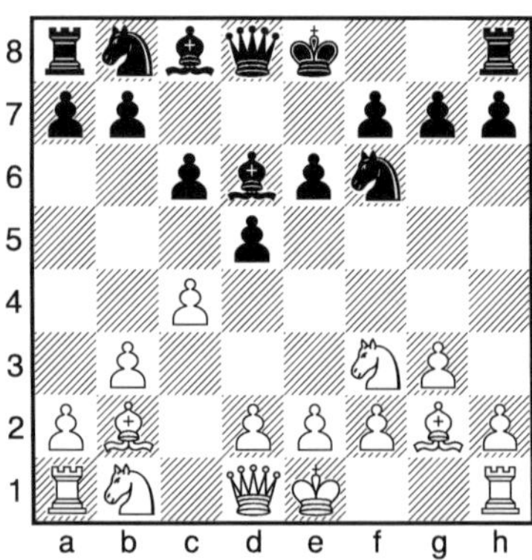

A) 6...♘bd7 Der Standardzug, der jetzt oder später in der Praxis nur sehr selten ausgelassen wird. 7.♘c3 0-0 8.0-0 a6 9.d3 b5 Dieser Bauernvorstoß ist die konsequente Fortsetzung des mit dem Vorbereitungszug 8...a6 verbundenen Gedankens, aber vielleicht ist er an dieser Stelle nicht optimal platziert. (Sehr zu prüfen ist eine kurze Zurückstellung dieses Planes und stattdessen 9...e5!?, worauf die natürliche Folge 10.e4 dxe4 11.dxe4 ♕e7 12.♕c2 und nun erst 12...b5 dem Nachziehenden ein feines Gegenspiel verschaffen würde.) 10.e4 ♗b7 11.♕e2 Beide Seiten stehen kurz vor dem Abschluss der Aktivierung ihrer Kräfte. Über den Anzugsvorteil hinaus hat Weiß bislang keinen Vorteil herausarbeiten können. In der Begegnung Rooze – Kurka, Plowdiw 2013, beharkten sich die beiden Kontrahenten nun wie folgt: 11...dxe4 12.dxe4 e5 13.♖fd1 ♕c7 14.♘h4 g6 15.♘b1 ♖fe8 16.♘d2 ♗c5 17.♘f1 ♕b6 18.♖ac1 h5 nebst ♖a8-d8 und etwa gleichen Perspektiven in Richtung eines erfolgreichen Partieausgangs.

B) Schwarz kann aber auch an seinem ursprünglichen Vorhaben festhalten und sofort 6...0-0 spielen. Es dürfte sich dann in der Regel eine ähnlich ruhige Entwicklung anschließen wie in den gerade verlassenen Bahnen. Ein Beispiel dazu: 7.0-0 ♘bd7 8.d3 ♖e8 (8...♕e7 war der Favorit des Nachziehenden in der Begegnung Amin – Guevara, Tromsö 2014. Es folgte 9.a3 ♖e8 10.♘c3 ♘f8 11.b4 e5 12.cxd5 cxd5 13.♘d2 ♗e6 14.e4 und nun hätte er 14...dxe4 spielen sollen, das ihm gleiche Chancen gebracht hätte.) 9.♘c3 e5 10.e4 Es ist ein typisches Bild auf dem Brett entstanden. Weiß hat sich flexibel aufgestellt, um auf jede nun mögliche Entscheidung seines Gegners gut reagieren zu können. So wird er beispielsweise im Fall eines Bauerntausches Spiel auf der d-Linie entwickeln können und bei einer Schließung des Zentrums Möglichkeiten auf dem Damenflügel wie auch über einen Vorstoß seines f-Bauern erhalten. In der Partie Onkoud - Zozek, Tromsö 2014 ging es wie folgt weiter: 10...dxc4 11.dxc4 ♘c5 12.♕c2 a5 13.h3 ♕c7 14.♖ad1 h6 15.♖d2 ♗e6 16.♖fd1 ♖ad8. Die Aussichten beider Seiten waren gleich.

II. 5...a5

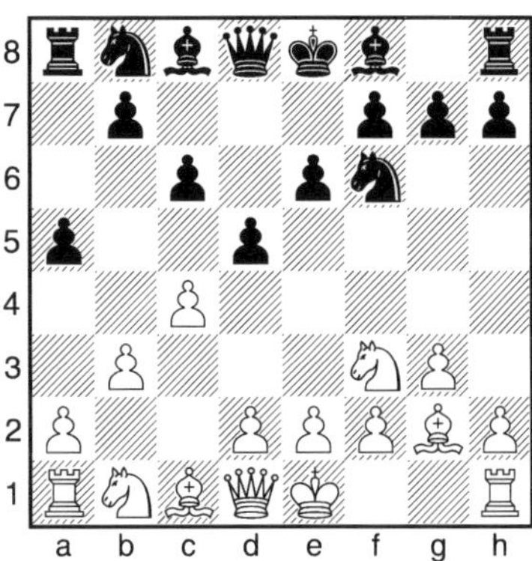

In unseren Erörterungen dieser Alternative für Schwarz nutzen wir die Partie Nikolic – Cifuentes Parada, Rotterdam 1997, als roten Faden. Mit dem Textzug verfolgt er in erster Linie das Ziel, Weiß bei der Entwicklung seines Damenflügels zu stören.

A) 6.♘c3 verhindert ein schwarzes Vorgehen wie im genannten Duell. Das Spiel nimmt dann eine deutlich andere Richtung. Ein paar beispielhafte Möglichkeiten dazu: 6...b6 (Benoni-Freunde aufgepasst! Mit 6... d4!? kann das Boot in diese Gewässer der Theorie gelenkt werden. Für Schwarz ist dies hier keine schlechte Option.) Eine natürliche weitere Entwicklung der Kräfte kann auf beiden Seiten in etwa nach dem Muster erfolgen, das uns die Begegnung Mohr – Estremera Panos, Cordoba 1991, vermittelt. Also: 7.0-0 ♗b7 8.cxd5 exd5 9.e3 ♘bd7 10.♕c2 ♗e7 11.♘d4 0-0 (Als Alternative wird hier auch 11...g6!? genannt, die aber nach 12.♗b2 0-0∞ in ihren Konsequenzen nicht ganz klar wird.) 12.♘f5 ♖e8 13.♘xe7+ ♕xe7 14.♗b2 ♗a6 (Zu beachten ist 14...♖ac8!? mit dem Plan, bei guter Gelegenheit c6-c5 zu spielen.) 15.♖fd1 ♕e6 16.d3 ♘e5 17.♘a4 ♖ab8. Die Karten sind gut gemischt, die Trümpfe liegen auf beiden Seiten.

B) 6.0-0 a4 7.♗b2 a3 8.♗c1 (8.♗c3 mit der Absicht, den bedrängten Läufer gegen den gegnerischen Springer auf f6 abzutauschen, sah der Anziehende in der Partie Landa – Rodin, Azow 1996, als guten Ausweg an. Es folgte 8...b5 9.♗xf6 ♕xf6 10.d4 ♘d7 11.♘bd2 ♗b4 12.e4 0-0 mit einer komplizierten Stellung.) 8...b5 9.d4 ♗e7 10.c5 Schneidet den Bauern auf a3 von einer Deckung ab. 10...b4 11.♘e1 Der weiße Plan ist klar. Er will ♘d3 und ♘d2 spielen, nachfolgend dann e2-e4. In unserer Referenzpartie ging es nun wie folgt weiter: 11...♘a6 12.♘d2 e5 13.dxe5 ♘d7 14.e4 ♘dxc5 15.exd5 cxd5 16.♘df3 ♘e4 17.♘d4 ♘c3 18.♕h5 ♕b6 19.♗e3 ♗c5 20.♘ef3 (Auf 20.♘ec2 hat Schwarz so wie in der Partie Gelegenheit zur Rochade.) 20...0-0. In dieser Stellung sollte Schwarz Ausgleich halten können. Sein Plan richtet sich auf das Manöver ♘a6-c7-e6 usw.

III. 5...b5 6.0-0 ♗a6

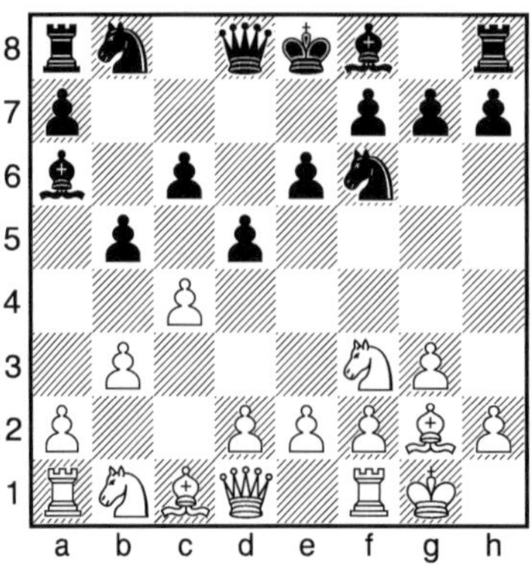

A) 7.d3 bxc4 (Weniger folgerichtig ist 7...♘bd7, z.B. mit der Entwicklung 8.♘bd2 ♕b6 9.♕c2 ♖d8 10.♗b2 ♗e7 11.♖ac1 und Weiß hat sich einen leichten Eröffnungsvorteil gesichert, Cernin – Bazant, Prag 2014.) 8.dxc4 ♘bd7 9.♗b2 ♗e7 10.♘bd2 0-0 mit ungefähr gleichem Spiel.

B) 7.cxd5 cxd5 (Als fehlerhaft einzuschätzen wäre 7...exd5?, was sich in der Sequenz 8.♗b2 ♗e7 9.d3 0-0 10.e4 dxe4 11.dxe4 b4 12.♖e1 ♕xd1 13.♖xd1 ♘bd7 14.♘bd2 zeigen dürfte. Weiß hat mehrere Optionen, auf denen er seine Aktivitäten aufbauen kann. Hierzu zählen besonders auch die zentralen Linien für seine Türme, die halboffene c-Linie mit einer Angriffsmarke in der Form des schwachen schwarzen Bauern. Seinen Perspektiven gebührt der Vorzug.) 8.♗b2 ♗e7 9.d3 0-0 10.♘bd2 (Zu 10.e4 dxe4 11.dxe4 b4 12.♖e1 ♕xd1 13.♖xd1 ♘bd7 14.♘bd2 ♘c5 kam es in der Partie Hartoch – Kurajica, Beverwijk 1974. Das erreichte Gegenspiel verleiht dem Nachziehenden ordentliche Chancen.) 10... ♘c6 11.a3 b4 12.axb4 ♘xb4 13.♘e5 ♕b6 14.♘df3 ♖ac8. Schwarz hat keine Schwierigkeiten, Romanischin – Kurajica, Costa Catalana 1977.

6.♗b2 0-0 7.0-0 ♘bd7

Der Plan von Schwarz richtet sich auf eine schnelle Mobilisierung seiner Kräfte am Damenflügel, um dort ein Gegenspiel zu organisieren.

Der sofortige Bauernvorstoß 7...b5!? wie in der Partie Naiditsch – Vaznonis, Plowdiw 2010, müsste auch gehen. Hier ging es wie folgt weiter: 8.♕c2 ♗b7 9.d3 bxc4 10.dxc4 ♘bd7

11.♘bd2 ♕b6 12.e4 ♘xe4 13.♘xe4 dxe4 14.♕xe4 c5 15.♕c2 ♗f6 16.♖ad1 ♖ad8. Schwarz ist es gelungen, den Ausgleich zu behaupten.

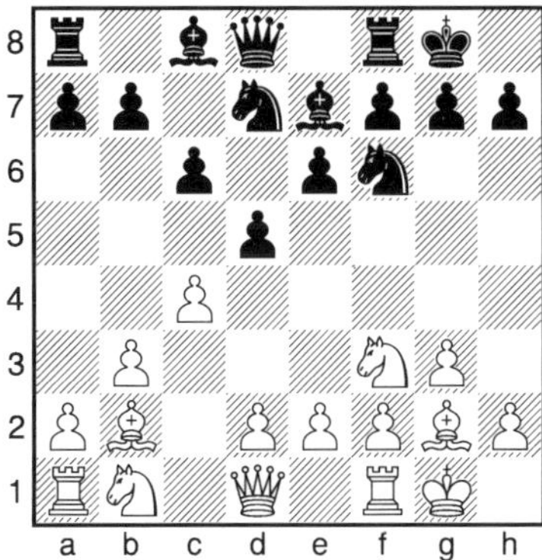

8.d3

Der Bauer räumt das Feld d2 für den noch auf b1 stehenden Springer. Weiß kann dessen Aktivierung natürlich ebenso über c3 laufen lassen. Auch damit einhergehende Pläne wollen wir uns kurz anschauen. Also:

I. 8.e3 b6 9.♕e2 (Interessant ist auch das Springermanöver 9.♘c3 und nach 9...♗b7 mit der Fortsetzung 10.♘e2. Nach nun 10...♗d6 11.d4 a5 ist die Lage auf dem Brett ungeklärt, verspricht Weiß aber ein aktives Spiel.) 9...a5 10.♘c3 ♘c5 11.♘e5 ♗b7 Beide Parteien sind bis hier gut aus den Startlöchern gekommen und können nun dazu übergehen, ihren Einfluss auszubauen. Die weißen Optionen konzentrieren sich zu-nächst auf das Zentrum, die schwarzen auf den Damenflügel. Weitergehen kann es beispielsweise wie folgt: 12.♖fd1 a4 13.d4 a3 14.dxc5 axb2 15.♕xb2 ♗xc5 16.cxd5 exd5 17.b4 ♗d6 18.♘f3 ♕e7 19.a3 g6 20.♖ac1 ♖fd8 21.♕b3 c5. Der erste Rauch hat sich verzogen, die erreichte Stellung vermittelt beiden Seiten weitgehend identische Aussichten auf den Partieerfolg, Shetty - Enkhbat, Rockville 2014.

II. Weiß kann seinen Springer natürlich auch sofort nach c3 spielen. Die Konsequenzen können folgendermaßen aussehen: 8.♘c3 b6. Eine schnelle Aktivierung des Läufers nach c8 kann nur über die Diagonale a6/b8 laufen. 9.d3 (Mit 9.♕c2 würden wir die Folgevariante erreichen.) 9...♗b7 10.e4 dxe4 11.dxe4 ♕c7 (Zum Ausgleich reicht 11...e5 12.♕c2 ♕c7=.) 12.♕e2 e5 In der Partie Kjartansson - Flear, Hastings 2013, trugen beide Seiten ihren Anteil daran, dass sich ein zweischneidiges Spiel entwickelte. Dies geschah auf dem Weg 13.♘g5 h6 14.♘h3 ♖ad8 15.f4 exf4 16.gxf4 ♘c5 17.e5 ♘h7 18.♖ad1 f5 19.b4 ♘e6 20.a3 a5. Natürlich steht das Duell auf des Messers Schneide und der Ausgang ist noch völlig offen, dennoch hat Weiß unseres Erachtens hier die Nase etwas vorn. In Sachen Raum und Aktivität ist er seinem Gegner leicht überlegen. Zum Sieg in der Partie reichte dies nicht, sie endete mit einem Remis nach 69 Zügen.

III. 8.♕c2 Abweichend zu den beiden Vorgängervarianten legt sich der Anziehende hier auf eine Entwicklung seiner Dame jenseits von e2 fest. 8...b6 9.♘c3 ♗b7 Auch hier ist der Aufbau b7-b6 und ♗c8-b7 die schwarze Methode der Wahl. 10.d4 ♖c8.

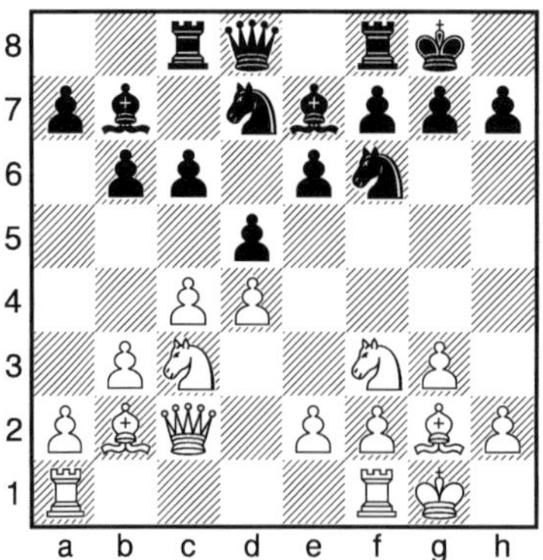

A) 11.e4 ♗b4 12.♘d2 a6 13.a3 ♗e7 14.♖fe1 a5. Weiß ist etwas aktiver und initiativer aufgestellt und agiert somit aus einer leicht vorteilhaften Stellung heraus. Wir folgen einem praktischen Beispiel von der Turnierbühne, um uns einen Eindruck davon zu verschaffen, wie beide Seiten in diesem Fall ihr Spiel anschließend organisiert haben und daraus Rückschlüsse ziehen zu können. Also: 15.exd5 cxd5 16.♘b5 ♗a6 17.a4 ♘b8 18.♕d3 ♘c6 19.♖ac1 ♗b7 20.♕e2 ♘b4 21.♘f1 ♕d7 22.♘e3 ♖fd8. Der frühere leichte weiße Vorteil hat sich verflüchtigt, nunmehr sind beiden Kontrahenten gleiche Chancen zu attestieren, Vitouch - Lenic, Österreich 2015. Im Ergebnis bleibt festzustellen, dass die Suche nach Verbesserungen nicht zuletzt auch für Weiß auf der Basis unserer Stellung nach dem 14. Zug lohnenswert sein dürfte.

B) In der Partie Kramnik - Wei, London 2014, schaltete Weiß dem Vorstoß des e-Bauern die Aktivierung seines a-Turms vor. 11.♖ad1 ♕c7 12.e4 dxe4 13.♘xe4 ♘xe4 14.♕xe4 ♘f6 15.♕e5 ♖fd8 16.♕xc7 ♖xc7 17.♘e5 b5 18.♗c3 b4 19.♗b2 a5∞. Weiß gewann, indem er seinen Gegner im 43. Zug mattsetzte.

Weiter in der Hauptvariante nach 8.d3:

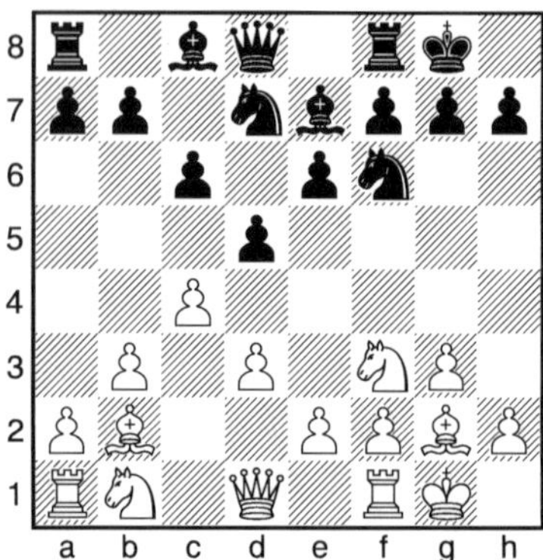

8...b5!?

Mit diesem nachdrücklichen Vorgehen sucht Schwarz ein Gegenspiel am Damenflügel zu erlangen. Möglich ist auch 8...a5 9.♕c2 a4 usw.

9.♘bd2

Mit anderen Versuchen hat Weiß an dieser Stelle bislang noch keine Verbesserungen erreicht. Schauen wir uns die relevantesten Alternativen zu unserem Textzug kurz an:

I. 9.e4 bxc4 10.e5 ♘e8 11.dxc4 (Oder 11.bxc4 ♖b8 12.♕c2 ♕b6 13.♗c3 c5 mit der Idee d5-d4.) 11...a5 (11...♕b6!? 12.♘bd2 a5 13.♕c2 ♘c7 14.♖ac1 ♘a6 15.a3 ♖b8 16.♖fe1 ♘ac5 ist auch nicht schlecht für Schwarz, Feustel - Dieks, Bad Aibling 1974.) 12.a3 ♖b8 13.♕c2 ♕b6 14.♘bd2 ♗a6 15.♗d4 c5 mit ausreichendem Gegenspiel für Schwarz, Van der Elburg - Strating, Hengelo 2002. Sobald er die Situation seines Springers auf e8 verbessert hat, sind seine größten frühen Baustellen zufriedenstellend ausgeräumt.

II. 9.♕c2 ♗b7 10.e4 ♖c8 (Im Duell Obukchow – Kaiumow, Alushta 2002, machte der Anziehende gute Erfahrungen mit 10...♕b6!?. Nach 11.e5 ♘e8 12.♘c3 ♘c7 13.♖fe1 ♖fc8 14.h4 c5 besaß er einen massiven Einfluss auf dem Damenflügel. Hier erlauben wir uns ausnahmsweise mal die Wiedergabe eines sehr langen Partieausschnitts, weil es wirklich lehrreich ist, das beiderseitige Ringen um kleine positionelle Fortschritte zu studieren. 15.♕d2 b4 16.♘e2 d4 17.♘f4 ♘f8 18.a4 bxa3 19.♗xa3 ♖d8 20.♖eb1 ♘a6 21.♕e1 ♖d7 22.♘g5 ♗xg5 23.hxg5 ♕d8 24.♗c1 ♘b4 25.♗xb7 ♖xb7 26.♕e4 ♖ab8 27.♘e2 ♕c7 28.f4 ♕c6 29.♕xc6 ♘xc6 30.♗a3 ♘d7=) 11.e5 ♘e8 12.♘c3 ♘c7 13.h4 c5 Auch hier wieder begegnet uns die massive schwarze Bauernfront von b5 bis d5. Indes können wir nun beobachten, welche Abläufe möglich werden, wenn Schwarz diese nicht nutzt, um die Stellung in diesem Sektor zu verriegeln. Also: 14.♖fe1 a6 15.a4 bxc4 16.dxc4 ♖b8 17.♖ad1 ♗a8 18.♗c1 d4 19.♘e4 f5 20.exf6 gxf6 21.g4 ♖f7 22.♗f4 e5 23.♗c1 ♖g7. Der Nachziehende hat sich ein ausgezeichnetes Spiel erarbeitet, Pantsulaia – Bruzon Batista, Tromsö 2014.

Zurück zur Hauptvariante:

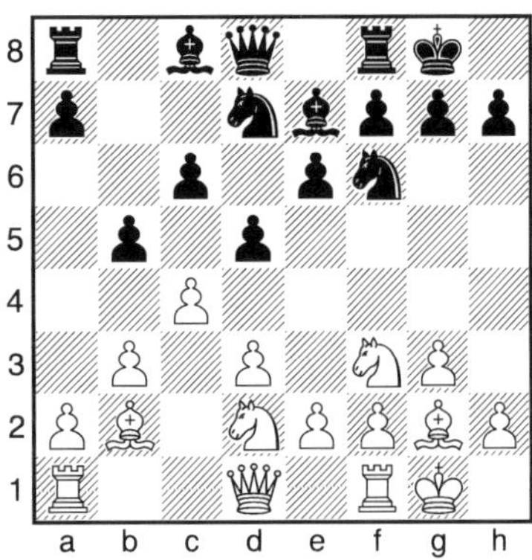

9...a5

Es ist Schwarz dringend anzuraten, aktiv am Damenflügel vorzugehen. Möglich ist dabei wohl auch 9...♕b6!? mit beispielhaft den folgenden Konsequenzen: 10.♕c2 (10.♖c1 war der weiße Favorit im Duell Dann – Braun, Berlin 2014. Hier ging es in der Form 10...♗b7 11.♖c2 a5 12.e4 ♖fd8 13.♕e2 a4 14.cxd5 cxd5 15.♗d4 ♕a6 16.h3 ♖ac8 17.♖fc1 ♕a8 18.♘e5 ♘xe5 19.♗xe5 ♖xc2 20.♖xc2 ♘d7 21.♗d4 e5 22.exd5 ♗xd5 23.♗xd5 ♕xd5 24.♗a1 ♘c5 25.d4 weiter, ohne dass die Remisbreite an irgendeiner Stelle ausgelotet worden wäre. Daran änderte sich auch im Anschluss nichts, sodass die Partie mit einem Remis nach 33 Zügen.) 10...♗b7 11.e4

A) 11...♖fd8 12.e5 ♘e8 13.d4 c5 14.dxc5 ♗xc5 15.♘g5 ♘f8 16.cxd5 ♖ac8 17.♘de4 ♗e7 18.♕d2 exd5 Schwarz hat seine Eröffnungssorgen überwunden, Braga – Perunovic, Dresden 2008. Auch diese Partie ging unentschieden aus, sie währte 43 Züge.

B) Es ist möglich, dass Schwarz mit 11...♖fc8 vielleicht sogar noch etwas besser fährt. Die damit auf hoher Ebene gemachten Erfahrungen deuten dies zumindest dann an, wenn der Nachziehende auf mehr als Ausgleich bei reduzierten Material spekuliert. Ein paar kurze Ausführungen dazu: 12.♖fe1 (12.a4 lässt sich gut mit 12...bxa4 beantworten, z.B. 13.♖xa4 a5 14.♖fa1 ♗b4 15.e5 ♘e8 mit einer komplizierten Lage auf dem Brett, in der beide Seiten ihr Hauptaugenmerk aktuell auf den Damenflügel gerichtet haben.) 12...a5 13.♗d4 ♕a6 14.c5 b4 15.a4 ♕a7 16.♖ac1 ♗a6 17.e5 ♘e8 18.♗h3 ♘c7 Die Stellung ist zweischneidig, Vukic - Radulow, Sarajewo 1971. Die Partie endete nach zähem Ringen im 78. Zug mit einem Remis.

10.♕c2

Einen Aufbau, der von den betrachteten Hauptvarianten wesentlich abweicht, verfolgte Schwarz in der Begegnung Benkö - Garcia, Palma de Mallorca 1971, nachdem der Anziehende hier zunächst 10.a3 eingezogen hatte. Er antwortete mit 10...♗a6 und nach 11.♕c2 mit 11...♕b8 und hatte durchaus Erfolg damit. Weiter ging es mit 12.♖ac1 e5 13.cxd5 cxd5 14.♕c7 ♗d6 15.♕xb8 ♗xb8 16.♖c2 ♖e8 17.♖fc1 h6 und Schwarz verteidigte seine Position.

10...♗b7 11.♖ac1

Die Variante 11.a3 ♕b6 12.e4 ♖fc8 13.e5 ♘e8 14.d4 bxc4 15.bxc4 c5 16.dxc5 ♘xc5 17.♗d4 ♖ab8 18.♖fc1 dxc4 19.♘xc4 ♕d8 führte in der Partie Briscoe - Burnett, Hastings 2012, zu einer Situation auf dem Brett, mit der Schwarz zufrieden sein konnte. Die eine oder andere Verbesserung mag im Spiel beider Kontrahenten verborgen sein, aber zumindest drängt sich keine deutlich auf.

11.e4 An dieser Stelle wendet das Blatt nicht. Zwei kurze praktische und miteinander „verflochtene" Beispiele dazu: 11...♖c8 12.e5 (12.♖ad1 ♕b6 13.e5 ♘e8 14.h4 c5 15.♖fe1 ♘c7 16.♗a1 ♗c6 ½-½, Augustin - Kolarov, Luhacovice 1969.) 12...♘e8 13.d4 ♘c7 14.c5 ♗a6 15.♖fe1 g6 16.a3 b4 17.axb4 ½-½, Seel - Volovitch, Hiddenhausen 1998.

11...♕b6 12.e4 ♖fd8 13.e5 ♘e8 14.d4

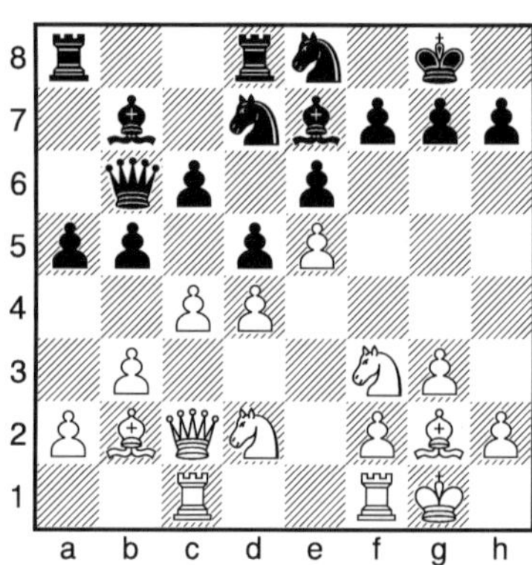

14...c5!

Wir halten diesen Zug für die beste schwarze Alternative in diesem Moment.

Auf 14...♗a6 betritt Weiß das Feld c5 mit seinem Bauern. 15.c5 ♕b7 Nun hat der Nachziehende Schwierigkeiten, ein aktives Spiel aufzuziehen. Wir schauen uns anhand der Begegnung Schlamp - Rausch, Deutschland 2005, an, welche Auswirkungen diese Situation auf den weiteren Kampf haben kann. 16.♖fe1 b4 17.h4 ♗b5 18.h5 a4 19.♖a1 axb3

20.axb3 ♖xa1 21.♖xa1 ♖a8 22.♖xa8 ♕xa8 23.♗c1 ♕a6 24.♘f1 ♘c7 25.h6 g6 26.♗g5 ♗f8 27.♕d2 ♕a3 28.♗d8 ♘e8 29.♕f4 Weiß entwickelt eine starke Initiative am Königsflügel. Es spielt für die theoretische Beurteilung der Variante keine Rolle, dass er die Partie letztlich verloren hat, denn dieses Ergebnis ging auf ein schwaches Spiel in der letzten Phase des Duells zurück.

15.cxd5

Das Schlagen mit 15.dxc5 ist auch für nicht mehr als Ausgleich gut, z.B. 15...♘xc5 16.♗d4 (16.cxb5 ♕xb5 17.♘d4 ♕b6 18.♖fe1 ♖ac8 und Schwarz steht sehr ordentlich.) 16...dxc4 17.bxc4 b4 18.♘b3 h6 19.♖fd1 ♘c7=.

15...♗xd5 16.dxc5

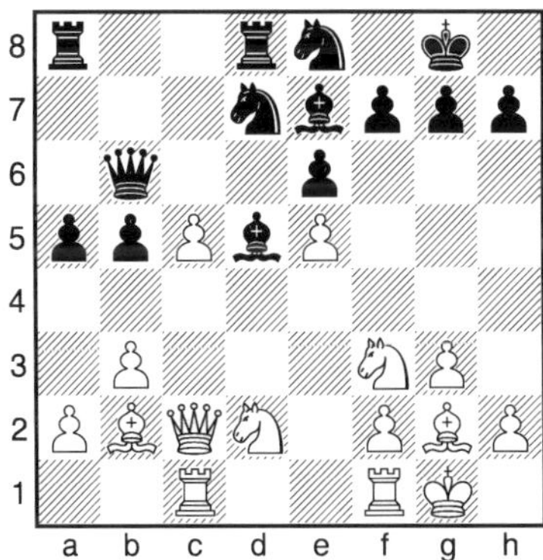

16...♘xc5

Der Springer ist die richtige Figur, um auf c5 zu schlagen. Wie sähe es nach dem Schlagen mit dem Läufer aus? 16...♗xc5 17.♘g5 Lenkt den Springer auf d7 von der Deckung des auf c5 postierten Läufers ab. 17...♘f8 18.♕xc5 ♕xc5 19.♖xc5 ♗xg2 20.♔xg2 ♖xd2 21.♖b1 b4 22.♘f3 Weiß erhält ein bequemes Endspiel, wobei der Nachziehende dies nicht verhindern kann, ohne anderweitig Nachteile in Kauf zu nehmen.

17.♗d4 ♕b7 18.♗xc5 ♖dc8 19.♕d3 ♖xc5 20.♖xc5 ♗xc5 und Schwarz steht ausgezeichnet.

Zusammenfassung: Die Fortsetzung 5.b3 ist ungefährlich für Schwarz. In den beiden folgenden Abspielen 1 und 2 werden wir Ihnen andere Pläne für Weiß vorstellen.

Abspiel 1

Fortsetzung 5.0-0

1.♘f3 d5 2.c4 c6 3.g3 ♘f6 4.♗g2 e6 5.0-0

Ein Vorteil der an dieser Stelle ausgeführten kurzen Rochade liegt darin, dass Schwarz im Unklaren gelassen wird, wie die weiteren Pläne des Anziehenden aussehen. So muss er sowohl damit rechnen, dass Weiß 5.b3 zieht und seinen Läufer auf b2 stellt, als auch zu 5.♕c2 greift.

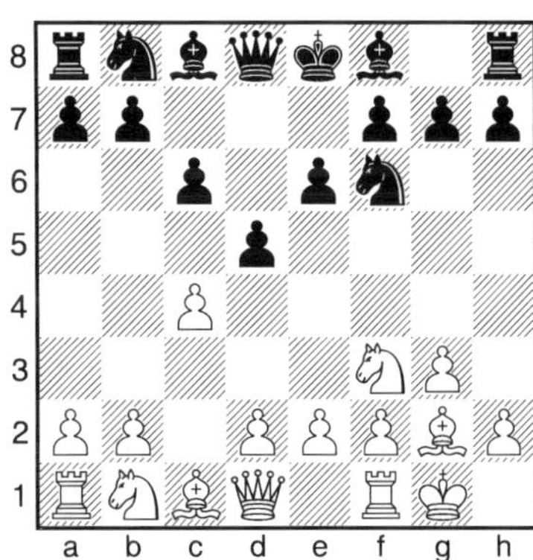

5...♗e7

Von der Palette der weiteren Zugmöglichkeiten sehen wir 5...♗d6 und

5...♘bd7 als relevant an und gehen nachfolgend entsprechend darauf ein. Zuvor aber erlauben wir uns noch den kurzen Hinweis, dass die Basiszüge der verschiedenen Spielweisen identisch sind. Unterschiede bzw. abweichende Nebenvarianten ergeben sich fast nur durch eine abweichende Reihenfolge dieser Basiszüge. So sind Übergänge von der einen Spielweise in eine andere unter Zugumstellung eine Normalität.

I. 5...♗d6

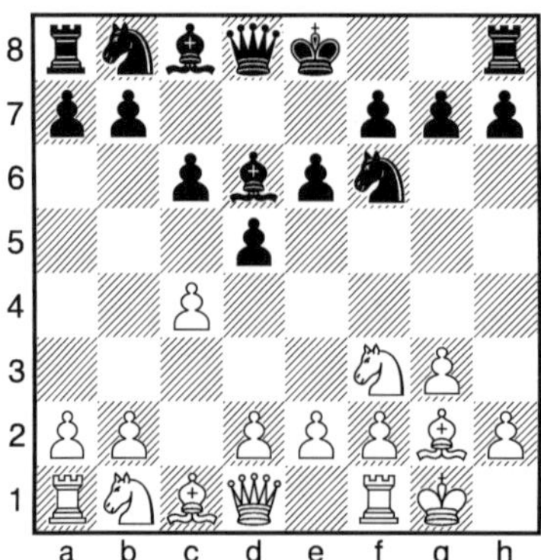

Weiß kann sich nun in gewohnter Weise aufstellen, basierend auf der Bauernstellung c4, d3 und e4 sowie ♘c3 oder ♘d2. Wir nutzen zwei Beispiele aus der Praxis, um ein logisches weiteres Geschehen zu demonstrieren. Also: 6.d3 0-0

A) 7.♘c3 Ein wenig ist es hier nur eine Frage des Geschmacks, ob der Springer nach c3 oder d2 geführt wird. Nach beiden Zügen können sich gleiche Abläufe einstellen. Wir verteilen unsere Betrachtungen auf zwei unterschiedliche Varianten, um mehr Bandbreite zu erreichen. Dabei raten wir dazu, besonders erst kurz nach der Abweichung zu prüfen, ob jeweils ein Überwechseln möglich und gewünscht ist. Es folgt jetzt der Blick auf die Stellungen mit einem auf c3 platzierten weißen Springer. Also: 7...♘bd7 8.e4 (Die Variante 8.cxd5 exd5 9.e4 dxe4 10.dxe4 ♕e7∞ ist in ihren Folgen nicht sicher abschätzbar. Wir denken, dass Weiß besser auf sein Standardverfahren mit 8.e4 vertrauen kann.) 8...dxe4 9.dxe4 ♘e5 Die aktuelle Position ist schwer vom Abtauschvirus infiziert. Insbe-sondere dann, wenn keine der beiden Parteien Vereinfachungen abgeneigt gegenübersteht, kann es wie in unserer Referenzpartie zu einer Kette von Abtäuschen kommen. Hier geschah: 10.♗f4 ♘xf3+ 11.♕xf3 e5 12.♗g5 ♗g4 13.♗xf6 ♗xf3 14.♗xd8 ♗xg2 15.♔xg2 ♖fxd8. Die Perspektiven beider Kontrahenten sind gleich. In der Begegnung Pokrupa - Borkovec, Tschechische Republik 2011, folgte 16.♖ad1 ♔f8 17.♖d3 ♗c5 18.♖fd1 ♖xd3 19.♖xd3 ♔e7 und der Gleichstand war noch offensichtlicher. Wer mit Weiß den Ausgleichstendenzen aus dem Weg gehen möchte, findet in der dargestellten Variante beispielsweise mittels 10.♕e2 statt 10.♗f4 die Gelegenheit dazu.

B) Nun widmen wir uns kurz und exemplarisch den Folgen der Postierung des Damenspringers auf d2. 7.♘bd2 ♘bd7 8.e4 dxe4 9.dxe4 e5 10.♘h4 (10.♕e2 ♕e7∞ ist eine ernst zu nehmende Alternative.) 10...♖e8 11.♕c2 In unserer Referenzpartie wählte Schwarz nun 11...♕c7 (Allerdings wäre 11...g6!? nebst a7-a5 besser gewesen.) 12.♖b1 a5 13.b3 ♘c5 Beide Seiten stehen vor der Vollendung ihrer Entwicklung und haben nun die Aufgabe, ihre Stellungen zu verbessern. Dies geschah in der Partie Rumiantsew – Muratow, St. Petersburg 2001, die bislang das Rückgrat unserer Ausführungen gebildet hat, wie folgt: 14.♘f5 ♗xf5 15.exf5 ♘a6 16.♘e4 ♘xe4 17.♗xe4 f6 18.g4 h6 19.h4 ♘c5 20.♗e3 ♖ad8 21.♔g2 ♕e7 22.g5 ♘xe4 23.♕xe4 fxg5 24.hxg5 hxg5 25.♖h1 ♕f7 26.♖h2 ♕f6 27.♖h5 ♗e7 28.♖bh1. Nun führt Weiß einen kräftigen Angriff.

II. 5...♘bd7 6.d3

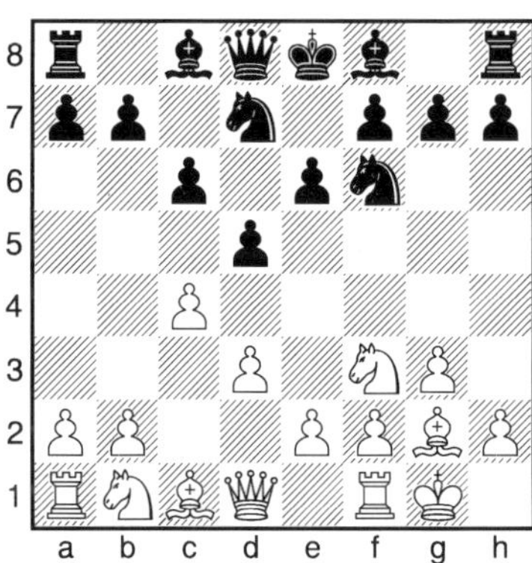

A) Auch hier wieder muss Weiß mit 6...♗d6 rechnen. 7.e4 ist dann die systemgerechte Reaktion mit der möglichen Folge 7...dxe4 8.dxe4 ♕c7 9.♘c3 0-0 10.♕e2 e5 11.♖d1 a5 12.♘h4 a4 (Spielbar ist auch 12...g6!?.) 13.♘f5 ♗c5 14.♗g5 h6 15.♗e3 ♕b6 16.♖d2 ♗xe3 17.♕xe3 ♕xe3 18.♘xe3 ♘c5 19.f3 ♖e8 20.♖ad1 ♗e6 nebst ♔g8-f8-e7 und gleichem Spiel, Saglione – Giaccio, ICCF 2007. Natürlich kann diese Partie nur beispielhaft die beiderseitigen Möglichkeiten repräsentieren. Allerdings wurde sie im Fernschach gespielt, was an sich schon gegen das Auftreten erheblicher Ungenauigkeiten spricht. Zudem haben beide Spieler nach den Ergebnissen unserer Prüfung zumindest hart am Optimum gespielt.

B) 6...♗e7 7.♘bd2 dxc4 8.♘xc4 0-0 Wir haben uns für das Duell Grigoriew – Neagos, Alicante 2009, als Referenzpartie entschieden, aus der die gerade erreichte Stellung stammt. Der Anziehende entschloss sich nun zur Fortsetzung 9.a3, die wir aber als zu zurückhaltend ansehen. Weiß sollte seine Ambitionen besser auf 9.♕c2 oder auf 9.d4 stützen. 9...b5 10.♘ce5 ♗b7 11.♗g5 c5 12.♘xd7 ♘xd7 13.♗xe7 ♕xe7 14.♕b3 a6 15.a4 ♗d5 16.♕c3 b4 17.♕c2 und nun hätte Schwarz nach eventuellem 17...♖ac8 mit der möglichen Folge 18.♖ac1 ♖fd8 19.♘d2 ♘e5 20.♖fd1 ♕b7 keine Probleme gehabt. Tatsächlich zog er 17...♗xf3 und hatte dann zu kämpfen. Er verlor mit dem 33. Zug von Weiß.

6.d3

Nach 6.cxd5 sollte Schwarz das Spiel problemlos ausgleichen können. Eine kurze Betrachtung dazu: 6...exd5 7.d3 0-0 8.♘bd2 (8.♗f4 ♘h5 9.♗e5 ♘d7 10.♗c3 ♘hf6=) 8...♘a6 9.a3 ♘c7 10.b4 a5 11.bxa5 ♖xa5 12.♗b2 c5 13.♕c2 ♗d7 14.♖fb1 ♗a4 15.♕c1 b5 16.♘e5 ♖a6 17.♘df3 ♘d7 mit gutem Spiel, Bokhazi – Omar, Beirut 1999.

6...0-0

Die Rochade ist hier ein ehrgeiziger Zug, mit dem Schwarz einer Vereinfachung der Stellung eine Absage erteilt. Er kann das Spiel natürlich auch radikal in Richtung „Ausgleich“ führen. Ein Beispiel dazu: 6...dxc4 7.dxc4 ♕xd1 8.♖xd1 0-0 9.♘c3 ♖d8 10.♖xd8+ ♗xd8 11.b3 ♗e7 12.♗b2 ♘bd7 13.e3 ♘f8 14.h3 h6 Malenica – Jukic, Bol 2014. Der Nachziehende wird seine noch nicht aktivierten Kräfte mit ♗c8-d7, ♖a8-d8 und ♘f8-g6 am Spiel beteiligen und sich einen Chancengleichstand verschaffen.

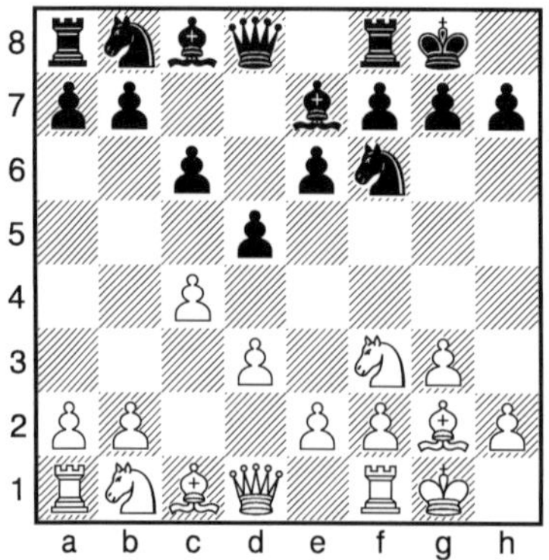

7.♘bd2

Der Schimmel kann natürlich auch nach c3 gehen. Also: 7.♘c3 ♘bd7

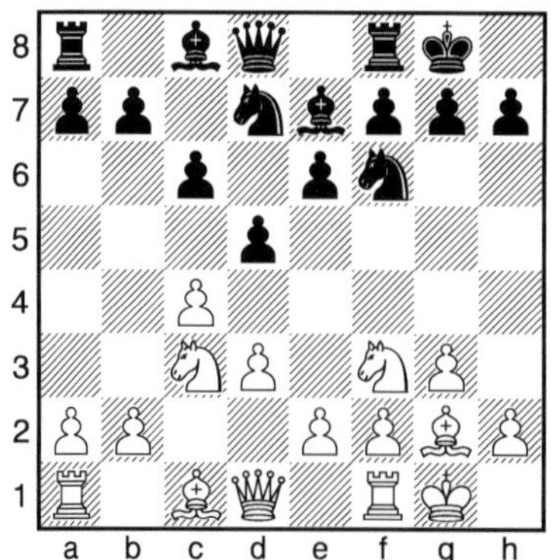

Neben diesem typischen Springerzug kann Schwarz auch sofort b7-b6 spielen und seinen Läufer auf b7 postieren. Ebenso kann er auf c4 schlagen. Wie man sieht, hat er mehrere Möglichkeiten zur Verfügung.

A) Sehr interessant verlief das Duell Kelemen – Kun, Ungarn 2004, und zwar so: 8.a3 b6 9.b4 ♗b7 10.♗f4 ♖c8 11.♕a4 a6 12.♖fc1 c5 13.cxd5 exd5 14.♘e5 ♘xe5 15.♗xe5 ♘d7 16.♗f4 ♗f6 17.♖ab1 ♗c6 18.b5 axb5 19.♘xb5 ♖e8 (19...g5!? 20.♗d2 ♘e5 würde ein zweischneidiges Spiel heraufbeschwören.) 20.♕c2 ♗xb5 21.♖xb5 und die weiteren Perspektiven der beiden Spieler waren in etwa ausgeglichen. Dem interessierten Leser bieten wir noch ein paar zusätzliche Partiezüge an, weil sie den Charakter der Spielführung gut veranschaulichen. Also: 21...g5 22.♗d2 ♖xe2 23.♗f3 ♖e8 24.♗xd5 ♘e5 25.♕b3 ♖e7 26.♗c3 ♖d7 27.♗xe5 ♗xe5 28.♗e4 ♖d6. Die Chancen waren weiterhin ausgeglichen, was tendenziell durch die entstandenen ungleichfarbigen Läufer zusätzlich gestützt wurde.

B) 8.♗f4 d4 9.♘a4 ♖e8 (Aber nicht 9...b5??, denn dann überrascht Weiß seinen Gegner mit 10.♘xd4+-.) 10.e3 (Infrage kommt auch 10.a3!? mit der Idee b2-b4 usw.) 10...e5 In der Begegnung Neubauer – Aguiar, Brasilien 2011, folgte nun 11.♘xe5 ♘xe5 12.♗xe5 dxe3 13.fxe3 ♘g4 14.♗d4 ♗g5 15.♕f3 ♗xe3+ 16.♗xe3 ♘xe3 17.♕xf7+ ♔h8 18.♖ae1 ♗e6 19.♕xe8+ ♕xe8 20.♖xe3 ♕d7 und Schwarz hatte die besseren Karten.

7...♘bd7

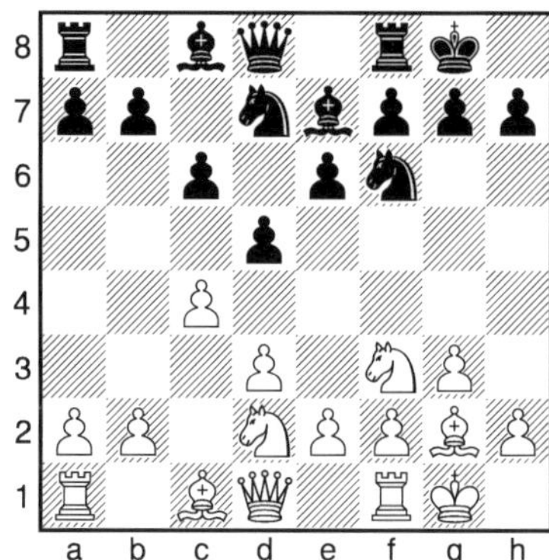

8.♖b1

Mit der Absicht, über b2-b4 am Damenflügel aktiv zu werden. In der Variante 8.e4 dxe4 9.dxe4 e5 (Das Beste. Auf 9...♘c5 folgt 10.e5 usw.) 10.♕c2 ♘e8 11.b3 a5 12.♗b2 f6 13.♖ad1 ♕c7 baut sich Schwarz eine feste Stellung auf. 8.b3 kann hingegen mit 8...a5 beantwortet werden, mit Vorbereitung des Bauernvorstoßes b7-b5 und aktivem Spiel am Damenflügel.

8...a5 9.b3 ♖e8 10.♗b2 ♗f8 11.♘e5 ♘xe5 12.♗xe5 ♘g4 13.♗a1 e5 14.e4 dxe4 15.dxe4 ♗c5 16.h3 ♘f6 17.♕c2 ♘d7 18.♖bd1 ♕e7 19.♘f3 f6 20.♔h2 ♘f8

Schwarz steht sicher und gut, Döhmen-J. Schmidt, Deutschland 2003.

Zusammenfassung: Auch in diesem Abspiel sollte Schwarz – wie wir auf der Basis einiger Beispiele gezeigt haben – keine größeren Schwierigkeiten haben, mit ausgeglichenen Chancen aus der Eröffnung zu kommen.

Abspiel 2

Fortsetzung 5. ♕c2

1.♘f3 d5 2.c4 c6 3.g3 ♘f6 4.♗g2 e6 5.♕c2

Wie in vielen Varianten der Réti-Eröffnung ist c2 auch hier ein ideales Feld für die Dame.

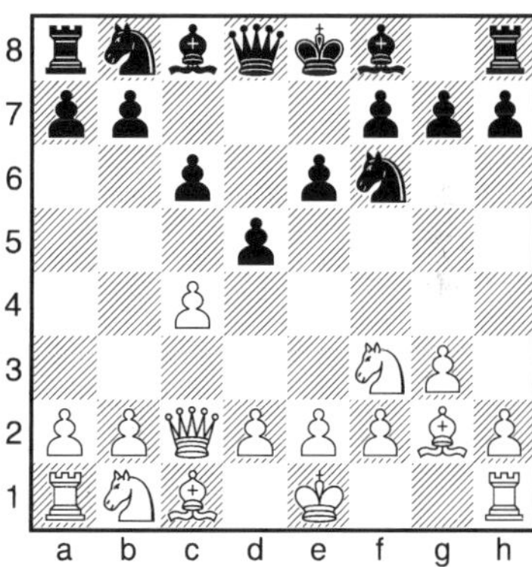

5...♘bd7

Dieser Entwicklungszug ist immer gut und immer auch an dieser Stelle. Schwarz kann sich noch offenhalten, wo er seinen schwarzfeldrigen Läufer postieren will. Schauen wir uns die weiteren natürlichen Möglichkeiten an:

I. 5...♗e7 6.0-0 0-0 7.d3

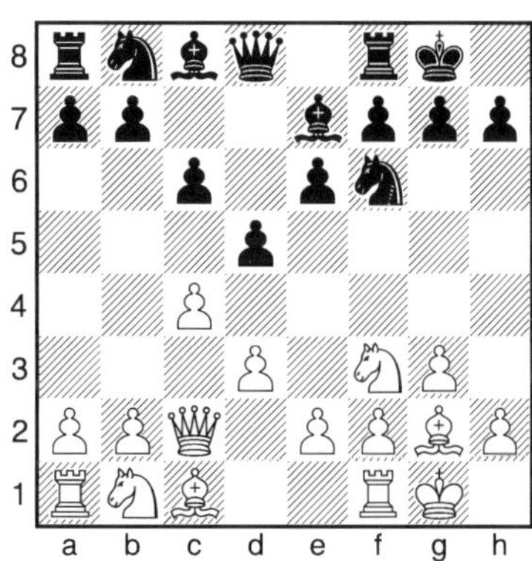

A) Wenn Schwarz aber auf die bekannte Eignung des Standardzuges vertrauen möchte, können sich beispielsweise die folgenden Ereignisse auf dem Brett abspielen: 7... ♘bd7 8.♘c3 (8.b3 kann Schwarz gut mit 8...e5! beantworten.) 8...a5 9.cxd5 (Im Fernschach wurde die Alternative 9.e4 wie folgt erprobt: 9...dxe4 10.dxe4 e5 11.b3 ♕c7 12.♗b2 ♖e8 13.♘a4 b6 14.♖ad1 ♗a6 15.♖fe1 ♗f8. Schwarz steht kompakt und sicher. In der Partie versuchte Weiß einen Anspruch auf Vorteil auf dem Weg 16.♖e2 ♖ab8 17.♗h3 ♗c8 18.♕c1 h6 19.♘c3 ♘c5 unter Beweis zu stellen, die Brettstellung ist aber als ausgeglichen einzuschätzen, Aguirre Inchaurbe - Hudec, ICCF 2007. Ausgegangen ist die Begegnung mit einem Remis nach 33 Zügen.) 9...exd5 10.e4 ♘b6 11.♗f4 ♗e6 12.♖ad1 a4 13.h3 d4 14.♘e2 c5 15.♕b1 ♘fd7 16.♗d2 f6 17.♘h4 g6 18.g4 ♗f7 19.♗h6 ♖e8 Schwarz hat sich ausgeglichene Verhältnisse auf dem Brett erkämpft. Er hat für die Zukunft den Vorstoß c5-c4 im Arsenal, mit dem Weiß daher rechnen sollte. Das Partiefragment stammt aus Seeman - Akesson, Jyvaskyla 2006. Das Duell endete mit einer schnellen Punkteteilung nach 23 Zügen.

B) 7...b6 Wir orientieren uns hier an der Partie Noally - L'Huillier, Frankreich 2002, auch weil Schwarz in der Folge ohne den schon so häufig von uns betrachteten Zug ♘b8-d7 auskommt und wir damit eine andere Idee vorstellen können. 8.♘bd2 (Auf 8.b3 kann Schwarz 8...♗b7 und dann auf 9.♗b2 a5 spielen, mit der Vorbereitung von c6-c5 nach ♘b8-a6 oder ♘b8-d7 usw.) 8...♗b7 Nun kann der Nachziehende den weißen Standardzug 9.e4 mit dem die Spannung haltenden Bauernschritt 9...c5 beantworten. Weitergehen kann es dann beispielsweise wie folgt: 10.cxd5 exd5 11.e5 ♘fd7 12.d4 cxd4 13.♕f5 ♘c6 14.♘b3 d3 15.e6 (15.♕xd3 ♘cxe5∓) 15...♘c5 16.♘xc5 bxc5. Schwarz hat keine Probleme. Wie man sieht, kommt er ggf. ohne ♘b8-d7 und ♘b8-a6 aus; im vorliegenden Beispiel ist der Springer, nachdem der c-Bauer vorgeschritten war, via c6 ins Spiel gekommen.

II. 5...♗d6 6.d4 (Eine Ausgleichsvariante ist 6.0-0 0-0 7.d3 e5 8.♗g5 ♗e6 9.♘c3 ♘bd7=.) 6...0-0 7.0-0 ♘bd7

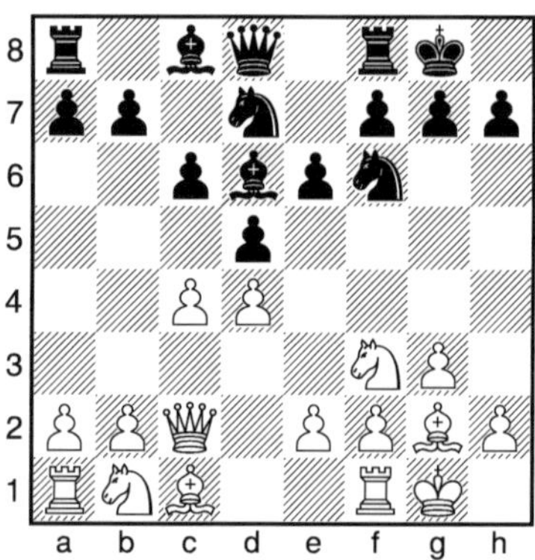

A) 8.b3 e5 Dies ist der richtige Zeitpunkt, den Anziehenden im Zentrum zur Entscheidung zu zwingen. 9.cxd5 (9.dxe5 erlaubt Schwarz, sich auf einfachem Weg den Ausgleich in der Partie zu sichern. Ein Partiefragment dazu: 9...♘xe5 10.♗b2 ♘xf3+ 11.♗xf3 dxc4 12.♕xc4 ♗e6 13.♕c2 ♕e7 14.♘d2 ♖ad8 15.♖fd1 ♖fe8=, Enkhnar - Tuvsanaa, Ulan Bator 2015.) 9...e4 10.♘h4 cxd5 Der Nachziehende diktiert das Geschehen, sodass Weiß nicht die Freiheit besitzt, sich hundertprozentig dem eigenen Aufbau zu widmen. 11.♘f5 ♗b4 12.♗d2 ♗xd2 13.♕xd2 ♘b8 Umpostierung nach c6. Die Bauernsituation auf der d-Linie ist von einer längerfristigen Natur. Vom Feld c6 aus nimmt der Springer den Bd4 aufs Korn und nimmt Einfluss auf den Damenflügel. Realistische alternative Perspektiven hätte er sonst nur über das aus anderen Varianten bekannte Manöver ♖f8-e8 mit ♘d7-f8 usw. 14.♘e3 ♘c6 15.♘c3 ♗e6 16.f4 exf3 17.exf3 ♕d7 In der Folge stellt Schwarz seine beiden Türme auf c8 und e8 und hat gutes Spiel. In unserer Referenzpartie Kalinitschew - Rehberg, Berlin 2013, riskierte Weiß im weiteren Verlauf zu viel und musste sich am Ende geschlagen geben.

B) Die Praxis kennt auch 8.♘c3, wobei Weiß grundsätzlich bereit ist, einen Bauern zu investieren. Die Wahl kann zu den folgenden beispielhaften Konsequenzen führen: 8...dxc4 9.♗g5 (In der Begegnung Sokolov - Nezar, Frankreich 2010, versuchte Weiß sein Spiel mit 9.♖d1 zu verstärken. Über die Zugfolge 9...♕e7 10.a4 a5 11.♘d2 ♘b6 12.♘de4 ♘xe4 13.♘xe4 ♗b4 14.♘g5 g6 entstand eine Stellung mit ausgeglichenen Chancen.) 9...♗e7 10.e4 h6 11.♗e3 b5. Die Lage auf dem Brett ist kompliziert. Weiß verfügt über ein festes Zentrum, Schwarz hat Ambitionen am Damenflügel und kann dort auf die Mobilität seiner Bauern setzen. Wir schauen uns eine kurze Sequenz einer spannenden Turnierpartie an, um einen Eindruck von den beiderseitigen Perspektiven zu erlangen. Also: 12.a4 b4 13.♘e2 a5 14.♘d2 b3 15.♕c1 ♘b6 16.h3 ♗a6 17.♖d1 ♖c8 18.♘c3 ♕c7 19.♗f4 ♕b7 20.♘f3 ♖fd8 21.♗e3 ♘bd7 22.♘h2 e5 23.♘f3 ♗d6 Schwarz hat alles unter Kontrolle, Gan-Od - Tuvsanaa, Ulan Bator 2015.

III. Nach 5.Dc2 kann Schwarz die Spannung im Zentrum auch mit 5...dxc4 aufheben. Mit diesem Vorgehen verbindet sich die Idee, 6.♕xc4 mit 6...b5 zu beantworten und den weißfeldrigen Läufer nach b7 zu bringen. Auch dieser Plan verspricht Schwarz ausgeglichene Chancen in der Partie. Das Spiel kann sich beispielsweise in der folgenden Richtung entwickeln: 7.♕b3 ♗b7

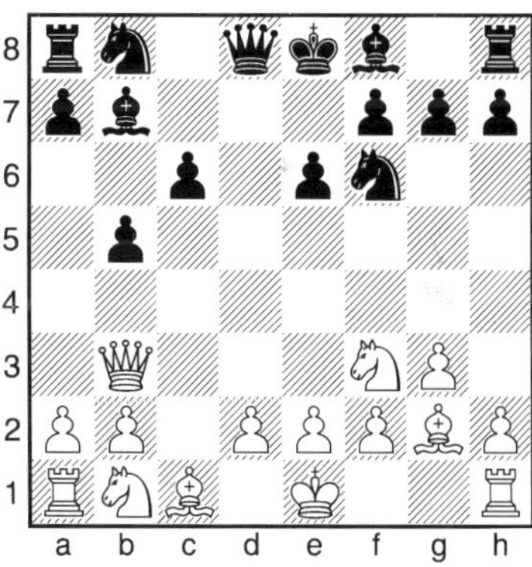

A) Oder 8.d4 wie im Duell Fridman - Pridorozhni, Plowdiw 2012. Hier kam Schwarz zu keinem Zeitpunkt in Bedrängnis und so weitgehend ungefährdet zu gleichen Perspektiven in einem frühen Endspiel. Dies geschah wie folgt: 8...a6 9.0-0 c5 10.dxc5 ♘bd7 11.♗e3 ♗xc5 (Noch besser ist 11...♘xc5 12.♕c2 ♖c8 13.♖d1 ♘cd7 usw.) 12.♗xc5 ♘xc5 13.♕b4 ♖c8 14.♖c1 (14.♘c3 0-0 15.♖fd1 ♕c7=) 14...♘d3 (Als einfache Alternative ist 14...0-0!? zu beachten.) 15.♖xc8 ♘xb4 16.♖xd8+ ♔xd8 17.♘c3 ♔e7 18.♘e5 ♗xg2 19.♔xg2 ♘d7 20.♘xd7 ♔xd7. Wie eingangs angekündigt ist das Endspiel erreicht, unter Chancengleichheit der beiden Kontrahenten.

B) 8.0-0 ♘bd7 9.d4 a6 10.♘e5

B1) Die beste Antwort des Nachziehenden ist wohl 10...♘xe5!?. Wir nutzen die Partie Shyam – Vaibhav, Kolkata 2012, um unsere Einschätzung zu stützen. In dieser ging es wie folgt weiter: 11.dxe5 ♘d5 12.♘c3 ♗e7 13.♘e4 0-0 14.♗e3 (14.♖d1 c5 15.a4 c4∞) 14...♘xe3 15.♕xe3 c5 16.♖ac1 c4 (16...♗xe4!?) 17.b3 ♕c7 18.bxc4 ♕xe5 19.♘f6+ ♗xf6 20.♕xe5 ♗xe5 21.♗xb7 ♖a7. Dieses Endspiel, an dem verschiedenfarbige Läufer beteiligt sind, bietet beiden Seiten identische Chancen.

B2) 10...♕b6 Dieser Zug ist umstritten, aber auf jeden Fall interessant. Wir haben die Gelegenheit, diese Fortsetzung anhand einer in den höchsten Kreisen gespielten Partie näher unter die Lupe zu nehmen, und wollen sie nicht ungenutzt verstreichen lassen. Zur Besprechung blättern Sie bitte die **Partie Nr. 24**, Carlsen – Nakamura, Moskau 2013, auf.

6.0-0

Auf 6.d4 sollte Schwarz mit 6...♗d6 reagieren und auf dann 7.0-0 ebenfalls mit 7...0-0 antworten.

6...♗e7

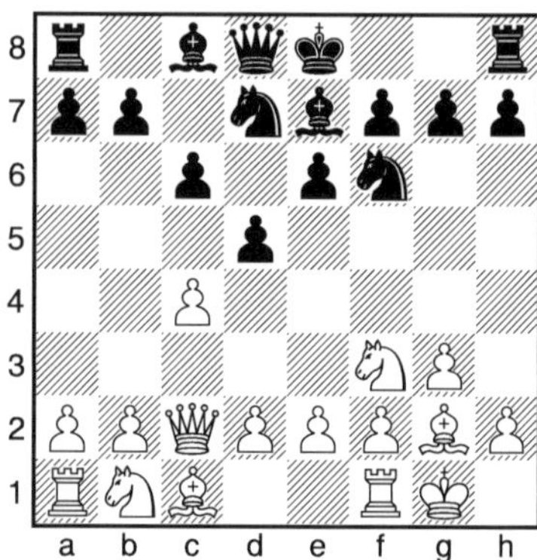

7.b3

Wenn Weiß zu 7.d4 greift, kann der Nachziehende gut mit 7...0-0 und dem Plan b7-b6, ♗c8-b7, ♖a8-c8 usw. reagieren.

7...0-0 8.♗b2 b6 9.d3

Die Variante 9.d4 ♗b7 10.♘c3 ♖c8 ist ungefährlich für Schwarz.

9...♗b7 10.♘bd2 c5 11.cxd5

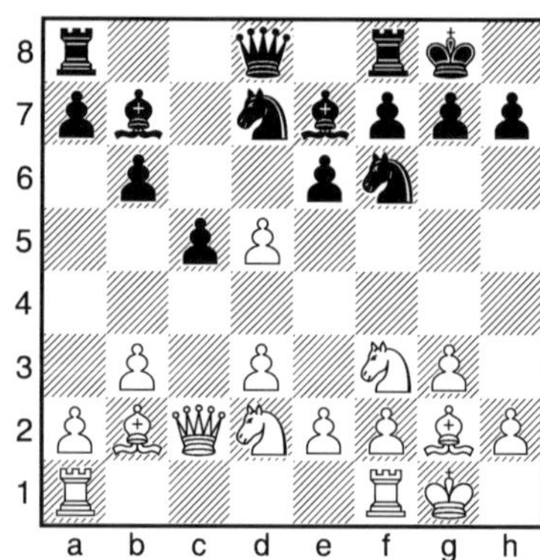

11...♘xd5

Damit hält Schwarz das Zentrum stabil. Er kann seine Stellung auch mit 11...exd5!? verteidigen. Ein paar Erfahrungen aus der Praxis hierzu:

A) 12.e3 ♖c8 13.♖ac1 ♖e8

(Zu beachten ist 13...♘e8!? mit der Idee ♘e7-f6!)

14.♕b1 b5 15.♗a1 ♕b6 mit etwa gleichen Chancen, Krylov - Borzov, Moskau 2009.

B) 12.d4 ♖c8 13.♖ac1 ♖c7 14.♕b1 ♕a8 15.♘g5 h6 16.♘gf3 ♘e4 17.♖fd1 ♘df6 18.h3 ♖fc8=, D. Müller - Mießner, Tiefenbach 2005

C) 12.e4 d4 13.♗h3 ♘b8 14.♘h4 ♘c6 15.a3 ♖e8 16.f4 ♗f8 17.♖ae1 ♗c8 18.♗xc8 ♖xc8 19.♕d1 ♕d7 20.♕f3 ♖cd8 und die Partie endete mit einem Remis nach 47 Zügen, Tkatchiew - Recuero Guerra, Benidorm 2007.

12.a3

Oder 12.♖ac1 ♗f6

(Infrage kommt auch 12...a5 mit der Absicht a5-a4 usw.)

13.♖fd1 ♘b4 14.♕b1 ♗xb2 15.♕xb2 ♕f6 16.♕xf6 ♘xf6 17.a3 ♘a6 18.♘c4 ♖fd8 19.♖d2 ♖ac8 mit Ausgleich, Kanovsky - Sodoma, Tschechische Republik 2009.

Eine andere Möglichkeit ist 12.♘c4, die aber auch nicht mehr als Gleichstand verspricht. Weitergehen kann es beispielsweise wie folgt: 12...♖c8 13.♕d2 b5 14.♘ce5 ♗f6 15.♘xd7 ♕xd7 16.♗xf6 ♘xf6 17.♘e5 ♕c7 18.♗xb7 ♕xb7 19.♖fc1 ♘d5 20.a4 f6 21.♘f3 a6=, Karttinen-Tahkavuori, Finnland 2015.

12...♖c8

Es geht auch 12...♗f6, z.B. 13.♘c4 ♗xb2 14.♕xb2 ♕e7 15.♖fd1 ♖fd8 16.♖ab1 ♖ac8 17.e4 ♘5f6 18.♖bc1 ♖c7 19.♕d2 ♘f8 20.♕e1 ♘g6 21.h3 ♖cd7=, M. Hansen - Hagen, Ballerup 2013.

13.e4 ♘5f6 14.♘c4 ♘b8 15.♘fe5 ♘fd7 16.f4 ♘xe5 17.♘xe5 ♗f6 18.♖ad1 ♘c6 19.♘xc6 ♗xc6 20.e5 ♗xg2 21.♕xg2 ♗e7 22.♕e4 ♕d7 23.a4 ♖fd8

Das Spiel steht gleich, Galego - Sanchez Botella, Donostia 2015.

Zusammenfassung: Auch der mit 4...e6 eingeleitete Aufbau sollte Schwarz Ausgleichschancen garantieren, denn er eröffnet ihm viele Möglichkeiten zum Gegenspiel.

Kapitel 11
Fortsetzung 4...g6

1.♘f3 d5 2.c4 c6 3.g3 ♘f6 4.♗g2 g6

Eine eigenständige Methode für Schwarz im Kampf gegen die Réti-Eröffnung greift auf das Fianchetto des Königsläufers zurück.

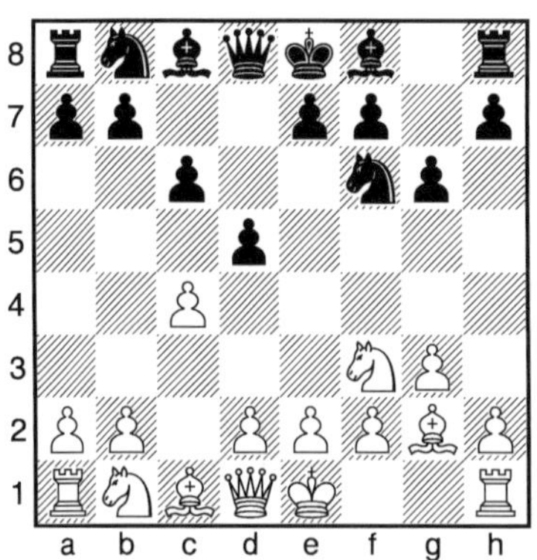

5.b3

Indem Weiß seinen eigenen schwarzfeldrigen Läufer auf die lange Diagonale a1/h8 bringt, neutralisiert er die Wirkung seines Kontrahenten, der alsbald auf g7 auftaucht.

Mit 5.d4 kann der Weißspieler die Partie in das Schlechter-System der Slawischen Verteidigung überleiten. Damit verlässt er allerdings das in unserem Buch behandelte Thema.

5...♗g7 6.♗b2 0-0 7.0-0

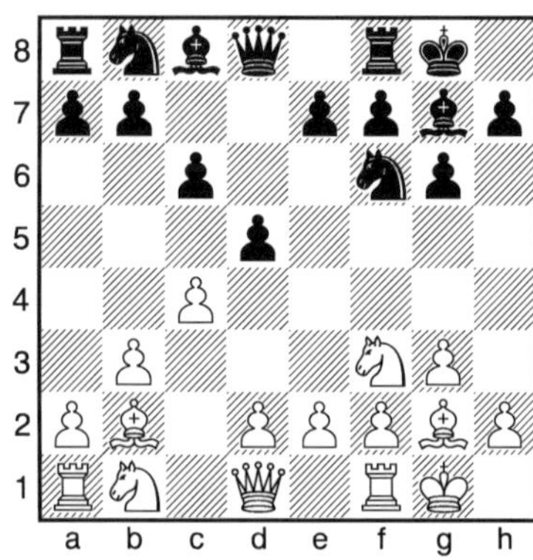

Dies ist die Ausgangsstellung unserer Variante. Schwarz muss sich nun entscheiden, welchem Plan er folgen will, wobei ihm die folgenden Hauptvarianten zur Verfügung stehen:

I. 7...♗f5 (**Abspiel 1**).

II. 7...♗g4 (**Abspiel 2**).

III. 7...♖e8 (**Abspiel 3**).

IV. 7...♘bd7 (**Abspiel 4**).

V. 7...a5 (**Abspiel 5**).

Andere Züge werden an dieser Stelle nur selten gespielt. Wir wollen sie trotzdem zumindest kurz mittels Beispielvarianten besprechen. Also:

I. 7...♕b6 Die kleine Drohung gegen den Bauern auf c4, der wegen der Fesselung des b-Bauern seine Deckung verloren hat, kann Weiß leicht mit 8.♕c2 entschärfen.

A) 8...♗f5 9.d3 ♘bd7 10.♘d4

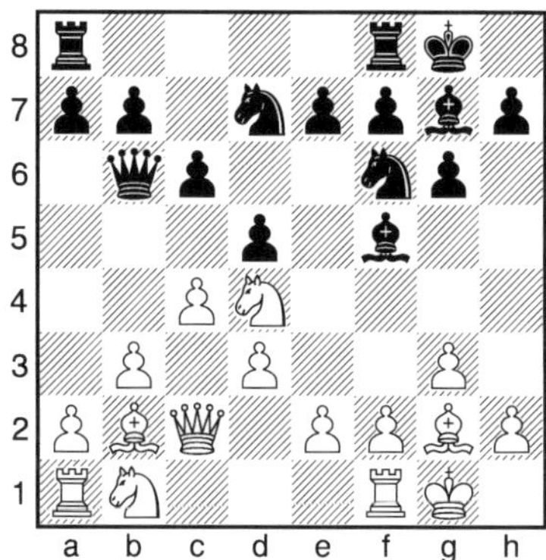

A1) Weniger Vertrauen erweckend ist hier nun 10...♗e6. Weiß kann dann sowohl sofort als auch verzögert zugreifen, hat also mehr als allein die Option, auf einen Doppelbauern zu spielen, während er sich den grundsätzlichen Vorteil eines Läuferpaares verschafft. Zwei Beispiele dazu: 11.♘xe6 (Auch nicht schlecht ist ein Plan, der über 11.♘d2!? eingeleitet wird, woraufhin Schwarz 11...c5 spielen kann und damit die Deckungsfunktion der Dame herstellt. Ein Bild der möglichen Folgen verschaffen wir uns anhand eines Duells aus der Turnierpraxis: 12.♘xe6 ♕xe6 13.♘f3 d4 14.b4!. Unterminiert die schwarze zentrale Bauernstellung. 14...cxb4 15.♗xd4 ♖fb8 Über eine Kette fast schon auf der Hand liegender Züge nutzt der Anziehende nun die in der Stellung liegenden Optionen für sich aus. 16.♖fb1 a5 17.a3 bxa3 18.♖xa3 ♕a6 19.♖b5 mit klarem Vorteil für Weiß, Jurek – Hertneck, Würzburg 1991.) 11...fxe6 Der entstehende Doppelbauer wird zwar später aufgelöst werden können, er prägt aber die schwarze Entwicklung merklich und beeinträchtigt sie dabei. 12.d4 ♖fd8 13.♘d2 ♘f8 14.e3 ♕c7 15.f3 ♘e8 Jetzt erst verschafft sich Schwarz genügend Einfluss auf das Feld e5, dass er an einen Vorstoß seines Bauern auf e6 denken kann. 16.♖ad1 e5 Das schwarze Teilziel ist erreicht, aber Weiß kann mit mehreren aktiven Zügen seinen Vorteil festhalten. 17.cxd5 exd4 18.dxc6 ♕xc6 19.♕xc6 bxc6 20.e4 ♖ac8 21.f4 c5 22.e5 e6 23.♖c1 Die weißen positionellen Aussichten sind klar vorzuziehen. Schwarz hat eine deutliche Schwäche auf c5, die der Anziehende sehr gut ausnutzen kann. Nicht zu vergessen ist auch sein Läuferpaar. Das Fragment entstammt der Partie Gomez Garcia – Ccahua, Cali 2011, die schon unmittelbar darauf mit einem weißen Sieg endete.

A2) 10...e5 11.♘xf5 gxf5. Die beschädigte schwarze Bauernstruktur am Königsflügel bietet dem Anziehenden positionelle Ziele. Zunächst gilt es, die Entwicklung abzuschließen und die Wirkung der eigenen Figuren zu erhöhen. 12.e3 d4 13.exd4 exd4 Damit ist ein isolierter schwarzer Doppelbauer auf der f-Linie entstanden. 14.♖e1 ♖ae8 15.♘d2 c5 16.♘f3 ♕a5 17.a3 ♖xe1+ 18.♖xe1 ♖e8 Die e-Linie darf natürlich keine Seite der anderen überlassen. 19.♖xe8+ ♘xe8 20.♕e2 ♕d8 21.b4 Der Vorteil liegt auf der Seite des Anziehenden. Mit dem schwachen schwarzen Bauern auf f5 hat er eine schöne Angriffsmarke. Er hat die Initiative und sein Läuferpaar ist eine Option für die Zukunft. Die Partie Heinzel – Wittmann, Bad Bevensen 2010, nahm den folgenden weiteren Verlauf: 21...b6 22.♗c1 ♗f8 23.b5 ♕e7 24.♕d1 ♘d6 25.♗f4 ♗g7

26.♗h3. Die eben beschriebenen Stellungsvorteile des Anziehenden sind inzwischen noch deutlicher hervorgetreten.

B) Wenn Schwarz die zweite Möglichkeit der Entwicklung seines Läufers nutzt, also nach g4, sollte er bereit sein, diesen gegen den weißen Springer zu tauschen, um ihn nicht mit Zeitverlust zurückdrängen zu lassen. 8...♗g4 9.d3 ♗xf3 10.♗xf3 ♘bd7 11.♘c3 Einen Eindruck der beiderseitigen Möglichkeiten vermittelt uns die Partie Barcenilla - Khachiyan, ICC INT 2010. Also: 11...e6 12.♗g2 h5 13.♘a4 ♕c7 14.cxd5 exd5 15.e4 Die weiße Stellung ist leicht vorzuziehen. Sie ist aktiver, nicht zuletzt auch aufgrund der Wirkung des Läuferpaars.

C) Seine Entwicklung kann der Nachziehende auch mit der Aktivierung seines Damenspringers und seines weißfeldrigen Läufers fortsetzen. Ein paar Varianten dazu: 8...♘a6 9.d3 ♖d8 (Nicht gerade die beste Erfahrung machte Schwarz in der Partie Naroditsky - Troff, Saint Louis 2012, mit dem Zug 9...♗f5 und dann der Idee, den anderen Turm nach d8 zu spielen und die schwarzfeldrigen Läufer abzutauschen. Die Begegnung ging wie folgt weiter: 10.♘bd2 ♖ad8 11.a3 ♘e8 12.♗xg7 ♘xg7 13.b4 ♖fe8 14.♖ab1. Weiß steht nun am Damenflügel sehr stark und damit deutlich im Vorteil.) 10.♘bd2 d4 11.a3 c5 12.b4! Der Bauer ist nicht schlagbar, ohne dass Schwarz deutlich ins Hintertreffen gerät, wie gleich im Anschluss eine Nebenvariante zeigen wird. Sein Vormarsch führt auch dazu, dass sein bisheriges Standfeld für den Springer frei wird, der dort die Felder c5 und d4 mitsamt den darauf postierten schwarzen Bauern ins Visier nimmt. 12...♘e8 (Die folgende kurze Variante belegt, dass Schwarz den weißen b-Bauern nicht anfassen sollte, wie gerade schon festgestellt: 12...cxb4 13.♘b3 bxa3 14.♗xd4 ♕b4 15.♕a2± und Weiß dominiert.) 13.♘b3 ♗d7 14.b5 ♘ac7 15.a4 a5 Hier nun hätte Weiß in der Partie Erdos - Khmelniker, Plowdiw 2012, 16.e3! spielen sollen. Nach beispielsweise 16...e5 17.exd4 exd4 18.♖ae1 ♘e6 19.♘e5 hätte man ihm ein klares Übergewicht bestätigen können.

II. Den Bauernvorstoß 7...b5, der auch das Feld b7 für den Läufer räumen soll, kann Weiß ebenfalls gut mit 8.♕c2 beantworten. 8...♗b7 (8...bxc4 ist nachteilig für Schwarz, z.B. 9.bxc4 ♗a6 10.d3 ♘bd7 11.♘bd2 ♖e8 12.♘e5 ♘xe5 13.♗xe5, Parliaros - O'Kelly de Galway, Amsterdam 1954. Auch hier hat sich Weiß ein klares Übergewicht erarbeitet.) 9.d3 ♘bd7 10.♘bd2 ♕b8 (Auf 10...♖e8 antwortet Weiß aussichtsreich mit 11.♘e5.)

Weiter nach 8.♕c2 ♗b7:

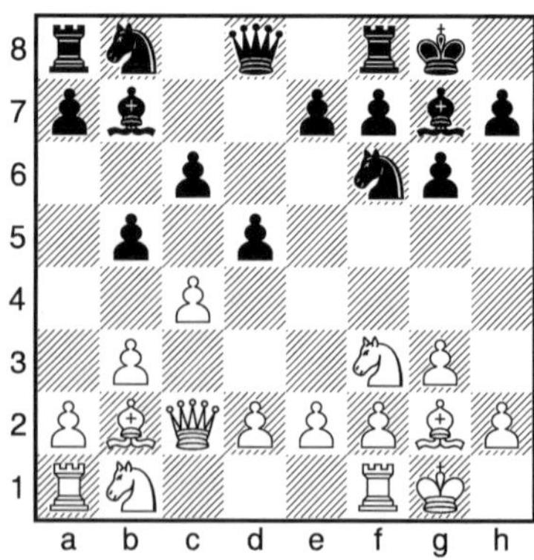

A) Eine durchaus gute Idee ist hier 11.e4, was sich wie folgt begründet: 11...e5 (Das Schlagen des Bauern bringt dem Nachziehenden eher Probleme als Vorteile ein. Eine kurze Variante dazu: 11...dxe4 12.dxe4 e5 13.c5 a5 14.a3 nebst b3-b4. Der schwarze Flügel wird zu Gunsten von Weiß blockiert.) 12.exd5 cxd5 13.♖fe1 ♖e8 14.cxb5 ♕d6 15.♖ac1 ♖ac8 16.♕b1 ♖xc1 17.♕xc1 ♖c8 18.♕a1. Der Anziehende entwickelt Druck auf der Diagonale a1/h8 und sichert sich damit das bessere Spiel.

B) 11.♖ac1 ♖c8 12.♕b1 ♕d6 13.♕a1 (Ernsthaft zu prüfen ist auch 13.e4!?.) 13...♘e8 In der Partie Sriram – Akshat, Kanpur 2014, war nun 14.♗xg7 angezeigt, worauf 14...♘xg7 15.d4 Weiß einen kleinen Vorteil einräumte.

III. 7...♘e4 Schwarz forciert den Abtausch der schwarzfeldrigen Läufer, was allerdings den eigenen Verteidiger der Rochadestellung eliminiert. 8.♗xg7 ♔xg7

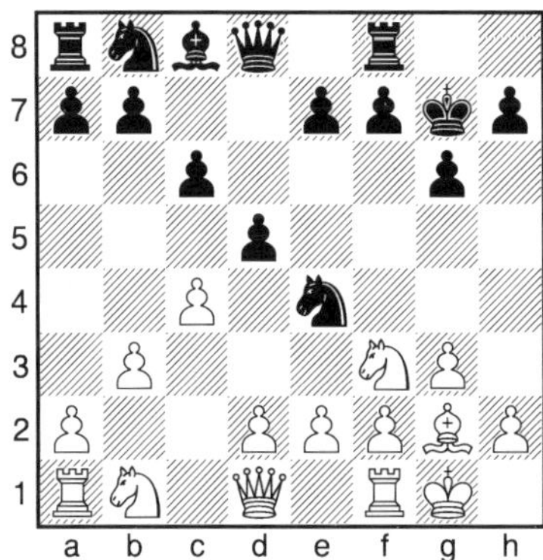

A) 9.d3 Dies ist unseres Erachtens die natürlichste Wahl für den Anziehenden. 9...♘f6 10.♕c2 d4 (Schwarz kann nicht auf positive Folgen hoffen, wenn er hier auf das Vorrücken seines d–Bauern verzichtet, der sich dann in der Folge auch nicht gegen den weißen e–Bauern abtauscht. Auf 10...♘bd7 spielt Weiß 11.♕b2, worauf der Nachziehende bereits Probleme bekommt. In der Partie Gutman – Braun, Bad Wörishofen 2011, folgte 11...dxc4 12.bxc4 ♖e8 13.♘bd2 e5 14.a4 a5 15.e3 ♕e7 16.d4 ♖a6 17.c5 und Weiß stand erkennbar klar besser.

10...h6 würde in die gleich betrachtete Zugfolge nach 9.♕c2 führen.) 11.e3 dxe3 12.fxe3 ♗g4 13.♘e5 (Unsere Variante stammt aus der Partie Turcu – Pana, Targu Mures 2014. Der Entwicklungszug 13.♘c3!? sieht stärker aus, kam aber in der genannten Partie nicht auf das Brett.) 13...♘bd7 14.♘xg4 ♘xg4 15.♕e2 h5 16.♘d2 ♕b6 17.d4 e5 18.c5 Mit ♘d2-c4 vor der Brust und besserer Position kann Weiß zuversichtlich in die Zukunft schauen.

B) Der Schritt mit dem d–Bauern wird nur aufgeschoben, wenn Weiß hier zunächst 9.♕c2 zieht. Wenn die Varianten nicht sogar ineinander über–gehen, so ähneln sie sich zumindest. Wir wollen uns ein paar denkbare Abspiele anschauen, die sich ergeben. Also: 9...h6 (9...f6 10.d3 ♘d6 11.e4 dxe4 12.dxe4 e5 13.♘c3 ♘a6 14.♖ad1 ♕e7=) 10.d3 ♘f6 Nun ist auch hier das Zugpaar d2-d3 und ♘e5-f6 entstanden. 11.e4 dxe4 12.dxe4 ♗g4 13.♘bd2 Das weiße Spiel ist freier und aktiver. Die Partie Lucena – Moyses, Sao Paulo 2014, liefert uns Hinweise, wie vor allem der Anziehende seine weiteren Bemühungen aufziehen kann: 13...♕c8 14.e5 ♘h7 15.♕c3 ♗xf3 16.♘xf3 e6

17.♖ad1 (Zu beachten ist das sofortige 17.♘d2!?.) 17...♘a6 18.♖d6 ♕c7 19.♖fd1 ♖ae8 20.h4 ♕b6 21.♘d2 ♕b4 22.♕b2 ♘b8 23.♘e4 mit entscheidendem Vorteil.

IV. 7...dxc4 Der Abtausch des schwarzen d-Bauern gegen den weißen c-Bauern eröffnet Weiß die Möglichkeit, sich ein Bauernübergewicht im Zentrum zu verschaffen. Zu beachten ist auch das Entstehen der halboffenen b- und d-Linie. 8.bxc4 c5

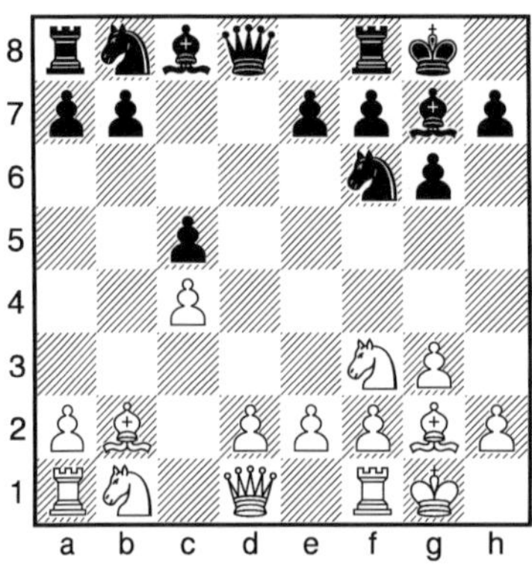

A) Eine Alternative ist nun 9.♘c3 mit dem baldigen Bauernzug d2-d3, z.B. 9...♘c6 10.d3 ♖b8 (10...♗g4 bringt Schwarz nichts ein, z.B. in der Variante 11.h3 ♗e6 12.♘g5±.) 11.♘d2 Verschafft dem weißen Fianchettoläufer eine Reichweite bis c6. 11...♘d4 12.e3 ♘e6 13.♕e2 b6 14.f4 und Weiß hat sich einen hohen Einfluss auf das Zentrum verschafft. Eine lange Zugfolge aus der Partie Morosewitsch - Tkatschiew, Kreta 2007, soll uns einen Eindruck davon vermitteln, wie beide Seiten ihr weiteres Spiel aufziehen können. 14...♘c7 15.♘f3 ♗g4 16.a4 ♘fe8 17.♖a3 ♘d6 18.♘b5 a6 19.♗xg7 ♔xg7 20.♘a7 ♕d7 21.♘e5 ♗xe2 22.♘xd7 ♗xf1 23.♔xf1 ♖fd8 24.♘xb8 ♖xb8 25.♖b3 b5 26.axb5 axb5 27.cxb5 ♘cxb5 28.♔f2 Hier im Bereich des Übergangs vom Mittelspiel in das Endspiel steht Weiß vorteilhaft. Die schwarzen Figuren leiden unter Lähmungserscheinungen und der langschrittige schwarze Läufer ist hier stärker als ein gegnerischer Springer einzuschätzen.

B) 9.d3 In dieser Variante lässt Weiß es offen, ob er seinen Springer nach c3 führt und, falls ja, wann. 9...♘c6 10.♘e5 ♘d4 (10...♘xe5 mit der Idee 11.♗xe5 ♘e8 und nun 12.♗xg7 ♘xg7 bereitete dem Nachziehenden in der Partie Stein - Schamkowitsch, Leningrad 1971, letztendlich keine Freude. Mit mehreren kräftigen Zügen in Folge demonstrierte Weiß, dass die Entwicklung zu seinem Vorteil war. Es geschah: 13.♘c3 ♘f5 14.♖b1 ♖b8 15.♕a4 a6 16.♕a3 b6 17.♖b2 ♘d4 18.♖fb1. Der Anziehende hat sich ein druckvolles Spiel am Damenflügel verschafft.) 11.e3 ♘f5 12.♕c2 ♖b8 13.♘d2 ♘d7 14.♘ef3 e5 (14...♗xb2 15.♕xb2 b6 16.a4± ist weniger ratsam.) 15.a4 a5 16.♘e4 b6. Beide Spieler sind mit etwa gleichen Chancen ins Mittelspiel gekommen. Die Begegnung Giri - Negi, Linares 2013, nahm den folgenden weiteren Verlauf: 17.♘c3 ♗b7 18.♖ad1 ♘e7 19.♘b5 ♘c6 20.h4 ♘b4 21.♕e2 ♕e7 22.h5 ♖bd8 23.♘h4 (Infrage kommt auch 23.e4!? mit der Idee ♘c3-d5!.) 23...♗xg2 24.♔xg2 ♘b8 25.e4 ♘8c6 und an der Situation der weitgehenden Chancengleichheit hatte sich nichts geändert. Die Partie endete mit einem Remis im 64. Zug.

V. 7...e6 Mit diesem Triangel-Aufbau stützt der Nachziehende seinen d-Bauern ein weiteres Mal, was ihm ggf. eine spätere Möglichkeit zum Aufzug seines c-Bauern gibt. 8.d3 b6 (8...♘bd7 kann Weiß gut mit 9.♕c2 nebst ♘b1-d2 usw. beantworten.) 9.♘bd2 ♗b7

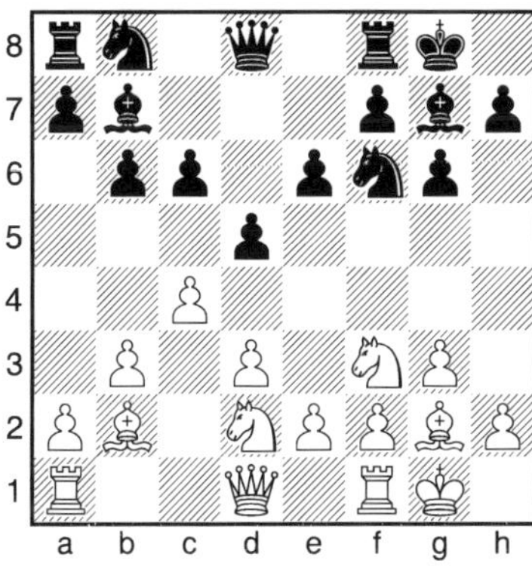

A) Ein attraktives Spiel am Damenflügel verspricht an dieser Stelle 10.b4. In diesem Eröffnungssektor gibt es noch viel zu entdecken. So kann sich unser Blick auf die weiteren Entwicklungsmöglichkeiten nur auf das Wesentliche konzentrieren. Also: 10...♘bd7 11.a4 c5 12.♕b3 cxb4 (Auf 12...e5 folgt 13.cxd5 ♗xd5 14.♕c3 usw.) 13.♕xb4 ♖e8 14.a5 und Weiß steht geringfügig aktiver.

B) 10.e4 c5 Hier zahlt sich die Vorkehrung im 7. Zug aus. 11.exd5 exd5 12.d4 Die Entwicklung beider Seiten befindet sich auf Augenhöhe. Mit der Aktivierung der Türme ist sie jeweils abgeschlossen. Für diese bieten sich die c- und die e-Linie an. 12...♘bd7 (12...♘a6!? ist eine Alternative.) 13.♖c1 ♖c8 14.♖e1 cxd4 Die Auflösung der Spannung macht das Feld c5 für den Springer frei. 15.♗xd4 ♘c5 16.♘e5 ♖e8 Diese Stellung entstammt der Partie Fressinet – Dubov, Dubai 2014. Sie nahm den folgenden weiteren Verlauf: 17.♘df3 dxc4 18.♖xc4 ♗d5 19.♖c2 ♖c7 20.♗xc5 bxc5 21.♖d2 ♕a8 mit einer sehr komplizierten Stellung. Der Sieg in unserer Referenzpartie fiel letztlich an Weiß.

VI. 7...♘a6 Dies ist eine interessante Übergangsentwicklung des Springers, in die der Nachziehende gerade auch in jüngster Zeit mehrfach seine Hoffnung gesetzt hat. Von hier aus kann der Springer nach c7 geführt werden, von wo er seinem Bauern auf d5 Rückhalt geben kann, bei Bedarf aber auch nach c5 oder sogar nach b4. Ein paar Eindrücke aus der Praxis dazu: 8.d3

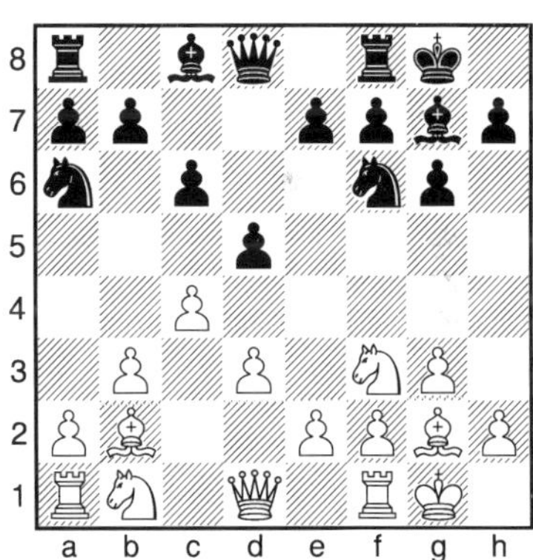

A) 8...♘c7 Hier nutzt Schwarz die Option einer Springerpostierung auf c7. Ein logischer Ausbau der beiderseitigen Möglichkeiten zeigt ein aktuelles Beispiel von der Turnierbühne: 9.♘bd2 ♗g4 10.♖c1 a5 11.a3 ♘d7 12.♗xg7 ♔xg7 13.cxd5 (Weiß ist aber nicht gezwungen, hier auf d5 zu schlagen, sondern kann auch erst 13.d4!? spielen.) 13...♘xd5 14.d4 ♗xf3 15.♗xf3 e6 16.e4 ♘5b6 17.e5 ♕e7. Weiß steht etwas aktiver und initiativer. In unserer Referenzpartie ging es wie folgt weiter: 18.a4 ♖fd8 19.♕e2 ♕b4 20.♕e3 ♘d5 21.♗xd5 cxd5 22.h4 ♖ac8 23.h5 h6 24.♔g2 Certic – Rakic, Belgrad 2014. Wir verorten die etwas besseren Perspektiven bei Weiß. Eine Idee für sein weiteres Vorgehen liegt im Schlagen auf g6 mit seinem h-Bauern und dann ♖f1-h1 mit dem Ziel, einen Königsangriff zu organisieren.

B) Ein alternativer Weg zum Weiterzug des Springers nach c7 kann mit 8...♗f5 eingeleitet werden. Wir begnügen uns hier aber mit der Darstellung der daraus resultierenden Perspektiven anhand eines „erweiterten" Praxisbeispiels. Der Postierung des Springers auf c5 haben wir an anderen Stellen Ausführungen gewidmet, zumeist wenn dieser via d7 kam. Der Schwerpunkt unserer Behandlung von 7...Sa6 liegt im Weiterzug nach c7, der dieser Idee den unseres Erachtens eindeutigsten Sinn verleiht. Also: 9.♘bd2 ♖c8 (Sehr in Erwägung zu ziehen ist 9...♕c8!? 10.♖e1 ♗h3 11.♗h1 ♖d8 usw.; 9...♖e8 10.a3 ♕d6 11.b4 e5 12.c5 Weiß kann auch die Spannung halten und erst 12.♕b3 bzw. 12.♕c2 spielen. 12...♕c7 13.♕c2 e4 14.♘d4 exd3 15.exd3 ♗d7 16.♘2b3 ♖e7 17.♗c1 ♘h5 18.♗g5 f6 19.♗d2 ♖ae8 20.a4 ♕c8 21.b5 ♘c7 22.♖ae1 ♘e6 23.♘xe6 ♗xe6 24.♘d4 und Weiß steht besser sowohl am Damenflügel als auch im Zentrum, Calvo Minguez – R. Byrne, Montilla 1977.) 10.♖e1 ♕b6 11.h3 ♖fd8 12.♕c1 h5 13.a3 dxc4 14.♘xc4 ♕c7 15.b4 ♗e6 16.♘g5 ♗d5 17.e4 ♗xc4 18.♕xc4 e6 19.♖ac1. Ein guter Plan für Weiß ist hier der Bauernvorzug e4-e5 und dann ♘g5-e4, der ihm die besseren Perspektiven geben sollte. Das Fragment stammt aus der Begegnung Sanders – Jyothilal, London 2014.

C) 8...♗g4 9.♘bd2 ♕c8 Erlaubt dem eigenen Läufer das Betreten des Feldes h3, verbunden mit der Option eines Abtausches des weißen Fianchettoläufers. 10.cxd5 (Infrage kommt auch erst 10.♖c1!?.) 10...♘xd5 11.♗xg7 ♔xg7 12.♕c2 ♖d8 13.♕b2+ ♘f6 14.♖ac1 ♔g8 15.b4 ♘c7 16.♘c4 Die weißen Figuren sind aktiver aufgestellt, den schwarzen Kontrahenten mangelt es zudem auch etwas an Harmonie. 16...♗h3 17.♘a5 ♗xg2 18.♔xg2 ♖b8 19.♖c4 Inzwischen hat sich der eben beschriebene Zustand weiter verstärkt. 19...♖d5 20.♖fc1 ♖h5 21.h4 h6 22.a4 Weiß herrscht nunmehr auf dem ganzen Brett, Barcenilla – Marrero, Las Vegas 2003.

VII. 7...b6 Schwarz will seinen Läufer frühzeitig nach b7 bringen und alsbald c6-c5 folgen lassen. 8.d3 ♗b7 9.♘bd2

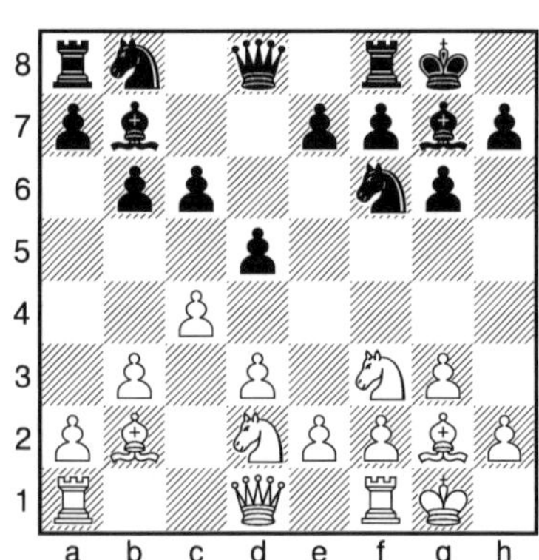

A) Wenn der Nachziehende 9...♘bd7 vorschaltet, kann Weiß gut mit 10.♕c2 antworten, z.B. 10...e6 (Auf 10...♖c8 ist gut 11.e4 möglich.)

11.♖fe1 c5 12.e4 ♖c8 13.e5 ♘e8 14.♖e2. Es ist nicht so ganz einfach für Schwarz, auf begrenztem Raum seinen Figuren mehr Aktivität einzuhauchen. Schauen wir uns die Problematik und Lösungsansätze anhand eines Beispiels aus der Praxis an: 14...♘c7 15.♖ae1 ♕e7 16.♘f1. Der Springer soll bis nach g4 geführt werden. 16...♖fd8 17.♗c1 h6 18.h4 b5 19.♘1h2 bxc4 20.bxc4 ♘b6 21.♘g4 Weiß hat eine kräftige Initiative am Königsflügel endwickelt, auf deren Basis er die Partie in den Sieg führen konnte, Molner - Rohonyan, Rockville 2013.

B) 9...c5 10.cxd5 ♗xd5 (10...♘xd5 nutzt Weiß mit 11.♗xg7 ♔xg7 und dann 12.♖c1 mit dem Plan ♘d2-c4 usw. für sich aus.) 11.♖c1 ♘bd7 12.♖c2 e6 13.♕a1 ♘e8 14.♗xg7 ♘xg7 15.♖fc1 Mit seiner starken Stellung auf der c-Linie hat Weiß ein bedeutendes Zwischenziel erreicht. 15...♕f6 16.♕xf6 ♘xf6 17.d4 cxd4 18.♘xd4 ♖fd8 19.♗xd5 ♘xd5 Der weiße Vorteil ist inzwischen offensichtlich. Wir wollen unserer Referenzpartie noch ein paar Züge weiter folgen, um einen Eindruck davon zu gewinnen, wie dieser gesichert und weiter ausgebaut werden kann. 20.♘c6 ♖e8 21.♘e4 f5 22.♘c3 ♘e7 23.♘b5 ♘xc6 24.♖xc6 Spacek - Sykora, Tschechische Republik 2009. Weiß gewann die Partie mit seinem 47. Zug.

Abspiel 1

Fortsetzung 7... ♗f5

1.♘f3 d5 2.c4 c6 3.g3 ♘f6 4.♗g2 g6 5.b3 ♗g7 6.♗b2 0-0 7.0-0 ♗f5

Wir haben damit die Ausgangsstellung dieses Abspiels erreicht. Mit ihm verbindet Schwarz die Idee, ♕d8-d7 oder eventuell auch ♕d8-c8 zu spielen und dann ♗f5-h3 folgen zu lassen.

8.d3

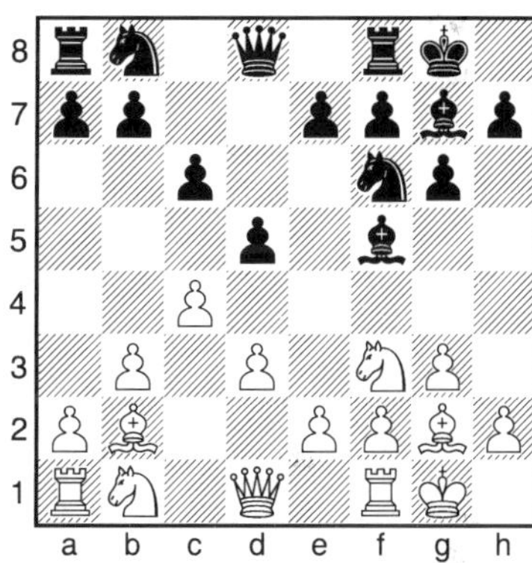

8...♕c8

Stellungsgemäß will Schwarz den Läufer g2 tauschen. Es gibt natürlich Alternativen zu diesem Vorgehen, die wir uns kurz anschauen wollen.

I. 8...♘a6 9.♘bd2 Damit ist das Spiel in unsere Ausführungen zur Hauptvariante (Kapitel 11) zurückgekehrt. Schauen Sie dort bitte unter 7...♘a6 8.d3 ♗f5 9.♘bd2 nach.

II. 8...♖e8 Der Turm soll gemeinsam mit dem von b8 nach d7 zu entwickelnden Springer den Vorstoß e7-e5 unterstützen. 9.♘bd2 ♘bd7 10.♘d4 ♘f8 (Wenn Schwarz seine ursprüngliche Absicht mit 10...e5 weiterverfolgt, kann Weiß einfach 11.♘xf5 spielen, um sich nach 11...gxf5 12.♘f3 mit der Idee ♘f3-h4 einen Vorteil zu verschaffen. Eine Überlegung wert ist für den Nachziehenden allerdings 10...♘h5!? mit der Absicht ♗g7xd4 und e7-e5.) 11.♘xf5 gxf5 In der Partie Ikeda – Erikson, Chennai 2011, nutzte Weiß die Gelegenheit, um seine Position am Damenflügel auszubauen. Also: 12.b4 ♘g6 13.♕b3 e5 Es folgte 14.♖ad1 f4 15.♖fe1 und Weiß hatte seine Kräfte elastisch postiert, womit er sich ein leichtes Chancenplus verdient hatte.

III. 8...♘bd7 9.♘d4 (Natürlich kann Weiß seine Entwicklung auch mit 9.♘bd2 fortsetzen.) 9...♘e8 Ein kleiner Hinweis an den noch weniger geübten Leser: Nun darf die Fesselung des Sd4 durch den schwarzen ♗g7 nicht übersehen werden! 10.e4 dxe4 11.dxe4 ♗e6 12.♘xe6 Jetzt kann der Springer dem gegnerischen Läufer den Blick bis b2 frei geben. 12...fxe6 13.♗xg7 (Zu überlegen ist 13.♘c3!?, um nach 13...♘c5 mit 14.♕c2 zu antworten, z.B. 14...♕d3 15.♖ac1 ♖d8 16.♗a3 usw.) 13...♘xg7 14.♘c3 Die schwächere schwarze Bauernstellung lässt uns die weißen Aussichten als etwas besser erscheinen. In der Partie Kantsler – Kveinys, Tallinn 1988, gelang es dem Anziehenden jedoch nicht, daraus einen zählbaren Nutzen zu ziehen. Hier nahm das Spiel den folgenden weiteren Verlauf: 14...e5 15.f4 exf4 16.gxf4 e5 17.f5 ♘c5 18.♕c2 ♕d3 19.♕xd3 ♘xd3 20.♖ad1 ♘f4 21.♖d7 ♖f7 22.♖fd1 ♖af8 23.♖xf7 ♖xf7 24.♖d8+ ♖f8 25.♖d7 ♖f7 26.♖d8+ mit Remis.

IV. 8...a5 Der Bauer soll den weißen Aufbau auf dem Damenflügel stören. 9.♘bd2 (Hier sind auch 9.♘a3 und 9.a3 anzutreffen.) 9...♘a6 (9...♖e8 10.♕c2 ♘a6 11.a3± brachte Schwarz im Duell Lysyj – Usmanow, St. Petersburg 2012, nichts ein.) 10.♕c1 (10.a3!? ist womöglich die bessere Alternative.) 10...a4 (Auf 10...♕c8 mit dem Ziel eines Abtausches des weißen Fianchettoläufers ist 11.♖e1 und dann beispielsweise 11...♗h3 12.♗h1 usw. möglich.) 11.♗c3 (11.h3!? ist zu überlegen.) 11...axb3 12.axb3 ♕d7 mit der Idee ♗f5-h3 und einem nur leichten Stellungsnachteil. (Ein schlechter Zug wäre nun 12...dxc4?, denn dann öffnet Weiß die b-Linie. 13.bxc4 ♘c5 Jetzt hätte der Anziehende in der Partie Margvelashvili – Paragua, USA 2014, 14.♖xa8 ♕xa8 15.♕c2 forcieren sollen, was ihm die besseren Chancen eingeräumt hätte.)

Weiter in der Hauptvariante nach 8...♕c8:

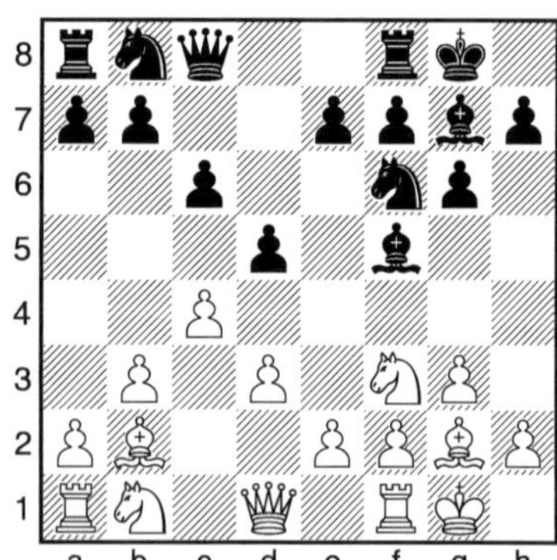

9.♖e1

Weiß hat nicht vor, sich seinen ♗g2 abtauschen zu lassen, und macht auf diese Weise dessen eventuellen

Rückzug nach h1 möglich. Nicht schlecht ist aber auch 9.♘bd2!?, z.B. 9...♗h3 10.♖c1 ♗xg2 11.♔xg2. Nun steht die schwarze Dame auf c8 zumindest „suboptimal“. 11...♕d8 (Auf 11...♖d8 mit der Idee der Entwicklung der Dame nach d7 wird folgender Ablauf möglich: 12.b4 ♕d7 13.♘b3 ♘a6 14.♕d2 ♖ac8 15.♖c2 dxc4 16.♖xc4, Zaragatski – Saltajew, Niederlande 2011. Weiß hat sich eine dominante Stellung am Damenflügel erarbeitet.) 12.♕c2 (Interessant ist die Idee, den ungedeckten Läufer auf b2 mit dem Turm zu sichern und damit gleichzeitig den Weg für die Dame nach a1 frei zu machen, was die weiße Präsenz auf der Diagonale a1/h8 deutlich erhöht. Ein Praxisbeispiel dazu: 12.♖c2 ♘e8 13.♕a1 ♘a6 14.a3 ♘ac7 15.♖fc1. Hier nun wird ein weiterer positiver Effekt der Entscheidung des Anziehenden in seinem 12. Zug deutlich – die Möglichkeit zur Turmverdopplung auf der c-Linie. 15...e6 16.♗xg7 ♘xg7 17.b4, Valsecchi – Schischkin, Milan 2012. Auch hier hat sich Weiß ein schönes Spiel am Damenflügel verschafft.) Zurück zur Position nach 12.Dc2: 12...♘a6 13.a3 ♖c8 14.b4 ♘b8 15.♕b3. Erneut ist der Damenflügel fest in weißer Hand. In der Partie Vukic – Gligoric, Jugoslawien 1987, ging es wie folgt weiter: 15...e6 16.e4 ♘bd7 17.♖fe1 b5 18.exd5 exd5 19.cxb5 cxb5 20.♗d4 a6 21.♘f1 ♖e8 22.♘e3. Weiß hat seinen Vorteil ausgebaut und mit der schwarzen Schwäche auf d5 eine schöne Angriffsmarke.

9...♗h3 10.♗h1 h6

Um ♘f3-g5 zu verhindern.

11.♘bd2

Spielbar ist auch 11.♘c3!?.

11...♘bd7

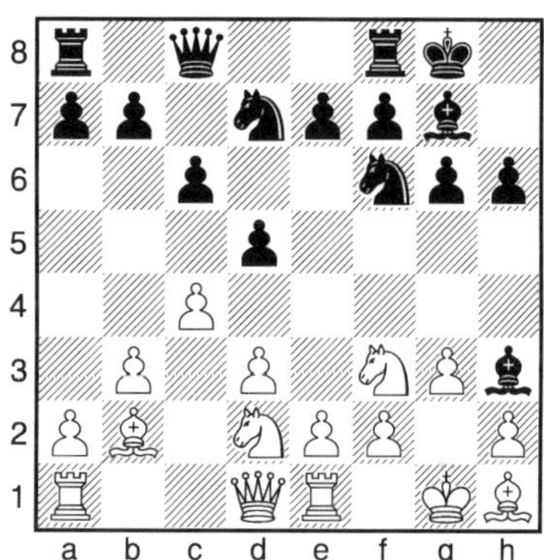

12.♖c1

Der Turm nimmt einen aktiven Platz ein, so wie wir es schon in verschiedenen vorhergehenden Varianten gesehen haben. Es geht wohl auch 12.cxd5!? ♘xd5 13.♗xg7 ♔xg7 14.♕c2 (Hier gibt es eine schöne alternative Idee: 14.d4!? gefolgt von e2-e4 und Weiß errichtet ein starkes Bauernzentrum.) 14...♘7f6 15.♕b2 usw.

12...♕d8

Im Duell Safyanovsky – Blaho, Slowakei 1998, versuchte sich Schwarz am Damenzug nach b8. So wirklich vom Erfolg gekrönt wurde sein Vorgehen nicht, wie der nachstehende Partieauszug zeigen mag: 12...♕b8 13.cxd5 cxd5 14.♗a3 (Von Illingworth stammt der alternative Vorschlag 14.♗g2!. Eine beispielhafte Variante dazu: 14...♗xg2 15.♔xg2 e5 16.e4 d4 17.a4 ♖e8 18.♗a3±.) 14...♖e8 15.e4 dxe4 16.dxe4 ♘g4. Es ist nicht leicht für den Nachziehenden, seinen Figuren ein harmonisches Zusammenspiel zu verschaffen. 17.♕e2 ♘de5 18.♗g2 ♗xg2 19.♔xg2 ♘xf3 20.♘xf3 ♘e5 Momentan ist der Springer die einzige schwarze Figur, die eine mehr als rudimentäre Aktivität aufweist. 21.♖ed1 ♘c6 22.♖d7 ♖d8 und nun hätte Weiß den naheliegenden Zug 23.♖cd1 ausführen sollen, sein damit erreichter Vorteil liegt auf der Hand.

13.♕c2

Ein besonderes Augenmerk verdient auch 13.♖c2!? mit einem ähnlichen Hintergrund, wie wir ihn oben in der mit 9.Sbd2!? eingeleiteten Variante zu 9.♖e1 bereits gesehen haben. Eine kleine Zugfolge dazu: 13...e6 14.♕a1 ♘h5 15.♗xg7 ♘xg7 16.e4 dxe4 17.♘xe4 usw. Weiß steht gut.

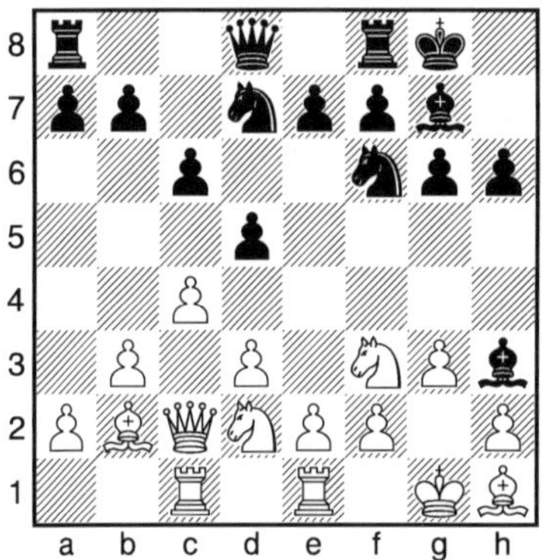

13...a5

Unsere Betrachtung der Möglichkeiten nach 13...♖e8 wollen wir auf die Wiedergabe eines Partiefragments beschränken, auch weil sich hier zahlreiche Abweichungsmöglichkeiten eröffnen und noch einiges an Forschungsbedarf erkennbar ist. Im Vorgehen beider Spieler werden aber sehr schön die Richtungen, die sich für beide Kontrahenten eröffnen, erkennbar. Also: 14.cxd5 cxd5 15.♕c7 ♖b8 16.♗d4 b6 17.♗a1 ♖a8 18.♘d4 ♘c5 19.♕xd8 ♖exd8 20.b4 ♘cd7 21.♘c6 ♖e8 22.e4±, Goletiani - Cottrell, San Diego 2006.

14.cxd5 ♘xd5 15.♗xg7 ♔xg7 16.♕b2+ ♘7f6 17.a3 ♔h7 18.d4 ♗e6 19.♘e5 ♘c7 20.♘dc4

Weiß verfügt über die aktivere Stellung, Bilek - Soos, Havanna 1966.

Zusammenfassung: Weiß kann in dieser Variante ohne größere Mühe einen Eröffnungsvorteil erringen. Allerdings gibt es hier noch viele Wege zu untersuchen und im praktischen Einsatz zu erproben. So ist z.B. 12.cxd5!? anstelle von 12. ♖c1 interessant.

Abspiel 2

Fortsetzung 7... ♗g4

1.♘f3 d5 2.c4 c6 3.g3 ♘f6 4.♗g2 g6 5.b3 ♗g7 6.♗b2 0-0 7.0-0 ♗g4

Mit dieser Läuferentwicklung verbindet Schwarz die Hauptidee, auf f3 zu tauschen und über e7-e6 eine Betonstellung zu aufzubauen.

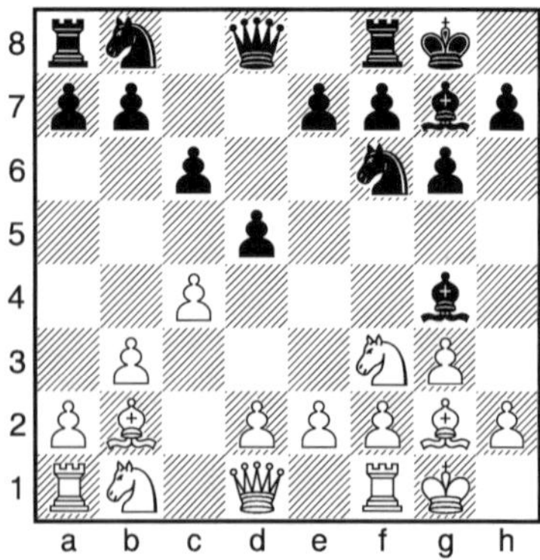

8.d3

Macht das Feld d2 zugänglich, vor allem um ♘b1-d2 spielen zu können und nach ♗g4xf3 mit dem Springer zurückzuschlagen. Wir konzentrieren uns auf dieses Vorgehen des Anziehenden, wollen aber auch kurz die unseres Erachtens wichtigsten Alternativen betrachten.

I. 8.h3 Forciert die schwarze Entscheidung zur Läuferverwendung. 8...♗xf3 9.♗xf3

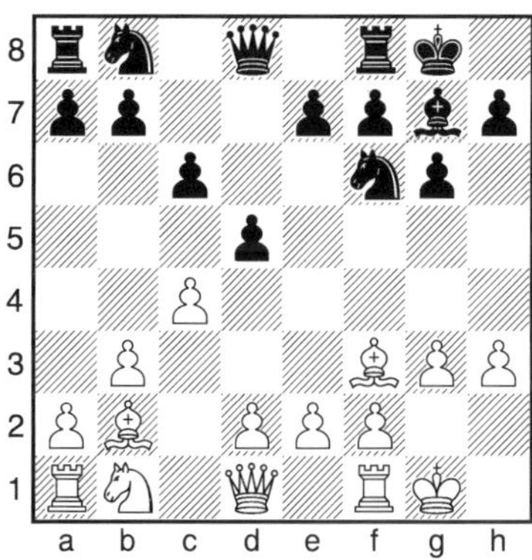

An dieser Stelle muss Weiß mit verschiedenen schwarzen Antworten rechnen, und zwar besonders mit 9...♘bd7 (Diese Fortsetzung nehmen wir mittels der **Partie Nr. 25**, Malakchow - E. Hansen, Tromsö 2013, unter die Lupe), 9...♖e8, 9...d4 und 9...e6. Also:

A) 9...♖e8 Nach einer Analyse von Illingworth lässt dieser Zug mit dem Turm bei beiderseitigem korrekten Spiel eine ausgeglichene Stellung erwarten. Er gibt die Folge 10.d4 e6 11.♘d2 ♘bd7 12.e4 dxe4 13.♘xe4 ♘xe4 14.♗xe4 f5! 15.♗g2 e5= an.

B) 9...d4 10.d3 In der Begegnung Alonso Rosell - Rizouk, Katalonien 2013, griff Schwarz nun zum modernen Zug 10...a5. Es folgte: 11.a3 ♘a6 12.♘d2 e5 (12...♕b6!? ist eine gut aussehende Alternative und deshalb wert, weiter untersucht zu werden.) 13.b4 ♕d7 14.♗g2 axb4?! (Wie Analysen zeigen, wäre 14...♖fe8!? besser gewesen.) 15.axb4 ♘xb4 16.♗a3 c5 Mit einem gut nachvollziehbaren Manöver unterstrich der Anziehende nun seinen Anspruch auf Vorteil: 17.♗xb4 cxb4 18.♕b3 ♕e7 19.♖ab1 ♖fe8 20.♕xb4. Wegen des schwachen schwarzen Bauern auf b7 steht Weiß besser.

C) 9...e6 verspricht dem Nachziehenden ebenfalls ein ausgeglichenes Spiel. Weitergehen kann es beispielsweise wie folgt: 10.d3 ♘e8. Damit zwingt Schwarz seinen Gegner nicht nur, sich zur Situation in der langen Diagonale a1/h8 zu erklären, sondern macht auch den Weg für den f-Bauern frei. 11.d4 f5 12.♘d2 ♘d7 (12...h5?! schwächt eher die eigene Position als dass es nützt. Weiß kann der schwarzen Dynamik mit 13.h4 die Spitze nehmen. In der Partie Malakchow - Kozul, Benidorm 2006, nahm das Geschehen die folgende Entwicklung: 13...♘f6 14.♗g2 ♘bd7 15.♕c2 a5 16.♖ad1 ♕b8 17.♘f3. Von hier aus kontrolliert der Springer sowohl e5 als auch g5. 17...♘e4 18.♗c1 a4 19.♗f4 ♕a7 20.b4 Die weiße Stellung ist aktiver und deshalb vorzuziehen.) 13.e3 ♘d6 Die beiderseitigen Chancen sind als etwa gleich einzuschätzen.

II. Anders als 8.d3 in unserer Hauptvariante lässt es 8.d4 nach 8...♗xf3 9.♗xf3 zu, dass der Nachziehende mit 9...♘e4 das Feld e4 besetzt, von wo aus der schwarze Springer den weiteren weißen Aufbau stört. (Der Nachziehende kann sich aber auch an die eingangs dieses Abspiels beschriebene Hauptidee bei der Wahl von 7...♗g4 erinnern, sodass hier der Einzelschritt des e-Bauern eine logische Wahl ist. Nach Taimanow erhält Schwarz nach 9...e6 10.♘c3 ♘bd7 eine stabile Stellung.) 10.♗g2 ♘d7 11.♘c3 ♘xc3 12.♗xc3 ♘b6

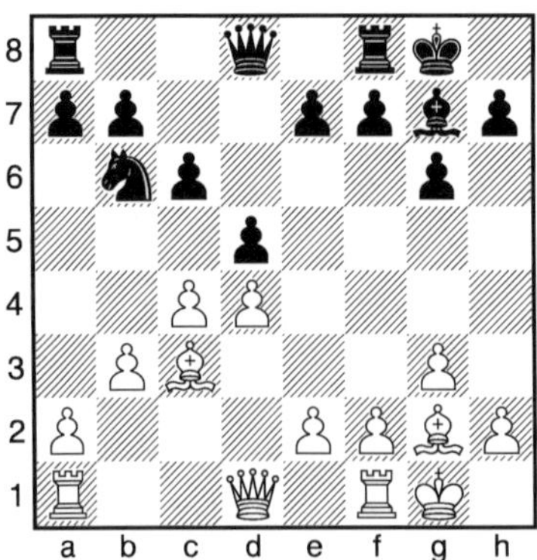

A) Im Fall von 13.♖b1!? spielt 13...dxc4 Weiß eher in die Hände. Er kann die b-Linie öffnen und seinem Turm damit zu mehr Einfluss verhelfen. (Zu beachten ist deshalb besonders auch der Standardzug 13...e6!?.) 14.bxc4 ♘xc4 15.♖xb7 In einer Zwischenbilanz wird deutlich, dass Weiß nun mehrere für ihn positive Ungleichgewichte in der Stellung für sich registrieren kann. Neben dem schon kurz angesprochenen aktiven Turm auf der b-Linie sind dies das Läuferpaar wie auch der isolierte und damit schwache schwarze c-Bauer. 15...c5 16.♕a4 cxd4 Damit hat sich der Nachziehende der Bauernschwäche entledigt, was ihn aber Zeit gekostet hat. 17.♗b4 Eine denkbare Fortsetzung des Spiels hat das folgende Gesicht: 17...♗f6 18.♖d7 ♕e8 19.♗xa8 ♘b6 20.♕xa7 ♕xd7 21.♕xd7 ♘xd7 22.♗c6 ♘e5 23.♗e4. Weiß hat sein Läuferpaar konserviert, das jetzt bei reduziertem Material und in offener Stellung seine Wirkungspotenziale entfalten kann. Sein Freibauer auf der a-Linie kann sich als Faustpfand für den Erfolg erweisen, wenn er zum Vorrücken kommt.

B) 13.cxd5 cxd5 (Nicht ganz klar sind die Konsequenzen von 13...♘xd5 14.♗b2 f5∞.). Anhand der Begegnung Giri – Z. Gyimesi, Belfort 2012, wollen wir uns einen beispielhaften Eindruck davon verschaffen, wie beide Seiten ihre Entwicklung abschließen und ihr Mittelspiel aufziehen können. Also: 14.♕d3 ♕d7 15.♖fc1 e6 16.e3 ♘c8 17.♗a5 ♘d6 18.h4 ♖fc8 19.h5 ♖xc1+ 20.♖xc1 ♖c8 21.♕d1 ♖c6 22.♗f1 ♕c8 23.♖xc6 ♕xc6. Die beiderseitigen Perspektiven sind in etwa ausgeglichen. Das weiße Läuferpaar aber sollte nicht gänzlich außer Betracht gelassen werden, denn es könnte sich als leichter Vorteil erweisen.

8...♗xf3

Ganz im Sinne der schwarzen Hauptidee dieses Abspiels gespielt. Insofern ist der Abtausch des Läufers gegen den weißen Springer die diesem Abspiel Sinn gebende Pointe. Aber welche Auswirkungen hat es, wenn der Nachziehende erst verzögert zu ihr greift? Zur Beantwortung dieser Frage schauen wir uns ein paar Varianten an.

Eine in der Praxis durchaus auch aktuelle Abweichung ist 8...♘bd7 9.♘bd2.

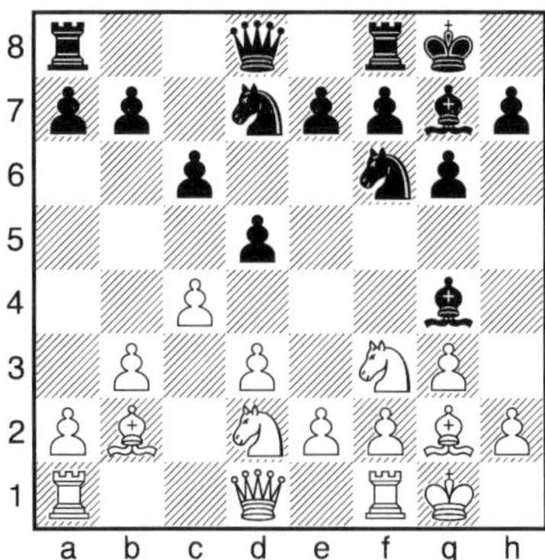

Nun hat der Nachziehende die Qual der Wahl aus mehreren interessanten Erwiderungen. Wir betrachten 9...♘e8, das nur leicht verzögerte 9...♗xf3 und 9...♕b8 etwas genauer.

A) 9...♘e8 Schwarz klärt die Situation auf der langen Diagonale. 10.♕c2 (Der Anziehende kann problemlos auch erst den Läufer tauschen. Dann stellt sich die Lage wie folgt dar: 10.♗xg7 ♔xg7 und jetzt 11.♕c2 und das Intermezzo ist mit der auf c2 postierten Dame abgeschlossen.) 10...♗xb2 11.♕xb2 ♗xf3 12.♘xf3 e6 Im Duell Aguirre – Delabaca, Frankreich 2004 ging es mit 13.cxd5 exd5 14.e4 ♘c7 (14...dxe4 15.dxe4 ♕e7=) 15.e5 ♖e8 16.♖ae1 f5 17.♕d2 ♘e6 18.h4 ♕e7 19.♘g5 ♘df8 20.f4 a5 21.d4 ♕b4 weiter, verbunden mit etwa gleichem Spiel.

B) 9...♗xf3 10.♘xf3 ♖e8 (Auch hier kann Schwarz wieder mit 10...e6!? „Beton anrühren".) 11.♖c1 a5 12.a3 e5 13.cxd5 cxd5 mit Chancen auf ein gleiches Spiel.

C) 9...♕b8 10.h3 ♗xf3 11.♘xf3 e5

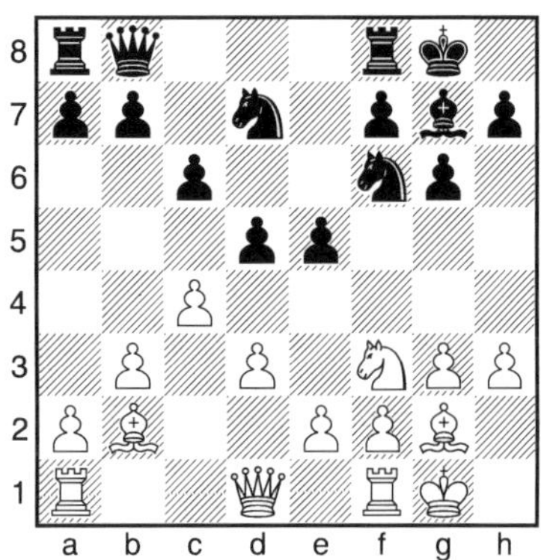

C1) 12.cxd5!? cxd5 13.♖c1 usw. Weiß kann das Spiel nun grundsätzlich in Anlehnung an die Partie Karjakin – Hammer, Stavanger 2013, fortsetzen, die wir der Nebenvariante nach 12.h4 zu Grunde legen.

C2) 12.h4 ♖e8 (Die Plombierung des Zentrums durch 12...d4!? sieht gut aus.) 13.♗h3 (13.cxd5!? ♘xd5 14.♖c1±) 13...♕d6 14.cxd5 cxd5 15.♖c1 ♖ad8 (15...d4!? 16.♗g2 ♘d5∞) 16.♕d2 ♕a6 17.a3 (17.♖c7!? ist eine denkbare Alternative.) 17...e4 18.♘d4? (◯18.dxe4 dxe4 19.♘g5 ♘e5 20.♕c2 h6 21.♗xe5 hxg5 22.hxg5 ♖xe5 23.gxf6 ♗xf6 24.a4=) 18...♘e5 19.♖fd1 exd3 (19...♘fg4!?) 20.exd3 h5 21.♖c7 ♘fg4 22.♔g2 ♖d7 23.♖xd7 ♘xd7 24.♘f3 ♕b6 mit zweischneidigem Spiel, Karjakin-Hammer, Stavanger 2013.

C3) 12.e3!? Damit lässt Weiß den Vormarsch des gegnerischen d-Bauern nach d4 nicht zu. Folgen kann beispielsweise 12...♕d6 13.♕c2 a5 14.♖fd1 ♖fe8 15.♖ac1 a4 16.♗c3. Weiß hat sich eine aktive Stellung erarbeitet und steht etwas besser. Er kann z.B. mittels ♕c2-b2 den Druck auf der Diagonale a1/h8 verstärken oder mit b3-b4 seinen Raumvorteil am Damenflügel ausbauen.

9.♗xf3

Auf 9.exf3 ist 9...e6 gut spielbar.

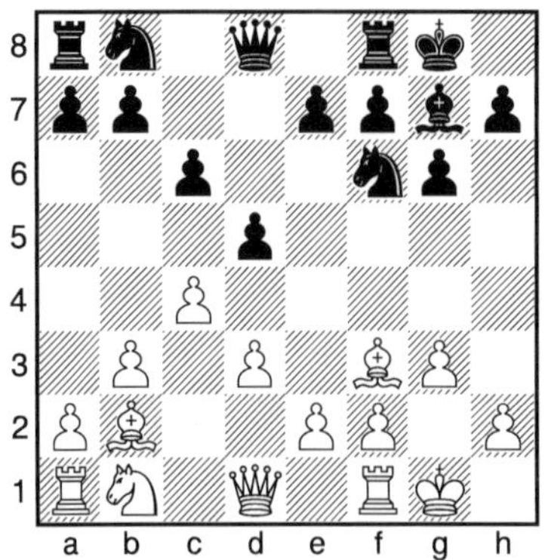

9...e6

Konsequent im Geiste dieses Abspiels errichtet Schwarz eine feste Position. Es bleibt ihm allerdings unverwehrt, seine ursprüngliche Absicht zu korrigieren, etwa mit 9...♘bd7 und der Idee e7-e5.

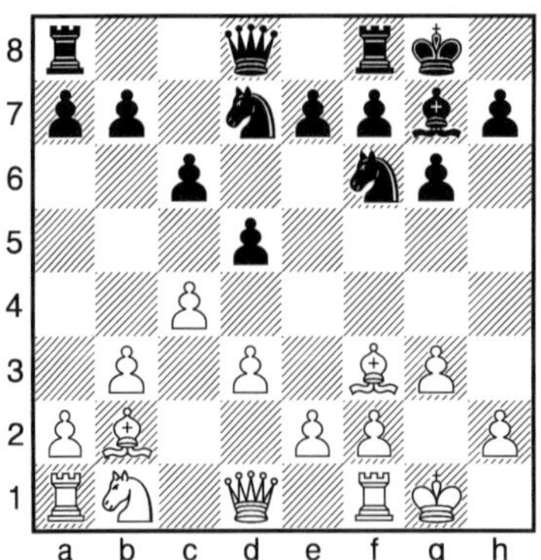

Schauen wir uns auch dazu ein paar Varianten an:

A) Auf 10.♗g2 kann Schwarz beispielsweise wie in unserer Hauptvariante mit 10...a5 seine Aktivitäten zunächst auf den Damenflügel konzentrieren, auch um die weißen Aktionen dort zu stören. Der Anziehende sollte dann am besten mit 11.♘d2 seine Entwicklung fortsetzen.

Eine andere Strategie verfolgte er in der Begegnung McNab - Baburin, Tromsö 2014, indem er mit 11.cxd5 abtauschte. Nach den weiteren Schlagaktionen 11...♘xd5 12.♗xg7 ♔xg7 versuchte er sich mit 13.e4 im Zentrum, allerdings ging seine Rechnung nicht ganz auf. Es folgte 13...♘b4 14.a3 ♘a6 15.♕c2 (Auf 15.d4 kann Schwarz mit 15...e5 antworten und sich zumindest gleiche Chancen sichern.) 15...e5 16.♕c3 f6 17.♖d1 ♘dc5 18.d4 ♘e6 und Schwarz hatte sich ein ausgezeichnetes Spiel verschafft.

B) 10.♘d2 e6 (Bei der Einleitung dieser Variante hatten wir zu 9...♘bd7 gesagt, dass mit dieser Wahl die Idee des Bauernaufzuges 10...e5 verbunden sein kann. Indem wir mit 10...e6 die am häufigsten von Schwarz gespielte Möglichkeit aufgreifen, haben wir den Doppelschritt mit dem Bauern nicht etwa aus den Augen verloren. Die mit ihm verbundenen Perspektiven wollen wir anhand der **Partie Nr. 26**, Usmanow - Martynow, St. Petersburg 2013, weiter beleuchten.) 11.♗g2 ♕e7 12.♕c2 a5 (12...♘h5 Die Folgen der Variante 13.♗xg7 ♘xg7 14.a3 a5 15.e3 f5 sind nicht sicher absehbar. Sie verspricht aber komplizierte Verwicklungen.) 13.a3 ♖fc8 14.♖fc1 ♘e8 15.♗xg7 ♘xg7 Die Stellung eröffnet beiden Seiten in etwa gleiche Chancen, Bilek - Flesch, Budapest 1971. In der genannten Begegnung ging es mit 16.♕b2 ♕f6 17.♖ab1

♕xb2 18.♖xb2 ♘f5 weiter, wodurch der Gleichstand der Perspektiven noch deutlicher zu Tage trat.

C) 10.♕c2 Der Zug mit der Dame ist eine natürliche Reaktion, Alleinstellungsmerkmale trägt er aber nicht, wie wir aus den vorstehenden Ausführungen zu den beiden Hauptalternativen 10.♗g2 und 10.♘d2 ersehen können. 10...♖e8 (Es geht wohl auch sofort 10...e5!?, was aber noch weiter untersucht und praktisch erprobt werden sollte.) 11.e3 e5 12.♖d1 ♖c8 13.♘d2 a5 und die beiderseitigen Aussichten halten sich in etwa die Waage.

Weiter in der Hauptvariante nach 9...e6:

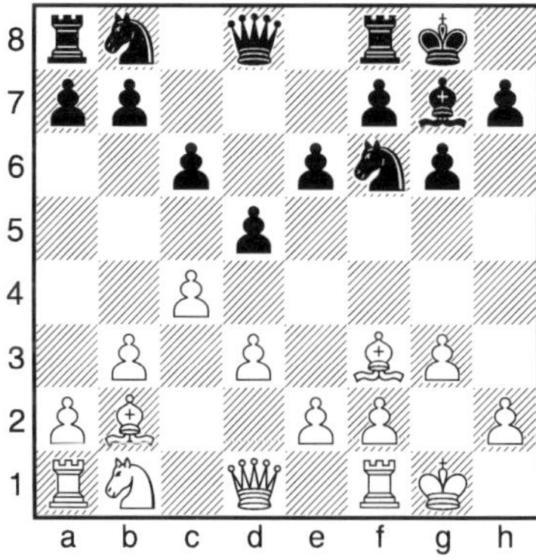

10.♗g2

Das Feld f3 ist nicht der natürliche Standort für den Läufer, er stört hier eher als dass er Nutzen aus dieser Position zieht. Indem er nach g2 zurückkehrt, verbessert er die Basis des weißen Aufbaus. Ein Fortgang der Partie ohne seine Rückführung ist auch nur ausnahmsweise vorstellbar. Sie muss aber nicht zwingend genau jetzt erfolgen. Andere Möglichkeiten, die in der Regel die Rückkehr nach g2 nur zurückstellen, konzentrieren sich auf die Entwicklung des Damenspringers und sehen wie folgt aus:

I. 10.♘c3

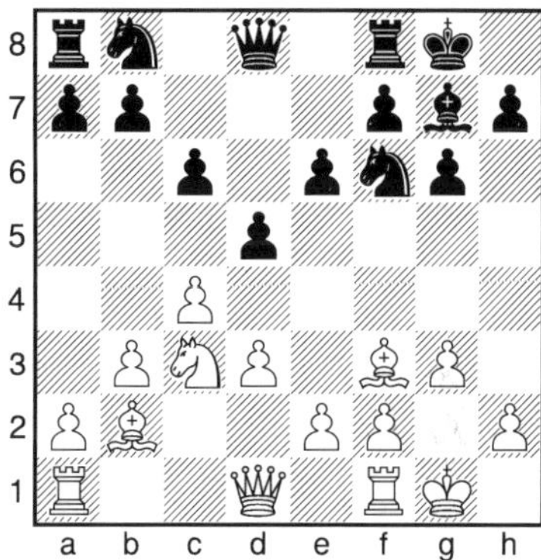

Für Schwarz stellt sich die Frage, ob er nun seinen d-Bauern vorziehen soll oder nicht. Beginnen wir unsere Betrachtung zunächst damit, dass er dauerhaft auf diese Option verzichtet:

A) 10...♘bd7 11.♗g2 Wie in der Hauptvariante kehrt der Läufer in seine Fianchettostellung zurück. (Auf 11.d4 kann Schwarz 11...♖e8 ziehen und seine weitere Entwicklung an den weißen Entscheidungen ausrichten.) 11...♕e7 Wir befinden uns in einem Bereich, der - man erlaube uns diesen kleinen Kalauer - eröffnungstheo-Réti-sch alles andere als ausgeforscht ist. Es gibt hier im Gegenteil große weiße Flecken auf der Landkarte. Wir können deshalb nur die richtungsweisende Hinweise geben und orientieren uns dabei an einer prägnanten Turnierpartie. 12.♕c2 ♖fd8 13.e3 a5 14.♖fe1 (Die Folgen von 14.♖ac1 ♘b6 15.♖fd1 a4 sind unklar.) 14...h5 15.h3 (Wenn Weiß seinen a-Bauern mit 15.a4 durchzieht, kann Schwarz 15...♘b8 spielen mit der Idee ♘b8-a6-b4.) 15...♘e8 16.♖ad1 (16.d4!? ist zu beachten.) 16...♖ac8 17.♘e2 ♗xb2 18.♕xb2 ♘ef6 und Schwarz hat eine feste Stellung, so wie es einer Grundidee dieses gesamten Abspiels entspricht. Das Partiefragment stammt aus der Begegnung Radjabow – Le Quang Liem, Astana 2012, die Weiß nach langem Kampf im 49. Zug gewinnen konnte.

B) 10...d4 Schauen wir uns nun an, was passieren kann, wenn Schwarz zum verlockend aussehenden Vorstoß mit seinem d–Bauern greift und den weißen Springer anrempelt. Eine logische Variante dazu: 11.♘a4 e5 12.b4 ♘bd7 13.♕b3 ♖e8 14.b5 ♕c7 15.♖ab1 (15.bxc6 bxc6 16.♖ab1 ♖ab8 führt zu nicht mehr als Ausgleich.) 15...e4 16.dxe4 ♘xe4 17.♕d3. Ein kleiner Hinweis an den noch lernenden Spieler: Auf d2 drohte eine Springergabel. 17...♘dc5 18.♘xc5 ♘xc5 19.♕c2 ♖ad8 20.bxc6 bxc6 21.♗a3 ♗f8 und auch am Ende dieser Zugfolge ist die Position ausgeglichen.

II. 10.♘d2 a5 11.a3 ♘a6

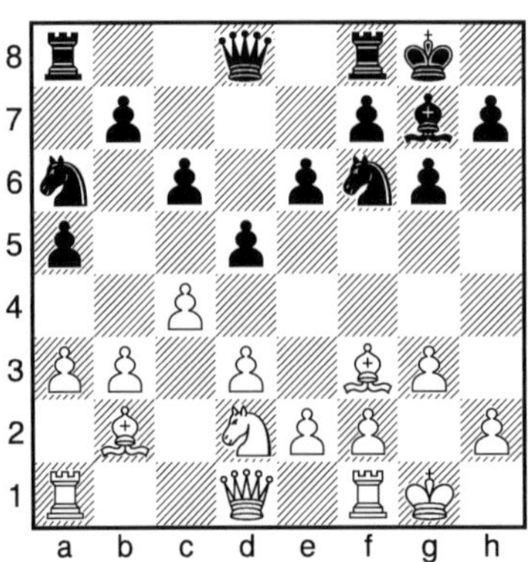

Beim Zugpaar a7-a5 und ♘b8-a6 handelt es sich um ein typisches Manöver. Die Praxis kennt an dieser Stelle zwei weiße Fortsetzungen, 12.d4 und 12.♕c2.

A) 12.d4 Schwarz hat nun die Möglichkeit zu einer uns schon gut bekannten Sequenz, über die der Königsturm nach d8 gebracht wird und der schwarzfeldrige Läufer Ausblick erhält. 12...♕e7 13.e3 ♖fd8 14.♕c2 ♘e8 15.♗g2 ♘d6 16.♖fd1 f5 17.♖ac1 ♖dc8 Beide Seiten haben ihre Kräfte aktiviert, bei einem leichten Plus auf der Seite des Anziehenden. 18.♖e1 b5 19.♕d3 (Im Fall von 19.c5 ♘f7 hat Schwarz zwei interessante Manöver in der Hinterhand, um seinen gerade vertriebenen Springer gut in Szene zu setzen. 20.f4 ♘h6 verbunden mit der Idee ♘h6-g4-f6-e4. Wenn Weiß 21.h3 spielt, dann verspricht 21...♔h8 mit dem Plan ♘h6-g8-f6-e4 usw. einen ähnlichen Erfolg.) 19...♕b7 20.cxd5 cxd5 21.♗f1 ♗f8 mit der Absicht ♘a6-c7 und a5-a4 mit Gegenspiel, Rodshtein – Gabuzyan, Jerewan 2014.

B) 12.♕c2 ♖e8 Schwarz denkt daran, über kurz oder lang seinen e-Bauern vorzurücken.

B1) 13.e3 e5 (13...♘d7 ermöglicht 14.d4 mit leichtem Vorteil.) 14.cxd5 cxd5 (Unklar sind die Folgen, wenn Schwarz mit dem Springer zurückschlägt, etwa im Ablauf 14...♘xd5 15.♘c4 ♘ac7∞.) 15.♖ac1 ♕b6 mit Umgruppierung der Figuren nach dem Prinzip ♗g7-f8, ♖a8-d8 usw. mit einer aktiven Stellung.

B2) 13.♗g2 d4 14.b4 (Zu einer ausgeglichenen Stellung führt die Variante 14.e3 dxe3 15.fxe3 ♘g4 16.♗xg7

♔xg7 17.♖ae1 e5.) 14...axb4 15.axb4 ♘xb4 16.♕b3 ♖xa1 17.♖xa1 ♗f8 18.♘f3 e5 Wir sind hiermit einer Blitzpartie gefolgt, in der sich Schwarz auf dem beschriebenen Weg ein gutes Spiel sicherte, Tkatschiew – Le, Chanty-Mansijsk 2013.

10...a5 11.a3 ♕b6 12.♘d2 ♘fd7 13.♗xg7 ♔xg7 14.♕c2

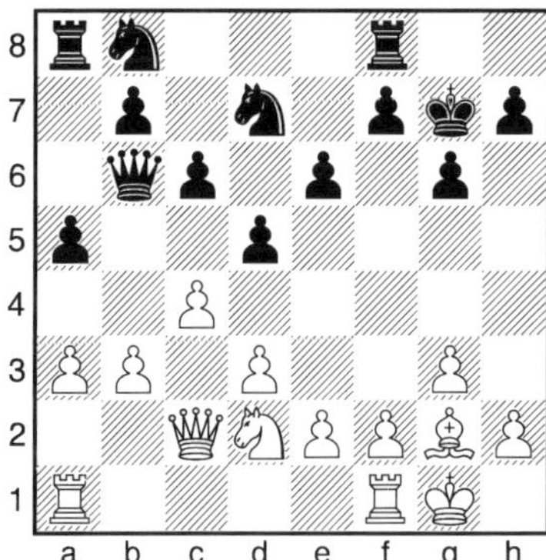

14...d4!?

Diese Fortsetzung sollte Schwarz ein gleiches Spiel garantieren. Im Duell W. Schmidt – Spiridonov, Brno 1975, verzichtete Schwarz auf diese Möglichkeit und versuchte sich auf einem anderen Weg. Es folgte 14...♕d4 15.♖ab1 ♘e5 16.♖fc1 ♘bd7 17.b4 ♘g4 18.♕b2 ♕xb2 19.♖xb2 axb4 20.axb4 ♘gf6. Der Nachziehende hielt den Ausgleich fest und kassierte später sogar den vollen Punkt ein.

15.♖ae1 c5 16.e4 ♘c6 17.f4 e5 18.f5 ♘f6 19.h3

Auf 19.fxg6 kann Schwarz unseres Erachtens sowohl mit dem f- als auch mit dem h-Bauern zurückschlagen.

19...♘h5

Auf dem Brett ist eine komplizierte Stellung entstanden, die für beide Spieler Möglichkeiten bereithält.

Zusammenfassung: Die hinter 7...♗g4 nebst einem Schlagen auf f3 stehende Idee scheint gut für Schwarz zu sein und ihm Ausgleich zu versprechen.

Abspiel 3

Fortsetzung 7... ♖e8

1.♘f3 d5 2.c4 c6 3.g3 ♘f6 4.♗g2 g6 5.b3 ♗g7 6.♗b2 0-0 7.0-0 ♖e8

Schwarz will bei passender Gelegenheit e7-e5 durchsetzen.

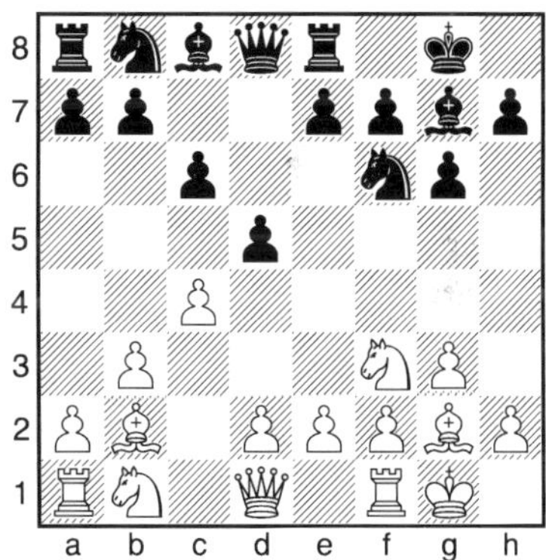

8.d4

Weiß schaltet den Vorstoß des gegnerischen e-Bauern wirksam aus. Dies ist die prinzipiellste Spielweise gegen den schwarzen Plan und unser Favorit. Es gibt aber auch andere Wege, die wir zumindest über die Betrachtung einiger Varianten vorstellen wollen. Also:

I. 8.♕c2 ♘bd7 Ganz im Sinne der Absicht e7-e5, ohne dass sich

Schwarz entsprechend festlegt. 9.♘c3

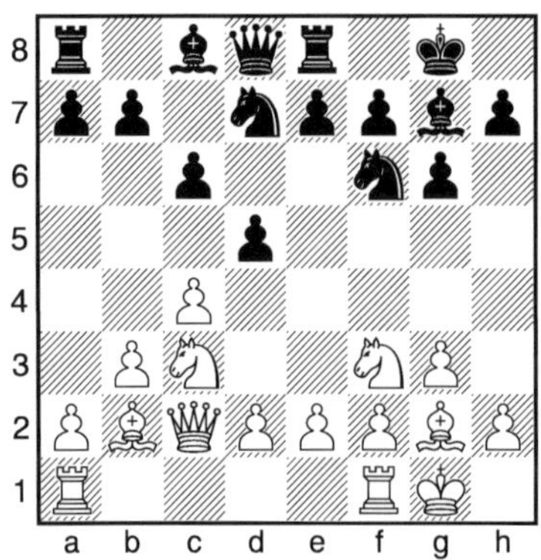

Aus der Praxis sind nun mehr als ein halbes Dutzend schwarzer Fortsetzungen bekannt. Wir konzentrieren uns auf die unseres Erachtens relevantesten. Also:

A) 9...dxc4 Die hinter diesem Abtausch stehende Idee wird erst nach dem 11. Zug von Schwarz gut erkennbar. 10.bxc4 e5 11.♖fd1 ♘c5 Der Nachziehende hat seinen Einfluss klar vergrößert und sich neue Entwicklungspotenziale eröffnet. Auf c5 steht der Springer stark und kann aufgrund des Abtausches nicht von einem nach b4 ziehenden weißen Bauern angegriffen werden. 12.d3 ♗f5 (In der Fernpartie Wegelin – Walczak, ICCF 2010, spielte der Nachziehende 12...♕a5, konnte aber in der Folge nicht unter Beweis stellen, dass diese Alternative stärker als der Läuferzug sein könnte. Es ging weiter mit 13.♘d2 ♘e6 14.♘de4 ♖d8 15.e3 ♘xe4 16.♘xe4 ♘c5 17.♘xc5 ♕xc5 und die Stellung hatte nach den Abtäuschen viel an Fantasie verloren. Nach den weiteren Zügen 18.a4 ♗f5 19.a5 b5 20.axb6 axb6 21.♖xa8 ♖xa8 befand sich die Stellung im Gleichgewicht. In der Folge gelang es keiner Partei, sich bemerkenswert in Vorteil zu bringen, sodass die Punkteteilung nach 44 Zügen das natürliche Ergebnis war.) 13.♘a4 ♘fd7 Damit ist Vorsorge getroffen, dass die Springerposition auf c5 erhalten bleibt, auch im Falle eines Abtausches. 14.♘d2 ♘xa4 15.♕xa4 ♘c5 16.♕c2 ♕d7 17.♖ab1 ♖ad8 Schwarz hat eine solide Position, die ihm noch alle Chancen eröffnet, Juhasz – Ceschia, Montesilvano 2015.

B) 9...e5!? Es ist etwas erstaunlich, aber an dieser Stelle ausgeführt hat der Zug Schwarz eher selten „Glück" gebracht. Wir halten ihn aber für deutlich besser, als die Statistik, zumal auf schmaler Basis, uns anzeigt. 10.cxd5 ♘xd5 (Schwach wäre hier 10...cxd5? wegen 11.♘b5!.) 11.d3 ♘f8 Der Springer soll nach e6 geführt werden, nachdem der Damenläufer ins Spiel gebracht worden ist, um von dort aus Einfluss insbesondere auf das Feld d4, ggf. auch f4 zu nehmen. (Andere Züge, beispielsweise auch das gelegentlich gespielte 11...♘7b6, versprechen dem Nachziehenden weniger. 11...♘xc3 12.♗xc3 ♘b6 13.♗b2 ♘d5 usw.) 12.a3 ♗g4 13.h3 ♗xf3 14.♗xf3 ♘e6 15.e3 ♕d7 16.♗g2 ♘xc3 17.♗xc3 ♖ad8 18.♖fd1 ♕e7 Der Nachziehende hat einen soliden Aufbau erreicht. Das nächste strategische Zwischenziel kann die Turmverdoppelung in der d-Linie sein. In der Begegnung Mons – Seger, Baden-Baden, Bundesliga 2014, ging es nun wie folgt weiter: 19.b4 ♘c7 20.♗b2 ♖d7 21.♕c4 ♖ed8 22.♖d2 ♕e6 23.♕xe6 ♘xe6 24.♖ad1 f5. Schwarz stand ausgezeichnet, die Partie endete mit einem Remis nach 34 Zügen.

C) 9...a6 Eine interessante Idee mit der Absicht, bei guter Gelegenheit b7-b5 zu spielen. Zugleich lässt der Zug ♘c3-b5 nicht zu. 10.d4 Nun kann Schwarz seine Hoffnungen besonders auf 10...♘f8 und 10...b5 – dies ist unser Favorit – setzen. (Bevor wir uns den Möglichkeiten nach 10.d4 widmen, wollen wir noch kurz anmerken, dass Schwarz nach 10.d3 e5 11.cxd5 cxd5= keine Probleme zu befürchten hat.)

C1) 10...♘f8 ist eine auf jeden Fall spielbare Möglichkeit. 11.♖fd1 (Schwer absehbar sind die Konsequenzen von 11.♘e5 ♗f5 12.♕d2 ♘e4 13.♕e3 f6 14.♘f3 ♘xc3 15.♗xc3 ♕d7, weshalb wir uns die Stellungseinschätzung „unklar" abringen. Stockfish sieht Weiß hier leicht im Vorteil, nach menschlichem Ermessen lässt sich dieses Urteil aber nicht so recht bestätigen.) 11...♗f5 12.♕c1 b5 (Oder 12...♘e4 13.♘xe4 ♗xe4 14.♘e1 ♗xg2 15.♔xg2= wie in der Partie Arun Prasad – Gopal, Indien 2011. Die Begegnung endete mit einem Remis nach 30 Zügen.) 13.♘e5 ♖c8 14.♕d2 bxc4 15.bxc4 ♘8d7 16.♖ac1 mit ausgeglichenen Chancen. Werfen wir noch einen Blick in die nächste Zukunft, um uns einen Eindruck davon zu verschaffen, in welche Richtung sich das Spiel bewegen kann. Beispielhaft also kann es wie folgt weitergehen: 16...♘b6 17.e3 ♘g4 18.cxd5 cxd5 19.♕e2 ♘xe5 20.dxe5 ♗xe5 21.♘xd5 ♖xc1 22.♗xc1 ♘xd5 23.♗xd5 ♕c7=.

C2) 10...b5 Dies ist die konsequente Fortsetzung des schwarzen Plans, dessen Umsetzung der Nachziehende mit 9...a6 eingeleitet hat. 11.♘e5 Der in dieser Lage aktivste Zug. Der nunmehr ungedeckte schwarze c–Bauer zwingt Schwarz zur Entscheidung, wie der Bedrohung durch den Springer begegnet werden soll. (Weniger direkt und damit längerfristig positionell angelegt ist 11.♖ac1. Der weiße Plan richtet sich auf eine starke Stellung auf der c–Linie. Weitergehen kann es beispielsweise wie folgt: 11...♗b7 12.♖fd1 e6 13.e3 ♖c8 14.♕e2 Bis hier sind wir der Partie Gopal – Ly, Vietnam 2012, gefolgt, in der es mit 14...♕b6 15.c5 ♕c7 weiterging. Besser ist aber 14...dxc4 mit der natürlichen Folge 15.bxc4 b4 16.♘a4 ♕a5 17.♕c2 c5 18.♘xc5 ♘xc5 19.dxc5 ♕xc5 20.♗d4 ♕a5 21.c5 ♗d5 mit einer komplizierten Lage, die hinsichtlich der beiderseitigen Chancen auf den Partieerfolg unklar ist.

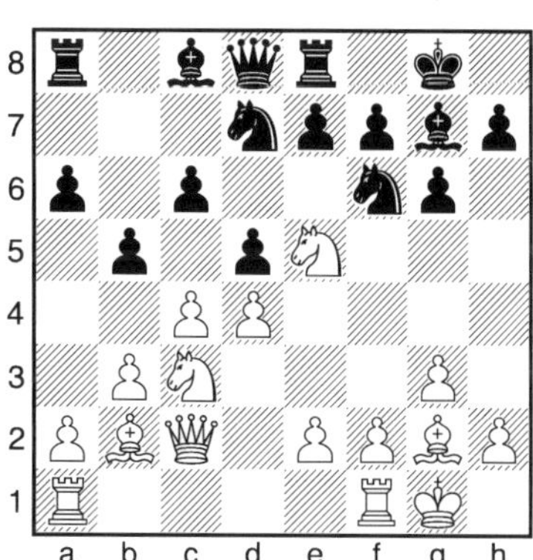

C2a) 11...♗b7!? Schwarz will ohne den Springerabtausch auf e5, der zu einem weißen Be5 und einigen Turbulenzen auf dem Brett führen würde, auskommen. Von den möglichen weißen Erwiderungen erscheinen 12.♖ad1 und 12.e3 besonders betrachtenswert.

C2a1) 12.♖ad1 ♕c7 Im Duell Znamenacek – Vavra, Prag 1992, griff der Anziehende nun zum dynamischen Bauernvorstoß 13.e4, worauf es zu den folgenden Verwicklungen kam: 13...dxc4 14.♘xd7 ♘xd7 15.bxc4 bxc4 16.♖fe1 c5 17.♘d5 (17.d5 ♘e5∞) 17...♗xd5 18.exd5 ♖ab8 19.♗c3 ♘b6. In dieser komplizierten Stellung hat Schwarz gute Chancen.

C2a2) Mit 12.e3 lässt es der Anziehende ruhiger angehen. 12...♕c7 (12...♘xe5 ist nicht ratsam wegen 13.dxe5 ♘g4 14.e6!±.) 13.♖fd1 Mit einer langschrittigen Variante wollen wir beispielhaft veranschaulichen, wie beide Seiten weiter vorgehen können. Also: 13...♖ed8 14.♖ac1 ♖ac8 15.f4 dxc4 16.bxc4 c5 17.♘xd7 ♘xd7 18.d5 ♘b6 19.cxb5 ♘c4 20.b6 (20.♕e2 ♘xb2 21.♕xb2 ♕b6 22.e4 ♗xc3 23.♖xc3 axb5 führt zu unklaren Verhältnissen auf dem Brett.) 20...♘xb6 21.♗a1 c4 22.e4 e6 23.dxe6 fxe6 Die Chancen sind verteilt, beide Kontrahenten können sich ähnliche Hoffnungen auf den Partieerfolg machen.

C2b) 11...♘xe5 Für einen nervenstarken Spieler der einfachste Weg zum Ausgleich. Spielbar ist wohl 12.dxe5 ♗f5 13.♕d2 ♘e4 14.♘xe4 dxe4 15.♕e3 (Eine plausible Variante für den Fall des Abtausches der Damen sieht so aus: 15.♕xd8 ♖exd8 16.♖fd1 bxc4 17.bxc4 ♖ab8 18.♗c3 f6 19.exf6 ♗xf6 20.♗xf6 exf6 21.h3 h5 22.♖xd8+ ♖xd8 23.♖b1 ♖d4=. Es herrscht Gleichstand auf dem Brett.) 15...bxc4 16.bxc4 ♕b8 17.♖ab1 ♗xe5 18.♗a3 ♕c7 19.♗xe4 ♗xe4 20.♕xe4 ♗f6. Die beiderseitigen Chancen halten sich die Waage.

D) Die mit 9...♘f8 verbundenen Möglichkeiten betrachten wir anhand der **Partie Nr. 27**, Botwinnik – Stahlberg, Moskau 1956.

II. 8.d3

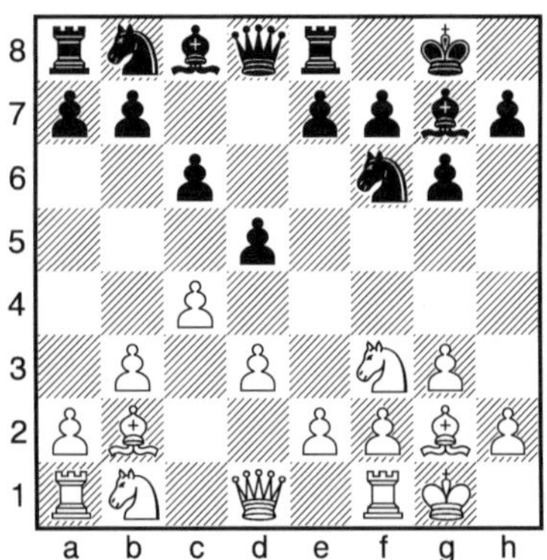

An dieser Stelle ist schon mehr als ein halbes Dutzend an schwarzen Antwortzügen praktisch erprobt worden. Die größten Probleme dürften Weiß 8...♘bd7 und 8...a5 bereiten, weshalb wir uns auf diese beiden konzentrieren.

A) 8...♘bd7 9.♘bd2 (Nach 9.♘c3 kann der Verlauf zunächst dem nach 9.♘bd2 entsprechen, allerdings wird Schwarz dann auf die weiße Möglichkeit des Springerzuges nach b5 reagieren. Ein Beispiel dazu: 9...e5 10.cxd5 cxd5 11.♖c1 a6. Verwehrt dem Springer den Zutritt nach b5. In der Partie Burmakin – Estremera Panos, Sevilla 2012, folgte nun 12.b4 b5 13.♘d2 ♘b6 14.♘b3 d4 15.♘e4 ♘xe4 16.♗xe4 ♗h3 17.♖e1 ♘a4. Die entstandene Stellung ist kompliziert und hinsichtlich der weiteren Aussichten nicht klar einzuschätzen. Etwas freier aber ist Schwarz aufgestellt.) 9...e5 10.cxd5 cxd5 11.♖c1 b6 Im Vergleich zur Variante mit dem weißen Springer auf c3 muss sich der Nachziehende hier aktuell nicht um das Feld b5 kümmern. 12.♕c2 (Eine interessante Idee ist 12.b4 mit der Absicht, die Dame auf b3 zu postieren. Ein Beispiel aus der Praxis dazu: 12...♗b7 13.♕b3 a5 14.a3 axb4 15.axb4 ♗f8∞, Pantsulaia - Arun Prasad, Hyderabad 2013. Weiß gelang es schließlich, nach langem Ringen mit seinem 67. Zug den vollen Punkt zu kassieren.) 12...a5 13.♕b1 (13.♕c7 beantwortet der Nachziehende gut mit 13...♗a6!.) 13...♗b7 14.♖c2 ♗f8 15.♖fc1 a4 Schwarz hat sich ein ausgezeichnetes Gegenspiel erarbeitet.

B) 8...a5 9.a3 [9.♕c2 führt in die Gefilde der oben behandelten Varianten nach 8.♕e2 (Alternative zu 8.d4 in der Hauptvariante).] 9...♘bd7 10.♘c3 e5 Der schwarze Aufbau folgt dem schon bekannten Schema. 11.cxd5 ♘xd5 12.♖c1 ♘xc3 13.♗xc3 ♘b6 14.♘d2 ♕e7 15.♗b2 ♗e6 16.♕c2 ♖ec8 17.♘e4 ♘d7 mit dem Plan ♗e6-d5, f7-f5 und guten Chancen, Shreyansh - Shyam, Dharamshala 2014.

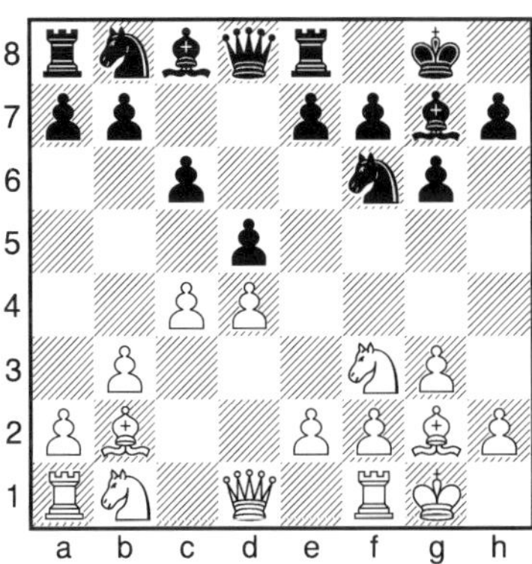

8...♘e4

Nach dem Doppelschritt des weißen d-Bauern ist das Feld e4 ein verlockendes Plätzchen für den Springer, das er gerne annimmt. Schwarz stehen aber auch weitere Türen offen. Werfen wir einen kleinen Blick in die Räume der Möglichkeiten dahinter:

I. 8...♘bd7 9.♘bd2

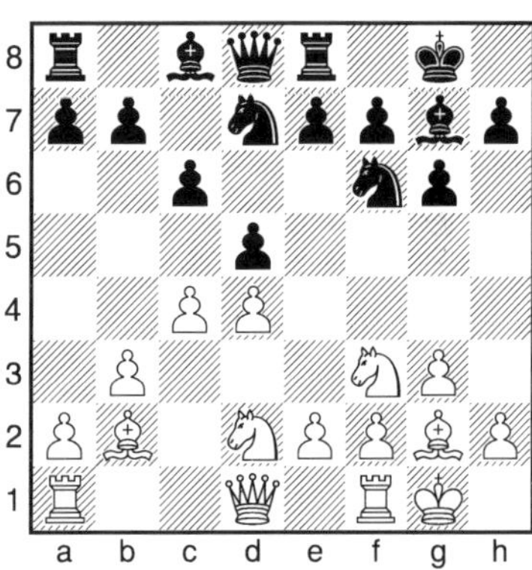

A) 9...♘f8 10.♖e1 ♘e4 11.e3 (Zu beachten ist 11.♖c1!?, worauf 11...♗f5 12.♘h4 Weiß einen kleinen Vorteil beschert.) 11...♗g4 12.h3 ♗xf3 (12...♗d7 kam in der Partie Uhlmann - Raetsch, Ostberlin 1962, vor, brachte Schwarz aber nur einen dauerhaft schlechten Läufer und letztlich die Niederlage in der Partie ein.) 13.♗xf3 (13.♘xf3 e6=) 13...e5 14.cxd5 (Oder 14.dxe5 ♗xe5 15.♗xe5 ♖xe5 und ebenfalls nur Ausgleich.) 14...♘xd2 15.♕xd2 e4 16.♗g2 cxd5 17.♖ec1 ♘e6 18.♖c2 ♗f8 19.♖ac1 ♕d7 und Schwarz hält Ausgleich.

B) 9...b6 Schwarz will seinen Damenläufer fianchettieren. Diese Form des Aufbaus wird schon lange in der Turnierpraxis angewandt, mit einem deutlich besseren Gesamtergebnis für Weiß. 10.♕c2 Dies ist die beste Erwiderung. 10...♗b7 11.♖ad1 (Nach 11.e4 dxe4 12.♘xe4 ♘xe4 13.♕xe4 ♕c7 14.♘e5 ♖ad8 sollte Schwarz gute Ausgleichschancen haben.) 11...♖c8 12.e4 dxe4 13.♘xe4 ♘xe4 14.♕xe4 ♕c7 Bis hier sind wir einer Partie Bilek – Martinez Vaca, Skopje 1972, gefolgt, in der nun 15.♕e2 gespielt wurde. Wir weichen an dieser Stelle ab, unabhängig davon, dass Weiß die genannte Partie – unter einer gewissen Mithilfe seines Gegners – letztendlich gewinnen konnte. Also: 15.♕c2 e5 16.dxe5 ♘xe5 17.♘xe5 ♗xe5 In die nächste Phase der Partie gehen beide Kontrahenten mit ausgeglichenen Perspektiven. Dies kann beispielsweise wie folgt aussehen: 18.c5 (18.h4 Eine Ausgleichsvariante ist 18...c5 19.♗xb7 ♕xb7 20.h5 ♕f3=.) 18...♗xb2 19.♕xb2 bxc5 20.♕c3 ♖e5 21.f4 ♖e2 Damit hat Schwarz Gegenspiel und dem Gegner ebenbürtige dynamische Chancen.

II. 8...♗f5

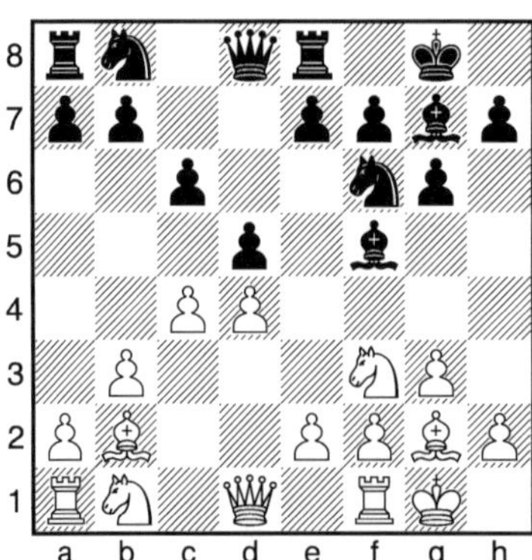

Auf diese schwarze Wahl ist sowohl die weiße Springerentwicklung ♘b1-d2 als auch jene mit ♘b1-c3 logisch.

A) 9.♘bd2 ♘bd7 (Auf 9...♘e4 ist die Anrempelung des schwarzen Läufers mit 10.♘h4 gut. In der Folge öffnet sich dem Anziehenden Raum für ein aktives Vorgehen auf dem Königsflügel. Ein Beispiel dazu: 10...♘xd2 11.♕xd2 ♗e6 12.f4 f5 13.g4 fxg4 14.f5 gxf5 15.♘xf5 ♗xf5 16.♖xf5 und die Initiative liegt in weißer Hand.) 10.♘h4 Auch hier wird der nach f5 gebrachte Läufer zur schnellen Zielscheibe. 10...♗e6 Ein weißer Plan kann nun darauf basieren, die Entwicklung mit dem Ziel abzuschließen, den Vorstoß des e-Bauern nach e4 zu realisieren. Z.B.: 11.♖e1 ♕b6 12.♕c2 a5 13.a3 ♘g4 14.h3 ♘h6 15.e3 f6 16.e4 dxe4 17.♘xe4 ♗f7. Ein Stückchen wollen wir unserer Referenzpartie noch folgen, um einen Eindruck des möglichen weiteren Geschehens zu vermitteln. Die Variante ist aber nur als ein Beispiel des möglichen Spielverlaufs zu verstehen. Natürlich können beide Seiten in verschiedener Weise abweichen, was in einem Buch wie diesem nicht mit allen denkbaren Alternativen dargestellt werden kann. 18.♖ad1 ♖ad8 19.♘f3 g5 20.♕c3 ♘f8 21.♖d2 ♕c7 22.♖de2 ♘f5 23.♕c2 ♘d6 24.♘xd6 exd6 mit Remis in Keene – Bachtiar, Wijk aan Zee 1974.

B) 9.♘c3 ♘e4 führt zurück zur Hauptvariante.

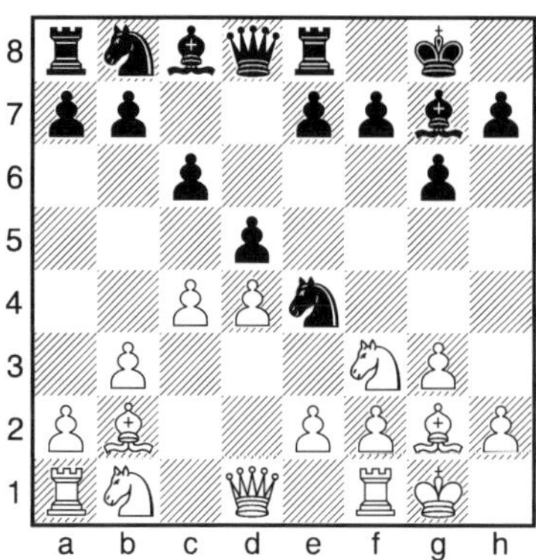

9.♘c3

Auch hier stellt sich wieder die Frage, ob 9.♘bd2 eine bessere Alternative sein kann. Schwarz kann den weiteren Partieverlauf in den nächsten Zügen maßgeblich bestimmen, etwa so: 9...♘xd2 10.♕xd2 dxc4 11.bxc4 e5 12.♖ad1 exd4 13.♗xd4 ♗xd4 14.♘xd4 ♘a6. Der Nachziehende ist dem Ausgleich sehr nahe.

9...♗f5

Die hinter diesem Zug stehende Absicht ist einfach – der Läufer soll den Springer sichern.

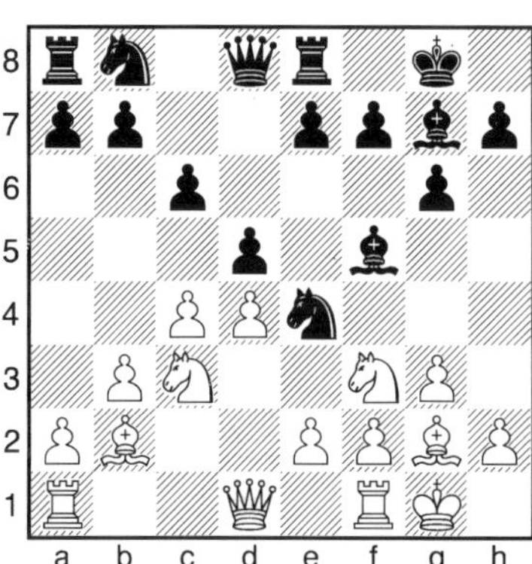

10.e3

Zwei andere plausible Möglichkeiten sind 10.♘h4 und 10.♖c1. Die damit verbundenen Chancen beleuchten wir anhand der folgenden Varianten:

I. 10.♘h4 ♘xc3 11.♗xc3 ♗e6 12.♕d3 ♘d7 13.c5 (An dieser Stelle muss Weiß aufpassen und einen Fehler vermeiden, der am Turnierbrett schnell passieren könnte. Er läge im Doppelschritt des e-Bauern auf. Also: 13.e4? dxc4 14.bxc4 ♘e5 15.♕c2 ♘xc4 16.d5 cxd5 17.♗xg7 ♔xg7∓ Dieses Schicksal traf Weiß in der Partie Fiorito – Fraschini, Buenos Aires 1996.) und nun hätte Schwarz in der Partie Malakchow – Golod, Bad Wiessee 2002, 13...b6!? spielen sollen (statt 13...f5), z.B. mit der Folge 14.b4 a5 15.a3 axb4 16.axb4 ♕c7 mit Ausgleichschancen. Die genannte Partie endete aller-dings auch mit einer Punkteteilung, die im 34. Zug vereinbart wurde.

II. 10.♖c1 kann der Nachziehende ebenfalls gut zunächst mit dem Springerabtausch und dann mit der Postierung des weißfeldrigen Läufers auf e4 beantworten, womit er den Sinn seines 9. Zuges bestätigt. 10...♘xc3 11.♗xc3 ♗e4 12.♗h3 (12.♕d2 ♘d7 13.♖fd1 e6 führt zum Ausgleich.) 12...♗xf3 13.exf3 e6 14.♖e1 ♘d7 15.f4 ♘f6 16.♗g2 ♖c8 17.c5 Nun sollte Schwarz den Stier ganz vorne bei den Hörnern packen: 17...b6 (17...♘e4 18.♗b2 f5 19.f3 ♘f6 20.♗f1 b5 21.a4 ist besser für Weiß, auch wenn er in der Partie Meister – Nachew, Moskau 2001, letztendlich das Nachsehen hatte und verlor. Dies lag aber nicht am Ergebnis seines Eröffnungsspiels, sondern seiner späteren Spielführung.) 18.b4 ♘e4 19.♗b2 a5 Schwarz verschafft sich Gegenspiel und kann erfolgreich um Ausgleich kämpfen.

10...♘d7 11.♕e2

Die Kandidaten 11.cxd5 und 11.♖c1 versprechen dem Anziehenden keinen Vorteil. Zum Beleg bieten wir Ihnen zwei Varianten an: 11.cxd5 ♘xc3 12.♗xc3 cxd5 13.♖c1 ♖c8=; 11.♖c1 ♘xc3 12.♗xc3 ♖c8 13.♘h4 ♗e6 und nun 14.e4 dxe4 15.♗xe4 ♗h3 16.♖e1 e5 17.d5 f5 18.dxc6 bxc6 19.♗g2 ♗xg2 20.♘xg2 ♘c5. Schwarz hat gutes Spiel, Niemi – Smith, Norrkoeping 2009.

11...♕a5

Zu beachten ist 11...♖c8, auch wenn Schwarz nach 12.♘xe4 ♗xe4 13.♗h3 ♗xf3 14.♕xf3 e6 15.♕e2 f5± usw. etwas beengt steht.

12.♖ac1

12.♘xe4 ♗xe4 13.♗h3 ♗xf3 14.♕xf3 e6 ergibt Gleichstand.

12...♘xc3 13.♗xc3 ♕a6

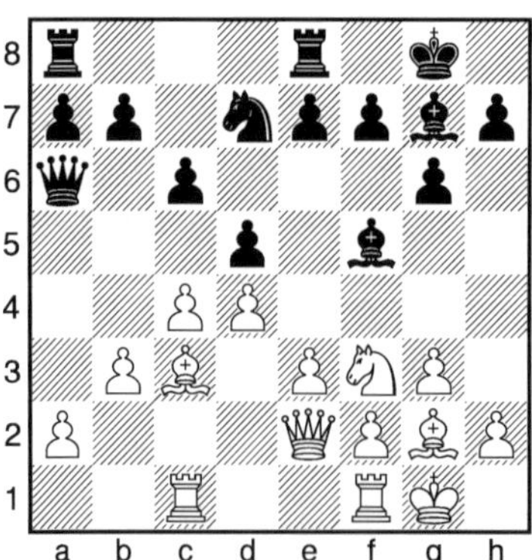

14.♖fe1

In den Varianten 14.♘h4 ♗e6 15.f4 ♘f6 (Auf 15...f5 kontert Weiß stark mit 16.g4!. Das Scharmützel 16...fxg4 17.f5 gxf5 18.♘xf5 ♗xf5 19.♖xf5 und dann 19...♘f6 20.e4 e6 21.♖f2 bringt Weiß leicht in Vorteil.) 16.f5 ♗d7 17.g4 ♗h6 18.h3 ♖ad8= oder 14.♘g5 ♘f6 15.f3 ♗d7! 16.e4 h6 17.♘h3 dxe4 18.fxe4 e5! 19.dxe5 ♘g4 20.♖cd1 ♗c8= erlangen beide Partien die gleichen Perspektiven.

14...dxc4 15.♕xc4

Vielleicht sollte Weiß den Abtausch der Damen besser mittels 15.bxc4!? vermeiden. Hier könnten sich eine weitere Untersuchung wie auch eine praktische Erprobung auszahlen.

15...♕xc4 16.bxc4 ♗e4 17.♖ed1 ♖ad8 18.♘d2 ♗xg2 19.♔xg2 e5

Jetzt endlich hat Schwarz den angestrebten „Systemzug" durchgesetzt, verbunden mit Ausgleich, Bu – Li, Xinghua 2010.

Zusammenfassung: Der Spielaufbau mit 7...♖e8 vor dem Hintergrund des geplanten Bauernvorstoßes e7-e5 sollte Schwarz gleiche Aussichten garantieren.

Abspiel 4

Fortsetzung 7...♘bd7

1.♘f3 d5 2.c4 c6 3.g3 ♘f6 4.♗g2 g6 5.b3 ♗g7 6.♗b2 0-0 7.0-0 ♘bd7

Die Anhänger dieser Fortsetzung können sowohl die Absicht verfolgen, unter Zugumstellung bestimmte Systeme auszuschalten oder zu favorisieren als auch eigenständige Stel-lungsbilder realisieren. Bei ihrem Auftreten muss man somit ganz be-sonders auf Zugumstellungen achten, weil ♘b8-d7 ein Standardzug über die Systeme hinweg ist. Die

Partie kann also leicht in andere Bereiche unserer Themaeröffnung übergehen oder diese sogar verlassen.

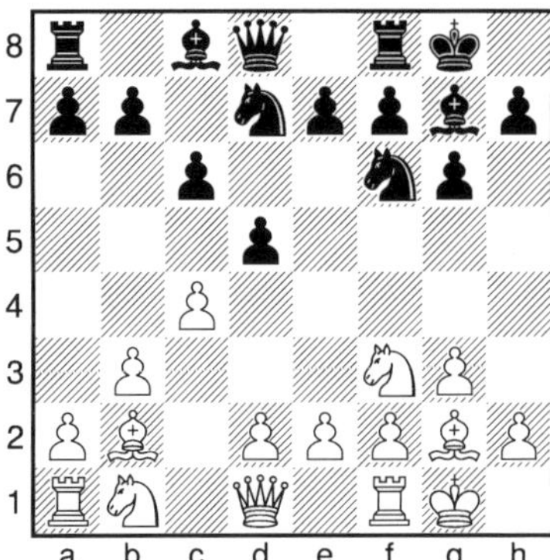

8.d3

Drei Abweichungen sollten wir uns genauer ansehen, und zwar:

I. 8.♕c2 Ein natürlicher Entwicklungszug, die Dame wird sehr oft auf diesem Feld postiert. Dieser Zweig ist aber ein typischer Zugumstellungsfall. 8...♖e8 Damit geht die Partie in unser 3. Abspiel über, nach I. 8.♕c2 (Alternative zu 8.d4).

II. 8.d4 führt in die Grünfeld-Indische Verteidigung (ECO D78). Die natürliche Zugfolge ist 1. d4 ♘f6 2. c4 g6 3. g3 d5 4.♗g2 ♗g7 5.♘f3 0-0 6. 0-0 c6 7.♘bd2 usw. Diese Eröffnung ist nicht Thema unseres Buches, sodass wir auf eine ausführliche Behandlung unter Hinweis auf anderweitige Spezialliteratur verzichten.

III. 8.cxd5 cxd5 9.d4 ♘e4 10.♘c3 ♘xc3 11.♗xc3 ♘f6 wie in Vidarte Morales - Fernandez Cazorla, Del Valles 2015, führt zu ausgeglichenen Chancen.

8...♖e8

Auch hier ist 8...b6 mit dem Ziel, den Damenläufer zu fianchettieren, eine funktionierende funktinierende Alternative. Es kann folgen: 9.♘c3 ♗b7 10.♕c2 e5 11.cxd5 ♘xd5. Schwarz hat die Absicht, c6-c5 folgen zu lassen, was dem Läufer auf b7 zu mehr Geltung verhelfen wird. (11...cxd5 geht auch, z.B. 12.♘b5 ♘e8 13.♖ac1 a6 14.♘a3 ♕e7 mit etwa gleichen Aussichten.) 12.♖fd1 c5 Weitergehen kann es nun beispielsweise wie folgt: 13.e3 ♖c8 14.♘b5 ♘b4 15.♕e2 ♗a6 16.a4 ♘c6 17.♘d2 ♘db8 18.♘c4 ♕e7 19.♗c3 ♖cd8 20.♕b2 f5. Unser Beispiel stammt aus der Begegnung Adly - Ameir, Windhoek 2014. Die Stellung ist ziemlich kompliziert, für Schwarz aber wohl verteidigungsfähig. Das genannte Duell endete allerdings mit einem weißen Sieg im 50. Zug.

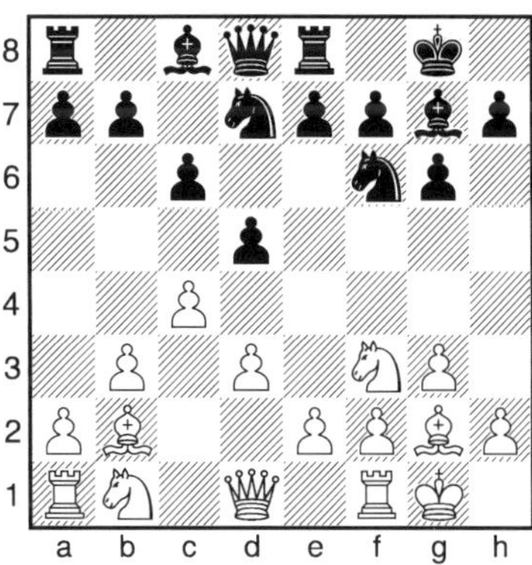

9.d4

Auch hier sind wir wieder in Stellungen der Grünfeld-Indischen Verteidigung (ECO D78) gelangt, allerdings mit einer abweichenden Zugzahl. „Im Original“ ist in der aktuellen Stellung Schwarz am Zuge.

Wir wollen deshalb einen einfachen Ausblick auf mögliche Entwicklungen geben.

Auf 9.♘bd2 kann Schwarz 9...e5 spielen, z.B. 10.e4 dxe4 11.dxe4 ♕c7 mit der Idee b7-b6 und ♗c8-b7 usw. Auf 9.♘c3 kann Schwarz ebenfalls mit 9...e5 reagieren.

9...♘e4 10.♘bd2 ♘df6 11.♘e5 ♕a5 12.♘df3 ♗e6 13.c5 ♘d7 14.♘xd7 ♗xd7 15.a3 ♕c7 16.b4 ♕c8 17.♕b3 ♗h3 18.♖fc1 ♗xg2 19.♔xg2 ♕f5 20.♕d3 g5 und Schwarz hat ein aktives Spiel am Königsflügel, Weiß hingegen auf der anderen Seite, verbunden mit beiderseitigen Chancen, Tkatschiew - Sjodahl, Erts 2014.

Zusammenfassung: 7...♘bd7 ist oft nur der Auftakt zum Übergang in Systeme, die wir an anderer Stelle behandeln. Soweit das Spiel einen eigenständigen Charakter behält, wird über 8.d3 ein weitgehend ausgeglichenes Spiel erreicht.

Abspiel 5

Fortsetzung 7...a5

1.♘f3 d5 2.c4 c6 3.g3 ♘f6 4.♗g2 g6 5.b3 ♗g7 6.♗b2 0-0 7.0-0 a5

Mit diesem Bauernvorstoß verknüpft Schwarz die Idee, a5-a4 folgen zu lassen und dann mit Dd8-b6 den Kampf auf dem Damenflügel aufzunehmen.

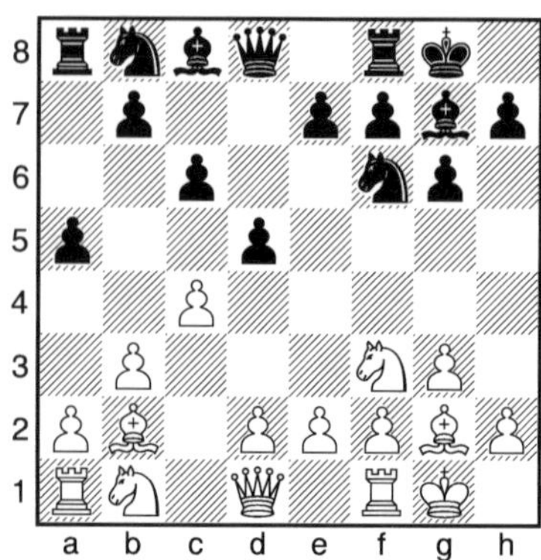

8.d3

Dies ist die mit Abstand am häufigsten von Weiß gewählte Fortsetzung, auf die wir uns als unsere Empfehlung auch konzentrieren wollen. Sie entspricht der Idee der Réti-Eröffnung im besonderen Maße. In der Planung des Anziehenden befindet sich e2-e4 mit Angriff auf die schwarze Zentralstellung. Es gibt mehrere Möglichkeiten für Weiß anstelle von 8.d3, die wir zumindest kurz skizzieren wollen. Also:

I. 8.♘c3

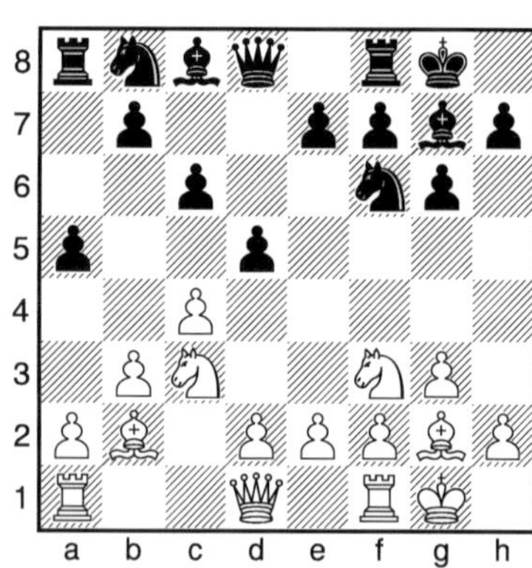

8...♘e4 9.♘a4 (Das Spiel nach 9.d4 nehmen wir unter III. etwas genauer ins Visier.) 9...♗xb2 10.♘xb2 ♘a6 11.d3 ♘f6 Weiß ist etwas besser aus den Startlöchern gekommen und steht einen Hauch aktiver. Ob sich auf lange Sicht das Fehlen des schwarzen Fianchettoläufers negativ bemerkbar machen wird, kann noch nicht gesagt werden. Die Möglichkeit dazu besteht allerdings. Es gibt nun mehrere Optionen für Weiß, die Partie fortzusetzen. Neben 12.d4, das wir uns anhand eines praktischen Beispiels anschauen, kann er u.a. auch ♕d2 und einen Turmzug erwägen. 12.d4 ♗f5 13.♘e5 ♘c7 (In der Begegnung Prusikin - Caruana, Schweiz 2011, bevorzugte der Nachziehende 13...♕d6 und managte die Folgen souverän. Weiß errang über die Zugfolge 14.e3 ♖ad8 15.♕e2 ♗e4 16.f3 ♗f5 17.g4 ♗c8 18.f4 ♘d7 19.c5 ein optisches Übergewicht, die schwarze Verteidigungsstellung war allerdings vital. Etwas arg früh vereinbarten beide Spieler hier ein Remis, wobei bei der Entscheidung des Anziehenden der große Name seines Gegners vielleicht eine gewisse Rolle gespielt haben mag.) In unserer Referenzpartie ging es wie folgt weiter: 14.♘a4 h5 15.♖c1 ♘e6 16.cxd5 cxd5 17.♘c5 ♘xc5 18.♖xc5 ♖c8 19.♖xc8 ♕xc8 20.♕d2 b6 21.♖c1 ♕b7 mit Gleichstand, Baramidze - L'Ami, Deutschland 2011. Mit steigender Zugzahl kann der Partieverlauf natürlich nur einen exemplarischen Charakter haben, dennoch zeigt er die grobe Richtung der beiderseitigen Möglichkeiten an.

II. 8.♕c2

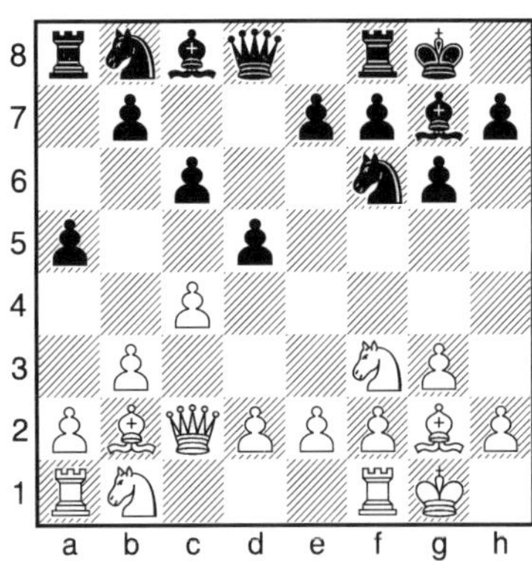

8...♘a6 Der Springer provoziert a2-a3, woraufhin ihm das Feld b4 versperrt ist, und hat dann das eigentliche Ziel c5. Von dort aus drückt er gegen b3. (Es müsste auch gehen, wenn sich Schwarz an seine Idee zu 7...a5 erinnert und 8...a4!? ausführt. Eine kleine Variante zu dieser Entwicklung: 9.d3 axb3 10.axb3 ♖xa1 11.♗xa1 ♘a6 usw. mit weitgehend ausgeglichenen Perspektiven.) 9.a3 (Eine interessante Idee ist 9.♗e5, um den Platz für die Dame freizumachen und Druck auf der langen Diagonale a1/h8 anzustreben. Nach 9...♗g4 10.♕b2 ♘c5 11.cxd5 cxd5 12.♖c1 ♖c8 13.♘a3 ♕d7 ist das Potenzial dieses weißen Vorgehens in seiner Tiefe natürlich noch nicht geklärt, aber doch als solches weiter erkennbar.) 9...♘c5 10.d3 a4 11.♘bd2 axb3 12.♘xb3 ♘a4 13.♗e5 dxc4 14.♕xc4 (Auf 14.dxc4 spielt Schwarz 14...♗f5!.) 14...♗g4 15.♕c2 (Nichts bringt 15.♗xf6? wegen 15...♗e6 16.♕c2 ♗xf6∓.) 15...♕d5 Schwarz verfügt über ausreichend Gegenspiel.

III. 8.d4

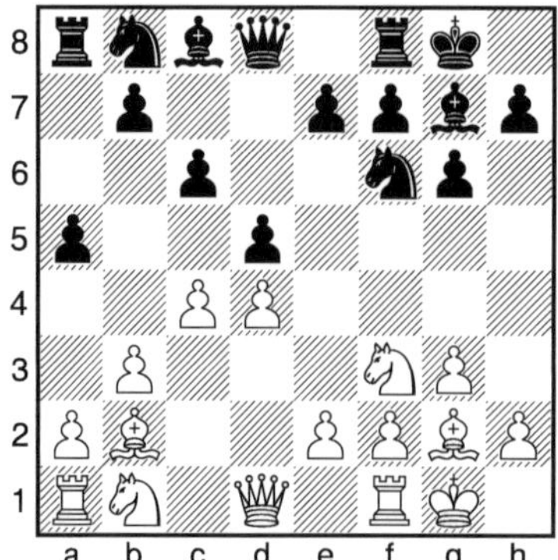

Wie schon oft in vorhergehenden Kapiteln und Abspielen ist der Doppelschritt des d–Bauern auch hier die Brücke in andere Eröffnungsbereiche. Wir sind in der Grünfeld–Indischen Verteidigung angekommen (ECO D78), die in ihrer Standardform über die Zugfolge 1.d4 ♘f6 2.c4 g6 3.g3 d5 4.♗g2 ♗g7 5.♘f3 0-0 6.0-0 c6 7.♘bd2 usw. auf das Brett kommt. Angesichts der schon erreichten Zugzahl wollen wir nichtsdestotrotz einen kurzen Blick auf die möglichen Folgen werfen.8...a4 9.bxa4 dxc4 (Eine gute Idee ist 9...♕a5!? mit der möglichen Folge 10.♘fd2 ♗e6 11.c5 ♕xa4 12.♘b3 ♘bd7 13.♘c3 ♕a7 Yilmaz – Bacrot, Emsdetten 2015. Im schwarzen Köcher steckt nun der Hebelzug b7-b6, verbunden mit guten Ausgleichschancen.) 10.♘a3 ♕a5 11.♘xc4 ♕xa4. Im Duell Giri – Ponomarjow, Peking 2013, ging es nun beispielsweise wie folgt weiter: 12.♕c1 ♕a6 13.a4 ♗e6 14.♘fd2 ♘bd7 15.e4 ♘b6 16.♘xb6 ♕xb6 17.♗c3 ♖fd8 18.a5 ♕a7 19.♕b2 ♘e8. Schwarz konnte aus einer soliden Stellung heraus agieren.

IV. 8.♘a3

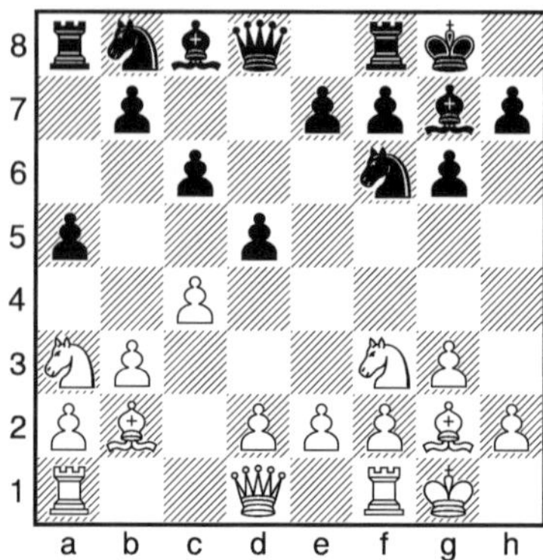

Damit setzt Weiß auf eine schon lange sporadisch eingesetzte Alternative mit einer recht guten Statistik, die dem Nachziehenden allerdings einiges an Freiraum in seinen Entscheidungen einräumt. Ein Beispiel dazu: 8...♘a6 9.d3 ♗g4 (9...a4!? wäre die logische Fortsetzung von a7-a5 im 7. Zug.) 10.h3 ♗xf3 11.♗xf3 ♖e8 12.♗g2 e5 13.♘c2 a4 14.b4 b5. Nielsen – Radjabow, Tripoli 2004. Der Nachziehende hat sich ein gutes Gegenspiel erarbeitet. Die Partie endete mit einer Punkteteilung nach 35 Zügen.

V. 8.cxd5

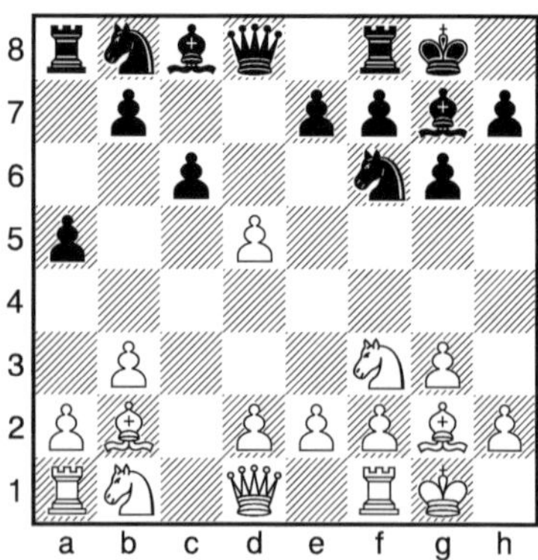

Die Auflösung der Bauernspannung lässt eine Stellungsstruktur entstehen, die Weiß kreativen Spielraum für einen Eröffnungsvorteil lässt. Dies deutet bereits die Statistik des Zuges an und bestätigt sich konkret bei der Suche nach Möglichkeiten in den Varianten.8...cxd5 9.♘c3 ♘e4!? 10.d4 (10.♖c1 a4 11.bxa4 ♕a5 12.♘e1 ♘xc3 13.♗xc3 ♗xc3 14.♖xc3 e6 ½-½, Sidhant - Pranavananda, New Delhi 2015) 10...♗f5 (10...♘c6 11.♘xe4 dxe4 12.♘e5 ♘xe5 13.dxe5 ♗f5 14.♕d4 a4 15.e3 h5 16.♖fd1 ♕xd4 17.exd4 ♖fc8 18.♗a3 e6 19.♗d6 ♗f8 20.♗xf8 ♔xf8 21.f3 exf3 22.♗xf3 axb3 23.axb3 ½-½, Balog - Fogarasi, Budapest 2010) 11.♘e5 ♘xc3 12.♗xc3 ♘c6 13.♖c1 ♕d6 14.♕d2 a4 15.♘xc6 bxc6 16.♗b4 ♕d7 17.bxa4 ♖xa4 18.a3 mit Remis, Teske- Nunn, Deutschland 2002.

Wir gehen nun in unserer Hauptvariante nach 8.d3 weiter voran.

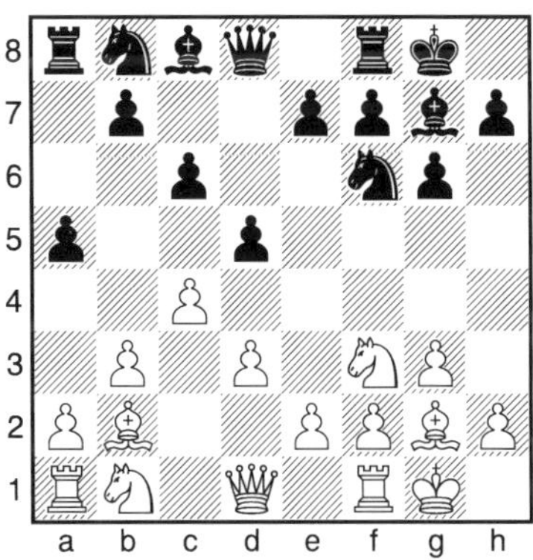

8...a4

Dies ist die konsequente Fortsetzung der schwarzen Aufbauidee. Weiß muss hier allerdings auch mit anderen Manövern seines Gegners rechnen. Wir schauen uns deshalb die plausiblen Folgen des Standardzuges 8...♘b8-d7 sowie des Läuferausfalls 8...♗c8-g4 genauer an und ordnen die Springeraktivierung mittels 8...♘a6 einer Zugumstellung zu.

I. 8...♘bd7

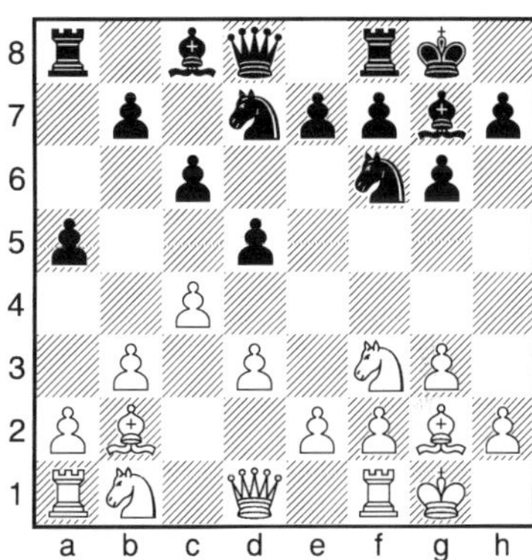

A) Einen weniger abwartenden Charakter hat 9.♕c2, womit Weiß nicht nur prophylaktisch seinen Läufer deckt, sondern auch die Idee einer stärkeren Präsenz auf der langen Diagonale a1/h8 verbindet. 9...♖e8 10.♘e5 ♘xe5 11.♗xe5 ♗g4 (Zu beachten ist 11...d4!? 12.♕b2 ♘h5 usw.) 12.♕b2 ♗f8 13.h3 ♗e6 und Weiß hat etwas mehr Einfluss auf das Spiel. In der Partie Reinderman - Van den Doel, Niederlande 2009, kam es über 14.♘c3 ♘d7 15.cxd5 cxd5 16.♗d4 ♘b8! 17.♘a4 ♘c6 zum Stellungsausgleich. Daran änderte sich dann auch nicht mehr viel, zumal die Kontrahenten im 23. Zug ein Remis vereinbarten.

B) 9.♘bd2 ♖e8 10.d4 a4 11.e3 ♕a5 (In umgekehrter Reihenfolge, wie in der Begegnung Ribli - Nunn, Skelleftea 1989, führen ...♕a5 und ...b5 ebenfalls zum Ausgleich, also 11...b5 12.c5 ♕a5=.) 12.♕c2 (12.♖c1!?

könnte sich hier als Verbesserung erweisen.) 12...b5! 13.cxb5 cxb5 14.bxa4 ♕xa4 15.♕xa4 ♖xa4 16.♖fb1 b4 mit Remis in Gonda – Ftacnik, Banska Stiavnica 2011.

II. 8...♗g4

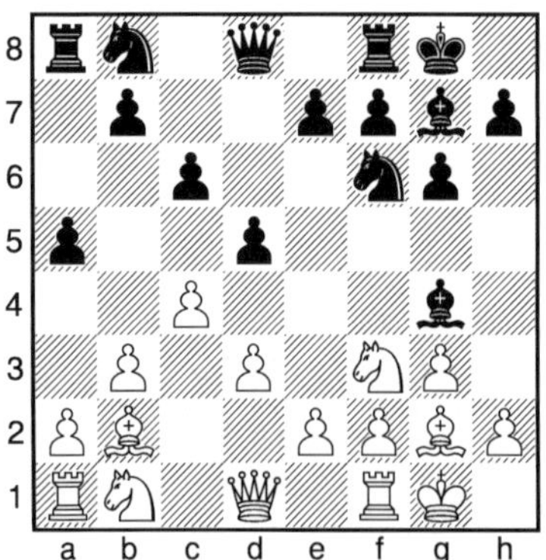

A) Er ist zwar nicht der Hauptzug, es geht aber auch 9.a3, worauf sich die Partie in etwa wie folgt entwickeln kann: 9...♗xf3 10.♗xf3 ♘bd7 11.cxd5 (11.♘d2 e6 12.e3 ♘e8 13.d4 f5 macht die Lage auf dem Brett kompliziert und lässt sich hinsichtlich der Auswirkungen auf die beiderseitigen Perspektiven nicht so recht einschätzen.) 11...cxd5 12.♘c3 e6 13.d4 (Auf 13.♘b5 sollte Schwarz mit 13...♘e8 reagieren.) 13...♕b6 14.e3. Beide Parteien gehen mit in etwa identischen Aussichten in die nächste Phase der Partie. Anhand eines Beispiels von der Turnierbühne wollen wir einen Eindruck vermitteln, welchen Weg das Spiel nehmen kann. 14...♖fc8 15.♖b1 h5 16.♗e2 ♘e4 17.♘a4 (Am Ende der Variante 17.♘xe4 dxe4 18.f3 ♘f6 steht der Ausgleich.) 17...♕d8 18.♕d3 h4 und Schwarz hat keine Probleme, Aronian – Wang, Peking 2013.

B) 9.♘bd2

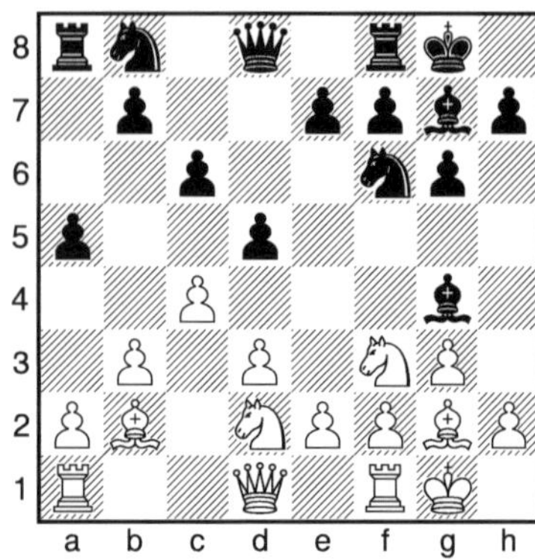

So spielt Weiß zumeist. 9...♘a6 10.a3 ♖c8 11.♕c2 b5 12.h3 ♗e6 (Nach 12...♗xf3 13.♘xf3 hat Schwarz Probleme, seine Stellung weiter auszubauen. In der Variante 13...♘d7 14.♗xg7 ♔xg7 15.cxb5 cxb5 16.♕b2+ ♔g8 17.b4± führen sie mit dem 14. Zug von Weiß forciert zu einem erheblichen Stellungsnachteil.) 13.cxb5 (13.c5 ♘e8 14.♗xg7 ♘xg7 15.b4 f6 16.♕c3 ♕d7 17.♔h2 a4 führt zum Ausgleich.) 13...cxb5 Nach den folgenden Zügen 14.♕b1 ♕d7 15.b4 ♗xh3 16.bxa5 ♗xg2 17.♔xg2 hätte der Nachziehende im Duell Kramnik – Mamedjarow, Moskau 2013, nun 17...♘b8 spielen sollen, was ihm etwa gleiche Aussichten eingeräumt hätte.

III. Auf 8...♘a6 ist 9.♘bd2 die übliche Erwiderung von Weiß, woraufhin 9...a4 in unsere Hauptvariante zurückführt.

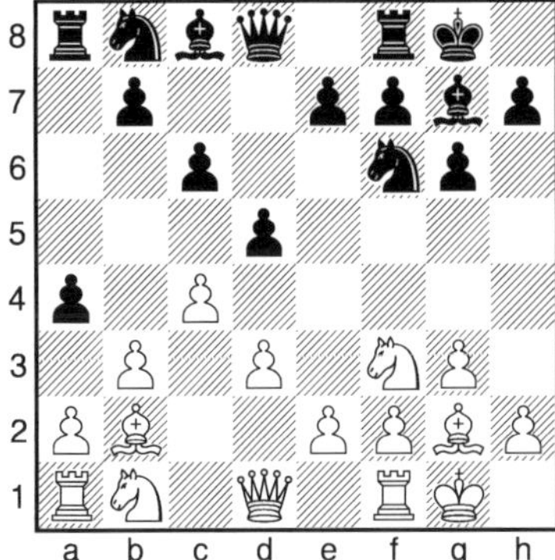

9.♘bd2

Auf die Springeraktivierung mit 9.♘a3 und dem Ziel c2 kann Schwarz mit 9...axb3 10.axb3 ♘a6 um Ausgleich kämpfen. Zunächst kontrolliert er die Felder b4 und c5, wo er in Abhängigkeit von den Entscheidungen des Anziehenden gelegentlich auch ein gutes Zielfeld finden kann; ggf. kann er sogar über c7 flexibel abweichend eingesetzt werden. 11.♘c2 Wir sind nun zwar noch nicht ganz im Niemandsland der Theorieerkenntnis angekommen, befinden uns aber schnurstracks auf dem Weg dorthin. Wenn wir uns nun zur Veranschaulichung der weiteren Möglichkeiten einer Turnierpartie bedienen, kann dies natürlich nur einen exemplarischen Charakter haben. Es gibt auch hier viel Raum für eine eigene Suche nach Vorteil versprechenden Neuerungen. Also: 11...♖e8 12.h3 ♗d7 13.♕b1 ♕c8 14.♔h2 ♕c7 15.♘e3 e5 16.cxd5 ♘xd5 17.♘c4 ♖ad8 18.♖d1 ♗c8 19.e4 ♘b6 20.♗c3 ♘xc4 21.dxc4 ♘c5 mit in etwa ausgeglichenen Perspektiven, Thinius - Hermesmann, Deutschland 1997.

9...♘a6

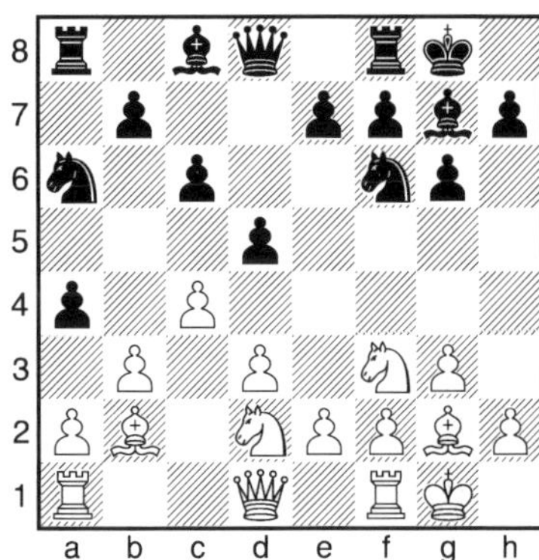

10.♕c1

Für den Anziehenden sind mehrere alternative Zugmöglichkeiten in die engere Betrachtung zu ziehen.

I. 10.h3

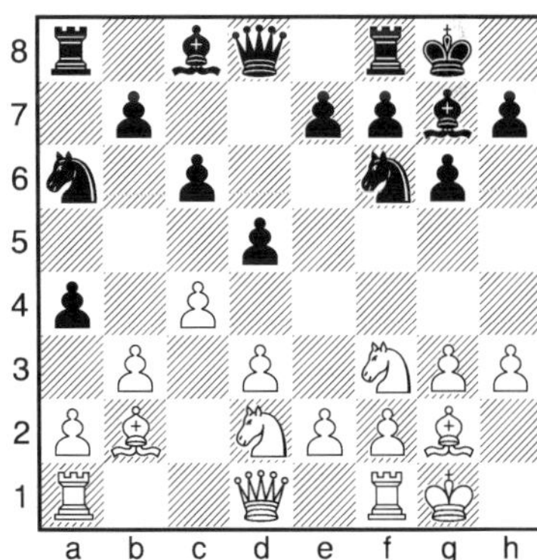

Damit verwehrt Weiß seinem Gegner die Läuferentwicklung nach g4. Der Nachziehende kann aber auf ein aktives Gegenspiel am Damenflügel hinwirken und seinen weißfeldrigen Läufer anderweitig unterstützend auf der Diagonale c8/h3 einsetzen. Dazu kann es beispielsweise wie folgt kommen: 10...♖e8 11.♕c1 ♗e6 12.♗c3 ♕c8 13.♔h2 b5 und Schwarz hat sein Teilziel erreicht, Bruzon Batista - Rakhmanov, Spanien 2012.

II. Mit 10.cxd5 cxd5 ...

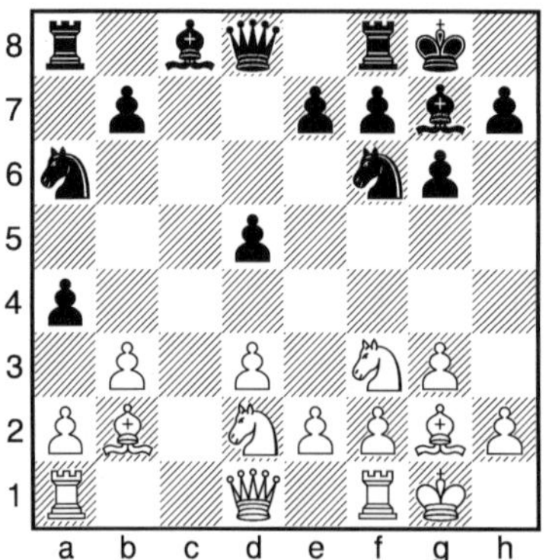

... 11.bxa4 räumt Weiß radikal auf und sorgt so für eine Öffnung des Brettes sowie eine schwarze Schwäche auf b7. In der Folge hat er einige Möglichkeiten, diese Veränderung durch aktives Handeln für sich zu nutzen. Wir nutzen auch etwas für uns, und zwar hier in erster Linie die Begegnung Akopian - Alterman, Beersheba 1992, um zu sehen, was sich - zumindest exemplarisch - daraus ergeben kann. Also: 11...♘c5 (Zu prüfen ist 11...♕a5, wonach es Weiß in der Begegnung Damaso - Antipov, Jerusalem 2015, nicht gelang, einen Weg zum Vorteil nachzuweisen. Dort folgte 12.♗d4 ♘b4 13.♘b3 ♕xa4 14.♕d2 ♘c6 15.♗b2 b6 16.♘fd4 ♗d7 17.♘xc6 ♕xc6 18.e4 ♘e8 19.exd5 ♕d6 20.♘d4 ♘c7 21.♘c6 ♗xb2 22.♕xb2 ♘xd5 mit Ausgleich. Andockstellen für weiße Verbesserungsversuche könnten beispielsweise schon 12.♗d4 oder auch 20.♘d4 (20.♗xg7, gefolgt von ♕b2) sein.) 12.♗d4 ♘xa4 (Schwarz kann den Bauern auch erst stehen lassen und seinen Springer zentraler halten, beispielsweise mit 12...♘e6 unter Angriff auf den gegnerischen Läufer. Der a-Bauer läuft nicht weg. Anzumerken ist, dass eine Platzierung des Springers auf e6 und damit vor dem Bauern auf e7 durchaus nicht untypisch in diesem Variantenareal ist. Ein Beispiel für ein solches Vorgehen: 13.♗e5 ♗d7 14.♘b3 ♗xa4 15.♕d2 ♗xb3 16.axb3 ♕b6 17.♕b2 ♖xa1 18.♕xa1 ♖c8 19.♕b2 ♘d7 20.♗xg7 ♘xg7 21.d4 ♕b4 22.e3 ♘e8 23.♘d2 ♘b6 24.♖c1 ♖a8 25.♗f1 ♘d6=, Schulz - Carlstedt, Erfurt 2014. Weiß hätte auf dem Weg in unsere Schlussstellung beispielsweise 14.Db3 mit einem anschließenden Schwenk des Turmes von f1 auf den Damenflügel probieren können.) 13.♕b3 ♕a5 14.♖fc1 ♘d7 15.♗xg7 ♔xg7 16.♕a3 e6 17.♘b3 ♕d8 Schwarz ist in eine passivere Lage zurückgedrängt worden und hat Probleme, seine Kräfte harmonisch zu aktivieren. Weiß steht etwas besser. Der weitere Verlauf unserer Referenzpartie ist interessant. Es geschah 18.♘bd4 b6 19.♘c6 (Zu beachten ist 19.♘b5!?.) 19...♕f6 20.d4 b5 21.♕b3 ♘ab6 22.♕xb5 ♗a6 23.♕b2 ♘c4 24.♕c3 ♖fc8 25.♘b4 ♗b5 26.♕e1 ♘db6. Für den Preis eines Bauern hat Schwarz die Aktivität seiner Figuren gesteigert. Die damit erreichte gewisse Kompensation des Bauern führt zu einem relativen dynamischen Gleichgewicht der Stellung. Für in etwa ausgeglichene Chancen spricht auch das schon bald eingetretene

Ergebnis in der Partie. Die Kontrahenten willigten nach 35 Zügen in ein Remis ein, ohne dass noch Aufregendes passiert wäre.

III. 10.bxa4 ♘c5 11.cxd5 cxd5 12.♗d4 ♘e6 führt in die Variante II. nach 10.cxd5 cxd5 11.bxa4 Sc5 12.Ld4 etc.

IV. 10.♗c3

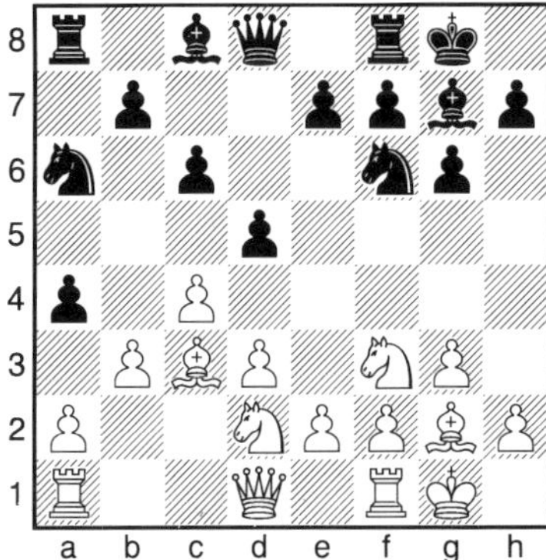

Der Zug mit dem Läufer besitzt das größte Vertrauen der Spieler mit Weiß. Er ist erster Anwärter auf eine Beförderung zum Partiezug, wenn der Empfehlung 10.♕c1 in der Hauptvariante nicht gefolgt werden soll.

A) In der Partie Ivanov – Kozlov, Moskau 1991, zog Schwarz 10...♘c5 dem Schlagen mit dem Bauern vor, wobei er der Idee folgte, seinen Rappen weiter nach e6 zu bewegen, wo er flexibel eingesetzt sein würde.

Es folgte aber 11.♕c2

(Stark ist auch 11.b4 mit der Folge 11...♘cd7 12.♕c2 ♖e8 13.e4 dxc4 14.♘xc4 ♕c7 15.d4 b6 16.♖fe1 ♗a6 17.♘e3 ♗b5 18.a3 e6 19.♖ac1 mit weißem Vorteil, Maletin – Sergejew, Sotschi 2016.)

11...♘e6 12.♗e5 ♘g4 13.♗xg7 ♘xg7 14.b4 und Weiß stand besser.

Zu diesem Zeitpunkt hatten beide Kontrahenten noch einen langen Kampf vor sich, aber mit seinem 68. Zug konnte der Anziehende seinen Sieg klar machen.

B) 10...♗e6 11.b4 (11.♕c2 c5∞) 11...dxc4 12.dxc4 ♘c7 13.♕c2 ♕c8 14.♘g5 h6 15.♘xe6 ♕xe6 16.a3 ♖fd8 17.e3 ♖d7 18.♘f3 ♖dd8 19.♗d4 ♘fe8 20.♖ac1 ♘d6 21.♗b6 ♖dc8 22.♖fd1 ♕f6 23.e4 mit positionellem weißem Vorteil, Arat – Peczely, Graz 2016.

C) 10...axb3 Schwarz hat schon einiges an dieser Stelle ausprobiert, die besten Ergebnisse aber mit der Auflösung der Bauernspannung erzielt. 11.axb3 ♗g4 12.♕c2

Weiß beordert seine Dame „hypermodern" hinter den Springer auf die lange Diagonale, was er hiermit vorbereitet.

12...♕b6 13.♕b2 ♘b4

Beide Seiten haben ihre Eröffnungsaufgaben bis hierher in etwa gleichermaßen erfolgreich absolviert und können nun ihrer Fantasie freien Lauf lassen.

In unserer Referenzpartie ging es typischerweise wenig spektakulär weiter, und nach einem leichten Geplänkel in der Zugfolge 14.♖a4 c5 15.♖fa1 ♖xa4 16.♖xa4 ♗d7 17.♖a1 ♖c8 18.♘e1 ♗c6 19.♘df3 ♕c7 20.♗e5 ♕d8 21.♘c2 ♘xc2 22.♕xc2 verließ die Spieler offenkundig die Hoffnung auf einen vollen Punkt und sie einigten sich auf ein Remis, Damljanovic – Leko, Cacak 1996.

Die Stellung ist ausgeglichen, aber der versierte Positionsspieler findet – unabhängig von der Farbe seiner Steine – noch genügend Raum, um nach mehr als einem halben Punkt zu streben.

D) Wir möchten noch auf eine Idee nach 10...♗g4 aufmerksam machen, die im **Duell Nr. 31,** Kunin-Hernandez Munoz, Porto 2015, besprochen wird.

V. 10.♕b1 axb3

(10...♕a5 11.♕c1 b5 12.♗c3 b4 13.♗e5 a3 14.♕c2 ♗b7 15.♖ac1 ♖fe8 16.♕b1 ♗h6 17.♖c2 ♘d7 18.♗a1 e6 19.♖e1 ♖ad8 20.♗h3 ♘ac5=, Leveille – Schleifer, Quebec 1996)

11.axb3 ♗g4 12.h3 ♗xf3 13.♗xf3 ♕b6 14.d4 ♘c7 15.♕c2 e6 16.♗c3 ♘d7 17.e3 ♖xa1 18.♖xa1 ♖a8 19.♖xa8+ ♘xa8 20.♕a2 ♘c7 21.c5 ♕a6 22.♕a5 ♕xa5 23.♗xa5 ♘b5 mit Ausgleich, Kovacevic – D. Horvath, Budapest 2017.

10...♘c7

Spielbar ist wohl 10...♖e8 11.♗c3

(Oder 11.bxa4 ♕a5 12.cxd5 cxd5 13.♗c3 ♕xa4 mit etwa gleichen Chancen, Sadzikowski – Paterek, London 2016.)

11...♗g4 12.♕b2 ♘c5=.

11.e4

11.♕c2 axb3 12.axb3 ♖xa1 13.♖xa1 ♘a6 ist schwer einzuschätzen, Stockfish sieht Weiß leicht im Vorteil.

11...dxe4 12.dxe4 ♘e6

Auch hier wieder fühlt sich der Springer auf e6 pudelwohl. Er hat Einfluss auf wichtige schwarze Felder in der Mitte und deckt für alle Fälle auch noch den Läufer auf g7.

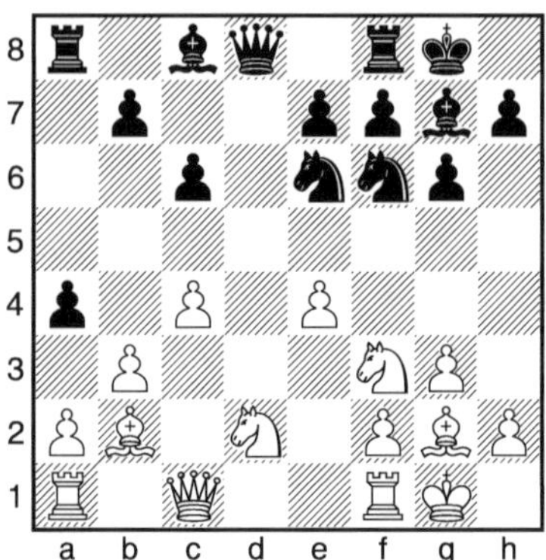

13.♗c3

Oder 13.♖d1 ♕b6 14.♖b1 axb3 15.axb3 ♘g4⇄; bzw. 13.h3 ♘c5⇄.

13...♕c7 14.♕c2 c5 15.♖ad1 axb3 16.axb3 ♘g4 17.♘b1 ♘e5 18.♘xe5 ♗xe5 19.♗xe5 ♕xe5 20.♘c3 ♘d4

Am Ende unserer Hauptvariante hat Schwarz gleiche Chancen erreicht.

Zusammenfassung: Auch in dieser Variante, in der Schwarz ein aktives Spiel am Damenflügel anstrebt, hat er gute Ausgleichsperspektiven. Für den Anziehenden verknüpfen sich Ideen für ein Abweichen besonders mit seinem 10. Zug. Daneben steht es ihm offen, durch ein frühes Vorrücken seines d-Bauern bis d4 die Partie in andere Eröffnungsgewässer zu lenken. Allgemein ist der Plan von Schwarz mit einem Fianchetto des Läufers auf der langen Diagonale a1/h8 – ein genaues Vorgehen vorausgesetzt – offensichtlich gut spielbar für ihn.

Kapitel 12
Beispielpartien

Partie Nr. 1
Rapport – Gutman

Deizisau 2014

1.b3 ♘f6 2.♗b2 c5 3.e3 ♘c6 4.♘f3 d5 5.♗b5 ♗g4

Andere Antworten sind im Kapitel 2/ Abspiel 2 zum Zuge gekommen.

6.h3 ♗h5 7.g4

Ein energisches Vorgehen, das jedoch mit einem Risiko verbunden ist. Weiß muss aufpassen, dass es seinem Gegner nicht gelingt, die Stellung am Königsflügel zu öffnen.

7...♗g6 8.♘e5 ♕d6

Auf 8...♖c8 kann 9.d3 oder sogar 9.f4 folgen.

9.f4

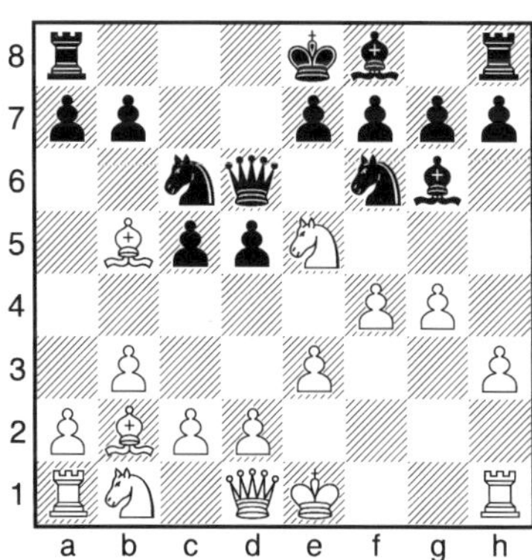

9...d4?

Dieser Zug schwächt nur die schwarze Bauernstruktur im Zentrum und verliert einen Bauern. Besser ist 9...e6, um die Entwicklung fortzusetzen, z.B. 10.d3 ♘d7 11.h4 f6 12.♗xc6 bxc6 13.♘xd7 ♕xd7 14.h5 ♗f7 mit der Idee 0-0-0 und gutem Spiel, z.B. 15.h6 d4 16.♘d2 (16.hxg7 ♗xg7 17.e4 0-0-0!) 16...0-0-0 usw.

10.♘a3! ♗e4 11.0-0 a6 12.♘ac4 ♕c7 13.♗xc6+ ♗xc6 14.exd4 cxd4 15.♗xd4 b5 16.♘xc6 ♕xc6 Oder 16...bxc4 17.♘e5 cxb3 18.axb3 und Weiß steht auf Gewinn.

17.♘e5 ♕d5 18.♗e3 e6 19.c4 ♕e4 20.g5 ♘g8 21.cxb5 axb5 22.♕h5 g6 23.♕e2 ♕d5 24.a4 ♖b8 25.axb5 ♗c5 26.♕c4 Schwarz gab auf.

Partie Nr. 2
Nimzowitsch – Johner

Bern 1931

1.♘f3 ♘f6 2.b3 d5 3.♗b2 c5 4.e3 ♘c6 5.♗b5 ♗g4

Stärker ist 5...♗d7. Wir haben uns diesen Zug im Kapitel 2/Abspiel 2 angesehen.

6.♗xc6+!

So ist es richtig. Im schwarzen Lager entsteht nun eine Bauernschwäche auf c5.

6...bxc6 7.h3 ♗xf3 8.♕xf3 ♕c7 9.d3 e6 10.♘c3

Es war dem Anziehenden wichtiger, schnell alle seine Figuren ins Spiel zu bringen, statt einen Bauern zu gewinnen. Dies wäre möglich gewesen über die Variante 10.♗xf6 gxf6 11.♕xf6 ♖g8 12.♕f3 ♗g7 13.c3.

10...♗d6 11.♘a4 ♗e5 12.♗xe5 ♕xe5

13.0-0 ♘d7 14.♕e2 0-0 15.♕d2 f5 16.♕a5

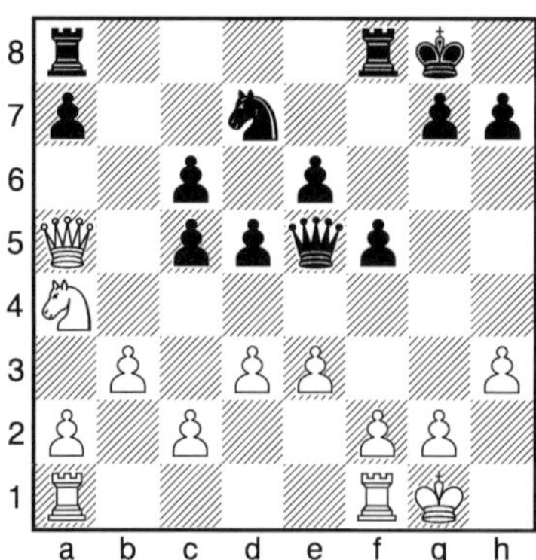

16...♖fb8?

Hier hat Schwarz seine Möglichkeiten völlig überschätzt. Er hätte einfach seinen Bauern mittels 16...♕d6 verteidigen sollen.

17.♘xc5! ♖b5 18.♘xd7 ♕xa1 19.♕c7 ♕c3

19...♕xa2 20.♕xc6+-

20.a4! ♖b4 21.♘e5 ♖f8

Oder 21...♔h8 22.♘f7+ ♔g8 23.♘d8 ♕f6 24.♘xc6 ♖h4 25.♘xa7 f4 26.exf4 ♖xf4 27.♘c6 und der Marsch des a-Bauern entscheidet schnell.

22.♘xc6! ♔h8 23.♕d6 Schwarz gab sich geschlagen.

Partie Nr. 3

Iwantschuk – Aleksejew

Jermuk 2009

1.c4 ♘f6 2.♘f3 e6 3.g3 d5 4.♗g2 d4 5.0-0 c5 6.e3 ♘c6 7.exd4 cxd4 8.d3

Wir haben nun unter Zugumstellung eine Stellung erreicht, die wir im Kapitel 3/Abspiel 1 unter die Lupe genommen haben.

8...♗e7

In der Begegnung Aronian – Filippow, Istanbul 2003, entwickelte Schwarz seinen Läufer um ein Feld weiter, also auf d6. Werfen wir mal einen Blick auf die Konsequenzen, die diese Entscheidung mit sich gebracht hat. 8...♗d6 9.♖e1 0-0 Abgesehen davon, dass der schwarzfeldrige Läufer hier auf d6 steht, entspricht die Stellung jener, die wir gleich auch in unserer Hauptvariante erreichen. Es ist nun Weiß, der abweicht, indem er 10.a3 anstelle von 10.♘a3 spielt. Nach 10...a5 11.♗g5 kommt der Nachziehende dann nicht zur Umsetzung des Manövers, das wir in der Hauptvariante als Standardidee herausstellen. 11...h6 12.♗xf6 ♕xf6 13.♘bd2 ♕d8 14.♖c1 Hier wird der abweichende Charakter des Spiels in dieser Variante bereits recht deutlich. Weiß verfügt über zusätzliche Möglichkeiten für aktive Ideen. Der von hinten vom Turm gestützte c-Bauer kann die angreifbare Stellung des gegnerischen Läufers ausnutzen. Schwarz hat es schwerer als in der Hauptvariante, sich möglichst schnell Gegenspiel zu verschaffen. Wir beschränken uns ab hier auf die Darstellung der Partiezüge, um einen Eindruck von den weiteren beiderseitigen Chancen zu erhalten. 14...♖e8 15.c5 ♗c7 16.♘c4 ♗d7 17.♘fd2 ♖b8 18.♘d6 ♗xd6 19.cxd6 ♘a7 20.♕h5 ♗c6 21.♗xc6 bxc6 22.♕c5 ♕b6 23.♕xb6 ♖xb6 24.♘c4 ♖a6 25.a4 ♖d8 26.♖e5 ♔f8 27.♘xa5 ♖xd6 28.♘b7 ♖d5 29.♖xd5 cxd5 30.♘c5 ♖d6 31.b4 Weiß hat ein gewonnenes Endspiel auf dem Brett.

9.♖e1 0-0

Der Nachziehende kann die Rochade auch noch etwas hinauszögern. Eine alternative Idee an dieser Stelle ist 9...♘d7 mit der Absicht, den Springer bis nach c5 zu bringen. 10.♘a3 ♘c5 (10...e5 11.♘c2 0-0 (11...a5 a3?) 12.b4±) 11.♘c2 a5 12.b3 0-0 13.♗b2 ♗f6 14.♗a3 ♕b6 15.♗xc5 ♕xc5 16.♘d2 ♕b6 (16...♗e7 17.a3 ♗d7 18.♖b1 ♕b6 19.b4±) 17.a3 ♕c7 18.b4 und Weiß hat sich ein aktives Spiel am Damenflügel erarbeitet.

10.♘a3

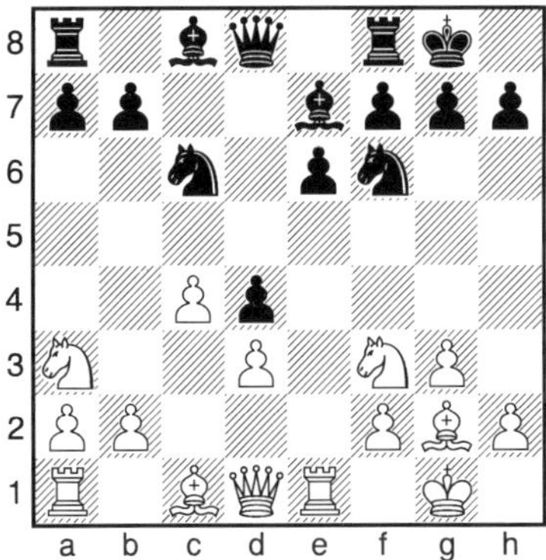

10...♘e8

Dies ist die Standardidee in diesem Stellungstyp. Der Springer macht das Feld f6 frei, um die Stärkung des Zentrums mit f7-f6 und e6-e5 möglich zu machen. Der Rappe kann später über c7 aktiv am Damenflügel postiert werden. Ein anderer Plan für Schwarz basiert auf 10...♘d7, worauf Weiß ebenfalls 11.♘c2 ziehen sollte. Ein betagtes Beispiel aus der Turnierpraxis hierzu: 11...e5 12.b4 ♘xb4 13.♘xe5 ♘xc2 14.♕xc2 ♘c5 15.♗a3 ♕c7 16.♖ab1 a6 17.♗d5 ♖b8 18.♕e2 ♗e6 19.♗xc5 ♗xc5 20.♗xe6 fxe6 21.f4. Weiß steht ausgezeichnet, Lissizin - Konstantinopolski, Moskau 1948. Seine Figuren sind wirkungsvoll aufgestellt, ein Plus an Raum und Initiativer liegen auf seiner Seite.

11.♘c2 f6 12.♗d2 a5 13.a3

Weiß will b2-b4 folgen lassen, aber mit dem nächsten gegnerischen Zug geht der Plan nicht mehr auf. Deswegen rückt 13.b3!? in den Fokus, um später unter Vorbereitung mit a2-a3 den b-Bauern nach b4 zu führen.

13...a4! 14.♘b4 ♘c7 15.♖b1

Was es neben diesem Zug für Weiß an dieser Stelle zu beachten gilt, haben wir im Kapitel 4/Abspiel 2 besprochen.

15...♗d7

15...♘a5 und 15...e5 sehen plausibel aus. Zwei Varianten dazu: 15...♘a5 16.♕xa4 ♘xc4 17.♕c2 (17.♕b3 ♘xd2 18.♘xd2 ♖a5 19.♖bc1±) 17...♘xd2 18.♘xd2±.

15...e5!? verspricht gute Chancen. Er entlastet den ♘c6 von der Deckung des d-Bauern und gibt dem weißfeldrigen Läufer Perspektive. Der folgende weitere Verlauf zeigt beispielhaft die Richtung an, den die Partie dann hätte nehmen können. 16.♘h4 ♘xb4

A) 17.axb4 g5 18.♘f3 ♗f5 19.♕c2 a3 20.b3 (Es ist nicht sicher einzuschätzen, für wen eine Entwicklung in der Gestalt von 20.bxa3 ♖xa3 21.♖b3 ♖a8∞ besser wäre.) 20...♘a6 21.c5 ♔h8 nebst ♘a6-c7 und guten Aussichten für Schwarz.

B) 17.♗xb4 würde mit 17...♖f7! aufgefangen (17...♗xb4 18.axb4 a3 19.♕b3±).

16.♘h4 ♘a5 17.f4 g6

Der Bauer soll das Vordringen der weißen Dame nach h5 verhindern. Es ist aber zweifelhaft, ob diese Vorkehrung tatsächlich vonnöten war. Dieses Vorrücken eröffnet dem Anziehenden die Möglichkeit zu einem Bauernopfer, um die schwarze Königsstellung aufzubrechen. Infrage kam deshalb die interessante Alternative 17...♗d6!?. Nach beispielsweise 18.♗e4 (18.f5 exf5 19.♘d5 g5∓ könnte nur dem Nachziehenden gefallen.) 18...♕c8 würde eine Stellung mit beiderseitigen Chancen auf dem Brett entstehen.

18.f5!?

Überraschend und ein Zug, der die Meisterpraxis vom Amateurspiel unterscheidet. Weiß greift zu einem Bauernopfer, um die gegnerische Verteidigung aufzubrechen.

18...gxf5

Zu beachten war 18...exf5!? 19.♘d5 ♘xd5 20.♗xd5+ ♔g7 21.♕f3 (21.♗xa5 ♖xa5 22.♗xb7 ♖e5 führt direkt in einen klaren schwarzen Vorteil hinein.) 21...♘b3 22.♖bd1 ♘xd2 23.♖xd2 ♖a5 24.♗xb7 ♖e5 und ausgezeichnetem Spiel für Schwarz.

19.g4!?

Natürlich hatte sich Iwantschuk diesen Zug schon zurechtgelegt, als er sich zu 18.f5 entschloss. Insofern hält er sich nun konsequent an seinen Plan, geht damit aber ein hohes Risiko ein. Verschiedene Kommentatoren haben diesen Zug kritisiert. Nach Iwantschuk selbst ist er aber die Konsequenz des weißen Planes. Die Alternative 19.♗h6 führt über die Linie 19...♖f7 20.g4 fxg4 21.♕xg4+ ♔h8 22.♕xd4 ♘b3 23.♕f2 ♗c5 24.♗e3 ♗xb4 25.axb4 ♗c6 26.♗xc6 bxc6 in einen scharfen Kampf.

19...f4?

Dies ist der kritische Moment in der Partie, Schwarz macht einen Fehler. Als korrekte Antwort gibt Iwantschuk 19...fxg4! an, woraufhin 20.♕xg4+ ♔h8 zu in etwa ausgeglichenen Chancen führt. 21.♘g6+? scheitert an 21...hxg6 22.♕xg6 ♖f7! (Ein katastrophaler Fehler wäre 22...♕e8?? wegen 23.♕h6+ ♔g8 24.♗e4 f5 25.♔h1 und Schwarz könnte aufgeben.) 23.♕xf7 ♗e8-+. Weiß müsste in seinem 21. Zug also mit der Dame auf d4 schlagen, was auch wiederum für Schwarz vorteilhaft wäre.

20.♗xf4 ♘a6

Nach einer Analyse von Iwantschuk einen Rettungsversuch wert wäre hier 20...♖f7!? gewesen: 21.♖f1 ♘c6 22.♕e2 ♘e8 (22...♘xb4 23.axb4 ♗xb4 24.♗xb7±) 23.♗h6 ♘g7 24.♘f3±.

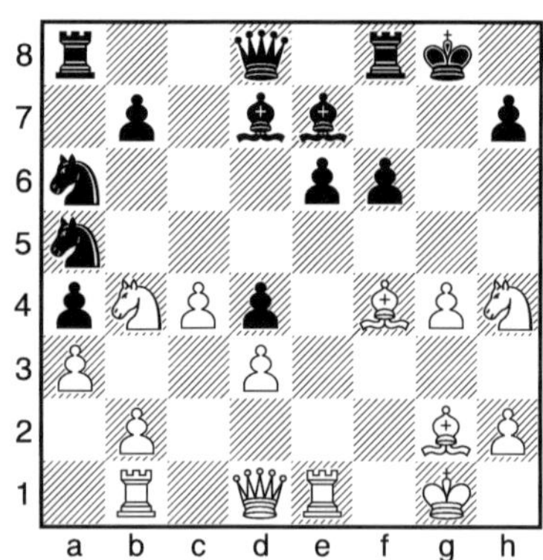

21.♘d5!!

Ein fantastischer Zug. Die Möglichkeit dazu hat der Anziehende zwar dem eben ungenauen Spiel seines Gegners zu verdanken, aber er nutzt sie zur Freude auch der Galerie. Hiermit zerstört Weiß die gegnerische Stellung, gleich werden sich alle weißen Figuren im Angriff auf den gegnerischen König stürzen.

21...exd5

Schwarz lässt sich die Korrektheit der weißen Entscheidung beweisen. Einen Ausweg bietet auch 21...♗c5 nicht, wie die folgende Analyse belegt. 22.g5 fxg5 23.♕g4 exd5 (23...e5 wird mit 24.♕xg5+ beantwortet, nach 24...♕xg5 25.♗xg5 wäre Schwarz auf der Verliererstraße. 23...♖f7 würde mit 24.♖e5+- ausgekontert.) 24.♗xd5+ Nun wird der schwarze Monarch zum Wanderkönig. 24...♔g7 25.♗e5+ ♔h6 26.♗e6 ♗xe6 27.♕xe6+ ♔h5 28.♘f5 ♖xf5 29.♕xf5. Weiß steht auf Gewinn.

22.♗xd5+ ♔g7

Wie in späteren Analysen nachgewiesen wurde, ist Schwarz auch nach 22...♔h8 verloren. Werfen wir einen kurzen Blick auf die dann zu erwartenden Geschehnisse: 23.♕f3 Nun stürzen sich bald alle weißen Figuren auf den schwarzen König. Also ... 23...♕e8

(Auf 23...♗e8 drückt Weiß wie eine Würgeschlange effektiv mit 24.♘f5 ♗c5 25.♗h6 ♖f7 26.♗xf7 ♗xf7 27.♗g7+ ♔g8 28.g5+- das Leben aus der Stellung.

23...♖g8 24.♗xg8 ♔xg8 25.♕d5+ ♔g7 26.♖e2! nebst Tb1-e1+-.

23...♔g7 lässt den schwarzen König seinen Kopf ebenfalls nicht aus der Schlinge ziehen. Es folgt 24.♕h3 h5 25.♘f5+ ♗xf5 26.gxf5 und Schwarz kann aufgeben. 26...♗d6 27.♗xd6 ♕xd6 28.♕xh5 ♖g8 29.♔h1+-)

24.♖e2! Der Turm soll nicht etwa auf den Königsflügel überführt werden; vielmehr hat Weiß die schlimme Lage des Läufers auf e7 erkannt und will mittels der Turmverdopplung Profit daraus ziehen. 24...♘c6 (Den Versuch 24...♘b8 lässt der Anziehende mit einem kurzen Prozess über 25.♗xb8 ♖xb8 26.♖be1 scheitern. Folgen kann beispielsweise noch 26...♘c6 27.♗xc6 ♗xc6 28.♕f4 ♖f7 29.♖xe7 ♖xe7 30.♕xf6+ ♖g7 31.♖xe8+ ♖xe8 32.♘f5 und Schwarz ist platt.) 25.♖be1 ♘c5 26.♖xe7 ♘xe7 27.♗d6 und Materialverlust ist unausweichlich, der Partieverlust nach den Regeln der Logik ebenfalls.

23.♔h1

Räumt das Feld g1 für den Turm, der aber tatsächlich nicht dorthin zieht. Wie spätere Analysen ergaben, war 23.♕f3! noch stärker. Von hier aus kann die Dame bedarfsweise nach h3, d5 oder auch nach h5 gezogen werden, sobald der g-Bauer den Weg frei macht. Ihre Kraft wächst dadurch erheblich. Schwarz kann dem weißen Angriff in allen Linien nicht mehr standhalten. Für den interessierten Leser bilden wir nachstehend die wichtigsten Varianten ab. Vor dem Hintergrund unseres eröffnungstheoretischen Interesses sind die dazu veröffentlichten detaillierten Analysen aber nur noch allenfalls eingeschränkt interessant. Wir verzichten deshalb weitgehend auf eine Abbildung. 23...♕e8 (23...♗c5 24.♕h3 ♖f7 25.♗h6+! ♔g8 26.♗xf7+ ♔xf7 27.♕f3+-; 23...♖g8 24.♗xg8 ♔xg8 25.♕d5+ ♔g7 26.♖e2+-) 24.♕h3 ♔h8 25.♖xe7! ♗xg4 26.♖xe8 ♗xh3 27.♖xf8+ ♖xf8 28.♔h1 ♘c5 29.♗d6 (29.♗h6 ♖e8 30.♖g1 ♘e6 31.♖g3

♘g5 32.♖xh3 ♘xh3 33.♘f5 ♖g8 34.♗xg8 ♔xg8 35.♔g2 ♘g5 36.♘xd4+-) 29...♖c8 30.♖g1 ♘xd3 31.♖g3+-

23...♖e8?

Auf diese Wahl verliert der Nachziehende schnell. Zu überlegen war noch 23...♘c6!?, worauf beispielsweise die folgende Entwicklung hätte eintreten können: 24.♘f5+ ♔h8 (24...♗xf5 25.gxf5 ♔h8 26.♖g1± würde der Not noch das Elend beitreten lassen.) 25.♗h6 ♖g8 26.♗xg8 ♔xg8 27.♕f3 ♗xf5 28.gxf5 ♗f8 29.♖g1+ ♔h8 30.♗f4. Das weiße Spiel wäre zwar vorzuziehen, aber das Spiel würde noch für eine Weile fortdauern, wobei noch einiges passieren könnte. 30...♕d7 Der schwarze Dampfer funkt SOS, aber er ist noch nicht zum Sinken bereit.

24.g5!

Der entscheidende Durchbruch am Königsflügel.

24...♔h8

Oder 24...♗c6 25.♖xe7+! ♖xe7 26.gxf6+ ♔xf6 27.♕h5 ♗xd5+ 28.cxd5 mit schnellem Matt. Auch nach 24...fxg5 würde Schwarz bald die Hand zur Gratulation reichen müssen, z.B. 25.♕h5 gxf4 26.♖g1+ ♔h8 27.♘g6+ ♔g7 28.♘xe7+ ♔h8 29.♕e5#.

25.♕h5 ♖g8 26.♗xg8

Der Anziehende „holzt ab“ und fährt einen sicheren Sieg ein. Noch stärker war hier 26.♖xe7! wegen 26...♕xe7 27.gxf6 ♕c5 28.♗e5 und der König sieht das Fallbeil drohen.

26...♔xg8 27.g6! ♗c6+ 28.♖e4 ♗xe4+ 29.dxe4 hxg6 30.♕xg6+ ♔h8 31.♕h5+ und Schwarz gab sich geschlagen wegen des bevorstehenden Matts über die kurze Sequenz 31...♔g7 32.♖g1+ ♔f8 33.♗h6#.

Partie Nr. 4

Kramnik – Meier

Dortmund 2014

1.c4 c5

Die Partie geht unter einer Zugumstellung in unser Thema. Die Linien, in denen Schwarz auf den Vorstoß c7-c5 verzichtet, haben wir im Kapitel 3/Abspiel 1 analysiert.

2.♘f3 ♘f6 3.g3 ♘c6 4.♗g2 d5 5.0-0 d4 6.a3 e5 7.d3

Ein bisschen ein im Geist eines Gambits gespielter Versuch, ein bisschen aber auch eine kleine Falle ist 7.b4!?. Als Antwort richtig ist 7...cxb4 8.axb4 und nun 8...e4 (Wenn Schwarz der Versuchung nicht widerstehen kann und mit 8...♗xb4? zulangt, freut sich der Anziehende. Also ... 9.♘xe5 ♘xe5 10.♕a4+ ♘c6 11.♗xc6+ bxc6 12.♕xb4 ♕e7 13.♕xe7+ ♔xe7 14.♗a3+. Die Brettsituation ist bequem für die weiße Seite.) Nach 8...e4 führt 9.♘g5 ♗xb4 10.♘xe4 ♘xe4 11.♗xe4 0-0 zum Ausgleich.

7...a5

Schwarz will den Vorstoß b2-b4 nicht zulassen.

8.e4?

Wie sich im Folgenden zeigen wird, erlangt Schwarz auf diesen Zug ein vorteilhaftes Spiel. Deshalb können wir diese Idee nicht empfehlen. Dem Charakter der Stellung entspricht der kurze Schritt des e-Bauern, also 8.e3, wie wir ihn im Theorieteil häufig angetroffen haben. Er zielt darauf, mit e3xd4 das Zentrum zu öffnen.

8...♗e7 9.♘e1

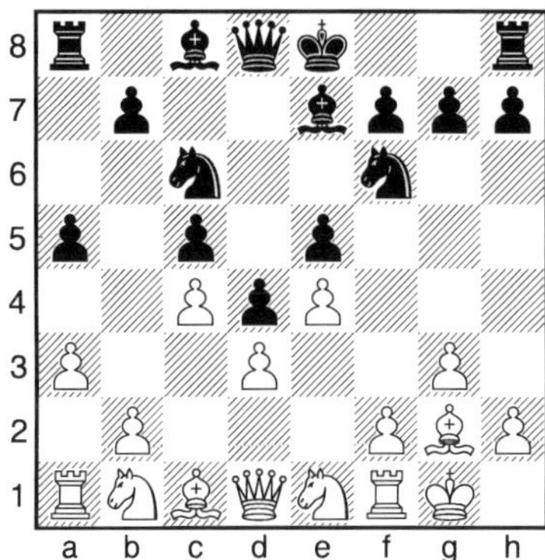

9...h5!

Stark gespielt! Hätte sich der Nachziehende etwas dogmatisch anmutend für 9...0-0 entschieden, so hätte er seinem Gegner in die Hände gespielt. Weiß antwortet mit 10.f4 nach dem Plan f4-f5, g3-g4 und Königsangriff. Mit seinem aktiven Partiezug bereitet Schwarz Aktionen gegen den weißen König vor. Grundsätzlich hat er sich an dieser Stelle bereits für die eigene lange Rochade entschieden.

10.f4 h4 11.f5 hxg3 12.hxg3 g6!

Das Ergebnis einer ausgezeichneten Beurteilung der Stellung. Nimmt Weiß auf g6, hat Schwarz sofort seinen auf c8 postierten Läufer befreit. Andernfalls bekommt Schwarz die halboffene g-Linie.

13.♘d2 gxf5

Stark war auch 13...♖g8!?.

14.exf5 ♖g8 15.♕f3

Zu überlegen war 15.♗xc6+!? bxc6 16.♔g2 usw. Nach dem Textzug übernimmt Schwarz rasch völlig die Initiative. Für die Schachgemeinde ist es tröstlich, dass auch mal ein Ex-Weltmeister wie Kramnik mit einer Stellung überhaupt nicht zurechtkommt.

15...♗d7 16.♖f2 ♕b6 17.♖e2 0-0-0

Schwarz hat sein Oberhaupt in Sicherheit gebracht und steht klar besser. Von seinem weiteren Vorgehen hat er eine klare Vorstellung – am Damenflügel hat er alles unter Kontrolle und auf der anderen Seite lässt er nun im Königsangriff die Post abgehen.

18.♘e4 ♕b3 19.♘f2 a4 20.♗h6 ♗f8 21.♗xf8 ♖dxf8 22.g4 ♖g7 23.♘e4 ♘xe4 24.♕xe4 ♖fg8 25.♗f3 f6 26.♖g2

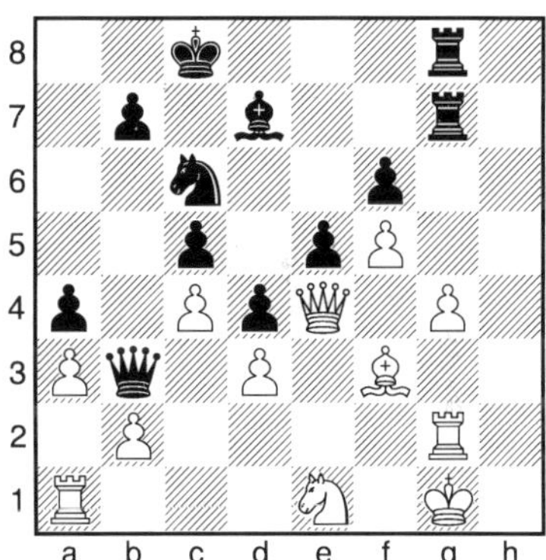

26...♘d8!

Der Springer wird nun zum Königsflügel überführt. Von f7 aus kann er auf d6, g5 und sogar h6 postiert werden.

27.♕e2 ♗c6 28.♗xc6 bxc6!

So ist es richtig: Der Springer soll schnell nach f7 kommen.

29.♕e4 ♔c7 30.♘f3 ♘f7 31.♖f1 ♘d6 32.♕e2 ♖xg4

Die Partie ist praktisch entschieden.

33.♖ff2

Oder 33.♖xg4 ♖xg4+ 34.♔f2 ♖f4-+.

33...♘xf5 34.♘d2

Noch eine kleine Variante für den Fall, dass Weiß 34.♘h2 versucht: 34...♖xg2+ 35.♖xg2 ♖xg2+ 36.♔xg2 (36.♕xg2 ♕xd3-+) 36...♘e3+ 37.♔g1 ♕d1+ 38.♕xd1 ♘xd1 39.♘g4 ♘xb2. Das Springerendspiel führt Schwarz nach Hause.

34...♖xg2+ 35.♖xg2 ♖xg2+ 36.♔xg2 ♕xb2 37.♔f3 ♘d6 38.♕h2 ♕xa3 39.♔e2 ♕b2 40.♕h7+ ♔b6 41.♕e7 ♘b7 Weiß gab auf.

Partie Nr. 5

Réti – Rubinstein

Karlsbad 1923

1.♘f3 d5 2.g3 ♘f6 3.♗g2 g6 4.c4 d4 5.d3 ♗g7

Im Kapitel 3/Abspiel 1 haben wir uns der Variante mit e7-e5 gewidmet.

6.b4 0-0

Nach 6...a5 7.b5 c5 8.bxc6 ♘xc6= entsteht eine Position, die wir im Kapitel 3/Abspiel 1 erörtert haben.

7.♘bd2 c5 8.♘b3

Der Anziehende will den zentralen Bauern d4 erobern.

8...cxb4 9.♗b2 ♘c6 10.♘bxd4 ♘xd4 11.♗xd4

Der weiße Plan hat funktioniert, der gegnerische d-Bauer hat sich in die Figurenkiste verabschiedet. Die Aussichten des Anziehenden sind schon leicht besser als jene seines Kontrahenten.

11...b6

Auf 11...a5 folgt genauso wie in der Partie 12.a3!

12.a3!

Ein logischer Zug – Weiß öffnet die a-Linie zum Angriff.

12...♗b7 13.♗b2 bxa3 14.♖xa3 ♕c7 15.♕a1!

Sehr stark gespielt! Réti übt nun auf doppelte Weise Druck auf die gegnerische Stellung aus, sowohl diagonal als auch vertikal.

15...♘e8 16.♗xg7 ♘xg7 17.0-0

Glatter Selbstmord wäre hier 17.♖xa7?? wegen 17...♗xf3 und Schwarz gewinnt.

17...♘e6 18.♖b1

Nun droht schon das Schlagen auf a7.

18...♗c6 19.d4 ♗e4 20.♖d1 a5 21.d5!

Der schwarze Springer bekommt das Feld c5, der weiße Opponent aber einen starken Stützpunkt c6.

21...♘c5 22.♘d4 ♗xg2 23.♔xg2 ♖fd8 24.♘c6 ♖d6 25.♖e3 ♖e8

Rubinstein entschied sich für eine passive Verteidigung. Durchrechnen musste er aber auch das Qualitätsopfer 25...♖xc6. Es hätte seine Probleme nicht geschmälert. Zum Beweis müssen wir uns hier mal ein paar konkrete Varianten anschauen. Also ... 26.dxc6 ♕xc6+ 27.f3 ♕c7 28.h4 h5 29.♕d4 a4 30.g4 hxg4 31.♕xg4 ♔g7 32.h5 ♖h8 33.hxg6 ♕h2+ (33...fxg6 34.♕d4+ ♔g8 35.♕d8+ ♕xd8 36.♖xd8+ ♔g7 37.♖xh8 ♔xh8 38.♖xe7+-) 34.♔f1 ♖h4 35.♕g1 ♕h3+ (35...♕xg1+ 36.♔xg1 e6 37.gxf7 ♔xf7 38.♖d6 ♖xc4 39.♖xb6+-) 36.♔f2 e6 37.gxf7+ ♔xf7 38.♖d6 ♖xc4 39.♖xb6. Weiß hat eine Gewinnstellung auf dem Brett.

26.♕e5!

Damit zwingt der Anziehende seinen Gegner zu einem Schritt mit dem f-Bauern, was eine Schwächung des Feldes e6 zur Folge hat.

26...f6 27.♕b2 e5 28.♕b5 ♔f7 29.♖b1 ♘d7

Schwarz ist mehr und mehr in die Defensive geraten.

30.f3 ♖c8 31.♖d3

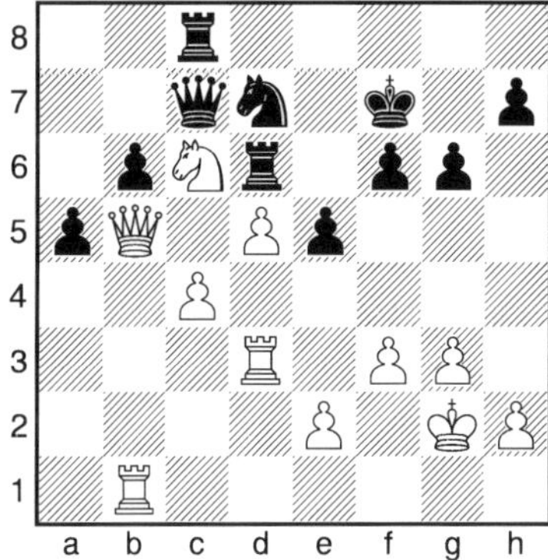

31...e4

Ein Bauernopfer soll dem schwarzen Gegenspiel neues Leben einhauchen. Rubinstein hat längst erkannt, dass er mit einem nur verteidigenden Vorgehen keinen Erfolg haben wird, und versucht über diesen Kraftakt wieder aktiv in die Partie zu kommen. Seine Bemühungen unternimmt er aber vergeblich, wie der weitere Verlauf der Partie zeigt. 31...♘b8 wäre kein Befreiungszug, sondern ein weiterer Schritt Richtung Abgrund, denn Weiß antwortet mit 32.c5!

32.fxe4 ♘e5 33.♕xb6! ♘xc6

Es bleibt Schwarz keine andere Wahl. Nach 33...♘xd3 34.exd3 stünde Schwarz den starken weißen Freibauern recht hilflos gegenüber.

34.c5 ♖d7 35.dxc6 ♖xd3 36.♕xc7+ ♖xc7 37.exd3

Der große Turmendspielspezialist muss nun eine – aus seiner Sicht leider – nicht mehr zu rettende Stellung verteidigen.

37...♖xc6 38.♖b7+ ♔e8 39.d4 ♖a6 40.♖b6 ♖a8

Oder 40...♖xb6 41.cxb6 ♔d7 42.e5 fxe5 43.dxe5 a4 44.e6+ und die weiße Bauern stehen vor dem Ziel.

41.♖xf6 a4 42.♖f2 a3 43.♖a2 ♔d7 44.d5 g5 45.♔f3 ♖a4 46.♔e3 h5 47.h4 gxh4 48.gxh4 ♔e7 49.♔f4 ♔d7 50.♔f5 Schwarz kapitulierte.

Partie Nr. 6

Tikkanen - Welin

Schweden 2012

1.♘f3 d5 2.c4 d4 3.g3 ♘c6 4.♗g2 e5 5.d3 ♘f6 6.0-0 a5 7.e3 dxe3 8.♗xe3 ♗e7 9.♘c3 0-0 10.h3

Die Motivation für diesen Zug ist recht einfach: Weiß möchte den Gegner nicht nach g4 lassen. Andere Züge haben wir im Kapitel 3/Abspiel 1A analysiert.

10...♗f5

Der Angriff auf den rückständigen weißen Bauern verknüpft den Gedanken der eigenen Entwicklung mit dem Ansinnen, den Gegner zu beschäftigen. Aus der Praxis ist auch 10...♖e8 bekannt. Zwei Beispiele dazu: 11.♖e1 (11.d4 exd4 12.♘xd4 ♘xd4 13.♗xd4 c6 14.♘a4 ♗e6 15.b3 ♗a3 16.♗b6 ♕e7 17.♕d4 ♘d7 18.♗c7 mit Ausgleich, Feller - Cornette, Belfort 2012.) 11...♗f8 12.d4 exd4 13.♘xd4 ♘xd4 14.♕xd4 c6 15.♕h4 und der Anziehende verfügt über ein leichtes Plus in der Entwicklung, Iturrizaga - Bukavshin, Moskau 2013.

10...♗e6 ist interessant. Über die folgende Linie natürlicher Züge kommt es zu einer sehr komplizierten Stellung auf dem Brett: 11.♖e1 ♕d7 12.g4 h5 13.g5 ♘h7 14.♘d5 ♖fe8 15.♘xe7+ ♖xe7=.

11.d4 exd4 12.♘xd4 ♘xd4

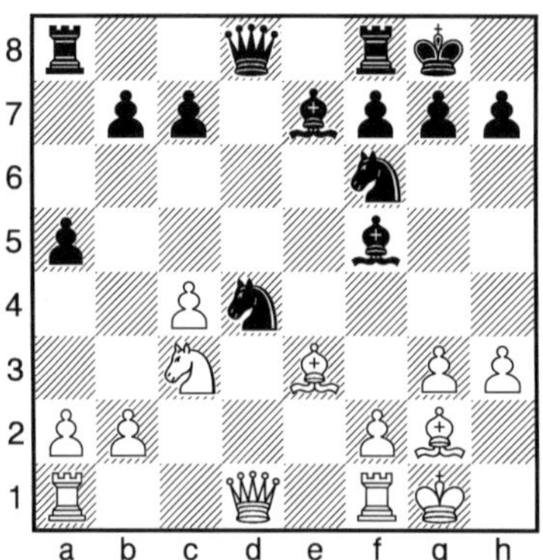

13.♗xd4

13.♕xd4 beantwortete der spätere 20. Fernschach-Weltmeister Pertti Lehikoinen - unseres Wissens als erster - mit 13...♕c8 und zwang Weiß, sich zu erklären, wie er mit dem Angriff auf seinen h-Bauern umzugehen gedachte. (Der Damentausch mit 13...♕xd4 14.♗xd4 nimmt viel Luft aus dem Spiel und führt zu ausgeglichenen Chancen, z.B. über 14...c6 15.♖fe1 ♗e6 16.b3 ♖fd8 17.♗b6 ♖e8=, Tomashevsky - Wang Hao, Nischni Nowgorod. Die Partie endete schon bald, nämlich im 25. Zug, mit einem Remis.) 14.g4 (14.♔h2 gibt dem Nachziehenden die Möglichkeit zu einer sukzessiven Entwicklung seiner Stellung. 14...♖d8 15.♕f4 ♗d6 16.♕h4 (16.Df3!?) 16...♗e5 17.♖fd1 (Logischer sehen 17.Tad1 und 17.Tfe1 aus.) 17...♖e8 18.♗d4 c6 19.♗xe5 ♖xe5 20.♖d6 ♕c7 ½-½, Heinig - Diermair, Lienz 2013. Die Punkteteilung vereinbarten die beiden Kontrahenten in einer völlig ausgeglichenen Stellung.) 14...♗g6 15.♖fe1 (15.g5!? ist an dieser Stelle genau das Richtige für den angriffsorientierten Spieler, der für ein aktives und initiatives Spiel ein kalkulierbares Risiko auf sich zu nehmen bereit ist.) 15...♖d8 16.♘d5 ♘xd5 17.cxd5 ♗d6 18.♖ac1 ♕d7. Die Stellung befindet sich im Gleichgewicht. In der Partie aber leistete sich der Anziehende in der Phase nach dem 20. Zug mehrere Ungenauigkeiten, sodass er in eine nachteilige Stellung geriet und schon mit dem 33. Zug von Schwarz verlor, Porrasmaa - Lehikoinen, Helsinki 2002.

13...c6 14.c5

14.♘a4 ♖e8 15.♖c1 ♗f8 16.♘b6 ♖b8 17.c5=, Gabuzyan - Tomashevsky, Armenien 2014.

14...♕d7 15.g4 ♗c2 16.♕xc2 ♕xd4

Bis hier und damit in die Phase des Übergangs von der Eröffnung ins Mittelspiel haben sich beide Seiten in etwa gleiche Aussichten gesichert.

17.♘a4

Auch hier taucht die Idee 17.g5!? wieder auf. Sie verspricht an dieser Stelle allerdings keine Aussicht auf Vorteil. 17...♘d5 18.♘xd5 cxd5 19.♖ad1 ♕xc5 20.♕xc5 ♗xc5 21.♗xd5=.

17...♖ad8 18.♖fe1 ♕f4

Erlaubt Weiß das nun folgende Manöver. Besser wäre 18...♖fe8 gewesen.

19.♖xe7! ♖d2 20.♕f5 ♕xa4 21.♖xb7

♕d4 22.♗xc6 g6 23.♕f3 ♖c8?!

23...♖d3!? 24.♕g2 ♕xc5±

24.♗a4! ♖f8

24...♕xa4 25.♕xf6+-

25.♖d1 ♖xd1+

25...♘e4 26.♖xd2 ♘xd2 27.♕e3 ♕xa4 28.♕xd2 ♕xa2 29.c6+-

26.♗xd1

Die Partie ist entschieden, der Rest ist Technik. Die letzten Züge geben wir nur zum Zweck der Dokumentation an und verzichten deshalb auf eine weitere textliche Kommentierung.

26...♘e4 27.♗b3 ♘d2 28.♗xf7+ ♔h8 29.♕e3

29.♕d5!?

29...♘e4 30.c6?

30.♕xd4+ ♘f6 31.♕xf6#

30...♘d6 31.♗e6

31.♕xd4#!

Schwarz gab auf.

Partie Nr. 7

Ftacnik - Ehlvest

Istanbul 2000

1.♘f3 d5 2.c4 d4 3.e3 ♘c6 4.♘xd4 ♘xd4 5.exd4 ♕xd4 6.d3 e5 7.♘c3 ♘e7 8.♗e3 ♕d7

Üblich ist hier der Rückzug 8...♕d8, den wir im Kapitel 3/Abspiel 2 behandelt haben.

9.d4

Eine gute Wahl ist auch 9.♗e2 nebst 0-0.

9...♘f5

Mit 9...exd4 10.♕xd4 ♕xd4 (10...♘f5!?) 11.♗xd4 könnte das Spiel in Stellungen übergehen, die uns schon bekannt sind, da wir sie im Kapitel3/Abspiel 2 analysiert haben.

10.dxe5 ♘xe3 11.fxe3 ♗c5 12.♕d5 ♗xe3 13.♖d1 ♗g5

13...♕e7!? gefällt uns besser, weil der Zug mehr aktive Optionen beinhaltet und Weiß sich weniger entfalten lässt. Das Feld c5 bliebe in schwarzer Hand.

14.♕c5 ♕e7 15.♕xe7+ ♗xe7 16.♗e2 0-0 17.0-0

17.♘d5 ♗d8 bringt nichts.

17...c6 18.♘e4 ♗e6 19.♘d6 a5

19...♖ad8!? sieht gut aus, der Nachziehende hätte so neue Komplikationen schaffen können.

20.♖f4 f6 21.exf6 ♖xf6 22.♖xf6 gxf6

Nach 22...♗xf6 23.♘xb7 ♖b8 (23...♗xb2 24.♘d8±) 24.♘xa5 ♖xb2 25.♗f1 behält Weiß einen Mehrbauern auf der hohen Kante.

23.b3

Die Variante 23.♘xb7 ♖b8 24.♘xa5 ♖xb2 25.♘xc6 ♗c5+ 26.♔f1 ♖xa2 würde dem Nachziehenden ausreichend Gegenspiel für den Minusbauern verschaffen, nicht zuletzt gestützt auf das Läuferpaar.

23...b6 24.♗f3 ♖d8 25.c5 bxc5

Ein lehrreiches Endspiel könnte nach 25...♗d5 entstehen. Der lange Marsch in Richtung Sieg in der Partie: 26.♗xd5+ cxd5 27.♖xd5 ♗xd6 (27...bxc5 28.♘f5!) 28.♖xd6 ♖xd6 29.cxd6 ♔f7 30.♔f2 ♔e6 31.♔e3 ♔xd6 32.♔d4 f5 33.g3 ♔e6 (33...h5 34.a3 ♔e6 35.♔e3 ♔e5 36.a4 ♔e6 37.♔f4 ♔f6 38.h4+-) 34.♔c4 ♔d6 35.♔b5 ♔c7 36.h3 h5 37.h4 ♔b7

38.a3 ♔c7 39.♔a6 ♔c6 40.b4 axb4 41.axb4. Weiß gewinnt.

26.♘b7 ♖xd1+ 27.♗xd1 a4 28.bxa4 ♗xa2 29.a5

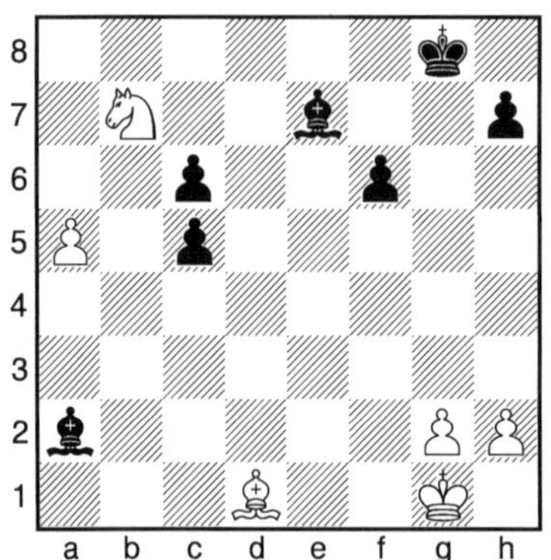

29...♗c4??

Verliert sofort. Eher remislich würde die Partie hingegen nach 29...♗e6! und dann 30.a6 (30.♗b3 c4 31.♗a4 c3 32.a6 ♗c8=) 30...♗c8 31.♗a4 c4 32.♗xc6 c3 33.♗a4 ♗xb7 34.axb7 ♗d6. Die ungleichfarbigen Läufer lassen beiderseitige Gewinnversuche als überflüssig erscheinen.

30.♗b3!

Der schwarze Läufer wird abgelenkt und wird den weißen a-Bauern passieren lassen müssen.

30...♗xb3 31.a6 c4 32.a7 Schwarz gab sich geschlagen.

Partie Nr. 8

Rapport - Caruana

Berlin 2017

1.♘f3 d5 2.c4 d4 3.b4 ♗g4 4.g3

Im Kapitel 3, Abspiel 3, empfehlen wir hier das Herausspielen der Dame mit 4.♕b3, das die Theorie als besser ansieht. Der Nachteil des Partiezuges liegt darin, dass er Schwarz das Schlagen des Springers mit der Folge erlaubt, dass sich die weiße Bauernformation im Zentrum verschlechtert.

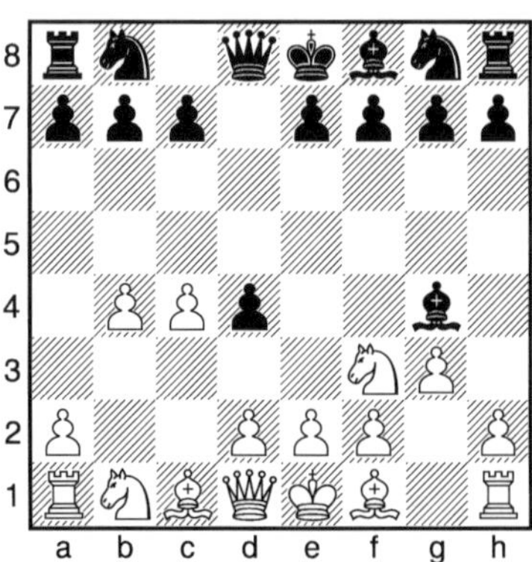

4...♗xf3

Zu überlegen ist die interessante Idee 4...f6!?, um nachfolgend den Zentralbauern d4 zu verstärken.

Eine Variante hierzu: 5.♗g2 e5 6.0-0 ♘d7 7.♕b3 a5 8.e3 dxe3 9.fxe3 axb4 10.d4 ♗e6 11.♗b2 ♘h6 12.dxe5 fxe5 13.♘bd2 ♘f7 mit gutem Spiel für Schwarz, Greenfeld - Short, Douglas 2015.

5.exf3 e6

Und was ist, wenn Schwarz stattdessen zu 5...e5 oder 5... a5 greift? Wir schauen uns hierzu nachfolgend zwei Beispiele an.

I. 5...e5 6.♗g2 (Auf 6.b5 kann der Nachziehende 6...♘d7 7.♗g2 ♘c5 spielen und hiermit seinen Anspruch auf etwa gleiche Chancen anmelden, Efimenko - Adly, Konya 2018.) 6...♘d7 7.a3 a5 8.b5 ♗d6 9.f4 exf4 10.♗xb7 ♖b8 11.♗g2 ♘gf6 12.d3 ♕e7+ 13.♔f1 ♘c5 14.♗c6+ ♔f8 15.♖a2 ♘fd7 16.gxf4 ♕f6 17.♘d2

Dxf4 18.Se4 Df5 19.h4 h5 20.Lg5 Se5 21.Sxc5 Lxc5 22.Le4± Rapport – Najer, Tiflis 2017.

II. 5...a5 6.b5 Sd7 7.Lg2 e6 (Infrage kommt auch 7...c5!? mit der beispielhaften Folge 8.f4 Tb8 9.0-0 e6 10.d3 Sgf6 usw.) 8.0-0 Sgf6 9.f4 Sc5 10.d3 Sfd7 11.Sd2 Le7 12.Sb3 Im Duell Mareco – Nakamura, Baku 2016, unterlief Schwarz hier mit 12...0-0? ein Fehler. (Notwendig war 12...Sxb3.) Weiß nutzte seine Chance und kam über 13.Sxd4 Lf6 14.Le3 De7 15.Tc1 Dd6 16.Sb3 Sxb3 17.axb3 in Vorteil.

6.b5

Caruana gab hier in einer seiner Partie 6.Db3 den Vorzug und kam über 6...a5 7.b5 Sd7 8.Lg2 Sc5 9.Dc2 h5 10.d3 h4 11.f4 Sh6 12.Sd2 a4 13.La3 Ta7 14.Tb1 Le7 15.Se4 Sxe4 16.Lxe7 Dxe7 17.Lxe4 0-0 18.b6 cxb6 19.Txb6 Sg4 20.0-0 Sf6 21.Lf3 Tc8 22.Db2 zu besseren Perspektiven als sein Kontrahent, der frühere Weltmeister aus Indien (Caruana – Anand, Saint Louis 2017).

6...Sf6 7.Lg2 a6 8.f4 axb5 9.cxb5 c6 10.0-0 Le7 11.bxc6 Sxc6 12.a4 0-0 13.Sa3 Sd7 14.d3 Ta6

Die auf dem Brett entstandene Stellung ist ziemlich kompliziert. Ein Ende des Kampfes ist nicht in Sicht.

15.Sc4 Dc7 16.Ld2 b6 17.f5! e5

Nach 17...exf5 18.Lf4 Dc8 19.Te1 hätte Weiß zweifellos ausreichend Kompensation für den geopferten Bauern.

18.f4 Sc5 19.Df3 e4!?

Eine aktive Verteidigung.

20.dxe4 d3 21.Se3 Sd4 22.Dg4 Td8 23.Sd5

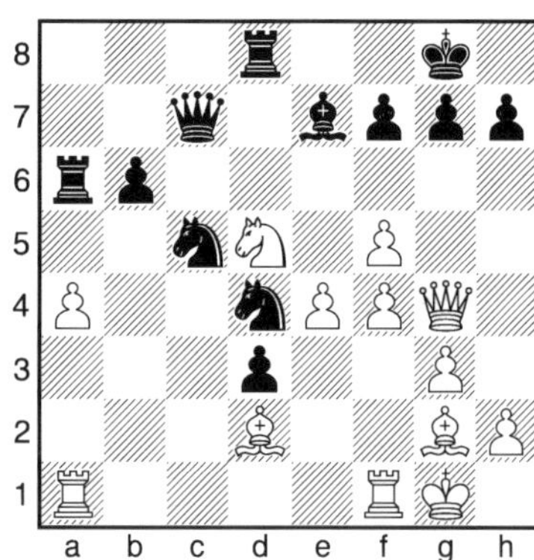

23...Txd5!

Der starke Springer wird beseitigt, die weißen Angriffsmöglichkeiten werden damit geschwächt.

24.exd5 Lf6

Weiß ist materiell im Vorteil, aber Schwarz hat seine Leichtfiguren ideal postiert. Die Stellung ist kompliziert und unklar. Allerdings werden die schwarzen Steine von einem Weltklasse-Spieler geführt!

25.Tae1 Dd7 26.Dh3 Txa4

Nun hat Schwarz zwei Freibauern.

27.g4 Ta2 28.g5 Txd2 29.gxf6 Te2 30.Ta1 Te8 31.fxg7 d2 32.f6 Dd8?

Nach der Partie wurde die mit 32...Dxh3! eingeleitete Variante mit dem Ergebnis analysiert, dass sie gute Chancen auf eine Punkteteilung eröffnet, z.B. über die Zugfolge 33.Lxh3 Se4 34.Tad1 Se2+ 35.Kg2 S2c3 36.Lf5 Sxd1 37.Txd1 Sxf6 38.Txd2 Td8 39.d6 Kxg7 40.Kf3 b5 usw.

33.Dh4

Weiß lässt den gegnerischen Fehler ungestraft. Stärker war 33.Tad1! mit dem beispielhaften Fortgang 33...Sdb3 (33...Dxf6 34.Txd2 Sf5

35.♕h5+-) 34.♕h4 und der Nachziehende hat keine ausreichende Kompensation für die Qualität.

33...♘f5

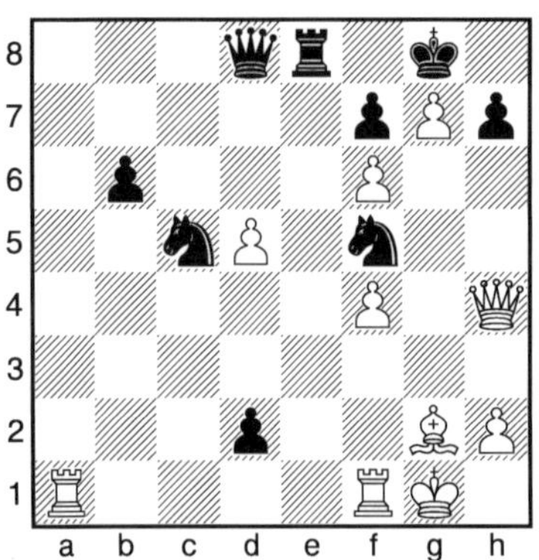

34.♕g5?

Es ist schwer zu glauben, aber dieser Zug verliert. Weiß sollte besser schnell den starken Bauern d2 beseitigen. Also 34.♕f2! z.B. 34...♕xf6 (34...♘b3? 35.♖a3 ♖e3 36.d6! ♕xf6 37.d7 ♔xg7 38.♖xb3 ♖xb3 39.♕xd2 ♘d4 40.♖d1 ♘e6 41.♗d5 ♖b2 42.♕xb2! ♕xb2 43.♗xe6+-) 35.♕xd2 ♘b3 36.♕d1 ♘xa1 37.♕xa1 ♕xg7 38.♕xg7+ ♔xg7 39.♖b1 ♖e2 40.♖xb6 ♘h4 41.♗h3 ♘f3+ 42.♔f1 ♖d2 43.d6 ♘xh2+ 44.♔e1 ♘f3+ mit Dauerschach.

34...♘e3! 35.♖fb1

Optisch sieht 35.♗h3 stark aus, aber nach 35...♘e4! gewinnt Schwarz.

35...♘c2 36.♗h3 ♘e4 37.♕f5 ♘xa1 38.♖xa1 ♘d6 39.♕e5 ♖xe5 40.fxe5 ♘c4

Weiß kapitulierte.

Partie Nr. 9

Schreiner - Frank

Oberwart 2012

1.♘f3 d5 2.c4 d4 3.b4 f6 4.e3 e5 5.c5 a5 6.♗b5+ c6 7.♗c4 ♘h6 8.♗b2!?

Der Läuferzug ist eine interessante Alternative zu 8.0-0, zu unserem Thema im Kapitel 3/Abspiel 3.

8...dxe3

Schlägt der Nachziehende eine andere Richtung ein, indem er zu 8...axb4 greift, kann Weiß über die Folge 9.exd4 exd4 10.0-0 ♗xc5 11.♖e1+ ♔f8 12.d3 ausreichend Ersatz für das Mindermaterial einstreichen, da sich der schwarze König in der Brettmitte kaum wohlfühlen wird.

9.fxe3 ♘f5?

Schwarz schüttet quasi das Kind mit dem Bade aus. Er verhindert zwar das sofortige d2-d4, nun aber ist er auf der Diagonale a2/g8 ungeschützt. Auf 9...axb4 folgt 10.d4 mit Kompensation für den Bauern. Wahrscheinlich aber sollte Schwarz so spielen.

10.♕b3 a4

Einen starken Angriff könnte Weiß nach 10...b5 über das Manöver 11.♗f7+ ♔e7 12.bxa5 ♘h6 13.♘xe5! fxe5 14.0-0 entfesseln. Der Textzug erleichtert die Lage von Schwarz allerdings auch nicht.

11.♕c2 b6 12.♗d3 g6 13.g4! ♘e7 14.g5 ♗g4

Der einfache Zug 14...♗g7 wäre das kleinere Übel gewesen. Die Partiefortsetzung erlaubt dem Anziehenden ein Forcieren seiner Initiative.

15.0-0 ♘d5 16.gxf6 ♗xf3 17.♖xf3 ♘xb4

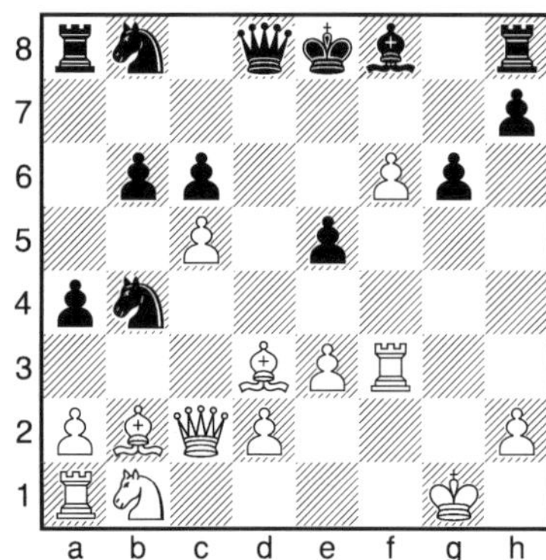

18.♗xg6+!

Immer wieder das Salz in der Suppe – das Figurenopfer räumt Weiß gute Angriffschancen ein.

18...hxg6 19.♕xg6+ ♔d7 20.♕g4+ ♔c7 21.♗xe5+ ♔b7 22.♕xb4

Weiß hat sich die Figur zurückgeholt und sein Bauernplus behalten. Sein Vorteil sichert ihm den Sieg in der Partie.

22...♗xc5 23.♕c4 ♘d7 24.♗g3 ♘xf6 25.d4 ♗e7 26.♘c3 b5 27.♖b1 ♖a5 28.d5!

Logischerweise öffnet Weiß die Stellung in der Mitte.

28...♘xd5 29.♘xd5 ♕xd5 30.♕xd5 cxd5 31.♖f7

Der Läufer ist verloren, der Anziehende schickt sich zur großen Ernte an.

31...♖e8 32.♗h4 ♔c6 33.♖xe7 ♖xe7 34.♗xe7 ♖a7 35.♖c1+ ♔d7 36.♗b4 ♔e6 37.a3 ♖g7+ 38.♔f2 ♖h7 39.♔g3 ♖g7+ 40.♔f4 ♖h7 41.♖c6+ ♔d7 42.♖d6+ ♔c7 43.♖xd5 ♖xh2 44.♖xb5 Schwarz gab auf.

Partie Nr. 10

Grigorian – Ahlander

Bremen 2018

1.♘f3 d5 2.c4 e6 3.g3 ♘f6 4.♗g2 ♗e7 5.0-0 0-0 6.b3 c5 7.♗b2 ♘c6 8.e3 b6 9.♘c3 ♗a6 10.♕e2 ♕d7 11.d4!?

Die Alternative 11.♖fd1 behandeln wir im Kapitel 4.

11...cxd4 12.exd4 ♖ac8

Wenn zunächst der andere Turm mit 12...♖fd8 in die Mitte beordert wird, kann es beispielsweise zu der Entwicklung 13.♘e5 ♕e8 14.♘b5 ♗xb5 15.cxb5 ♘xe5 16.dxe5 ♘d7 17.a3 ♖ac8 18.b4 kommen. Nun hätte der Anziehende die Option auf ein aktives Vorgehen mittels f2-f4-f5 usw.

13.♘e5

Andere Möglichkeiten können Weiß keinen Vorteil versprechen. Dies gilt nicht zuletzt auch für 13.♘b5. Weitergehen kann es hierauf beispielsweise mit 13...dxc4 (13...♘e4!?) 14.bxc4 ♘a5 15.♘e5 ♕e8 16.a4 ♘d7 17.♖ac1 (17.♘xa7 ♘xe5 18.♘xc8 ♕xc8 19.dxe5 ♗xc4 20.♕e1 ♗xf1 21.♗xf1 ♗c5∞) 17...♘xe5 18.dxe5 ♗c5 19.h4 ♕e7 20.♖c2 ♖fd8= Pantsulaia – Haznedaroglu, Gjakova 2016. Auch der Versuch 13.♖fd1 leitet nicht mehr als einen alternativen Weg in einen ausgeglichenen Übergang von der Eröffnung ins Mittelspiel ein, z.B. in der Variante 13...♘a5 14.♘e5 ♕e8 15.♘b5 dxc4 16.bxc4 ♖xc4 17.♘xa7 ♕b8 18.♘ac6 ♘xc6 19.♘xc6 ♖xc6 20.♕xa6 ♖c2= Albuquerque Junior – Lemos, Fortaleza 2017.

13...♕c7 14.♘b5 ♗xb5 15.cxb5 ♘xe5 16.dxe5 ♘d7 17.♖ac1 ♕b7 18.a3 ♖xc1 19.♖xc1 ♖c8 20.♖xc8+ ♕xc8

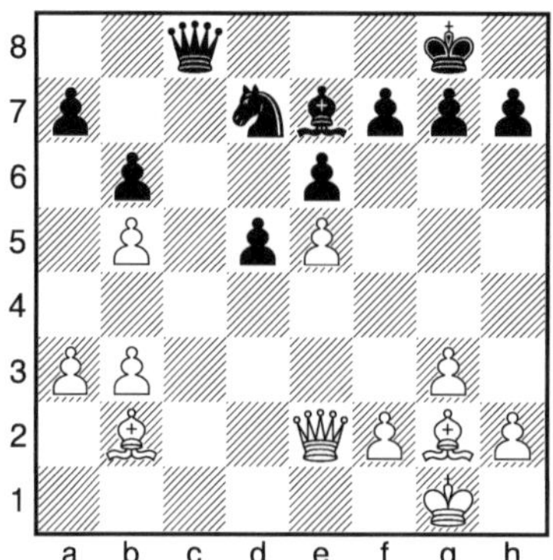

21.b4!

Weiß verfügt über bessere Perspektiven als sein Gegenüber, weil er mit seinem Läuferpaar aktiv am Königsflügel vorgehen kann. In Planung befinden sich die Züge f2-f4-f5 und auch h2-h4-h5. Schwarz hingegen kann praktisch nur abwarten.

21...♗g5

Ein Tempoverlust. In Betracht kam 21...g5!?, um die Möglichkeiten f2-h4 und h2-h4 zu verhindern.

22.f4 ♗e7 23.♗h3 ♘f8 24.♕d3 ♕c7 25.♗g4 g6?

Dies erleichtert es dem Anziehenden nur, seinen Plan in die Tat umzusetzen. Zu beachten war daher 25...f5!? 26.exf6 ♗xf6 27.♗xf6 gxf6 28.f5 ♕e5 29.fxe6 ♘xe6 und Schwarz hält den Ausgleich.

26.h4! ♘d7 27.♔g2 ♗f8 28.♗d1 ♗g7 29.♕e2 ♔f8 30.♗c2

Konsequent war 30.h5! Der Partiezug lässt 30...f6! zu, was Schwarz gute Verteidigungschancen gäbe. Stattdessen macht er den Fehler ...

30...♔e7?

... der Weiß freie Hand in seinem Angriffsspiel lässt.

31.h5! ♔f8 32.♗d3 ♔g8 33.♕g4 ♕d8 34.♕h3 ♘b8 35.♕h1 ♕c7 36.♕h4 ♕d7 37.♔f2 ♗f8 38.g4! ♗e7 39.♕h3 ♗d8 40.f5!

Der weiße Angriff gewinnt immens an Kraft.

40...♕e7 41.hxg6

Ein Engine-Vorschlag ist hier 41.f6! z.B. 41...♕f8 42.hxg6 fxg6 (42...hxg6 43.♗c1+-) 43.g5 ♕f7 44.♗e2 ♘d7 45.♗g4 ♘f8 46.♕c3 ♕d7 47.♕c6 ♔f7 48.♗d4 ♗c7 49.a4 und Weiß steht positionell auf Gewinn.

41...fxg6 42.fxg6 ♕h4+ 43.♕xh4 ♗xh4+ 44.♔f3

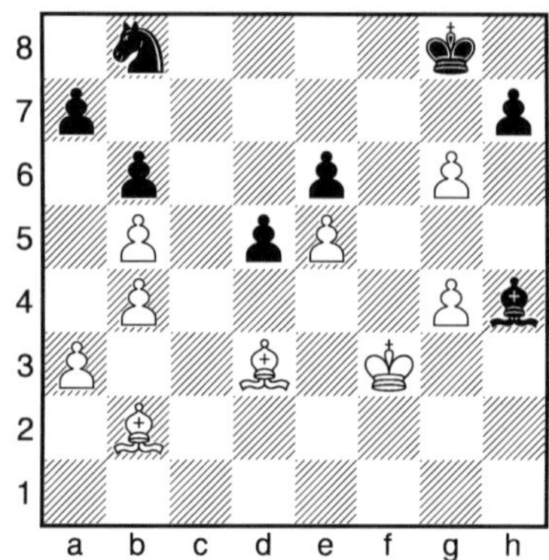

44...h6?

44...hxg6 45.♗xg6 ♔f8 war notwendig.

45.♗f5!

Ausgezeichnet gespielt!

45...exf5 46.gxf5

Weiß hat drei verbundenen Freibauer. Der eigentliche Kampf ist bereits beendet.

46...♘d7 47.♔g4 ♗g5 48.f6 ♘f8 49.♔f5 ♗e3 50.e6 ♘xe6 51.♔xe6 d4 52.♔e7 ♗g5 53.♗xd4 h5 54.♔e6

Schwarz gab auf.

Partie Nr. 11

Kramnik – Mista

Doha 2014

1.♘f3 d5 2.g3 ♘f6 3.♗g2 e6 4.0-0 ♗e7 5.c4 0-0 6.b3 c5 7.♗b2 b6 8.♘c3 ♗b7 9.e3 dxc4 10.bxc4 ♘c6 11.♕e2 ♕c7 12.♘b5 ♕d7 13.♖fd1 a6 14.♘c3 ♕c7 15.♖ac1 ♖fd8 16.♗a1

Ein bisschen ein Abwartezug und ein bisschen auch ein Räumungszug, um bei Bedarf Aktivitäten auf der b-Linie zu entwickeln. Eine andere Idee für eine Aktion an dieser Stelle ist 16.d4 Besprochen haben wir sie im Kapitel 4.

16...♖ab8 17.♘a4 ♗a8

Dieser Zug ist als Zeitverlust zu beanstanden. Stärker war 17...♘a5!?, z.B. mit der Folge 18.d4 cxd4 19.exd4 ♗c6 20.♘c3 ♗a3 21.♖c2 ♖bc8. Hier hätte sich Schwarz an seinem gutem Spiel erfreuen können.

18.d4 ♕a7

Ein konkreter Plan, dem der Nachziehende folgt, ist hier nicht wirklich zu erkennen. 18...cxd4!? wäre die bessere Wahl gewesen, denn nach 19.exd4 hätte er mit der selbst dominierten Zugfolge 19...♗a3 20.♖c3 ♗b4 21.♖c2 ♕e7 seine Stellung komplett in Ordnung halten können.

19.♘g5! h6 20.♘e4 ♘xe4 21.♗xe4 ♘a5?

Nach der Partie sagte Kramnik, dass er 21...cxd4! erwartet habe. Nach den weiteren Zügen 22.exd4 ♗f6 23.d5 ♗xa1 24.dxc6 (24.♖xa1 exd5 25.cxd5 ♘a5=) 24...♗d4 wäre die Lage in etwa ausgeglichen gewesen.

22.d5!

Ein typischer Schlag im Zentrum!

22...b5

Der Nachziehende versucht, zu Gegenspiel am Damenflügel zu kommen. Der weitere Verlauf der Partie zeigt allerdings, dass etwas mehr Vorsicht angebracht gewesen wäre. 22...♗f8!? hätte vor den gleich folgenden Geschehnissen schützen können.

23.cxb5 axb5 24.♕g4! ♗f8

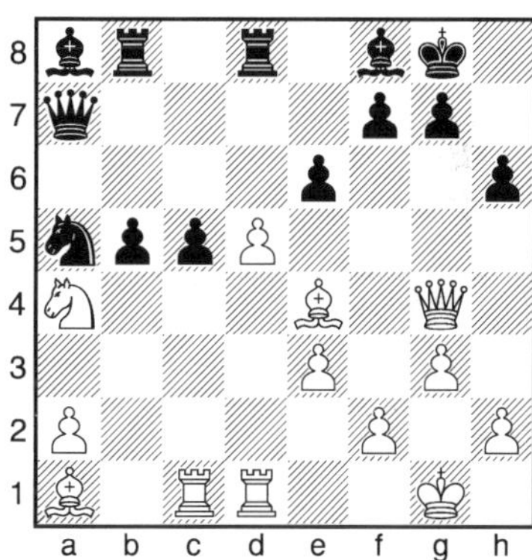

25.♘xc5!

Der Auftakt zu einer weit berechneten und effektvollen Kombination.

25...f5 26.♕g6 fxe4?

Hier unterläuft Schwarz der entscheidende Fehler. In einer so komplizierten Stellung wie dieser war es allerdings nicht leicht, die richtige Verteidigung zu finden. Besser war 26...♗xc5! mit der sich dann wohl ergebenden Folge 27.♖xc5 fxe4 28.♗e5! (Aber nicht 28.♕xe6+? ♕f7=.) 28...♕f7 (28...♖bc8? 29.♖xc8 ♖xc8 30.♕xe6++- bzw.; 28...♖b6? 29.♖c7+- wären das furchbare Ende heraufbeschwörende Fehler.) 29.♕xf7+ ♔xf7 30.♗xb8 ♖xb8 31.♖c7+ ♔f6 32.dxe6 ♘c6. Der Kampf würde sich hier noch einige Zeit hinziehen.

27.♘xe4!

Der Gewinnzug: Es droht 28.Sf6+ mit Matt.

27...♗a3 28.♘f6+ ♔f8 29.dxe6!

Die schwarze Königsstellung ist komplett ruiniert.

29...♕b7

Oder 29...♗xc1 30.♘d7+! und Schwarz könnte aufgeben.

30.e4 gxf6 31.♕xf6+ ♔e8

31...♔g8 32.♕h8#

32.♕g6+ ♔f8

32...♔e7 33.♕f7#

33.♕xh6+ ♔e8 34.♕h5+

Hier strich Schwarz die Segel wegen 34...♔f8 35.♕h8+ ♔e7 36.♕g7+ ♔e8 37.♕g8+ ♔e7 38.♕f7#.

Partie Nr. 12

So – Wei Yi

Chess.com INT 2018

1.c4 ♘f6 2.♘f3 e6 3.g3 d5 4.♗g2 dxc4 5.♕a4+ c6 6.♕xc4 b5 7.♕c2 ♗b7 8.♘c3

Im Kapitel 4, Abspiel 1, haben wir uns mit 8.0-0 befasst. In diesem Duell zögert Weiß die Rochade hinaus und bringt zunächst den Springer ins Spiel. Auch diese Idee hat viele Anhänger. Wir wollen sie uns deshalb anhand der Partie etwas genauer anschauen.

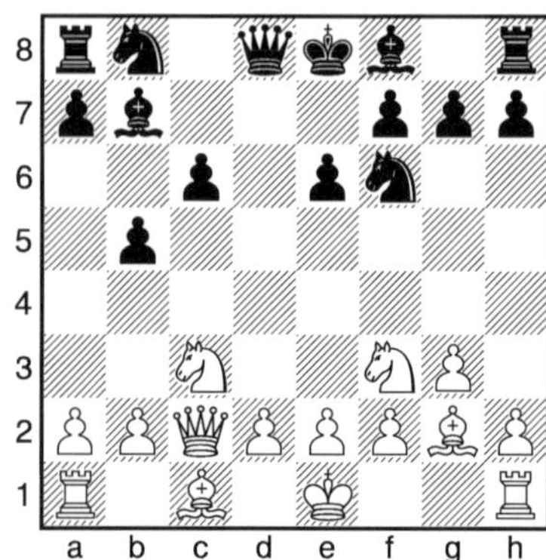

8...a6

Schwarz rückt seinen Bauern mit der Absicht um ein Feld nach vorne, im Anschluss c6-c5 zu spielen. Nach der Springerentwicklung 8...♘bd7 kann Weiß grundsätzlich aus drei Plänen auswählen:

A) 9.a4 richtet sich direkt gegen die schwarzen Ambitionen am Damenflügel. 9...♖c8 (Eine alternative Möglichkeit besteht darin, sofort mit dem Bauern zu ziehen: 9...b4 10.♘e4 c5 usw.) 10.0-0 b4 11.♘d1 c5 12.b3 ♗e7 13.♘e3 Und hier hätte Schwarz mit 13...0-0! fortsetzen sollen, verbunden mit einem völlig gesunden Aufbau. Es geschah aber 13...♗e4? und dann 14.d3 ♗a8 15.♗b2 0-0 16.♘c4 ♘d5 17.e4 ♘c7 18.♖fd1 f6 19.d4 und Weiß stand aktiver, Mandetta – Aguiar, Florianopolis 2017.

B) Wenn der Anziehende mit 9.b3 das schnelle Fianchetto seines Damenläufers vorbereitet, kann Schwarz seinerseits mit der planvollen Fortsetzung seiner Kräfte antworten. 9...♗e7 (Zu beachten ist 9...a6!? 10.♗b2 c5 11.0-0 ♗e7= mit Gleichstand.) 10.♗b2 0-0 In der Begegnung Carlstedt – Rogozenco, Hamburg 2011, setzten die beiden Kontrahenten nun mit 11.♘g5 h6 12.h4 b4 (12...hxg5? 13.hxg5+- würde natürlich angesichts der geballten weißen Angriffskraft aus Dame und Turm die schwarze Niederlage einleiten.) 13.♘ce4 ♖e8 14.♘xf6+ ♗xf6 15.♘e4 ♗xb2 16.♕xb2 ♕e7= fort und fanden sich in einer ausgeglichenen Stellung wieder.

C) 9.0-0 mit der Absicht 9...♗e7 und nun 10.d4 0-0 11.♖d1 ist eine Möglichkeit, weiße Ansprüche auf Initiative anzumelden. 11...♖c8 12.♘e5 b4 (Die Variante 12...♘d5 13.♘xd7 ♕xd7 14.♘e4 ♖fd8 15.♗d2 ♘b4 16.♕b3 a5 17.♘c5± ist allein für den Anziehenden vorteilhaft, Xu Jun - Fang, Xinghua 2018.) 13.♘e4 ♘xe4 14.♗xe4 ♘f6 15.♗f3 ♕b6 Schwarz hat die gegnerischen Bemühungen gut gekontert und kann zufrieden sein. 16.♗g5 ♖fd8 17.♘d3 a5 Einen interessanten Verlauf nahm nun die Partie Sychevskyy - Pacher, Budapest 2018. Weiter ging es hier mit 18.♘c5 ♖xd4 19.♖xd4 ♗xc5 20.♖c4 ♗xf2+ 21.♔g2 ♘d5 und beiderseitigen Chancen. Schwarz hat auf jeden Fall volle Kompensation für die investierte Qualität.

9.d4

Eine sehr logische Entscheidung, weil Weiß so die Felder c5 und e5 unter Kontrolle nimmt. Ein anderer Plan basiert auf der Idee, am Damenflügel aktiv vorzugehen. Ein paar Impressionen dazu: 9.a4 ♘bd7 10.0-0 Ein natürlicher schwarzer Plan für den weiteren Ausbau der Stellung führt nun über ... ♗e7, ...0-0 und ... ♖c8. Die zeitliche Abfolge kann aber variieren, ebenso das weitere Vorgehen auf der Basis dieses Aufbaus.

A) 10...♗e7 Der Nachziehende lässt nichts anbrennen und macht sich ohne Umschweife an die Umsetzung seines zentralen Vorhabens. 11.d3 0-0 12.e4 (Oder 12.h3 mit der beispielhaft sich anschließenden Variante 12...♘d5 13.♘xd5 cxd5 14.d4 ♖c8 15.♕d3 b4 16.♗d2 a5 17.♖fc1 ♕b6 18.♕b5 ♕xb5 19.axb5 ♖xc1+ 20.♗xc1 ♖c8 21.♗f4 ♗d8 22.♘e1 ♗b6= mit Stellungsausgleich in Van den Bersselaar - Kryukova, Dresden 2018.) 12...h6 13.h3 ♖c8 (In der Fernpartie Windecker - Kasper, BdF-Schachserver 2015, spielte der Nachziehende sofort 13...♕b6 und kam auch hier über die Zugfolge 14.♗e3 c5 15.♖fc1 ♖fc8 16.♕e2 ♗f8 17.♔h2 ♖ab8= zu ausgeglichenen Chancen.) 14.♖d1 ♕b6 15.♗e3 c5 16.axb5 axb5 17.b4 Im Duell Sargissian - Xu, Moscow 2018, konnte sich Schwarz dem aufkommenden Druck seines Gegners wie folgt widersetzen: 17...♕c6 18.♕b1 cxb4 19.♘a2 e5 20.♘xb4 ♕e6 21.♖a7 ♖b8 22.♕b2 ♕d6 23.♖b1 ♖fc8 und der Ausgleich war gehalten.

B) 10...♖c8 11.d3 (11.b3 verspricht Weiß keinen Vorteil. Ein Beispiel aus der Praxis dazu: 11...♗e7 12.♗b2 ♕b6 13.♖fc1 0-0 14.♘e1 b4 15.♘d1 c5 16.♘e3 ♗xg2 17.♘c4 ♕b7 18.♘xg2 ♖fd8= Onischuk - Anton Guijarro, Martuni 2016.) 11...♗e7 12.e4 0-0 Die eingangs skizzierte schwarze Grundstellung ist erreicht. 13.♖d1 b4 14.♘b1 a5 15.♘bd2 ♗a6 16.♘c4 c5 Die erreichte Stellung eröffnet ein verteiltes Spiel, mit dem also auch Schwarz zufrieden sein kann. Im Duell Sargissian - Xu, Moscow 2018, gelang es ihm allerdings nicht optimal, seine Kräfte zu managen, so dass es zu einem weißen Vorteil kam, und zwar so: 17.Le3 Sb8 18.Sfe5 Sfd7 19.Sxd7 Sxd7 20.f4 Sb8 21.Df2 Dc7 22.Tac1 Tfd8 23.e5 Sd7 24.b3 Lxc4 25.dxc4 Sb8 26.Le4 g6 27.Df3 Txd1+ 28.Txd1 Td8 29.Tf1 f5 Ein aktiver und befreiender Zug, der allerdings auch zu einem zurückgebliebenen Bauern auf e6 führt. 30.exf6 Lxf6 31.Dg4 De7 32.Te1 Lc3 33.Te2 Weiß ist wegen der schwarzen Schwäche auf e6 positionell im Vorteil, Libiszewski - Duggan, England 2018.

9...Sbd7 10.Se5 Sxe5 11.dxe5

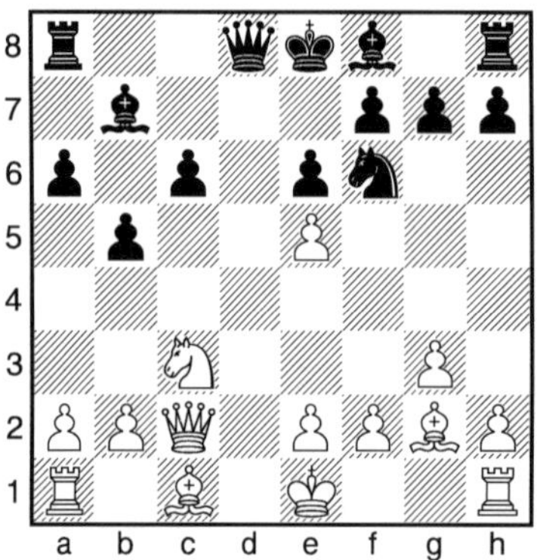

Dies ist die kritische Stellung in dieser Variante.

11...Sd7?

Diese passive Reaktion ist fehlerhaft. Weiß entwickelt nun eine gefährliche Initiative. Schwarz hätte seinen Springer mit 11...Sd5 nach vorne beordern sollen, was ihm reale Verteidigungsmögkeiten eingebracht hätte. Wir schauen uns dies auf der Basis von Praxisbeispielen an. 12.0-0 (Das Ringen 12.Se4 c5 13.0-0 Dc7 14.Lf4 Sxf4 15.gxf4 Ld5 16.Tfd1 Td8 17.Tac1 c4 18.Dc3 Lxe4 19.Txd8+ Dxd8 20.Lxe4 Lc5 21.b3 0-0 22.bxc4 b4 23.Dc2 Dh4 24.e3 Td8 bringt Weiß einen Mehrbauern ein, allerdings ist dieser hier kleine Vorteil angesichts der ungleichfarbigen Läufer praktisch nicht zu verwerten. Die Partie Schebler - Levin, Möhnesee 2002, endete schließlich mit einem Remis.) 12...Tc8 13.Td1 (13.Se4 c5 14.a3 Dc7 15.f4 c4 16.h3 Le7 17.Kh2 0-0 18.Ld2 a5 19.Tad1 Tfd8∞ Maznitsin - Zoubeir, Istanbul 2012) 13...Db6 14.Dd3 Le7 15.Sxd5 cxd5 16.e4 Lc5 17.Le3 Lxe3 18.fxe3 Kurzfristig steht nun ein weißer Tripelbauer auf dem Brett. 18...Td8 19.exd5 Lxd5 20.Dd4 Dxd4 21.exd4 Lxg2 22.Kxg2 Tc8 23.Tac1 Ke7 24.Kf3 Thd8 25.Ke4 f5+ 26.exf6+ gxf6 mit einem späteren Remis, Manukyan - Hayrapetyan, Yerevan 2017.

12.0-0 Le7 13.Td1 0-0 14.Se4!

Der Springer nähert sich dem Königsflügel. Dies ist eine wichtige Maßnahme im weißen Spiel.

14...Dc7 15.Lf4 c5

Andere Antworten verlieren auch: 15...Tfd8 16.Sf6+! Lxf6 17.exf6 e5 18.Df5 exf4 19.Txd7! Dxd7 20.Dg5+-; 15...Sb6 16.Sd6 (16.Sf6+! Lxf6 17.exf6 Dc8 18.Dc5 Sd5 19.fxg7 Kxg7 20.Lxd5 cxd5 21.De7+-) 16...Lxd6 17.exd6 Dd7 18.e4 f6 19.Le3 c5 20.Lxc5 Tac8 21.Tac1 Sc4 22.b4 mit weißem Gewinn, Saric - Kazakovskiy, Katowice 2017.

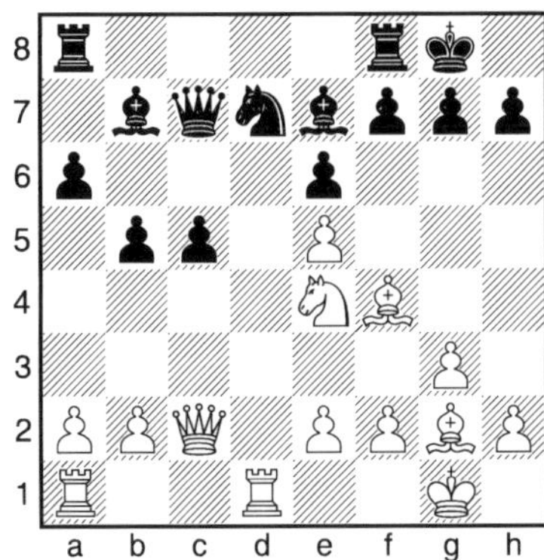

16.♘f6+!

Ein typischer Abzugsangriff, weil die schwarze Dame auf c7 unglücklich steht.

16...♗xf6

Es gibt keinen Ausweg. Auch das Schlagen mit dem Springer bzw. dem Bauern führt nach 17.exf6 zu einem weißen Erfolg.

17.exf6 e5

Schwarz könnte mit 17...♕c8 den Kampf etwas verlängern, z.B. 18.fxg7 ♖e8 19.e4 mit einem klaren weißen Vorteil.

18.♕f5 ♖fd8

18...♘xf6 19.♗xe5+-

19.♖xd7!

Die schöne Pointe. Schwarz gab auf wegen 19...♖xd7 (oder 19...♕xd7) 20.♕g5 ♔f8 21.♕xg7+ ♔e8 22.♕g8#.

Partie Nr. 13

Swidler – Kramnik

Moskau 2011

1.♘f3 d5 2.c4 e6 3.g3 dxc4 4.♕a4+ ♘d7 5.♗g2 a6 6.♕xc4 b5 7.♕b3 ♗b7 8.0-0 ♘gf6 9.♘c3 ♗e7 10.d3 0-0

10...c5 haben wir im Kapitel4/Abspiel 1 analysiert.

11.a4!

Schwarz hat am Damenflügel eine Bauernmehrheit erreicht. Der Anziehende will die gegnerische Bauernstruktur schwächen.

11...b4 12.♘b1 ♘c5 13.♕c2

13.♕xb4? wäre schwach wegen 13...♗d5! und Weiß hätte Probleme.

13...e5!?

Eine neue Idee. Kramnik verzichtete auf starke 13...♖b8! 14.♘bd2 b3 mit etwa gleichen Möglichkeiten. Auf 13...♗d5 wäre hier 14.♘bd2± gut.

14.♗e3

14.♘xe5? ♗xg2 15.♔xg2 ♕d5+ 16.♘f3 ♘b3-+

14...e4

Eine natürliche Reaktion. Auf 14...♘fd7 würde 15.♘bd2± folgen.

15.♗xc5 ♗xc5

Die Variante 15...exf3 16.♗xe7 ♕xe7 17.exf3 ♖ad8 18.♘d2 ♕e2 19.♕xc7 ♖d7 20.♕f4 ♕xd3 21.♖fd1 a5 22.♗h3 ♖dd8 23.♕c7 ♕d5 24.♗f1 ♖d7 25.♕f4 wäre vorteilhaft für Weiß.

16.dxe4 ♘xe4 17.♘fd2

Ebenfalls in Betracht kam 17.♘bd2!? z.B. 17...♘xd2 18.♘xd2 ♗xg2 19.♔xg2±.

17...♗xf2+!?

Dieser Einschlag dürfte für Weiß eine

heftige Überraschung gewesen sein. Sein Gegner kompliziert das Spiel auf diese Weise und geht der Variante 17...♘xd2 18.♘xd2 ♗xg2 19.♔xg2 ♖e8 20.e3 aus dem Weg. Diese hätte zu für Weiß günstigen Verhältnissen auf dem Brett geführt.

18.♖xf2 ♘xf2 19.♗xb7 ♘g4

19...♖b8 20.♔xf2 ♖xb7 21.♘f3±

20.♘f3 ♖b8 21.♗xa6

Hier wäre es interessant zu prüfen, ob nicht vielleicht 21.♗e4!? stärker sein kann.

21...♕f6 22.♗d3 ♕b6+ 23.♔h1 ♘f2+!

Dies ist die beste Möglichkeit für Schwarz. Nach 23...♖fe8 24.♘bd2 bzw.; 23...♕f2 24.♕c1 ♖fe8 25.♘bd2 würde der Vorteil auf der Seite des Anziehenden liegen.

24.♔g2

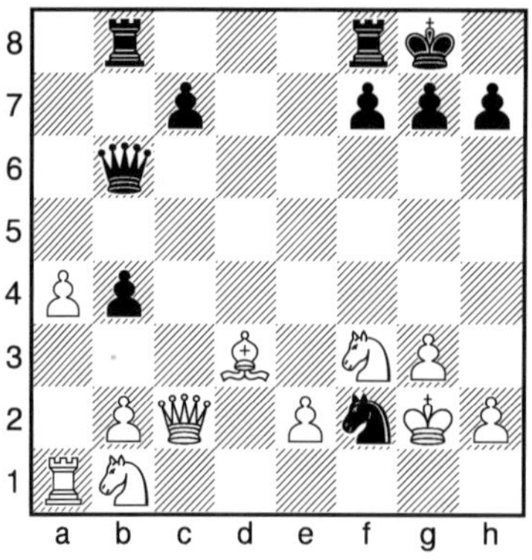

24...♘xd3?

Ein Fehler im kritischen Moment der Partie. Richtig war 24...♘g4!, womit Schwarz seinen Gegner zu einer sehr genauen Verteidigung zwingen würde. Zum Beleg wollen wir uns ein paar Varianten anschauen: 25.♕c1 (25.♔h1 ♘f2+ 26.♔g2 ♘g4=) 25...♖bd8 26.♘bd2 ♖xd3 27.exd3 ♖e8 28.a5 (Oder 28.d4 ♖e2+ 29.♔g1 ♕e6 30.♘f1 ♖g2+! 31.♔xg2 ♕e2+ 32.♔g1 ♕f2+ 33.♔h1 ♕xf3+ 34.♔g1 ♕f2+ mit Dauerschach.) 28...♖e2+ 29.♔h1 ♘f2+ 30.♔g1 ♕e3 31.♕xc7 ♘h3+ 32.♔h1 ♘f2+ und Schwarz rettet sich ins Dauerschach.

25.exd3 ♖fe8 26.a5 ♕f6 27.♕f2?!

Eine Ungenauigkeit. Die Analysen nach der Partie zeigten, dass nun 27.♔f2! der beste Zug gewesen wäre. Es hätte dann beispielsweise wie folgt weitergehen können: 27...♖b5 (27...g5 28.g4 h5 29.h3 hxg4 30.hxg4 ♕e6 31.♘bd2 ♕e2+ 32.♔g3 ♖e3 33.♖f1±) 28.♘bd2 ♖f5 29.a6 ♕b6+ 30.♔f1 h6 31.♕c4 ♕e3 32.a7 ♖xf3+ 33.♘xf3 ♕xf3+ 34.♔g1 ♕e3+ 35.♔g2 ♕e2+ 36.♔h3 ♖a8 (36...♕h5+ 37.♕h4 ♕d5 38.♕e4!+-) 37.♕e4 ♕h5+ 38.♔g2 c6 39.♖a6. Wir sind nun – zugegebenerweise – mit einem langen Marsch durch denkbare Abläufe in der Partie gegangen. Die aktuelle Stellung sieht Weiß im Vorteil. Der Verlauf deutet an, dass die weißen Potenziale in unserer Ausgangsstellung den schwarzen grundsätzlich etwas überlegen sein dürften.

27...♖bd8 28.♖a4 c5

Zum Ausgleich führte die Folge 28...♖xd3 29.♖xb4 ♕a6 30.♘c3 (30.♖a4? ♖de3∓) 30...♕xa5=.

29.a6 ♖xd3 30.a7 ♕c6 31.♖a5 ♕a8

31...♖xf3! hätte die klare Chance auf einen Remisausgang garantiert, z.B. 32.♕xf3 ♖e2+ 33.♔g1 (33.♔h3? ♕h6+ 34.♔g4 ♕e6+ 35.♔f4 g5+! 36.♔xg5 ♖e5+ 37.♔h4 ♕h6+ 38.♔g4 ♕h5+ 39.♔f4 ♕g5#) 33...♖e1+ 34.♔g2 ♖e2+ 35.♔g1 mit Dauerschach.

32.♘bd2 ♖de3?

So verliert Schwarz nur ein Tempo. Dagegen wäre 32...♖d7! ein Zug zum Ausgleich gewesen. Über 33.♖xc5 (33.♕xc5?? ♖xd2+ und Schwarz gewinnt.) 33...♕xa7 würde die Welt für Schwarz wieder in Ordnung kommen.

33.♘c4! ♖3e6

Zwei Verlustvarianten starten mit 33...Te2? und 33...Txf3?. Werfen wir einen Blick hinein! 33...♖e2? 34.♘b6 ♖xf2+ 35.♔xf2 ♕e4 36.a8♕ ♕c2+ 37.♔g1 ♕d1+ 38.♔g2 ♕e2+ 39.♔h1+-; 33...♖xf3? 34.♕xf3 ♖e2+ 35.♔h3+-.

34.♔g1 f6

34...♖f6 sieht so aus, als ob es helfen könnte. Dies ist aber nicht der Fall. Zum Beleg: 35.♘ce5! ♖xe5 36.♘xe5 ♖xf2 37.♔xf2 g5 38.♘c4! g4 39.♔g1!. Schwarz gehen die Züge aus, er wird nun in die Niederlage gezwungen.

35.♘cd2 c4?

Diese Fortsetzung ist sehr schwach und führt zum sofortigen Verlust. Nur nach 35...♖c6! hätte Schwarz noch kämpfen können, z.B. mit der Folge 36.♖xc5 ♖e7 37.♖xc6 ♕xc6 38.♕d4 ♕a8 39.♕xb4 ♕xa7+ 40.♘d4 h6 usw.

36.♘xc4 ♕e4 37.♘d4!

Der entscheidende Sprung des Schimmels.

37...♖6e7

37...♕b1+ 38.♔g2 ♕e4+ 39.♕f3 ♕xd4 40.a8♕+-

38.♘d6 ♕b1+ 39.♔g2 ♖a8 40.♕f3 ♖axa7 41.♕a8+!

Ein hübsches Finale. Schwarz gab sich geschlagen wegen 41...♖xa8 42.♖xa8+ ♖e8 43.♖xe8#.

Partie Nr. 14

Huzman - Maryasin

Israel 2002

1.♘f3 d5 2.c4 dxc4 3.e3 ♘c6 4.♗xc4 e5 5.♕c2 ♗d6 6.a3 ♕f6

Dieser Zug mit der Dame ist der Grund für die Aufnahme dieser Partie in unser Buch. 6...♘f6 wurde im Kapitel 5/Abspiel 1 besprochen.

7.♘c3 ♗f5 8.d3 ♘ge7 9.♘e4 ♗xe4 10.dxe4 g5

Forsch gespielt – der Bauer soll bis g4 vorrücken, um den weißen Springer zu vertreiben und die weiße Stellung zu destabilisieren.

11.b4 g4 12.♘d2

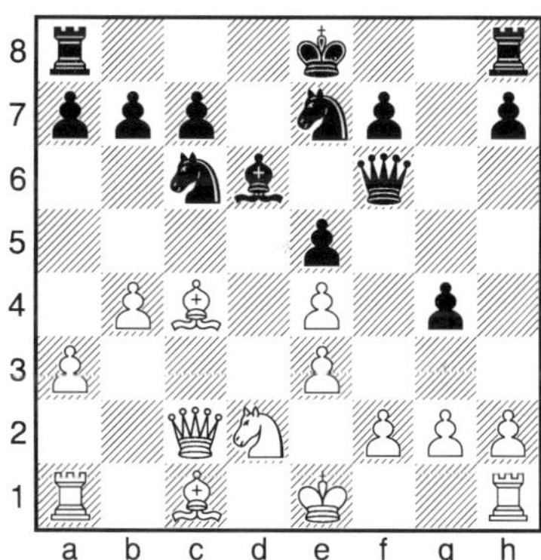

12...a5?

Schwarz überzieht seine aktiven Ambitionen. 12...a6!?± wäre eine ordentliche Wahl gewesen.

13.b5

Der weiße Vorteil deutlich erkennbar. Der Nachziehende muss weiter zurückrücken und sich mit einer Stellung arrangieren, die ein geordnetes Gegenspiel nur schwer organisierbar macht.

13...♘d8 14.♗e2 h5 15.♗b2 ♘g6

16.♘c4 0-0 17.h3 ♕g5

17...♕h4 würde nach 18.g3 ♕g5 19.hxg4 hxg4 20.♕d1 in eine schwarze Verluststellung münden.

18.hxg4 hxg4 19.0-0-0 ♘e6 20.♖d5

Zu überlegen war auch 20.f4!? gxf3 21.gxf3 und der weiße Angriff am Königsflügel gewinnt weiter an Kraft.

20...♖fd8 21.♔b1 ♘g7

21...♔f8 22.♕d1 ♘e7 23.♘xd6 cxd6 24.♖xd6+-

22.♕d1

Auch hier wäre wieder 22.f4!? gxf3 23.gxf3+- möglich gewesen.

22...♘e7?

Ein schwerer Fehler in einer schwierigen Stellung. 22...♘e8 würde aber wegen 23.f4 usw. bekannterweise auch nicht glücklich machen.

23.♖d2

Der Anziehende lässt die große Chance verstreichen. Mit 23.♘xe5 konnte er vor dem Hintergrund des schon fein gesponnenen Mattnetzes einen Angriffsschlag für die Galerie führen. Auf 23...♘xd5 geht es lehrbuchmäßig mit 24.♖h8+ ♔xh8 25.♘xf7+ ♔g8 26.♘xg5+- in den Schach-Olymp.

23...g3?

Ein Fehler, der das Motiv des weißen Springereinschlags auf e5 erhält, allzuviel zu retten war aber ohnehin nicht mehr. Besser war 23...♘g6, ohne am wahrscheinlichen Ausgang mit einem Sieg des Anziehenden etwas ändern zu können.

24.♘xe5!

Jetzt lässt sich Weiß diese Möglichkeit nicht mehr entgehen.

24...gxf2

24...♗xe5 25.♖xd8+ mit schnellem Matt.

25.♖h8+!

Nun lockt er doch noch, der Schach-Olymp!

25...♔xh8 26.♘xf7+ Schwarz gab auf.

Partie Nr. 15

Iwantschuk – Charbonneau

Edmonton 2005

1.♘f3 d5 2.c4 dxc4 3.♕a4+ ♘c6 4.♘c3 ♘f6 5.g3 ♘d5 6.♕xc4 ♘db4

6...♘b6 haben wir im Kapitel 5/Abspiel 2 unter die Lupe genommen.

7.♕b3 ♗e6 8.♕a4 ♗d7 9.♕d1

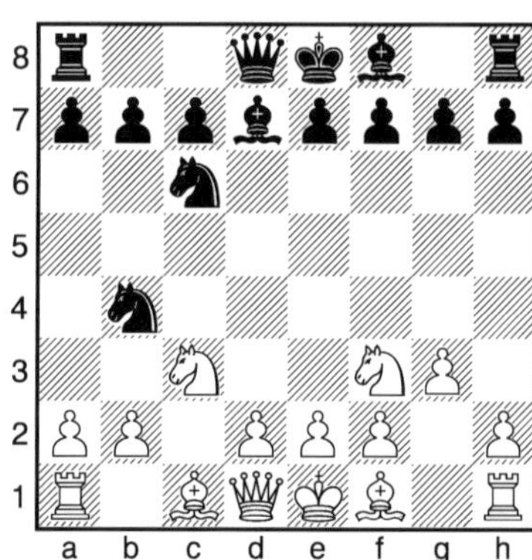

9...♗f5

Logischer erscheint uns hier 9...♗g4!? zu sein, z.B. 10.♗g2 ♘d4 11.♘xd4 ♘d3+ 12.♔f1 ♕xd4 13.♕a4+ ♕xa4 14.♘xa4 ♘xc1 15.♖xc1 0-0-0 mit Ausgleich.

10.d3 ♗g4 11.a3

Schlecht für Weiß wäre 11.♗g2 ♗xf3 12.♗xf3 ♘d4 mit aktivem Spiel für Schwarz.

11...♗xf3 12.exf3 ♘d5 13.♗g2 e6 14.f4 ♘b6

Zu überlegen war 14...♗c5!?, um die Entwicklung des Königsflügels zu beenden, z.B. 15.♘xd5 exd5 16.0-0 0-0 17.♕b3 ♘d4 18.♕xb7 c6 19.b4 ♖b8 20.♕a6 ♘e2+ 21.♔h1 ♗d4 22.♖a2 ♖b6 23.♕xa7 ♖b5 24.♕a6 ♖b6 25.♕a5 ♕c8 mit der Drohung ♖b6-a6.

15.0-0 ♗e7 16.♗e3 ♕d7 17.♕b3 0-0

Schwarz musste endlich seine Kronjuwelen in Sicherheit bringen. Nach 17...♕xd3? 18.♖fd1 ♕g6 19.♘b5 0-0 20.♘xc7 wäre Weiß im Vorteil gewesen.

18.♖fd1 ♖fd8 19.♖ac1 ♖ab8 20.♗xc6

Weiß gibt seinen starken Läufer und hofft auf einen Fehler von Schwarz.

20...bxc6?

Es hat geklappt. Richtig war 20...♕xc6! und nach den weiteren Zügen 21.♘b5 ♕f3 22.♘xc7 ♗f6 23.♘b5 ♘d5 24.♗xa7 ♖a8 25.♗c5 b6 26.♗b4 ♘e3! 27.fxe3 ♕xe3+ 28.♔f1 ♕f3+ holt sich Schwarz das Remis mit Dauerschach.

21.♕c2 a5 22.♖d2 ♘d5 23.♘a4 g5

Am Damenflügel steht Schwarz wegen des schwachen Bauern auf c6 schlecht. Er versucht sein Glück deshalb auf der anderen Seite und wird hier aktiv.

24.fxg5 ♘xe3 25.fxe3 ♗xg5 26.♔f2 e5 27.♖e1 f5 28.♕c4+ ♕d5 29.♖c1! ♔h8 30.h4 ♗xe3+

In Harakiri-Manier gespielt, aber Schwarz wollte nicht mit 30...♗h6 31.♕xc6 auf einen langsamen Tod warten.

31.♔xe3 f4+ 32.gxf4 exf4+ 33.♔f2 ♕e5 34.♖e1 ♕f6 35.♔f1 ♖d4 36.♕c3 ♖bd8 37.♖g2 ♕xh4 38.♕xd4+! und Schwarz gab sich geschlagen wegen 38...♖xd4 39.♖e8#.

Partie Nr. 16

Réti - Havasi

Budapest 1926

1.♘f3 d5 2.c4 dxc4 3.♘a3 c5 4.♘xc4 ♘c6 5.g3 f6 6.♗g2 ♘h6

Eine exzentrische Entscheidung. Im Kapitel5/Abspiel 3 haben wir betont, dass Schwarz hier seine Kontrolle über das Feld d4 verstärken und seinen Königsspringer im Zentrum positionieren sollte. Stärker ist hier also 6...e5.

7.0-0 e5 8.d3 ♘f7

Der Springer sollte besser auf e7 stehen, um mit ♘e7-d5 zentralisiert zu werden. Auf f7 steht er passiv.

9.♗e3

Der Läufer kann hier gut auf diese Weise entwickelt werden, denn der Zug ♘e7-d5 ist nicht möglich.

9...♗e7 10.♖c1 0-0 11.♘cd2 ♘d4

11...b6 verliert einen Bauern nach 12.♘e1 ♗b7 13.b4 usw.

12.♘b3 ♕b6

Die Dame nimmt teil an der Erfüllung der Aufgabe, den c-Bauern zu verteidigen. Nach 12...♘xb3 13.♕xb3 ♕b6 14.♘d2 ♗e6 15.♕a3 ♖fc8 16.♘e4 ♕b4 17.♘xc5 ♕xa3 18.bxa3 ♗xc5 19.♗xc5 ♖c7 20.♗e3 ♖ac8 21.♖xc7 ♖xc7 22.♗xa7 ♖c2 23.♖e1 ♖xa2 24.♗c5 würde Weiß ein Mehrbauer verbleiben.

13.♘fd2 ♗e6 14.♘c4 ♕b5

Auch nach 14...♗xc4 15.♖xc4 ♖ac8

16.♗d2 hätte Schwarz mit Problemen zu kämpfen.

15.♘ba5 ♗xc4?

Dieses Nehmen ist schlecht. Nur noch nach 15...♖ab8! könnte Schwarz noch kämpfen.

16.♘xc4 ♕d7 17.♗d2 ♖ac8 18.♘e3 ♔h8 19.♘d5

Der positionelle Vorteil von Weiß ist entscheidend.

19...♗d6 20.e3 ♘c6 21.♕h5

Es droht 22. ♗h3!

21...♘g5

Auf 21...f5 folgt 22.♗h3 g6 23.♘f6 und Weiß gewinnt.

22.f4 ♕f7 23.♕h4 exf4 24.gxf4 ♘e6 25.♖f3!

Der Turm wird am Königsangriff beteiligt.

25...♘xf4 26.exf4 ♕xd5 27.♖h3 ♕g8

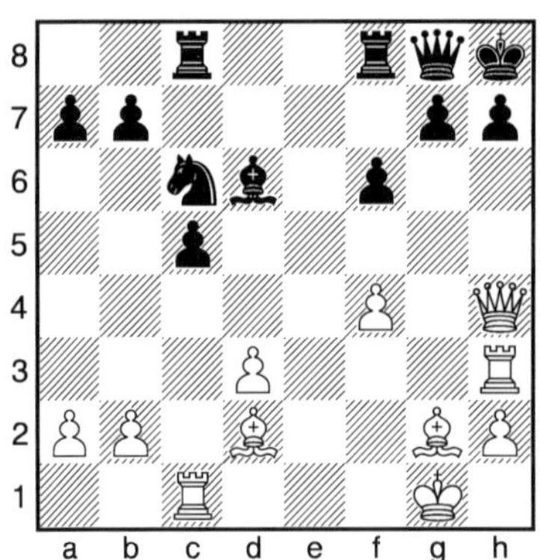

28.♗d5!

Einfach, aber hübsch. Weiß gewinnt nun rasch.

28...g5 29.fxg5 ♕g7

29...fxg5 30.♕h6 mit Gewinn.

30.♗e4 ♖c7

Oder 30...f5 31.♗xc6 ♖xc6 32.♗c3 und Schwarz kann sofort aufgeben.

31.g6 f5 32.♗xc6 bxc6 33.♗c3 ♗e5 34.♕xh7+ ♕xh7 35.♗xe5+ Schwarz gab sich geschlagen.

Partie Nr. 17

Capablanca – Bogoljubow

Moskau 1925

1.d4 d5 2.c4 e6 3.♘f3 dxc4 4.e4 c5 5.♗xc4 cxd4 6.♘xd4

Mit 6.♕xd4 haben wir uns im Kapitel 5/Abspiel 4 beschäftigt.

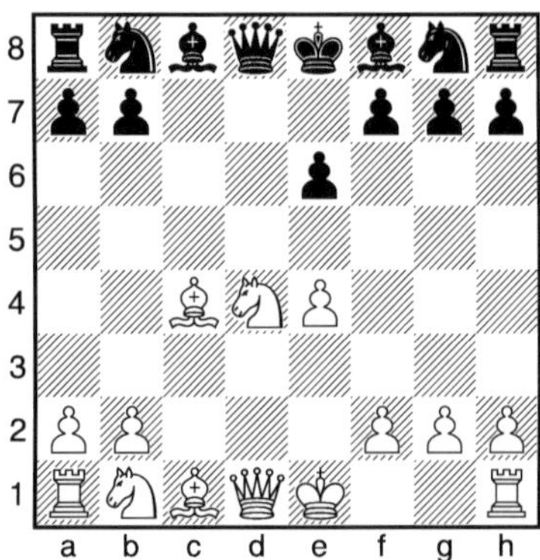

6...♘f6

Dies ist die übliche Erwiderung. Es gibt mehrere Alternativen für Schwarz, mit deren Wahl der Anziehende rechnen muss. Wir wollen jeweils einen angemessenen Abstecher in die sich dann ergebenden Zweige machen.

I. 6...a6 In erster Linie soll Weiß hiermit das Betreten des Feldes b5 verwehrt werden. Je nach Fortgang kann der Zug auch als Vorbereitung für den Vorstoß b7-b5 und ein Fianchettieren des Damenläufers nützlich sein. 7.0-0 ♕c7 (7...♗d6 kann Weiß mit dem gesunden Aufbau 8.♗b3 ♘f6 9.♘c3 0-0 10.♗e3± beantworten.) 8.♗b3 ♘f6 9.♘c3 ♗d6 (In der Partie Vovk - Nikcevic, Cappelle la Grande 2013, reagierte der Anziehende auf 9...♗b4 mit 10.♗g5, wobei er sicher schon die Idee hatte, auf den schwarzen Deckungszug 10...♘bd7 mit 11.♗xe6! eine Überraschung aus dem Hut zu holen, mit Angriff. Das Motiv des Läufereinschlags auf e6 sollte sich der Weißspieler durchaus genauer anschauen, da es verschiedentlich in den Abspielen dieses Eröffnungsbereichs als Möglichkeit am Horizont erscheint.) 10.♔h1 ♗d7 11.f4 Diese Stellung entstand in einer Partie Graf - R. Mainka, Dresden 2003. Sie ist für Weiß grundsätzlich gewonnen.

A) Etwas besser als der Partiezug war hier 11...♗c5, ohne aber auszureichen, z.B. 12.e5 (12.♗e3!?) 12...♘d5 13.♗xd5 exd5 14.♘xd5 (14.f5!?) 14...♕d8 15.♗e3 0-0 16.♘f5+-.

B) Tatsächlich aber wählte Schwarz 11...e5.

B1) 12.♘f3 hätte den Anspruch auf den vollen Punkt nun am deutlichsten unterstrichen, z.B. 12...0-0 (12...exf4 13.e5 ♗xe5 14.♘xe5+-) 13.fxe5 ♗xe5 14.♘xe5 ♕xe5 15.♗f4+-.

B2) Der Anziehende machte es sich aber etwas schwerer, und antwortete mit 12.fxe5. Es folgte 12...♗xe5 13.♗g5 ♗g4 14.♗xf6!? ♗xd1 15.♗xe5 ♕xe5 16.♗xf7+ ♔e7 17.♖axd1 (17.♘d5+! hätte den Sack nun sofort zugemacht, z.B. 17...♔d6 18.♘f5++- usw.) 17...♘c6 18.♘d5+ ♔d6 19.♘f3 ♕xb2 20.e5+ ♘xe5 21.♘c3+ ♔c7 22.♘xe5 ♖ad8 (22...♖ac8!?) 23.♖c1 mit weißer Initiative. Letztendlich gelang es dem Anziehenden, die Partie zu gewinnen.

II. 6...♗c5 7.♗e3 Den weiteren Verlauf können wir hier nur beispielhaft skizzieren. Beide Seiten müssen im Folgenden auch immer an die Möglichkeit der Zugumstellung denken. 7...♘c6 8.♗b5 ♗xd4 9.♗xd4 ♘f6 10.♘c3 0-0 11.♗c5 ♖e8 12.0-0 ♗d7 13.♖e1 b6 14.♗e3 a6 15.♗f1 (Oder aber 15.♗xc6 ♗xc6 wie in Ribli - Radulov, Surakarta 1982. 16.♕xd8 ♖axd8 17.a4 ♘xe4 ½-½) 15...b5 Weiß steht aktiver. In der Partie Sosonko - Radulov, Surakarta 1982, ging es nun wie folgt weiter: 16.♗g5 b4 17.♘e2 ♖a7 18.♖c1 h6 19.♗e3 ♖a8 20.f3 ♕b8 21.♖c5. Der weiße Plan setzt auf ♕d1-c2, ♖e1-d1 usw.

III. 6...♗b4+ 7.♘c3 (Ein Blackout wäre 7.♗d2?? wegen 7...♕xd4+-.) 7...♘d7 (7...♘c6 beantwortet Weiß gut mit 8.♗e3 und er behält alles unter Kontrolle. Im Duell Ngo - Nguyen, Vung Tau 2005, verfolgten beide Seiten zunächst mit 8...♘ge7 9.a3 ♗a5 10.0-0 0-0 ihre weitere Entwicklung, bevor Weiß die Springerspannung über 11.♘xc6 auflöste. Nach 11...♘xc6 12.♗c5 ♖e8 13.b4 ♗c7 14.♘b5 ♗e5 15.♕xd8 ♖xd8 16.♖ad1 hatte er sich zumindest einen kleinen Vorteil gesichert. Er steht aktiver und verfügt mit d6 bereits über ein gutes Einbruchsfeld. Es folgte ein gegnerischer Befreiungsversuch, der seinen Vorteil aber eher sicherte als gefährdete. Werfen wir noch einen kurzen Blick auf die nächsten Züge: 16...b6 17.♗d6 ♗a6 18.♗xe5 ♗xb5 19.♗xb5 ♘xe5 20.f4 ♘g4 21.h3 ♘f6 22.♗c6 mit folgendem b4-b5.

Die Partie endete mit einem weißen Erfolg im 59. Zug.) 8.0-0 a6 (8...♘b6 ist unvorsichtig und kann vom Anziehenden sogleich mit 9.♗b5+ ♗d7 10.♕b3± bestraft werden.) 9.♗xe6! Eine solche Einschlagsmöglichkeit zeigt an, dass mit dem schwarzen Aufbau etwas nicht in Ordnung sein kann. 9...♗xc3 (9...fxe6 würde über 10.♘xe6 ♕a5 11.♘d5 in eine bereits aufgebbare Stellung führen.) 10.♗xd7+ ♗xd7 11.bxc3 ♘e7 12.♕b3 Schon in dieser frühen Phase der Partie hat der Anziehende alle Trümpfe für den Gewinn des vollen Punktes in der Hand. Ohne weitere Kommentierung wollen wir uns vom berühmten österreichischen Großmeister Ernst Franz Grünfeld zeigen lassen, wie das Spiel in den Sieg entwickelt werden kann. 12...♕c7 13.♗a3 ♖d8 14.♗xe7 ♔xe7 15.♕b4+ ♔e8 16.♖fe1 ♗e6 17.a4 ♖d7 18.♖ad1 ♔d8 19.c4 ♔c8 20.c5 ♖hd8 21.c6 bxc6 22.♕c5 ♖d6 23.♖d2 f6 24.♖ed1 ♗f7 25.f3 ♖8d7 26.a5 ♕a7 27.♕xa7 ♖xa7 28.♘b5 1-0 Grünfeld – Pokorny, London 1927.

IV. 6...e5 Schwarz führt den Abtausch der Damen im Schilde und der Bauer dazu den Dolch im Gewand. 7.♘f3 (7.♘c2 ♕xd1+ 8.♔xd1 ♘f6 9.♘c3 ♗c5 10.♗e3 ♗xe3 11.♘xe3 ♘c6 12.♔d2 0-0 13.♖ad1 ♘d4 14.♔c1 a6 15.♘ed5 ♘xd5 16.♘xd5 b5 17.♗b3 ♗d7=, Roeleveld – Van Haastere, Waalwijk 2007) 7...♕xd1+ 8.♔xd1 Der Verlust der Rochademöglichkeit ist hier nicht allzu tragisch, denn der König hat nach dem Verschwinden der Damen allen Grund zur Überlegung, in der Mitte zu bleiben. Das Feld e2 sieht gut für ihn aus. 8...♘c6 9.h3 Sichert das Feld g4, auch im Hinblick auf ein Postieren des Königs auf e2. 9...♗d6 10.♘c3 a6 11.♗e3 b5 12.♗d5 ♗b7 13.♔e2 ♘f6 14.♖hd1 ♘xd5 15.♘xd5 ♖d8 16.♖ac1 mit einem kleinen Vorteil für Weiß, Edwards – Berndt, Plzen 2010. Seine Figuren sind aktiver und harmonischer aufgestellt.

7.♘c3 ♗c5

Einen kurzen Verlauf hatte die Partie Capablanca – Havasi, Budapest 1928, nach 7...a6, wobei uns nach einer Ungenauigkeit des Nachziehenden auch wieder der Läufereinschlag auf e6 begegnet.

8.0-0 ♗c5 9.♗e3 ♘bd7? (⌓9...0-0) 10.♗xe6! Da ist er wieder, und natürlich ist er auch hier wieder korrekt. Die nächsten Züge erklären sich von selbst und bedürfen keiner besonderen Kommentierung. 10...fxe6 11.♘xe6 ♕a5 12.♘xg7+ ♔f7 13.♘f5 Der schwarze König ist völlig entblößt und wird jetzt mit Macht angegriffen. 13...♘e5 14.♕b3+ ♔g6 (14...♗e6 geht nicht wegen 15.♘h6+ ♔e7 16.♕xb7+ ♘ed7 17.e5+-.) 15.♖ac1 ♗f8 16.♘e2 h5 17.♖fd1 ♖g8 18.♘f4+ ♔h7 19.♗b6 (⌓19.♘d5!?) 19...♕b5 20.♖c7+ ♔h8 21.♕xb5 axb5 22.♖d8 ♖xa2? (⌓22...♗b4) 23.♖dxc8 ♘c4 24.h3 ♘xb6 25.♖xf8 ♘fd7 26.♖f7 ♖xb2 27.♘d5 1-0.

8.♗e3 ♘bd7

Damit provoziert Schwarz seinen Partner zu einem Figurenopfer. Schauen wir uns kurz an, welche Erfahrungen Schwarz mit anderen Zügen an dieser Stelle gemacht hat:

I. 8...0-0 9.e5 ♘fd7 (9...♘d5 10.♗xd5 exd5 11.0-0±) 10.f4 a6 11.♗b3 b5 12.♕f3 ♖a7 13.♖d1 ♗b7 14.♕h3 ♕e7 15.0-0 ♖d8? (⌓15...♘c6) 16.♔h1 ♘f8 17.♘f5! exf5 18.♖xd8 ♕xd8 19.♗xc5

♖a8 20.♕xf5 und Weiß steht auf Gewinn, Del Rey – Estrada Nieto, Buenos Aires 1991.

II. 8...♗b6 9.0-0 0-0 10.e5 ♘d5 11.♘xd5 exd5 12.♗b3 (12.♗d3!?) 12...♘c6 13.f4 ♘xd4 14.♗xd4 ♗f5 15.♔h1 (Zu beachten war 15.♕d2!? mit der Idee ♖a1-d1 und Druck gegen den Bauern d5.) 15...♗e4 16.♗xb6 ♕xb6 17.f5 ♖fe8 18.e6? (18.♗xd5! ♖ad8 19.♗xf7+ ♔xf7 20.e6+ ♔g8 21.♕g4 ♗xf5 22.♕xf5 ♕xe6=) 18...fxe6 19.f6 gxf6 20.♖xf6 ♔h8 Schwarz hat einen Mehrbauern auf der hohen Kante und die bessere Stellung obendrein, Toth – Erdos, Budapest 2009.

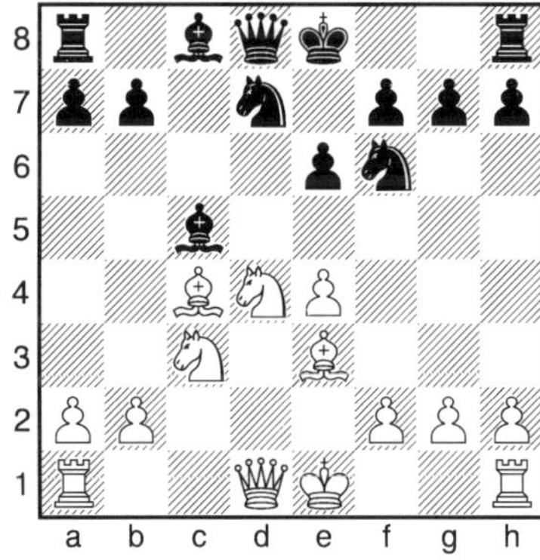

9.♗xe6!?

Der Überlieferung zufolge spielte Capablanca diesen Zug, den wir schon aus früheren Situationen kennen, ohne Zögern.

9...fxe6 10.♘xe6 ♕a5?

Nach der Partie hat Bogoljubow festgestellt, dass sich Schwarz mit 10...♕b6! noch hätte verteidigen können. Dies hätte wie folgt gehen können: 11.♘xc5 ♘xc5 12.0-0 ♕c6 13.♖c1 ♘cxe4 14.♘xe4 ♕xe4 15.♖e1 0-0! (Nur so kann Schwarz unserer Meinung um Ausgleich kämpfen. Frühere Analysen besagen, dass Weiß in Folge von 15...♔f7? und dann 16.♖c7+ ♔g6 17.♗d4 ♕f4 18.♖ee7 ♖g8 19.♗e3 ♕f5 20.♖c5 auf Gewinn steht.) 16.♗c5 ♕d5 17.♗xf8 ♔xf8 18.♕xd5 ♘xd5 19.♖cd1 ♘c7 20.♖d8+ ♔f7 21.♖c1 ♔e7 22.♖h8 ♘e8 23.♖xh7 ♗e6 und Schwarz sollte die Partie retten können.

11.0-0 ♗xe3 12.fxe3 ♔f7

Es gibt nichts Besseres, weil Weiß mit ♘e6xg7+ oder ♘c3-d5 drohte.

13.♕b3 ♔g6 14.♖f5! ♕b6

Im Falle von 14...♘e5 entscheidet 15.♘d5!

15.♘f4+ ♔h6 16.g4?

Sogar dem als großen Taktiker bekannten Ex-Weltmeister Capablanca ist hin und wieder ein Fehler unterlaufen. Nach diesem unvorsichtigen Zug bricht der weiße Angriff zusammen. Richtig war 16.♕f7!.

16...g5!

Erzwingt den Abtausch der Damen.

17.♕xb6

Oder 17.♕f7 ♖f8! und bei Schwarz bleibt alles in Ordnung.

17...axb6 18.♖d1

Auch hier wieder gibt es nichts Besseres. Allein mit diesem Zug kann Weiß in dieser verlorenen Stellung sein Heil in einem Verkomplizieren darin suchen.

18...♖g8?

Nach 18...gxf4! 19.g5+ ♔g7 20.gxf6+ ♘xf6 21.♖g5+ ♔f7 22.exf4 h6 hätte Schwarz ausgezeichnete Gewinnchancen.

19.Sfd5 Sxg4?

Schwarz meinte wohl, dass mit den Damen auch alle Mattdrohungen vom Brett verschwinden würden. Ein Fehler. Er sollte hier 19...Sxd5 ziehen. Nun aber erwartet ihn eine große Überraschung!

20.Se7!

Auf diese Weise wird dem weißen Angriff neue Kraft verliehen.

20...Tg7 21.Td6+ Kh5 22.Tf3! Sgf6

Oder 22...Sge5 23.Th6+! Kxh6 24.Th3#.

23.Th3+ Kg4 24.Tg3+ Kh5 25.Sf5

Mit einem Remis durch Dauerschach wollte sich Weiß hier natürlich nicht mehr zufrieden geben. Möglich gewesen wäre es über 25.Th3+ Kg4 26.Tg3+ usw.

25...Tg6

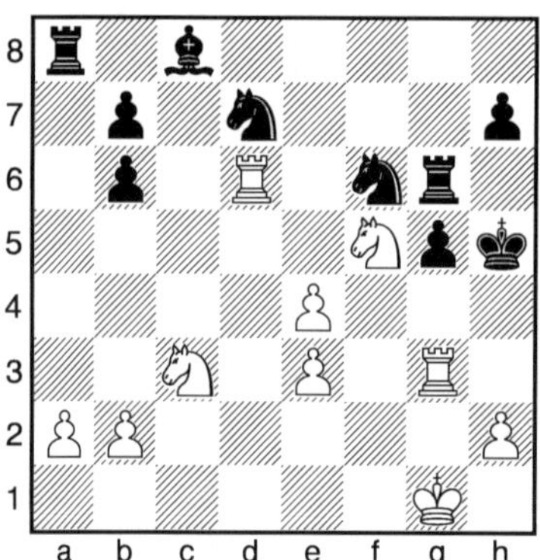

26.Se7?

In Zeitnot – die erste Zeitkontrolle erfolgte mit dem 30. Zug – verpasst Capablanca einen wunderbaren Gewinn. Geschehen sollte 26.Th3+! Kg4 27.Kg2 Sxe4 28.Td5 Sxc3 29.Th4+ gxh4 30.Sh6+ Txh6 31.h3#.

26...g4?

Bogoljubow, ebenfalls in Zeitnot, findet den besten Weg nicht. Richtig war 26...Sc5!.

27.Sxg6 Kxg6

Nach 27...hxg6 führte 28.e5! zum Gewinn.

28.Txg4+ Kf7 29.Tf4 Kg7 30.e5 Se8 31.Te6 Sc7 32.Te7+ und Schwarz gab auf wegen 32...Kg6 33.e6 Sc5 34.Txc7 Sxe6 35.Tg4+ Kf5 36.Tcc4+-.

Partie Nr. 18

Kramer – Fine

New York 1948

1.Sf3 d5 2.c4 dxc4 3.e4 c5 4.Lxc4 Sc6 5.b4 e6 6.b5 Sce7 7.Sc3 Sf6 8.0-0 Sg6 9.d3 Le7 10.h3 0-0 11.a4 Kh8 12.Te1

12.Le3!? haben wir im Kapitel 5/ Abspiel 4 analysiert.

12...Sd7 13.Db3

Keinen Vorteil verspricht dem Anziehenden 13.d4 cxd4 14.Sxd4 Dc7 15.Db3 Sc5 16.Da2 Se5 mit der unangenehmen Drohung Sc5-d3.

13...b6 14.Le3 Lb7 15.a5 bxa5 16.Ta2 Ld6 17.Tea1 Lc7 18.Se2 De7 19.Ld2 Sb6 20.Lxa5

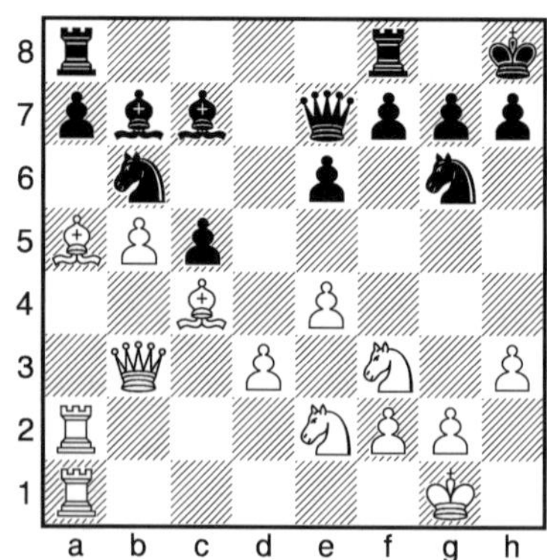

20...f5!

Ein starker Schlag gegen den zentralen weißen Bauern e4, verbunden mit dem Ziel, die lange Diagonale für den Läufer b7 zu öffnen.

21.♗xb6

Schwach ist 21.exf5? ♖xf5! 22.♗xe6 c4! 23.♗xc4 ♗xf3 24.gxf3 ♕g5+ 25.♔f1 (25.♘g3 ♖xf3-+) 25...♘h4 mit starkem Angriff. Infrage kommt aber 21.♘g3!? ♗xg3 22.fxg3 fxe4 23.dxe4 ♗xe4 24.♘d2 und bei Weiß scheint alles in Ordnung zu sein.

21...♗xb6 22.♘g3

Keine gute Idee wäre 22.exf5? etwa mit der Folge 22...♖xf5 23.♗xe6 c4! 24.♕xc4 ♖xf3! 25.gxf3 ♘e5 26.♕b3 ♘xf3+ 27.♔f1 ♕d6, Schwarz steht auf Gewinn.

22...♘f4 23.♖b1 fxe4 24.dxe4 ♖ad8 25.♕e3

Hier hätte sich Weiß mit 25.♔h2!? verteidigen können, z.B. 25...♕f6 26.♖d1 g5 27.♖xd8 ♖xd8 28.♕e3 h5 29.♘e2. Und noch steckt Leben in der Stellung des Anziehenden.

25...♕f6 26.♔h2 g5 27.e5?

Ein Fehler. Mit 27.♖b3! wäre eine Fortsetzung des Kampfes möglich gewesen. Jetzt aber kommt es zur schnellen Katastrophe.

27...♕g7 28.♖h1 ♘xg2! 29.♔xg2 ♖xf3 Hier gab sich Weiß geschlagen.

Partie Nr. 19

Kögler – Wunderlich

Fernpartie 2011

1.♘f3 c6 2.c4 d5 3.e3 ♘f6 4.♘c3 e6 5.b3 ♘bd7 6.♗b2

Im Kapitel 7 haben wir 6.♕c2 betrachtet, verbunden mit einem nachfolgenden ♗c1-b2. Die vorliegende Partie wurde im Turnus um die Fernschach-Weltmeisterschaft gespielt.

6...e5 7.d4 e4 8.♘d2 ♗e7 9.♕c1

Weiß will den Abtausch der schwarzfeldrigen Läufer forcieren. In der Partie Kortschnoi – Petrosjan, Velden 1980, versuchte der Anziehende 9.a3 und griff dann nach 9...0-0 10.b4 ♖e8 mit 11.c5?! fehl, worauf Schwarz mit 11...♘f8 12.♗e2 ♕d7! 13.♕c2 ♕f5 ein gefährliches Angriffsspiel am Königsflügel entwickelte. Er hätte besser im 11. Zug ♗f1-e2 spielen sollen, woraufhin seinem Gegner die Zeit zum beschriebenen Manöver gefehlt hätte. Die Partie ging mit einem Remis im 38. Zug aus. Zum Ausgleich führt auch 9.♗e2 mit dem Ziel, den Königsflügel schnell zu entwickeln. Ein Beispiel aus dem Fernschach dazu: 9...♘f8 10.0-0 ♘g6 11.a4 0-0 12.♗a3 ♗xa3 13.♖xa3 a5=, Nasybullin – Freeman, ICCF 2013. Schwarz gewann die Partie mit seinem 57. Zug, was aber auf mehrere Ungenauigkeiten seines Gegners in der späteren Phase des Spieles zurückging.

9...♘f8 10.♗a3 ♘g6 11.♗xe7 ♕xe7 12.♗e2 0-0 13.a4 ♗g4 14.0-0 ♕d7

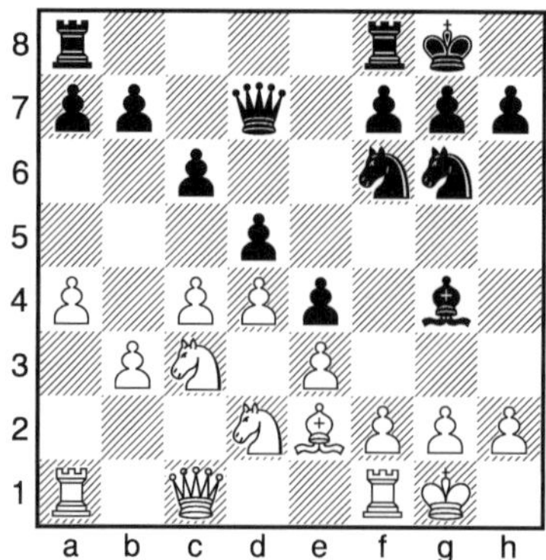

15.♕d1

Mit 15.♕c2 könnte sich Weiß auch mehr auf das Spiel am Damenflügel ausrichten. Das Spiel könnte sich dann beispielsweise etwa so entwickeln: 15...♖fc8 (Oder auch 15...♕f5 16.♗xg4 ♕xg4 17.h3 ♕g5 18.♔h1 ♖fc8 19.♖g1 mit einer interessanten dynamischen Stellung, aber im Gleichstand der Chancen.) 16.♖fc1 ♖ab8 17.a5 ♘e8 18.♕a2 ♗xe2 19.♘xe2=.

15...h5 16.♗xg4

Zu überlegen war 16.b4 mit der beispielhaften plausiblen Folge 16...♖fc8 17.♗xg4 hxg4 18.♕e2 ♘e7 19.♖fb1= und dem Versuch, am Damenflügel zu spielen.

16...hxg4

16...♘xg4 17.h3 ♘f6 18.♕e2 ♖ac8 19.♖fc1=

17.♕e2 ♖ac8 18.♖fc1 ♘h4 19.cxd5

19.♖c2!?

19...cxd5

Die Stellung ist vollkommen ausgeglichen. Nach den weiteren Zügen

20.♕d1 ♘f3+ 21.♔h1 ♘g5 22.♘e2 ♘e6 23.♖xc8 ♖xc8 24.b4 ♘h5 25.♘b3 b6 26.b5 f5 27.♖c1 einigten sich die beiden deutschen Spitzenspieler auf eine Punkteteilung.

Partie Nr. 20

Fröwis - Kreisl

Linz 2011

1.c4 c6 2.♘f3 d5 3.e3 ♘f6 4.♘c3 e6 5.b3 ♘bd7 6.♗b2 ♗d6 7.♕c2 0-0 8.♖g1!? e5 9.g4 d4

Die Folgen von 9...e4 haben wir im Kapitel 7 behandelt.

10.g5

Weiß will konsequent die g-Linie öffnen. In der Variante nach 10.exd4 exd4 11.♘xd4 und dann 11...♖e8+ 12.♗e2 ♘c5 13.0-0-0 ♗xh2 14.♖g2 ♗f4 15.♘f5 g6 16.♘e3 a5 erreicht er nichts Zählbares.

10...dxc3 11.gxf6 ♕xf6

11...cxb2?? wäre natürlich ein schrecklicher Fehler wegen 12.♖xg7+ ♔h8 13.♕xh7# mit Matt.

12.♘g5 cxd2+ 13.♕xd2 ♕e7

Hier war 13...♗c7!? zu beachten, z.B. 14.♗d3 g6 usw.

14.0-0-0

Für seine Investition des Bauern hat Weiß die begehrte Linie und Angriffsaussichten.

14...♗a3

Schwarz sucht Entlastung seines Spiels durch den Abtausch des aktiven weißen Läufers.

15.♗d3 ♘f6

Die besten Aussichten auf Erfolg dürfte hier 15...g6!? gehabt haben, um die erwarteten gegnerischen Drohungen auf der g-Linie abzufangen.

16.f4 Lxb2+ 17.Dxb2 Te8 18.Td2 h6 19.Se4 Sxe4 20.Lxe4 f5 21.Lf3

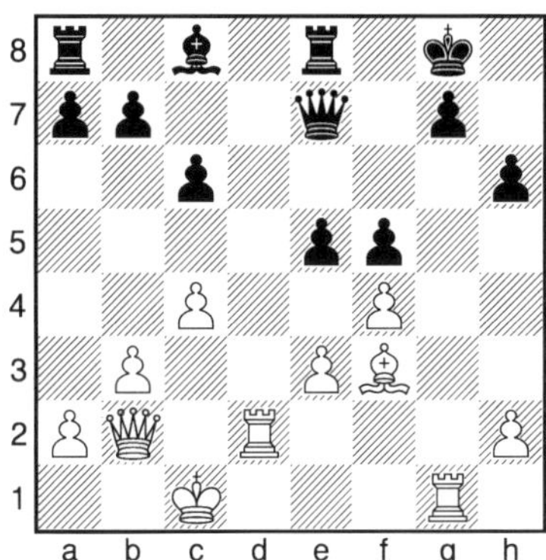

21...exf4?

Der entscheidende Fehler. Notwendig war 21...Dc7!, z.B. 22.Lh5 (22.Tdg2 Te7 23.fxe5 Le6 usw.) 22...Te7 23.fxe5 Le6! (23...Txe5?? 24.Dxe5! Dxe5 25.Td8+ Kh7 26.Lg6#) 24.Td6 a5 und Weiß stünde zwar besser, aber Schwarz hätte auch eigenes Spiel am Damenflügel.

22.Lh5! Ld7

Was sonst? Andere Varianten verlieren auch, z.B. 22...fxe3 23.Tdg2 g5 24.Lxe8 Dxe8 25.Txg5+! hxg5 26.Txg5+ Kf7 27.Tg7+ Ke6 28.Dd4 Ld7 29.c5 f4 30.Dxf4 e2 (30...Kd5 31.Tg5+ Ke6 32.Te5#) 31.Dg4+ Kf6 32.Dg5+ Ke6 33.Tg6+ Dxg6 34.Dxg6+ Ke7 35.Dd6+ Ke8 36.Kd2 Td8 37.Ke1 und der Marsch des h-Bauern entscheidet. 22...Tf8 23.Txg7+ Dxg7 24.Tg2 Tf6 (24...Dxg2 25.Dxg2+ Kh8 26.Dg6+-) 25.Dxf6! Dxg2 26.Lg6 und Weiß gewinnt.

23.exf4! Tf8 24.Te2 Df6 25.Dxf6 Txf6 26.Te7

Wegen des Doppelangriffs auf d7 und g7 gab Schwarz die Partie verloren.

Partie Nr. 21

Wojtaszek – Krysztofiak

Polen 2004

1.c4 e6 2.Sf3 d5 3.b3 Sf6 4.Lb2 c6 5.e3 Sbd7 6.Dc2 Ld6 7.Sc3 0-0 8.Tg1 e5 9.cxd5 Sxd5

9...cxd5 und die Folgen dieser Wahl haben wir im Kapitel 7 besprochen.

10.Se4 Lc7

Schwarz will seinen Läufer behalten. Hier wurde auch schon 10...De7 gespielt. Werfen wir einen kurzen Blick hinter die Kulissen dieser Wahl: 11.Sxd6 (Der Bajonettstoß 11.g4!? ist noch nicht völlig erforscht, verdient aber zweifellos Beachtung.) 11...Dxd6 12.a3 Te8 13.d3 c5 14.Le2 b6 15.g4 Lb7 16.h4 a5 17.g5 a4. Das Fragment stammt aus der Begegnung Bocharow – Belozerow, Tomsk 2009, in der beide Seiten mit etwa ausgeglichenen Chancen in die nächste Phase der Partie gingen. Das Duell endete mit einem späten Sieg von Weiß.

11.g4!

Die Zeit für diesen Zug ist gekommen. Weiß muss entschlossen spielen, wenn er sich mehr als nur ein Remis ausrechnet.

11...Te8 12.g5 Sf8 13.h4 Lf5 14.a3 Lg6 15.d3 f5

Diese Entscheidung des Nachziehenden erscheint fragwürdig. Nun wird die g-Linie für den weißen Turm geöffnet. Infrage kam 15...Lh5!?

16.♗e2 ♕e7 mit guten Perspektiven für Schwarz.

16.gxf6 ♘xf6 17.0-0-0 ♘xe4 18.dxe4 ♕f6 19.♘g5 ♖ad8

Nicht zu empfehlen war 19...h6 wegen der starken Riposte 20.f4! und nach 20...hxg5 21.hxg5 ♕e7 22.f5 käme Weiß zu einem starken Angriff.

20.♗c4+ ♔h8 21.♖xd8 ♖xd8 22.f4

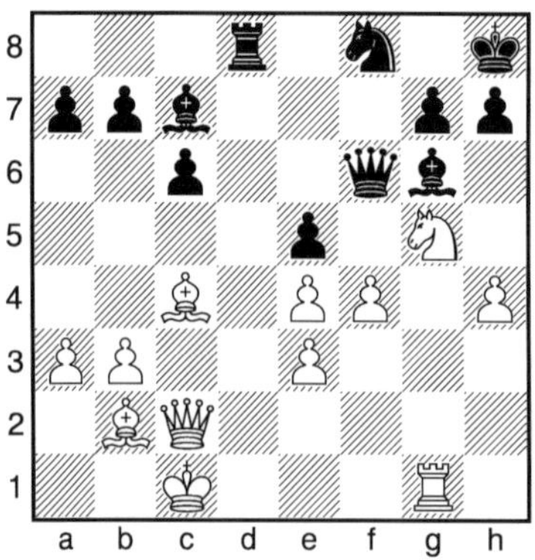

22...♕e7?

Bis hierher hat sich Schwarz recht gut verteidigt, nun aber kommt es zur Katastrophe. Notwendig war 22...h6!, z.B. 23.♘f3 ♘d7 24.♗e2 ♗h7 und die schwarze Stellung bleibt verteidigungsfähig.

23.♕g2 b5 24.♘f7+! ♔g8 25.f5 bxc4 26.fxg6 hxg6 27.♘xd8 ♕xd8 28.♕c2 cxb3 29.♕xb3+ ♔h7 30.h5 ♕h4 31.hxg6+ ♘xg6 32.♕d1 Schwarz gab auf.

Partie Nr. 22

Grigorjan – Agasarjan

Armenien 2013

1.♘f3 d5 2.c4 c6 3.e3 ♘f6 4.♘c3 e6 5.♕c2 ♘bd7 6.b3 ♗d6 7.♗b2 0-0 8.♗e2 ♖e8 9.♖g1!?

Alternativen zu diesem Zug waren Gegenstand unserer Betrachtung im Kapitel 7.

9...e5 10.cxd5 ♘xd5

10...cxd5 hätte 11.♘b5 zur Folge, beispielsweise mit einem weiteren Verlauf wie in der Partie Grigorjan – Antipow, Moskau 2011. Hier geschah 11...♗b8 12.♖c1 e4 13.♘fd4 ♗xh2 14.♖h1 ♗b8 15.♘c7 ♗xc7 16.♕xc7 ♕xc7 17.♖xc7 ♘f8 18.f3 und die Stellung ist bequemer für Weiß.

11.♘e4

Das aggressive Vorgehen mit 11.g4? wäre an dieser Stelle sehr verdächtig. Werfen wir einen kurzen Blick auf eine plausible Fortsetzung: 11...♘b4 12.♕b1 ♘c5 13.a3 ♘d5 14.♕c2 e4 15.♘d4 ♗xh2 16.♖g2 ♘d3+ 17.♔f1 (17.♗xd3 exd3 18.♕xd3 ♘f4-+) 17...♗e5 18.♘xd5 ♕xd5 19.♗xd3 exd3 20.♕xd3 c5. Schwarz gewinnt.

11...♗c7 12.g4 ♘7f6 13.g5 ♘xe4 14.♕xe4 ♕e7 15.a3 g6 16.d3 b5 17.♕h4

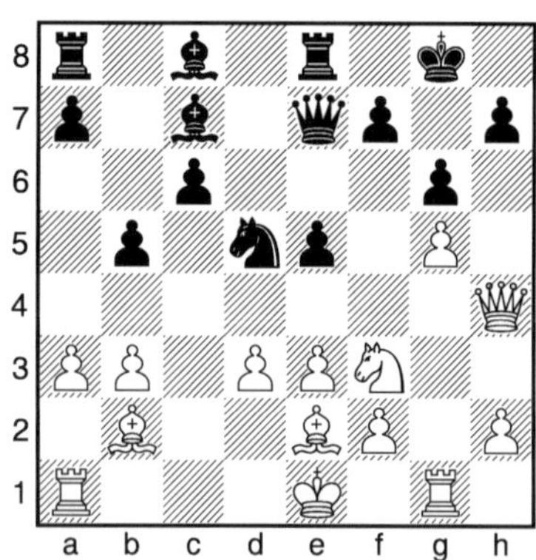

17...♘f4?

Optimistisch gespielt, allerdings – aus der Sicht des Nachziehenden leider – falsch. Richtig gewesen wäre

17...c5 z.B. 18.♖c1 (18.♘d2 ♗a5!) 18...a6 mit einer ordentlichen Stellung für Schwarz.

18.exf4 exf4 19.0-0-0!

Einfach und entscheidend.

19...♕c5+

Oder 19...♕xe2 20.♖ge1 und Weiß gewinnt.

20.♔d2 Schwarz strich die Segel. Es könnte noch folgen 20...♗f5 21.♖ge1 ♖ad8 22.♗f1 und Weiß bliebe eine Mehrfigur.

Partie Nr. 23

Réti – Lasker

New York 1924

1.♘f3 d5 2.c4 c6 3.b3 ♗f5 4.g3 ♘f6 5.♗g2 ♘bd7 6.♗b2 e6 7.0-0 ♗d6 8.d3 0-0 9.♘bd2 e5 10.cxd5 cxd5 11.♖c1

Gegenwärtig empfiehlt die Theorie 11.e4. Diese Fortsetzung analysieren wir im Kapitel 8/Abspiel 2.

11...♕e7 12.♖c2

Ein für die Behandlung der Stellungen dieser Art typischer und systematisch begründeter Zug. Die Dame bekommt einen freien Weg zum Feld a1. Auch ratsam ist 12.♖e1!? mit der Idee e2-e4. Über ein sofortiges 12.e4 nimmt die Partie die Richtung in eine ausgeglichene Stellung, z.B. 12...dxe4 13.dxe4 ♗e6 (13...♗xe4? führt über 14.♘xe4 ♘xe4 15.♘h4 zu Schwierigkeiten für Schwarz.) 14.♕e2 ♖ac8= usw.

12...a5

Der Nachziehende verfolgt die Absicht zu a5-a4.

13.a4?!

Damit schwächt Weiß unnötig das Feld b4. Zu beachten war 13.e4!? mit der möglichen Folge 13...dxe4 14.dxe4 ♗e6 (Aber nicht 14...♘xe4? 15.♘h4 ♘xg3 16.hxg3 ♗xc2 17.♕xc2 mit einem deutlichen weißen Vorteil.) 15.♕e2 a4 16.♖fc1 axb3 17.axb3 und Weiß steht etwas aktiver.

13...h6 14.♕a1 ♖fe8 15.♖fc1 ♗h7 16.♘f1 ♘c5

16...e4 beantwortet Weiß einfach mit 17.♘e1.

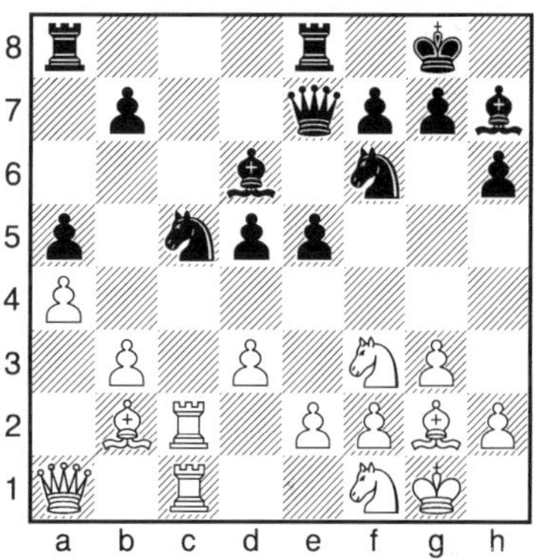

17.♖xc5!?

Ein Qualitätsopfer, das eigentlich aber erzwungen ist. Nach 17.♕a2 ♘a6 wäre Schwarz im Vorteil.

17...♗xc5 18.♘xe5 ♖ac8 19.♘e3 ♕e6 20.h3 ♗d6?!

Ungenau gespielt, der Zug gewährt dem Nachziehenden neuen Atem. Stärker war 20...h5!?, um das Feld g4 zu kontrollieren.

21.♖xc8 ♖xc8 22.♘f3?

Weiß nutzte den schwarzen Fehler nicht aus. Wenn er richtigerweise 22.♘5g4! gespielt hätte, wäre er über 22...♘xg4 23.hxg4 in den Vorteil der Initiative gekommen.

22...♗e7 23.♘d4 ♕d7 24.♔h2

Weiß bereitet sich für die Überführung seiner Dame nach h1 vor. Wir sehen, dass die Dame in der Réti-Eröffnung elastisch behandelt werden kann. Sie kann sowohl von a1 als auch von h1 aus die zentralen Punkte im gegnerischen Lager unter Druck zu setzen versuchen.

24...h5 25.♕h1?

Weiß bleibt konsequent bei seinem Plan. Aktuell aber hätte die Dame auf a1 bleiben sollen. Besser war wohl 25.♘b5!?.

25...h4 26.♘xd5

Oder 26.♗xd5 ♘xd5 27.♕xd5 ♕xd5 28.♘xd5 ♗c5 mit schwarzem Vorteil.

26...hxg3+ 27.fxg3 ♘xd5 28.♗xd5 ♗f6 29.♗xb7 ♖c5

Genauer war 29...♖d8!?.

30.♗a6?

Hier hätte der Anziehende, der Erfinder und Namensgeber unserer Thema-Eröffnung, 30.♗e4!? versuchen können, z.B. mit den folgenden plausiblen Entwicklungen: 30...♗xd4 31.♗xh7+ ♔xh7 32.♕e4+ f5 33.♕xd4 ♕xd4 34.♗xd4 ♖c2 35.♔g2 ♖xe2+ 36.♔f3 ♖d2 37.♔e3 ♖g2 38.♔f3. Hier hätte Weiß noch gute Rettungschancen gehabt.

30...♗g6 31.♕b7 ♕d8

Die Partie in den Sieg geführt hätte auch 31...♕d6 z.B. 32.♗a3 ♗xd4 33.♗xc5 ♗xc5 34.♗c4 ♕d4 35.♕g2 ♕e3-+.

32.b4

32.e3 ♗xd4 33.♗xd4 ♖c2+ 34.♔h1 ♕d6-+

32...♖c7 33.♕b6 ♖d7! 34.♕xd8+ ♖xd8 35.e3

35.♘c6 ♖d6 36.♗xf6 ♖xc6-+

35...axb4 36.♔g2 ♗xd4 37.exd4

37.♗xd4 ♗f5! 38.♗c4 ♗e6-+

37...♗f5 38.♗b7 ♗e6 39.♔f3 ♗b3 40.♗c6 ♖d6 41.♗b5 ♖f6+ 42.♔e3 ♖e6+ 43.♔f4 ♖e2 44.♗c1 ♖c2 45.♗e3 ♗d5 Weiß gab auf.

Partie Nr. 24

Capablanca – Lilienthal

Moskau 1936

1.♘f3 d5 2.c4 c6 3.b3 ♗f5 4.♗b2 e6 5.g3 ♘f6 6.♗g2 ♘bd7 7.0-0 h6 8.d3 ♗e7 9.♘bd2 0-0 10.♖c1

Andere Fortsetzungen haben wir im Kapitel 8/Abspiel 3 besprochen.

10...a5

Schwarz möchte gerne a5-a4 spielen. Im Duell Akopian – Gemy Vargas, Istanbul 2012, folgte 10...♗h7 11.♖c2 a5 12.a3 ♘e8 13.cxd5 exd5 14.♕a1 ♗f6 mit einer ausgeglichenen Stellung, auch wenn Schwarz die Partie letztendlich verloren hat.

11.a3

Weiß hat die Absicht, ein gegnerisches 11...a5-a4 mit 12.b3-b4 zu kontern. Jetzt aber ändert Schwarz seine Pläne.

11...♖e8 12.♖c2

Der Turm macht den freien Weg für die Dame frei, die „Réti-typisch" nach a1 strebt.

12...♗h7 13.♕a1

Nun wird die Batterie aus Dame und Läufer einen starken Druck auf der langen Diagonale ausüben.

13...♗f8

Mit 13...♗d6 nimmt Schwarz ebenfalls Kurs auf Ausgleich, z.B.

14.♘e5 ♘xe5 15.♗xe5 ♗xe5 16.♕xe5 ♘d7 17.♕b2 ♕f6=, Nogueiras Santiago – Miranda Mesa, Havanna 2013.

14.♖e1

Nichts ein bringt Weiß 14.♘e5 ♘xe5 15.♗xe5 ♘d7 nebst f7-f6 und e6-e5.

14...♕b6

In dieser Variante ist es wichtig, e6-e5 vorzubereiten. Infrage kam also 14...♗d6!? mit der Idee ♕d8-b8 und e6-e5.

15.♗h3 ♗c5 16.♖f1 ♗f8 17.♖cc1 ♖ad8 18.♖fe1 ♗c5 19.♖f1 ♗f8 20.♗g2 ♗d6

Bislang haben beide Kontrahenten ihre Kräfte umgruppiert. Nun aber setzt Weiß zu aktiven Handlungen an.

21.♘e5! ♗xe5 22.♗xe5 ♘xe5 23.♕xe5 ♘d7

Auf 23...d4 plante Capablanca 24.c5 ♕b5 25.♘c4 ♖e7 26.♘d6 ♕xb3 27.♖b1 ♕xa3 28.♘xb7 ♖c8 29.♖a1 ♕b4 30.♘xa5 mit einem deutlichen weißen Vorteil.

24.♕b2 ♘f6

Capablanca plädierte für 24...c5!? mit der Idee ♘d7-b8-c6 usw.

25.b4

Nach langer Vorbereitung geht es endlich los!

25...axb4 26.♕xb4!

Weiß will die Damen tauschen, was ihm die besseren Chancen im Endspiel sichern würde.

26...♕xb4?

Nach der Partie äußerte sich Lilienthal so: „Ich beging einen entscheidenden Fehler, als ich die Damen tauschte. Stattdessen musste sich die Dame nach a7 begeben, obwohl auch in diesem Falle Weiß einen Stellungsvorteil behielte“. 26...♕a7! wäre also richtig gewesen.

27.axb4 ♖a8 28.♖a1 ♘d7 29.♘b3 ♔f8 30.♖a5!

Mit der Idee, die Türme auf der a-Linie zu verdoppeln.

30...dxc4?

Noch ein positioneller Fehler – nun weitet sich das Blickfeld des Läufers auf g2 aus. Nach Capablanca war 30...♔e7! besser, z.B. 31.♖fa1 ♖xa5 32.♖xa5 ♔d6 33.♖a7 ♔c7 34.♘a5 ♖b8 und die schwarze Stellung ist verteidigungsfähig.

31.dxc4 ♘b6 32.♖xa8 ♖xa8 33.♘a5!

Ein starkes Manöver! Der Springer bindet nun den Turm an die Verteidigung des Bauern b7.

33...♖a7 34.♖d1

Mit der Drohung 35. ♗xc6!

34...♔e8

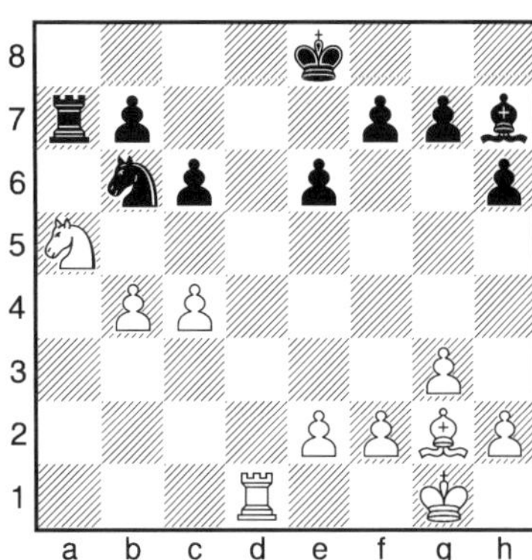

35.♘xb7!

Ein lehrreicher Übergang in ein gewonnenes Endspiel.

35...♖xb7 36.♗xc6+ ♖d7 37.c5 ♔e7

38.♗xd7 ♘xd7 39.c6 ♘b6 40.c7 ♗f5 41.♖d8!

Dies ist die einfachste Lösung. 41.e4 mit der Folge 41...♗g4 42.f3 ♗xf3 43.♖d8 ♗xe4 44.c8♕ ♘xc8 45.♖xc8 würde den Kampf nur verlängern (Capablanca).

41...e5 42.♖b8 ♘c8 43.b5 ♔d6 44.b6 ♘e7

44...♔c6 45.b7 ♔xc7 46.bxc8♕+ ♗xc8 47.♖a8+-

45.♖f8

Nun räumt der Turm die Bauern am Königsflügel ab.

45...♗c8 46.♖xf7 ♘d5 47.♖xg7 ♘xb6 48.♖h7 ♘d5 49.♖xh6+ ♔xc7 50.e4 ♘e7 51.f3 ♔d7 52.h4 ♔e8 53.♖f6 ♘g8 54.♖c6 Schwarz gab auf.

Partie Nr. 25

Lie - Carlsen

Gjovik 2009

1.c4 c6 2.g3 d5 3.♗g2 ♘f6 4.♘f3 ♗g4 5.♘e5 ♗e6 6.cxd5 ♗xd5 7.♘f3 c5 8.♘c3 ♗c6 9.0-0 e6 10.d3 ♗e7 11.a3 0-0 12.♕c2 ♘bd7 13.♖d1

13.e4 war Gegenstand unserer Betrachtungen im Kapitel 9/Abspiel 1.

13...b5

Schwarz setzt ein klares Zeichen – sein aktives Spiel sucht er am Damenflügel.

14.b3?

Diese Fortsetzung trägt zweifellos den „Réti-Look", ist hier aber zu passiv. Weiß sollte energischer vorgehen. Infrage kommt 14.e4! mit z.B. der Folge 14...a5 15.d4 b4 16.d5 ♗b7 17.dxe6 fxe6 18.♘g5 bxc3 19.e5 ♘e4 20.♗xe4 ♗xe4 21.♘xe4 cxb2 22.♗xb2 mit weißem Vorteil.

14...♕b6 15.♗b2 ♖ac8 16.♖ac1 ♖fd8 17.♕b1 c4!

Nun übernimmt Schwarz die Initiative. Mit dem Textzug öffnet er die Diagonale a7-g1.

18.dxc4 bxc4 19.bxc4 ♗c5 20.♖f1

Wenn Weiß auf die Idee käme, sich mit 20.e3 verteidigen zu wollen, würde er mit 20...♗xe3! und nach 21.fxe3 mit 21...♕xe3+ 22.♔h1 ♗xf3-+ aus seinen Träumen gerissen.

20...♘g4 21.e3 ♘df6 22.♕c2

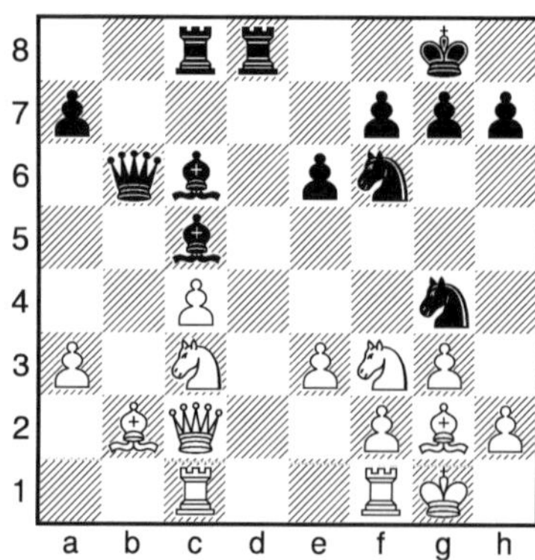

22...♗xe3!

Schwarz kommt nun zur entscheidenden Aktion.

23.♖cd1

Oder 23.fxe3 ♘xe3 24.♕f2 ♘fg4 und Weiß kann aufgeben.

23...♘xf2 24.♖xf2 ♘g4 25.♖df1 ♘xf2 26.♖xf2 ♗xf3 27.♗xf3 ♖d2 28.c5 ♗xf2+ Der letzte Akkord ist gespielt, Weiß gab auf.

Partie Nr. 26

Eljanow – Karjakin

Kiew 2013

1.♘f3 ♘f6 2.g3 d5 3.♗g2 c6 4.0-0 ♗g4 5.h3 ♗h5 6.c4 e6 7.♕b3 ♕c8

Im Kapitel 9/Abspiel 4 haben wir die Alternative 7...♕b6 vorgestellt.

8.♘c3 ♗e7 9.d4

Der Textzug rückt die Partie in die Nähe der Stellungsbilder aus der Slawischen Verteidigung. Eine systemgerechte andere Idee ist 9.d3 mit Vorbereitung von e2-e4.

9...0-0 10.♗f4

Weiß setzt auf eine kontinuierliche weitere Entwicklung seiner Kräfte.

10...♘bd7 11.♖ac1 ♘b6

Schwarz zwingt seinen Gegner zu einer Änderung der Bauernstruktur.

12.cxd5

Als Antwort auf 12.c5 mit 12...♘bd7 setzt der Nachziehende in der Folge darauf, mit b7-b6 einen Hebel gegen den weißen Bauern auf c5 ansetzen zu können und Gegenchancen am Damenflügel zu erhalten.

12...exd5 13.♘e5 ♖e8?

Nach diesem schematisch anmutenden Zug bekommt der Nachziehende Probleme. Notwendig war 13...♕d8!, um nach 14.a4 mit 14...a5! antworten zu können.

14.a4!

Dieser starke Zug bringt Weiß in Vorteil.

14...♗d8

Auf 14...♗f8 folgt 15.a5 ♘bd7 16.g4 ♗g6 17.♘xg6 hxg6 18.♘xd5 und dank des gefesselten c-Bauern gewinnt Weiß einen Bauern.

15.g4

Stark wäre auch 15.a5!? gewesen, z.B. 15...♘c4 (Oder 15...♘bd7? 16.g4 ♗g6 17.a6 bxa6 18.♘xg6 hxg6 19.♘xd5 ♘xd5 20.♗xd5 mit einem klaren Vorteil für den Anziehenden.) 16.♘xc4 dxc4 17.♕xc4 ♗xa5 18.b4 ♗b6 19.e3±.

15...♗g6 16.♗g3 ♗c7 17.f4 ♘e4

Nach 17...h6 verschafft sich Weiß über 18.f5 ♗h7 19.e4 ein entscheidendes Übergewicht.

18.♗xe4!

In dieser Stellung ist es wichtiger, den Springer (auf c3) zu behalten als den Läufer.

18...♗xe5

Keine Rettung ermöglicht 18...♗xe4 z.B. mit der Folge 19.♘xe4 dxe4 (19...♗xe5 20.fxe5 dxe4 21.♖xf7 ♔h8 22.a5 ♘d5 23.♕xb7+-) 20.♕xf7+ ♔h8 21.f5 ♘d5 22.♕h5 ♗xe5 23.♗xe5+-.

19.fxe5 dxe4 20.a5 ♘d5

20...♘d7 ermöglicht die schicke Antwort 21.♘b5!.

21.♘xd5 ♕e6

Weiß kann seinen Springer nicht behalten, aber es gibt die Möglichkeit, die schwarze Bauernstruktur zu zerstören.

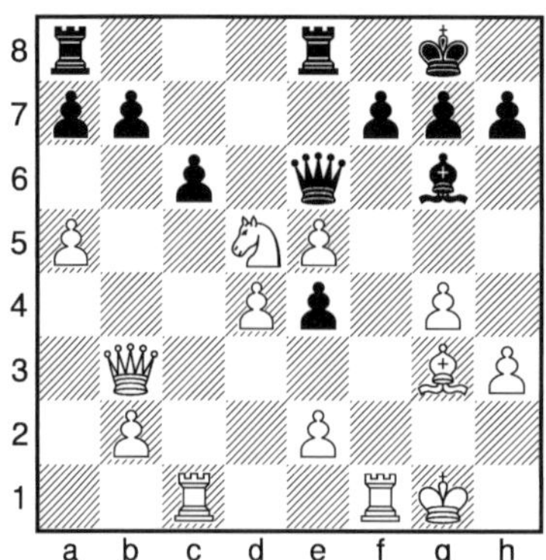

22.♘f6+!

So einfach geht es! Ein solcher Weg muss in einer Partie aber erst mal gesehen werden, zumal wenn diese im Rapid-Modus gespielt wird.

22...gxf6 23.♕e3!

23.♕xb7 würde auch gewinnen, aber Weiß spielt auf Matt. Es droht ♕e3-h6 und ♗g3-h4.

23...f5

23...fxe5 24.♗xe5 verliert schnell.

24.♗h4 f6

24...fxg4 25.♗f6 gxh3 26.♔h2 nebst 27. ♕h6+-

25.♗xf6 fxg4 26.♕h6 ♖e7

Was sonst? Auf 26...♕d7 folgt 27.h4!.

27.♗xe7 ♕xe7 28.♖f6 ♕d7 29.♖cf1 ♕xd4+ 30.♔h1 ♕b4 31.♖xg6+! hxg6 32.♕xg6+ ♔h8 33.♕h5+ Schwarz gab auf wegen 33...♔g8 34.♕xg4+ ♔h8 35.♕h5+ ♔g8 36.♕g5+ ♔h8 37.♖g1 mit Matt.

Partie Nr. 27

Carlsen - Nakamura

Moskau 2013

1.c4 e6 2.g3 d5 3.♗g2 c6 4.♕c2 ♘f6 5.♘f3 dxc4 6.♕xc4 b5 7.♕b3 ♗b7 8.0-0 ♘bd7 9.d4 a6 10.♘e5 ♕b6

Dieser Zug mit der Dame ist der Grund dafür, dass wir die vorliegende Partie vollständig abbilden. Wie schon im Theorieteil kurz erwähnt, verknüpfen sich Diskussionen mit dieser Wahl. Die Alternative 10...♘xe5!? haben wir im Kapitel 10/Abspiel 2 behandelt.

11.♗e3 c5 12.♘xd7 ♘xd7 13.d5 e5?

Hier sollte Schwarz besser auf d5 schlagen. Ein Beispiel dafür: 13...exd5! 14.♗xd5 ♗xd5 15.♕xd5 ♖d8 16.a4 ♗e7 17.axb5 axb5 18.♘c3 0-0 19.b4 (Mehr leistet hier 19.♕e4!.) 19...♕f6 20.♘xb5 cxb4 21.♖a7 ♘c5=, Meier - Ponomariow, Dortmund 2011. Ohne besondere Vorkommnisse hat sich die Lage auf dem Brett vereinfacht, verbunden mit einem ausgeglichenen Spiel.

14.a4 b4

Schwarz hat keine Möglichkeit, das Feld c4 gegen den Zugriff des weißen Springers verteidigen. Schauen wir uns zwei interessante Variantenstränge an: 14...♗d6 15.axb5 axb5 16.♖xa8+ ♗xa8 17.♘c3 b4 18.♕a4 0-0 19.♕xd7 bxc3 20.bxc3± oder 14...c4 15.♗xb6 cxb3 16.♗c7 ♗b4 (16...♖c8 17.d6!) 17.axb5 axb5 18.♖xa8+ ♗xa8 19.♖c1 0-0 20.♘c3±.

15.♘d2 ♗d6 16.♘c4 ♕c7 17.f4 0-0

Schwarz rochiert zurecht, andere Züge würden zu schlechteren Ergebnissen führen Zwei Beispiele dazu: 17...exf4 18.♘xd6+ ♕xd6 19.♗xf4 ♕g6 (19...♕b6 20.a5!) 20.♕e3+ ♔d8 21.♕d2 ♖e8 22.e4 und Weiß wäre klar erkennbar im Vorteil. Noch schlimmer für Schwarz wäre 17...♘b6, denn der sich anschließende und von ihm kaum zu vermeidende Ablauf 18.♘xb6 ♕xb6 19.fxe5 ♗xe5 20.♖xf7! ♔xf7 21.d6+ würde Weiß den entscheidenden Angriff führen lassen.

18.♖ac1 exf4

Hier konnte Schwarz noch 18...♖ae8!? versuchen, z.B. mit der Folge 19.fxe5 ♗xe5 usw.

19.♗xf4 ♗xf4 20.gxf4 a5 21.e4

Weiß errichtet nun ein gewaltiges Bauernzentrum.

21...♖ae8 22.e5

Die schwarze Stellung ist nicht mehr zu halten.

22...♗a6 23.♖fe1 ♔h8

Die Liquidierung des Springers mittels 23...♗xc4 war eine Überlegung wert.

24.♘d6 ♖e7

Oder 24...♖d8 25.♘xf7+! ♖xf7 26.d6+-.

25.♕e3 ♕d8

Auf 25...g5 folgt 26.♘f5 und beispielsweise kann es dann mit 26...♖ee8 (26...gxf4 27.♕xf4 ♖xe5 28.d6 ♖xe1+ 29.♖xe1 ♕d8 30.♖e7 ♗d3 31.♘h6 f6 32.♗e4+-) 27.♕g3 c4 28.♔h1 in der Partie weitergehen. Weiß gewinnt.

26.b3!

Prophylaktisch gegen c5-c4 gespielt.

26...g5 27.♔h1

Energischer war 27.♘f5 ♖ee8 28.♕g3 ♖g8 29.♘h6 ♖g7 30.f5 ♖f8 31.e6+-.

27...♕b8 28.♕f2 gxf4

28...♗d3 29.♘b7! gxf4 (29...♕xb7 30.d6+-) 30.♘xc5+-

29.♕xf4 ♗d3

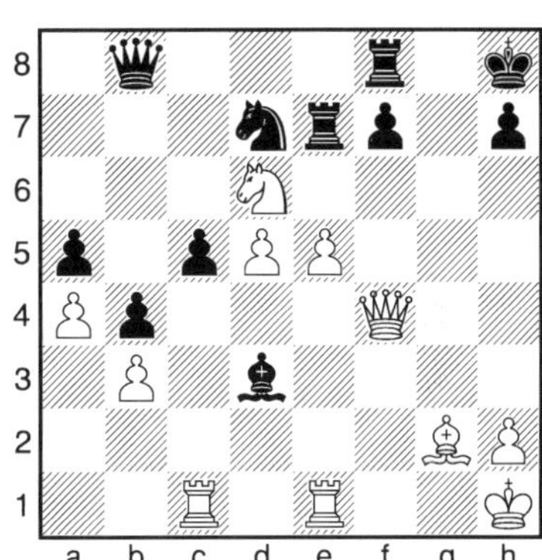

30.♖e3?

Sogar großen Spielern unterlaufen Patzer. Hiermit ließ Carlsen eine Kombination zu, die zu seinem Glück sein Partner ungenutzt ließ. Besser war 30.♗h3! ♕a8 31.♖xc5! ♘xc5 32.♕f6+ ♔g8 33.♖g1+ ♗g6 34.♘f5 ♕xd5+ 35.♗g2+-.

30...♗g6??

Nakamura übersah die Chancen nach 30...♖xe5! 31.♖xe5 ♕xd6 32.♖f5 ♕xf4 33.♖xf4 c4! 34.♗f1 ♘c5 mit Gegenspiel.

31.♖f1

31.♗h3 war stärker.

31...♖xe5

Zu spät. Im Gegensatz zu der soeben aufgeführten Folge ist hier die weiße Dame gedeckt. Unter unserem eröffnungstheoretischen Interesse hat die Partie ihre Aufgabe geleistet. Den Rest bilden wir deshalb nur noch zur dokumentatorischen Vollständigkeit und deshalb weitgehend unkommentiert ab.

32.Txe5 Dxd6 33.Te8! Dxf4 34.Txf8+ Kg7

34...Sxf8 35.Txf4 Kg7 36.Le4+-

35.Txf4 Kxf8 36.d6 Se5 37.Lf1 Lc2 38.Lb5 f5 39.Kg2 c4 40.Lxc4 Le4+ 41.Kg3 Sxc4 42.bxc4 Ke8 43.c5 Lc6 44.Txf5 Lxa4 45.Te5+ Kd8 46.Te7 Lc6 47.Tc7 Schwarz gab auf.

Partie Nr. 28

Malakchow – E. Hansen

Tromsö 2013

1.Sf3 Sf6 2.g3 g6 3.b3 Lg7 4.Lb2 0-0 5.c4 c6 6.Lg2 d5 7.0-0 Lg4 8.h3 Lxf3 9.Lxf3 Sbd7

Andere Erwiderungen haben wir im Kapitel 11/Abspiel 2 besprochen, jeweils in der Betrachtung von Varianten.

10.d4 Se4 11.Sc3

Weiß verzichtet auf den Abtausch der Bauern und hält die Spannung aufrecht. Nach 11.cxd5 cxd5 12.Sc3 Sxc3 13.Lxc3 e6 14.Dd3 f5 15.Tfc1 Tf7 16.Ld2 Db6 17.e3 Sf6 18.a4 Se4 hatte sich Schwarz in der Partie Skoberne - Martinovic, Sibenik 2012, ein ausgeglichenes Spiel gesichert.

11...Sdf6 12.Dd3 Sxc3 13.Lxc3 Dd7 14.Lg2 Se4!?

Schwarz opfert einen Bauern für die Initiative. Nicht zu forcieren wäre das Geschehen durch 14...a5.

15.Lxe4 dxe4 16.Dxe4 Dxh3 17.Dxe7

Nach 17.e3 e6 hätte Schwarz keine Probleme.

17...Tae8 18.Dxb7 Te3! 19.Dxc6?!

Eine riskante Entscheidung. Weiß opfert seinen Läufer und hofft auf seinen Freibauern. Nach 19.fxe3 Dxg3+ würde Schwarz durch Dauerschach remisieren.

19...Txc3 20.e3

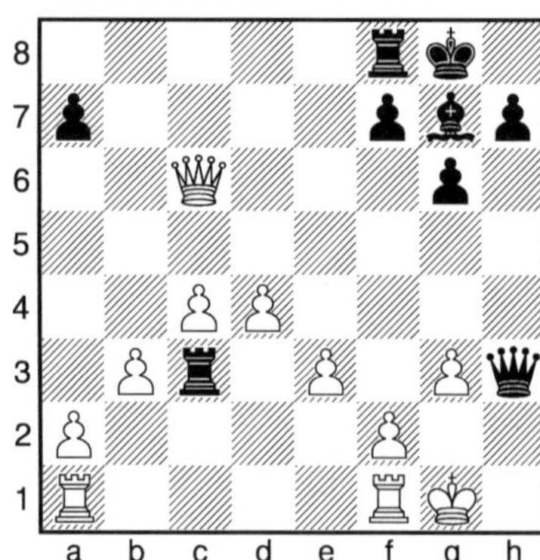

20...Lh6?

Ein kritischer Moment in der Partie. Damit lässt Schwarz den Damentausch zu, was nur für Weiß günstig ist. Schwarz sollte 20...Dg4! spielen mit der Idee h7-h5 usw. Nun übernimmt Weiß die Initiative, denn seine Freibauern sind eine große Macht.

21.Dh1! Dxh1+ 22.Kxh1 Tc2 23.Kg1 Td8 24.c5 Kf8 25.b4 Ke7 26.b5 Ke6 27.a4 Kd5 28.a5 a6 29.b6 Kc6

Schwarz hat nur kurzfristig die Bauernphalanx blockiert.

30.Tfb1 Kb7 31.Tc1! Txc1+ 32.Txc1 Kc6 33.Tb1 Tb8

33...Kb7 hilft nicht wegen 34.d5 Txd5 35.c6+ Kxc6 36.b7+-.

34.Kf1!

Nun folgt der entscheidende Marsch des Königs.

34...f5 35.♔e2 ♗g7 36.♔d3 ♖d8 37.♔c4 h5 38.♖d1

38.b7! hätte ebenfalls zum Sieg gereicht.

38...♖d5 39.f3 g5 40.e4 Schwarz gab sich geschlagen.

Partie Nr. 29

Usmanow – Martynow

St. Petersburg 2013

1.c4 c6 2.♘f3 ♘f6 3.b3 g6 4.♗b2 ♗g7 5.g3 0-0 6.♗g2 d5 7.0-0 ♗g4 8.d3 ♗xf3 9.♗xf3 ♘bd7 10.♘d2 e5

Im Abspiel 2 des Kapitels 11 und dort in den Anmerkungen zu 9...e6 hatten wir nach den Zügen 9...Sbd7 10.Sd2 hier nur 10...e6 berücksichtigt. Über die vorliegende Partie werfen wir einen Blick auf die Folgen, wenn Schwarz zu seinem ⇄Systemzug⊕ e7-e5 greift.

11.♗g2 ♖e8 12.♖c1 ♕b6

Auf 12...d4 folgt 13.b4= wie in ähnlicher Form im Theorieteil betrachtet.

13.♕c2 ♖ad8 14.♕b1

Die Idee einer Überführung der Dame nach b1 haben wir im Theorieteil schon unter dem Aspekt kennen gelernt, die Türme auf der c-Linie zu verdoppeln. Hier aber verfolgt Weiß eine andere Absicht, wie sich gleich zeigen wird.

14.a3!?

14...d4

Das beiderseitige Spiel hat bis hierher zum Gleichstand geführt.

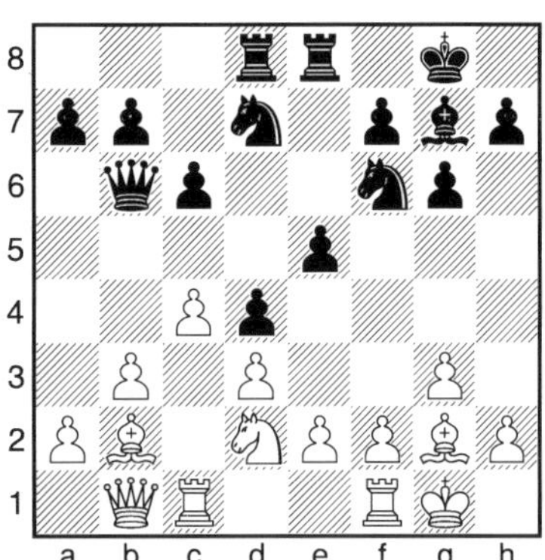

15.♗a3 ♘c5 16.♗xc5 ♕xc5 17.b4

Hier wird ersichtlich, von welcher Idee sich Weiß in seinem 14. Zug hat leiten lassen.

17...♕e7 18.a4

Bereitet b4-b5 vor.

18...♗f8 19.b5 ♗h6 20.♖c2 ♗xd2 21.♖xd2 c5 22.a5 ♖d6 23.♕c1 e4

Ein logisches Vorgehen des Nachziehenden – nach einer wenig spektakulären Phase eines beiderseitigen Handelns in kleinen Schritten greift Schwarz die Basis der gegnerischen Bauernkette an. Seine starke Stellung in der e-Linie verpflichtet ihn gerade jetzt fast schon dazu.

24.♖a2 ♔g7

Der König übernimmt die Verteidigung des Feldes h6.

25.♕f4 ♖e6 26.g4 h6 27.h4 ♖e5

27...♖h8!?

28.♕g3 g5 29.f4

Es ist eine packende Partie mit beiderseitigen Angriffsaktionen und ungewissem Ausgang entstanden.

29...exf3 30.♗xf3 gxh4 31.♕xh4 ♖g5

Hier lässt der Nachziehende die Chance zu 31...♘xg4 und dann 32.♕xe7 ♖8xe7 (32...♖5xe7?

33.♗xg4 ♖g8 34.♔f2+-) 33.♗xg4 ♖g5∓ aus.

32.e4?

Mit diesem Bauernopfer, das der Überführung des zweiten Turms auf den Königsflügel dient, überzieht Weiß seine Stellung elementar. 32.♔h1= war notwendig, verbunden mit immer noch vergleichbaren Chancen.

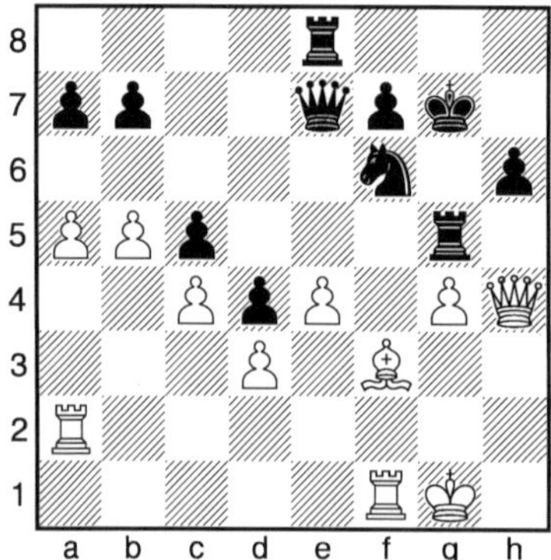

32...dxe3

Damit ist die Stellung zu Ungunsten von Weiß aus der Waage geraten. Der Rest ist nur etwas mehr als Technik.

33.♖h2 ♖g6 34.♔h1

Vielleicht aus Enttäuschung, aber der Anziehende trifft wieder eine falsche Entscheidung. Der eben noch notwendige Zug mit dem König kommt nun zu spät. Besser war 34.♖g2-+, ohne das zu erwartende Ergebnis ändern zu können.

34...♕d7

Den Rest der Partie können wir weitgehend unkommentiert lassen, unser Interesse ist bereits gedeckt.

35.♖g1 ♕xd3 36.g5 hxg5 37.♕h3 e2 38.♔g2 g4

Das Matt lässt sich Weiß nicht mehr zeigen. Es wäre wie folgt auf das Brett gekommen: 38...g4 39.♗xg4 ♕e4+ 40.♔g3 e1♕+ 41.♖xe1 ♕xe1+ 42.♔f3 ♕c3+ 43.♔f2 ♕d2+ 44.♔g3 ♖e3+ 45.♔f4 ♕d4+ 46.♔f5 ♖e5#.

Partie Nr. 30

Botwinnik – Stahlberg

Moskau 1956

1.c4 ♘f6 2.g3 c6 3.♘f3 d5 4.b3 g6 5.♗b2 ♗g7 6.♗g2 0-0 7.0-0 ♘bd7 8.♕c2 ♖e8 9.♘c3 ♘f8

Im Kapitel 11/Abspiel 3 haben wir hier andere Züge vorgestellt.

10.d4 ♗f5 11.♕c1 ♘e4 12.♖d1 ♘xc3

Möglich war 12...♖c8 13.♘h4 ♘xc3 14.♕xc3 ♗e6=.

13.♗xc3 ♗e4 14.♘e1

Nach 14.♗h3 ♗xf3 15.exf3 e6 hätte Schwarz eine solide Position.

14...♗xg2 15.♔xg2 ♘d7 16.♕c2 ♕c7 17.♗b2 ♖ac8 18.♖ac1 dxc4

Schwarz hat einen Plan mit einem Konterspiel im Zentrum mittels e7-e5 ersonnen. Er könnte mittels 18...e6 die Spannung halten.

19.♕xc4 ♕a5 20.♘d3

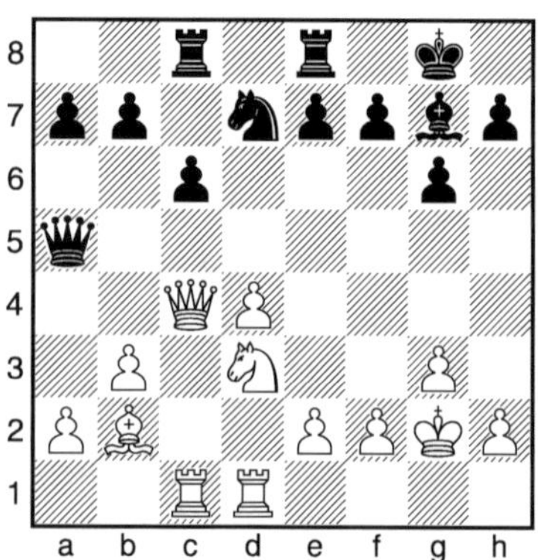

20...e5?

Konsequent nach Plan – und doch falsch. Notwendig war 20...♕d5+! 21.f3 (21.♕xd5 cxd5=) 21...♕xc4 22.♖xc4 ♘b6 (In der Variante 22...e5 23.dxe5 ♘xe5 24.♘xe5 ♗xe5 25.♗xe5 ♖xe5 26.e4 ♖e7 sollte Schwarz den Ausgleich in der Partie ebenfalls halten können.) 23.♖c2 ♘d5 24.♔f2 ♖ed8 25.e4 ♘c7 26.♔e3 ♘e6 27.♘c5 ♘xc5 28.♖xc5 e6 mit gleicher Stellung.

21.dxe5 ♗xe5

Nur so. Es verliert 21...♘xe5 22.♘xe5 ♗xe5 23.♖d7 ♖f8 24.b4+-.

22.b4

22.♘xe5 ♘xe5 23.♗xe5 ♕xe5 24.♖d7 ♖e7 brächte Weiß nichts ein.

22...b5 23.bxa5!

Der Anziehende leitet die Stellung in ein vorteilhaftes Endspiel über.

23...bxc4 24.♘xe5

Nicht schlecht war auch 24.♖xc4!? ♗xb2 25.♘xb2 ♖xe2 26.♖xd7 ♖xb2 27.a4±.

24...♘xe5 25.h3 ♖b8 26.♗c3 ♖e7

Auf 26...f6 würde 27.♖d6 folgen.

27.♖b1! ♖xb1 28.♖xb1 f6 29.a6 c5 30.♖b8+ ♔f7 31.♖c8 ♘d7 32.♔f1!

Der König verteidigt seinen Bauern und plant eine Exkursion zum Damenflügel.

32...♔e6 33.♖c6+ ♔d5 34.♖c7 ♔d6 35.♖xa7 ♖e8 36.♗a5 ♔c6 37.♔e1 ♘b6 38.♗xb6 ♔xb6 39.♖f7

Das Turmendspiel ist für Weiß gewonnen.

39...♔xa6 40.♖xf6+ ♔b5 41.♖f3 ♖d8 42.e4!

Es ist wichtig, den Freibauern sofort in die Waagschale zu werfen.

42...♖d4

Oder 42...♖e8 43.♖e3 c3 44.♔d1 und Weiß gewinnt.

43.e5 ♔c6 44.♖e3 ♔d7 45.f4 ♔e6 46.♔e2 ♖d8

Auf 46...h5 folgt 47.h4 ♔e7 48.♖c3 nebst a2-a4. Gleichermaßen wäre 46...g5 47.f5+! ♔xf5 48.e6 ♖d8 49.e7 ♖e8 50.a4 ♔f6 51.a5 ♔f7 52.a6 für Weiß gewonnen.

47.a4 ♖b8 48.♖a3!

Der Rest ist einfach.

48...♖b2+ 49.♔d1 ♖b6 50.a5 ♖a6 51.♔d2 g5 52.♔c3 gxf4 53.gxf4 ♔d5 54.♖a1 h5 55.h4

Zugzwang. Schwarz gab sich geschlagen.

Partie Nr. 31

Kunin – Hernandez Munoz

Porto 2015

1.♘f3 ♘f6 2.g3 g6 3.c4 c6 4.b3 ♗g7 5.♗b2 0-0 6.♗g2 d5 7.0-0 a5 8.d3 ♘a6 9.♘bd2 a4 10.♗c3 ♗g4 Andere Antworten für Schwarz haben wir im Kapitel 11/Abspiel 5 vorgestellt.

11.b4!

Eine neue Idee mit dem Ziel, um einen Raumvorteil am Damenflügel zu kämpfen. Bisher hat man hier 11.h3 und 11.♕c2 gespielt.

11...♘c7 12.a3 ♕c8 13.♖e1

Um den Tausch des Läufers g2 zu verhindern, zugleich wird das aktive Manöver e2-e4 vorbereitet.

13...♖d8 14.♕c2 ♗h3 15.♗h1 ♘e6 16.♗e5 ♗g4 17.♖ac1 ♗h6 18.e3 ♕d7

19.♗b2 ♗f5

Auf 19...♗h3 folgt auch 20.♘e5!

20.♘e5 ♕e8 21.♗g2 ♘f8 22.f4 ♗g7 23.e4 ♗e6 24.♘df3

Weiß bringt seine Figuren zum Königsflügel.

24...dxe4 25.dxe4 ♘g4 26.♘xg4 ♗xg4 27.♗xg7 ♔xg7 28.♘e5 ♗c8 29.♖cd1

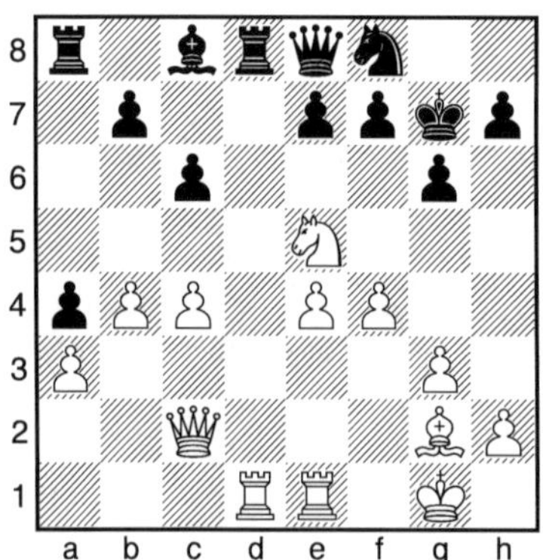

29...♘d7?

Ein schwerer Fehler. Notwendig war 29...f6, um den Springer aus der aktiven Position zu verdrängen. Schwarz könnte danach noch kämpfen.

30.♕d2!

Diesen starken Zug hat Schwarz übersehen.

30...f6 31.♘f3 ♕g8 32.e5!

Die geschwächte Bauernstruktur des schwarzen Königsflügels wird auf solche einfache Weise attackiert.

32...♖e8 33.c5 f5 34.♕c3 ♕b3 35.♕a1!

Die Dame braucht Weiß natürlich zum Angriff.

35...♘f8 36.e6+ ♔g8 37.♘d4 ♕c4 38.♗f1 ♕d5 39.♖e5 ♕d8 40.♘xf5!

Der entscheidende Schlag.

40...♕xd1

Es gibt nichts Besseres. Nach 40...♕c7 gewinnt 41.♘h6+ ♔g7 42.♖h5+ nebst Matt.

41.♕xd1 gxf5 42.♗c4 Schwarz gab auf.

Quellenverzeichnis

Bücher:

Bosch, J.: Schach ohne Scheuklappen, Band 2, New In Chess 2005

Bosch, J.: Schach ohne Scheuklappen, Band 4, New In Chess 2006

Delchev, A.: The modern Reti, Chess Stars 2012

Golombek, H.: Richard Rétis beste Partien, Joachim Beyer Verlag, 2. Aufl. 2014

Guliev, S.: Winning Chess Manoeuvres, New In Chess 2015

McDonald, N: Starting out: the Reti, Everyman Chess 2010

Osnos, W.: Debiut Reti, Moskau 1990

Palliser, R.: Beating unusual chess openings, Everyman Chess, 2006

Taimanow, M.: Damenindisch bis Katalanisch, Sportverlag Berlin 1984

Elektronische Sammlungen (CD):

ChessBase Magazine

CorrDatabase (ChessBase) 2022

Fernschach-CD 2018 (Herbert Bellmann)

Mega Database (ChessBase) 2022

Periodika:

Fernschachpost

Panorama Szachowa

Rochade Europa

Schach

Schach Magazin 64

Namenverzeichnis

(Die Zahlen geben die Partienummer an)